ISBN: 9781313724449

Published by:
HardPress Publishing
8345 NW 66TH ST #2561
MIAMI FL 33166-2626

Email: info@hardpress.net
Web: http://www.hardpress.net

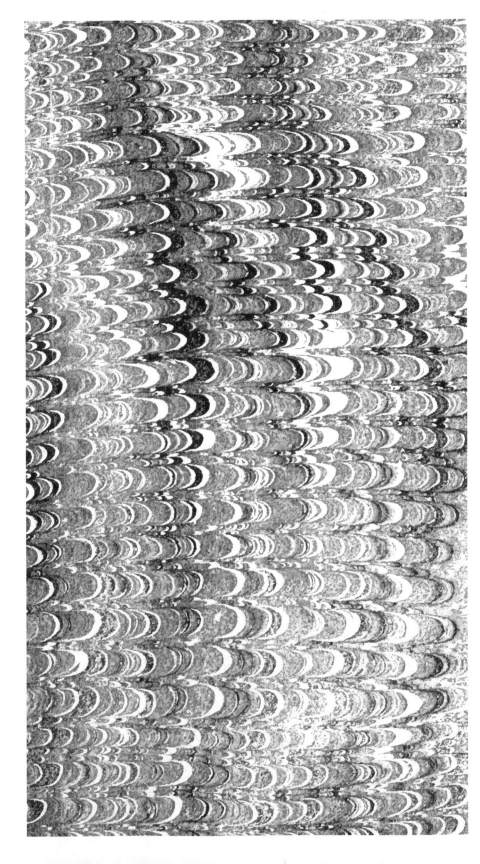

HISTORIA

DE

AMÉRICA

DESDE SUS TIEMPOS MÁS REMOTOS

HASTA NUESTROS DÍAS

POR

D. JUAN ORTEGA RUBIO

CATEDRÁTICO DE LA UNIVERSIDAD CENTRAL

TOMO I.

MADRID
LIBRERÍA DE LOS SUCESORES DE HERNANDO
CALLE DEL ARENAL, NÚM. 11
1917

PRÓLOGO

I

POLÍTICA DE ESPAÑA EN LAS INDIAS.

Cuando no conservamos un palmo de terreno en América, cuando los hermosos restos de nuestro inmenso poder colonial han adquirido recientemente su independencia, tomamos la pluma para escribir la historia de aquella parte del mundo. Hace tiempo que venimos acariciando esta idea; pero circunstancias especiales nos han impedido realizarla. Bajo el peso de larga enfermedad y en los últimos años de la vida, ¿tendremos tiempo para reseñar los muchos y variados acontecimientos que se han sucedido en el Nuevo Mundo? ¿Tendremos fuerzas intelectuales y físicas para tamaña empresa? Sea de ello lo que fuere, ponemos manos a la obra, creyendo firmemente que hacemos un bien a España, y también —aunque sólo sea por el cariño con que hemos de referir acontecimientos pasados— a las antiguas colonias americanas. No para atraernos las simpatías de los pueblos del Nuevo Mundo, sino porque así lo sentimos de todo corazón, comenzaremos afirmando que nuestra vieja y querida España no quiere, ni puede, ni debe pensar en ejercer hegemonía alguna sobre los pueblos ibero-americanos. Queremos y aspiramos solamente a una comunión fraternal, y no seremos exigentes si les recordamos que la mayor parte de los pueblos americanos pertenecen a nuestra raza, hablan nuestro idioma, piensan como nosotros y llevan nuestros apellidos.

Españoles y americanos de raza ibera, olvidando antiguos agravios, sólo pensarán en adelante vivir la vida de la cultura y del progreso. Españoles y americanos de raza ibera, inspirados en generosos sentimientos, condenarán el poder de la fuerza y olvidarán en lo sucesivo que unos fueron vencedores y otros vencidos, que unos fueron conquistadores y otros conquistados.

Al mismo tiempo que rogamos a los hijos de aquellas Repúblicas de nuestra raza, que no se olviden de España y que honren la memoria de los descubridores y colonizadores de las Indias, también les diremos que somos admiradores de los valerosos paladines que en los comienzos del siglo XIX proclamaron su independencia y libertad. Con la realización de tales acontecimientos, creemos que se cumplía una ley histórica, la cual consiste en que las colonias, cuando llegan a la mayor edad, esto es, a cierto grado de civilización y cultura, se separan de la Metrópoli. Aquellas posesiones coloniales, 26 veces mayores—como escriben Baralt (Rafael María) y Díaz (Ramón)—que el propio territorio de la Metrópoli, eran mole inmensa que los hombres debilitados por la edad y los achaques de España no podían sostener por mucho tiempo (1). Lo que llama la atención y causa extrañeza es el largo tiempo en que España, sin ejército ni marina, sin frutos ni manufacturas para cambiar sus productos, dominase tan extensos territorios. Lo que impidió por siglos revolución reformadora en América fué, según los citados Baralt y Díaz, «la despoblación, efecto de una industria escasa y del comercio exclusivo; la falta de comunicaciones interiores que aisla las comarcas; la ignorancia que las embrutece y amolda para el yugo perpetuo; la división del pueblo en clases que diversifican las costumbres y los intereses; el hábito morboso de la servidumbre, cimentado en la ignorancia y en la superstición religiosa, auxiliares indispensables y fieles del despotismo; la cátedra del Evangelio y los confesionarios convertidos en tribunas de doctrinas serviles; los peninsulares revestidos con los primeros y los más importantes cargos de la República; los americanos excluídos de ellos, no por las leyes, sino por la política mezquina del Gobierno (2). Vamos a escribir vuestras hazañas, pueblos americanos. Nosotros, siguiendo a lord Macaulay, profesamos el principio de que la política leal y honrada es la mejor de todas, y la única que conviene así a los individuos aislados como á las colectividades, a los hombres como a los pueblos (3). Colocados en el alto tribunal de la historia, mostraremos una y cien veces que no tenemos prejuicios de ninguna clase y narraremos con la misma imparcialidad los he-

---

(1) *Resumen de la Historia de Venezuela*, tomo I, pág. 1.ª
(2) Ibidem.
(3) *Estudios históricos*, pág. 126.

chos realizados por los españoles que por los americanos de
raza ibera o de raza anglo-sajona. De Polibio es la siguiente
máxima: «El que toma oficio de historiador, algunas veces
debe enaltecer a los enemigos, cuando sus hechos lo merecen, y otras reprender a los amigos, cuando sus errores son
dignos de vituperio» (1). Nosotros no tenemos enemigos; son
todos amigos.

También queremos que termine nuestra leyenda histórica. Bastante tiempo hemos hecho y aun estamos haciendo una
novela de la historia. Impórtanos poco que España tenga mayor ó menor antigüedad; no afirmamos que el suelo de nuestra nación es el mejor de Europa, ni paramos mientes en las
hazañas realizadas por los cristianos durante los tiempos me-
dioevales, ni consideramos a Isabel la Católica como tipo de
la mujer perfecta, ni creemos en el cesarismo de Carlos V, ni
en la prudencia de Felipe II, ni decimos orgullosos que nuestros abuelos se cubrieron de laureles peleando con los franceses en los comienzos del siglo XIX, ni tenemos frecuentemente en nuestros labios los nombres de Sagunto y de Nu-
mancia, de San Quintín y Lepanto, de Zaragoza y Gerona.

No son nuestros escritores los primeros de la historia de
la literatura, como tampoco son nuestros artistas los más inspirados, ni nuestros industriales los más dignos de fama.

En nuestra larga historia encontramos pocos políticos ilustres.

Guerreros y marinos no son superiores a los de otras naciones. Cuentan sesudos cronistas que nuestros triunfos en los
Tiempos Medios fueron debidos á la intervención de Santiago
o de San Isidro; refieren competentes historiadores que nuestros desastres en la edad contemporánea fueron gloriosos. Lo
primero y lo segundo pertenecen al mundo de la fábula. Ni
los santos intervinieron en aquellas batallas, ni la fortuna acompañó siempre a nuestras banderas. Nuestros cronistas creyeron en los milagros y nuestros poetas no dudaron de que la
valentía iba siempre unida al español. Dejemos también descansar las cenizas del Cid.

Si tiempo adelante (últimos años del siglo XV y gran parte
del XVI) el Sol no se ponía en los dominios españoles y los
soldados del Gran Capitán y de Alejandro Farnesio, de Her-

(1) *Historia de los romanos*, lib. I.

nán Cortés y de Francisco Pizarro se coronaban de laureles, lo mismo en Europa que en las Indias, luego, peleando con Francia e Inglaterra, sufrieron grandes reveses y no pocas desventuras.

Escritores extranjeros y españoles son injustos con nuestra nación. «España—dice ilustre historiador desde una cátedra de la Sorbona—nada ha hecho por la civilización y el progreso»; y famoso político de la Gran Bretaña ha dicho en popular discurso que «España se halla entre las naciones moribundas.» «No tiene pulso el pueblo español», repetía Silvela en su pesimismo político. «¿Posee España—escribe Macías Picavea—la patria amada, alientos para seguir viviendo entre los pueblos vivos de la historia? ¿Es mortal, por el contrario, su agonía, y al fin hemos tocado en la víspera de su desaparición como nación independiente? ¿Cual Polonia y Turquía va a ser repartida y devorada en forma de despojos por sus poderosos vecinos? Y si hemos de vivir, ¿a qué precio y con cuáles remedios? Y, si tenemos de morir, ¿por qué hemos venido a dar en este trance de muerte» (1).

Somos de opinión que no es tan grande nuestra decadencia, ni se encuentra tampoco tan gastada y pobre la nacionalidad española. Cierto es que adelantamos poco en el camino del progreso y que el miedo, el apocamiento y el egoismo, como en las épocas de verdadera crisis, se halla en la mayoría de nuestros compatriotas. Apenas encontramos hombres de carácter. Aquellos que creíamos espíritus fuertes, se han convertido en aduladores cortesanos. Hasta los sabios y los artistas rinden culto al que la fortuna, caprichosa de suyo, levanta sobre el pavés. «La inteligencia—tales eran las palabras de Colbert refiriéndose a los sabios de su tiempo—rindió respeto y vasallaje al monarca (Luis XIV). Las clases ricas, más vanidosas que prudentes, se cruzan de brazos, cuidándose poco de la prosperidad o decaimiento de España. La clase obrera, especialmente en las grandes poblaciones, si ama el trabajo, gusta más de los placeres. Los establecimientos de enseñanza, lo mismo los pertenecientes al elemento civil que al militar, piden reformas a voz en grito. Maestros y discípulos andan desorientados, los primeros, sin vocación alguna, y los segundos, sin entusiasmo por la ciencia. Si de política se trata, he-

---

(1) *El problema nacional*, Prólogo, pág. VII.

mos de decir que en los Cuerpos Colegisladores (Senado y Congreso) abundan los audaces, no los más conocedores de la política o de la administración pública. Los gobiernos que se suceden de algún tiempo a esta parte marchan casi siempre a la ventura y carecen frecuentemente de ideales. No aparece un hombre de Estado ni un verdadero orador. Estudiando la situación política de Francia, escribía Timón lo siguiente: «Lo confesaré, aunque haya de ofender la vanidad de mis más ilustres contemporáneos: nunca conocí a un hombre, a uno sólo, que me pareciese enteramente digno de dirigir el gobierno de mi país, ya por falta de talento, ya, sobre todo, por falta de virtud (1). Más adelante, añade: «¡Cuántos oradores se asemejan a esas luciérnagas o gusanos de luz que centellean en la hierba como la estrella en los cielos! Pero acérquese a ellos una luz, y veráse cuán fácilmente pierden su fosforescencia y brillo (2). ¿Seríamos justos si dijésemos de nuestros actuales políticos y oradores lo que el crítico francés decía de los de su tiempo y de su nación?

Sin embargo de nuestro decaimiento presente, España debe ocupar puesto importante entre las naciones europeas; pero no oigamos impasibles las quejas de nuestro pobre pueblo, ni permanezcamos con los brazos cruzados ante las desgracias de esta bendita tierra, donde descansan las cenizas de nuestros mayores y donde descansarán las de nuestros hijos, ni cerremos los ojos para no ver que estamos cerca de un precipicio. Sería cobardía llorar sobre las ruinas de nuestras ciudades, como el profeta Jeremías lloraba sobre los restos de Jerusalén. Sería propio de mujeres llorar por la pérdida de Granada, como el infortunado Boabdil. ¿Nos hallamos amenazados de grandes males? No lo sabemos. Nos asaltan tremendas dudas.

En estos momentos, cuando nuestro espíritu se encuentra confuso, un rayo de esperanza cruza por nuestra mente. Si llegase la hora tremenda anunciada por muchos, volvamos la vista a las Indias, a esas Indias descubiertas por nuestros antepasados. A vosotros, hijos del Nuevo Mundo, pediremos entonces albergue en vuestras populosas ciudades o en vuestros ricos y productivos terrenos. Nada esperamos ni queremos de las egoístas naciones de Europa; tenemos toda nues-

(1)   *Libro de los oradores*, tomo I, Advertencia, pág. VII.
(2)   Ibidem, pág. 40.

tra confianza en los generosos pueblos americanos. No deis crédito a ciegos defensores de los indios, a la cabeza de los cuales se hallan Ercilla, autor de *La Araucana*, y el P. Las Casas, Obispo de Chiapas. Uno y otro, Ercilla y Las Casas, llegaron á olvidar frecuentemente que la imparcialidad es una de las cualidades principales y más necesarias del historiador. Lejos de mostrarse imparciales en sus juicios, se convirtieron—y sentimos tener que decirlo—en plañideras asalariadas de los indígenas y en acres censores de los españoles.

No deis crédito a D. Jorge Juan y a D. Antonio Ulloa. Sin poner en duda los méritos de los insignes marinos, conviene no olvidar el espíritu generoso que les animaba al dirigir censuras tan amargas a las autoridades de las Indias. Según ellos, la misma conducta que los antiguos cartagineses y romanos observaron en España, los españoles del siglo XVI observaron en el Nuevo Mundo. Aquéllos fueron fieros conquistadores y codiciosos comerciantes; nosotros no les fuimos en zaga cuando de exacciones y rapiñas se trataba. Si en el fondo hay bastante verdad en el relato, no se olvide la época y el modo de hacer la información. El P. Las Casas fué el maestro, mejor dicho, el oráculo de todos los escritores de las Indias, los cuales mostraron empeño en exagerar las doctrinas del piadoso prelado. Hermoso es el cuadro que pintaron nuestros sabios marinos, no sin que se note a primera vista demasiado colorido y alguna que otra incorrección en el dibujo. Buscaron el efecto de la pintura, la expresión vigorosa y enérgica, movidos exclusivamente por el corazón, por los sentimientos generosos de la época (Apéndice A).

No deis crédito a los muchos autores extranjeros que repiten a toda hora que el aventurero castellano llegó al Nuevo Mundo llevando en una mano la espada y en la otra incendiaria tea, como si se propusiese conmover y aterrar a los mismos indígenas salvajes.

Menos crédito debéis dar a juicios apasionados de famoso escritor francés, el cual, con más deseo de causar efecto que de decir verdad, ha escrito lo que copiamos a continuación: «España—tales son sus palabras—pone la primera el pie en América; pero esta nación devota no sabe ya pensar ni trabajar; no sabe más que asolar, destruir y rezar su rosario; mata, saquea, pasea la cruz y la hoguera a través de México, y deja allí, para bienvenida, la inquisición y la esclavitud» (1).

Si hubo exageración en la pintura de Ercilla y del P. Las Casas, de D. Jorge Juan y de D. Antonio Ulloa; si apenas tiene parecido con el original lo escrito por el autor de la *Profesión de fe del siglo XIX*, no por eso habremos de negar que algunos o muchos descubridores y conquistadores ni fueron prudentes, ni buenos, ni justos.

Pero, sea más o menos censurable la conducta de aquellos españoles del siglo XVI, prometemos que en la centuria XX nuestras armas serán la azada, el arado, el pico, la sierra, el martillo y el yunque. En el siglo XVI fuimos en busca del misterioso Bellocino y a pediros que nos llenaseis una habitación de rico metal; pero en el XX iremos a labrar el suelo, a edificar la casa, a variar el curso de los ríos, a guiar las aguas del manantial, a derribar el árbol, a tallar el mueble, a cultivar el tabaco, el café, la caña de azúcar y el algodón, a coger el cacao, a buscar la esmeralda; en una palabra, a compartir con vosotros el trabajo y a tomar parte en vuestras alegrías y en vuestras penas. En el siglo XX, en cambio de vuestra protección y ayuda, os recordaremos el *Quijote*, la condenación más enérgica de nuestras antiguas locuras, y *La vida es sueño*, el cántico más hermoso de la libertad; y os llevaremos *Las nacionalidades*, aspiración nueva del pueblo español, y los *Episodios nacionales*, gallarda y simpática relación de nuestros usos y costumbres.

Las dos manos que vemos en la bandera argentina, no son las dos de aquel país, sino una es la de América y la otra es la de España. Si la obra de nuestros antepasados en el Nuevo Mundo fué de guerra, la nuestra será de paz. Si los españoles que pasaron a las Indias eran —como dice Platón de los espartanos del tiempo de Licurgo— *más que ciudadanos, soldados acampados bajo tiendas*, a la sazón tenemos presente el precepto pedagógico americano que dice: Si la antorcha de la libertad ha de iluminar el mundo, es preciso que sea con la luz del entendimiento.» La obra que queremos realizar, no sólo será de paz, sino también política, pues pretenderemos fomentar la unión de las Repúblicas latinas entre sí y luego la unión de dichas Repúblicas con la madre Patria. Nada impor-

(1   Pelletan. *Profesión de fe del siglo XIX*, pag. 355 Tr.

ta que sea grande el espacio que separa á España de América; nada importa el largo tiempo en que han estado separados españoles y americanos. Unos y otros jamás olvidarán una fecha memorable: el 12 de Octubre de 1492.

Buena prueba de ello es la noticia que copiamos a continuación. El Secretario de Estado o de Relaciones Exteriores de la República dominicana, en carta fechada el 20 de Noviembre de 1912, y dirigida a sus colegas de las otras naciones de origen ibero en aquel Continente, recomienda la celebración del día 12 de Octubre, aniversario del descubrimiento de América, como fiesta nacional en todos los Estados ibero-americanos.

He aquí el párrafo de la carta de que queda hecha referencia, que atañe al asunto que nos ocupa:

«Cree asimismo la República Dominicana que las naciones del Nuevo Continente deben perpetuar de un modo que revista mayor gratitud y amor el día inmortal del descubrimiento de América. No sólo con el objeto de honrar de una manera solemne y general el nombre del esclarecido nauta genovés Cristóbal Colón, sino con el laudable propósito de que todas las naciones americanas tengan un día de fiesta común, el Gobierno de la República Dominicana se permite proponer igualmente al de V. E., que ese día, con la denominación que se considere oportuna, sea declarado de fiesta nacional en vuestro país.

Ya mi Gobierno lo ha declarado de fiesta oficial con la denominación de «Día de Colón», a reserva de hacer que las Cámaras, tan pronto termine el receso en que se encuentran, lo declaren día de fiesta nacional» (1).

«La Asamblea Nacional Legislativa de la República de El Salvador,

Considerando: que el 12 de Octubre, aniversario del descubrimiento de América, es una fecha digna de ser conmemorada por todas las naciones de este Continente;

Que varias de estas naciones han decretado día de fiesta nacional esa magna fecha histórica, insinuando la idea de que todos los países americanos tributen en este día recuerdo de gratitud y admiración al descubridor del Nuevo Mundo, Cristóbal Colón,

---

(1) *Unión Ibero-Americana*, núm. 4, págs. 6 y 7.

DECRETA

Artículo único.   Declárase el 12 de Octubre día de Fiesta Nacional.

Dado en el Salón de Sesiones del Poder Legislativo. Palacio Nacional: San Salvador a 11 de Junio de 1915.

Francisco G. de Machón, Presidente.— *Rafael A. Orellana*, primer Secretario.— *J. H. Villacorta*, segundo Secretario.

Palacio Nacional: San Salvador, 12 de Junio de 1915.

Publíquese.   *C. Meléndez.* —El Ministro de Gobernación, *Cecilio Bustamante.*

Igual conducta que Santo Domingo y El Salvador han seguido las Repúblicas de Cuba, Chile, Argentina, Uruguay, Honduras, Paraguay, Brasil, Panamá, Guatemala y Colombia.

Trasladaremos aquí lo que acerca de la política española en las Indias dicen D. Francisco Pi y Margall y D. Jacinto Benavente:

Las naciones cultas (de América), escribe el ilustre historiador Pi y Margall, no vacilo en afirmar que, fuera de la religión y de la guerra, tenían mejores costumbres que las de Europa. El Perú, hasta dentro de la guerra, ya que la hacía con más respeto que nosotros a la persona y los bienes de los enemigos. Con nuestro contacto depraváronse todas, en común sentir de los primitivos historiadores de Indias. Bajo la antigua tiranía eran dóciles, trabajadoras, poco propensas a litigios, moderadas en el uso de sensuales deleites; bajo la nuestra, con ser mucho peor, contamináronse de todos nuestros vicios y se hicieron rebeldes, inactivas, pendencieras, lujuriosas.

De las tribus salvajes no me atrevo a formular juicio general de ningún género. Las había rayanas de los brutos y las había que en el sentimiento de la dignidad propia y la ajena igualaban cuando no aventajaban a los pueblos cultos» (1).

Del gran dramaturgo Benavente son las siguientes palabras:

. . . .

Y de nuestra política colonial en las Indias, ¿qué no se habrá dicho? No sería tan tiránica, tan destructora, cuando de ellas surgieron pueblos grandes y libres, orgullo de nuestra

_____

1   *Historia general de América*, tom. I, vol. II, págs. 1.003 y 1.004.

raza. Una política tiránica, opresora, destruye toda posibilidad de emancipación. No habríamos oprimido tanto, cuando de igual a igual, fuertes y triunfantes, pudieron combatirnos y proclamar su independencia.

Yo he visitado alguna parte de la América española, y, con orgullo puedo decirlo, lo mejor que hallé en ella es lo que de español queda allí, pese al cosmopolitismo invasor. Las virtudes de la familia española, esa discreción de la mujer no contaminada de feminismo, que más bien debiera llamarse masculinismo, la generosidad hidalga en los hombres, el trato afable y llano con los iguales, con los inferiores, todas esas virtudes de nuestra raza, la más democrática del mundo, contrastando con la sequedad de los hombres de presa que allí acuden de todas partes, hacen de aquellas hermosas ciudades, que nos recuerdan a las españolas, cuando en los hogares donde aún alienta el espíritu de España se penetra como amigo, ciudades a la americana, cuando después, por sus calles, entre empujones y codazos, ve uno a los otros, a los extranjeros de todos los puntos del mundo, brutales, febriles, codiciosos de bienes materiales...

.... (1)»

Sin embargo del respeto y admiración que sentimos por Pi y Margall y por Benavente, habremos de manifestar que no estamos conformes con la opinión del uno ni con la del otro.

Reconoce el autor de *Las nacionalidades* que las tribus americanas, lo mismo cultas que salvajes tenían los vicios de la embriaguez, de la lujuria, de la prostitución y del juego. Por nuestra parte diremos que no debe olvidarse cómo el canibalismo se hallaba extendido por toda América de la manera más brutal y fiera, hasta el punto que muchos pueblos del Amazonas declaraban que «preferían ser comidos por sus parientes antes que por los gusanos (2). Asimismo sabemos con toda certeza que unas tribus se contentaban con beberse la sangre del cautivo, otras se repartían en menudos pedazos las carnes del difunto, llegando el refinamiento de la crueldad al extremo de que si no alcanzaba el reparto para todos, cocían algún trozo en agua, distribuyendo luego el líquido con el objeto de que todos pudiesen decir que habían probado en mayor o menor cantidad la carne del enemigo.

---

(1) Discurso leído en los *Juegos florales* de El Escorial el 29 de Agosto de 1915.
(2) Markham, List. of Tribes etc. (Fourk. Anthrop. Inst. 1895, pág. 233).

También no parece ocioso advertir que la esclavitud era
en las Indias más bárbara y repugnante que en los pueblos de
Europa.

No negaremos que numerosas tribus indias que poblaban
algunos de aquellos dilatados países, ya tuviesen establecida
su morada en las heladas regiones de Groenlandia, ya en las
riberas de los caudalosos Mississipí y Amazonas, o en los elevados picos de los Andes, aunque no tenían gobierno organizado ni leyes escritas y creían en dioses feroces que se alimentaban de sangre humana, eran dulces, pacíficas y buenas.
No negaremos la pureza de costumbres, la sobriedad y el respeto al extranjero de aquellas tribus bárbaras que habitaban
en el Gran Chaco o en la Patagonia. Pero habremos de añadir
que muchos indígenas fueron taimados y perversos. Ellos pagaron con traiciones los beneficios que recibían de sus patronos, al mismo tiempo que se postraban ante los españoles,
que les maltrataban o envilecían. Fueron desleales con los
castellanos, que les trataban como hombres; obedientes y cariñosos con los que veían en ellos seres irracionales. No hacían distinción entre sus bienhechores y sus tiranos.

Si llevamos a América —contestaremos a Benavente—
nuestra política y administración, nuestra religión católica,
nuestro régimen económico, nuestras ideas sobre la hacienda
pública, nuestro sistema municipal democrático, nuestras instituciones benéficas, nuestros consulados, nuestras Audiencias
y nuestras Universidades, también les llevamos malos usos y
costumbres, ruines pasiones y no pocos vicios. Cierto es que
los frailes por un lado y la Compañía de Jesús por otro, cubrieron el suelo de iglesias y de hospitales, los misioneros llevaron la civilización a los países más lejanos e incultos, los artistas de la Metrópoli instruyeron en las Bellas Artes a aquellos numerosos pueblos y los colonos españoles crearon muchas industrias y enseñaron a los indígenas la apertura de caminos y el cultivo de los campos; pero frailes, misioneros, artistas y colonos abusaron de la ignorancia de los indios y les
engañaron en los tratos que con ellos hicieron.

Si el gran poeta Quintana, recordando nuestras culpas pasadas, creía vindicar a su patria diciendo:

Crimen fueron del tiempo, no de España,

el historiador, aunque con profundo sentimiento, se ve obligado a decir otra cosa. De los primeros españoles descubridores
y conquistadores de América, habremos de afirmar que, hombres de poca cultura y, como tales, de hábitos un tanto groseros, cometieron con harta frecuencia desórdenes y tropelías, robos y muertes. (Apéndice B).

Los soldados de Cortés y Pizarro no tenían la disciplina de
aquellos que mandaba el Gran Capitán, Antonio de Leiva y
el marqués de Pescara, ni aun la de los tercios de Flandes, ni
siquiera la de los que conquistaron Portugal bajo las órdenes
del duque de Alba. Los aventureros que desde Andalucía, especialmente de Sevilla, iban a América, eran hombres más
dados a la vagancia que al trabajo. Servían unos de espadachi-
nes escuderos a elevadas damas o influyentes galanes; descendían otros a rufianes de la más ínfima clase de cortesanas; dedicábanse muchos a cobrar el barato en las casas de juego o
se agregaban a las compañías de comediantes o faranduleros,
con el sólo objeto de aplaudir en los corrales a damas y a
galanes. En busca de aventuras se dirigían también al Nuevo
Mundo castellanos, extremeños, catalanes y manchegos, gente ruda, altiva y áspera en sus costumbres.

Aquéllos y éstos, unos y otros eran asistentes diarios á las
farsas que imitaban perfectamente o con exactitud las palizas,
las lidias de toros y los autos de fe que celebraba la Inquisición.

Recordaremos a este propósito al hidalgo de Extremadura, que «viéndose tan falto de dineros, y aun no con muchos
amigos, se acogió al remedio a que otros muchos perdidos en
aquella ciudad (Sevilla) se acogen, que es el pasarse a las Indias, refugio y amparo de los desesperados de España, iglesia de los alzados, salvoconducto de los homicidas, pala y cubierta de los jugadores (a quien llaman diestros los peritos en
el arte), añagaza general de mujeres libres, engaño común de
muchos y remedio particular de pocos» (1).

Y Prescott escribió que los conquistadores del Nuevo
Mundo fueron «soldados de fortuna, aventureros desesperados que entraron en la empresa como en un juego, proponiéndose jugar sin el menor escrúpulo y con el único objeto
de ganar de cualquier modo que fuese» (2).

---

(1) Cervantes, *El Celoso Extremeño*, pág. 5.
(2) *Historia del Perú*, tom. II, pág. 215.

Creían que por el derecho de conquista podían, no sólo repartirse las cosas, sino también las personas; pero no debemos olvidar—pues el asunto tiene transcendental importancia—que la gente que iba de España se veía obligada frecuentemente a subir altas y fragosas montañas, a recorrer estrechas y pedregosas veredas o valles donde nunca llegaba la luz del sol, a atravesar caudalosos ríos, terribles precipicios y profundas simas, a subir escarpadas rocas y montes cubiertos de verdor y cuyas cimas, coronadas de nieve, se ocultaban en las nubes, a bajar cordilleras, a arrostrar riesgos y trabajos, a luchar de noche y de día en las ciudades y en los campos. Para conquistar aquel país, donde se encontraban hombres sencillos y feroces, civilizados y salvajes, hospitalarios y antropófagos, necesitaba la Metrópoli, y no lo tenía, poderoso, obediente y disciplinado ejército.

Conviene recordar que las distracciones del español estaban reducidas a fugaces amoríos con alguna india cautiva, a escuchar picaresco cuento y a veces legendarias hazañas referidas en largas noches de invierno por algún soldado poeta. Otra hubiese sido la conducta de los conquistadores de las Indias al tener en su compañía mujeres de la misma raza y del mismo país, pues ellas, con sus amores y caricias, con sus alegrías y bondades, habrían transformado por completo el carácter de aquellos rudos soldados.

Tampoco habremos de negar que algunos de los primeros conquistadores, con la excusa de la civilización, olvidándose de la Moral cristiana, hollaron las instituciones, sentimientos, usos y costumbres de las razas americanas. Con la excusa de la civilización, algunos de los primeros conquistadores arrebataron a los indios sus mujeres y sus hijas, sus casas y sus tierras. Con la excusa de la civilización, algunos de los primeros conquistadores arrojaron de su pedestal aquellos ídolos que habían sido el consuelo de infinitas generaciones, en tanto que el miedo y el terror, cuando no la desesperación, se pintaba en el rostro de los indígenas. Tuvieron a dicha no pocos religiosos españoles derribar templos, romper ídolos y recorrer extensas comarcas imponiendo por la fuerza la doctrina del Crucificado.

En otro orden de cosas, también se cometieron abusos sin cuento. No negaremos lo que dice—y que copiamos a continuación—el provisor Morales. «Es general el vicio de amancebamiento con indias, y algunos tienen cantidad de ellas como en serrallo» (1). El citado cronista, más dado a la leyenda que a la historia, se atrevió a escribir que algunos españoles se entretenían, tiempo después de la conquista, en cazar indios con perros de caza (2), añadiendo otros autores que hubo entre los nuestros quienes llegaron a creer que los indígenas no pertenecían a la especie humana, y que valían, por tanto, lo mismo que un mono o un caballo. Sólo se nos ocurre contestar—y esta es la única observación o comentario a la noticia—que no habían de faltar compatriotas nuestros, ya que careciesen de toda clase de cultura, ya que por instinto fuesen crueles y feroces.

Tristísima era la vida del indio entre algunos españoles. El, sin mujer que le consuele, sin hijos que le ayuden en sus trabajos y sin familia que se compadezca de sus infortunios, condenado a vivir—si vida puede llamarse—en el fondo de las minas para extraer el oro y la plata que los reyes de España gastaban en guerras y los cortesanos en orgías; agricultor y recolector de los frutos de la tierra para que se alimentasen sus despiadados amos; esclavo de hombres que se llamaban religiosos cuando la religión enseña que ambos eran hijos de un mismo Dios; el indio, repetimos, hastiado de la vida, buscaba en el suicidio, enfermedad de todas las sociedades caducas y desesperadas, el término de sus penas y dolores. Preferían la muerte a la pérdida de su libertad, a la servidumbre, a la esclavitud. Los incultos indígenas se creían más felices que los civilizados españoles. Indiferentes los indios a los goces de la cultura, vivían alegres y satisfechos en sus montañas y bosques. Lo que Dozy decía de los beduínos del tiempo de Mahoma, decimos nosotros de los indios del siglo XVI. «Guiados (los beduínos)—tales son las palabras del historiador francés—no por principios filosóficos, sino por una especie de instinto, han realizado de buenas a primeras la noble divisa de la revolución francesa: la libertad, la igualdad y la fraternidad» (3).

Severos censores hemos sido al juzgar la conducta de los conquistadores españoles en las Indias, y sin miramientos de

(1) *Relación dada por el provisor Morales sobre cosas que convenían probarse en el Perú*. M S
(2) Ibidem.
(3) *Historia de los musulmanes españoles*, tomo I, pág. 36. Tr

ninguna clase diremos después lo bueno y lo malo que hicieron; pero colocándonos en el alto tribunal de la historia, añadiremos que no todos son negruras en el descubrimiento, conquista y gobierno de España en el Nuevo Mundo, como no todo son negruras—aunque otra cosa digan apasionados cronistas—lo realizado en la colonización inglesa y portuguesa de las Indias Orientales. La imparcialidad no ha sido norma de los historiadores antiguos y modernos. A pesar de los juicios poco favorables que escritores europeos y americanos han emitido acerca de la política de los gobiernos de Madrid, Londres y Lisboa, a pesar de la ingratitud de algunas naciones de América—no todas, por fortuna—con España, Inglaterra y Portugal, nadie podrá negar, o mejor dicho, conviene no olvidar que un ilustre hijo de la república de Génova, al servicio de los Reyes Católicos D. Fernando y Doña Isabel, descubrió el Nuevo Mundo, y que ingleses, portugueses y españoles llevaron a aquellas lejanas tierras su respectiva civilización y cultura.

Al ocuparnos en las conquistas de unos pueblos sobre otros, tentados estamos para decir que, lo mismo en aquella época que antes y después, lo mismo si se trata de España que de otras naciones, dichas conquistas han ido casi siempre acompañadas de abusos y alevosías. Si pecaron los españoles, también pecaron ingleses, franceses, dinamarqueses y holandeses. Si no fué generosa ni aun prudente la política seguida por nuestros compatriotas, tampoco lo fué la de otras naciones. Recuérdense los Gobiernos de lord Clive y de Warren Hastings en la India. Del primero, gobernador general de las posesiones inglesas de Bengala, dice lord Macaulay lo siguiente: «Se sabe que antes de salir de la India remesó a su patria más de ciento ochenta mil libras esterlinas por conducto de la Compañía Holandesa, y más de cuarenta mil por la Inglesa, aparte de otras considerables sumas enviadas por casas particulares. Además, poseía joyas de gran precio, medio muy generalizado entonces de traer valores a Europa, y en la India era dueño de propiedades cuyas rentas estimaba él mismo en veintisiete mil libras; de modo, que sus ingresos anuales, cuando menos, según la opinión de John Malcolm, pasaban de cuarenta mil libras esterlinas (3.800.000 reales), rentas en aquella época tan pingües y raras como lo son en la nuestra las de cien mil libras. Así, que podemos afirmar, sin temor de incurrir en exageración, que ningún inglés que comenzara la vida sin bienes de fortuna ha llegado, como Clive, a encontrarse a los treinta y tres años poseedor de tan inmensas riquezas» (1). Respecto a la administración de Warren Hastings, gobernador de Bengala, añade el citado historiador, que «es imposible desconocer que hacen contrapeso a los grandes crímenes que la mancharon, los grandes servicios que prestó al Estado» (2). En efecto, muchos y graves fueron los atropellos cometidos por Hastings y contados por Burke en la Cámara de los Lores. Tampoco pasaremos en silencio las crueldades que el francés D'Esnambuc cometió con los naturales de la Martinica en el año 1635, ni la conducta torpe, torpísima de los dinamarqueses en la costa de Coromandel y de los holandenses en la citada India.

Allá en la antigüedad, la historia enseña que Virgilio daba idea clara del destino y de la política exterior de Roma en los siguientes versos:

Tu regere imperio populos, Romane, memento:
. . . .
Parcere subjectis, et debellare superbos (3).

Y las Doce Tablas consagraron aquel terrible principio que dice:

Adversus hostes æterna auctoritas esto.

Cartago, gobernada por egoísta aristocracia, sólo quería aumentar el producto de su tráfico, importándole poco las ideas de patria, de justicia, de honor y de cultura.

Los germanos se apoderaron de la mejor y mayor parte de la tierra de los vencidos, y algunos de aquéllos, los anglosajones, por ejemplo, se hicieron dueños de todo en la Bretaña. Tristísima fué la condición de los vencidos.

Cuando los musulmanes lograron la victoria en la Laguna de Janda, los ibero-romanos sufrieron toda clase de vejaciones, y cuando los cristianos tomaron a Granada hicieron objeto de su odio a los hijos del Profeta.

En nuestros días, ingleses, alemanes, franceses, italianos, rusos y portugueses, guiados únicamente por la idea del lucro,

---

(1) *Estudios históricos*, pág. 140. Tr.
(2) Ibidem, pág. 285.
(3) *Eneida*, lib. VI, versos 851 y 853.

ven en sus colonias ancho campo donde extender y desarro-
llar sus respectivas industrias.

En suma: el *Væ victis* de Breno, fué y será, no la ley horrible del derecho de gentes en la época romana, sino el dogma
político de todos los tiempos y de todos los pueblos.

De Sir Russell Wallace, son las siguientes palabras: «¡Qué
colonizadores y conquistadores tan maravillosos estos españoles y portugueses! En los territorios colonizados por ellos, tra-
zaron cambios mucho más rápidos que todos los demás pueblos modernos, y semejantes a los romanos, poseen sus grandes facultades para imponer su lengua, cultura y religión a
pueblos bárbaros y salvajes.

Cariñoso por demás se muestra con nosotros Sir Russell
Wallace. Si no creemos que España tenga justos títulos para
pedir, como nación colonizadora, lugar preeminente en la Historia, tampoco admitimos que la pérdida de las colonias de la
América del Sur, sea prueba palmaria de su incapacidad para
gobernar las extensas posesiones adquiridas en aquellos lejanos territorios. La Gran Bretaña no pudo sofocar la rebelión
y perdió las colonias de América del Norte, y a España le sucedió lo mismo. Una y otra nación perdieron sus respectivas
colonias porque debían perderlas, porque no era posible tener en perpetua tutela pueblos poderosos y cultos.

No olvidemos, no, que las Leyes de Indias son monumento
glorioso de la legislación española, y la Casa de la Contratación mereció alabanzas, lo mismo de nacionales que de extranjeros. Y dígase lo que se quiera en contrario, digna de encomio fué muchas veces la conducta de nuestros Reyes. Ellos,
en no pocos casos, recomendaron con gran solicitud a sus infelices indios.

Isabel la Católica decía en su testamento lo siguiente:
«Cuando nos fueron concedidas por la Santa Sede Apostólica
las Islas y Tierra Firme del mar Océano, descubiertas y por descubrir, nuestra principal intención fué al tiempo que lo supli-
camos al Papa Alejandro VI, de buena memoria, que nos hizo
la dicha concesión, de procurar inducir y traer los pueblos de
ellas, y los convertir a nuestra Santa Fe Católica y enviar a las
dichas islas y Tierra Firme, prelado y religiosos, clérigos y
otras personas doctas y temerosas de Dios, para instruir los
vecinos y moradores de ellas a la fe católica y los doctrinar,
y enseñar buenas costumbres y poner en ello la diligencia de-

bida, según más largamente en las letras de la dicha concesión se contiene. Suplico al Rey, mi señor, muy afectuosamente, y encargo y mando a la Princesa, mi hija, y al Príncipe, su marido, que así lo hagan y cumplan, y que éste sea su principal fin y en ello pongan mucha diligencia y no consientan ni den lugar a que los indios vecinos y moradores de las dichas Islas y Tierra Firme, ganados y por ganar, reciban agravio alguno en sus personas y bienes...» Igual conducta —como se muestra por diferentes Reales Cédulas—, observaron Carlos I, Felipe II, Felipe III y Carlos II. Gloria inmortal merece el Emperador Carlos V por la Cédula que dió el 15 de Abril de 1540 en favor de los negros de la provincia de Tierra Firme, llamada Castilla del Oro (Apéndice C). No se olvide que Felipe II, al recibir en su palacio al visitador Muñoz (1568), que ejerció sangrienta dictadura en México, le dijo con severidad: «Te mandé a las Indias a gobernar, y no a destruir», contándose también que, como casi al mismo tiempo se le presentara el Virrey del Perú, D. Francisco de Toledo, matador del inca Sairi Tupac, le dirigió en tono amenazador las siguientes palabras: «Idos a vuestra casa, que yo no os mandé al Perú para matar Reyes.» Felipe III miró con singular cariño a los infelices indios. Y en la *Recopilación de las Leyes de Indias,* Felipe IV escribió por su real mano la hermosa cláusula que copiamos: «Quiero que me déis satisfacción a mí y al mundo, del modo de tratar esos mis vasallos, y de no hacerlo, con que en respuesta de esta carta vea yo ejecutados ejemplares castigos en los que hubieren excedido en esta parte. Mandamos a los Virreyes, Presidentes, Audiencias y Justicias, que visto y considerado lo que Su Majestad fué servido de mandar y todo cuanto se contiene en las Leyes de esta Recopilación, dadas en favor de los indios, lo guarden y cumplan con tal especial cuidado, que no den motivo a nuestra indignación, y para todos sea cargo de residencia.» Habremos de referir, por último, que al confirmar Carlos II la concesión pontifical, lo hizo con las siguientes palabras: «Y por que nuestra voluntad es que los indios sean tratados con toda suavidad, blandura y caricia, y de ninguna persona eclesiástica o secular ofendidos: Mando que sean bien y justamente tratados, y si algún agravio han recibido, lo remedien, y provean de manera que no se exceda cosa alguna lo que por las letras apostólicas de la dicha concesión nos es invungido y mandado.»

La misma simpática conducta siguieron con bastante frecuencia los Reyes de la Casa de Borbón. Ilustre historiador
contemporáneo ha dicho lo siguiente: «En lo que se refiere a
los indios, hay que repetir que los monarcas multiplicaban los
medios de proteger sus personas e intereses. Sometidos los
naturales por la conquista a un poder extraño, intimidados
ante la superioridad de los europeos, a quienes tenían que
obedecer, era muy justo que la Corte de Madrid les dispen-
sara consideraciones, para hacer simpático el nuevo régimen
a los que tanto necesitaban de paternal auxilio y de cariñoso
apoyo; la justicia debía mostrar mayor solicitud respecto de
los débiles, que habían perdido sus sagrados derechos como
pueblo independiente y soberano; y los delegados del Rey en
las Indias tenían especial recomendación de favorecer de todos modos a los aborígenes (1). Alejandro Humboldt, cuya
autoridad nadie se atreverá a poner en duda, ha escrito que
la condición social del indio español era mejor que la de los
aldeanos de una gran parte del Norte de Europa (2). También el argentino D. Vicente G. Quesada, aunque a veces ha
juzgado con severidad el gobierno español en América, reconoce que no están en lo cierto los escritores que afirman que
la organización colonial fué un centralismo pernicioso, a la
cual atribuyen todos los errores y males de las nuevas naciones hispano-americanas (3).

En tanto que los Monarcas austriacos y los Reyes de la
casa de Borbón daban pruebas de su amor a la justicia y del
cariño que sentían por los indios, también eran dignos de fama
y renombre no pocos Virreyes, Gobernadores, Presidentes,
Corregidores, Arzobispos y Obispos. No todos, ni aun una
gran mayoría, como fuera nuestro deseo; pero muchos fueron
tolerantes y buenos, como lo confirman antiguos cronistas y
modernos historiadores.

Nadie—por exigente que sea—escatimaría aplausos a Antonio de Mendoza y a Luis de Velasco, virreyes de México;
á Manuel de Guirior, virrey del Perú; a José Antonio Manso
de Velasco, Gobernador de Chile; a Miguel de Ibarra, Presidente del Ecuador, y a Andrés Venero de Leyva, Presidente

(1) Gomez Carrillo, *Historia de la América Central*, tomo III, pags. 27 y 28.—Con-
tinuacion de Milla.
(2) *Ensayo político*, lib. IV, cap. IX
(3) *La Sociedad hispano-americana bajo la dominación española*.

de la Audiencia de Santa Fe de Bogotá. Entre los prelados, justo será recordar los nombres insignes de Santo Toribio de Mogrovejo, Arzobispo de Lima, y de Fr. Juan de Zumárraga, Arzobispo de México. Protectoras incansables las autoridades españolas de la religión y de las órdenes religiosas, la religión fué desde la cuna hasta la muerte el sentimiento general lo mismo del español que del indio. Tanto las autoridades civiles como las eclesiásticas se desvelaron por extender la civilización, abrir escuelas, establecer imprentas y llevar a todas partes el mejoramiento y el bienestar. Que en el esplendoroso cuadro de los Gobiernos españoles hubo algunas y, si se quiere muchas manchas, nada importa, pues toda obra humana las tiene en más o menos cantidad, con mayor o menor fuerza señaladas. No hemos de negar que no siempre estuvieron acertados los Reyes y los Gobiernos en el nombramiento de las autoridades, lo mismo civiles que militares, para las colonias. Con mucha frecuencia se impuso el favoritismo y ocuparon elevados puestos hombres aduladores, necios e intrigantes, cuando no avaros, codiciosos y crueles.

Para terminar esta materia permítasenos recordar algunos hechos y dirigir una pregunta. No olvidéis que a últimos del siglo XV desconocíais la escritura alfabética, los progresos de las ciencias y las bellezas de las artes, ni teníais arados para cultivar vuestras tierras, ni utensilios de hierro para todas las necesidades de la vida, ni carros en que transportar vuestras mercancías, ni buques de alto bordo para recorrer los mares, ni moneda de ley para el cambio de vuestros productos. No olvidéis que a últimos del siglo XV ni siquiera teníais noticia de los animales domésticos, ni sabíais nada del cultivo de los cereales. No olvidéis que durante largo lapso de tiempo, unidas España y América han marchado por tierras y mares realizando su vida, a veces con gran trabajo, a veces con facilidad extrema; pero siempre con fe y entusiasmo. ¡Americanos! En uno de los platillos de sensible balanza colocad lo bueno que habéis recibido de los españoles, y en el otro platillo colocad lo malo. ¿Qué pesa más?

«¡América para los americanos! Tal es la consigna adoptada —escribe Reclus— por las repúblicas del Nuevo Mundo para oponerse a las tentativas de intervención de las potencias europeas en los asuntos interiores del continente occidental. Bajo el punto de vista político, no cabe duda que los

Estados americanos no han de temer ya los ataques de ningún adversario, y no se sabe si tolerarán mucho tiempo en aquellas regiones la existencia de colonias dependientes de un Gobierno extranjero. Si oficialmente posee todavía la Gran Bretaña la cuarta parte de la superficie del Nuevo Mundo, casi la totalidad de aquel inmenso espacio está desierto, y las provincias habitadas, constituyen, por decirlo así, una república independiente, en la que el poder real sólo está representado en el nombre, y por todo ejército tiene un regimiento acampado en una punta de tierra en el sitio más inmediato a Europa, como si estuviese aguardando órdenes para regresar a la Metrópoli. Los pueblos del Nuevo Mundo tienen, pues, asegurada su autonomía política contra toda mira ambiciosa del extranjero; pero bajo el aspecto social, América dista mucho de ser de los americanos; es de todos los colonos del antiguo mundo que a ella acuden y en ella encuentran nueva patria, aportando sus usos y costumbres hereditarias, al par que sus ambiciones, sus esperanzas y la necesaria fuerza para acomodarse a un nuevo modo de ser. Los que por distinguirse de los hombres civilizados del resto del mundo se llaman *americanos*, son también hijos ó nietos de europeos; el número de estos americanos aumenta en más de un millón cada año por el excedente de los nacidos sobre los muertos; además, aumenta en más de otro millón con los colonos recién llegados, que a su vez se llaman pronto americanos, y a veces miran como intrusos a los compatriotas que llegan tras ellos. El mundo trasatlántico es un campo experimental para la vieja Europa, y como en el antiguo mundo, se prepara allí la solución de los problemas políticos y sociales en bien de la humanidad (1).

Viene al caso recordar que allá en el año 1824, el Congreso de Panamá, siguiendo las inspiraciones de Bolivar, entre otros asuntos, procuró establecer un pacto de unión y de liga perpetua contra España o contra cualquier otro poder que procurase dominar la América, impidiendo además toda colonización europea en el nuevo continente, toda intervención extranjera en los negocios del Nuevo Mundo (2). Los temores de Bolivar tenían su razón de ser después de pelear en *Ayacucho* con ejércitos de Europa. Añade con acierto J. B.

---

(1) *Geografía universal, América septentrional*, págs. 83 y 84.
(2) Véase *Simón Bolivar*, págs. 179 y 180.

Alberdi, lo siguiente: «Si Bolivar viviera hoy día, como hombre de alto espíritu, se guardaría bien de tener las ideas de 1824 respecto a Europa. Viendo que Isabel II nos ha reconocido la independencia de esa América que nos dió Isabel I hace tres siglos, lejos de temer a la España como a la enemiga de América, buscaría en ella su aliada natural, como lo es, en efecto, por otros intereses supremos que han sucedido a los de una dominación concluida por la fuerza de las cosas. Los peligros para las Repúblicas no están en Europa. Están en América: son el Brasil, de un lado, y los Estados Unidos, del otro». (1).

Algunos escritores americanos tienen a gala el denostar a España. Rechazan indignados la idea de que se les atribuyan las cualidades de nuestra raza. No quieren llevar en sus venas sangre española. El argentino Domingo F. Sarmiento, autor de la excelente obra *Facundo ó Civilización y barbarie*, tuvo el mal gusto de censurar con acritud las costumbres españolas en su libro *Viajes por América, Europa y África*. Contra Sarmiento escribió nuestro Martínez Villergas el folleto titulado *Sarmenticidio*, al cual sirve de preliminar composición poética que el inspirado vate había publicado en París el año 1853. En ella se lee lo siguiente:

> *Quemó Erostrato el templo de Diana,*
> *Y usted, por vanagloria,*
> *Maldice de su raza la memoria:*
> . . . .

La misma animosidad contra España ha manifestado recientemente Fernando Ortiz, catedrático de la Universidad de la Habana, en su libro *La Reconquista de América*. Otros no les han seguido por el mismo camino en su enconada ojeriza a la madre Patria.

Por fortuna, creemos que no están en mayoría los escritores que piensan como Sarmiento y Ortiz. No pocos—aunque nosotros quisiéramos que fuese mayor el número—aprovechan cuantas ocasiones se les presentan para manifestar su cariño a España. Con singular complacencia hemos leído varias veces el siguiente párrafo del Sr. Riva Palacio, ministro de México en Madrid:

(1) *Simón Bolívar*, pág. 180. Madrid 1914

«No se conserva memoria—dice—de otro pueblo que, como el español, sin desmembrar su territorio patrimonial y sin perder la existencia social y política, haya formado directamente diez y seis nacionalidades enteramente nuevas sobre la faz de la tierra, hoy ya emancipadas, y a la que legó sus costumbres, su idioma, su literatura, su altivez, su indomable patriotismo y el celo exagerado por su autonomía. Diez y seis nacionalidades que marchan todas por el camino del progreso, y que, reconociendo con su origen todas esas identidades, procuran estrechar cada día más sus relaciones, creando una virtud cívica hasta hoy desconocida, el patriotismo continental, que hace de cada americano como un hijo cualquiera de las otras Repúblicas; y quizá algún día la España, hija del antiguo mundo, podrá decir delante de esas diez y seis nacionalidades, como Cornelia la romana: «Tengo más orgullo en ser la madre de los Gracos, que la hija de Escipión el Africano» (1).

Entre los papeles de Manuel Araujo, electo presidente de la República de San Salvador en el año 1911, y fallecido en 1914, hallamos uno, en el cual se consigna este hermoso pensamiento:

«La obra afanosa de mi agitada vida va cumpliéndose. Bajo la égida protectora de Dios, mis flores, mis ensueños de progreso para la patria antigua y de libertad para mi pueblo amado, van siendo una hermosa realidad» (2).

Merece trasladarse también aquí lo que Alejandro Alvarado Quirós ha escrito al visitar el sepulcro de Colón en Sevilla. Dice así:

Los pueblos de América deberían visitarlo en cruzadas como el más sagrado de sus cultos; tuvo para nosotros un resplandor celeste, una palabra profundamente religiosa, superior a las que el espíritu del gran guerrero, del artista y del santo nos dijeron al oído, y que sólo podría ser superada por la armonía inefable de nuestras creencias, evocadas ante la piedra tumular y el sepulcro abierto y luminoso de Jerusalén (3).

En *La Nota*, periódico de Buenos Aires, ha publicado úl-

---

(1) Discurso leído por el general Riva Palacio en el Ateneo de Madrid el 18 de Enero de 1892, pág. 9.

(2) Véase *Libro Araujo*. San Salvador, Imprenta Nacional, 1914.

(3) *Bric-Brac*. San José de Costa Rica.—Alsina, 1914.

timamente José Enrique Rodó un artículo donde, entre otras cosas dignas de nuestra gratitud, se lee este párrafo: «Cualesquiera que sean las modificaciones profundas que al núcleo de civilización heredado ha impuesto nuestra fuerza de asimilación y de progreso; cualesquiera que hayan de ser en el porvenir los desenvolvimientos originales de nuestra cultura, es indudable que nunca podríamos dejar de reconocer y confesar nuestra vinculación con aquel núcleo primero, sin perder la conciencia de una continuidad histórica y de un abolengo que nos da solaz y linaje conocido en las tradiciones de la humanidad civilizada.»

De Blanco Fombona son las palabras que copiamos de la revista *Renacimiento*, de la Habana: «La holgazanería española, que es una de las frases hechas más injustas, labora minas en Bilbao, cultiva viñedos en la Mancha y Aragón, cría ganados en Andalucía y ejerce toda suerte de industrias en Cataluña y Valencia. En un momento de holgazanería española, echaron nuestros abuelos a los moros de la Península, descubrieron, conquistaron y colonizaron a América, y abriendo los brazos en Europa, con gesto heroico y magnífico, pusieron una mano sobre Flandes y sobre Nápoles la otra.»

A José Ingenieros, crítico argentino y autor, entre otras obras, de las intituladas *Simulación en la lucha por la vida* y *Al margen de la ciencia*, le colocamos entre los defensores de España, aunque otra cosa digan críticos suspicaces. De la *Revista de Filosofía*, de Buenos Aires, correspondiente al año de 1916, copiamos el siguiente párrafo de largo artículo:

. . . .

«Mi anhelo de español sería que en los libros de los niños de hoy—los españoles de mañana—se enseñara a venerar la memoria de un Isidoro, de un Lulio, de un Vives y de un Servet, en vez de seguir mintiendo las aventuras del Cid—que vivió mucho tiempo con dinero de los moros—, las glorias de Carlos «Quinto» de Alemania—que nadie conoce por Carlos «Primero» de España—, ni la fastuosa magnificencia de los siguientes Hapsburgos—que por la indigencia en que vivieron no fuéronle en zaga a ningún estudiante de novela picaresca.

Constituída una nueva moral, poniendo como ejemplo la tradición de sus pensadores y de sus filósofos, a España le sobrarán fuerzas para renacer; las hay en cada provincia o región; muchas de ellas pujan ya en vuestra Cataluña intensa y expansiva. »

. . . .

Entre los inspirados vates que más han amado a España, citaremos a Rubén Darío. Recordamos aquellos versos:

No es Babilonia ni Nínive enterrada en olvido y en polvo
ni entre momias y piedras reina que habita el sepulcro
la nación generosa, coronada de orgullo inmarchito,
que hacia el lado del alba fija las miradas ansiosas;

o aquellos de Chocano:

Y así América dice: ¡Oh madre España!
Toma mi vida entera;
que yo te he dado el sol de mi montaña
y tú me has dado el sol de tu bandera.

o aquellos otros de Gómez Jaime:

Y a España, madre egregia que fecundó tu historia,
le ofrecerás tu sangre, le rendirás tu gloria;
y el triunfo de la raza le ofrendarás también.

o los de Andrade Coello:

Erguido quedará siempre,
porque su cumbre tremola
mi altiva enseña española
que tu raza no arriará;

o, en fin, otros muchos inspirados en el mismo sentimiento hacia España.

Al querer — como poco antes se dijo — la unión de los pueblos hispano-europeos con los hispano-americanos, no deseamos de ningún modo la enemiga con los de raza anglo-sajona. Pruebas habremos de dar en el curso de nuestra obra, no sólo del respeto, sino de la admiración que sentimos por la gran República de los Estados Unidos del Norte de América.

Algunas veces hemos llegado a creer—y de ello estamos arrepentidos—que, para contrarrestar el imperialismo de los Estados Unidos, debieran confederarse todos los pueblos de raza española del Nuevo Continente y con ellos el lusitano americano, bajo la suprema dirección de los más poderosos (el Brasil, la Argentina, Chile, etc.)

De un artículo de Castelar copiamos lo siguiente: «Pero cuando la raza anglo-sajona pretende negar nuestra influencia en América, hacer suyo todo aquel mundo, turbar la paz de nuestras Repúblicas, acrecentar su poderío, á costa de nuestro mismo territorio, contar entre sus estrellas a Cuba; cuando esto suceda, fuerza es que todos los que de españoles nos preciamos, unamos nuestras inteligencias y nuestras fuerzas para no consentir tamaña degradación y estar fuertes y apercibidos en el día de los grandes peligros, de las amenazadoras desventuras» (1).

Aunque llegó el día tan temido, no se unieron nuestras inteligencias ni nuestras fuerzas, o mejor dicho, nuestras inteligencias y nuestras fuerzas fueron vencidas por el inmenso poder de los Estados Unidos. Con pena habremos de confesar que lo mismo América que Europa se alegraron para sus adentros de las desgracias de España.

Trasladaremos también a este lugar lo que ha escrito el académico Sr. Beltrán y Rózpide, recordando seguramente la destrucción de nuestras escuadras en Santiago de Cuba y en Cavite. «Si hoy los historiadores, dice, encuentran las raíces de la decadencia de España en los mismos días de Carlos I y de Felipe II, en los tiempos de Mac Kinley y Roosevelt habrán de investigar los historiadores del porvenir el remoto origen o causa primera de la disolución y ruina de los Estados Unidos del Norte de América» (2).

Ni paramos mientes, ni damos valor alguno a juicios más apasionados que justos de ilustrado escritor, cuyo libro ha sido publicado en estos mismos días. El autor es el agustino P. Teodoro Rodríguez, Rector de la Universidad de El Escorial, y el libro se intitula *La civilización moderna*.

«No vamos a estudiar—dice—aunque bien pudiéramos hacerlo, ciertos actos de carácter internacional, y por todos conocidos, suficientes para colocar a quien los realiza, sea persona individual o colectiva, entre los profesionales del bandidaje y de la piratería; nos referimos a la usurpación de España por los Estados Unidos de sus colonias Cuba, Puerto Rico y Filipinas. Tampoco queremos estudiar, la Historia dará sobre ello su veredicto, la intervención *extraoficial* en las cuestiones de México y en la actual gran guerra europea, que

---

(1)   *La unión de España y América.*
(2)   *Los pueblos hispano-americanos en el siglo XX*, pág. 290. Madrid, 1904.

para algunos pone en entredicho su honorabilidad como nación (1).

Cuando los hijos de Cuba, Puerto Rico y Filipinas no se hallen contentos con su estado actual, cuando echen de menos el Gobierno de la antigua Metrópoli y cuando el progreso se haya interrumpido o cortado en aquellos países, entonces y sólo entonces estaremos conformes con el sabio agustino.

Nada importa que España haya perdido una provincia, dos o veinte. Lo que importa es que la guerra no destruya aquellas ciudades, ni se hiera ni se mate en aquellas tierras. Lo que importa es que al ruido de la pólvora haya sucedido el reino de la paz y del amor. Entretanto que geógrafos y religiosos condenan a los hijos de Wáshington y de Franklin, nosotros bendecimos a Dios y entonamos un cántico a la libertad e independencia de los pueblos. ¡Bendita sea la hora en que la fuerza fué vencida por el derecho!

Triste, muy triste es que España, la primera nación que tuvo la fortuna de llegar a América y la única que fué dueña de más extensos territorios, nada posea en nuestros días. La culpa es nuestra. Pero olvidándolo todo, casi me atrevería a rogar al geógrafo Beltrán y Rózpide y al teólogo P. Martínez que me acompañaran a rezar una oración ante las tumbas de españoles y de americanos, pues las de aquéllos y las de éstos se hallan bajo las flores del mismo cementerio. (Apéndice D.)

Grande es el amor que tenemos a España; grande es también el amor que tenemos a nuestras antiguas colonias. Pero no dejamos de reconocer que en esta vieja Europa los hombres sólo piensan en matarse unos a otros y las naciones en destruirse; en esa joven América, salvo algunas excepciones, los hombres son laboriosos, emprendedores, y las ciudades poseen inmensas fábricas dedicadas a la industria y al comercio. Aunque dichas naciones, lo mismo las europeas que las americanas, sufren terribles enfermedades sociales, la historia enseña que las primeras salen de sus crisis maltrechas y debilitadas, al paso que las segundas continúan prósperas y poderosas.

Si allá en los primeros tiempos de la historia, el progreso, después de cumplir su misión en Egipto, pasó a Caldea, China

(1) Págs. 153 y 154

e India, luego a Grecia y Roma y tiempo adelante a los pueblos todos de Europa, en nuestros días ¿emprenderá su marcha al Nuevo Mundo? De África pasó al Asia, y de Asia a Europa; ¿pasará al presente de Europa a América? ¿Buscará otro campo de acción en las orillas del San Lorenzo, del Mississipí, del Amazonas o del Plata? Cuando haya pasado la crisis terrible porque atraviesa Europa, contestaremos, ya tranquilo nuestro espíritu, que el Antiguo y Nuevo Mundo seguirán su marcha progresiva y realizarán, cada vez con mayor entusiasmo, la ley del amor y de la justicia.

II

Plan de la obra.

Por lo que respecta al plan de la obra, nos proponemos
reseñar la vida de los pueblos americanos de una manera clara y ordenada. En cinco partes dividiremos la HISTORIA DE
AMÉRICA: trataremos en la primera de la América antes de
Colón, o sea, de las primitivas razas que poblaron el Nuevo
Mundo; en la segunda del descubrimiento de las Indias Occidentales y de los descubrimientos anteriores y posteriores al
del insigne genovés; en la tercera de las conquistas realizadas
por los españoles y otros pueblos de Europa; en la cuarta de
los diferentes Gobiernos establecidos en aquellos países o de
los Gobiernos coloniales, y en la quinta de la guerra de la independencia y de los sucesos acaecidos en aquellos pueblos
hasta nuestros días.

Estas cinco partes o épocas se estudiarán en tres tomos;
las dos primeras, o sea América precolombina y los descubrimientos serán materia del tomo primero; la conquista del país
y los Gobiernos coloniales se expondrán en el tomo segundo,
y la independencia de todos los Estados hasta nuestros días
formarán la historia del tomo tercero.

Veamos más detalladamente los asuntos que se incluirán
en cada una de las cinco partes. Después del Prólogo damos
algunas noticias geográficas del Nuevo Mundo, pasando luego
a tratar de la Prehistoria y de la aparición del hombre en el
continente americano, procurando resolver la cuestión de
si es o no es autóctono; y en caso contrario, cuál es su procedencia y el camino que siguió para llegar a América. En
seguida tratamos de las razas y tribus que habitaron el suelo
americano antes del descubrimiento. Si vaga y corta es la historia de los pueblos que llamamos civilizados, casi nula es la
de los pueblos bárbaros. Algunas noticias daremos acerca del
estado social de los indios, de su lengua, de sus conocimien-

tos científicos y artísticos. Después se estudiará el estado de
España durante el reinado de los Reyes Católicos, y luego los
importantes descubrimientos geográficos anteriores al del
Nuevo Mundo.

Así como poetas y santos presentían la invasión de los
germanos y la muerte de Roma, y así como sabios y Papas
anunciaban la llegada de los turcos y la destrucción de Constantinopla, de la misma manera los isleños de la Española tenían como cosa cierta que de lejanas tierras vendrían unos
guerreros a derrocar los altares de sus dioses, a derramar la
sangre de sus hijos y a reducir a eterna esclavitud a todos los
habitantes del país; los sacerdotes del Yucatán profetizaron
que había llegado el fin de los vanos dioses, que ciertas señales indicaban próximos y terribles castigos, que estaban
cerca los hombres encargados de traer la buena nueva, que
aborreciesen á los dioses indígenas y adoraran al Dios de la
verdad, y, por último, que se vislumbraba ya la señal de
nueva vida, la cruz que había iluminado al mundo; y Huayna
Capac, el último Emperador del Perú, cuando comprendió
que se aproximaba el último momento de su vida, llamó a sus
dignatarios y les anunció la ruina del imperio por extranjeros
blancos y barbudos, según habían pronosticado los oráculos,
ordenándoles no hiciesen resistencia, antes por el contrario,
se sometiesen de buen grado. Al mismo tiempo cometas cruzaban los cielos llenando de terror a los peruanos, la luna
apareció teniendo a su alrededor círculos de fuego de diferentes colores, un rayo cayó en uno de los reales palacios
destruyéndolo completamente, los terremotos se sucedían
unos tras otros y una águila perseguida por varios alcones
vino a caer herida en la plaza del Cuzco; hecho que presenciaron aterrados muchos nobles incas, quienes creyeron que
era aquello triste agüero de su propia muerte. Del mismo modo
que aquel Dios Pan, tan alegre y risueño, que se precipitó,
allá en los tiempos antiguos, como dice Castelar, en las ondas
del Mediterráneo buscando la muerte (1), y cuyos tristes que-
jidos oían de noche los navegantes que surcaban los mares
helénicos, otros dioses, en el siglo XVI, exhalaban su último
suspiro cerca de las playas americanas—según cuentan los sacerdotes indios—y eran reemplazados por el Dios de la verdad, de la justicia y de la misericordia.

(1) *La civilización de los cinco primeros siglos del Cristianismo*, tomo I, pág. 352.

Con todo detenimiento será objeto de nuestro estudio la vida de Cristóbal Colón y los cuatro viajes que hizo al Nuevo Continente.

Ultimamente nos fijaremos en los descubrimientos y expediciones de Alonso de Ojeda, Vicente Yáñez Pinzón y Juan Díaz de Solís, Vasco Núñez de Balboa, Juan Ponce de León, Juan de Ampués, Rodrigo de Bastidas y Francisco Orellana.

El tomo segundo está dedicado a la conquista del territorio y a los Gobiernos de los diferentes Estados. Lo primero que se presenta a nuestro estudio es la América septentrional, esto es, la Groenlandia, el Canadá y las colonias inglesas. Seguirá a la conquista de México, la de la América Central (Guatemala, Honduras, San Salvador, Nicaragua y Costa Rica); también las Antillas, y, por último, la América Meridional (Perú, Bolivia, Chile, Argentina, Patagonia, Colombia, Venezuela, Ecuador, Las Guayanas, Paraguay, Uruguay y Brasil).

Libre España de la guerra con los hijos del Profeta, dos rumbos diferentes tomaron nuestros guerreros: unos marcharon a Italia sin otra mira que conquistar laureles en los campos de batalla, dirigidos por aquel ilustre político y valeroso soldado, a quien la Historia designa con el nombre de *El Gran Capitán;* otros, tomaron camino de Occidente buscando aventuras, o más bien guiados por la idea del lucro o por la codicia de oro y piedras preciosas, oro y piedras preciosas que abundantes se hallaban en la nueva tierra de promisión. «En las guerras del Nuevo Mundo, escribe lord Macaulay, en las cuales el arte estratégico vulgar no podía ser bastante, como tampoco la ordinaria disciplina en el soldado; allí, donde se hacía necesario desbaratar y vencer cada día por medio de alguna nueva estratagema la instable y caprichosa táctica de un bárbaro enemigo, demostraron los aventureros españoles, salidos del seno del pueblo, una fecundidad de recursos y un talento para negociar y hacerse obedecer de que apenas daría otros ejemplos la Historia» (1).

Inmediatamente será objeto de examen el Gobierno de los franceses e ingleses en el Canadá, deteniéndonos en las guerras intercoloniales. No deja de ser interesante la política seguida por ingleses, franceses y españoles en los Estados

_____

(1) *Estudios históricos,* pág. 5.

Unidos. Después de exponer los hechos de la Capitanía general de Guatemala (San Salvador, Nicaragua, Honduras y Costa Rica), daremos ligera idea de las luchas religiosas en la América española, pasando inmediatamente a hacer ligera reseña de los sucesos acaecidos en el Gobierno de las islas Mayores y Menores, Virreinato del Perú, Capitanía general de Chile, Gobierno y luego Virreinato de Buenos Aires, Gobierno de Colombia y luego Virreinato de Nueva Granada, Gobiernos de Quito, Panamá, Venezuela, Paraguay, Uruguay y Brasil.

Seguirá el estudio de la organización interior de los Estados, ya de raza anglo-sajona, ya de raza ibera. Allí veremos que franceses e ingleses defendieron y engrandecieron el territorio. Igual conducta siguieron las autoridades españolas en nuestras colonias. Del mismo modo en el tomo citado daremos exacta noticia de las Audiencias, Consulados, Cabildos y otros tribunales menos importantes, como también de la Inquisición y de la esclavitud. Además de las Encomiendas, procuraremos fijarnos muy especialmente en la Casa de la Contratación de Sevilla, en el Real y Supremo Consejo, y en las Leyes de Indias. Con algunas consideraciones acerca de la instrucción pública, de la cultura literaria, artística e industrial, terminaremos la materia del tomo segundo.

Asunto del tomo tercero y último será la independencia de las colonias, ya de raza inglesa, ya de raza española. Antes diremos algo de la cuasi independencia del Canadá en los últimos años. Tres nombres gloriosos aparecen iluminando los primeros tiempos de la independencia de los Estados Unidos: los americanos Franklin y Washington y el francés Lafayette. Respecto a las colonias de la América española, creemos indispensable y aun de importancia suma dar a conocer el estado en que se hallaban al comenzar la guerra; esto es, reseñaremos los movimientos precursores de la mencionada guerra, el carácter diferente que tuvo en cada uno de los países, las noticias que nuestros gobernantes de allá comunicaban de los sucesos y el efecto que dichas noticias hacían en la metrópoli, las medidas o resoluciones que tomaba el gobierno de Madrid, las instrucciones que se dieron a los comisionados para la pacificación y los resultados que produjeron, no olvidando las relaciones interesadas de algunas potencias con los insurgentes. Nótase a primera vista una diferencia entre los Estados Unidos y las colonias españolas; los Estados Unidos son—y permítasenos la palabra—un pueblo trasplantado desde el Antiguo al Nuevo Mundo, y nuestras colonias se hallan formadas por razas americanas injertas en españoles; sólo el Brasil es hijo de Portugal.

Cuando se vió que los destinos públicos principales se proveían casi siempre en hijos de España y no en americanos (1), cuando las Reducciones (2), Repartimientos (3) y Encomiendas (4) levantaron una muralla entre conquistadores y conquistados, y cuando se agotó la paciencia de los indios, entonces se notaron los primeros síntomas de la revolución por la independencia.

Ya los franceses habían realizado los hechos más brillantes de su gloriosa historia, y los americanos de los Estados Unidos habían mostrado al mundo el heroismo que alentaba sus espíritus; ya la tabla de los derechos del hombre, como nuevo Evangelio, se había grabado con letras de fuego en el corazón de aquellas gentes.

Escondidos en las asperezas de los montes y al abrigo de los espesos bosques, en los hondos valles y estrechos desfiladeros, buscaron su salvación aquellos pobres indios, ya de pura raza, ya mestizos (hijos de españoles e indias), y ya mulatos (hijos de españoles y negras). Otros formaban parte de las sociedades secretas, ramas de la masonería, extendidas por todos los Virreinatos y Gobiernos de América. Aquéllos y éstos se disponían a librar a la patria del dominio español. Algunos se agitaban en el mismo sentido; pero más al descubierto, sin temor a nada ni a nadie. Publicábanse muchos folletos subversivos y canciones revolucionarias; se urdían diabólicos proyectos y conjuraciones. A veces, fingiéndose decididos partidarios de Fernando VII, nombraban Juntas, las cuales, después de muchas protestas de fidelidad, acababan por proclamar la República. El fuego de la insurrección se extendió pronto por Venezuela, El Ecuador, Bolivia, Perú y Colombia.

Después estudiaremos las citadas Repúblicas, desde la muerte de Bolívar, procurando no olvidar los acontecimientos

---

(1) De 170 virreyes que hubo en América, sólo cuatro fueron de dicho país y los cuatro hijos de empleados; de 602 capitanes generales de provincia, 14 fueron originarios del Nuevo Mundo, y de 706 obispos, 105 únicamente nacieron en aquellas lejanas tierras.
(2) Pueblos de indios convertidos a la religión católica.
(3) Familias indígenas repartidas a los colonos.
(4) Distritos con sus respectivos habitantes distribuídos a conquistadores y colonos.

de más bulto acaecidos en dichos pueblos. Seguirá inmediatamente la narración de los hechos, ya del Paraguay y Uruguay antes de la independencia, ya de la independencia de
Chile y Buenos Aires. Se darán también algunas noticias acerca del Chaco y de la Patagonia, desde los últimos años del siglo XVIII, para entrar de lleno en el estudio de la independencia de México, Paraguay, Uruguay, de toda la América Central
(Guatemala, San Salvador, Honduras, Nicaragua y Costa-Rica).
En todas partes apenas era obedecida la autoridad de nuestros Virreyes. Donde se conservaba la dominación española,
era a fuerza de gastar hombres y dinero, sin comprender que
un poco antes o un poco después, el resultado debía ser el
mismo, porque la hora de la independencia había sonado en
el reloj de las colonias españolas.

Registraremos inmediatamente el hecho de la independencia del Brasil, Santo Domingo, Haití, Cuba, Puerto Rico y
Panamá. Los últimos capítulos se refieren a Jamaica, las Guayanas y las pequeñas Antillas, de todo lo cual nos ocuparemos
con poca extensión. «Un mundo entero—como dice Lafuente—que se levanta resuelto a sacudir la esclavitud y la opresión en que se le ha tenido, no puede ser subyugado por la
fuerza» (1).

Entre los valerosos revolucionarios, cuyos nombres guar-
dará eternamente la historia, se hallan Hidalgo y Morelos, en
México; O'Higgins, en Chile; San Martín y Belgrano, en la
Argentina; Sucre, en el Perú, y Bolívar en el Ecuador, Bolivia, Perú, Venezuela y Colombia. Simón Bolívar es superior,
muy superior a todos. Paladín tan esforzado ocupa—como
expondremos en diferentes capítulos de esta obra—el primer
lugar en la historia de las Indias. Tentados estamos a decir
que le consideramos superior a Washington y Napoleón. Los
dos últimos tuvieron a su lado hombres, que con sus luces
les alentaron en sus empresas, y pueblos unidos que les siguieron entusiasmados a todas partes; pero Bolívar, ni halló
hombres que tuvieran conocimientos prácticos de gobierno,
ni encontró pueblos que comprendiesen sus altas cualidades.
Sólo él pudo decir en una de sus proclamas: «El mundo de
Colón ha dejado de ser español.»

Creeríamos dejar incompleta nuestra obra si no estudiáse-

_____

(1) *Historia de España*, tomo XXVII, págs. 66 y 67.

mos las Ciencias, Letras, Bellas Artes, Industria y Comercio, en el Canadá, Estados Unidos y Estados Hispano-americanos. Con singular cariño recordaremos los nombres de los prosistas y poetas, porque unos y otros han inculcado en el pueblo americano el profundo sentimiento de la patria. Objeto será de especial estudio, la fauna, flora y gea de aquel hermoso continente.

Para terminar, sólo nos resta decir, que al fin de cada tomo colocaremos los Apéndices correspondientes.

III

Consideremos las fuentes de conocimiento. Para que nuestro estudio sea lo más completo posible, conviene recordar: 1.º Los monumentos históricos precolombinos que se han encontrado en aquellas antiguas tribus. 2.º Las obras históricas que tratan del descubrimiento, conquista, colonización, gobierno e independencia de las diferentes colonias españolas en las Indias.

De los mayas (tribus que se hallaban en México y en la América Central) se conservan los llamados libros del *Chilan Balam* (ciencia de los sacerdotes). Cada uno de estos libros se distingue por el nombre del pueblo en que se encontró; así se intitulan libro de *Chilan Balam de Nabula*, de *Chumayel*, de *Mani*, de *Oxkatzcab* y otros. Brinton cita hasta 16, y en ellos se registran curiosas e interesantes noticias. Hállanse algunos adornados con diferentes signos y aun con retratos más o menos perfectos.

De los quichés de Guatemala, se admira el *Popol Vuch* (libro nacional). Encontróse en el pueblo de Santo Tomás de Chichicastessango, y fué traducido al castellano por el Padre Francisco Ximénez, a principios del pasado siglo. En el año 1861 el abate Brasseur de Bourbourg lo vertió al francés, haciendo notar que los dos primeros libros eran una traducción del Tevamoxtli de los toltecas. «De las cuatro partes que contiene, las dos primeras se refieren a las ciencias poseídas por los sabios quichés, y las dos últimas a las tradiciones y anales de aquellas gentes hasta la conquista por los españoles» (1).

Además del Popol-Vuch, se encuentra otro documento,

---

(1) Sentenach, *Ensayo sobre la América Precolombina*, pág. 73. Se ignora el nombre del autor del *Popol Vuch*; pero se cree que fué escrito quince o veinte años después de la conquista, por algún individuo de la familia real de quiché.

traducido por el citado Brasseur con el título de *Memorial de Tepan-Atilan,* que es un manuscrito en lengua cakchiquel (1).

Pasando por alto el drama titulado *Rabinal Achi* de los quichés, la comedia del *Güegüence* o del *viejo ratón* (Nicaragua) y el drama *Ollanta* de los incas, se pueden considerar los tres códices quichés-mayas que llevan los nombres de *Dresde* (porque se conserva en la Biblioteca Real de dicha ciudad), *Troano* y *Cortesiano* (fragmentos de un tercero) que se hallan en el Museo Arqueológico Nacional (2), y el *Pereziano,* existente en la Biblioteca Nacional de París (3).

Página del *Codice Cortesiano.*

Semejantes Códices los encontró el madrileño Gonzalo Fernández de Oviedo, en Nicaragua, y de ellos hizo la siguiente descripción en su *Historia natural y general de las Indias, Islas y Tierra Firme del mar Océano* (4): «Tenían (los de Nicaragua) libros de pergamino que hacían de cueros de venados, tan anchos como una mano o más, e tan luengos como diez o doce passos, e más e menos, que se encogían e doblaban e resumían en el tamaño e grandeza de una mano por sus dobleces uno contra otro (a manera de reclamo), y en éstos tenían pintados sus caracteres o figuras de tinta roja o negra, de tal manera que *aunque no eran lectura ni escriptura,*

(1) Estaba (año 1845) en los Archivos del Gobierno eclesiástico de Guatemala, y la versión se hizo en 1855.

(2) Llámase *Troano* porque perteneció a D. Juan de Tró, quien lo vendió al Estado.

(3) Se denomina *Pereziano* porque su primitivo poseedor fué un español de apellido Pérez.

(4) Libro XLII, cap. I. – Sevilla, 1535.

significaban e se entendían por ellos todo lo que querían muy claramente, y en los tales libros tenían pintados sus términos y heredamientos, e lo que más les parecía que debía estar figurado, así como los caminos, los ríos, los montes e boscages e lo demás, para los tiempos de contienda o pleyto determinarlos por allí, con parecer de los viejos o *güegües* (que tanto quiere decir *güegüe* como viejo).»

En la región del Anahuac debieron existir muchos Códices como los citados, siendo en mayor número y más notables los de los acolhuas, cuya corte era Tezcuco. Entre los llamados mejicanos, los hay más bien de procedencia acolhua que azteca, pudiendo servir como ejemplo los denominados *Borjiano*, *Vaticano*, de *Viena*, de *Bolonia*, *Fejervary*, de *Berlín*, *Mixteco* y *Cuicateca* ó de Porfirio Díaz (existentes los dos últimos en el Museo Nacional de México).

Los Códices aztecas, ya anteriores, ya posteriores a la conquista, merecen especial estudio. Citaremos los *Bodleianos* (son tres), los llamados *Libros de Tributos*, el *Mendozino*, el *Vaticano* y el *Teleriano Renensis*.

Consideremos los cronistas de Indias. El insigne Alfonso X dispuso, mediante una ley de las Partidas, que mientras él estuviera comiendo se leyesen los grandes hechos de algunos hombres notables, debiendo también de oir la lectura sus buenos caballeros.

Abolida tal costumbre, poco tiempo después Alfonso XI estableció el empleo de historiógrafo real, al cual dicho Monarca le impuso la obligación de escribir los hechos de su antecesor en el trono.

Adquirió importancia el cargo cuando su misión se extendió a narrar los sucesos acaecidos en el Nuevo Mundo, instituyendo entonces Carlos I un *primer cronista de las Indias.*

Nombrado Gonzalo Fernández de Oviedo veedor en Tierra Firme y miembro en el Consejo del Gobernador del Darién, cuando sus ocupaciones se lo permitían, consignaba los hechos de que él era actor o testigo, y arreglaba los datos que recibía de varios puntos del continente. Habiendo atravesado seis veces el Atlántico, y luego, habiendo desempeñado la gobernación de Cartagena de Indias y la alcaldía de la fortaleza de Santo Domingo, pudo en sus viajes y en sus destinos recoger preciosas noticias acerca de los indígenas y de los conquistadores, como también de los animales, de las plantas y de todo lo interesante. En uno de los viajes de Oviedo a España (1525), y hallándose la corte en Toledo, Carlos V dispuso la publicación de los trabajos de aquel laborioso escritor. La obra se intituló *Sumario de la natural y general historia de las Indias,* etc. y fué publicada en Toledo, a expensas del Tesoro Real, por el año de 1526. Dicho libro valió a Oviedo el nombramiento de *Cronista Mayor de las Indias,* con que le honró el Emperador por Real Cédula de 25 de Octubre de 1533. Aunque Oviedo carecía de conocimientos científicos de Historia natural, su espíritu observador, su constancia y su imparcialidad se manifestaron en la *Historia general y natural de Indias,* dada a la estampa en Sevilla el 1535. Prosiguió sus trabajos el cronista por instancias de Carlos V «hasta completar la historia del descubrimiento y conquista del Nuevo Mundo que ha servido de fundamento en la parte antigua para la *Historia Sud-Americana,* con algunas rectificaciones, obra del estudio, del tiempo, de la habilidad de más modernos cronistas, como Herrera.» (1). Murió Oviedo en Valladolid el año 1557, quedando muchos de sus manuscritos relegados al olvido en algunas bibliotecas, hasta que la Academia de la Historia de Madrid, con excelente acuerdo, los dió a la estampa en el año 1851.

Sucedió a Oviedo en el cargo de cronista Juan Cristóbal Calvete de la Estrada, que escribió de cosas de América cuatro tomos de *Historia latina de Indias,* no publicados y de poco valor, según opinan los inteligentes que vieron los manuscritos.

Tercer cronista de América fué nombrado el 1571 Juan López de Velasco por Felipe II. El Consejo de Indias, mediante Real Cédula dada en San Lorenzo el 16 de Agosto de 1572, ordenó a la Audiencia de Santa Fe que se recopilasen y mandasen a España, para entregarlas a Velasco «las historias, comentarios o relaciones de los descubrimientos, conquistas, entradas, guerras o facciones de paz o de guerra que en aquellas provincias hubiera habido desde su descubrimiento hasta la época.» Viniesen o no los datos pedidos, lo cierto es que el cronista nada hizo, y de ello nos felicitamos porque él «pensaba que ésta era una ciencia acomodaticia

---

(1)   Libro XLII, cap. I, pág. 141.—Sevilla, 1535.

que podía ajustarse a las miras políticas del Soberano, disfrazando los hechos para hacerlos servir a la conveniencia del que manda.»

Acertado estuvo Felipe II al nombrar en 1596 *cronista de Castilla* a Antonio de Herrera, ventajosamente conocido por varios y excelentes trabajos históricos. Reunió muchos datos y también pudo aprovechar la *Historia general de las Indias*, guardada en el Colegio de San Gregorio de Valladolid y compuesta e inédita por Juan Ginés de Sepúlveda. Del mismo modo tuvo a su disposición otros importantes escritos de algunos autores que trataron de asuntos de América.

En el año 1599 terminó los cuatro primeros tomos de la *Historia general de los hechos de los castellanos en las Indias y Tierra Firme del mar Océano*, publicados en Madrid el 1601. En el mismo año dió a luz los dos primeros tomos de la *Historia general del mundo en el tiempo del Rey Felipe II*. Corriendo el 1615 terminó otros cuatro tomos de la historia de las Indias, los cuales comprenden los hechos desde 1531 hasta 1554, dedicando el último tomo a la descripción geográfica de América.

En el cargo de cronista, por muerte de Herrera, sucedió Luis Tribaldos de Toledo, cuya labor se redujo a una sucinta historia de Chile referente al comienzo de su conquista: murió en 1634.

Mereció ser nombrado cronista el Dr. Tomás Tamayo de Vargas, quien dedicó toda su actividad a reunir datos para escribir una historia general de la iglesia en Indias: sorprendióle la muerte el 2 de septiembre de 1641.

Gil González Dávila sucedió a Tamayo de Vargas. Escribió el *Teatro eclesiástico de las Iglesias en América*, en dos tomos y en los años de 1649 y 1656. Si la obra es deficiente a veces y aun errónea, no carece de alguna buena cualidad: murió Gil González Dávila el año 1658.

El nuevo cronista, Antonio de León Pinelo, natural de Lima, según unos, y de Córdova de Tucumán, según otros, fué nombrado cuando ya era viejo y se hallaba además enfermo. Dejó inédita—y a esto se reduce toda su labor—parte de una *Historia Americana*.

Antonio de Solís escribió la *Historia de la conquista de México*, obra notable por lo castizo y elegante del estilo, por la sensatez de los juicios y por la profundidad de las sentencias políticas y religiosas: murió en Madrid el 19 de Abril de 1686, habiéndose publicado su obra dos años antes.

Nombrado cronista por Carlos II el Dr. en Teología Pedro Fernández de Pulgar, se creyó que la historia de América, dada la erudición del mencionado Pulgar, adelantaría mucho; pero no fué así. Pulgar, siguiendo al pie de la letra a Herrera, dejó a su muerte cuatro obras de valor escaso, a juicio de sus contemporáneos, intituladas: una, *Historia de las Indias;* otra, de *México;* la tercera, de la *Florida*, y la cuarta, de *América Eclesiástica*.

Sucedió a Pulgar en el cargo de cronista Miguel Herrera de Ezpeleta. Nombróle en 1735 Felipe V, y nada publicó en los quince años de su empleo.

Aunque por Real Cédula de 25 de Septiembre de 1744 se dispuso que la *Academia de la Historia* se encargase de la crónica de Indias, cuando por la muerte de Ezpeleta debía aquélla entrar en funciones, el Rey nombró cronista a Fray Martín Sarmiento, cargo que desempeñó unos cinco años.

Nombróse en el 1755 una comisión encargada de revisar los documentos históricos de América reunidos hasta entonces, para llevar los que fuesen útiles a una *Biblioteca Americana;* mas todo quedó en proyecto.

En los últimos años del siglo XVIII sentíase deseo y aun necesidad de conocer la Historia de América. Carlos III, desde El Pardo (27 de Marzo de 1781) hubo de decir que habiendo dado el encargo a su cosmógrafo de Indias, D. Juan Bautista Muñoz para que escribiera una Historia general y completa de América, mandaba que se le franqueasen a dicho Muñoz los Archivos y Secretarías de la corte, como también los que se hallaren fuera de Madrid (1). Aunque Muñoz era hombre de tanta cultura como laboriosidad, encontró tenaz y ruda oposición en la Academia de la Historia. Logró, sin embargo, formar una colección considerable de copias correspondientes a los siglos XV, XVI y XVII, y dió a la estampa en el año 1793 el primer tomo de su *Historia del Nuevo Mundo* (2).

A la muerte del mencionado historiador, ocurrida en el mes de julio del año 1799, se encontró, entre otros varios

(1) Arch. Hist. Nac.—*Cedulario índico*, tomo XLI, núm. 221, págs. 275 vº. y 276.

(2) Biblioteca Nacional, signatura $\frac{3}{1753}$.

manuscritos, el del primer libro del segundo tomo de su citada *Historia del Nuevo Mundo*, que publicó Navarrete casi íntegramente en la introducción a su tomo III de la *Colección de viajes de los españoles*.

Además de los cronistas citados, a la cabeza de todos los escritores de Indias, colocaremos a dos que redactaron sus obras durante la vida del Almirante. Llamábanse Andrés Bernáldez, cura de los Palacios, y Pedro Mártir de Anglería. El primero escribió una *Crónica*, que es fuente de muchas noticias, y el segundo, además de curiosas *Cartas*, la importante obra que lleva por título *De orbe novo Decadas octo*.

Conocieron personalmente a Cristóbal Colón, pero escribieron después de su muerte, el citado Fernández de Oviedo, Fernando Colón y Fray Bartolomé de Las Casas. Del Padre Las Casas ya dijimos en este mismo Prólogo que fué en extremo impresionable y algo injusto, aunque hombre de buena voluntad y de no poca cultura. Añadiremos ahora que tiene no escaso mérito su *Historia general de las Indias desde el año 1497 hasta el 1520*. La terminó el 1561. También en los comienzos del párrafo III dimos nuestra opinión acerca de Fernández de Oviedo (Apéndice E).

Respecto a Fernando Colón, hijo del Almirante D. Cristóbal y de Doña Beatriz Enríquez, merece lugar señalado entre los escritores de Indias. Cultivó brillantemente las ciencias y las letras, especialmente las que se relacionaban con la náutica, y adquirió sólida y extensa cultura visitando las principales ciudades, lo mismo de España que de otras naciones. Fernando logró inmortalizarse, no solamente con su *Historia del Almirante*, sino con otros trabajos científicos. No puede negarse, sin embargo, por lo que respecta a la obra citada, que alguna vez desfiguró u omitió hechos importantes, lanzando tan violentas como injustas censuras contra todos los que eran o él creía que eran enemigos de su padre. Así lo ha probado el Sr. Altolaguirre. «Hemos tratado de probar—escribe el distinguido académico historiador—que el hijo del Almirante (Cristóbal Colón) no reparó en los medios para llevar al ánimo de sus lectores el convencimiento de que los hechos habían ocurrido tal y como a sus pasiones o a sus intereses convenía presentarlos, y de consiguiente, que sus relatos y juicios deben ser acogidos con gran reserva, sobre todo si redundan en provecho del Almirante o en despresti-

gio de españoles o portugueses» (1). Del Sr. Fernández Duro
son las siguientes palabras: «Quiso escribir la vida y hechos
de su progenitor, empapado en la lectura de los clásicos antiguos, y puso los cimientos al edificio romancesco y legendario que tan grandes proporciones tiene ahora, levantando
a la par la neblina que le envuelve. No tuvo la resolución,
que su tiempo haría penosa, de confesar que fueron los Colombos tejedores de lana, si pobres y mecánicos, honrados.
Inventó el cuento de las joyas de la Reina Isabel, que aún
anda en boga; usó de las arengas y adornos semejantes de
Salustio y Cornelio Nepote; omitió mucho de lo que quisiéramos saber, creyendo cumplir deberes filiales, no extendi-
dos a la que le dió la vida; no la nombró siquiera. ¡Le aver-
gonzaba la bastardía, debilidad común, pero sensible en varón
tan señalado!» (2).

Respecto a los otros trabajos de que hicimos especial
mención, consignaremos aquí que por Real cédula, dada en
20 de Mayo de 1518, se le mandó hacer una carta de marear
para Indias (3); y en la de 6 de Octubre del mismo año se
expidió otra Real cédula acerca del mismo asunto (4). Es de
notar—y esto indica sus vastos conocimientos cosmográficos—que Carlos V le escogió para presidir una Comisión de
geógrafos y pilotos encargada de corregir los errores de los
mapas marinos dibujados bajo la dirección de Américo Vespucci (5).

Se autorizó a D. Fernando Colón—ignoramos la fecha—
para levantar planos cosmográficos de la Península. La autorización es cierta, por cuanto el 13 de Junio, por Real disposición dada en Valladolid, se ordenó que no se hiciere dicha
descripción y cosmografía (6).

Por si hubiese alguna duda sobre el particular, en la Biblioteca Colombina hay un manuscrito, intitulado *Itinerario
de Don Fernando Colón*, escritas con letra del hijo del Almirante las 62 hojas primeras y las restantes por dos amanuenses. El título o epígrafe, puesto por D. Fernando, es como sigue: «Lunes 3 de agosto de 1517 comencé el *Itinerario*. La

---

(1) *Cristóbal Colón y Pablo del Pozzo Toscanelli*, pág. 362. Madrid, 1903.
(2) Conferencia leída en el Ateneo de Madrid el 14 de Enero de 1892, págs. 20 y 21.
(3) Academia de la Historia.—*Indice del Consejo de Indias*, fol. 60.
(4) Ibidem.
(5) Roselly de Lorgues, *Cristóbal Colón*, tomo II, pág. 140.
(6) Este documento se halla en el Archivo Municipal de la ciudad de Córdoba.

primera descripción corresponde a Zaragoza, y la última a la Membrilla, villa de la Mancha» (1).

Por el año 1524, el César, en la cuestión suscitada entre Castilla y Portugal con motivo de la posesión de las Molucas, encargó a Fernando Colón que examinase los puntos de litigio. Fernando, no ateniéndose a sus propios conocimientos, consultó con otros sabios cosmógrafos, quienes aprobaron sus conclusiones. Al fin fueron cedidas al rey de Portugal, escribiendo D. Fernando con tal objeto el *Apuntamiento sobre la demarcación del Maluco y sus Indias*, firmado en el año 1529 por los seis jueces que intervinieron en el asunto.

Estando en Sevilla, por ausencia del célebre Sebastián Caboto, fué nombrado presidente (1527) del Tribunal de exámenes de pilotos. «Se ordenó que... el examen y desputas se hiciesen en presencia de don Hernando Colón y en su casa, y que no pudiesen dar el grado sin su aprobación, hallándose en la ciudad de Sevilla» (2).

En la citada ciudad andaluza fundó un *Colegio Imperial* para el estudio de la ciencia de navegación, dotándolo de rica Biblioteca, la cual llegó a contener más de 20.000 volúmenes (3).

Al retirarse D. Fernando del bullicio de la corte de Carlos V se estableció definitivamente en Sevilla, donde, a orillas del río, hizo fabricar cómoda morada con su jardín, en que aclimataba plantas exóticas, y allí, rodeado de unos cuantos amigos, con la lectura de sus libros y con el cultivo de las flores, vivió sus últimos años.

Consideremos como implacable censor del P. Las Casas al dominico Fray Toribio de Benavente o Metolinía, quien, en 24 de Febrero de 1541, dedicó al conde de Benavente su *Historia de los indios de Nueva España*, libro que tienen en estima los doctos por las curiosas noticias que en él se hallan. Del mismo autor se ha conocido, en estos últimos tiempos, un *Tratado sobre el planeta Venus*, en el cual se encuentra la clave para poder comprender el Calendario azteca.

Censor del P. Las Casas, como Fray Toribio de Metoli-

---

(1) Véase *Documento inédito del siglo XVI, referente á D. Fernando Colón*, por el Dr. Rodolfo del Castillo Quartiellerz.— Madrid, 1898.

(2) Herrera, *Historia general de las Indias Occidentales*, década IV. lib. II, cap. V.

(3) «Y en ella con licencia del Emperador deseó establecer una Academia y Colegio de las ciencias mathemáticas, importantíssimas á la navegación.» Herrera. Ibidem, libro XIV, fol. 496.

nía, fué el R. P. Fr. Vicente Palatino de Corzula, de la nación Dalmata, Theologo de la orden de los Predicadores, que escribió (1559) *Tratado del derecho y justicia de la guerra que tienen los Reyes de España contra las Naciones de la India Occidental,* en el cual se intenta probar que los Reyes de España, en virtud de la donación del Papa, pueden ocupar las Indias con las armas, a fin de propagar la religión (1).

Digno es de alabanza Martín Fernández de Enciso, alguacil mayor de Castilla del Oro, que publicó el año 1519 la *Suma de Geografía,* libro que contiene noticias interesantes de América. También merece señalada distinción Hernán Cortés, que en sus *Cartas de Relación* historió los hechos que él mismo llevó a cabo. Francisco López de Gomara, secretario de Hernán Cortés y a quien acompañó a la expedición de Argel, escribió *Historia general de Indias* y la *Crónica de la conquista de Nueva España,* obra que se distingue por la sencillez y facilidad en las narraciones y pinturas: apareció por el año de 1552. «Habiendo compuesto uno (libro) titulado *Historia de las Indias y conquista de México,* que se hallaba impreso, el clérigo Francisco López de Gomara, y conviniendo no se vendiese, leyese, ni imprimiese más, y que los que lo estuviesen, se recogiesen y enviasen al Consejo de ellas. Mandó S. M. a todos los Jueces y Justicias lo cumpliesen, e impuso a los que le imprimiesen o vendiesen la pena de 200.000 mrs. para la Cámara y Fisco, y 10.000 al que le tuviese en su casa o leyese. Céd. de 7 de Agosto de 1566. Vid. tomo 36 de ellas, fol. 36, núm. 28 (2).

No debemos pasar en silencio el nombre del franciscano P. Bernardino de Sahagún, quien llegó a Nueva España el 1529 y escribió la *Historia Universal de las cosas de España* (3).

No es inferior la *Relación y Genealogía de los señores de Nueva España,* escrita por Fr. Bernardino de México, el 1532, según Chavero, a ruego de D. Juan Cano.

De las obras del P. Landa se sacó en 1566 la *Relación de las cosas del Yucatán,* existente en la Academia de la Historia y publicada por el Sr. Rada y Delgado.

Nos proporcionan datos muy curiosos de la región Co-

---

(1) Véase *Archivo de la Dirección general de navegación y pesca marítima.*—Papeles varios, tom. IV, C. 3.ª, págs. 58-73.

(2) Archivo histórico nacional.—*Cedulario índico* de Ayala, letra L., núm. 18.

(3) Se imprimió en castellano y en la ciudad de México el año 1829

lombiana Fr. Pedro Simón, autor de las *Noticias historiales de las conquistas de Tierra Firme*, obra impresa en Cuenca el 1626, y el poeta Juan de Castellanos, que escribió *Elegías de varones ilustres de Indias* e *Historia del Nuevo Reino de Granada*.

Entre los mejores escritores de América se halla Bernal Díaz del Castillo, compañero de Cortés y autor de la *Historia verdadera de la conquista de la Nueva España*, impresa el 1632.

El reino de Quito (hoy Ecuador) tuvo su cronista en el P. Juan de Velasco, que escribió la *Historia del reino de Quito*.

Pedro Cieza de León dió a luz la *Crónica del Perú*, terminada el 1550, «la más concienzuda y más completa que se ha escrito de las regiones sur americanas», según el Sr. Jiménez de la Espada. D. Pedro de la Gasca, pacificador del Perú, nombró a Cieza cronista de las Indias. Imprimióse la *Primera parte de la Chronica del Perú* en Sevilla el año 1553.

Citaremos también al P. Gregorio García, Alvar Núñez Cabeza de Vaca, Francisco de Xeres, Agustín de Zárate, el inca Garcilaso de la Vega y algunos otros.

No sería justo pasar en silencio el nombre del capitán y poeta Alonso de Ercilla (1533-1594), autor de *La Araucana*, poema impreso por completo el 1578. Ercilla se ajustó en un todo a la verdad histórica, aunque a veces —como se dijo al principio del Prólogo— trató con demasiada benevolencia a los indios. No tiene tanto mérito la *Primera parte del Arauco Domado*, de Pedro de Oña, edición de 1596.

A tal punto llegaba la desconfianza de nuestros Reyes, cuando de asuntos de América se trataba, que Felipe II desde el bosque de Segovia encargó (24 Julio 1566) a los herederos del inquisidor Andrés Gasco que buscasen, entre los papeles del citado inquisidor, una Crónica que hizo y ordenó Pedro de Aica de las cosas de las Indias, y hallada, la remitiesen al Consejo de las Indias (1).

Si desde el mismo bosque de Segovia mandó recoger— según hemos dicho—los ejemplares de la *Historia de las Indias y conquista de México*, de López de Gomara (2), por el contrario, algunos años después, hallándose en El Pardo (2 Febrero 1579) se dirigió al capitán Adriano de Padilla para decirle que, «teniendo noticia que el citado Capitán había escrito un libro de historia intitulado *La Perla Occidental*, obra de mucha

---

(1)   *Cedulario índico*, tomo XXXVI, núm. 26, págs. 34 v.ª y 35.
(2)   Véase *Cedulario índico*, tomo XXXVI, núm 28 págs. 36 y 36 v.ª

curiosidad, le daba autorización para que pudiese imprimirla y venderla...» (1).

Felipe III, desde San Lorenzo (4 de Noviembre de 1617) autorizó al licenciado Antonio de Robees Cornejo para que pudiese imprimir su libro ‹ necesario para la salud universal», que lleva el título de *Simples Medicinas Indianas* (2).

Las *Noticias secretas de América* de D. Jorge Juan y D. Antonio de Ulloa, escritas según las instrucciones del Marqués de la Ensenada y presentadas en informe secreto a Fernando VI, deben estudiarse con mucho detenimiento. Dicha obra se publicó en Londres por D. David Barry corriendo el año 1826.

Cerramos la larga lista de los escritores españoles de Indias con los nombres del laborioso D. Martín Fernández de Navarrete y D. Cesáreo Fernández Duro. La obra de Navarrete se intitula *Colección de viajes y descubrimientos que hicieron por mar los españoles desde fines del siglo XV*. Los cinco volúmenes de que consta fueron apareciendo desde 1825 a 1837, y en ellos se encuentran muchos documentos hasta entonces inéditos, los cuales fueron rica fuente en la que bebieron ilustres escritores, como el norteamericano Washington Irving (1783-1859), y el alemán Federico Alejandro, barón de Humboldt (1769-1859). Humboldt llegó a Madrid en compañía de Bonpland el 1799, siendo recibido con toda clase de consideraciones. Dióle permiso Carlos IV para viajar por todas las comarcas españolas de América, pasando a la vuelta por las Marianas y Filipinas. Partieron ambos sabios de Madrid el mes de mayo de dicho año. El 5 de junio se embarcaron en La Coruña a bordo del *Pizarro*, llegando al puerto de Cumaná, capital de la Nueva Andalucía. Pasaron cinco años recorriendo la América Meridional; luego fueron á México, a la Habana y a los Estados Unidos. Abandonaron a América el 9 de julio de 1804 y llegaron a Burdeos. Humboldt fijó su residencia en París, marchando a su patria el año 1827. Publicó preciosos estudios geográficos, etnográficos y políticos del Nuevo Continente. La primera obra que dió a la estampa se intitula *Essai Politique sur le Royaume de la Nouvelle Espagne*, dedicada a Carlos IV. París, 1808. La segunda *Voyages aux regions equinoxiales du nouveau continent*. París, 1809-1828; tres

(1) *Cedulario índico*, tomo XXXVI, núm. 60, págs. 83 y 84.
(2) *Cedulario índico*, tomo XXXVII, núm. 40, págs. 75 y 76.

volúmenes. La tercera *l'ue des Cordilleres et monuments des peuples indigenes de l'Amerique*. París, 1816: dos volúmenes. El autor del *Cosmos* también dió a luz un *Ensayo político sobre la isla de Cuba* (publicado el 1826).—El filósofo Paz y Caballero consideró al sabio alemán como *un segundo descubridor de la Isla*. Sin embargo, la obra más importante de Humboldt lleva por título *Examen critique de l'histoire de la geographie du Nouveau Continent et des progrés de la astronomie nautique du XV et XVI siécle* (publicada en París de 1836 a 1839). Todas las obras del barón de Humboldt deben consultarse con detenimiento por los que se dedican a la historia de América.

Respecto al Sr. Fernández Duro, curioso investigador de la vida y hechos del primer Almirante, nadie podrá negar, por exigente que sea, los méritos de *Colón y Pinzón* (1883), *Colón y la Historia póstuma* (1885) y *Nebulosa de Colón* (1890), además del prólogo a la edición de los *Pleytos de Colón*, sin contar con multitud de artículos acerca de asuntos relacionados con el descubrimiento de América.

Entre los escritores extranjeros figura en primer término el escocés Guillermo Robertson (1721-1793), que publicó en Edimburgo una *Historia de América*, cuyos primeros ejemplares llegaron a España en Agosto de 1777. Si nada tiene de extraño—como anteriormente hemos podido notar—que el suspicaz Felipe II llegara á prohibir que se vendiese el excelente libro intitulado *Historia de las Indias*, de D. Francisco López de Gomara, llama la atención que Carlos III, el Rey que arrojó de España a los hijos de Loyola, hiciera objeto de su odio la *Historia de América* del citado Robertson. «Por justos motivos prohibió S. M. se introdujese en España, Indias y Filipinas el (libro) de la Historia del descubrimiento de la América, escrito y publicado en idioma inglés, o en otro qualquiera, por el Dr. Guillermo Robertson, Rector de la Universidad de Edimburgo y chronista de Escocia, y mandó que en caso de aver algunos exemplares de esta obra en los puertos de ambos dominios, o introducidos ya tierra adentro, se embargasen a disposición del Ministro de su cargo. Ord. de 23 de Diciembre de 1778. Vid. tom. 31 del Ced., fol. 191, núm. 180» (1).

_____

(1)   Archivo histórico nacional.—*Cedulario índico* de Ayala, letra L, núm. 18.

Al lado del inglés William Robertson colocamos a Guillermo Prescott (1796-1859), historiador americano y meritísimo autor de los libros que llevan por título *Historia de México* e *Historia del Perú*, publicados a mediados del siglo XIX. Durante esta última centuria y en lo que va de la veinte, lo mismo en el Antiguo que en el Nuevo Mundo, se han escrito y publicado muchas obras, ya de la Historia general de América, ya de los diferentes pueblos en que se divide aquella parte del continente.

No dejaremos de citar entre los modernos panegiristas de Colón el nombre del conde Roselly de Lorgues, quien, en el año 1856, publicó una obra, en tres tomos, con el título de *Cristophe Colomb*. Intentó Roselly de Lorgues elevar á los altares al descubridor del Nuevo Mundo; pero, como dice Menéndez Pelayo, el libro estaba escrito «al gusto de las beatas mundanas y los caballeros andantes del legitimismo francés.» Si en un principio despertó en la opinión pública gran entusiasmo, decayó pronto entre la gente docta, hallándose al presente casi relegada al olvido.

Más justa notoriedad adquirió la obra del abogado norteamericano Harrisse, cuyo título es *Ferdinand Colomb, sa vie, ses œuvres*, dada a la luz en 1872. Continuó su labor Harrisse publicando artículos y folletos; luego otras dos obras así llamadas: *L'Histoire de Christophe Colomb atribuée a son fils*, etc., Paris, 1885, y *Christophe Colomb devant l'histoire*, París, 1892.

Hemos registrado también con algún detenimiento, aunque tal vez con escaso fruto, otras crónicas antiguas y obras modernas, papeles interesantes del *Archivo de Indias* (Sevilla), del de *Simancas* (cerca de Valladolid), del *Histórico Nacional*, del de la *Academia de la Historia*, del de *Navegación y pesca marítima* y de otros menos conocidos. Hemos estudiado curiosos manuscritos que se encuentran en la *Biblioteca del Real Palacio*, en la de *San Isidro* y en la de la *Universidad*.

En la obra que vamos a publicar se halla algo que merece toda clase de alabanzas. Después de impresos los dos primeros volúmenes de la *Historia de América* del Sr. Pi y Margall, el sabio autor puso varias notas á determinados pasajes de ella, notas manuscritas e inéditas que nosotros hemos copiado y publicaremos en su lugar respectivo. Creemos, no con toda certeza, pero sí con más o menos fundamento, que pensando Pi y Margall en la publicación de otra edición, comenzó a corregir su citada obra, cuyas correcciones, trasladadas a nuestra HISTORIA DE AMÉRICA con toda exactitud y cuidado, serán leídas con gusto por todos los admiradores del insigne autor de *Las Nacionalidades*.

Hemos seguido algunas veces casi al pie de la letra obras impresas en castellano y documentos manuscritos. También habremos de declarar que se han traducido largos párrafos de libros ingleses. Si no aparecen en nuestra obra las citas correspondientes á tales copias o versiones, será por olvido, nunca con intención. Confesamos esto, no porque temamos las censuras del público—que siempre ha sido con nosotros bondadoso é indulgente—sino para tranquilidad de nuestra conciencia.

Pasando a otro asunto, diremos que entre los que generosamente nos han prestado libros, papeles impresos y manuscritos, se hallan D. Antonio Graiño, D. Antonio Balbín de Unquera y D. Antonio Ballesteros; otros han guardado, como el avaro guarda rico tesoro, sus documentos históricos. Si nos consideramos obligados a declarar el agradecimiento que debemos a los primeros, guardaremos silencio acerca de los segundos; pero haciendo constar que la conducta de los últimos no debe ser imitada. Hemos solicitado el auxilio de nuestros compañeros de profesorado y de otros muchos hombres de letras; hemos rogado que nos ayuden en la empresa los que a las ciencias históricas se dedican. No hemos podido hacer más.

Haremos, por último, especial mención de D. Carlos Navarro Lamarca, quien generosamente nos ha autorizado para reproducir en nuestra obra algunos grabados que adornan su *Compendio de la Historia general de América.*

IV

Creemos—y bien sabe Dios que son ciertas nuestras palabras—que no tiene mérito alguno nuestra Historia de América. Materia tan extensa, compleja y complicada debía ser escrita por pluma mejor cortada que la nuestra. Por esto varias veces, en el transcurso de la publicación, del mismo modo que Sir Walter Raleigh, dudando de la existencia de la verdad, arrojó al fuego el segundo volumen de su historia, nosotros, poco seguros de nuestra competencia, hemos querido arrojar a las llamas los manuscritos de la obra que ofrecemos al público. Pero si algún valor tuviese, y si además el público la recibiese con benevolencia, sería debido a los manuscritos inéditos o no inéditos que han llegado a nosotros, a los diferentes libros consultados, a las noticias adquiridas en los Archivos nacionales y particulares.

Con ruda franqueza diremos a nuestros lectores que algo bueno encontrarán en el plan y método de la obra, como también, dada la extensión de ella, no dejarán de ser tratadas las materias más importantes. ¿Seremos imparciales? No lo sabemos; pero a sabiendas no hemos de faltar a la verdad.

Altamente censurable juzgamos la conducta de cierto escritor antiguo, quien escribió dos historias: Una *pública* y otra *secreta*. En la primera, Procopio—pues este es el nombre del historiador—fué débil, faltando a lo que le dictaban la sinceridad de sus convicciones; en la segunda fué parcial, exagerado hasta rayar en calumnioso. Él se disculpaba diciendo que carecía de libertad; nosotros no podríamos disculparnos, porque la tenemos en absoluto.

Sabemos que la adulación ha dado siempre sus frutos, aun usada por los mejores historiadores; no ignoramos que los Reyes y los Gobiernos se declaran protectores de quienes les sirven o engañan, en tanto que no atienden a los que se

atreven a decirles la verdad; tenemos como cosa cierta que
también los pueblos, engañados o aturdidos por los que más
gritan, arrojan incienso a ídolos, los cuales sólo merecen el
desprecio. Nosotros nos proponemos—y lo mismo nos dirigi-
mos a los americanos que a nuestros compatriotas—decir la
verdad o lo que creemos ser verdad, amar la justicia o lo que
creemos ser justo, enseñar los derechos o más bien los deberes, para que unos y otros, vencidos y vencedores, puedan
comprender que todos pecaron, olvidándose de que hay un
Dios en el cielo y una sanción en la tierra.

Del mismo modo habremos de consignar que, sin apoyo
de nadie, sin Mecenas que nos protejan y casi sin amigos que
nos ayuden, comenzamos nuestra obra. Enemigos de la adulación y de la hipocresía, en desacuerdo con ilustres escritores de aquende y allende los mares, emprendemos confiados
únicamente en nuestras débiles fuerzas, tarea harto difícil y
comprometida. Difícil, sí, y comprometida porque hemos de
censurar obedeciendo a generosos móviles de justicia, a algunos de nuestros Reyes, a muchos de nuestros políticos y
generales, y aun a no pocos de nuestros sacerdotes. Difícil y
comprometida, porque nuestras censuras han de alcanzar á los
indios que, a veces, suspicaces y traidores, pagaron con des-
lealtad manifiesta las generosas acciones de algunos buenos
españoles. Difícil y comprometida, porque tenemos con harta
frecuencia que separarnos de la verdad oficial, negando muchas veces algunos hechos que pasan como verdaderos.

Comenzaremos, pues, la historia de la parte más hermosa
del globo, donde el suelo es tan rico, el cielo tan bello, la
naturaleza tan exuberante, las naciones tan poderosas, los
hombres tan dignos de gloria y la vida toda tan intensa y
magnífica. Comenzaremos la historia de tantos hechos gloriosos, de tantos héroes, y muy especialmente de la generosa
raza que, a la sombra del frondoso árbol de la libertad, vive
y progresa en el mundo descubierto por el genio inmortal de
Cristóbal Colón.

De ilustre historiador contemporáneo son las siguientes
palabras: «El descubrimiento del Nuevo Mundo es un suceso
en el dintel de la Historia Moderna, que ha influído podero-
samente en el curso de ella, pues, de una parte, nuevos horizontes se ofrecían a la acción de las naciones aventureras, y
la colonización conducía a una serie sin fin de nuevos terri-

torios; de otra parte, el crecimiento del poder naval alteraba profundamente las condiciones en que se fundaba la grandeza nacional, la comunicación con pueblos desconocidos ofrecía inesperados problemas, el comercio se trasformaba gradualmente y se presentaron cuestiones económicas de la mayor complejidad» (1).

(1) La Historia Moderna, según el Reverendísimo Mandel Creighton, D. D. Obispo que fué de Londres.—De *The Cambridge Modern History*, 1907.

V

Descripción geográfica de América.

América confina, por el N. con el Océano Glacial Artico;
por el E. con el Atlántico, que la separa de Europa y de Africa; por el O. con el Pacífico, que la divide de Asia, y por el
S. con el Océano Austral o con las confusas aguas de los dos
Océanos (Atlántico y Pacífico).

América se pierde al N. en las heladas regiones del Polo,
y baja tanto al S., que su distancia del Círculo Antártico es
poco más de 11 grados. La acercan al Asia el Estrecho de
Behring y la corva cadena de las islas Aleutianas, que va de
la península de Alaska á la de Kamchatha, y la aproxima a
Europa la Groenlandia, que está de la Islandia unos 615 kilómetros. Por el cabo de San Roque (Brasil) se adelanta como
en busca del cabo Rojo, el más al Poniente de las riberas de
Africa (1).

Cruza las tres Américas, desde la península de Alaska
hasta el Estrecho de Magallanes, una cadena de montañas, que
toman los nombres de *Roquizas* o *Peñascosas* en el Canadá y
Estados Unidos, de *Sierra Verde* y *Sierra Madre* en México,
de *Sierra de Guatimolienos* en la América Central, y de *Andes*
(ya Colombianos, ya Peruanos o Chilenos) en la América Meridional. Además de la citada cordillera, en el Canadá se halla el monte de *San Elías,* en los Estados Unidos los *Apalaches* y en el Brasil los cuatro siguientes: *Serra do Mar, Espinaso, Gamastra* y *Vertientes.*

Por lo que respecta al *clima,* se disfrutan en América desde los fríos más intensos hasta los calores más excesivos, debido a su diferencia de latitud. Sin embargo, no son insopor-
tables los calores, ni aun en el Ecuador, donde creían los antiguos que allí no podía vivir el hombre. Las eternas nieves

(1) Véase Pí y Margall, *Historia de América,* primer tomo y cuaderno, páginas XXIX
y XXX.

de los montes, la altura de las mesetas y las muchas aguas corrientes templan los ardorosos rayos del sol, reinando en las elevadas llanuras perpetua primavera. Sólo en las cumbres de los Andes se sienten los grandes fríos, así como en las llanuras bajas los grandes calores.

De Septentrión a Mediodía la distancia es de 14.000 kilómetros, y su superficie tiene más de 40 millones de kilómetros cuadrados.

Divídese América en tres grandes regiones: Septentrional, Central y Meridional; la Central y Meridional se hallan unidas por el istmo de Panamá o de Darién.

La América Septentrional tiene 21 millones de kilómetros cuadrados y más de 100 millones de habitantes; la Central, 465.500 kilómetros cuadrados y cerca de 10 millones de habitantes, y la Meridional, 17.850.000 kilómetros cuadrados y cerca de 40 millones de habitantes.

América Septentrional.

Groenlandia, Archipiélago Polar, Dominio del Canadá (Nueva Bretaña), Tierra del Labrador, Terranova, Estados Unidos y México.

América Central.

Guatemala, San Salvador, Honduras, Nicaragua y Costa Rica. También pertenecen á la América Central las grandes Antillas (Cuba, Puerto Rico, Haití, Santo Domingo y Jamaica), las Islas Vírgenes y Santa Cruz, las de Bahama ó Lucayas, las Bermudas y las pequeñas Antillas (Martinica, Santa Lucía, San Vicente y otras).

América Meridional.

Venezuela, Nueva Granada ó Colombia, Panamá, Ecuador, Guayanas (inglesa, holandesa y francesa), Perú, Bolivia (Alto Perú), Chile, República Argentina ó Estados Unidos de la Plata, Uruguay, Paraguay, Brasil y Patagonia.

La superficie probable de Groenlandia, según Behm y Wagner, es de 2.169.750 kilómetros cuadrados. Tiene un habitante por 500 kilómetros cuadrados en la parte del litoral explorado. La Groenlandia dinamarquesa se divide en provincias del Sur y del Norte, subdividiéndose á su vez en distritos, correspondiendo a la primera: Julianaab, Frederikshaab, Godthaab (capital), Sukkertoppen y Holstenborg; y a la segunda: Egedesminde, Kristianshaab, Jacobshavn, Godhavn (capital), Ritenbenk, Umanak y Upernivik. La Groenlandia Oriental y la del Norte, no anexionadas á Dinamarca, carecen de circunscripciones administrativas.

En el archipiélago polar (parte del mar polar poblado de islas) encontramos la isla mayor, denominada tierra de Baffin y limitada al Oeste por los mares de Groenlandia, entre el Estrecho de Lancaster y el de Hudson. Los esquimales del Archipiélago no reconocen ninguna autoridad. Tampoco pueden tener ciudades ni aldeas propiamente dichas, sino campamentos, ya permanentes, ya temporales.

El extremo Noroeste de la América del Norte, llamado Alaska, perteneció hasta el 1867 al imperio ruso, en cuyo año fué vendido a los Estados Unidos. Según el censo de 1880 tenía 33.620 habitantes y la mayor parte eran esquimales. La población más populosa de Alaska es *Juneau-city* y contiene unos 3.000 habitantes; *Sitka* es un caserío de 300 habitantes y son inferiores respecto al número de habitantes y a la actividad comercial, Wrangell y Fort-Tungas. El comercio de exportación de Alaska llegó en 1888 a 16 millones de francos.

El Canadá se divide en Alto y Bajo, Ontario y Quebec. Del Canadá pueden considerarse como fracciones la Tierra del Labrador y la isla de Terranova. «¿Por qué extraña ironía—como dice Reclus—(1) pudo llamarse así (Tierra del Labrador) un suelo ingrato y helado, por donde jamás pasó el arado del agricultor, y en donde no vió Jacques Cartier la cantidad de tierra que podía caber en una cesta?» Hállanse en la tierra del Labrador poblaciones míseras y errantes de indios y de esquimales, los primeros en la parte meridional, y los segundos en las costas orientales y septentrionales de la península; lo mismo los indios que habitan en los bosques que los situados a orillas de los lagos, pertenecen a la familia de los cris.

Puede admitirse como cosa probada que el Labrador ha sido la parte menos explorada, desconociéndose por completo la configuración del interior. Aunque el Labrador se halla en

(1) *América Boreal*, tomo I, pág. 579.

casi toda su extensión situado a latitudes más lejanas del polo
que Groenlandia, es, sin embargo, más frío, lo cual se explica
porque la costa de aquella tierra está enteramente expuesta
al Nordeste, es decir, a la parte donde sopla el viento polar;
«y además en que las bancas de hielo que bajan al Sur arras-
tradas por la corriente del mar de Baffin se encuentran con
las que salen por el Estrecho de Hudson, y el mar las echa
todas sobre las costas del Labrador» (1). El conjunto de la
población del Labrador, al Norte de las tierras altas, no pasa
probablemente de 10.000 individuos (2). Los esquimales del
Labrador difieren poco de los de Groenlandia y de los del Archipiélago Polar (3). En la segunda mitad del siglo XVIII y en
la primera del siglo XIX los misioneros moravos establecieron
algunas estaciones, cuya población en 1876, según Behm y
Wagner, era:

Hebrón.	214	habitantes.
Hoffenthal.	283	—
Nain.	270	
Okak..	349	—
Rama..	28	...
Zoar..	128	(4)

La Compañía de Hudson, formada poco después de la
fundación de Montreal (1642), estableció algunos puertos
para comerciar con los esquimales y para pescar la ballena.

Terranova es importante colonia británica. La tierra que
se descubrió tal vez por el año 1000 o poco después—según
diremos en capítulos posteriores—por Erik el Rojo o uno de
sus hijos, que la denominaron *Helluland* o *Mark-land*, la encontramos tiempo adelante visitada por portugueses, vascos, franceses e ingleses. Terranova, por tanto, es entre todas las tierras americanas la que tiene con menos motivo el nombre que
ostenta. Todavía no había terminado el siglo XV y ya Juan Cabot o Gaboto siguió la costa de la gran isla. De Reclus copiamos la siguiente descripción: «La isla presenta al mar casi por
todos lados una costa abrupta y formidable; en pocas comar-

(1)   Reclus, *América Boreal*, pág. 587.
(2)   Ibidem, pág. 590.
(3)   Ibidem, pág. 591.
(4)   Ibidem, pág. 592, nota.

cas ofrece el litoral más asombrosa sucesión de cuadros grandiosos; acantilados a pico o peñascos voladizos que amenazan
desplomarse sobre el mar; profundas bóvedas donde se preci-
pitan las olas; paredes inclinadas por las que suben finas capas
de agua; respidares que despiden umbelas de espuma; cabos
de avanzados picos cercados de rompientes; valles angostos
en cuyo fondo se columbran los plateados hilos de las cascadas. En invierno y primavera cierran la entrada de los puertos
témpanos de hielo, y las nieblas impiden frecuentemente su
acceso. Aun por tierra son imposibles los viajes, salvo por los
senderos que han abierto los rengíferos, a pesar de no elevar-
se en el interior montañas de gran altura: los furdos de la costa, los lagos, las charcas innumerables de los valles detienen
por do quiera al viajero; no son menos difíciles de salvar las
espesuras enmarañadas de arbustos, que los tremedales hen-
chidos de húmedo musgo; y durante el verano, estación de los
viajes, arremolínanse en la atmósfera nubes de mosquitos
que caen sobre el desgraciado peatón, ensangrentándole la
cara» (1). Tanto la fauna como la flora de Terranova se parecen bastante a la del Canadá, con la diferencia que las especies son menos abundantes en la primera.

En los comienzos del siglo pasado, la población total se
elevaba a unos 20.000 habitantes; en 1815 llegaba a 70.000,
y hace pocos años aumentó a más de 200.000. La superficie
es de 110.670 kilómetros cuadrados.

La producción anual de las pesquerías de bacalao de Terranova por buques ingleses, franceses y americanos era de
185.000 toneladas, cuyo valor consistía en 75.000.000 de
francos (2).

La capital y la ciudad más populosa de Terranova es
Saint-John's; también son importantes Havre-de-Grâce, Bona-
vista, Carbonear y algunas otras. Saint-John's tenía en el año
1886 unos 31.000 habitantes (3).

Los indios aborígenes o los beothuk han desaparecido.
Cuando llegaron los blancos aún era numerosa aquella tribu
de algonquines; pero los extranjeros sólo vieron en los indígenas una especie más de caza (4). Cuando la escopeta de los

(1)   Reclus, *América Boreal*, pág. 598.
(2)   Ibidem, pág. 616.
(3)   Ibidem, pág. 620.
(4)   Ibidem, pág. 610.

cazadores, las enfermedades, la miseria y el hambre habían destruído la raza, cuando no quedaba un beothuk en Terranova, se constituyó el 1828 en *Saint-John's* una *Beothuk Society* para proteger a los infelices indios. Si existen algunas, muy pocas familias de indios en Terranova, pertenecen a la raza de los mic-mac. La población blanca, en su mayor parte, es de origen francés e inglés.

Todos saben que los franceses disputaron por mucho tiempo y con empeño a los ingleses la posesión de dicho país. Todavía es Terranova la famosa *tierra de los bacalaos*, y muy especialmente un islote de la costa oriental llamado *Bacalieu-island*. La población de Terranova y del Labrador terranovense de 1886, clasificada bajo el punto de vista religioso, era la siguiente:

Anglicanos y wesleyanos......	120.411
Católicos..	74.651
Otros.	2.290
	197.352 (1)

América Central, esto es, la región de los istmos (sin Chiapas, perteneciente a México, y sin Panamá, Estado independiente a la sazón), ha constituído por mucho tiempo un solo cuerpo político. Rota la unidad política, dividióse en 1838 en cinco Estados independientes. La verdad es que los altos de Guatemala, las llanuras del Salvador, los valles de Honduras, las depresiones de Nicaragua y la elevada meseta de Costa-Rica, son otros tantos centros de vida independiente.

Pasamos a dar ligerísima idea de los Estados de la América Meridional, sin citar las muchas islas correspondientes a Centro América. Únicamente haremos notar que los ingleses designan las Antillas septentrionales, incluso las islas Vírgenes y hasta la Dominica, con el nombre de islas de Sotavento *(Leeward-islands)*, y las Antillas Meridionales, desde la Martinica hasta la Trinidad, bajo el nombre de Islas de Barlovento *(Windward-islands)*; denominaciones—como haremos notar más adelante—que si tienen valor administrativo, carecen de sentido geográfico, puesto que todas las islas colocadas en la

(1) Reclus, *América Boreal*, pág. 611.

divisoria exterior del mar de las Antillas se hallan expuestas a la acción de los vientos alisios (1).

La naturaleza ha dividido a la América del Sur en dos partes: occidental y oriental. La división política corresponde, sin mucha diferencia, a la establecida por la naturaleza; las tres Repúblicas de la antigua Colombia (Venezuela, Colombia o Nueva Granada y Ecuador) con Perú, Bolivia y Chile, pertenecen a la región de los Andes; y la Guyana, el Brasil y las Repúblicas de la cuenca del Plata ocupan los llanos (2).

En la América del Norte (Canadá) uno de los ríos principales tiene el nombre de *Makenzie*, y se forma de la reunión del de la Paz y del Athabasca, ambos procedentes de las montañas rocosas. El Athabasca entra en el lago de su nombre, y después de la salida, recibe el río de la Paz. La corriente así formada se llama río de los Esclavos hasta el gran lago de este nombre, del cual sale con la denominación definitiva de río Makenzie. Corre al mar en dirección Noroeste, regando unos 1.200 kilómetros del territorio de los esquimales. El *Nelson* (Canadá), reunión de otros dos ríos, que se denominan Saskatchavan del Norte y Saskatchavan del Sur, procedentes de los montes peñascosos, atraviesa el lago Winnipeg, cruza el distrito de Keewatin y desagua en la bahía de Hudson. El *San Lorenzo*, que puede decirse que comienza en los lagos al Sudoeste de la cordillera Central, pone en comunicación el Lago Superior, el Michigan, el Hurón, el Erié y el Ontario, baja primero entre el Alto Canadá y Nueva York, y después por el Bajo Canadá. Tiene de largo desde el Lago Superior, 3.350 kilómetros, y desde Ontario, 1.000; de ancho de 800 á 3.000 metros; y de profundo, bastará decir que es navegable hasta Quebek por navíos de línea y hasta Montreal por buques de 600 toneladas. Entre sus afluentes se halla el *Ottava*, que nace en el lago de Tomiscánning, separa los dos Canadás y recorre 900 kilómetros.

El *Oregón* ó *Columbia*, en los Estados Unidos, sale de las montañas rocosas, entra en el Pacífico y su longitud es de 2.000 kilómetros. El *Colorado*, en los mismos Estados Unidos, nace en dichas montañas rocosas, atraviesa la llanura árida del Arizona y desagua en el golfo de California, después de

---

(1) Reclus, *América Central*, págs. 779 y 780.
(2) Véase Reclus, *América del Sur*, pág. 23.

recorrer 1.300 kilómetros. Del mismo nombre hay otro río en los Estados Unidos (Tejas) que desagua en el golfo de México, y tiene de largo 1.150 kilómetros. El *Delaware*, también en los mismos Estados, riega Filadelfia y desagua en la bahía de Delaware, habiendo recorrido unos 580 kilómetros.

El *Bravo*, que baña el límite oriental de México, desciende de las faldas de Sierra Blanca y recorre 2.200 kilómetros. Más de 7.000 baña la tierra el *Mississipí*, llamado por los natchez *Meschacebé* (marcha de las aguas). Cruza de Norte á Sud todos los Estados Unidos; recibe al Este el *Wisconsin*, el *Illinois* y el *Ohio*, y al Oeste el *Missouri*, el *Arkansas* y el *Río Rojo*. El Missouri es famoso por la anchura de su cauce, por su profundidad en ciertos puntos, por la rapidez de sus aguas y por lo imponente de sus cataratas. Tiene el Mississipí sus fuentes en el lago Itasca, baja por la pintoresca cascada de San Antonio al llano, y á más de 2.000 kilómetros une sus claras aguas á las turbias del Missouri; mide ordinariamente de ribera á ribera de 800 á 1.000 metros, y á su entrada en el golfo de México se divide en muchos brazos.

Antes de terminar la descripción de los ríos de la América Septentrional, recordaremos un estudio muy curioso que se intitula «Extracto de los acontecimientos y operaciones de la 1.ª División de bergantines destinada a perfeccionar la Hidrografía de las islas de la América Septentrional, bajo el mando del Capitán de fragata D. Cosme Damián de Churruca.» Salió de Cádiz el 15 de Junio de 1792, y después de describir perfectamente la situación, magnitud y figura de las islas, volvió al puerto de Cádiz, donde a bordo del navío *Conquistador*, el 18 de Octubre de 1795, firmó Churruca el mencionado documento (1).

En la América Central abundan los ríos, si bien no son tan caudalosos.

De la América del Sur son el *Magdalena*, el *Orinoco*, el *Amazonas o Marañón*, el *Tocantines*, el *Paranayba*, el *San Francisco*, el *Plata* y el *Río Negro*. El *Magdalena*, que recibe al Este el *Bogotá* y el *Sogamoco*, al Oeste el *Cauca*, sale del lago Pampas con dirección al Norte, atraviesa casi todo el territorio de Nueva Granada, y, después de recorrer 1.320 kilómetros, penetra en el mar por muchas bocas. El *Orinoco* nace en las vertientes

(1)   Archivo de la Dirección de Navegación y pesca marítima.—*Noticias hidrográficas de la América Septentrional,* tomo II, págs. 188-199.

occidentales de la sierra de Parima, corre al Septentrión aumentando su caudal de aguas mediante el tributo de muchos ríos, tuerce hacia Levante desde su confluencia con el Apure y se divide en cincuenta brazos antes de llegar al Océano. Es navegable en su mayor parte. Se admiran espantosas cataratas cerca de Atures; parece un lago en su embocadura y cuenta de extensión 2.500 kilómetros. El *Amazonas* es el río mayor del mundo, mayor que el Mississipí, que el Ganges y que el Nilo. Nace en el lago de Lauricocha, cruza de Oeste a Este casi todo el continente, recibiendo en las fronteras meridionales del Ecuador por su margen derecha al *Huallaga* y al *Ucayale*, a que afluyen, entre otros, el *Apurimac* y el *Vilcamayo;* y, por su izquierda, al *Napo*, que baja del Cotopaxi (ya habiendo recibido el Curaray y el Aguarico) y al *Putamayo*, que se forma en otra cumbre de los Andes. A Mediodía del Brasil recoge al *Jurua*, al *Purús*, al *Madera*, al *Topayos* y al *Xingú*; al Norte al *Caqueta* y al *Río Negro*. La longitud del Amazonas es de 5.000 kilómetros y desemboca en el Atlántico, como también el *Tocantines, Paranayba, San Francisco*, el *Plata* y el *Negro*. El río *Paranayba* en el Brasil da sus aguas al Atlántico después de recorrer 860 kilómetros. El *Plata*, que puede compararse con el Amazonas por su anchura, comienza en la isla de Martín García, donde recibe al *Uruguay*, y luego al *Paraná, Paraguay* y *Pilcomayo*. El río *Negro*, que separa la Patagonia de la República Argentina, es muy ancho en su boca y cuenta su longitud por centenares de kilómetros.

Los lagos de la América del Norte son el de los *Osos*, junto al Círculo Artico o en el mismo círculo; más al Sur los dos del *Esclavo*, el *Athabasca*, el *Winnipeg* y otros; luego el *Superior, Michigán, Hurón, Erié* y *Ontario*, cruzados por el río San Lorenzo, que forma entre los lagos Erié y Ontario la célebre catarata del Niágara. En México está el *Chapala*. En la América Central los de *Managua* y *Nicaragua*. En la América del Sur, en Venezuela, el *Maracaibo;* entre el Perú y Bolivia el *Titicaca;* en el Brasil, no lejos del Uruguay, el de los *Patos*, y en la Patagonia los de *Coluguape* y *Viedma*.

Veamos las altitudes de algunas sierras de América. En los Estados Unidos, el *Monte de San Elías*, que tiene 5.440 metros; el de *Hooker*, con 5.100; el *Murchison*, con 4.877; el de *Santa Elena*, con 4.724; el *Fairweather*, con 4.483 y el *Fre-*

mont, con 4.135; los seis se hallan en las sierras pedregosas. En los mismos Estados Unidos y en Alleghany están el monte de *Washington* y el *Mountais*, el primero con 1.959 metros y el segundo con 1.900. En México tenemos *Sierra Nevada*, *Cerro de Azusco* y *Orizaba*, con 4.625, 3.673 y 5.450 metros respectivamente. En California está el *Monte Gigante*, con 1.400 metros. En Guatemala citaremos el *Amilpas* y el *Agua*, el primero tiene 4.010 metros y el segundo, 4.570. De Honduras debe nombrarse el *Pico Congrehay*, con 2.271 metros. En Cuba se encuentra la *Sierra del Cobre*, que tiene 2.100 metros. Citaremos en El Ecuador el *Chimborazo*, con 6.530 metros, el *Covambó*, con 5.956, el *Pasto*, con 4.100 y el *Cotopaxi*, con 5.750. En el Perú se admira el *Parinacota*, con 6.714 metros y el *Arequipa*, con 5.755. Se ven en Bolivia el *Nevado de Sorata*, el *Nevado de Illmane*, el *Chuquibamba* y el *Cerro de Potosí*, con 6.488, 6.446, 6.400 y 4.923, respectivamente. En Colombia tenemos el *Puracé*, con 5.185 metros. De Chile podemos citar el *Aconcagua*, el *Maypú* y el *Tupungale*; el primero con 7.288 metros; el segundo, con 5.580, y el tercero, con 4.600. Son de Venezuela la *Sierra de Santa Marta* y el *Pichincha*, con 5.791 y 4.855, respectivamente. En la Guayana está el *Roraima*, con 2.271; en Buenos Aires, el *Sierra Ventana*, con 1.067; en el Brasil, los de *Itambo* é *Itacolumi*, con 1.817 metros el primero y 1.777 el segundo, y en Patagonia el *Corcobado*, con 2.290 metros.

Entre los volcanes citaremos el de *San Elías*, en los Estados Unidos; los de *Popocatepell* y *Orizaba* en México; el del *Agua*, el del *Fuego* y otros en la América Central; los de *Chimborazo*, *Cotopaxi*, *Pichincha* y *Antisana*, en El Ecuador; los de *Aconcagua* y *Copiapó*, en Chile, y el de *Arequipa* en el Perú.

En la parte Norte de América encontramos la península de *Melville*, la del *Labrador*, entre el Océano Glacial Ártico y el Océano Atlántico, y *Nueva Escocia* ó *Acadia*, pertenecientes a Nueva Bretaña; la de *Florida*, en los Estados Unidos, y se halla entre el Océano Atlántico y golfo de México; la de *Alaska*, en los Estados Unidos, entre el Océano Glacial y el Pacífico; la del *Yucatán*, en México, está entre el golfo de este nombre y el mar de las Antillas; la *Baja California*, en México, se encuentra entre el golfo de California y el Océano Pacífico; la de *Goajira* y la de *Paraguana* forman la entrada del golfo de Maracaybo, en el mar de las Antillas, entre Venezuela y Colombia, y la de *Brunswick*, sobre el Estrecho de Magallanes, en la Patagonia.

Los cabos más importantes bañados por el Océano Glacial Artico son el *Farewell* (Groenlandia) y el de *Carlos* (Labrador); el de *Cod*, el de *Hateras*, el de *Sable* y el de *Mendocino* (Estados Unidos) se hallan bañados los dos primeros por el Atlántico, el tercero por el golfo de México y el cuarto por el Pacífico; el de *Catoche* (México), por dicho golfo; el de *Gracias a Dios* (América Central), por el mar de las Antillas; *Gallinas* (Colombia), el más septentrional de la América del Sur, también por el mar de las Antillas; *San Roque* (Brasil), *San Antonio* (Argentina), *Blanco* (Patagonia) y *Hornos* (Tierra del Fuego), por el Atlántico. El *Blanco* (Perú), *San Lorenzo* y *San Francisco* (El Ecuador), por el Pacífico.

Acerca del reino *mineral* inmensas riquezas se han extraido de las entrañas y de los cerros de aquel continente. El oro y la plata parecen allí inagotables. Abunda también el hierro y no escasea el platino y el cobre. Existen minas de diamantes, esmeraldas, topacios, amatistas y otras piedras preciosas. En el mar de los Caribes se pescaron por mucho tiempo claras y gruesas perlas.

La *vegetación* es admirable. Las tierras llanas están cubiertas de inmensos bosques poblados de árboles gigantescos. Soberbios pinos, aromáticas magnolias y otros árboles despliegan en la zona templada todo su vigor y lozanía. Bajo los trópicos nace el cocotero, el banano, la ceiba, el sauce, la higuera y el anacardo. Encontramos árboles de madera tan rica como la caoba y tan fuerte como la corbana, la jagua y el espino. En el fondo de los bosques crece el cedro y el árbol de la canela. Trepan por los viejos troncos la vainilla, los pothos y los bejucos. Las cañas y los helechos adquieren extraordinaria altura. Americano es el árbol de la quina y plantas americanas son la jalapa, la zarzaparrilla, el bálsamo de copaiba y la ipecacuana. Por último, también son americanas el cacao, el maiz, la patata, el tabaco, el algodón, el campeche y otras varias.

Bellos y de vivos colores son muchos de los *animales* que se encuentran en América. No hay en ninguna parte del mundo pájaros de más bello plumaje (colibrí, pájaro mosca y guacamayo), ni insectos más caprichosamente pintados, ni reptiles (culebras y lagartos), de más vistosos colores. Entre los pájaros se halla el condor, entre los lagartos el caimán, y entre las culebras la boa. Si el león no es tan grande ni bravo como el de África, habita en cambio el jaguar en los bosques de los trópicos; el lobo, la zorra y otros dañinos en las selvas del Norte. Abundan manadas de rengíferos y ovibos en las regiones septentrionales: más abajo el bisonte, y en los países calientes vive el llama y todas sus especies. Nada diremos del castor, la marta y otros buscados hoy por sus riquísimas pieles. Llama la atención la existencia de no pocos animales, pues son abundantes los rebaños de bisontes y de llamas y numerosas las bandadas de pájaros. «En el mes de Marzo— escribe Gonzalo Fernández de Oviedo—he visto algunos años por espacio de quince o veinte días, y otros años más, ir el cielo de la mañana a la noche cubierto de infinitas aves, unas tan altas que se las perdía de vista, otras más bajas, pero siempre muy por encima de las cumbres de los montes, que iban continuamente de Septentrión a Mediodía» (1).

Consignaremos del mismo modo que no en todas las regiones del Nuevo Mundo se hallan minerales ricos, vegetales y árboles tan estimados, animales tan útiles y hermosos. Al Oeste de la cadena perpetua de los Andes, en las costas del mar del Sur—dice Humboldt—también he pasado semanas enteras atravesando desiertos sin agua. Las mesetas de México, los llanos de Venezuela, las pampas de Buenos Aires y otras regiones son, en efecto, desiertos tristes y desconsoladores.

DIVISION POLITICA DEL NUEVO MUNDO

América Septentrional y Central.

ESTADOS INDEPENDIENTES

Estados Unidos.
México.
Guatemala.
Salvador.
Honduras.
Nicaragua.

Costa Rica.
Panamá.
Cuba.
Haití.
Santo Domingo.

(1) *Sumario de la natural historia de las Indias*, cap. LXVIII.

América Meridional.

ESTADOS INDEPENDIENTES

Venezuela.	Chile.
Colombia.	Argentina.
Ecuador.	Paraguay.
Perú.	Uruguay.
Bolivia.	Brasil.

POSESIONES INGLESAS

Guayana inglesa.	Islas Falkland.

POSESIONES FRANCESAS

Guayana francesa.

POSESIONES HOLANDESAS

Guayana holandesa.	Saint-Eustache.
Aruba.	Saba.
Saint-Martín (1).	

POSESIONES DANESAS

Groenlandia.
Sainte-Croix é islas adyacentes (2).
Saint-Thomas é islas adyacentes.
Saint-John.

POSESIONES VENEZOLANAS

Islas del Este y del Viento.

---

(1) Saint-Martin es la única de las Antillas dividida políticamente en dos partes: la del Norte es de Francia y la del Sur pertenece a Holanda. En el año 1648 y en la cima de un monte (Montaña de los acuerdos), se hizo el tratado de repartición.

(2) París 14 julio 1916, 4 tarde.— Según la *Gaceta de Lausanne*, la venta de las Antillas danesas a los Estados Unidos está virtualmente terminada. Dinamarca cede todos sus derechos sobre el archipiélago de las Vírgenes mediante la entrega por los Estados Unidos de la suma de 125 millones de francos. Este archipiélago, con sus tres islas (Santa Cruz, Santo Tomás, San Juan), sus 360 kilómetros cuadrados y sus 40.000 habitantes, sólo representa un modesto dominio colonial; pero la vecindad del Canal de Panamá le da una importancia especial. Por esto desde hace algunos años Alemania había multiplicado sus esfuerzos para decidir a Dinamarca, bien a cederle el archipiélago entero, bien a permitirle establecer en Santo Tomás un depósito de carbón y un punto de e-cala para sus barcos, lo que produjo objeciones por parte del Gobierno de Washington en nombre de la doctrina de Monroe. (*A B C* Sábado 15 de julio de 1916.)

POSESIONES NORTEAMERICANAS

Puerto Rico.   Carlobacou.
Trinidad.   Santa Lucía.
Tabago.   San Vicente.
Granada.   Granadina del Norte.

POSESIONES FRANCESAS

Saint-Pierre y Miquelon.   Marie Galante.
Guadalupe.   Saint-Barthelemy.
Désirade.   Saint-Martín.
Les Saintes y Petite-Terre.   Martinica.

POSESIONES HOLANDESAS

Curaçao.   Buen Aire.

POSESIONES INGLESAS

Canadá.   Anguila.
Terranova.   Antigua.
Labrador.   Barbada.
Islas Bermudas.   Dominica.
Honduras Británica.   Monserrat.
Islas Bahamas.   Redonda.
Barbada.   Nevis.
Jamaica.   San Cristóbal.
Islas Turcas y Caicos.   Islas Vírgenes.
Islas Caimanes.

Conclusión.   Tal es la tierra que descubrió aquel varón esclarecido sin saber que la había descubierto; tal es la tierra que vieron Cristóbal Colón y los suyos á las dos de la madrugada del 12 de Octubre de 1492.

PRIMERA ÉPOCA

AMÉRICA PRECOLOMBINA

CAPÍTULO I

Unidad y variedad de la especie humana.—El evolucionismo.
La selección.—El pithecanthropus.—Protohistoria americana.—El salvajismo.—Antigüedad de los indios.—Razas mixtas.—El "homo asiaticus" y el "homo americanus".
Diferencias y semejanzas entre uno y otro.—Algunos pobladores de América son autóctonos.—Razas cultas y salvajes.

El naturalista Quatrefages (1810-1892) sostuvo la teoría de la unidad de la especie humana ó del *monogenismo*. El hombre, según el sabio
francés, debió ser creado por una voluntad superior o por la intervención de una fuerza desconocida por nosotros, siendo de notar que las
diferencias que se observan entre las razas se deben únicamente a condiciones distintas del medio físico.

Otro naturalista, el suizo Luis Agassiz (1807-1873), al mismo tiempo que admitía una acción suprema, dijo que las especies nacieron independientes en ocho puntos distintos del globo.

La teoría biológica del evolucionismo intentó explicar el origen de
los diversos seres vivos por derivaciones sucesivas de unos a otros, de
tal manera que cada especie era únicamente la transformación de un
tipo común, que, a través de la evolución del tiempo, había ido generan-
do las múltiples formas conocidas. Explicó dicha teoría el francés Lamarck (1744-1829), quien fué atacado por Quatrefages, Agassiz, Cuvier
y otros. No huelga decir que semejante doctrina tuvo no pocos precursores, mereciendo entre los primeros señalado lugar Aristóteles. Casi
se hallaban olvidadas las obras de Lamarck (*Sistema de los invertebra-
dos y Filosofía zoológica*) cuando apareció el eminente naturalista inglés Carlos Roberto Darwin (1809-1882): su obra *Del origen de las especies*, publicada en 1859, y cuya base es la evolución universal, vino
a hacer una revolución en la ciencia. Doctrina tan peregrina consistía
en afirmar que la lucha por la existencia y la selección natural eran
las dos leyes que regían la multiplicación y perfeccionamiento de las
especies. El estado de guerra que Hobbes señalaba, solamente entre los
hombres primitivos *(Homo homini lupus)* era, según Darwin, la ley universal de la vida animal. "Vemos—dice—la naturaleza resplandecien-

te de hermosura y observamos en ella abundantemente todo lo que puede servir para alimento de los seres; pero no miramos u olvidamos que las aves que cantan con tanta dulzura alrededor de nosotros viven sobre todo de insectos y de otras aves o se ocupan siempre de destruir. No recordamos que los huevos y nidos de dichas aves cantoras son destruídos por animales feroces o por aves de rapiña; no tenemos presente que el alimento que les está destinado y que hoy es abundante, no lo es en todas las estaciones. Cuando se dice que los seres luchan para vivir, es preciso entender esta palabra en el sentido más amplio y más metafórico, comprendiendo las dependencias mutuas de los seres, y lo que tiene más importancia, las dificultades que se oponen a su propagación. En tiempos de hambre puede decirse que los carnívoros están en lucha unos con otros para proporcionarse el sustento. La planta arrojada a la orilla del desierto lucha para vivir contra la sequía. Un arbusto que produce anualmente un millar de granos, lucha en realidad contra las plantas de la misma especie o de especies diferentes que ya cubren el suelo."

Respecto de la cría de los animales, se ha verificado hace un siglo largo el comienzo de una doctrina que se llama *selección*. Según ella, el individuo que se dedica a dicha cría, cuando sorprende en un ser cualquiera un carácter especial, le sigue en una familia y escoge con cuidado los reproductores que pueden transmitirle, obteniendo, mediante largos esfuerzos, una nueva variedad, una raza. La naturaleza, dice Darwin, no hace otra cosa; del mismo modo que el hombre forma razas artificiales, la naturaleza crea razas naturales. La naturaleza abandona desapiadadamente o arroja todo lo que es débil, impotente y enfermizo; da vida, en cambio, a los más fuertes, poderosos y sanos. La variedad, asegurando más y más su preeminencia, se eleva a la categoría de especie, así como el boceto viene luego a ser cuadro. La nueva especie vivirá largo tiempo; pero cuando cambien el medio físico y el medio orgánico, los cambios o variaciones formarán otras especies, que, a su vez, acabarán con las citadas anteriormente. La naturaleza, pues, mediante la selección, renovará la faz de la tierra; renovación que sólo necesita el tiempo, que no tiene límites. En tal estado el asunto, falta explicar la aparición de las primeras formas orgánicas. ¿Había en el seno de la naturaleza inorgánica fuerzas dormidas que en ciertas circunstancias pudieron crear una planta o un animal, de igual manera que se forma un cristal en virtud de ciertas afinidades químicas? Tal es la doctrina de la generación espontánea.

Darwin, en su libro intitulado *Descendencia del hombre*, y que vió la luz en el año 1871, aplicó rigurosamente sus teorías a la especie humana. Según Darwin y sus discípulos, el hombre, siguiendo las leyes de la selección natural, desciende de un grupo de seres antropomórficos, al cual pertenecen el orangután, el gorila y el chimpancé. El eslabón que une a aquél con los últimos debió existir en el período terciario, y fué el *pithecanthropus* del alemán Haeckel o el *anthropopythecus* de Mortillet (1). Los restos encontrados en las formaciones sedimentarias de Java (2), parecen indicar la existencia de un ser superior a los antropóides e inferior al hombre. No se da un salto, pues, del orangután al hombre. *Natura non facit saltum*. El precursor del hombre debió ser el pithecanthropus.

Hovelacque dice por su parte: "La única facultad que distingue al hombre de los animales es la palabra, y por mucho que retrocedamos en el pasado, el ser que encontramos provisto del lenguaje articulado es ciertamente el hombre, mas no lo es el que carezca de esta facultad. No podemos pensar que el lenguaje le fuera dado al hombre de repente, sin causa, *ex nihilo*, sino más bien que fué el fruto de su desarrollo progresivo, el producto de su perfeccionamiento orgánico. Y siendo esto así, antes del ser caracterizado por la facultad del lenguaje articulado hubo otro que estaba en camino de adquirirla, de llegar a ser hombre, y este ser es el que debió tallar los silex de Thenay„ (3).

En resumen: el mineral, mediante una serie de transformaciones sucesivas más o menos largas, pudo llegar y ha llegado a ser planta, la planta a ser animal y el animal a ser hombre.

Ya en este punto de la investigación científica, la discusión entre monogenistas y poligenistas carece de todo interés: se reduce a averiguar si el hombre apareció en diferentes puntos de la tierra, como creen unos, o en una sola parte, como piensan otros. Mientras Darwin escribía que «los naturalistas que admiten el principio de la evolución, no vacilarán en reconocer que todas las razas humanas descienden de un solo tronco primitivo», el alemán Goethe (1749-1832), afirmaba, por el contrario —tales son sus palabras—, que «la naturaleza se muestra siempre generosa y hasta pródiga, estando más conforme con su espíritu admitiendo que ha hecho aparecer a los hombres por docenas y aun por centenares, más bien que suponiendo que los ha hecho aparecer pobremente de una sola y única pareja. Cuando la tierra hubo llegado a cierto grado de madurez, cuando las aguas se fueron encauzando y los terrenos secos se cubrieron de verdura, apareció el hombre en todos los lugares en que la tierra lo permitía.»

(1) *Deuxiéme session de L'Asociation française pour l'avancement des sciences.*—Lyon, Aout, 1872. (*Revue Scientif*, 2.ª ser., 3.ª an., núms. 9, 10 y 11.)

(2) Isla en el archipiélago de la Sonda (Oceanía Occidental).

(3) *Lettre sur l'homme préhistorique du type le plus ancien*, etc. París, 1876.

De Fritsch son las palabras que copiamos: «Es evidentemente absurdo que estas condiciones favorables (refiriéndose a las necesarias para la aparición del hombre), sólo se han presentado en una sola localidad; que un lugar de la tierra haya sido el preferido para la aparición del hombre, y, por último, que una sola pareja haya tenido la dicha, para asombro de la posteridad, de ser la originaria del género humano.» Humboldt, Gumplowitz y otros sabios, niegan del mismo modo que todos los hombres se deriven de una pareja única.

Después de la teoría general que acabamos de reseñar, procede que nos ocupemos de la aparición del hombre en América. Aunque se anunció como cosa cierta y positiva que los Sres. Witney y Blaque, ingenieros de los Estados Unidos, habían descubierto un cráneo que se hallaba debajo de materiales volcánicos, edad terciaria y período plioceno (1), se supo luego que aquellos naturalistas habían sido engañados por mineros de poca conciencia. Aun admitiendo que dicho cráneo fuese auténtico y no moderno, con señales bien hechas, nos asaltaría la duda de si el terreno es terciario, pues todo indica que pertenece a la edad cuaternaria.

Mayor importancia—como escribe D. Juan Vilanova—revisten los huesos humanos descubiertos recientemente en el sitio, no lejos de México, llamado el *Peñón de los Baños*. Bárcena y Castilla, profesores de Geología, dicen "que, por los caracteres que ostentan los huesos, el esqueleto pertenece a la raza indígena pura de Anahuac, añadiendo, por último, que lo consideran como prehistórico, o sea muy anterior a las noticias que sobre dicha raza presentan la tradición y la historia, señalándole como antigüedad menor la de 800 años, y como horizonte geológico, la división superior de la era cuaternaria„ (2). En la cuenca del río Delaware, no lejos de la ciudad de Trenton (Estados Unidos), en una formación glacial, halló el Dr. Abbott «más de un cráneo humano que, si son contemporáneos de los instrumentos tallados descubiertos en la misma localidad, deben ser tan antiguos como éstos, que representan por su forma y por lo tosco de su labor el período europeo de Chelles y Taubach» (3). Llamó la atención que algunos de los cráneos fuesen braquicéfalos y no dolicocéfalos, esto es, que correspondiesen a una raza superior, como superior se considera la braquicefalia a la dolicocefalia.

Hace notar el Marqués de Nadaillac a propósito de los cráneos americanos, que no se halla probado que predominen los braquicéfalos o los

(1) Desor, *L'homme pliocene de la California*. Nice, 1879.
(2) *Protohistoria Americana*, Conferencia de D. Juan Vilanova en el Ateneo de Madrid el 21 de Abril de 1891, págs. 30 y 31.
(3) Ibidem.

dolicocéfalos, habiendo verdadèra mezcla de unos y otros, si bien debe notarse que en todos está muy reducida la cavidad cefálica, sin querer esto decir que signifique tal condición inferioridad intelectual en aquellas gentes. Encierra verdadera importancia el siguiente hecho. Los cráneos encontrados cerca de Merom (Indiana), los de Chicago, el procedente del Stimpson's-Mound y los del Kennicott-Mound ofrecen caracteres de inferioridad, hasta el punto que la depresión frontal es casi igual a la del chimpancé. De la misma manera son de escasa capacidad cefálica los cráneos encontrados en los paraderos del litoral de California y del Oregón, como también los de la isla de Santa Catalina, donde con los restos humanos aparecieron pequeñas vasijas de esteatita, objetos de sílex y de hueso, y alguna esculturita de piedra dura.

No pasaremos en silencio "la indicación de la singular forma que ofrece la tibia de muchos esqueletos, a la que se aplica el nombre de platiguemia, común en muchos monos, así como el agujero natural que ofrece la cavidad olecraniana del húmero, rasgos que los transformistas invocan en pro de la descendencia simia del hombre.„ (1). Casi idénticos caracteres se ven en los huesos encontrados en

Cráneo neolítico (California).

diferentes puntos (Buenos Aires, Patagonia, Venezuela, Florida, etc.). Por cierto que discurriendo el Sr. Tenkate, escritor distinguido, acerca de los caracteres generales de las razas humanas encontradas en América, ha venido a sostener que dichas razas corresponden a las llamadas mogolas o amarillas. Haremos notar en este lugar que es un hecho el predominio de la raza braquicéfala o de cráneo redondo en el Norte, así como el de la dolicocéfala o de cráneo elíptico en el Sur; y siendo inferiores—como generalmente se cree—las razas de cráneo largo, debió poblarse el continente americano de Sur a Norte, y no—según la opinión corriente—de Norte a Sur. En Europa los hombres más antiguos son los dolicocéfalos, y en América—si damos crédito a investigaciones recientes—los braquicéfalos.

Sintetizando la doctrina que acabamos de exponer, diremos que algunos cráneos hallados en América tienen más parecido al del chimpancé que al del hombre de nuestros días, siendo también objeto de estudio

(1)   Vilanova, ob. cit., pág. 32.

la forma de ciertas partes de los esqueletos que son como un paso del mono al hombre.

Manifiéstase con toda claridad que los caracteres de otros esqueletos, tal vez más modernos que los anteriormente citados, revelan el salvajismo, pudiéndose sostener que ciertas señales acreditan la antropofagia. ¿Indica más salvajismo el hombre primitivo de América que el encontrado en el valle del Neckar, cerca de Suttgard, y que Quatrefages y Hamy han hecho del citado ejemplar el tipo de la raza más antigua que habitó el continente europeo en los tiempos cuaternarios, distinguiéndola con el nombre de Canstadt? Creemos poder afirmar que el continente americano ha pasado por los mismos cambios y mudanzas que el Mundo Antiguo (Asia, Africa y Europa); ha seguido las mismas vicisitudes y en él se ha desarrollado la vida del mismo modo. Muéstrase la antigüedad de los indios con sólo atender, entre otras cosas, al número considerable de lenguas y la perfección en que éstas se hallaban al descubrir Cristóbal Colón el Nuevo Mundo. De igual manera se manifiesta la antigüedad considerando los edificios esparcidos por todo el continente americano. Opina el historiador Bernal Díaz del Castillo que el templo de Huitzilipuctli se edificó mil años antes de la llegada de los españoles a América.

No obstante lo dicho, Bacón de Verulamio sostuvo que los indios eran gente más nueva que los habitantes del Antiguo Mundo, y Herrera entendía que nuestro hemisferio se hallaba habitado cuando comenzaron a poblarse las Indias (1). Cuenta Lescarbot que Noé llegó en un navío al Estrecho de Gibraltar, pasando al Canadá y Brasil, y últimamente a Paria y a otras tierras (2). Algunos tienen como cosa cierta, que Tubal envió gentes a poblar las Indias (3), y Acosta se contenta con decir que se poblaron antes de Abraham (4). Fulero consideró a los hijos de Cus como los primeros que se establecieron en las Indias; Vasconcelos supuso que los indios procedían de los dispersos al tiempo de la confusión de las lenguas, o de los hijos de dichos dispersos; Hornio y Laet creían que se pobló América al mismo tiempo que Africa y Europa, y Torquemada sostuvo que la población se verificó cerca del tiempo del diluvio (5).

Mostrado está que los americanos constituyen un grupo de razas mixtas, como escriben Molina y D'Orbing. Dice el primero: "Las naciones americanas son tan diferentes unas de otras como lo son las di-

(1)   Fr. Gregorio García, Ob. cit., libro IV, párrafo XV, págs. 312 y 313.
(2)   Pág. 308.
(3)   Pág. 308.
(4)   Pág. 309.
(5)   Págs. 309 y 310.

versas naciones de Europa: un chileno no se diferencia menos de un araucano, que un italiano de un tudesco„; y el segundo añade: "Un peruano es más diferente de un patagón, y un patagón de un guaraní, que un griego de un etiope o de un mogol„. Por el contrario, nuestro Herrera se expresa del siguiente modo: "Es cosa notable que todas las gentes de las Indias, del Norte y del Mediodía, son de una misma inclinación y calidad, porque, según la mejor opinión, procedieron de una misma parte; y asimismo los de las islas, a las cuales pasaron de la tierra firme de Florida„; y Ulloa (Antonio) escribe lo que copiamos á continuación: "Visto un indio de cualquier región se puede decir que se han visto todos„ 1). Del mismo modo han opinado Robertson, Herder, Blumenbach, Humboldt y otros.

El *homo asiaticus*, que comprende las poblaciones extendidas desde el Caspio y el Eufrates hasta el mar Amarillo y el Japón, y desde la Manchuria a Siam tiene por caracteres físicos "la cabeza de forma prolongada y relativamente corta, braquicefálica, cuneiforme sobre todo, y platicefálica; la faz en relación, la estatura variable, el color de la piel amarillento como los chinos o atezado como los japoneses; escaso o pobremente velludo, de barbas ralas y menguadas y rígidos cabellos negros. Los ojos muestran inclinación oblicua hacia el ángulo interno, mientras que el externo está levantado; la nariz es corta y deprimida, los pómulos abultados y salientes, la faz en su totalidad aplastada y los ojos obscuros» (2).

Los caracteres principales del *homo americanus* son los siguientes: "una frente chica y baja; hundidos, pequeños y obscuros los ojos; grande la boca; dilatada la nariz por las ventanas y honda en su raíz; largo, laso, grueso y negro el cabello; escasa la barba y depilada la piel; la color, obscura con variedad de tonos, las más veces como la del membrillo cocido; la contextura física, robusta y fuerte; el temperamento bilioso y sobrio; y en la constitución social, la costumbre es el régimen ordinario„ (3).

Las diferencias, pues, entre el *homo asiaticus* y el *homo americanus* no son radicales; antes por el contrario, la semejanza es manifiesta.

Lo mismo pudiéramos decir de las costumbres y creencias. Los mejicanos, como los mongoles, quemaban los cadáveres, recogían las cenizas y las encerraban en urnas con una piedra preciosa. Los peruanos, como los judíos, guardaban a sus muertos y los enterraban, ya en pie, ya sentados, con parte de los utensilios, y a veces con los tesoros

(1) *Noticias americanas*.   Entretenimiento XXII, pág. 253. —1792.
(2) G. Sergui, *La evolución humana individual y social*, tomo I, pág. 65.—Barcelona, 1905.
(3) Antón, Ob. cit., pág. 11.

que tuvieron en vida. Los peruanos, como los chinos, daban capital importancia a la agricultura y conservaban los hechos históricos en anudadas cuerdecillas. Por sus creencias, los americanos, como los asiáticos, reconocían la existencia de un Espíritu, creador del Mundo, para el cual no había representación posible ni era bastante ancho el recinto de un templo. Unos y otros tenían noticia por tradición del diluvio, y afirmaban que muy pocos se habían salvado de la catástrofe. Los mejicanos suponían fabricada su pirámide de Cholula por unos gigantes que habían intentado elevarla hasta las nubes, atrayéndose por su insensato orgullo la cólera celeste: los hebreos decían lo mismo de su torre de Babel. Tenían su Eva los indígenas en la diosa Cioacoatl, la primera mujer que pecó, parió y legó a su sexo los dolores del parto. Por ella instituyeron el Bautismo, que empleaban, como los cristianos, para limpiar a los recién nacidos del pecado original y traerlos a nueva vida. Muy parecida era también la organización religiosa. En América y en Oriente el sacerdocio gozaba de grandes prestigios y de mucho poder; en uno y en otro punto se celebraban suntuosas fiestas y sangrientos sacrificios. No es, pues, de extrañar que Guignes y Paravez, por los años de 1844, como también Humboldt, Preschel y otros, intentasen probar que la cultura peruana procedía del Asia.

Consideremos las principales tribus americanas. Según Molina, los boroanos, en las provincias de Chile, "son blancos y tan bien formados como los europeos del Norte„; cree Quatrefages que los koluchos, habitantes en la parte Norte de la costa del Pacífico, pertenecen a la raza blanca; Bartram considera algunas jóvenes de los cherokises "tan blancas y bellas como las jóvenes de Europa„; y Humboldt escribe que también tienen el mismo color blanco los guanariboes, guanaros, guayacas y maquiritarés, que él vió en las orillas del alto Orinoco. Si en general es ralo y escaso el pelo del cuerpo y de la barba en los americanos, los yuracarés, si damos crédito a D'Orbigny, tienen la barba cerrada como los europeos; Laperouse, y también Molina dicen que en algunos chilenos no es menos espesa la barba que en los españoles. Acerca de la estatura, si son altos los patagones, algunos pieles-rojas y los muscogíes, en cambio los peruanos son bajos, y más bajos todavía los esquimales. Por lo que respecta a las proporciones de la cabeza, si la forma del cráneo es en general la braquicéfala, también se encuentra la dolicocefalia.

Dejando otros caracteres físicos menos importantes que los anteriores, pasamos a estudiar los intelectuales. Se ha discutido si la raza americana es inferior para la civilización y cultura que las otras razas del Antiguo Mundo, cuestión que no tiene valor alguno. Si en la época del descubrimiento, algunos pueblos del nuevo continente (mexicanos y peruanos) presentaban todas las formas sociales conocidas en el Antiguo Mundo, no llegaron, sin embargo, al principio de la civilización en toda su fuerza. Acostúmbrase a decir que en América se hallaba el hombre en los estados siguientes: salvaje, bárbaro, nómada o sedentario y civilizado. A la llegada de Cortés y Pizarro, el primero a México y el segundo al Perú, encontraron Gobiernos regulares, artes, industria y agricultura.

Debemos fijar nuestra atención en las opiniones principales acerca del origen de los primeros pobladores de las Indias. Creen algunos escritores que los primeros habitantes han nacido en el mismo suelo americano, esto es, que son *autóctonos*; según otros, proceden del África; algunos dicen que de Europa, y muchos, tal vez la mayor parte, les hacen venir del Asia. El primero que sostuvo, allá por el año 1520, que los americanos eran autóctonos, fué el naturalista suizo Teofrasto Paracelso, el cual hubo de negarles clara y terminantemente la descendencia de Adán, anticipándose con esto muchos años a la escuela de antropólogos americanos. En un anónimo publicado en Londres, en 1695, y que se intitula *Two essays, sent in a letter from Oxford to a nobleman in London, by L. P. M. A.*, se sostiene el autoctonismo americano. Morton, profesor de Filadelfia y fundador de la citada escuela de antropólogos, intentó probar, con razones de bastante peso, el origen genuinamente americano de los indios, raza distinta de todas las conocidas en el Viejo Mundo. Nott y Glidon, discípulos de Morton, popularizaron en los Estados Unidos de Norte América la doctrina del maestro. *The native americans are possessed of certain physical traits that serve to identify them in localities the most remote from each other; nor to they as a general rule assimilate less in their moral character and usages.* Dicha doctrina tiene al presente no pocos defensores.

La mucha antigüedad del hombre en América se halla mostrada por recientes descubrimientos. Lo mismo del Norte que del Sur, se han extraído de terrenos cuaternarios armas y utensilios de piedra al lado de restos de animales cuya especie se extinguió hace siglos. "En California, en el condado de Tuolumne, en las galerías mineras de Table Mountain, a trescientos cuarenta pies de profundidad, de los cuales más de ciento eran de lava, se encontró el año 1862 con huesos fósiles de mastodonte y otros paquidermos, un almirez de granito, un adorno de pizarra silícea, puntas de lanza de pedernal y una cuchara de esteatita. Han ocurrido después análogos y no menos interesantes hallazgos en distintos lugares, sitos entre los Grandes Lagos y el Golfo de México" (1). En la América meridional, según Lund, que reconoció

_____

(1) Pi y Margall, *Historia general de América*, tomo I, vol. II, pág. 1.158.

el Brasil, se han encontrado muchas cuevas donde se hallaban cráneos
y aun esqueletos humanos confundidos con osamentas de animales de
razas muertas. No es de extrañar que se afirme la existencia del hombre en América durante el período *diluvial*, cuando los ventisqueros
desprendidos del Polo transformaron completamente la superficie del
planeta. Como consecuencia de todo ello, tampoco es de extrañar que no
pocas tribus americanas se considerasen autóctonas. Sostenían los navajos que todas las tribus habían salido del fondo de sus cavernas; los
peruanos afirmaban que los Incas tuvieron su cuna en el lago de
Titicaca; los iowas se creían descendientes del hombre y de la mujer
creados por el Grande Espíritu; los quichés se consideraban originarios
del Oriente de América.

Dado que en ninguna de las tribus americanas se recordaba el
nombre de pueblo ni de comarca del Antiguo Mundo; ni se conocía el
arado, ni el cultivo de la vid y el trigo, ni el uso del hierro, ni el carro
de guerra, ni el transporte, ni otras embarcaciones que el haz de juncos
y la canoa; ni en ninguna se había llegado a la escritura fonética,
considerando todo eso, deducía Pí y Margall que si el hombre americano no había tenido su origen en el Nuevo Mundo, debía ser, por lo
menos, tan antiguo en él como el europeo en Europa, y hubo de vivir
siglos y siglos en el mayor aislamiento (1). Creemos como cosa cierta
que no procedían del antiguo continente ni los *mound builders*, ni las
razas que unas después de otras invadieron el Anahuac, ni las que se
encaminaron desde el istmo de Tehuantepec al de Panamá, ni las que
civilizaron el Perú mucho antes que los Incas, ni los autores de ninguna de las revoluciones porque debió pasar la América durante tantos
siglos. Tales razas debieron ser americanas y lejos de dejarse dominar
por extrañas gentes, ellas dominaron a los que desembarcaron en sus
costas. A los autores que no se explican cómo de una sola especie se hayan derivado la multitud de gentes que encontramos establecidas desde
el Océano Glacial del Norte al Cabo de Hornos, les contestaremos que
tampoco debieran explicarse cómo nacieron de la sola especie indo-
europea tantas nacionalidades situadas entre el Estrecho de Gibraltar
y las orillas del Ganges.

Las revoluciones de que antes hicimos mención no fueron realizadas por las razas salvajes, sino por las cultas. La raza de los nahuas
fué la que más hubo de contribuir a la civilización de la América del
Norte, y a ella pertenecían los olmecas, xicalancas, toltecas, chichimecas y aztecas. Por quererse imponer unas tribus sobre otras engendra-
ron las revoluciones a que sirvió de teatro el valle de México. Consi-

(1   Ob. cit., vol. II. pág. 1.159.

dérase como otra raza civilizadora la de los mayas, extendida por Chiapas, Guatemala, Yucatán y Honduras. Además de los verdaderos mayas, existían tribus con los mismos rasgos característicos, y todos formaron un imperio; imperio que tiempo adelante se dividió en tres Estados. Además de nahuas y mayas había otras razas civilizadoras. Entre ellas se encuentran los zapotecas, que no hablaban ni el maya ni el nahuatl; pero que tenían culto propio y levantaban monumentos como los de Mitla. Lo mismo decimos de los pueblos de Palenque y de los autores de los templos de Copán. En la América del Sur deben mirarse como razas civilizadoras la de los muiscas o chibchas, la de los quechuas, y tal vez la de los chimus. Los quechuas, chimus y aymarás, constituían principalmente a la llegada de los españoles el imperio de los Incas.

Cuando los españoles llegaron a América, ¿habían desaparecido algunas de las razas cultas? Muchos autores creen que sí y citan en su apoyo los monumentos cuyo origen desconocían los indígenas del tiempo de la conquista. Hasta el año 1576 en que las descubrió D. Diego García de Palacio, oidor de la Audiencia de Guatemala, se desconocieron las ruinas de Copán; y hasta el 1746, en que las vió D. Antonio de Solís, cura de Tumbalá, nada se sabía de las ruinas de Palenque. Y por lo que al Perú respecta, nadie sabía quiénes habían sido los artistas del templo de Pachacamac, los del mirador de Huanuco el Viejo, ni los de los monolitos de Tiahuanaco.

En la América del Norte se han descubierto extensos recintos de cascajo y piedra e innumerables túmulos en el valle del Mississipí, a los cuales, por ignorarse el nombre de las razas que los levantaron, se les llama *mound-builders*. En las costas de los dos Océanos y en las riberas de algunos ríos se encuentran inmensos bancos de conchas de moluscos, llamados por los dinamarqueses *Kjökkenmoddings*, y por los habitantes de los Estados Unidos *hell-sheaps* o *sell-mounds*, que cubren 30 y hasta 60 hectáreas de terreno, y tienen de altura de 10 a 12 metros, hallándose en todos ellos utensilios y armas. ¿Qué significan aquellas obras y estos utensilios y armas? Los indígenas contestaban que ya existían cuando sus padres se establecieron en el país.

Por lo que a las razas salvajes se refiere, su historia queda reducida a las creencias, usos y costumbres que las distinguían, como también por las luchas que han debido tener con las civilizadoras para sostener su independencia. A la sazón, los hombres cultos, unos las compadecen, otros las envidian y algunos las odian. Las compadecen aquellos que las ven privadas del beneficio de la civilización, las envidian los que consideran los vicios de la sociedad culta, y las odian los que las creen incapaces de progreso. Nosotros, ni las compadecemos, ni las envidiamos, ni las odiamos. Diremos, sí, que preferimos la civilización, sin embargo de los males que corroen la sociedad presente y aun de las locuras de las naciones más civilizadas en este momento histórico. Catlin opina que es más excelente la vida salvaje que la culta; Bancroft deplora el paso de los europeos por las comarcas del Pacífico, y algunos discípulos de Augusto Comte no quieren que a los pacíficos y felices salvajes se les lleve al infierno en que viven los pueblos europeos. No estamos —repetimos—conformes con semejante teoría, aunque reconocemos que los vicios de los indios procedían más bien de ignorancia y fiereza que de perversidad y malicia. En lo sucesivo abrigamos la esperanza que las sociedades cultas se atraerán los restos de las razas salvajes, no por la fuerza, sino por el cariño; no destruyendo, sino civilizando.

CAPITULO II

COMUNICACIÓN DE AMÉRICA CON ASIA.—COMUNICACIÓN DE AMÉRI-
CA CON AFRICA. —CONSIDERACIONES ACERCA DE LA DOCTRINA DE
PLATÓN, TEOPOMPO DE QUIO, ARISTÓTELES, DIODORO SÍCULO,
Y SÉNECA.—LOS INDIOS NO AUCTÓCTONOS, ¿DE DÓNDE PROCEDEN?
LOS EGIPCIOS.—LOS GRIEGOS.—LOS FENICIOS.—LOS CARTAGINE-
SES.—LOS RELIGIOSOS BUDHISTAS.—SIGNIFICADO Y SITUACIÓN DE
OPHIR.—LOS HEBREOS.—OTRAS OPINIONES RESPECTO AL ORIGEN
DE LOS INDIOS: LOS ROMANOS, LOS ETIOPES CRISTIANOS, LOS TRO-
YANOS, LOS SCYTAS Y TÁRTAROS.—ORIGEN DE LOS INDIOS SEGÚN
FR. GARCÍA, EL DR. PATRON, HUMBOLDT Y RIAÑO.

Estimamos como cuestión resuelta la comunicación de América con
el Asia por el Estrecho de Behring. Si no hubiese otros hechos que lo
confirmasen, bastaría tener presente que los esquimales, no solamente
se hallan situados en la Groenlandia, en las orillas del Labrador y en
la estrecha faja de la costa Norte, prolongada del uno al otro Océano,
sino también, del otro lado del Estrecho, y pueblan la extremidad oriental del Asia, desde la bahía Kolintchin, hasta el Golfo de Anadyr. La
existencia, desde tiempos muy remotos, de la raza esquimal, en determinada parte del Mundo Nuevo y del Antiguo, prueba la comunicación
de América con Asia: además de la raza, lo confirma la lingüística,
pues Maury cree que los dialectos esquimales "pueden ser considerados
como haciendo la soldadura entre los idiomas del extremo Oriente de la
Siberia y los de la parte boreal del Nuevo Mundo„.

Acerca del paso de los indios asiáticos al Nuevo Mundo, opinan algunos escritores que fueron por mar, añadiendo otros, no sólo que fueron por mar, sino llevados por las tormentas y contra su voluntad. Entre los escritores que afirman que los primeros pobladores de América
pasaron por lo que después se convirtió en Estrecho de Behring, se halla
el insigne naturalista inglés Wallace (n. en Vsk el 1822). Dice que, a
fines de la edad terciaria, o en el período plioceno, cuando ya pudo existir el hombre, había comunicación no interrumpida entre Asia y América, porque el citado Estrecho era de la época cuaternaria. Si América
se halla aislada del resto del globo, no deja de estar unida por la naturaleza al Antiguo Mundo. La aproximan al Asia el Estrecho de Beh-

ring y la cadena de las islas Aleutianas, y la acerca a Europa la Groenlandia, que está de la Islandia 615 kilómetros.

El filósofo e historiador alemán Herder (1744-1803), en su *Filosofía de la Historia de la Humanidad*, no duda en afirmar que los esquimales de la Groenlandia proceden del Asia, añadiendo también —y en esto se halla conforme con la doctrina expuesta por el dominico P. Gregorio García (1560-1627)—, que pueblos de todas las partes del mundo, y en diferentes épocas, pasaron a América (1).

Sobre materia tan interesante, dice el insigne geógrafo francés Eliseo Reclus (1830-1905), en su *Geografía Universal*: "Históricamente— tales son sus palabras— América es, cuando menos, en gran parte, continuación del Asia, y, por lo tanto, debe considerarse como tierra oriental. Los asiáticos no han necesitado descubrir la América, o los americanos descubrir el Asia, puesto que desde el uno y el otro continente se veían las respectivas tierras. Aun sin la flotilla de kayacs (2) que los transportase, podían los indígenas de las dos regiones alcanzar las costas opuestas. Al Sur del Estrecho, hasta el Oregón, se abrían numerosos golfos a los barcos asiáticos: se ha dicho que el continente americano vuelve la espalda al Asia; y esto, en lo que toca a la parte septentrional del Nuevo Mundo, no es cierto. Es opinión de muchos antropólogos— opinión muy combatida por Morton, Rink y otros sabios—, que las tribus hiperbóreas de América descienden de las emigraciones del Asia, y en las dos orillas del Estrecho de Behring, la semejanza de tipos, de costumbres y de lenguaje, es tal, que no admite duda la identidad de raza de aquellos habitantes (3). Para los que aceptan el parentesco de los esquimales con los mogoles siberianos, toda la mitad de la América del Norte, debió poblarse con gentes de origen occidental. Por otra parte, se nota la influencia polinesia en las construcciones, en los trajes y en los adornos de los insulares de América del Noroeste, desde Alaska al Oregón; y la *corriente negra* que atraviesa el Pacífico boreal, frecuentemente ha llevado objetos japoneses: desde comienzos del siglo décimo séptimo, se pueden citar más de sesenta ejemplos de este hecho (4). A veces, como en 1875, la corriente arrastró bajeles que habían naufragado en la otra parte del mundo, y, según muchos historiadores y arqueólogos (5), la propaganda budhista y, por consiguiente, la civilización del Asia, durante los primeros siglos de la Era cristiana, debió

(1) Véase ob. cit., tomo I, págs. 291-301.
(2) Barco de pesca de Groenlandia, hecho con piel de foca.
(3) A. de Chemisso —Waitz.—Oscar Peschel,—Petitot.—Whymper.
(4) Brooks, *Comptes rendus de la Société de Geographie* (2 julio 1886).
(5) De Guignes, *Les navigations des Chinois*, 1761.—M. de Humboldt, *Vues des cordilléres et des monuments des peuples indigenes de l' Amerique.—*Kohl, *Geschichte, der Entdecung Amerika's.* Neumann.—De Quatrefages. - Hamy. - Hervey de Saint Denis.—Désiré Charnay.

influir directamente en los habitantes de México y de la América Central. En las esculturas de Copán y de Palenque, se han encontrado imágenes sagradas absolutamente semejantes a las del Asia oriental y, en particular, el *taiki*, símbolo muy venerado por los chinos, que representa —dice Hamy—, *la combinación de la fuerza y de la materia, de la actividad y de la pasividad, del macho y de la hembra.* Sea o no aceptable la hipótesis relativa a la influencia budhista, no cabe duda que al Asia, es decir, al Oeste de los continentes americanos, se refieren las más antiguas relaciones transoceánicas. (1).

Consideremos las opiniones de algunos sabios acerca de la comunicación de América con África, debiendo fijarnos principalmente en lo que dicen los libros de Platón, Teopompo de Quío, Aristóteles, Diodoro Sículo y Séneca.

Platón, después de exponer en su famoso tratado de la *República* el plan para organizar un Estado de la mejor forma posible, escribió "comentarios de aquellas mismas ideas y desarrollo de otras más o menos conexas con ellas. (2).

En el *Timeo*, otro de los libros del filósofo griego, se lee lo que a continuación copiamos: «Entonces era el mar navegable en esos parajes, puesto que existía una isla enfrente de la embocadura, que designamos con el nombre de Columnas de Hércules, y esta isla era mayor que la Libia y el Asia juntas, y desde ella pasaban a otras islas en sus viajes los hombres de ese tiempo y desde estas islas al extenso continente directamente opuesto, que está limitado por el verdadero mar. El mar, que se halla dentro de la embocadura de que hemos hablado, es aparentemente un puerto con la entrada estrecha; pero el otro que está más allá es en realidad un mar, y la tierra que le rodea debía, con mayor corrección y con absoluta verdad, llamarse continente.»

Mayor importancia tiene para nuestro objeto el libro intitulado *Critias*. Refiere Critias lo que un ascendiente suyo había oído a Solón, quien a su vez lo aprendió en Egipto de cierto sacerdote de Sais, conocedor de los libros históricos guardados en un templo de la misma ciudad. La doctrina desenvuelta por el sabio legislador en un poema, iba dirigida a demostrar que nueve mil años antes de aquel tiempo, el pueblo ateniense, organizado casi igual al plan expuesto en los libros de la República, llegó a la mayor grandeza, lo mismo por sus virtudes cívicas que por sus triunfos militares. La misma ventura —pues las circunstancias eran las mismas— logró la Atlántida; pero allí y aquí la

(1) *Geografía Universal. América boreal*, etc., págs. 5 y 6.
(2) Eduardo Saavedra, *Conferencia pronunciada en el Ateneo de Madrid el 17 de febrero de 1891*, pág. 7.

corrupción de costumbres atrajo el castigo del cielo y mientras en Grecia grandes inundaciones asolaron la tierra, dejando apenas rudos montañeses, ignorantes de las leyes y de los hechos heroicos de sus antepasados, la Atlántida, castigada por terribles terremotos, se sumergió en el fondo del mar. Tales sucesos—y por eso pudo decir con razón el sacerdote de Sais que los griegos eran siempre niños—sólo encontraron cabida en los libros sagrados de los egipcios. Luego trata Critias del origen de los atenienses, del clima y gobierno del Atica, como igualmente de los atlantes, según la relación egipcia. Prescindiendo de sucesos un tanto legendarios, dice que se encontraba en la isla, entre los metales, el *oricalco*, muy abundante y después del oro el más precioso. Añade que abundaban los animales domésticos y salvajes, en particular los elefantes, siendo de notar que había alimento de sobra lo mismo para los que pastaban en los montes y llanuras, que para los que vivían en los mares, pantanos y lagunas. Cultivábanse allí los árboles frutales, las flores y toda clase de hierbas y de plantas. Causaba admiración el grandioso alcázar de los Reyes, los puentes y los canales. Por último, eran sumamente curiosas ciertas leyes y ceremonias de los atlantes.

Al hablar Platón de la Atlántida sólo se propuso que sus conciudadanos viesen que el sistema político por él presentado tenía honrosos antecedentes en antiquísimos tiempos. "Metido—como dice Saavedra—en esa vía, no es de extrañar que fantaseara imperios, naciones, guerras y cataclismos, pues no escribía historia, sino pura filosofía política.„ Pero, ¿qué hay de verdad en el relato de Critias? Creemos que el fondo es verdadero, como así lo han mostrado los sabios franceses Gaffarel, Luis Germain y otros.

Geógrafos e historiadores han estudiado en estos últimos años la situación que debió ocupar la Atlántida. Ya Fernández de Oviedo hubo de decir que la isla a que se refería el sacerdote egipcio era el continente americano, y ya el sueco Olof Rudveck (1630-1702) la situó en Suecia. Bailly la colocó más al Septentrión, y supuso que estuvo en las actuales tierras de Groenlandia, Islandia, Spitzberg y Nueva Zembla. Bael llevó el emplazamiento a la Palestina. Más acertados estuvieron los que situaron la Atlántida en el mar *Tenebroso* (Océano Atlántico), allende del Estrecho de Gibraltar, o sea en la región oriental del Atlántico, comprendida entre las islas de Cabo Verde, la de la Madera, las Canarias y las Azores (1).

El citado continente atlántico debió estar unido a América, quedan-

---

(1) Véase artículo de D. Vicente Vera, publicado en la Crónica científica de *El Imparcial*, correspondiente al 10 febrero de 1913.

do allí como resíduos las Antillas, las Bahamas y la península de la
Florida. Que la Atlántida se hundiese bajo las aguas a consecuencia de
violentas conmociones del planeta, no en los últimos tiempos del perio-
do terciario, como afirman algunos escritores, sino en el cuaternario, o
tal vez posteriormente; que los cataclismos fueran dos mediando bastante tiempo del uno al otro, los sabios no se han puesto de acuerdo, si
bien se hallan conformes en que dichos cataclismos han dejado como
señales aquellas tierras atlántidas, y como huella de la terrible sacudi-
da volcánica, el humeante pico de Teide en la isla canaria de Tenerife.

Sostienen algunos, entre ellos Berlioux, Profesor de *Geografía Histórica* en Marsella, y Fernández y González, Profesor de *Estética* en la
Universidad de Madrid, que los primitivos libios pertenecían a la raza
atlantea, siendo de igual modo cierto que de dicha raza procede el bereber, bereber que pasando del África a España tomó luego el nombre
de ibero. Fijándonos en las Indias no dudamos de la comunicación de
atlantes y tal vez de europeos con los americanos. Estudios recientes
de geólogos, zoólogos y botánicos han venido, no a resolver, pero sí a
dar luz a cuestión que al presente despierta tanto interés.

Los geólogos que han estudiado los fondos de la región oriental del
Océano atlántico consideran como muy posible que en ella estuviese
situada la Atlántida. Entre ellos citaremos a M. P. Termier, Director
del servicio de la Carta geológica de Francia. Comienza diciendo que
durante el verano de 1898 se hallaba un buque empleado en el tendido
de un cable submarino entre Brest (ciudad de Francia, departamento
del Finisterre) y el Cabo Cod, sobre el Atlántico (Estado de Massachusetts en los Estados Unidos), y como se rompiese el cable, se trató
de encontrar por medio de garfios.

Verificóse la operación entre los 47o de latitud Norte y 29o 40 longitud Oeste de París, a unas 500 millas al Norte de las Azores. En
aquellos sitios la profundidad media del mar era de unos 3.100 metros.
Hallóse el cable; pero no sin grandes dificultades y después de recorrer
con los garfios el fondo marino. Pudo apreciarse entonces que dicho
fondo presentaba los caracteres de un país montañoso con altas cúspi-
des, pendientes escarpadas y valles profundos, llamando también la
atención las pequeñas porciones minerales con fracturas recientes que
sacaron los garfios entre las uñas. Dichos minerales son partes de una
lava vítrea que tiene la composición química de los basaltos, llamada
taquilita por los petrógrafos. Del estudio de ciertos vidrios basálticos
de las islas Hawai o Sandwich que se hallan en el archipiélago de Polinesia u Oceanía Oriental, y de las observaciones de M. Lacroix acerca
de las lavas del Monte Pelado, en la Martinica (una de las Antillas me-

nores francesas) se deduce —según el Sr. Vera—"que las lavas encontradas en el fondo del Atlántico, en los parajes indicados, se hallaban recubriendo el suelo cuando éste no estaba aún sumergido. Este terreno se hundió después, descendiendo unos 3.000 metros, y como la superficie de las rocas ha conservado la disposición escabrosa, las rudas asperezas y las aristas vivas correspondientes a erupciones lávicas muy recientes, es preciso admitir que el hundimiento fué muy brusco y se verificó muy poco después de la emisión de las lavas; de no ser así, la erosión atmosférica y la acción de las olas hubieran suavizado las asperezas, nivelado las desigualdades y allanado en gran parte la superficie del suelo.

Así, pues, según los datos que suministra la Geología, se advierte una extrema movilidad en la región atlántica, sobre todo en la porción correspondiente al encuentro de la depresión mediterránea con la gran zona volcánica de tres mil kilómetros de anchura que corre de Norte a Sur en la mitad oriental del Atlántico. Se tiene. asimismo, la certeza de haber ocurrido en dicha zona grandes hundimientos de terreno, en los que islas y aun continentes han desaparecido. Se puede asegurar, además, que estos hundimientos han sido muy rápidos y algunos de ellos acaecidos en la época cuaternaria, habiendo, por lo tanto, posibilidad de que el hombre haya sido testigo de ellos. Geológicamente hablando, resulta, por consiguiente, que la historia de la Atlántida es perfectamente verosímil, refiriéndose a un país situado en la región atlántica a que se viene haciendo referencia.„

Veamos ahora lo que dicen zoólogos y botánicos: M. L. Germain, naturalista francés, habiendo examinado detenidamente la fauna y la flora actuales de las islas Azores, Canarias, Madera y Cabo Verde, deduce que necesariamente los cuatro archipiélagos citados han estado unidos al continente africano hasta una época muy próxima a la nuestra, por lo menos hasta el fin del terciario. Añade también que el continente que abrazaba los cuatro archipiélagos nombrados estuvo unido a la Península Ibérica hasta los tiempos pliocenos, cortándose la comunicación en el transcurso de dichos tiempos pliocénicos.

Es verdaderamente singular que los moluscos pulmonados llamados pleacinidos sólo se encuentran en las citadas islas y en la América Central.

Bien merece que traslademos a este lugar la última parte del artículo del Sr. Vera. "Finalmente, deben ser citados otros dos hechos, relativos a los animales marinos, que no pueden explicarse sino por la persistencia hasta tiempos muy próximos a los actuales de una costa marítima que corriese desde las Antillas al Senegal y que uniera la Florida, las

Bermudas y el Golfo de Guinea. Estos hechos son los siguientes. Existen quince especies de moluscos marinos que viven tanto en las Antillas como en las costas del Senegal, y estas quince especies no se encuentran en ninguna otra parte del mundo, no pudiéndose explicar su existencia en regiones tan distantes como las referidas por el transporte de los embriones. Por otra parte, la fauna madrepórica de la isla de Santo Tomé comprende seis especies, una de ellas, fuera de Santo Tomé, no se encuentra más que en la Florida, y cuatro de las restantes no se hallan más que en las Bermudas. Como la vida pelágica de las larvas de las madréporas dura solamente muy pocos días, es imposible atribuir a la acción de las corrientes marinas esta distribución geográfica tan extraordinaria.

Teniendo todos estos hechos en cuenta, M. Germain se ve inducido a admitir la existencia de un continente atlántico que estuvo unido a la Península Ibérica y a la Mauritania y que se prolongaba a considerable distancia hasta el Sur, de modo que podía contener algunas regiones correspondientes al clima de los desiertos que hoy se presentan en el continente africano. En la época miocena, este continente llegaba hasta las Antillas. Partióse después, primeramente por el lado de las referidas Antillas; luego, hacia el Sur, dejando una costa que iba hasta el Senegal y hasta el fondo del Golfo de Guinea, y, por último, fragmentándose por el Este, durante la época pliocénica, a lo largo de la costa de África. El último resto de este gran continente, sumergido finalmente y no dejando más vestigios que los cuatro archipiélagos de las Canarias, Madera, Cabo Verde y Azores, pudo ser la Atlántida de Platón.

„Todos estos hechos son interesantísimos, y prueban indudablemente las grandes variaciones geográficas que ha debido experimentar la superficie del planeta en la vasta región hoy ocupada por el Océano Atlántico. Pero muy bien pueden haber ocurrido todas estas variaciones sin que a ellas se refiera lo que Platón relata con respecto a la Atlántida. Esta cuestión tiene otro aspecto que los geógrafos hasta ahora y naturalistas actuales no han estudiado, y que puede variar por completo el aspecto del problema.„

Sobre el particular creemos importantes las siguientes observaciones de D. Lucas Fernández Navarro, Catedrático de la Universidad Central. Al decir Platón que la Atlántida estaba enfrente de las Columnas de Hércules, „sólo a Madera o las Azores puede referirse. Las Canarias eran bien conocidas de los griegos, y si a ellas hubiera querido aludir, no habría dejado de señalar su situación mucho más meridional„ (1).

_____

(1) *Estado actual del problema de la Atlántida.—Conferencia leída en sesión pública de la Real Sociedad Geográfica el 3 de abril de 1916*, pág. 32.

Más adelante añade: ...lo cierto es que los rasgos topográficos parecen acusar para las Azores origen distinto del de los demás Archipiélagos. Aquél, emplazado sobre la línea mediana de altos fondos parece verdadera y originariamente atlántico, mientras que los otros se relacionan con el continente europeo (Madera) o con el africano (Salvajes, Canarias, Cabo Verde) (1).

Terminaremos asunto de tanto interés con esta pregunta: La existencia de la Atlántida, ¿pertenece a la novela o a la historia? La autoridad del *divino* Platón por una parte, el recuerdo de otros antiguos relatos análogos, y los estudios recientes de naturalistas y geólogos, hacen sospechar—no a sostener como si lo viésemos—que la verdad resplandece en el fondo poético de la narración contada por Critias.

Del mismo modo, antes de pasar á otra materia, haremos constar que, si el filósofo más grande de la antigüedad se ocupó de la Atlántida en sus *Diálogos*, el inspiradísimo vate catalán, Mosén Jacinto Verdaguer (n. en Folgarólas, cerca de Vich, el 1845 y m. en Barcelona el 1902) tomó también la Atlántida como tema de su inmortal epopeya.

Poco antes o después que Platón, otro escritor griego, Teopompo de Quío, hubo de citar una tierra llamada *Merópida*, más allá de las Columnas de Hércules, que se sumergió en tiempos remotos bajo las aguas. Aunque nada dice Teopompo de los poderosos Reyes ni de las victorias con que el filósofo de la Academia adornó su poema, afirma, sin embargo, que poblaban la isla animales corpulentos, los cuales morían siempre por herida de piedra ó golpe de maza, pues los hombres de aquellas tierras no conocían el uso del hierro, disfrutando, en cambio, del oro y de la plata. Los que dictaron la narración de Teopompo, debieron visitar, según Saavedra, "una isla cuaternaria con sus grandes mamíferos, con sus hombres armados de hachas de piedra y mazas de madera, forjadores del oro y la plata y desconocedores del hierro y del bronce. Las familias salvadas del naufragio de la grande isla y las de las tierras inmediatas que lo presenciaron, transmitieron, a mi ver, la memoria del suceso de padres a hijos, de tribu a tribu, de nación a nación; y así llegó a oidos de los sacerdotes egipcios, y tal vez por algún otro conducto a noticia de los rapsodas atenienses, quedando fundada una tradición mítica cuyo sólido cimiento pone al descubierto la ciencia moderna„ (2).

Aristóteles, en su libro *De Mirabilibus,* se expresa de esta manera: «Se refiere que en el mar que hay más allá de las Columnas de Hércules descubrieron los cartagineses una isla desierta, distante muchos

---

(1) *Estado actual del problema de la Atlantis.—Conferencia leída en sesión pública de la Real Sociedad Geográfica el 3 de abril de 1916,* pág. 33.

(2) Ibidem, pág. 12.

días de navegación, la cual contenía toda clase de árboles, ríos navegables, y era notable por la diversidad de frutos. Los cartagineses acudían allí las más de las veces con motivo de tales recursos, yendo y estableciéndose en ella; por cuya causa, el Senado cartaginés prohibió semejantes viajes bajo pena de muerte, y desterró a los que se habían establecido allí, de miedo de que, informándose del hecho, otros se preparasen a luchar contra ellos por la posesión de la isla y decayera la prosperidad de los cartagineses. (1)

Diodoro de Sicilia, en el cap. II del libro 3.º, refiere lo siguiente: "Después de haber tratado de las islas que caen al Oriente, dentro de esta parte de las Columnas de Hércules, nos lanzaremos a la sazón al gran Océano para ocuparnos de aquéllas situadas más allá de él; porque enfrente de Africa existe una isla muy grande en el vasto Océano, de muchos días de navegación, desde la Libia, en dirección a Occidente. Es allí el terreno muy fructífero, aun cuando sea montañoso en gran parte; pero muy parecido a tierra de vega, que es lo más placentero y agradable de todo lo demás; porque está regado por varios ríos navegables, embellecido con muchos y alegres jardines, plantado con diferentes clases de árboles y abundancia de frutales, todo ello atravesado de corrientes de agua dulce. Los pueblos están decorados con majestuosos edificios, pabellones para celebrar banquetes aquí y allí, agradablemente situados en sus jardines y huertas. En ellos se recrean durante la estación de verano como en lugares a propósito para el placer y la alegría. La parte montañosa del país está formada por muchos y grandes bosques, y por toda clase de frutales, y para mayor deleite y diversión de los que habitan en estas montañas, resulta que siempre, y a cortas distancias, se abren los bosques en valles placenteros, regados con frescas fuentes y manantiales. Y, verdaderamente, toda la isla abunda de nacimientos de agua dulce; de donde los pobladores, no sólo reciben gusto y alegría, sino que mejoran de salud y de fuerzas corporales. Allí encontraréis caza mayor abundante de toda clase de animales silvestres, de los cuales hay tantos que nunca faltan en sus suntuosas y alegres fiestas. El mar inmediato los provee de mucha pesca, porque el Océano abunda allí en toda clase de pescado. El aire y clima de esta isla son templados y saludables, hasta el punto que los árboles producen frutos (y se hallan también frescas y hermosas otras producciones de aquella tierra) la mayor parte del año, de manera que dicha isla, por su magnificencia en todas las cosas, parece más bien la residencia de alguno de los dioses, que de los hombres...,"

Creen algunos autores que Séneca, en su tragedia *Medea*, anuncia o

---

(1) *Aristotelis Stagiritæ Opera*, pags. 1640-1656.—Lugdvni, MDXLII.

predice el descubrimiento del Nuevo Mundo (1). Tales son sus palabras:

Venient annis
Sœcula seris, quibus Oceanus
Vincula rerum laxet; et ingens
Pateat tellus, Tiphysque novos
Detegat orbes, nec sit terris
Ultima Thule.

Dia vendrá, en el curso de los siglos, en que el Océano cortará los lazos con que aprisiona al mundo, la tierra inmensa se abrirá para todos, el mar pondrá de manifiesto nuevos mundos, y Thula no será ya la última región de la tierra.,

No es absurdo suponer que en los albores de la edad cuaternaria llegasen, por un lado, las razas braquicéfalas del Oriente de Asia, y, por otro, las razas dolicocéfalas del Occidente de Europa, encerradas en el continente americano, cuando se formó el Estrecho de Behring y cuando se sumergieron las tierras que se extendían de Africa a América. Confundiéronse entonces las razas braquicéfalas y dolicocéfalas, y formaron toda esa variedad de razas mixtas, predominando los occidentales en los patagones e iroqueses, por ejemplo, razas dolicocéfalas y de elevada estatura, y los orientales en los peruanos y pueblenses, razas braquicéfalas, de talla menos que mediana (2).

Los indios no autóctonos, ¿de dónde proceden? No ha faltado quien sostenga que los egipcios de Africa, valiéndose de la Atlántida, llegaron y poblaron a América. Dice Castelnau que los matrimonios entre hermanos, la poligamia real, la adoración al Sol, la creencia en la transmigración de las almas y en la vida futura, las ruinas de los monumentos, etc., señales son que indican la fraternidad de egipcios y peruanos. Egipcios e indios—según ha podido observarse—tenían igualmente grueso y duro el casco de la cabeza. Además de esta calidad exterior entre los dos pueblos, no tiene menos importancia otra interior, la cual consiste en que unos y otros son vivos e inteligentes cuando son mozos, y necios y torpes conforme van entrando en años. Otra de las razones consiste en que los mejicanos, los de Yucatán y otros indios dividían el año casi lo mismo que los egipcios. En la escritura tampoco se diferenciaban mucho indios y egipcios. Los primeros usaban figuras de animales, hierbas e instrumentos de diferentes clases, y los últimos de geroglíficos. Por lo que a la arquitectura respecta, las pirá-

---

(1) Acto II, versos 375 a 379 y final del coro.
(2) Véase Antón, Conferencia pronunciada el 19 de mayo de 1891 en el Ateneo de Madrid acerca de la *Antropología de los pueblos de América anteriores al descubrimiento*, págs. 46 y 47.

mides de Egipto tenían mucha semejanza a las de los indios. Egipcios e indios eran supersticiosos e idólatras: unos y otros adoraban al Sol, a la Luna, a las estrellas y a los animales. Tanto los egipcios como los indios se casaban con sus hermanas: entre los últimos citaremos el Inca: también debemos notar que los Monarcas de una y otra parte tenían muchas mujeres: aquéllos y éstos guardaban profundo respeto a los viejos; los primeros y los segundos usaban mucho los baños. De modo que los egipcios, de todos los pueblos del Mundo Antiguo, son los más parecidos a los indios, pudiéndose afirmar que los pueblos americanos descienden del antiguo Egipto (1).

Sostienen algunos autores que los indios proceden de los griegos: estos griegos debieron ir a las Indias antes del florecimiento de Cartago y antes que los poderosos cartagineses cerrasen el Estrecho a sus enemigos del mediodía de Europa. Semejante opinión puede fundarse en lo siguiente: dice el dominico Fr. Gregorio García, que hallándose él en el Perú oyó decir a un español, que cerca de las minas de Zamora, entre Zambieta y Paracuza, en una peña alta estaban esculpidos cuatro renglones, cada uno de vara y media de largo, cuyas letras parecían griegas. Del mismo modo, junto á la ciudad de Guamanga, a la orilla del río Vinaque —según refiere Cieza— se encontró una losa, en la que se destacaban ciertas letras que parecían también griegas. Hace notar, por último, el P. García, que un mestizo de Nueva España le refirió que en la provincia de Chiapas había algunos pueblos y en ellos edificios labrados de cal y canto, con sus correspondientes pilares, en los cuales estaba un letrero, que a dicho mestizo le pareció escrito en griego. Además, si los muchachos, como dice Platón, solían en Grecia contar las historias de cosas antiguas, en Nueva España, escribe el Padre Acosta, los ancianos enseñaban a los mozos, para que éstos los aprendiesen de memoria, los discursos de los oradores y muchos cantos de los poetas más favoritos. Como observa San Isidoro, era costumbre de los griegos llevar oradadas las orejas y con pendientes las mujeres, y los indios, especialmente los incas del Perú, solían, en señal de nobleza, agujerearse también las orejas.

Debe, además, tenerse en cuenta que los atenienses en sus guerras con los de la Isla Atlántida adquirirían noticias de las Islas de Barlovento y de la Tierra Firme de las Indias. Aparte de otras razones, ciertas analogías entre la lengua griega con las de Nueva España y el Perú, indican claramente las relaciones entre dicho pueblo europeo y los mencionados de las Indias.

Por último, en Nueva España, los de la provincia de Chiapas, cono-

(1) Véase Fr. Gregorio García, ob. cit., Lib. IV, párrafo 1, págs. 218-251.

cían las tres personas de la Santísima Trinidad y denominaban al Padre *Hicona*, palabra griega que quiere decir *Imagen*. En algunas provincias llamaban a Dios *Theos*, debiéndose advertir que muchos vocablos de la lengua mejicana se componen del dicho nombre, como *Theotopile*, alguacil de Dios; *Theuxiuitl*, fiesta de Dios, etc. (1).

¿Proceden los indios de los fenicios? Refiere Aristóteles en un libro que escribió *De las cosas maravillosas* existentes en la naturaleza, que unos fenicios habitantes de Cádiz navegaron cuatro días hacia el Occidente, con el viento *appelliotes* (solano o levante), llegando a unos lugares incultos, ya descubiertos o ya cubiertos por el mar. Cuando el mar los dejaba en seco se veían muchos atunes de mayor tamaño que los que se encuentran en nuestros mares. Los fenicios, después de salar los atunes, los trajeron para venderlos. Como estos peces se hallan a la sazón en la isla de Madera, y también en la llamada Fayal o de la Nueva Flandia, que es una de las Azores. En la noticia dada por el filósofo griego se han fundado algunos escritores, entre ellos Vanegas, para sostener que los americanos eran originarios de los fenicios. Es de creer que los fenicios, luego que descubrieron la citada Fayal, continuarían navegando hacia las demás de las Azores; no se olvide que desde la primera, pues tan corta es la distancia, se ven las últimas. Además, la curiosidad, tan natural en el hombre, les haría llegar a las islas llamadas de Barlovento, y acaso a la Tierra Firme. Sirven de fundamento a algunos escritores para sostener la citada tesis las inscripciones fenicias—pues la invención de las letras fué posterior—descubiertas en Guatemala, Venezuela y Brasil. Igualmente se cita a este propósito que el fenicio Melkart y el Inca Manco-Capac fundaron muchas ciudades y dieron a sus respectivos pueblos la unidad política de que antes carecían. Unos y otros, fenicios e indios, hacían dioses a los héroes de sus respectivos pueblos. También ambos pueblos se entregaron y dieron crédito a agüeros, supersticiones y hechicerías.

Han dicho otros escritores que los indios proceden de los cartagineses. Los cartagineses, aprovechando las noticias que recibieron de sus progenitores los fenicios, emigraron a América. Varias son las analogías que hay entre cartagineses y americanos: ambos usaban geroglíficos en lugar de letras, empleaban el mismo sistema en sus construcciones, se horadaban las orejas, tenían el mismo vicio de la bebida, eran iguales las prácticas antes de hacer la guerra y adoraban al Sol y a la Luna, ofreciéndoles análogos sacrificios (2). Moraes y Bocharto suponen que llegaron primero al Brasil, en tanto que el maestro Vanegas afir-

(1) Véase ob. cit., libro IV, cap. XXI, págs. 189-192.
(2) Juan de Torquemada, *Monarquía Indiana*, tomo I, libro I, cap. X.

ma que fueron a la Isla Española, marchando después a la de Cuba y a las demás islas de aquellos lugares, y de allí hasta la Tierra Firme (Nombre de Dios, Panamá, Nueva España y Perú) y finalmente hasta la parte de Oriente, donde están las islas de Java Mayor y Menor (1).

Refiere el historiador chino Li-yu-tcheu—y la noticia la reputamos sólo como probable—que en el año 458 de nuestra Era, cinco religiosos budhistas salieron de Samarkanda con la idea de difundir la doctrina de Budha o Sakya-muni, la cual llevaron hasta el país de Fu-sang. Hánse suscitado cuestiones acerca de si Fu-sang es tierra americana: los que tal afirman no carecen de algún fundamento.

Léese en la Sagrada Escritura que Salomón recibió de Hirán, Rey de Tiro, pilotos y maestros muy diestros en la mar, y que con ellos y sus criados envió la flota, que había hecho en Asiongaber, a Ophir. Según el historiador Josefo, Ophir era cierta región que en su tiempo se llamaba *Terra Aurea*, palabras que traducidas al romance quieren decir *Tierra del Oro*. ¿Qué se entendía por Ophir? Según la interpretación de Vatablo, la Isla Española, y según Genebrardo y Arias Montano, con otros autores, el Perú (2). En el *Paralipomenon* se dice que Salomón cubrió el templo con láminas de oro muy fino, *Aurum Parvaim*, oro del Perú. Téngase en cuenta que la terminación *aim* es número dual en la gramática hebrea, y conviene a las dos regiones Perú y Nueva España: de modo que sería oro procedente de las citadas ambas regiones (3). Todo lo cual no tiene valor alguno, hallándose fuera de duda —como mostraron varios escritores, entre ellos, el P. Acosta— que Ophir se refería a las Indias Orientales.

Y en este lugar cabe preguntar: ¿Proceden los indios de las diez tribus israelitas que Salmanasar IV (Sargoún), rey de Asiria, llevó cautivas a Nínive con su rey Oseas? Consideremos ante todo las semejanzas que hay entre hebreos é indios. En el libro cuarto de Esdras se lee lo siguiente (4): Y porque la viste que recogía así otra muchedumbre pacífica, sabrás, que estas son las diez tribus que fueron llevadas en cautiverio, en tiempo del rey Oseas, al cual llevó cautivo Salmanasar, rey de los asirios, y a estos los pasó a la otra parte del río, y fueron trasladados a otra tierra. Ellos tuvieron entre sí acuerdo y determinación de dejar la multitud de los gentiles, y de pasarse a otra región más apartada, donde nunca habitó el género humano, para guardar siquiera allí su

(1) Fr. Gregorio García, ob. cit., libro II, cap. I, pág. 42.
(2) Véase Fr. Gregorio García, *Origen de los indios del Nuevo Mundo*, libro I, cap. II, párrafo III, págs. 15-17. Madrid, 1729.
(3) Véase P. Gregorio García, ob. cit., lib. IV, párrafo III, pág. 140.
(4) Debe advertirse que hay cuatro libros con el nombre de Esdras; pero los dos últimos se consideran como apócrifos o no son reconocidos por canónicos en la Iglesia Latina.

ley, la cual no habían guardado en su tierra. Entraron, pues, por unas
entradas angostas del río Eufrates, porque hizo el Altísimo entonces
con ellos sus maravillas, y detuvo las corrientes del río hasta que pa-
sasen, porque por aquella región era el camino muy largo de año y medio, y llámase aquella región Arsareth. Entonces habitaron allí hasta
el último tiempo; y ahora, cuando comenzaren a venir, tornará el Altísimo a detener las corrientes del río para que puedan pasar. Por esto
viste aquella muchedumbre con paz.„ Del anterior texto sacan algunos
autores que las diez tribus fueron a Nueva España y al Perú, extendiéndose luego por los lugares comarcanos, lo mismo por Tierra Firme que por las islas, *donde hasta entonces no había habitado el género
humano.* El Padre Gregorio García, después de preguntar cómo podrían
aquellas tribus llegar a las Indias Occidentales, teniendo que pasar
tanta inmensidad de agua y tanta infinidad de tierra, contesta diciendo
que pudieron ir poco a poco por tierra a la gran Tartaria y luego a
Mongul, en seguida pasar el Estrecho "e ir al reino de Aunian, que es
ya tierra firme de Nueva España, aunque desierta, y parte de ella muy
frígida, porque está en 75 grados de latitud al Norte. Desde este reino
se pudieron venir hacia el de Quivira y poblar la Nueva España. Panamá y las demás provincias y reinos de las Indias Occidentales.» Cree
Genebrardo que tal vez pasaran al Nuevo Mundo por otros caminos semejantes al anterior, opinión robustecida por la muy respetable y autorizada del P. Maluenda. Acaso emprenderían otro camino las diez tribus y fué ir a la China, pasando por mar a la tierra de Nueva España,
cuya navegación no es muy larga. Pudiera objetarse que cualquiera
de los caminos que siguiesen las diez tribus, tuvieron que recorrer mucha tierra. siendo de extrañar que no hiciesen asiento en viaje tan
largo o fueran muertos por gentes de diferentes leyes, usos y costumbres.

Surge otra dificultad que consiste en que la Glosa Ordinaria y algunos Doctores dicen terminantemente que las diez tribus trasladadas a
la Media *perseveraron siempre allí y perseveran hoy día.* A esto se con-
testará que probado se halla por la misma Escritura que los sacerdotes
y levitas que había en las diez tribus, dejando a Jeroboán, se pasaron
a la tribu de Judá. Entre otras autoridades que se hallan conformes
con lo anteriormente expuesto, citaremos la del *Tostado,* quien afirma
que no todos los israelitas de las diez tribus fueron trasladados a Asiria, sino que algunos marcharon a la tierra de Judá, en particular de
las tribus de Efrain, Manasés, Zabulón y Neftalín. De modo que gente
de las diez tribus, no las diez tribus, pudieron salir de la Media y marchar a un país *donde nunca habitó el género humano.* Además, téngase

presente que muchos años antes había dicho Dios al pueblo israelita las palabras que copiamos: *Derramarte ha el Señor por todos los pueblos desde el principio de la tierra hasta sus términos y fines*, dándose a entender con ello que no sólo habían de dirigirse al Asia, al África y a Europa, sino también a las Indias. La profecía no deja rincón del Mundo Viejo y Nuevo que no comprenda. Respecto a la semejanza de los hebreos con los indios, consignaremos que los dos pueblos son tímidos, medrosos, ceremoniáticos, agudos, mentirosos e inclinados a la idolatría. Pruébase todo ello con ejemplos sacados de la Sagrada Escritura. De igual manera se parecen los judíos y los indios en muchas de sus costumbres, como también en sus leyes, ritos y ceremonias. Por último, guardaban los indios las leyes del Decálogo, habiendo no pocas analogías entre la lengua de los hebreos y la de los mejicanos y peruanos (1).

Antes que dar por terminado asunto de tanto valor histórico, no huelga exponer o relatar otras opiniones acerca de los orígenes de los indios. Tal vez carecen de fundamento alguno, tal vez no tienen valor científico: pero no deben ser relegadas al olvido o desconocidas.

La primera de dichas opiniones se refiere a si los romanos pueden ser progenitores de los americanos, y los argumentos empleados para confirmarla son los siguientes: Es tanta la semejanza entre el quechua y el latín, que uno de los primeros obispos de la Orden de los predicadores que vino al Perú, pudo componer una gramática quechua, valiéndose de las raíces de la lengua del Lacio. Indios y antiguos romanos tenían la costumbre de teñirse el rostro con bermellón. También son pruebas de alguna importancia la existencia de los hechiceros, de los sacrificios, de las casas religiosas de doncellas, etc. "No pasaré en silencio—dice Marineo Sículo—en este lugar una cosa, que es muy memorable y digna de que se sepa, mayormente por haber sido, según pienso, pasada por alto de otros que han escrito. En cierta parte, que se dice ser de la Tierra Firme de América, de do era obispo Fr. Juan Quevedo, de la Orden de San Francisco, hallaron unos hombres mineros, estando cavando y desmontando una mina de oro, una moneda con la imagen y nombre de César Augusto; la cual, habiendo venido a manos de D. Juan Rufo, arzobispo Consentino, fué enviada, como cosa admirable, al Sumo Pontífice. Cosa es ésta que quitó la gloria y honra a los que navegan en nuestro tiempo, los cuales se gloriaban haber ido al Nuevo Mundo primero que otros, pues con el argumento de esta moneda parece claro que fueron a las Indias mucho tiempo ha los romanos„ (2). Dicen, por último, algunos escritores que debieron ser roma-

---

1) Véase Fr. Gregorio García, ob. cit., libro III, págs. 80-128.
2) *Rer. Hispan.*, lib. 19, cap. 16.—Fr. Gregorio García, ob. cit., lib. IV, cap. XIX, pag. 171

nos los que aportaron a Chile, por cuanto se han hallado en la imperial ciudad del reino citado, águilas con dos cabezas, águilas que fueron siempre insignias de los ejércitos del Lacio.

Asegura Hugo Grocio en sus *Disertaciones del origen de los Indios*, que éstos descienden de los etiopes cristianos. En algún viaje por la mar, dejándose gobernar por la furia de los vientos, llegaron casualmente a Yucatán. Acompañaban sus mujeres a los etiopes, como era costumbre entre aquellas gentes, no siendo tampoco de extrañar que llevasen abundantes víveres, temiendo sucesos desagradables, tan frecuentes en los viajes marítimos. Si las costumbres de los indios del Yucatán eran iguales o parecidas a las de los etiopes cristianos, como escribe Grocio, o eran diferentes y aun opuestas, como dice Laet, la cuestión se halla sin resolver.

Dícese también que los troyanos, *más ilustres por su ruina que por la majestad de su imperio*, pasaron a las Indias. Del P. Simón de Vasconcelos son las siguientes palabras: "Otros dijeron que estos primeros pobladores (de las Indias) fueron de nación troyanos y compañeros de Eneas, porque después de desbaratados éstos por los griegos en la famosa destrucción de Troya, se dividieron entre sí, buscando nuevas tierras en que habitasen, como hombres avergonzados del mundo y del suceso de las armas, algunos de los cuales dicen se engolfaron en el largo Océano y pasaron a las partes de América.„ Y prosigue: "Que según esta opinión, los moradores de esta tierra pasaron a ella por los años de 2806 de la Creación, 1156 antes del nacimiento de Christo S. N.„ (1).

Los scythas, pueblos situados entre el Don y el Danubio, o sus descendientes, pasaron a las Indias Occidentales, si damos crédito a algunos escritores. Sostiene el P. Fr. Gregorio García que las costumbres de los indios, cotejadas con las de los tártaros y otras naciones scythicas, parecen las mismas, y aun las desemejantes, si se estudian con detenimiento, se ve que son hijas de las que usaron primeramente. El citado historiador refiere que los sacerdotes egipcios tenían cierto parecido a los de los tártaros y turcos, añadiendo lo que sigue: "Y últimamente, las ceremonias de Christianos, que se hallaron desfiguradas entre los Indios, no es difícil las llevasen los Tártaros, si, como se ha dicho, predicó en Tartaria Santo Tomás, antes que el malvado Mahoma compusiese de retazos del Judaismo y Nestorianismo, su Alcorán; pues se ha de entender que los Tártaros y Scythas pasaron antes que infamase el género humano Mahoma; porque si no fuera así, se conservara entre los Indios la abominable memoria de su secta, la cual ignoraron los indios, aunque en el Río de la Plata hay unos que, por dichas causas, tuvieron

---

(1) Fr. Gregorio García, lib. IV. párrafo VIII, págs. 263-265.

su nombre, de que hace mención Barco: *Mahomas, Epuaes y Galchi nes*, etc. (1). Es de notar que los tártaros e indios sacrificaban hombres para celebrar sus victorias; que los scythas e indios se sangraban de las orejas, y tanto los primeros como los segundos fueron hechiceros; que los hunos eran inconstantes, infieles, vengativos, furiosos y ligeros, igualmente que los indios; que los lapones creían en sueños y se caracterizaban por su melancolía, lo mismo que los indios; que los tártaros comenzaban el año en febrero y contaban por lunas, igualmente que los de Nueva España y otros; que los tibarenos y los cinguis, que habitaban lo último de Tartaria, se metían en la cama cuando parían sus mujeres, como se cuenta de los caribes, de los brasileños y de otros pueblos de las Indias; que la medicina entre los scythas y tártaros apenas se diferenciaba de la de los indios; que los turcos y tártaros mataban a los malhechores en un palo, lo mismo que los indígenas de la Española y de la Florida. Prescindiendo de otras semejanzas menos importantes, recordaremos que los entierros entre los scythas o entre los mejicanos y peruanos tenían mucho parecido, y las sepulturas del Chim de los tártaros y las del Inca estaban formadas de la misma manera. Hugo Grocio tiene como cosa cierta que ni los hunos, tártaros, turcos, ni otros scythas pudieron pasar a las Indias, porque no hay noticia de que tuviesen navíos, ni de que navegasen en la antigüedad por el Ponto Euxino, Mar Caspio ni por la laguna Meotis. Niega, del mismo modo, que las trazas y costumbres de los indios correspondiesen a las de los scythas, hunos y demás naciones referidas... (2). No tienen, pues, el mismo origen. Dado que tuviesen algunas semejanzas, dice, nada importa, porque en todas las naciones bárbaras e idólatras se manifiestan ciertas cualidades comunes.

El padre Fr. Gregorio García, tantas veces citado en esta obra, creyó resolver cuestión tan complicada, diciendo que los indios que hay en las Indias Occidentales y Nuevo Mundo no proceden de la misma nación y gente, ni los del Viejo Mundo fueron de una sola vez, ni los primeros pobladores caminaron o navegaron por el mismo camino y viaje, ni en un mismo tiempo, ni de una misma manera, sino que realmente proceden de diversas naciones, viniendo unos por mar y arrojados por las tormentas, otros navegando tranquilamente y buscando aquellas tierras de que tenían alguna noticia. Unos caminaron por tierra, otros compelidos por el hambre o huyendo de enemigos circunvecinos.

Acerca de la procedencia de la gente que llegó al Nuevo Mundo, unos son originarios de los cartagineses; otros de las diez tribus israe-

---

(1) Fr. Gregorio García, lib. IV, párrafo XII, págs. 300 y 301.
(2) Ibidem, libro IV, párrafo XIII, págs. 303 y 304.

litas, que fueron llevadas cautivas a Nínive; algunos de la gente que pobló o mandó poblar Ophir (hijo de Iectan y nieto de Heber) en México y Perú; no pocos de los que vivieron en la isla Atlántida, y los habitantes de las islas de Barlovento, proceden de España, pasando antes por la citada Atlántida. No faltan autores que les consideren originarios de los fenicios o de los griegos o de los romanos. Tampoco dejaremos de nombrar a los que sostienen, con mayor o menor fundamento, que proceden de religiosos budhistas, de chinos, de tártaros o de otros pueblos. En una palabra, la raza indígena de América es resultado de la unión de todos los elementos étnicos dichos, pudiéndose citar, entre otras razones, la diversidad de lenguas, de leyes, de ceremonias, de ritos, de costumbres y de trajes, ya de cartagineses, hebreos, atlánticos, españoles, fenicios, griegos, romanos, indios, chinos y tártaros.

En aquellos remotos tiempos debió suceder lo que al presente acontece en nuestras Indias, donde hay españoles (castellanos, gallegos, vizcaínos, catalanes, valencianos, etc.), portugueses, franceses, italianos, ingleses y griegos, judíos y moriscos, gitanos y negros; todos los cuales, viviendo en unas mismas provincias, naturalmente se han de mezclar mediante casamientos, o mediante ilícita conjunción o cópula (1).

Merecen atención profunda los estudios que ha hecho el Dr. Pablo Patrón. Sostiene con razones de algún peso que los americanos proceden de la Mesopotamia y que la lengua súmera tiene raíces que explican el origen y significado de muchas voces de los varios idiomas que se hablan en las dos Américas.

De una de las obras del insigne alemán barón de Humboldt copiamos el siguiente e importante párrafo: "La comunicación entre los dos mundos se manifiesta de una manera indudable en las cosmogonias, los monumentos, los geroglíficos y las instituciones de los pueblos de América y del Asia... Algunos sabios han creído reconocer en estos extraños civilizadores de la América a náufragos europeos o descendientes de los escandinavos, que después del siglo XI visitaron la Groenlandia, Tierra Nova y puede ser que hasta la misma Nueva Escocia; pero poco a poco que se reflexione sobre la época de las primeras emigraciones toltecas, sobre las instituciones monásticas, los símbolos del culto, el Calendario y la forma de los monumentos de Cholula, Sogamoso y del Cuzco, se comprenderá que no es del Norte de la Europa de donde Quetzalcoatl, Bochica y Manco-Capac han tomado sus Códigos y sus leyes. Todo nos hace mirar hacia el Asia Oriental, hacia los pueblos que han estado en contacto con los thibetanos, los tártaros, scha-

(1) Véase *Origen de los indios del Nuevo Mundo*, lib. IV, cap. XXV, págs. 314-316.

manitas y los ainos barbudos de las islas de Jesso y de Sachalín. (1).

Con razones más o menos poderosas, no pocos autores escriben que otros pueblos, además de los citados, pasaron a las Indias y se establecieron en aquel país.

Después de ocuparse D. Juan Facundo Riaño de las semejanzas artísticas entre el Nuevo y Viejo Continente, añade lo que a continuación copiamos: "Demuestran fácilmente las anteriores observaciones, que hubo en algún tiempo comunicación y relaciones entre la América y los antiguos pueblos del Mediterráneo y del Oriente; pero se aducen argumentos en contra que tienen importancia, hasta el punto de que hay alguno que no encuentro manera de rebatir, dado el estado rudimentario en que se encuentran todavía esta clase de estudios. Serán, si se quiere, cuestiones de menor transcendencia; pero el pro y el contra se debe estimar en toda discusión de buena fe; y así entiendo que merece consignarse el principal argumento en contrario, que es el siguiente: los americanos, a la llegada de los españoles, desconocían el uso del hierro, la escritura alfabética, los animales domésticos y los cereales: todo lo cual era perfectamente conocido de los pueblos que les comunican las formas arquitectónicas que dejo indicadas. ¿Cómo se justifica la deficiencia? Ya he significado que no encuentro hoy medio de hacerlo, aunque posible será que el día menos pensado se aclare la duda; mientras tanto, no pueden perder fuerza ninguna los argumentos favorables a la importación de formas monumentales en aquel país, porque se prueba con hechos tangibles, y porque el campo de los testimonios auténticos se ensancha al compás de los estudios. (2).

(1)   *Vistas de las cordilleras y de los monumentos de los pueblos de América*, tomo I.
(2)   *Discurso pronunciado en el Ateneo de Madrid el 2 de mayo de 1891, págs. 14 y 15*.

CAPÍTULO III

Relaciones entre América y Europa durante la Edad Media.
Los vascos españoles y franceses.—Los ingleses o irlandeses.—La Islandia. — Escritores modernos. - Los Sagas. —
Las crónicas.—El irlandés Gunnbjorn.—Erico el Rojo en
Groenlandia. — Biarne en Groenlandia.—Leif en Helluland, Markland y Virland.—Thorwall: sus expediciones;
su muerte.—Expedición de Thorstein y Thorfinn.—Thor-
finnsbudi.—Lucha entre groenlandeses y esquimales.—
¿Eran las mismas regiones las visitadas por Leif y Thorfinn?—Gudrid en Roma.—Expedición de Freydisa el 1011.—
Otras expediciones.—Autenticidad de los Sagas.—La religión católica en el Nuevo Mundo.—Los obispos.—Los diezmos de los colonos de Vinlandia.—Las colonias.—Interrupción de las relaciones entre normandos y americanos:
sus causas.—Correspondencia de lugares antiguos con los
modernos.—Estatua erigida en Boston a Leif.—Trabajos
arqueológicos.—Casas descubiertas en Cambridge. Leif y
Colón, según Fastenrath.

Dáse en nuestros días como cosa cierta la comunicación de América
con Europa durante los Tiempos Medios. Cuéntase que los vascos españoles y franceses, persiguiendo a la ballena en los mares del Norte, descubrieron las islas y costas de la América Septentrional. Creen Gaffarel y Marmette que la nomenclatura castellana de *Labrador* y *Tierra
de labor*, patentiza su hallazgo por vascos españoles, y respecto á Te-
ranova, muchos nombres geográficos de dicha isla acusan origen éus-
karo. *Rognouse* se asemeja a Orrongne, villa situada cerca de San Juan
de Luz; *Cabo Raye*, quizás proceda del vocablo arráico: *Cabo Bretón*, es
el nombre de un pueblo inmediato a Bayona; la palabra *Gratz* (promontorio), se deriva de la voz Grata. *Vlicillo, ophoportu, portuchna* y otras
revelan su origen vascongado. Las muchas denominaciones geográficas
de procedencia vasca que se conservan en Terranova y en la región
francesa del Canadá, algunos determinados rasgos de sus moradores,
la circunstancia, por demás importante, del largo tiempo que en los citados países se habló la lengua vascongada, y cierta simpatía entre los

colonos franceses de aquellas comarcas y los españoles, hacen sospechar, con fundamento, si pescadores vascos y franceses, allá en tiempos lejanos, visitaron y poblaron alguna parte de la América Septentrional (1).

Los ingleses o los irlandeses, ¿poblaron las Indias del Norte? Dice Hornio que los ingleses, a causa de las guerras civiles en la Inglaterra Occidental, abandonaron el país (por el año 1170, o por el 1190), y llegaron al Canadá. En otra parte, el mismo Hornio refiere que los ingleses, cuando los sajones se apoderaron del territorio en que ellos vivían, pasaron a las Indias y las poblaron. También han presumido algunos autores que los indios descienden de irlandeses. Cotejando las lenguas y costumbres de algunos pueblos del Norte de América con las de los ingleses e irlandeses, se ha venido a deducir que las diferencias no son muchas ni importantes (2). Fijándonos en los irlandeses, nada tendría de particular que fueran al Nuevo Mundo, no sólos, sino después de su estancia más o menos larga en Islandia, y formando parte de las expediciones de los irlandeses. Las islas británicas, y en particular Irlanda, la verde *Erin*, gozaron siempre fama de pueblos aventureros y marítimos. Las costas de *Heitramannaland*, que algunos llaman *Irland-it Mikla*, fueron pobladas según algunos autores por irlandeses. Dicho lugar está colocado al poniente de Irlanda e Islandia, esto es, en dirección de América. Rafn, en sus *Antiquitates americanæ*, escribe: *Hanc putant esse Heitramannaland (Terra Hominum alborum) sive Irlandiam Magnam*. Al paso que Rafn colocaba a Irland-it Mikla en la parte meridional de los Estados Unidos, tal vez en la Florida, Beauvois declara, sin duda alguna con más acierto, que la verdadera posición de dicho país se halla mucho más al Norte, ya en la isla de Terranova, ya sobre la orilla de San Lorenzo.

Comenzaremos haciendo notar, pues es asunto importante, que, ya monjes de la iglesia anglo-latina e hijos de San Patricio de Irlanda, ya religiosos de la iglesia cristiana fundada por San Colomba de Escocia, llegaron (siglos VII y VIII) a las islas bañadas por el Atlántico y conocidas con los nombres de Hébridas (3), Orcadas (4), Shetland (5), Feroe (6) e Islandia (7). Todo esto debe ser cierto, por cuanto parece

(1) Véase *Precedentes del descubrimiento de América en la Edad Media*, por D. Manuel María del Valle, Conferencia pronunciada en el Ateneo de Madrid el 11 de marzo de 1891, págs. 72-76.
(2) Véase Fr. Gregorio García, *Origen de los indios*, etc., libro 1.º, párrafo 6.º, págs. 260-262.
(3) Archipiélago inglés al Oeste de Escocia.
(4) Archipiélago inglés al Norte de Escocia.
(5) Archipiélago inglés al Norte de Escocia.
(6) Archipiélago dinamarqués al Norte de Escocia.
(7) Isla dinamarquesa. La antigua Tule, según algunos autores, que se halla a los 13º y 50' de longitud, y 65º 4' de latitud.

probado que los normandos, antes de colonizar a Islandia, vieron allí
hombres que llamaban *Papas,* tal vez cristianos, los cuales vinieron por
el mar de las comarcas de Occidente. Los citados normandos, al llegar
a Islandia, encontraron libros irlandeses, campanas, cruces y otros
muchos objetos, pudiendo deducirse que eran *vestmannos,* esto es, hombres occidentales (1).

Algunos autores, después de estudiar la proximidad de Islandia
(grande isla dinamarquesa de Europa, en el Océano Glacial Ártico)
con Groenlandia (vasta comarca insular al Norte de América), han
creído que en los tiempos cuaternarios se comunicaban el Antiguo y el Nuevo Mundo, por la parte de Occidente. Nosotros tenemos como cosa probada, que Europa estuvo en relaciones con América durante el siglo X

La Islandia de Olaus Magnus (1539)

y comienzos del XI. Si el doctor D. Diego Andrés Rocha, oidor de
la Real Audiencia de Lima, escribió, en el año 1681, curioso libro, afirmando que entre los nombres indígenas del Perú antiguo y los de
varios pueblos de Europa, existían muchas y notables semejanzas, en
nuestros días se han escrito obras de reconocido mérito que tratan de
la misma materia. A Francia se debe la de Mr. Beauvois, intitulada
Decouvertes de Scandinaves en Amérique du Xe au XIIIe siècle, 1859; la
de Mr. Gravier, *Decouverte de l'Amérique par les Normands au Xe siècle,*
1874, y la de Mr. Gaffarel, profesor de la Facultad de Letras de Dijon,
y cuyo título es *Histoire de la decouverte de l'Amérique, depuis les ori-
genes jusq'a la mort de Cristophe Colomb,* 1892. Llaman la atención, entre los norteamericanos. Eben Norton Horsford, *Discovery of América
by Northmen,* 1888, y *The problem of the Northmen;* B. F. de Costa, *Decouverte de l'Amérique avant C. Colomb par les hommes du Nord,* 1869,
y *The Irelandie Discoverers of América,* 1888.

---

(1)   *Antiquitates americanæ,* pág. 202.

En la Edad Media—según unos escritores en el siglo XII y según otros en el XIII—se escribieron los Sagas (1, relaciones históricas y a veces legendarias de la antigua Escandinavia (hoy Dinamarca, Suecia y Noruega), que los poetas y cantores recitaban en las reuniones públicas y en el seno de las familias. Recordaremos que en la segunda mitad del siglo IX, cuando el terrible Haroldo Haarfager, después de vencer en la famosa batalla de Hafursfiord, reunió bajo su cetro la Noruega, muchos nobles y distinguidas familias se retiraron a Islandia (Isla del hielo), buscando una libertad que no encontraban en su desgraciado país. Organizóse en Islandia un gobierno republicano dotado de instituciones religiosas y políticas, análogas a las de la metrópoli. Respecto a la cultura no huelga decir que la lengua danesa alcanzó extraordinario desarrollo, la poesía se cultivó con entusiasmo, las letras y las artes llegaron a un verdadero estado de perfección. Adoptaron, como era natural, los mismos usos y costumbres que habían existido en su antigua patria antes de la tiránica dominación de Haroldo.

Del mismo modo que los normandos visitaron a Islandia, isla que, por su posición geográfica, es más americana que europea, también, en pequeños barquichuelos, recorrieron las costas occidentales y meridionales de Europa, no sin decir orgullosos en sus cantos que el huracán estaba a su servicio y los arrojaría donde ellos quisiesen hacer rumbo.

Con la emigración de Noruega á Islandia aumentó en este último país la afición a las tradiciones maravillosas. Los islandeses, recorriendo anualmente las costas del Báltico y de Noruega, ora para recoger en su antigua patria una herencia, ora por gusto de visitar a sus parientes o amigos, renovaban la memoria de sus tradiciones. A su vez, el mercader noruego iba a Islandia a vender los productos de su suelo natal y a comprar las lanas y el pescado de los mares islandeses. Llegaba en el otoño y no se volvía hasta la nueva estación. Durante su estancia era acogido en una cabaña (bœr) islandesa, y allí, durante las largas noches de invierno, refería sus viajes y peligros en los mares, y también las hazañas de los héroes noruegos. Por su parte, el islandés que salía de su patria, después de recorrer dilatados países, regresaba a su ahumada choza, donde, rodeado de sus compatriotas, contaba lo que había visto y admirado. También, cuando llegaba un barco, acudían todos, deseosos de saber noticias de Noruega, o de Dinamarca y Suecia. "De modo que las tradiciones de toda la Escandinavia se depositaban todos los años, como en un archivo de familia, revistiéndose de aquella

(1) El citado escritor Eben Norton Horsford, sostiene, en uno de los apéndices de su libro, que los *Sagas* fueron redactados entre 1387 y 1395.

vaguedad e idealismo que les comunicaba la distancia, y conservando, aun con mucha posterioridad, aquel carácter primitivo, que se hallaba alterado en el continente por el roce con los pueblos alemanes„ (1).

Dichas tradiciones dieron origen a otros sagas o canciones históricas, recogidas por cantores de país en país, ya en la choza del pescador y ya en la tienda del guerrero, ora en la casa del magnate y ora en el palacio del príncipe. Tales cantores, aunque no gozaron de la fama de los bardos (2), se les acogía, sin embargo, cariñosamente en todas partes. Los sagas, sencillos en la forma y en el fondo, transmitidos de padres a hijos o de vecino a vecino, son—según Torfeo—187. Pueden considerarse como el libro de las familias. El islandés, a la luz de la lámpara alimentada por la grasa de la ballena, y rodeado de su familia y criados, leía los Sagas, acompañando la lectura con explicaciones y comentarios. La joven lechera los leía durante el invierno en los establos, y cuando asomaba la primavera en las dehesas. Las paredes de las casas, las entalladuras en madera o en acero, y los bordados de los tapices, reproducían escenas de los *Sagas* (3). Refiere Marmier, que hallándose estudiando en Reykiavit el *Saga*, de Nial, le sorprendió la hija de un pescador, la cual le dijo: "Ah, yo conozco ese libro que he leído muchas veces cuando era niña„, y al punto dió noticia de los pasajes más bellos de la obra. Tiene razón Marmier al exclamar: "¿Sería posible encontrar una artesana de París que conociese, por ejemplo, la crónica de Saint Denis?„ Prueba todo esto que los islandeses conservaron sus tradiciones y las transmitieron oralmente, hasta que las escribieron y emplearon con ellas los caracteres romanos.

Nosotros, después de haber leído los libros modernos que tratan del asunto, como también las crónicas de Adam de Bremen (1043-1072), Ari Thorgilson (m. 1148), el *Ladnama* y Nicolás de Thingeyre, somos de opinión que los normandos islandeses fueron los primeros europeos que visitaron la América.

Por el año 920, el islandés Gunnbjorn descubrió unas islas situadas entre Islandia y Groenlandia, las cuales tomaron el nombre de su descubridor y que desaparecieron en 1456 a causa de erupciones volcánicas. En el mapa de Ruysch (1508), se lee la siguiente leyenda: *Insula hec in anno Domini 1456 fuit totaliter combusta*» (4). Erico el Rojo, des-

---

(1) C. Cantú, *Hist. universal*. tomo III, pág. 451.

(2) Eran los bardos poetas nacionales de raza céltica. Acompañándose con la lira, celebraban la gloria de los dioses y de los héroes en las fiestas religiosas, como también excitaban los guerreros al combate. Fueron los más famosos Fingal y su hijo Osián.

(3) El año 1261 Islandia volvió a unirse a Noruega. Entonces conocieron los islandeses la literatura alemana en tiempo del Grande Interregno (1250-1273) y de la primera época de la Casa de Habsburgo.

(4) Véase Nordenskiol, *Facsimile-Atlas*, tom. XXXII

terrado de Islandia por haber cometido un homicidio, se lanzó, por el
año 985 o 986, a descubrir tierras, siguiendo los pasos de Gunnbjorn:
logró percibir la costa oriental de Groenlandia en el grado 64 de latitud septentrional, continuó su viaje por el Sur, dobló el cabo que los antiguos islandeses denominaban Hvarf, y hoy llamamos Farewell, viniendo, por último, a fijar su residencia sobre la costa occidental, en el
fiord (1) de Igaliskko, que denominó, para perpetuar el nombre de su
persona, *Eriksfiord.* Allí comenzó la construción de vasto edificio, adosado a una roca, y que llamó *Brattahlida.* Volvió Erico el Rojo a Islandia con objeto de estimular a sus compatriotas que le siguiesen hacia el
país que él denominaba *Tierra Verde,* que no otra cosa significa Groenlandia (2). En el mismo año que Erico regresaba a Brattahlida, 35 navíos islandeses se dirigían a Groenlandia, llegando a su destino sólo 14,
pues los restantes se habían perdido a causa de las tempestades y borrascas del Océano. Con los islandeses que lograron salvarse fundó Erico una colonia, la cual, dos siglos después, contaba con 8.400 individuos,
y según otros, con 10.000, distribuidos en 280 establecimientos.

Por el año 986 — cuentan los Sagas del Códice Flateyense — el intrépido joven Biarne, hijo de Heriulf, salió de Noruega en busca de su
padre, que moraba en Islandia. Cuando al llegar a Islandia recibió la
noticia de que su padre había marchado con Erik hacia las regiones occidentales, sin descargar la nave, emprendió el mismo camino, encontrando al poco tiempo una tierra donde se levantaban pequeñas colinas
y se hallaban bastantes selvas. A las veinticuatro horas de navegación
divisó una llanura poblada de árboles, pasados tres días pudo distinguir
una isla cubierta de nieve y grandes masas de hielo, y, últimamente,
a los cuatro días, tuvo la dicha de llegar a Groenlandia, siendo recibido con grandes muestras de cariño por su padre y por Erik.

Regresó Biarne a Noruega, y si damos crédito a modernos escritores, especialmente á Yeclercq, las comarcas recorridas por el famoso
marino debieron ser las de Nantuket, Nueva Escocia y Terranova.
Gravier afirma que fueron las cuatro comarcas de Nueva Inglaterra,
Nueva Escocia, Terranova y golfo de Maine; y Geffroy, no sólo declara
que llegó a las costas de América, sino que descubrió el río San Lorenzo. Parece verosímil que el continente encontrado por Biarne y sus compañeros fuese, ya las costas del Labrador, ya las de los modernos Estados Unidos, y por lo que respecta a la isla, podría corresponder, según
la autorizada opinión de Gaffarel, a Terranova o a cualquiera de las
situadas en los Estrechos de Davis y de Hudson. Dedúcese todo esto por

(1) Fiord, quiere decir sitio ó paraje.
(2) En nuestros tiempos, el marino Davis le dió el nombre de *Tierra de desolación*

el probable derrotero del viaje, y también por la posición y caracteres de las tierras indicadas (1). Llegase o no, Biarne a las costas americanas o del Nuevo Mundo, su nombre figurará siempre entre los intrépidos navegantes.

El nunca bastante alabado Leif Erikson, hijo de Erico el Rojo y que vivió en la corte de Olaf u Olaw I de Noruega (996-1000) fué el continuador de la obra de Biarne. Cuando la mayor parte de las naciones o pueblos de Europa se hallaban sobrecogidos de espanto y de terror porque se aproximaba el año 1000, tristísimo año 1000, que llevaba consigo el fin o acabamiento del mundo y, por consiguiente, la muerte de la humanidad; cuando el rey Olaf, recién convertido al cristianismo, hacía difundir su religión por todos sus Estados, el marino Leif acometió la empresa desde las regiones más septentrionales de Europa, de buscar, surcando el Atlántico, los países que sus predecesores Gunnbiorn, Erico el Rojo y Biarne habían descubierto, pero no explorado. Leif, en un barco que compró y seguido de 35 hombres, se lanzó al Océano, y después de grandes trabajos, llegó a una región llana, pedregosa, desolada y cubierta en muchas partes por montañas de nieve, a las cuales dió el nombre de *Helluland* (Tierra pedregosa) y habiendo encontrado luego inmensas y dilatadas selvas, llamó aquella tierra *Markland* (Tierra de los bosques). A los dos días de navegación llegaron los normandos a una isla, separada del continente por peligroso estrecho. Descubríanse en la parte continental corrientes aguas, saliendo de tranquilo lago. Decididos a permanecer en aquellos lugares durante el invierno, levantaron barracas de madera, a las que dieron el nombre de *Leifsbudir* (Casas de Leif). El clima era dulce, la tierra se hallaba alfombrada de hierba, y en el río y el lago abundaban salmones. Cuando terminaron los modestos trabajos de edificación, los inmigrantes se dedicaron a reconocer el país, con cuyo objeto salían en grupos, no sin que el jefe les ordenara la vuelta al acercarse la noche. Tardó un día más de lo justo uno de los expedicionarios, alemán de origen, llamado Tyrker, amigo desde la niñez de Leif. Como el citado jefe reprendiese su tardanza, contestó Tyrker lo que sigue: «No me fuí tan lejos como suponéis; en cambio os traigo algo nuevo, porque he encontrado viñas cargadas de uvas.„ Por esta razón Leif puso al país el nombre de *Vinland* (Tierra del vino). Llegada la primavera, Leif determinó regresar a su patria, cargando la nave de pieles, maderas y uvas. Todos sus compatriotas alababan el valor y la fortuna de Leif (2).

(1) Véase Valle, ob. cit. págs. 33 y 34.

(2) De *La Tribuna*, periódico de Madrid del 24 de Octubre de 1912, copiamos lo siguiente:

«Un sabio americano, en el «American Museum of Natural History», trae una gran cantidad de datos acerca de una tribu de raza blanca que vive hace siglos en la isla Victoria, separada del

LEIF ERIKSON.

Cuando corría el año de 1002, Thorwald, otro de los hijos de Erico, aceptando los consejos de su valeroso hermano Leif, acompañado de 30 hombres, se lanzó a la mar y llegó a las barracas de Leifsbudir, donde pasó el invierno. Durante la primavera se dedicó a recorrer la parte meridional de Vislandia, encontrando pequeñas y pintorescas islas, siendo la mayor de todas la que a la sazón llamamos *Longisland*. Durante el otoño regresaron a Leifsbudir. En el verano siguiente Thorwald y algunos de los suyos emprendieron la exploración de las costas septentrionales. En la costa y sobre la arena hallaron tres canoas de mimbres y en cada una de ellas tres hombres, los cuales ocho perecieron a manos de los normandos, logrando sólo escapar uno. Irritados los esquimales con semejante crueldad, cayeron sobre Thorwald y los suyos, teniendo el jefe de los normandos la desgracia de morir de un flechazo, habiendo antes encargado a sus compañeros que le enterrasen en aquel sitio y pusiesen dos cruces sobre su tumba; en lo futuro el cabo se llamaría *Krossanes* (Promontorio de las cruces). Thorwald fué el primer europeo que murió a manos de los americanos.

Los compañeros de Thorwald, temiendo mayores venganzas de los esquimales, y habiendo cumplido las órdenes que les había dado el difunto jefe, abandonaron, en el año 1005, aquellos lugares, y, cargando el barco de productos del país, volvieron a la patria, donde contaron los sucesos que les habían ocurrido, y muy especialmente la muerte del valeroso caudillo.

Poco después un hermano de Thorwald, llamado Thorstein, acompañado de su mujer, la inteligente Gudrid, y de 25 marinos, organizó la tercera expedición, que fué mas desgraciada que las anteriores. Contrarios vientos les desviaron de su camino, y hasta la entrada del invierno no pudieron arribar a Lysufiord, donde los recibió con generosa hospitalidad un cierto Svart, en cuya casa cayó enfermo y murió Thorstein, siendo sus cenizas trasladadas en el buque por la viuda y Svart hasta Eriksfiord; allí tuvieron cristiana sepultura.

Por entonces (1002) llegó a Groenlandia rico noruego, descendiente de reyes, que se llamaba Thorfinn o Karlsefn — pues con ambos nombres se le conoce — el cual, con beneplácito de Leif, se hospedó en Brattahlida, y por cierto, que habiéndose enamorado de Gudrid, contrajo con ella matrimonio. Thorfinn hizo armar una flotilla de tres naves,

resto del mundo. Estos blancos son cerca de 2,000 y los descendientes de una expedición mandada por Leif Ericksen. Con motivo de su existencia, se trata ampliamente en dicho artículo de la cuestión precolombiana, y se afirma que América fué descubierta por los noruegos y escandinavos en el siglo X, es decir, cerca de cinco siglos antes que Colón condujese sus naves a aquellas tierras. La ciencia está conforme en que los escandinavos y noruegos la habían descubierto; pero también lo está en que no sabían de qué se trataba, y que estos pensaban, como pensó Colón, que eran las costas de Asia.

dotadas de 160 individuos, algunos de ellos mujeres, varios animales domésticos y abundantes provisiones. En la primavera del año 1007 partieron de Eriksfiord, y, ayudados por favorables vientos, lograron divisar a las veinticuatro horas de navegación los picos de Helluland, llegando a *Markland*, país de exuberante vegetación; recorrieron en vano varios sitios buscando la tumba de Thorwald, pasaron el cabo Kialarnés, encontrando luego dilatada extensión de dunas, vastos desiertos y estrechas riberas, a cuyas playas llamaron *Jurdustrandir* (Playas maravillosas) (1). Luego que Thorfinn tuvo la satisfacción de que dos de sus compañeros que habían salido a recorrer las costas vol-

Tipo esquimal (Estrecho de Behring).

viesen con grandes racimos de uvas y espigas de trigo silvestre, penetró en una bahía grande y en seguida en una isla abundante de plumas y huevos de *eiders* (ánades), que llamó *Straumey* (Isla de las corrientes). En la citada bahía, que denominaron *Staumfiord* (Bahía de las corrientes), fundaron una colonia. Cuando llegó la primavera se dedicaron a cultivar los campos, a la pesca y muy especialmente a la construcción de barracas que les sirvieran de alojamiento.

Grave contrariedad fué que les sorprendiese el invierno desprovistos de caza y de pesca; pero la dificultad mayor consistió en el disentimiento y enemiga entre el marino Thorhall, piloto de una de las embarcaciones, y Thorfinn. Cada uno tomó diferente camino. Thorhall, deseando volver a su patria, tomó rumbo hacia Europa, arribando a las costas de Irlanda, donde—según dicen—murió en esclavitud. Thorfinn continuó sus exploraciones, en busca siempre de Leifsbudir, llegando, no sin muchos trabajos y estableciéndose enfrente de la colonia de Leif, con cuyo objeto levantaron diferentes casas, que por el nombre de su fundador recibieron el de *Thorfinnsbudir*.

(1) Tal vez dieron dicho nombre por la frecuencia con que allí se observa el fenómeno del espejismo.

A los quince días de establecerse en aquel país, apareció la bahía cubierta de botes tripulados por esquimales. Dichos esquimales bajaron a la costa y luego que contemplaron a los hombres blancos, se retiraron. Volvieron en la primavera de 1008 y eran tantos los que tripulaban las muchas canoas, que la bahía parecía hallarse cubierta de carbón. Groenlandeses y esquimales entablaron relaciones de comercio; los primeros dieron a los segundos vistosas telas encarnadas y vasos de leche, en cambio de pieles, cestas de mimbre y otras cosas. Pronto—por causas que desconocemos—la guerra sucedió a la paz. Ya Thorfinn había tenido un hijo de Gudrid y ya los normandos vivían tranquilos en sus posesiones de Vinlandia. Entonces, los skrelings, se lanzaron a la lucha, y aunque al principio lograron algunas ventajas, fueron al fin vencidos y se retiraron de Vinlandia.

Enojosa iba siendo a Thorfinn y los suyos la estancia en Vinlandia. El deseo de volver a la patria, las cuestiones surgidas entre los mismos normandos y la oposición de los naturales del país, obligaron a Thorfinn a dar la vuelta a Groenlandia, no sin que en la travesía explorase nuevos países y cogiera dos muchachos al pasar por las costas de Markland. Dijeron los jóvenes skrelings, que más allá del sitio en que fueron cogidos, había un país habitado por hombres que vestían túnicas blancas y acostumbraban llevar pedazos de tela fijos en largas varas. Estos pedazos de tela, según algunos críticos, eran estandartes ó banderas. Se sospecha con algún fundamento que tales noticias debían referirse al territorio del *Hvitramannaland*.

En este estado nuestra narración, antes de pasar adelante, preguntamos: pero, las regiones visitadas por los ilustres viajeros Leif y Thorfinn, ¿eran las mismas? Dúdanlo con más o menos razones algunos escritores. Recordaremos, a este propósito, que el francés Nicolás Denys, lugarteniente por Inglaterra de Nueva Escocia a mediados de la centuria XVII, dió exacta noticia de la riqueza forestal del país, añadiendo que las uvas eran tan grandes como nueces moscadas y algo ácidas, porque crecían silvestres. Opinaba que si se tuviese más cuidado en la elaboración del vino, éste sería de mejor calidad ó de mayor gusto. De la misma manera el trigo nacía espontáneamente en la parte sur de Escocia y también era susceptible de mejoramiento.

No tenemos duda en que lo mismo Leif que Thorfinn encontraron uvas en aquellas lejanas tierras; pero el trigo silvestre, que el segundo de aquellos navegantes halló, no debió ser tal trigo, sino arroz indiano (*Tizania aquatica*), producto mencionado por los viajeros que se ocupan de las plantas de la tierra de la Nueva Escocia. También puede afirmarse que Leif no vió indígenas, y Thorfinn tuvo que luchar con los skrelings, que, como antes se dijo, pertenecían al grupo esquimal. Conviene no olvidar que de las tres naves que en 1007 hizo armar Thorffinn, y que salieron de Eriksfiord, pronto quedaron dos: una de ellas, bajo el mando de Biarne, hubo de naufragar, logrando salvarse pequeña parte de la tripulación en las costas de Irlanda (1). En la otra nave, después de tantos trabajos, Thorffinn y su familia pudieron arribar a Groenlandia en el año 1011, trasladándose al poco tiempo a su patria, "llevando consigo tan considerable número de objetos, traídos de Vinlandia, que, según creencia de aquellos tiempos, jamás apareció en las costas escandinavas embarcación mejor provista y cargada„ (2).

La noble Gudrid, al contraer matrimonio su hijo Snorre, matrimonio que le llenó de alegría, salió de Islandia y se dirigió a Roma, donde seguramente hubo de dar noticia de los descubrimientos de los normandos en las regiones ultraoceánicas. La corte Pontificia oyó con interés las curiosas e importantes narraciones de Gudrid, tal vez para aprovecharse de ellas tiempo adelante. Al regresar a Islandia la buena viuda de Thorffinn, formó el propósito de consagrar a la religión los últimos días de su vida, retirándose con este objeto a un monasterio que su hijo Snorre había hecho construir.

En el año de 1011, la célebre Freydisa, hermana de Leif, deseosa de riqueza más que de gloria, después de convencer a su débil marido Thorvard, organizó una expedición, saliendo de Groenlandia con una nave de su propiedad y las de dos ricos islandeses, en busca de las tierras que se proponían visitar. Desdichada fué la expedición, como lo fueron otras de europeos hacia las playas americanas, llamando la atención el silencio que guardan de ellas los *Sagas* islandeses. Probado se halla que un tal Hervador, a mediados del siglo XI, salió de Vinlandia para trasladarse a las tierras de Hvitramannaland, "y queriendo —como escribe Valle — invernar en ellas, remontó un río, deteniéndose luego al pie de espumosas cascadas, que denominó *Hridsoerk;* paraje que, según algunos, permite asegurar que los normandos prolongaron sus exploraciones bastante al Sur de la América Septentrional, hasta descubrir la bahía de Chesapeake, los ríos que allí desembocan y los naturales despeñaderos de aguas que se observan en Potomac, por encima de Washington„ (3).

No cabe duda alguna que en el año 1135 tres groenlandeses, apasionados de aventuras atrevidas y peligrosas, se internaron en los Estrechos que a la sazón llamamos de Davis y de Baffin, llegando a la

---

(1) Biarne sacrificó su vida por salvar la de sus compañeros.
(2) Valle, Discurso leído en el Ateneo de Madrid el 11 de Marzo de 1891, págs. 43 y 44.
(3) Ibídem, pág. 45.

isla *Kingiktorsoak* o de las Mujeres, en la latitud boreal de 72º 55', en cuyo punto grabaron sobre una piedra la noticia de su estancia. Refieren los *Sagas* que por el año 1266 tres sacerdotes de la diócesis de Gardar, llamado uno de ellos Halldor, siguiendo la misma dirección que los anteriores, fueron sorprendidos por furiosa tempestad, consiguiendo arribar a un punto donde el sol, en el 25 de julio y día de Santiago, no se ocultaba en el horizonte, permaneciendo muy alto durante la noche y muy bajo en las horas correspondientes al día. Dichos navegantes, ¿alcanzarían el paralelo 75º 16' un poco al Norte del Estrecho de Barrow, como han pensado algunos sabios de nuestros días? Halldor y sus compañeros, ¿habrán precedido a Parry, Ross, Franklin y demás viajeros de las regiones boreales? Casi a los veinte años (1285), dos sacerdotes islandeses, Adalbrando y Thorwald Helgason, se embarcaron para Markland, llegando a un país que llamaron *Nyja Land* o *Terranova*, nombre que tiene a la sazón. Tan naturales y corrientes debieron ser esta clase de viajes, que habiendo recibido Ivar Bardson en 1347 el encargo de visitar y describir los establecimientos de los normandos en América, publicó su obra, y como cosa corriente y sabida dió noticia de aquellas regiones. Dicha obra, de inestimable valor, la publicó, primero Rafn en sus *Antiquitates americana* (1), y después Major en el año 1873 (2). Por último, viene a confirmar con toda claridad lo que decimos el siguiente hecho: también en el año 1347 llegó a Islandia una nave, con 18 hombres, procedente del pais de Markland, no llamando a nadie la atención las noticias que dieron del citado pais, pues eran harto conocidas y sabidas de todos.

Creemos que nadie puede poner en duda los viajes de los normandos desde últimos del siglo X o comienzos del XI en las regiones septentrionales de América. Si algunos escritores, con poco sentido histórico, han llegado a decir que los *Sagas* son monumentos únicamente legendarios o poéticos, les contestaremos que la crítica moderna los considera documentos de inestimable valor, lo mismo por su fondo, casi siempre verdadero, como por su sencillez y claridad.

No deja de tener también no poca fuerza, que sabios como Humboldt, Rafn, Magnussen, Kohl, Horsford, Costa, Brown, Schmidt, Loffler, Beauvois, Gravier, Gaffarel y otros, hayan declarado la autoridad histórica de los Sagas, siguiendo el mismo camino la *Sociedad Real de Anticuarios del Norte*, y, últimamente, el Congreso de Copenhague, celebrado el 1883.

Acerca de si los establecimientos normandos fueron o no verdade-

(1) Páginas 302-318.
(2) Véase Gaffarel, ob. cit.

ras colonias, nada habremos de decir, como tampoco hace al caso discu-
tir sobre el fruto de las citadas expediciones; pero lo cierto es que Europa se estuvo comunicando con América durante más de tres siglos.

Como si todos los datos expuestos fueran poco, debe consignarse que
la Iglesia Romana no olvidó a aquellos lejanos países, sobre los cuales extendió la luz del Evangelio. Ora porque la famosa Gudrid diese a conocer en la corte pontificia la existencia de los citados territorios, ora
porque los Papas desearan progresar y difundir la Religión cristiana
en países que conocían por otros medios, lo cierto es que, desde mediados de la centuria XI, los obispos de Noruega e Islandia, y poco después
el establecido en Gardar, capital de la Groenlandia, consideraron las
posesiones del Vinland como una parroquia alejada de su diócesis, que
frecuentemente iban a visitar.

No habremos de pasar en silencio que el obispo Jon (Juan), en el
año 1059, habiendo ido desde Islandia a los territorios americanos a
predicar el Evangelio, los infieles le hicieron sufrir cruel martirio. Corría el año 1121, cuando el islandés Erico Vpsi, al considerar la situación religiosa de Vinlandia, renunció a la silla de Gardar, dedicándose
por completo a fortalecer a sus nuevos fieles en la doctrina de Cristo.
Tal vez con este asunto tenga relación la demanda que en 1124 hicieron los colonos groenlandeses reunidos en Asamblea general para que
se hiciese el nombramiento de Obispo de Gardar a favor de un cierto
Arnaldo (1). Desconocemos el resultado de las predicaciones del Obispo
Erico en Vinlandia; tal vez —como dice Gaffarel— tengan su origen
en las ceremonias religiosas de aquellos tiempos ciertas costumbres que
persisten en algunos puntos de la América del Norte.

Del mismo modo, a nadie debe extrañar que la Iglesia procurara proporcionarse recursos, lo mismo en las próximas que lejanas diócesis,
para el mantenimiento de las necesidades del culto y del clero. Es cierto que allá por el año 1276, el arzobispo Jon, con la autoridad del Santo Padre, delegaba sus funciones en tercera persona, la que había de
recoger el producto de los diezmos; y el Papa Nicolás III (1277-1280),
en carta escrita en Roma el 31 de enero de 1279, ratificó los plenos
poderes conferidos por el Arzobispo al mencionado anónimo colector (2).

---

(1) Gobernaron la diócesis de Vinlandia, desde el Obispo Erico Vpsi, en 1121, hasta Vincentius,
que la regía en 1537, esto es, cuarenta y cinco años después del descubrimiento de Colón, 29 Obispos. Torfaeus publicó en la Historia Groenlandia, como también Gravier y otros, los nombres y
las fechas correspondientes a los citados Prelados.

(2) Dice D. Manuel del Valle que el producto de los diezmos estaba «destinado a la cruzada
que entonces se predicó por toda Europa»; pero esto nos parece poco exacto, pues las cruzadas
generales habían pasado hacia bastante tiempo y también las de Luis IX de Francia, apenas se
recordaban, sin embargo, de que la última dirigida contra Túnez, al frente de cuya ciudad murió
de peste el Santo Rey, se verificó el 1270. También habremos de observar que no fué Nicolás II el
que escribió la citada carta, según afirma el Sr. Valle, sino Nicolás III.

Pasados tres años, el mandatario llegó a Noruega con los diezmos de los colonos de Vinlandia, que consistían, no en metales preciosos como hubiera deseado la corte pontificia, sino en pieles, dientes de morsa y barbas de ballena. Habiendo el Arzobispo consultado al Papa lo que debía hacerse con tales cosas, contestó Martín IV (1280-1285) que se enajenasen.

Veinticinco años después, los tributos eclesiásticos de Vinlandia figuraban en la suma de las collectas y se vendieron en 1315 al flamenco Juan de Pré.

Pasamos a estudiar la organización de los normandos en Vinlandia. Hallábanse constituidos en *colonias*, según la respetabilísima opinión de Humboldt, de Gravier, de Eben Norton Horsford y de E. Reclus. Formaban los citados establecimientos normandos una especie de república, bajo la protección nominal de los reyes de Noruega: los colonos mantenían con la metrópoli, especialmente con Groenlandia e Islandia, relaciones frecuentes. Cambiaban las riquezas del país (maderas finas, pieles de animales, dientes de morsa y aceite o barbas de ballena), por el hierro y las armas que necesitaban; dedicábanse también la mayor parte del tiempo —pues era para ellos el medio de vida principal— a las ocupaciones de la pesca.

Desde el siglo XIV llegaron a interrumpirse o se interrumpieron del todo las relaciones entre los normandos y americanos. Contribuyeron a ello, sin duda, además de otras causas, los frecuentes ataques de los esquimales, refractarios a la civilización europea, quienes se atrevieron a atacar a los normandos en sus mismas fortificaciones. Adquirió carácter tan cruel la lucha en el siglo XV, y tantas fueron las lamentaciones de los colonos, que Nicolás V hubo de dirigir famosa Bula —en el año 1448— a los obispos islandeses para que ellos proveyesen a las necesidades de los cristianos perseguidos en Groenlandia. Señalan también los historiadores otra causa, y fué la peste negra que por entonces, habiendo ya causado numerosas víctimas en Asia y en Europa, se extendió por América y despobló a Groenlandia e Islandia, no siendo de extrañar que las últimas posesiones dejasen de enviar expedicionarios o colonos a Markland y Vinland (1). Por último, no faltaron escritores que sostuvieron haberse interrumpido las comunicaciones marítimas entre los países septentrionales de Europa y los de América, por la formación de inmensos témpanos de hielo en la parte superior del Atlántico.

(1) No sabemos a qué peste negra se refieren los historiadores y que causó tantas víctimas en el siglo XV. Conocemos la que se desarrolló en el siglo XIV y que dejó desierto el país de Groenlandia y, más adelante, la que comenzó en los Estados de Flandes, penetró en España por Santander e hizo tantas víctimas en el año 1599. No tuvo menos importancia la que ocasionó a mediados del siglo XVII desgracias sin cuento en Nápoles y en casi toda la Italia

Pero dejando estos asuntos que carecen de valor histórico, diremos
las dos opiniones principales acerca de lo que es hoy la antigua Helluland. Beauvois, Gravier, d'Avezac, Horsford y Gaffarel sostienen su
correspondencia con la isla de Terranova; pero Humboldt, Loffler y
Reclus estiman preferible referir el Helluland a la tierra de Labrador (1). Markland fué considerada idéntica a la moderna Acadia, que los
anglo-sajones pusieron el nombre de Nueva Escocia; participan de esta
opinión d'Avezac, Rafn, Beauvois, Gravier, Loffler, Gaffarel y otros.
De la misma manera geógrafos e historiadores asimilaron el suelo de
Vinlandia a determinadas porciones del de Massachusetts (Estados
Unidos); pero por lo que respecta a este particular, modernamente
Loffler ha sostenido que sería más conveniente referirla a la actual Virginia. Más o menos acertadas tales correspondencias de lugares, lo único que puede afirmarse de cierto es que en la bahía de Massachusetts
hicieron prolongado asiento Leif, Torwald y Thorffinn. Las casas edi-
ficadas por Leif debieron estar, según Rafn, en la desembocadura del
Pocasset-River; pero el escritor contemporáneo Gaffarel las supone en
el mismo sitio donde hoy se levanta la capital Nueva York. La isla descubierta por Torwald debe ser, si aceptamos la opinión de Gravier, la
que llamamos Long-Island; las playas que se observaron hacia el Sur
deben ser las de New-Jersey, Delavarre, Maryland y tal vez las de
Virginia y Carolina. Torwald reconoció dos promontorios: el *Kialarnés*
y el *Krossanes* o el de las Cruces; el primero corresponde al Cabo Cod,
o Nauset de los indios, y el segundo al que lleva hoy, según Gaffarel,
el nombre de Sable en la extremidad meridional de Nueva Escocia, o
más bien, como afirma Gravier, el Cabo de Gurnet. Las playas maravillosas que encontró Thorffinn en su expedición, deben estar colocadas—
pues esta es la opinión de Rafn y Gravier —al Sur del citado Cabo Cod,
si bien afirma Gaffarel que se hallan en las costas de Nueva Escocia,
donde abundan fenómenos de espejismo, como los que admiraron a los
antiguos normandos; la bahía circular, famosa por sus corrientes, debe
ser la de Buzzard; la isla tan abundante de huevos de *liders*, también
pudiera ser la de Marta's Vineyard; y las casas que bajo la dirección
de Thorffinn se levantaron enfrente de las de Leif, debieron estar en el
sitio que los indios llamaron Mount-Haup, cerca de Taunton Rive.
Nada, pues, tiene de particular que en Boston, ciudad próxima a los parajes citados, se haya erigido, a últimos del siglo XIX, una estatua que
recuerda la memoria del ilustre Leif. Debe consignarse que Eben Norton Horsford, uno de los más decididos propagandistas para que se levantase un monumento a Leif, dijo a este propósito que «no por ello

(1) Afirmase a la sazón que hubo dos Helluland: el mayor o Labrador y el menor o Terranova.

se amengua en nada la gloria de Colón, que trató de resolver el proble
ma de la redondez de la tierra», y añadiendo «que la misma ciudad
de Boston patrocinará con gusto la idea de levantarle una estatua
en 1892.»

Por lo que se refiere a la antigua *Marklandia*, en el mapa del cosmógrafo Martín Waldseemüller, cerca de la *Illaverde* (Groenlandia,
según Storm), aparece una isla pequeña casi circular. que supone el
mismo Storm sea la citada Marklandia. Por tanto, al Sur de Groenlandia se halla Hellulandia, después Marklandia y en seguida Vinlandia;
las dos últimas se hallan separadas por el mar.

No contentos historiadores y críticos con las pruebas aducidas para
mostrar las relaciones entre noruegos e irlandeses con americanos,
pretendieron robustecer dicha teoría con demostraciones arqueológicas.
En el estado de Massachusets. condado de Bristol. a la orilla oriental
del Taunton-River, se levanta una roca de color rojo de 4 metros de base
y 1,70 de altura, llamada *Dighton Writing Rock*, en cuya superficie se
distinguen toscas figuras e inscripciones con caracteres misteriosos.
Después de interpretaciones varias, los anticuarios daneses Rafn y
Magnusen, como también Lelewell y Gravier, pretendieron descubrir
caracteres rúnicos, llegando a sostener que las figuras representaban a
Thorffinn, a su mujer Gudrid y al niño Snorre, que había rasgos de un
navío defendiéndose del viento, un escudo blanco y marineros luchando
con enemigos (skrelings). Gravier llegó a decir que los trozos escritos
decían lo siguiente: "131 hombres han ocupado este país con Thorffinn„
Al paso que Gaffarel opinó que el grabado y los caracteres eran indes-
cifrables, Horsford declaró que la crítica rechaza dicho testimonio. Lo
mismo puede decirse de las ruinas de Newport. las cuales indican un
edificio en forma de rotonda, hecho con piedras de granito. unidas por
argamasa, y que consta de diferentes arcos, descansando sobre ocho
columnas. El edificio de Newport, descubierto en Rhode-Island, se ha
dicho que era de procedencia normanda. sin tener en cuenta que Benito
Arnoldo, uno de los primeros colonos que vinieron. desde 1638 a 1678,
mencionó en su testamento dicho edificio con las siguientes palabras:
"El molino de piedra *que he construido.„* Por último, Horsford cree
haber hallado vestigios arqueológicos de los noruegos en América
(en Cambridge, población de Massachusets), los cuales consistían en
restos de dos grandes casas con cinco chozas a dichas casas unidas; las
primeras estaban destinadas al jefe y personas de su familia, y las
segundas a los criados.

Recordaremos, pues, las siguientes palabras de Mr. Vivien de Saint
Martin: "Es indudable que desde el siglo XI, cerca de quinientos años

antes de Colón y de Cabot, los colonos noruegos de Islandia y de Groenlandia conocieron algunas partes de las costas del NE. de Améri-
ca„ (1).

No habremos de terminar este capítulo sin trasladar aquí la opinión
de Reclus: "Aun en la misma patria de Cristóbal Colón y de Amerigo
Vespuci no hay quien ponga en duda que fueron los normandos los descubridores de la América del Norte„ (2).

Dice que á fines del año 1000 descubrió Leif el *Virland* o País del
vino. "Sea lo que fuere — añade — los escandinavos fundaron en tierra firme del Nuevo Mundo colonias regulares en un período que, según la tradición, abarca de ciento veinte a ciento treinta años. Después de haber
tomado posesión del país y encendido grandes hogueras, cuyo resplandor
llevara a lo lejos la noticia de su llegada, marcaron con signos los árboles y las rocas, clavaron sus lanzas en los promontorios y construyeron
cabañas y recintos fortificados. Los *sagas* hablan del nacimiento de niños en aquellas colonias y refieren asimismo combates, en los que sucumbieron guerreros. Entre ruinas de antiguas construcciones atribuí-
das a los escandinavos, se han encontrado sepulcros. Los piratas normandos, como los invasores de todas las naciones de Europa que les sucedieron, asesinaron a los indígenas y lo hicieron por el sólo gusto de
verter sangre: la obra de exterminio comenzó a la llegada de los blan-
cos„ (3).

Citaremos, por último, el siguiente párrafo del sabio geógrafo: "En
vista de los descubrimientos hechos por las gentes del Norte en aquellas latitudes, los navegantes de la Europa meridional debieron buscar
nuevas tierras hacia las regiones templadas y cálidas del otro lado del
mar. Además, nunca llegó a perderse del todo el recuerdo de las primeras expediciones, o mejor, confundíase este recuerdo con tradiciones diversas. Lo mismo que los galos y los islandeses, los árabes relatan la
historia de sus heróicos navegantes, los ocho *almagrurim* o "hermanos
errantes„ que salieron del puerto de Lisboa en el año 1170, jurando no
regresar sin haber desembarcado en las lejanas islas de Ultramar: otros
"hermanos„ o compañeros, los frisones, que embarcados en Brema, llegaron hasta la Groenlandia; después, a fines del siglo XIV, dos venecianos visitaron las mismas tierras, por ellos llamadas *Engroneland*, y los
detalles que dan, así como ciertas indicaciones hechas en sus cuadernos
de navegación, dejan pocas dudas acerca de la realidad de este viaje.
En fin, un polaco, Juan de Izkolno, en el año 1476, fué directamente

---

(1) *Histoire de la Geographie*, pág. 387.
(2) *Nueva Geografía Universal*, América Boreal, pag. 9.
(3) Ibidem, pags. 12 y 13.

enviado a la Groenlandia con el objeto de restablecer las comunicaciones, desde largo tiempo interrumpidas„ (1).

La comunicación entre Escandinavia y las Indias durante la Edad Media, y entre España y dichas Indias en los comienzos de la Edad Moderna, recuérdanos las siguientes palabras de D. Juan Fastenrath, literato e hispanófilo alemán: "Dios ha dado Leif a la raza escandinava; pero dió Colón a la raza latina y a la humanidad entera. ¡Apreciemos y admiremos a los dos, a Leif y a Colón„ (2).

(1) *Nueva Geografia Universal*, América Boreal, pags. 13 y 14.
(2) *El Centenario*, tomo IV, pag. 391.

CAPÍTULO IV

América Meridional: tribus del Océano Atlántico y del Océano Pacífico.—Región amazónica: su situación.—Los tupíes y guaraníes.—Los omaguas, cocamas y chiriguanos.—Los tapuyas.—Los payagüaes, agaces, subayaes y otras tribus.—Tribus que habitaban en el Uruguay: Confederación uruguaya: los charrúas.—Los chanás y otras tribus. Los arawak.—Los caribes.—Tribus del Alto Orinoco y del Alto Amazonas.—Tribus de las mesetas de Bolivia: los chiquitos.—Región pampeana: tribus del Gran Chaco y de las Pampas.—Los araucanos o mapuches.—Tribus patagónicas.—Los calchaquíes.

Daremos comienzo a la reseña histórica de las diferentes tribus que poblaron el Nuevo Mundo antes del descubrimiento de Cristóbal Colón, no sin decir antes que sólo serán objeto de estudio las que sean más interesantes o de ellas tengamos más noticias. Consideraremos primero las de la América Meridional, después las de la Central, y, por último, las de la Septentrional.

Las tribus de la América del Sur—según los autores—pueden dividirse en dos grandes grupos: las del *Océano Atlántico* y las del *Pacífico*. El filólogo Brinton distingue en el grupo del Atlántico dos regiones: la *amazónica* y la *pampeana;* y en el grupo del Pacífico otras dos: la *colombiana* y la *peruana* (1).

La primera representación gráfica conocida de los Aborígenes americanos (Augsburgo 1497 a 1503)

Comprende la región amazónica los territorios regados por el Amazonas, el Orinoco y todos sus afluentes, incluyendo los estados de Santa Cruz y Beni (Bolivia), casi todos los del Brasil, Venezuela y Guayanas; también las grandes y pequeñas Antillas. De entre las familias

(1) Véase Navarro Lamarca, *Historia general de América*, tomo I, pág. 283 y siguientes.

lingüísticas más conocidas de la región amazónica, citaremos la *tupi-guaraní*, la *tapuya*, la *arawak* y la *caribe*.

Los tupíes, guaraníes, carios, etc., que habitaban desde las Guayanas al Paraguay y desde las mesetas del Brasil a las costas de Bolivia, hablaban una de las lenguas más dulces de América. Dicen unos historiadores que los guaraníes eran una especie de los tupíes, y otros sostienen, por el contrario, que los tupíes eran una especie de los guaraníes; pero todos se hallan conformes en que tupíes y guaraníes constituyen una sola familia. Según una leyenda, muy corriente en América, el primer hombre, llamado Tapaicuá, nació en el fondo de un lago, de donde proviene, según parece, el nombre de Ipacaray, que quiere decir *hombre de lago*. Tapaicuá tuvo dos hijos, que fueron Tupí y Guaraní, los cuales, acompañados de sus respectivas familias, llegaron al Brasil. Otros cronistas sostienen que su primitivo asiento estuvo en las Antillas y bajaron de Norte a Mediodía.

Tupíes y guaraníes creían en Dios y en el Diablo *(Tupá y Añang)*. No tuvieron sacerdotes, sino médicos y hechiceros. Creían en otra vida, si bien no admitían la existencia del infierno. Decían que todas las almas iban al cielo. La tradición que conservaban respecto al diluvio era que por consejo del profeta Tamandaré algunas familias de tupíes y guaraníes se refugiaron en elevadas palmeras cargadas de dátiles, con cuyo fruto se alimentaron hasta la retirada de las aguas. Tiempo adelante, una disputa entre las mujeres de Tupí y Guaraní hizo que éstos interviniesen. Decidieron separarse para cortar la cuestión, quedando Tupí con sus descendientes en el Brasil, y Guaraní con su dilatada familia en el Paraguay. Luego los guaraníes se extendieron por extensas regiones, pues se encuentran en el Uruguay, en las provincias argentinas de Corrientes y Entrerríos, en el Brasil, en las Guayanas y algo en Bolivia.

Tenían los tupíes cabeza cuadrada, rostro lleno y oval, nariz corta y achatada, ojos pequeños, barba poca y color desde el rojo hasta el amarillo; eran robustos, de manos y pies pequeños. Distinguíanse los guaraníes por su color cetrino, cabello lacio, ojos negros, dientes muy blancos, buena estatura y facciones finas.

Ni tupíes ni guaraníes reconocieron gobierno alguno. Pacíficos por naturaleza, no estaban sujetos a fuertes pasiones. Existía la poligamia, en particular entre la gente rica. Educaban a sus hijos enseñándoles el manejo del arco y otros rudos ejercicios; obligaban a las mujeres, no sólo a ocuparse en los trabajos domésticos, sino en los agrícolas. Vivían, generalmente, en rancherías de 50 a 100 familias, gobernadas por un cacique, autoridad inferior a la asamblea de padres de familia.

Acostumbraban reunirse al anochecer, y sentados en el suelo deliberaban sobre los asuntos de la ranchería. Sólo en caso de guerra elegían un caudillo; sus armas eran las flechas y la macana. Al dios Tupá
no le construían templos. Los sacerdotes, médicos y hechiceros curaban las enfermedades, chupando la parte enferma y arrojando luego de
su boca, según decían, el germen del mal. Escritura, geroglíficos, quip-
pus, medios objetivos de transmitir los pensamientos, no los conocían.
Apenas tenían vagas noticias de cronología. Los ranchos o chozas eran
de madera y paja; varios ranchos o chozas formaban aldeas *(tabas.)* Con
madera y paja fabricaban sus únicos muebles. Por lo que a agricultura
respecta, cultivaban bastante bien el maiz, la mandioca, el algodón y
el tabaco, que fumaban en pipa.

Los *omaguas* y *cocamas* trabajaron los metales y enseñaron a los europeos el uso del *caout-chout*, del que hacían vestidos, zapatos, etc. Las
demás tribus de la familia tupí-guaraní, aunque completamente bárbaras, se distinguieron por sus excelentes trabajos de alfarería. Por lo
que atañe a su organización social, el jefe militar *(morubixaba)* tenía
absoluta autoridad en tiempo de guerra, hallándose limitada en época
de paz por las disposiciones del Consejo *(nheemouyaba.)* Eran antropófagos y polígamos. Construían fuertes canoas y enterraban sus provisiones en *silos hondos* o *cuevas.* Reconocían un poder superior y muchos
espíritus activos y malignos. Andaban desnudos, siendo aficionados a
los adornos, a las músicas, a las danzas y muy especialmente a la embriaguez. Los *chiriguanos* se distinguían sobre todos por su fiereza y
salvajismo.

Habitaban lo *tapuyas* (*enemigos*) desde los 5º a los 20º de latitud sur,
y desde el Océano Atlántico al río Xingú. Se les llamaba también *Crens*
o *Guerens* (antiguos), pues se creía que antes de los tupíes fueron ellos
dueños de la costa del Atlántico. Los *botocudos*, tribus de la familia de
los tapuyas, acostumbraban a adornar su labio inferior con *botoques* o
pedazos de piedra o madera. Los tapuyas y sus tribus eran salvajes,
andaban desnudos, habitaban en los bosques y no practicaron industria
alguna. Fueron cazadores habilísimos. De si eran o no antropófagos
bastará decir que vivos todavía los prisioneros, les cortaban pedazos
de carne y se la comían. El tipo de los tapuyas estaba en los *aymorés*
(hoy botocudos), y tapuyas eran los *potentues*, los *guaytacaes*, los *guara-
momíes*, los *goareyoares*, los *yecarusues* y los *amanipaques.* Constituían
los tapuyas una familia especial y su lengua era diferente a la de los
tupíes. Por cama tenían el suelo cubierto con hojas de árboles, por techumbre, el cielo; por armas, el arco y la flecha. Atravesaban los ríos,
ya a nado, ya a pie, por los sitios donde la profundidad era poca.

Refieren algunos escritores que, en la época del descubrimiento, dominaban casi toda la costa del Brasil los tupíes o guaraníes, los cuales habían vencido a los tapuyas, apoderándose del territorio. Los tupíes hablaban una misma lengua, al paso que los tapuyas hablaban lenguas diferentes; los primeros eran menos bárbaros que los segundos; aquéllos tenían organización social más perfecta que los últimos; ambos eran antropófagos, distinguiéndose en que entre los tupíes era sólo tratándose de prisioneros de guerra, y entre los tapuyas era general. Si los tapuyas, cuando llegaron los tupíes, se dividían en 76 tribus, los tupíes, cuando llegaron los portugueses, formaban 16 naciones, las cuales conservaban como radical de su nombre el del tronco común, y así decían tupi-nambás, tupi-niquinos y tupi-aes.

Muy poco, pues, se sabe de la historia primitiva del Paraguay. No se han hallado en aquellas regiones vestigios que revelasen la existencia de muy remotas civilizaciones, como se encontraron en México y Perú. Son, sin embargo, datos curiosos la gruta del cerro de Santo Tomás en Paraguarí, y la gran losa de Yariguaá, sobre la que se ven geroglíficos y caracteres grabados a cincel y no descifrados todavía. Además de los tupíes y guaraníes, existían a orillas del Paraguay los *payagüaes* y los *agaces*. En la parte Norte del Pilcomayo vivían los *subayaes*, y en las fronteras del Brasil otras tribus que todavía no han sido clasificadas. De las citadas tribus, unas fueron destruidas por los conquistadores españoles, y otras existen aún en estado salvaje (1).

Pasamos a considerar las razas que habitaron en el Uruguay. Cuando Juan Díaz de Solís descubrió, en 1512, las costas del Uruguay, se encontró con una raza no aborigen, pues antes habían habitado razas más atrasadas, cuyos groseros monumentos denunciaban su prioridad. Exploraciones verificadas en los territorios de San Luis, departamento de Rocha, dieron por resultado el hallazgo de construcciones, cuya altura es de 8 a 10 metros y el diámetro de 15 a 25. "La capa superficial de los pocos montículos excavados hasta ahora, es de tierra dura y compacta, generalmente cubierta de talas, coronillas o palmeras, siguiéndose luego el relleno de tierra negra en polvo, con interpolaciones de tierra roja quemada, a manera de ladrillos o adobes. Entre el relleno y la capa exterior hay una zona, que podrá llamarse de esqueletos, de donde se han extraído varios, íntegramente conservados: estaban en cuclillas y tenían a su alrededor restos de armas y alimentos, como también fragmentos de una cerámica muy primitiva. Mientras esto acontecía hacia el Este, algo análogo ha revelado en el Oeste una excavación accidental. Sobre la costa del río Negro, a veinte cua-

(1) Véase Pereira, *Geografía e Historia del Paraguay.*

dras (1) del pueblo de Soriano, se extrajo del montículo denominado *Cerrito*, un esqueleto sepultado boca arriba, con los brazos en cruz y rodeado de sus armas de combate. El *Cerrito* estaba cubierto de una capa de tierra plomiza, luego otra de escamas, al parecer de pescado, y entre esta última y el esqueleto extraído, existía una tercera de conchas marinas. Al contrario de lo que aconteció en *San Luis*, los fósiles del *Cerrito* se pulverizaron al contacto del aire„ (2).

Es evidente que anterior a la civilización que encontraron los conquistadores españoles, hubo otra u otras. Acerca de donde procedían los primitivos habitantes, es asunto no resuelto todavía. Lo que parece hallarse fuera de duda, pues en ello están conformes los cronistas, es que las tribus asentadas en el territorio uruguayo formaban una confederación que se extendía desde las riberas del Atlántico hasta donde se reunen los ríos Uruguay y Panamá, derramándose por las costas de ambos ríos. No encontraron los españoles un gobierno central, sino tribus con sus jefes respectivos que se unían en tiempo de guerra, separándose en época de paz. Dichas tribus eran felices y dóciles, siempre que no se quisiera sujetarlas por las amenazas o por la violencia. Del mismo modo que se dió el nombre de Confederación del Río de la Plata a todos los países bañados por el mencionado río, así del nombre del río Uruguay se llamó aquella tierra Uruguay. Trasladábanse las tribus de un punto a otro buscando alimento que les proporcionaba la caza o los árboles frutales. Hablaban un idioma cuya matriz era el guaraní mezclado con voces extrañas; pero un guaraní bastante rudo. Prescindían de locuciones poéticas que otros empleaban en cantares y fiestas, á las cuales ellos nunca se entregaban. Las armas que usaban eran arrojadizas (dardo y flecha) y de esgrima (chuzo y maza). La cerámica era pobre. Los colores más usados eran el rojo, el azul y el amarillo. La casa la constituían cuatro estacas y la techumbre cueros curtidos. Obtenían el fuego frotando dos maderos. El hombre andaba generalmente desnudo, y la mujer se cubría desde la cintura a las rodillas. No adoraban ídolos ni ofrecían sacrificios humanos. Fabricaban manteca con la grasa del pescado, y hacían licores fermentando con agua la miel de las abejas silvestres. El gobierno se remontaba al sistema patriarcal. Los jefes de las familias constituían la asamblea de la tribu.

La tierra era fértil, las aguas abundantes y el arbolado escaso, pues sólo se encontraban algunas especies de frutales, tintóreas y madera-

---

(1) Medida itineraria de 100 metros o de 100 o 150 varas, según los países.

(2) Francisco Bauzá. *Historia de la dominación española en el Uruguay*, tomo I, páginas 133 y 134.

bles. No se conocían caballos, ni vacas, ni otra clase de ganado. La caza estaba reducida al avestrúz, al venado y al apereá, como también a la perdiz, al pavo del monte, a la nutria, al carpincho, al zorro, al lagarto y a la mulita. Había carniceros, como el tigre y el puma, y reptiles venenosos, como varias clases de víboras. Los ríos y arroyos tenían abundancia de peces y de moluscos.

La tribu más importante que habitó el país fué la *charrúa*, cuyo asiento principal estaba en el litoral que bañan el Océano, el Plata y el Uruguay, extendiéndose de allí hacia el interior del país. Eran los charrúas altos, bien conformados los cuerpos, cabello negro, color moreno tirando a rojo, negros y brillantes los ojos, blancos y fuertes los dientes. De voz débil y parcos en palabras, sólo daban grandes voces cuando entraban en batalla. Tenían vista y oído excelentes. Sufrían el hambre y la sed; eran ágiles, astutos y emprendedores. Gustábanles los lances caballerescos. Guerrear y cazar, a esto se hallaba reducida la vida del charrúa. Era feliz en esa vida libre, independiente, sin relaciones y sin oposición alguna. Habitaban bajo toldos, los que mudaban a las costas en invierno, a los montes y frescos valles en verano. No cultivaban la tierra, ni labraban el barro, ni tejían, ni hilaban. Tampoco navegaban. Eran tan graves y taciturnos que no conocían el baile, ni el canto, ni ninguna clase de juegos. Ni en la guerra tenían jefes, ni en la paz obedecían a gobierno alguno. La condición de las mujeres era la misma en todos los pueblos bárbaros. Criaban los hijos, cuidaban al marido, guisaban, armaban y desarmaban los toldos, servían de bestias de carga. Los charrúas tal vez no profesaban religión determinada, aunque es indudable que no conocían ni ídolos ni templos. Creían en la vida futura, según ciertos ritos que observaban en los entierros. Enterraban a los muertos con sus armas y con los objetos que más usaban en su vida. No fueron antropófagos, antes por el contrario, se distinguían por su hospitalidad. Si algunos escritores dicen que existió la antropofagia, no están en lo cierto.

Los hombres traían el cabello atado y las mujeres suelto, distinguiéndose también los primeros en que llevaban el labio inferior atravesado de parte a parte. En señal de duelo las esposas, hijas o hermanas del difunto se cortaban una articulación de algunos de los dedos; empleaban, además, ayunos y mortificaciones. La poligamia era permitida, aunque no tan extendida como en otros pueblos, y por lo que respecta a los divorcios eran raros si los matrimonios tenían hijos. Castigaban el adulterio descargando algunas bofetadas sobre los cómplices.

Aunque no tan extendido en el país como en la tribu de los charrúas, no carecía de prestigio la de los *chanás*, que residía en las islas del

Vizcaíno, sobre el río *Hum* (negro); gozaban de menos consideración la de los *yaros*, hacia San Salvador, sobre las orillas del Uruguay, la de los *bohanes* y la de los *chayos*. La tribu *guenoa*, que no sabemos si era la misma de los charrúas, apareció la última en el territorio uruguayo. Bien será hacer presente que los indígenas brasileños, cuyo idioma era también el *guaraní*, se distinguían por su fiereza, hipocresía, falsedad, y lo que era peor, por su afición a comer carne humana. Puede del mismo modo afirmarse que el indígena del Uruguay, cuando los españoles llegaron al país, estaba en la época que la geología denomina *neolítica* o *de la piedra pulimentada*. "Todos los datos concurren, escribe Bauzá, a confirmar esta aseveración; las armas de que se servían, los utensilios con que las trabajaban, los talleres donde esos trabajos se llevaban a cabo, son indicios seguros de que habían entrado ya al segundo período de la Edad de piedra, en la cual los rudimentos de una industria menos grosera, comenzó a abrir horizontes más vastos al espíritu humano. Sin embargo, sea por el aumento de las necesidades, sea por el hecho fatal de que la civilización se cimenta con sangre, la época en que entraban los indígenas era la verdadera época de la guerra universal. Así la han designado con mucha propiedad algunos maestros de la ciencia geológica„ (1).

Los *arawak* o *maipures* que ocupaban el alto Paraguay y las mesetas de Bolivia, llegando hasta las grandes y pequeñas Antillas y también las Lucayas o de Bahama, fueron—según opinan algunos cronistas—los primeros aborígenes americanos conocidos por los españoles. Las palabras indias que oyeron Colón y sus compañeros en Haití, Cuba, etcétera, pertenecían a la familia lingüística de los arawak. Eran más cultos los arawak que los tupíes y tapuyas; sabían labrar el oro, tallaban ídolos y construían canoas; hacían finos paños de algodón y pulimentaban sus armas de piedra; cultivaban el maíz, la mandioca y el tabaco. Algunas tribus habitaban en casas de regular construcción, provistas de hamacas, esteras y objetos de alfarería; tenían ritos religiosos definidos y destinaban para cementerio sitio determinado. Las tribus *antis* o *campas* (ríos Ucayali, Pachitea, etc.) domesticaban monos, cotorras y otros animales, y los *guanas* (alto Paraguay) eran inteligentes y pacíficos; había otras tribus menos importantes.

Por último, los *caribes* o *karinas*, tal vez de la familia tupi-guaraní, pasaron desde las Guayanas a las Antillas y Lucayas, siendo de notar que en la época del descubrimiento de Colón se hablaban los dialectos de aquellas gentes en las citadas islas y en el continente, desde la boca del río Esequibo hasta el golfo de Maracaibo. Tenían los caribes alguna

(1) Ob. cit., tomo I, págs. 185 y 186.

cultura, pues supieron tejer hamacas de algodón o pita, fabricaron objetos de alfarería, cultivaron la tierra e hicieron grandes y marineras canoas. Respetaban a sus magos (*piayes*) y *fetiches*. Alimentábanse de la caza; también del pescado, de los plátanos y del cazabe. Acostumbraban a pintarse el cuerpo y se horadaban las orejas y ternillas de la nariz. Distinguían los meses por las lunas, y eran muy aficionados a la música y al canto.

Caribe (Guayanas).

Los caribes sólo consideraban hombres a los de su raza, y creían que todos los demás debían ser reducidos a la servidumbre. Decían con arrogancia: sólo nosotros somos gente (*Ana carina rote*) y todas las demás gentes son nuestros esclavos (*Amucon papororo itoto nantó*). En cambio, los demás pueblos odiaban a los caribes. "Allá en lejanos tiempos —tales son las palabras de los salivas— infestaba las regiones del Orinoco horrible serpiente que todo lo destruía: hombres y cosas. Bajó del cielo para matarla el hijo de Puru, y muerta la dejó sobre la tierra. Grande fué el regocijo de todos los pueblos, regocijo que se convirtió pronto en duelo. Pudrióse la serpiente, y de cada gusano que en ella se formó salieron una hembra y un varón caribes. Los achaguas afirmaban que los caribes eran hijos de los tigres, y les llamaban por esta razón *charinaries*. Lo mismo después que antes de la conquista, los caribes mostraron siempre feroces instintos. A la crueldad, añadían la doblez y la perfidia. "Sentían las mujeres todas —escribe Pi y Margall— que se les cayeran los pechos, y para evitarlo eran con harta frecuencia madres sin entrañas. De ahí que provocaran, como las de otros tantos pueblos, el aborto y sepultaran recién nacidos a sus propios hijos, sobre todo si eran gemelos. Livianas, querían y buscaban el placer; vanidosas, temían los efectos que produce, y almas sin moralidad, ahogaban los más dulces sentimientos de la naturaleza, (1). Acerca de las bronchas de oro usadas por las hijas de los caciques para levantar sus pechos, escribe Gonzalo Fernández de Oviedo, capítulo X del sumario de la *Natural Historia de las Indias* lo siguiente: "Las mujeres principales a quienes se va cayendo las tetas, las levantan con una barra de oro, de palmo y medio de luengo, y bien labrada. Pesan algunas (las barras) más de doscientos castellanos. Están horadadas en los cabos y por allí atados sendos cordones de algodón. El un cabo va sobre el hombro y el otro debajo del sobaco, donde lo añudan en ambas partes., Por su parte los caciques solían viajar tendidos en hamacas que llevaban en hom-

(1) *Hist. general de América*, tomo y volumen I, pag. 697.

bros los esclavos o criados. La mujer, como inferior al hombre, según ellos, cuidaba del hogar, labraba los campos y recogía las cosechas. Iba a la guerra para rematar a los enemigos. En suma, los caribes eran valerosos, intrépidos, navegantes, invasores, vengativos, crueles, amigos de su libertad y antropófagos. Supone Washington Irving que no eran tan antropófagos como se les creía y Humboldt dice que fueron quizá los menos antropófagos del Nuevo Continente.

Entre las tribus del Alto Orinoco y del Alto Amazonas citaremos los *guahibos* (de Casanare), los *otomacos* (del río Meta) y los *cashibos* (del Aguaitía.) Eran nómadas los *guahibos*; andaban de una parte a otra, no parando en parte alguna más de dos noches. Aquí cazaban, allí pescaban, en tanto que sus mujeres cavaban la tierra y desenterraban raíces que les servían de alimento. Lo mismo cazaban y devoraban a los tigres que a los venados. La guerra era para ellos la ocupación principal. Los *otomacos* era tribu numerosa y de no poca importancia. Antes de rayar el alba conmovían el aire con tristes alaridos. Se bañaban en seguida en el río o en el arroyo más próximo. A la salida del Sol acudían a las puertas de su respectivo jefe, el cual, según la época, les mandaba cazar jabalíes, coger tortugas o pescar en canoa, como también desbrozar los campos o sembrarlos o segar la cosecha. Como no todos los otomacos habían de estar diariamente sujetos al trabajo, los ociosos iban al trinquete a jugar a la pelota. Tanto los jugadores como los espectadores se dividían en dos bandos. La destreza de los primeros era grande. También las mujeres tomaban parte en el mencionado juego (1). Sólo hacían una comida y ésta al ponerse el sol; algunos se permitían durante las veinticuatro horas comer algunas frutas y también algún puñado de arcilla, que digerían, según algunos autores, gracias a la mucha grasa de tortuga o caimán que tomaban, ya sola, ya con maíz y yuca. Después de la comida comenzaba el baile, que duraba hasta media noche. Los varones, cogidos de las manos, formaban un corro; otro las mujeres alrededor de los hombres; y un tercero de los pequeños alrededor de las mujeres. El maestro o director de la fiesta daba el tono, comenzando a la vez el canto y la danza. Apenas dormían. Los vigorosos otomacos rechazaron siempre a los caribes, con los cuales pelearon a menudo cuerpo a cuerpo. "Cuenta—se decían a sí mismos—que si no eres valiente, comerte han los caribes., Eran monógamos. De ordinario, los mancebos se casaban con las viudas y los viudos con las doncellas. Entregábanse á la embriaguez, como las demás tribus bárbaras. Hicieron notables adelantos en la agricultura y en la pesca. Ya se ha dicho que eran alfareros, añadiendo ahora que sólo tenían esta industria

---

(1) De este asunto nos ocuparemos con más extensión en el capítulo XV.

y la fabricación de armas. Existía el comercio, pues cambiaban sus artefactos con los de los pueblos vecinos. Respecto a los *cashibos*, menos conocidos que los otomacos y guahibos, tenemos pocas noticias. Sin embargo, puede afirmarse que eran más bárbaros que los anteriores.

Pasando a estudiar las tribus de las mesetas de Bolivia, se presentan a nuestra consideración y estudio los *chiquitos*, incluyendo en ellos sus afines. El territorio donde habitaban estas tribus confinaba al Norte con las tierras de Matto Grosso y las orillas del Iténes, al Este por el Paraguay, al Sur por el Gran Chaco y al Oeste por las orillas del Río Grande y las del Parapiti. "El gobierno y subdelegación de chiquitos ocupa un espacioso terreno de doscientas leguas de largo Norte Sur a la parte oriental de la provincia de Santa Cruz, limitándose por el Oriente con el río Paraguay que lo divide de la provincia de este nombre, y al Oeste por el Guapay o Grande que le separa del de Santa Cruz. Los pueblos que ocupan este extenso país se llaman de chiquitos, porque cuando la primera vez se llegaron a él los españoles observaron que las puertas de las chozas de los indios eran muy bajas, y no viendo a los naturales que se habían huido y escondido en los bosques, los creyeron de reducida estatura y le dieron el predicho nombre que conservan hasta el día...„ (1). A la llegada de los españoles, ya no eran nómadas los chiquitos. Vivían a la sombra del bosque o en la falda de la sierra donde habitaron sus antepasados. Eran poco aficionados a la guerra; pero, si la hacían, se portaban valerosamente. Por naturaleza eran dóciles, joviales, amigos de fiestas y banquetes. Nada encontraban tan grato como beber su vino de maíz con varios convidados. A sus huéspedes guardaban las atenciones más delicadas. No eran rencorosos ni vengativos. Dicen algunos cronistas que los chiquitos no profesaban religión alguna; creían, sin embargo, en la otra vida. Cada tribu reconocía un caudillo, elegido generalmente por los ancianos. Gustaban varones y hembras de las galas, adornándose con esmeraldas y rubíes el cuello y piernas, con plumas la cabeza y la cintura. Aborrecían a las hechiceras y creían en los sortilegios. Del canto del ave, del aullido de la fiera, del ruido del viento, de la espuma de los torrentes, etc., inferían los sucesos futuros. No creían en Dios, aunque es posible que creyesen en el Diablo. Sólo tenían una mujer, exceptuando los caciques que reunían hasta tres: tener más de tres, era cosa rara. No descuidaban la agricultura y cuando recogían la cosecha del maíz, marchaban a los bosques donde pasaban meses enteros dedicados a la caza. Asegura D'Orbigny que la lengua de los chiquitos era de las más perfectas y ricas de

(1) *Arch. de la Direc. de Navegación y pesca marítima, Perú, Chile y Buenos Aires*, tomo **V**, b 4.ª

América. También en la provincia boliviana de chiquitos vivían los *etilinas*.

Pasamos a estudiar la región *pampeana*, cuyos límites son al Este el Océano Atlántico y al Oeste la cordillera de los Andes. Comprende los territorios del *Gran Chaco*, las Pampas, desde el río Salado al río Negro, los desiertos de Patagonia y las soledades antárticas (1).

Dáse el nombre de *Gran Chaco*, a la región que se extiende del río Salado hacia el Norte, hasta los 18º, próximamente, de latitud Sur; confina al Este con los ríos Paraguay y Panamá, y al Oeste por la cordillera de los Andes. El Gran Chaco es un país de grandes llanuras y espesos bosques, regado por tres grandes ríos (el Pilcomayo, el Salado y el Vermejo), que lo dividen de Noroeste a Suroeste, en tres fajas casi paralelas (Chaco Boreal, Central y Austral). Lo dulce de su clima, la fertilidad de su suelo, la abundancia de caza de sus selvas y la sabrosa pesca de sus ríos y lagos, hicieron agradable la vida de las numerosas tribus indígenas que lo poblaron. Los *matacos*, situados en las riberas del Vermejo, eran algo flojos, salvajes y refractarios a toda civilización. Hoy, reducidos a corto número, prefieren la vida nómada a la sedentaria. Los *lules*, que habitaban en las márgenes del Salado y el Tabiriri, se encerraron en sus bosques cuando llegaron los misioneros. A la numerosa familia de los *guaycurus*, pertenecían, entre otras tribus, los *abipones*, los *tobas*, los *vilelas* y los *querandies*. Prescindiendo de los *payaguás* (río Paraguay), tribus marineras, los indígenas del Chaco fueron excelentes ginetes. Habiéndose propagado seguidamente el caballo en América, ellos, caballeros en briosos corceles y armados con sus lanzas, se defendieron un día y otro día del europeo. No salieron del estado de salvajes los indios del *Gran Chaco*. Eran fetichistas y obedecían ciegamente a sus magos y hechiceros.

Hacia los 35º de latitud y al Sur del Gran Chaco, comienza la región llamada de las *pampas*. Encantan aquellas llanuras tan extensas, aquella riqueza de pastos y aquellos sitios tan pintorescos. Sólo la familia lingüística *auca* o *aucaniana* encontramos en las pampas. A dicha familia pertenecían los *pampas*, propiamente tales (*guarpes*, *moluches*, etcétera) de la República Argentina, y también los *araucanos* o *mapuches* del Sur de Chile. Refractarios los pampas a toda cultura, ladrones y borrachos, servíales el caballo ya para ir de una parte a otra, ya como elemento de guerra. Prestaban obediencia a sus caciques, a sus hechiceros y brujos; de todas las tribus de los pampas únicamente los *maluches* o manzaneros (río Limay, etc.), fueron sedentarios y agricultores. Conservaron su independencia y ferocidad los pampas

(1) Del Gran Chaco nos ocuparemos detenidamente en el tomo III.

hasta últimos del siglo XIX. "Las últimas huestes salvajes..., acosadas en sus propios aduares..., hanse visto obligadas a clavar en tierra la tradicional lanza y presentarse sumisos al gobierno„, decía el General Winter (9 Febrero 1885), al comunicar al gobierno argentino la sumisión del famoso cacique Saihueque.

Los *indomables araucanos*, como los llamó Ercilla, ocupaban en la centuria XVI la comarca llamada al presente *Araucania* (Chile), situada entre los Andes y el Océano. "Los araucanos del Norte de Maule --escribe Reclus—se llamaban *picun-chen*; los del Centro eran los *pehuen-che* o gente de la tierra de los *pehuen*, es decir, de las araucarias, aventajados a los demás en número, y antepasados de los araucanos de hoy: los *huilli-che* moraban al Sur, ocupando el resto de la parte continental de Chile; los *puel-che* (de allende las montañas). También en Chiloe había araucanos, a los que llamaban *cunchos* y *payos*, nombre que sus descendientes, después de mezclada la raza con la de los españoles, han cambiado por el de *chilotas*„ (1). Otras tribus situadas en el citado territorio de la República no tuvieron la importancia de la de los araucanos. "El tipo araucano, dice un escritor moderno, es el siguiente: estatura mediana y miembros bien proporcionados; cabeza abultada; cara redonda con frente estrecha y ojos pequeños, comúnmente negros; nariz corta y achatada; boca grande con labios gruesos y dientes blancos; barba rala y escasa; pómulos pronunciados y orejas regulares; y completando el conjunto, un aire grave, sombrío y a veces desconfiado; pero que impone respeto. Su color ha variado del mulato al blanco; pero ordinariamente es cobrizo„. Suave, armoniosa y flexible la lengua araucana, se habla al presente por cerca de 100.000 individuos de raza indígena pura, que habitan en Arauco. Adquirieron los *mapuches* o araucanos fama inmortal por sus luchas con los conquistadores incásicos (Huayna Capac, Tupac-Yupanqui, etc.), y después por sus épicas hazañas con los españoles. Vivían los mapuches cerca de la orilla de los ríos y arroyos, en chozas *(rucas)* de madera o paja, formando aldeas *(lov)*. Cultivaban las mujeres la tierra, y de ella cogían, entre otras cosas, maíz y patatas, fabricaban ollas, hacían cestos y tejían mantas, en tanto que sus maridos, hijos y hermanos cazaban, pescaban o se preparaban para la guerra. Lo mismo en la paz que en la guerra tenían los araucanos sus jefes, cuya autoridad estaba limitada por el Consejo. Además, eran consultados con harta frecuencia los brujos y los curanderos. Creían un deber religioso sacrificar hombres y animales a los manes u a otros espíritus. Tenían mucha afición a toda clase de fiestas y

(1) Nueva Geografía Universal, tomo III. *América del Sur*, págs. 688 y 689.

de juegos, como también se hallaban dominados por la embriaguez y otros repugnantes vicios.

En lo militar habían hecho sus mayores adelantos. Maravilla lo bien que escogían el sitio para sus combates, la facilidad con que abrían fosos, levantaban muros y trincheras. Estaban sujetos a rigurosa disciplina y rivalizaban en bravura porque sólo a fuerza de valor se ganaban los altos puestos. Marchaban al son de atabales y trompetas, llevando delante exploradores y detrás sus mujeres e hijos. Aunque los araucanos hacían la guerra con crueldad, no sacrificaban al prisionero, contentándose sólo con reducirlo a cautiverio y canjeándole después. Desde niños se acostumbraban a la vida de los campamentos, teniendo a gala arrostrar las privaciones y las fatigas. Luchaban por ser los primeros en llegar a la cima de escarpado monte o en bajar hasta el fondo de pedregoso valle. Procuraban, pues, no sólo ser sufridos, sino ágiles. A la guerra iban al son de atabales y trompetas; llevaban banderas en las que se veía una estrella.

En religión, Ercilla supone que eran ateos; lo cierto es que no rendían a Dios culto alguno. No se encontraron en el país ni templos ni ídolos; jamás se les vió hacer sacrificios al Creador del Universo. Representaban al diablo, a quien daban diversas formas y nombres: llamaban *Pillan* al autor del rayo; *Epuhamun*, al espíritu del mal que consultaban antes de dar una batalla; *Huecuvu* estaba considerado como la causa de las enfermedades y la muerte, e *Ivunche* era un oráculo, por cuya boca hablaba el mismo diablo. Aun para el diablo las ofrendas eran pocas y sin importancia. Creían en la inmortalidad del alma y hablaban de un diluvio universal. Estaban atrasadísimos en las ciencias, letras, artes e industria. Orgullosos, consideraban inferiores a los demás hombres; ni aun reconocieron superioridad en los europeos, a los cuales combatieron hasta conseguir su independencia.

En las costas patagónicas del Océano Pacífico vivían las tribus de los *chonos* o *concones*, enemigos mortales de sus vecinos los *huiliches*, y en las inmediaciones del Estrecho de Magallanes estaban los *patagones*, *chonek* o *inaken* (hombres) célebres por su alta estatura (1,73 metros a 1,83). Se alimentaban principalmente de mariscos y de la grasa que sacaban de los lobos marinos y de las toninas. Fabricaban canoas. Andaban desnudos o cubiertos con pieles no curtidas. Respetaban a sus magos. Tenían una lengua áspera. Preferían perder la vida a vivir en la servidumbre. En esto se parecían a los araucanos, de quienes sólo les separaban los Andes. Como todos los pueblos salvajes, tenían verdadera pasión por la guerra. Más crueles que los araucanos, no dejaban con vida a sus prisioneros. Cuando no se ocupaban de la guerra se dedicaban a la caza. Llama la atención que si bien el patagón poseía dilatadas costas, no sabía construir ni una canoa ni una balsa.

Haremos del mismo modo notar que el patagón era poco dado a la embriaguez, hecho verdaderamente singular, pues apenas había pueblo bárbaro que no hubiese encontrado en el fruto o en las raíces de algún árbol medio de procurarse bebidas más o menos alcohólicas.

Creían los patagones en una divinidad, origen a la vez del bien y del mal. No rendían a esa divinidad culto alguno. Como los araucanos, carecían de templos y de ídolos. Eran supersticiosos y sacaban agüeros del ave que cruzaba el espacio, del agua que corría, del viento que soplaba y del humo que salía por el techo de su toldo. Por lo que atañe a su cultura, los patagones se hallaban más atrasados que los araucanos. Todas las tribus que habitaban en las inhospitalarias costas de la Tierra del Fuego tenían los mismos caracteres y costumbres que los patagones.

Terminaremos este capítulo dando a conocer la civilización *calchaquí*, anterior a la incásica y propia de la Argentina. Vivían los calchaquíes en los territorios actuales de Catamarca, Tucumán y Salta. Supieron tejer finas telas y fabricaban bonitas cerámicas. Construyeron murallas de piedra e hicieron casas cómodas y bien acondicionadas. Adornábanse con plumas de diferentes colores. Casi nada sabemos del estado social de las tribus calchaquíes. Por último, aceptaron a mediados de centuria XV la dominación incásica, resistiendo después valerosamente a los españoles hasta que trasladados los últimos restos de las mencionadas tribus al actual *Quilmes* (1670), allí se extinguieron poco a poco.

CAPÍTULO V

América Meridional *(Continuación)*.—Región colombiana: Tribus del Istmo: los cunas y otras.—Tribus chibchas o muiscas: reyes de Tunja y de Bogotá: consideraciones sobre los
chibchas.—Tribus de la provincia de Chiriqui.—Los panches y otras tribus.—Región peruana: tribus principales.—
El Perú antes del imperio de los Incas: obscuridad de estos tiempos.—Los incas ¿son indígenas?—Manco Capac y
Mama Ocllo.—Manco Capac es proclamado inca: su política.—Zinchi Lloca: su gobierno.—Lloce Yupanqui: su carácter militar.—Mayta Capac: su pasión por la guerra.—Capac Yupanqui: sus conquistas.—Inca Yocca: sus victorias.—
Yahuar Huocac: su cobardía.—Huiracocha: sus triunfos.—
Urco: su destronamiento.—Titu-Manco-Capac: su cultura.
Yupanqui: sus guerras: concilio en el Cuzco.—Tupac Yu-
panqui: su poder militar.—Huayna Capac: su crueldad.—
Huascar y Atahualpa: guerra civil.—El inca.—Los incas,
curacas y amantas.—Los virreyes.—Los gobernadores.—
El ejército.—La religión.—La cultura.—La poesía.—Las
comedias y tragedias.—La música y el baile.—La lengua.—
La industria.—Vías de comunicación: caminos y correos.—
Puentes.—Acueductos.—Las colonias.—Colonias militares.

Las tribus de la América del Sur (sección del Pacífico) forman dos
regiones, como se dijo en el capítulo IV de este tomo, que son la *Colombiana* y la *Peruana*. Dividiremos la Colombiana en tres grupos geográficos: 1.º, Tribus *del Istmo y costas adyacentes;* 2.º, Tribus *Chibchas;*
3.º, Tribus *Sud-Colombianas y Ecuatorianas.* Entre el mar de las Antillas y el Océano Pacífico se hallaban establecidas en la época del descubrimiento varias tribus más o menos importantes, las cuales tenían
lenguas que pertenecían a diversas familias. Citaremos como las principales tribus, la de los *cunas* (del Panamá), la de los *dorasques* (inmediaciones del Chiriqui), la de los *onotos* o *señores de la laguna,* y la de
los *merigotes* o *timotes* (distritos de Mérida y del lago Valencia). Todas
las citadas tribus—según los objetos encontrados en las tumbas de sus
individuos—no salieron de la barbarie.

Extendíanse los *chibchas, muiscas* o *muicas* desde el istmo de Panamá hasta Costa Rica y Colombia, y tanto la lengua chibcha como sus dialectos, se hablaban durante la centuria XVI en el reino de Nueva Granada (hoy Colombia). Se halla Colombia entre el Atlántico al Norte y el Pacífico al Este, siendo muy corta la distancia que separa a los dos mares por algunos sitios. Existía allí despótica y electiva monarquía: el *zipa* (Rey) y los *uzaques* (nobles) gozaban de grandes privilegios. Considerábase como sagrada la persona del Rey, el cual vivía en suntuosos palacios, lo mismo que los soberanos de México y del Perú.

Había dos Reyes, que residían, uno en Tunja, y el otro en Bogotá. Desconocemos los comienzos del reino de Tunja; sabemos, sí, que se formó posteriormente el reino de Bogotá. Por mucho tiempo, ya en paz, ya en guerra, los monarcas de Bogotá debieron estar bajo el poder de los de Tunja. ¿Cuándo se separaron y lograron su independencia? No lo sabemos. En lo espiritual dirigía a los Reyes de Tunja y de Bogotá el gran pontífice de Iraca o Sogundomuxo, que habitaba cerca de Suamoz (hoy Sogamoso), cuyo templo fué, tiempo adelante, incendiado por los españoles.

Acerca del origen de ambos poderes, el de los reyes, a quienes heredaban, no sus hijos, sino los hijos de sus hermanas, y el del Pontificado de Sogamoso, que era electivo, veamos lo que refiere la tradición. "Allá en apartados siglos —se decía - cuando no alumbraba aún la Luna la tierra, vino a estas regiones un extranjero llamado por unos *Bochica*, por otros *Zuhé* y por algunos *Nemquetheba*. Llevaba prendido el cabello, la barba hasta la cintura, los pies descalzos y el cuerpo cubierto por un manto que por las puntas anudaba en el hombro. Predicaba la virtud y condenaba el vicio, enseñaba la agricultura y las artes, predecía los buenos y los malos tiempos y era el oráculo de la comarca. Llegó también por aquel tiempo una mujer de singular hermosura que, unos llamaban *Huythaca*, otros *Chia* y algunos *Yubecayguaya*. Enseñaba doctrinas opuestas á las de Bochica, halagaba los instintos sensuales y llevaba tras sí las gentes; era mágica y de perversas intenciones. Un día hizo crecer el río Funzha hasta hacerlo salir de madre, e inundó la llanura de Bogotá, obligando a los habitantes a recogerse en las cumbres de los vecinos montes. Afortunadamente, Bochica acudió a remediar el daño. Fué a Bogotá, golpeó con su báculo en una de las montañas del Mediodía, abrió paso a las aguas dando nacimiento al salto de Tequendama y dejó seco el valle. No pudiendo sufrir por más tiempo las maldades de Huythaca, la transformó en Luna y la envió al cielo a que fuese mujer del Sol y alumbrase de noche.

Bochica entonces arraigó en los muiscas sus ideas religiosas: la existencia de un Ser Supremo, la inmortalidad del alma, el juicio final y la resurrección de la carne. Concluída su predicación, se retiró a *Iraca*, hoy Sogamoso, viviendo dos mil años. A su muerte fundó el pontificado, instituyendo también al señor de la tierra y fijando la manera de elegir a sus sucesores.

Andando el tiempo, un sucesor de Bochica quiso poner fin a las continuas guerras que se hacían los caciques. Los reunió a todos, les hizo ver las ventajas de la paz y los indujo a nombrar un Rey a quien todos obedeciesen. Recayó la elección en *Hunzahúa*, a quien dieron desde luego el título de *Zaque*; y de aquí el origen del reino de Tunja, que abrazó toda Cundinimarca.„ Bochica y Huythaca son, pues, la personificación del bien y del mal, de la virtud y del vicio, de Dios y del Demonio. Son, además, signos cosmogónicos: él es el representante del Sol, el día, el calor que seca la inundada tierra; y ella es la representación de la Luna, la noche, la que cubrió la meseta de Bogotá con las aguas del Funzha.

A Hunzahúa, que vivió muchos años, no sabemos quién sucedió, pues a *Fomagata* o *Thomagata* se le considera muy posterior. Dícese que era casi tan santo como Bochica. Sucedió a Fomagata su hermano *Tuzuhua*, y se guarda silencio sobre los demás reyes de Tunja hasta Michua.

Respecto a los Reyes de Bogotá, si damos crédito a las tradiciones, el primero fué Saguanmachica, que no subió al trono hasta el 1470, veintidós años antes de la llegada de los españoles. Saguanmachica tuvo mucho poder. Venció a todos los caciques vecinos, atreviéndose luego a arrostrar las iras de Michua, Rey de Tunja. Cierto es, que los de Bogotá llegaron a tener más fuerza que los de Tunja; pero a los últimos favorecía lo áspero del terreno, la antigüedad de su origen y el apoyo del gran sacerdote de Sogamoso. Llegaron a las manos en Chocontá, siendo encarnizada la pelea, hasta el punto que los dos Reyes perecieron después de derramar mucha sangre.

Quimuinchatecha sucedió a Michua y *Nemequene* a Saguanmachica. Aunque la victoria había sido de Saguanmachica, su sobrino Nemequene, valeroso como ninguno, peleó con los caciques vecinos y también con los lejanos, apoderándose de muchas tierras. El pontífice de Sogamoso, que se llamaba *Nompanim*, más por miedo que por cariño, asistió a Quimuinchatecha con 12.000 hombres. Quimuinchatecha reunió en Tunja con la ayuda de Nompanim unos 60.000 hombres. En lo que hoy se llama *Arroyo de las vueltas*, se dió la terrible batalla. Cuando los bogotaes iban a cantar victoria, cayó Nemequene mortalmente herido, cambiándose al punto la faz de las cosas. Quimuinchatecha, noticioso de lo ocurrido, se dirigió con gran ímpetu sobre sus contrarios, logrando señalado triunfo. *Thysquesuzha,* sobrino y heredero de Nemequene, queriendo vengar la derrota anterior de los bogotaes, al frente de 70.000 hombres marchó contra Tunja, donde Quimuinchatecha se dispuso a resistirle. El pontífice de Sogamoso, neutral a la sazón, predicó la paz, que se hizo, mediante una buena cantidad de oro que el Rey de Tunja entregó al de Bogotá. En esas treguas hallaron los españoles a los muiscas. Los Reyes de Bogotá y Tunja no tuvieron fuerzas para resistir a los conquistadores extranjeros.

Entre los muiscas las leyes penales eran muy severas, y las civiles apenas las conocemos. Sabemos que el matrimonio era una especie de compra de la mujer por el marido. Cuidaban mucho de los enfermos y respetaban exageradamente a los muertos, cuyas cenizas, si eran de capitanes valientes, las llevaban a la guerra para animarse con su vista y conseguir la victoria. Por lo demás, no se distinguían por su arrojo y valentía.

Para obtener del Cielo algún beneficio, o el fin de alguna calamidad, celebraban grandes y suntuosas procesiones. En ellas —según las crónicas— y como es natural, figuraba en primera línea el sacerdocio. Los sacerdotes permanecían célibes, y de su castidad y prudencia se hacen lenguas los cronistas. Los sacrificios humanos no eran tan frecuentes como en México y en otros puntos. En honor de sus dioses principales, que eran el Sol y la Luna, quemaban substancias aromáticas. Veneraban a Bochica como hijo del Sol. Consideraban a los ídolos que adoraban en sus santuarios como intercesores de los citados brillantes astros. Las almas cuando salían de los cuerpos iban a lejanas tierras, distinguiéndose las buenas de las malas, en que las primeras hallaban allí descanso, y las malas, fatiga.

Los muiscas, con ser tan cultos, no tuvieron escritura de ninguna clase. En las ciencias tenían un sistema de numeración parecido al de los aztecas; también un calendario. Pobre era su arquitectura y Herrera dice que conocían la escultura y la pintura. La lengua chibcha murió hace más de un siglo, conservándose únicamente en las gramáticas. Había entre los chibchas artífices prácticos y hábiles en trabajar el oro, con el cual fabricaban figurillas de hombres, collares, zarcillos y otros adornos. Fueron buenos tejedores, como lo indicaban algunas telas de algodón con dibujos de vivos colores. Fabricaban sus casas de arcilla y madera, cubiertas con techos de forma cónica. Los muebles se distinguían por su sencillez; pero los que se hallaban en los templos y en los palacios de los reyes y sacerdotes eran lujosos y trabajados con esmero. Hallábase muy adelantada la agricultura; cultivaban el maíz, la patata y el cazabe. Los caminos eran excelentes, no careciendo de importancia los puentes colgantes sobre los ríos y barrancos. "Los muiscas usaban el oro en el comercio en concepto de moneda, fundiéndolo para hacer unas ruedecitas con que pagaban las mercancías, lo que apenas hay ejemplo que hiciera ninguna otra nación del Nuevo Mundo" (1).

Las tribus de la provincia de *Chiriqui* (costa del Pacífico), que deben incluirse en la numerosa familia de los chibchas, pulimentaban la piedra, eran buenos alfareros y trabajaban el oro, cobre y estaño, haciendo con ellos aleaciones diversas.

Los *panches, muzos, colimas* y otras tribus, que ocupaban tierras próximas a los chibchas y que acaso formaban parte de una misma familia lingüística, si moraban en casas permanentes y tejían con fibras de magney mantas y esterillas, tenían fama —pues así lo dicen antiguos cronistas—de "gente bestial y de mucha salvajía.„

Los panches eran, sin duda, los bárbaros más importantes en el reino de Bogotá. Tenían sus viviendas en las ásperas montañas que miran al río de la Magdalena, a unas nueve leguas de Santa Fe. Fama gozaban de belicosos y de crueles con sus enemigos. Sacrificaban y comían á los prisioneros. Eran apasionados por la guerra. Vivían de la caza y de la pesca, abundante la primera en los montes y la última en los ríos. Muy aficionados a la bebida, hacían vino del maíz, de la yuca, de la batata y de la piña. También se entregaban locamente al baile. Es posible que no conocieran forma alguna de gobierno: pero en religión parece ser que adoraban a la Luna, pues el Sol les abrasaba y no le creían digno de culto. Iban desnudos, si bien se colocaban zarcillos en narices y orejas, se teñían de negro los dientes y de otros colores los brazos y piernas; los que se habían distinguido por sus hechos de armas, se taladraban el labio y adornaban sus sienes de brillantes plumas. Añaden los cronistas que los panches midieron frecuentemente sus armas con los muiscas y algunas veces con ventajas. Dicen también—y esto no deja de llamar la atención—que no casaban con mujer de su pueblo, y mataban mientras no tuviesen hijo varón a cuantas hembras les nacían (2).

Los muzos y los colimas estaban situados entre el Sogamoso y el Magdalena. Propiamente hablando, no tenían dioses, si bien llamaban padre al Sol y madre a la Luna; pero ni al astro del día ni al de la noche tributaron culto ni erigieron adoratorios. No creyeron en la inmortalidad del alma y recurrían con frecuencia al suicidio. No conocían

---

(1) Reclus, *Nueva Geografía Universal.—América del Sur,* pág. 278.
(2) Véase Pi y Margall, *Historia general de América,* tom. I, vol. I, pág. 293.

gobierno de ninguna clase, como tampoco leyes. Colimas y muzos eran polígamos. Mostraron su valor y arrojo, ya peleando con las tribus vecinas, ya en lucha luego con los españoles. Se cree que fueron antropófagos. Si alguna de las mujeres de los colimas ó muzos caía en adulterio, el marido se suicidaba o manifestaba su cólera rompiendo el ajuar de la casa. Si acontecía lo primero, la adúltera había de ayunar tres días, bebiendo sólo algún vaso de chicha; además, en el citado tiempo tenía que sostener en sus rodillas el cadáver de su marido. Después se retiraba a lo más oculto de un cerro o valle, sembraba maíz y allí vivía entregada a sus remordimientos, hasta que parientes de ella y del difunto iban a recogerla. Cuando el marido únicamente rompía las vasijas de la casa, debía huir al monte, levantar una choza y comer lo que espontáneamente le daba la tierra, hasta que la mujer, repuesta la vajilla, le buscaba y le hacía volver al hogar. En este caso, bien puede asegurarse que el marido buscaba, no castigar el crimen, sino consentirlo, cubriendo las apariencias.

Las tribus indígenas que habitaban en los actuales Estados de Cauca, Antioquía, Tolima, etc., no debían de carecer de alguna cultura, según los restos que todavía se conservan.

Los *guanucos* o *coconucos*, que vivían en Popayán y en los valles de la sierra, adoraban al Sol con no poco entusiasmo y fe ciega. Es posible que desciendan de ellos los *moquexes* o *guanabianos*, los cuales vivían a la sazón en la vertiente occidental de la cordillera, ocupados en sus faenas de agricultura. Los *andaquis* se asentaban en la parte más escarpada de la cordillera oriental, hacia las fuentes del río Fragua; créese que ellos fueron los constructores de edificios ciclópeos y de templos subterráneos.

Los *cañaris* y otras muchas tribus que habitaban los territorios que rodean el golfo de Guayaquil y que debieron ser subyugados por los *incas* (siglo XV, no carecían de regular cultura, como puede verse en sus delicados trabajos de oro y en sus hachas de cobre.

Consideremos el territorio peruano. Las ruinas monumentales existentes en la región del lago Titicaca —muy especialmente las de Tiahuanaco— indican su carácter megalítico. Creemos que el inmenso cuadro de grandes piedras sin labrar, dividido en dos secciones desiguales por una quinta hilera de pedruscos, que se halla en Tiahuanaco, al pie de la colina o terraplén de Acapana, era recinto sagrado. Los citados monumentos megalíticos eran raros en América. En la región comprendida en la parte Sur de lo que es a la sazón departamento de La Paz, principalmente en la sección que limita con el lago Titicaca, se encuentra el país conocido con el nombre de *aymará*, tal vez cuna de la raza de dicho nombre, cuya gente está considerada como los autores de las obras más colosales de la antígua arquitectura del continente sudamericano.

Dícese que las regiones que ahora componen el territorio boliviano fueron ocupadas por razas prehistóricas, llegando a pensar algunos escritores que Bolivia fué el verdadero lugar del nacimiento de la especie humana, pues no pocos etnólogos (como ya se dijo) sostienen que la emigración no se realizó del Asia a América, sino de América a Asia, opinión aceptada desde la expedición organizada por Morris K. Fessup, Presidente del Museo Americano de Historia Natural.

Tiene exacto parecido la mitología de aymará con la de Oriente. En el principio del mundo el dios Khunu (palabra que significa *nieve*), Creador de todas las cosas, para castigar los vicios de la Humanidad mandó una gran sequía, convirtiendo las regiones fértiles en desiertos. Pachacamac, el Espíritu Supremo del Universo, compadecido y bueno, dió a la Humanidad nueva vida. Por segunda vez se enojó Khunu y mandó un diluvio y tinieblas sobre la tierra. Las pocas personas que se salvaron imploraron al Cielo, apareciendo entonces el gran dios Viracocha, nombre que significa *espuma de mar*, sobre las aguas del lago Titicaca. Viracocha creó el Sol, la Luna y las estrellas; y Tiahuanaco—según el profesor Max Uhle—fué edificado como un templo á la citada deidad.

No pocos escritores consideran a los *collas, umasuyas, yungas* y otras tribus como ramas del tronco aymará; pero sí puede asegurarse que todas esas tribus fueron nativas de Bolivia. Perteneciesen o no los collas o charcas al mismo tronco de los aymarás, y de origen mongólico o no los primeros, es lo cierto que cuando aparecieron los incas, ya los collasuyos se entregaban a destructoras guerras y luchas fratricidas. "Es muy presumible—escribe el historiador D. José María Camacho—que para haber alcanzado los aymarás el grado de prosperidad que revelan sus monumentos, así como para haber llegado al estado de decadencia en que fueron encontrados por los *quichuas*, hubiesen experimentado en una larga sucesión de siglos, grandes acontecimientos sociales y las irrupciones devastadoras de otros pueblos.„ Ignoramos las semejanzas y diferencias entre las religiones de los aymarás y quichuas, ni cuándo aparecieron unos y otros. Parece cosa cierta que ambas razas han sido rivales desde tiempo inmemorial; pero llegaron á sobreponerse los segundos a los primeros. También llama la atención que mientras los aymarás aparecen siempre confinados a la meseta del Titicaca, los quichuas se extienden por los departamentos de Cochabamba, Chuquisaca, Potosí y Oruro. La aparición del primer Inca—según el poético y legendario relato del historiador inca Garcilaso de la Vega—fué del siguiente modo. Dice en sus *Comentarios Reales* que el Sol, dios que vivifica el Universo, deseando redimir al género humano, envió del Cielo a sus hijos Manco Capac y Mama Ocllo, los cuales aparecieron en la isla de Inti-karka, después del gran diluvio, inundación con que el dios Khunu castigó a la Humanidad.

Hállase probado que en los accidentados territorios del Perú vivieron tribus populosas que supieron formar pueblos, levantar templos, cultivar las tierras, ejercer la industria, llegando á un grado de cultura material digno de todo encomio. Creemos poder afirmar, sin género de duda, que las tribus de la costa peruana y las de los valles interandinos, desde Quito y la línea ecuatorial hasta el desierto de Acama, pertenecían a las familias lingüísticas aymará, quechua, yunca o mochica, puquina y atacameña.

Indio peruano.
(Región de los bosques.)

Los *collas*, que ocupaban la meseta del Titicaca y valles inmediatos, como también otras tribus establecidas en las vertientes y mesetas occidentales de los Andes, cuencas del desaguadero y lago Aullaga, eran fuertes, audaces y vivían en chozas cónicas de piedra cubiertas con la paja de la *puna*. Las chozas agrupadas formaban pueblecillos. Daban culto a los espíritus de la naturaleza *(animismo)* y a los manes. Las ruinas de Tiahuanaco representan la arquitectura más poderosa del continente americano. Aquellas estátuas colosales, aquellas fábricas ciclópeas y aquellos enigmáticos relieves son hoy mismo la admiración de los que las contemplan. Parece ser que todos los templos que hubo en el país estuvieron consagrados a Viracocha, dios de los aymarás, cuyo culto tuvo tanta importancia como el del Sol. Los collas cuidaban de sus rebaños de alpacas y llamas, obteniendo lana para defender sus cuerpos del intenso frío de los parajes altos; cogían patatas, ocas, etc., en las tierras que estaban al abrigo de los collados, pesca abundante en la laguna Titicaca, caza de pates y perdices en las orillas de dicho lago, y de guanacos y vicuñas en las montañas. Otras tribus, entre ellas las de los *Urus*, permanecían en el ángulo Sudoeste del lago Titicaca y hablaban la lengua *puquina*.

Los *yuncas* (*yunca-cuna*, moradores de tierra caliente) habitaban los valles de la costa del Pacífico desde el Callao á la serranía de Amotape, hablaban la lengua *yunca ó mochica* y predominaba entre ellos el atriarcado. Hacían sus casas de columnas de adobe, tejían telas de muchos colores y de complicada trama y eran excelentes alfareros. Gozaron de justa fama los acueductos que construían para regar sus campos, campos muy fértiles por el abono del *guano,* que extraían de las islas. Navegaban en canoas hechas de cuero de lobo marino y en balsas de madera con vela, timón y quilla.

Los *chimus,* que dominaron desde Tumbez a Ancón y el valle de Huarcu (Cañete), construyeron los palacios del *Gran Chimu,* de fábrica análoga a la de sus magníficas necrópolis y de los depósitos y canales de Chicama y de Nepeña.

Los *huancas* (valle de Jauja y sus cercanías), los *quechuas* (la zona del Apurimac hasta las Pampas), los *caras* (entre el Cuzco y lago Titicaca), los *quitos* (alrededores de Quito) y otras tribus, hablaban la lengua quechua o kechua. Aunque eran bárbaros, estaban organizados perfectamente—si damos crédito a los cronistas—en clases o linajes (ayllus), gobernados por jefes tribales (curacas) y dedicados a la horticultura y pastoreo. Vivían los huancas en casas parecidas a torreones cilíndricos de bastante altura y considerable diámetro, dispuestas en hilera y unidas por estrechos pasadizos. Los quechuas tuvieron más importancia y dieron nombre a la lengua general del país. De los caras se cuenta que habían venido en balsas, hacía unos docientos años, no se sabe de qué lejanas tierras. A la sazón obedecían los caras al valiente e intrépido Caran Scyri, quien, cuando se creyó con fuerzas para disputar a los indígenas las comarcas que a él le parecieron mejor, se dirigió al Norte y llegó hasta los dominios del rey Quito. Comenzó la guerra, en la cual murió Quito. Los sucesores de Caran Scyri, que según probables cálculos fueron quince, sin contar a los incas, llevaron sus armas al Norte y se apoderaron de extensos territorios. A la larga caras y puruaes formaron un pueblo; pero no por la fuerza, sino a gusto de unos y otros. Los caras adoraban únicamente al Sol y a la Luna, siendo de notar que miraban con horror los sacrificios humanos e hicieron por desterrarlos. Como veremos más adelante, ellos tenían el mismo alfabeto, el mismo sistema de numeración, el mismo calendario, la misma religión, las mismas actitudes para el cultivo de las ciencias y artes, y casi vestían el mismo traje que los incas. ¿Tendrían los incas, como muchos pretenden, el mismo origen que los caras? Es posible, y algunas señales lo indican con bastante elocuencia. Más que los caras se hallaban civilizados los quitos. Respecto a la industria, los quitos tallaban mejor que los muiscas las esmeraldas: las hacían esféricas, cónicas, cilíndricas y prismáticas. Labraban de oro collares, ajorcas, pendientes e ídolos. Construían hachas de cobre. En la cerámica estaban todavía más adelantados, y en los vasos, ya hechos de barro colorado, ya negruzco, representaban ídolos, hombres, fieras, pájaros, reptiles y peces. Tejían admirablemente el algodón y la lana. En las bellas artes nada hicieron. Creemos que no levantaron puentes de piedra; pero sí de madera, de bejuco y de cuerda. Conocieron los acueductos, ora superficiales, ora subterráneos. Las fortalezas fueron muy toscas, como fueron muy toscos sus palacios y sus templos.

Poco sabemos de la historia de Tahuantinsuyo o Perú antes del imperio de los incas, pues las noticias son obscuras, incompletas y aun contradictorias. Ciertas señales indican la existencia remota de centros de cultura, debidos tal vez a gente autóctona, siendo de notar que a la decadencia o ruina de dichos centros comenzó la civilización incásica. Para algunos escritores es cosa probada que de los legendarios *piruas*, de los misteriosos *Hatun-Runa* o gente antigua, adoradores del *Con-Illá-Tici-Viracocha*, surgió el poderío y engrandecimiento de los incas. No sería extraño—añaden—que los primeros pobladores de Tahuantinsuyu tuvieran idea de un Ser Supremo, creador de todo lo existente, y de un espíritu maligno o *Supay*, como tampoco niegan que creyesen en la inmortalidad del alma y en la resurrección del cuerpo.

Dejando estas cuestiones para los que se ocupan solamente de la historia particular del Perú, pasamos a tratar de los incas (1). Lo primero que se presenta a nuestro espíritu, es la pregunta que copiamos a continuación. Los incas, ¿son indígenas o proceden del Mogol? Sebastián Lorente y algunos más afirman lo primero (2); Juan Ranking y otros sostienen lo segundo. Puede, sí, asegurarse—y conviene no olvidarlo—que los incas—*señores*—nunca creyeron haber tenido el Asia por cuna. Diremos, para gloria de ellos, que supieron reunir en vasta y poderosa nacionalidad tanto las cultas como las incultas tribus, que se odiaban y hacían la guerra. Veamos lo que dice la tradición, primera y casi única base de la historia de los incas, no olvidando que muchos cronistas atribuyen un mismo hecho a distintos incas, como también se da el caso que algunos hacen a Manco Capac autor de instituciones que otros creen nacidas muy posteriormente.

En el siglo XIII apareció en el Perú un hombre verdaderamente superior, llamado Manco Capac. Su reinado—con arreglo a las noticias más exactas—comenzó el año 1221 y terminó el 1262. Tenía por mujer a su hermana Mama Oello. Según Balboa, habían salido de Pacaritambo con tres hermanos y tres hermanas (3); opinan otros que salieron de una isla del lago de Titicaca; pero lo que parece probado es que

(1) Los historiadores suelen dividir la Historia del Perú en las siguientes épocas: *Preincaica, Incaica, Conquista, Virreinato* e *Independencia*.

(2) *Historia antigua del Perú*, libro III, capítulo II.

(3) *Historia del Perú*, capítulo I, tomo XV de la Colección de Ternaux-Compans.

eran hijos de un curaca o cacique de Pacaritambo. Se presentó Manco
Capac y Mama Ocllo, hermano y hermana, esposo y esposa, llevando
un cetro en forma de una barra de oro, el cual, al dar con él en el suelo de Cuzco, se enterró, hecho que llevaba consigo que allí tendría
asiento la capital Inca. Dice Pedro Knamer, en su *Historia de Bolivia*,
que Manco Capac debió ser jefe o sacerdote aymará, de superior talento, que dejó su país, en compañía de su hermana, huyendo de las guerras civiles. Manco Capac se presentó diciendo que su padre el Sol le
mandaba para dirigir y educar a los hombres. Las gentes del Cuzco,
comprendiendo que los citados viajeros eran superiores a los habitantes
del país, les prestaron obediencia. Ellos fundaron la ciudad llamada
Cuzco, "el centro del Universo„, y después otras varias poblaciones,
bien que las mayores no excedían entonces de 100 casas. Mientras que
él enseñaba a los hombres el culto del Sol, a edificar sus casas y a cultivar la tierra, Mama Ocllo adiestraba a las mujeres en el hilado, en la
confección de vestidos y en otros ejercicios domésticos.

Tanta llegó a ser la influencia de Manco Capac, que consiguió ser
proclamado Inca, esto es, señor de la tierra o soberano del país. También los descendientes de sangre real se llamaron incas. La mujer legítima del Soberano o Rey, se denominó *Coya*, tomando el mismo nombre
las hijas del real matrimonio. A las concubinas que eran de la familia
real y, en general, a todas las mujeres de dicha familia, se las conocía
con el nombre de *Palla*; a las demás concubinas con el de *Mamacuna* o
mujer que tiene obligación de hacer oficio de madre. No deja de llamar
la atención la industria del primer Inca para atraer a la vida de la civilización a unas gentes tan rústicas y bárbaras. En el Cuzco hizo
construir magníficos edificios, sobresaliendo entre todos el soberbio templo dedicado al Sol, el cual era visitado por multitud de peregrinos que
acudían de todo el Imperio.

Estableció Manco Capac una *Monarquía despótica absoluta*. Here-
daría el trono el primogénito tenido en la *Coya*. El Emperador debía
casarse con una de sus hermanas, pues de este modo había seguridad de
que el príncipe heredero era de sangre real. Los hijos habidos en las
concubinas formaban la nobleza que componía la corte, y a quienes daban el nombre de *Orejones*. Dividió la tierra en tres partes: la del Rey,
la de los sacerdotes y la del pueblo. Tuvo en cuenta al hacer la última
división el número de individuos que componían la familia, la posición
y las necesidades de cada uno. Los ganados los repartió entre los sacerdotes y el pueblo. Organizó la sociedad bajo el punto de vista político, religioso, administrativo y civil. Cuando Manco Capac sintió cercana su muerte, llamó a su hijo primogénito Zinchi Lloca, y le recomen-

dó que no alterase el régimen del Gobierno que él dejaba establecido. ·

Zinchi Lloca (1262-1281) siguió los consejos de su padre. Casó con su hermana Mama Cora, y de ella tuvo a Lloce Yupanqui. El nuevo Rey era valiente y arrojado; pero no tuvo necesidad de lanzarse a la guerra, logrando por la persuasión extender los límites de su Imperio.

Lloce Yupanqui (1281-1300) al frente de un ejército, redujo a la obediencia a diferentes tribus. Su imperio se extendía de Este a Oeste, desde el Paucartampu a la sierra, y de Norte a Sur, desde el Cuzco al fin del río Desaguadero. En la capital ya había templo para el Sol, alcázares para los Emperadores y calzadas que después habían de unir las cuatro estrellas de la monarquía.

Mayta Capac (1300-1320), continuó la conquista de sus mayores, apoderándose de varios territorios y venciendo a muchas tribus. Penetró en Collasuyo, venció a sus habitantes, y tanto le impresionaron las colosales ruinas del Tiahuanaco, que pensó hacer del citado lugar la capital de su imperio. El Inca Garcilaso de la Vega le coloca entre los monarcas más batalladores y afortunados; pero Balboa dice que no emprendió guerra alguna (1), y Montesinos, añade, que nada notable se conoce de su reinado (2).

Capac Yupanqui (1320-1340), hijo mayor de Mayta y de Mama Cuca, hizo matar á su hermano Putano Uman y a otros que intentaban destronarle. En seguida se hizo dueño de toda la tierra de Yanahuara, situada al Occidente del Cuzco; ganó también las comarcas de Cotapampa, Cotanera y Huemampallpa, habitadas por los quichuas; extendió su poder por las costas del Pacífico, por las cordilleras de los Andes, por la provincia de Charca y por el Norte. De Norte a Sur tenía ya el imperio unas 190 leguas, y de Este a Oeste 70.

Inca-Yocca (1340-1360), hijo de Capac y de Mama Curi-Illpay, siguió las huellas de su padre, no siendo menos afortunado en las empresas. Castigó duramente a los soberbios chancas, acompañándole también la victoria en otras expediciones. Dió leyes importantes y protegió la cultura.

Yahuar Huacac (1360-1380) se entregó, según Balboa, a los placeres sensuales (3). Montesinos dice que fué prudente y pacífico, no recurriendo a la fuerza ni aun para aplacar desórdenes y tumultos (4). Conforme con Montesinos está Garcilaso. El hecho más notable de

(1) *Historia del Perú*, cap. II.
(2) *Memorias Hitóricas del Perú*, cap. XIX.
(3) Capítulo II.
(4) Capítulo XXII

este reinado fué que los feroces chancas, después de matar a sus gobernadores incas, cayeron sobre el Cuzco en número de 40.000. Yahuar
Huacac abandonó la capital y se retiró a la angostura de Muyna, cinco
leguas al Mediodía. Cuando lo supo su hijo primogénito Huiracocha, se
dirigió á su padre y delante de varios incas le dijo lo siguiente: "¡Cómo!
¿Al solo anuncio de que se ha rebelado una pequeña parte del imperio
abandonáis el Cuzco? ¿Siendo hijo del Sol entregáis a los bárbaros el
templo para que lo pisen y a las vírgenes de vuestro padre para que
las violen? ¿Y todo por salvar la vida? No quiero la vida si no la he de
llevar con honra. Iré más allá del Cuzco, é interpondré mi cuerpo entre los bárbaros y la ciudad sagrada.„

Por este sólo hecho pasó la corona de Yahuar Huacac a Huiracocha. Huiracocha (1380-1390) consiguió gran victoria peleando con los
chancas en una llanura al Norte de Cuzco. Cruel con los vencidos,
como escriben unos historiadores, o magnánimo con los prisioneros,
como refieren otros, lo cierto es que el triunfo del nuevo Rey fué de mucha importancia. Por el Poniente Huiracocha llegó hasta la entrada de
Tucumán, y por el Norte sometió muchas tribus.

Urco, sucesor de Huiracocha, se entregó a toda clase de vicios y fué
destronado por los grandes.

Elegido Titu Manco Capac (que tomó el nombre de Pachacutec),
hermano del anterior, empleó tres años en dotar de buenas leyes el imperio y otros tres en visitarlo y corregir los abusos. Prosiguió las conquistas de su padre Huiracocha, no por sí mismo, sino valiéndose de su
hermano Capac Yupanqui. Ganó muchas tierras por medio de la guerra, aunque más mediante la persuasión. En los últimos años de su reinado se ocupó en asegurar sus conquistas, estableciendo en las comarcas recién sometidas colonias, abriendo canales, convirtiendo en fructí-
feras las tierras hasta entonces incultas, levantando suntuosos monumentos y abriendo caminos. Excelente legislador, dió muchas leyes civiles y penales. Suyas son las siguientes máximas: "La envidia es
carcoma que roe y consume las entrañas del envidioso. Envidiar y ser
envidiado es doble tormento. Mejor es que otros te envidien por bueno,
que no los envidies tú por malo. La embriaguez, la ira y la locura son
hermanas: no difieren sino en que aquéllas son voluntarias y mudables,
y ésta involuntaria y perpetua. Los adúlteros hurtan la honra y la paz
de sus semejantes: merecen igual pena que los ladrones. Al varón noble
y animoso se le conoce en la adversa suerte. La impaciencia es de almas
viles. El que no sepa gobernar su casa, menos sabrá gobernar la República. Gran necedad es contar las estrellas cuando no se sabe contar
los nudos de los quipus.„ Murió Pachacutec el año 1400.

Yupanqui (1400-1439) fué conquistador (1). Venció a los chunchus; después a los fieros moxos, situados al otro lado de la rama oriental de los Andes; en seguida la emprendió con los chiriguanas, que vivían al Sudoeste de Chuquisaca; y, últimamente, dió una batalla a los purumancas que duró tres días y dejó indecisa la victoria. Según Balboa, así como Pachacutec dió a su pueblo la unidad de idioma, Yupanqui reunió una especie de concilio en el Cuzco y, después de largos debates, se convino en que el Sol merecía en primer término la adoración de los hombres, puesto que a él se debían el verano y el invierno, la noche y el día, la fecundidad de los campos y la madurez de los frutos; en segundo lugar eran dignos de culto el trueno, la tierra y las principales constelaciones, entre ellas la Cruz del Sud y las Pléyades. Cuando todos estaban conformes en las dichas creencias, Yupanqui hizo notar que no el Sol, sino el que le obliga a eterno movimiento era el creador del mundo, acordando entonces todos llamar a ese dios desconocido Ticci Huiracocha Pachacamac (2).

Tupac Yupanqui (1439-1480), a la cabeza de un ejército de 40.000 soldados se dirigió al Norte, peleando con los huarachucas, a quienes desbarató completamente, obligándoles a pedir la paz. Al siguiente año peleó con los chachapoyas, situados al Levante de Caxamarca, que le opusieron tenaz resistencia. También sometió a los muyupampas y a los cascayuncas. La emprendió tiempo adelante contra los habitantes de Huancapampa (hoy Huancabamba, los cuales se rindieron y aceptaron las condiciones impuestas por el Inca. Tocó el turno a Huanuco, cuyos habitantes, como los de Huancapampa, se sometieron fácilmente. Todavia continuó peleando y todavía continuó llevando la civilización por todo el país.

Huayna Capac (1480-1525), hijo del anterior, comenzó peleando contra los caranguis, que fueron pasados a cuchillo, salvándose sólo los niños. Dícese que la matanza fué tan grande, que llegó a enrojecer las aguas de Yahuarcocha. Si Huayna Capac no extendió su imperio al Norte hasta los límites que a la sazón separan la república del Ecuador de la de Colombia, sí es cierto que ganó desde Chimo (hoy Trujillo) a Puerto viejo. Sometió también a los chachapoyas, y con ellos se mostró generoso. Tuvo dos hijos, Huascar, su primogénito, habido en su primera mujer, llamada Rava Oello, y Atahualpa, que tuvo después de otra de sus mujeres. Dispuso que a su fallecimiento se le arrancara el corazón y se guardara dentro de un vaso de oro en el templo de Quito, que

---

(1) Lorente y otros historiadores opinan que Pachacutec y Yupanqui son los nombres de un mismo inca.

2) Balboa, cap. V.

su cuerpo embalsamado se llevara al Cuzco, y que Huascar se sentara en el trono de los incas y Atahualpa en el de los antiguos scyris.

Cuando Huayna Capac recorría y admiraba sus templos y palacios en el sagrado lago, un rayo derribó uno de sus palacios y se sucedieron unos terremotos después de otros; pero la noticia que sobrecogió á todos de espanto, fué que en el Pacífico navegaban en casas de madera hombres blancos y barbudos, cuya venida había anunciado el inca Ripac. Inmediatamente Huayna Capac abandonó Collasuyo y se retiró a Quito, buscando el consuelo de su favorita Pacha, madre de Atahualpa, su hijo más querido.

Huascar heredó el trono del Perú y Atahualpa el de Quito. Al poco tiempo de morir Huayna Capac (1530), sus citados hijos comenzaron desastrosa guerra. Huascar en Cuzco ambicionaba también el reino de Quito, y Atahualpa a su vez no se contentaba con Quito, sino que quería conquistar el Cuzco. Atahualpa organizó poderoso ejército bajo el mando de su primogénito Hualpa Capac y de los generales Quizquiz, Calicuchina y otros. Logró salir victorioso en varios combates, y se preparó a una guerra cruel, cuando supo que su hermano Huascar salía del Cuzco al frente de muchas tropas, habiendo jurado antes por el Sol y por todos los dioses que había de cortar la cabeza al rey de Quito, la cual convertiría en un vaso recamado de oro para sus festines.

Contra Huascar se dirigieron los generales Quizquiz y Calicuchina. La batalla fué sangrienta y duró todo un día. Prisionero Huascar, no mereció compasión del vencedor, quien resolvió apoderarse de todo el imperio y ceñir la borla de los incas. El Cuzco cayó en poder de Atahualpa el año 1532. No negaremos que Atahualpa merecía el calificativo de cruel; pero no le censuraremos por haber declarado la guerra a su hermano. Si Huascar vencedor se había de apoderar del reino de Quito, de esperar era que, vencedor Atahualpa, se apoderase del imperio del Cuzco. Pero a la sazón los españoles, mandados por Francisco Pizarro, habían llegado á Tumbez y procede que suspendamos esta crónica de los incas, para tratar de las instituciones y cultura del Perú.

Como hemos podido observar, el Inca, Soberano o Rey, era a la vez Pontífice y padre de los pueblos. Lograron con verdadera constancia que todas las tribus tuviesen la misma religión, el culto del Sol, y hablasen la misma lengua, la quechua. Consiguieron imponer las mismas leyes, los mismos usos y costumbres a pueblos tan diferentes en su origen y en sus inclinaciones. El Inca, según Velasco, podía tener tres o cuatro mujeres legítimas, y según Garcilaso, solamente una. Podía tener las concubinas que quisiera. Tanto el Inca como la Coya eran objeto de veneración de parte del pueblo. Los nobles estaban divididos en *in-*

cas, curacas y *amantas.* Los incas se diferenciaban de los demás nobles porque llevaban engarzados en las orejas grandes rodetes. Como estos rodetes hacían muy anchas las orejas, los españoles designaron a los incas —como antes se dijo— con el nombre de *orejones.*

Hallábase dividido el imperio en cuatro regiones, y al frente de cada una había un virrey asistido de comisiones de guerra, justicia y hacienda. Los cuatro virreyes formaban el Consejo de Estado del Inca. La región se subdividía en provincias y estaba dirigida por un gobernador o prefecto. La acción del gobernador se hallaba frecuentemente limitada por la de los curacas. El ejército tenía severa organización, como también la administración de justicia. Ya se ha dicho que la religión del Imperio consistía en adorar al Sol: Huiracocha era hijo del Sol; Catequil y Pachacamac permanecían en los santuarios eclipsados ante aquel cuya luz y calor eran la fuente de la vida. Consideraban al hombre formado de cuerpo y alma. Suponían al alma inmortal y afirmaban que si en esta vida era buena, gozaría luego de bienestar y reposo; si era mala sufriría eternamente dolores y trabajos. Creían en la resurrección de los muertos. Más bien que creyentes, eran supersticiosos.

Acerca de su cultura diremos que la Filosofía estaba reducida a algunos apólogos morales, la Jurisprudencia a un corto número de leyes, la Medicina y la Cirugía a reglas y principios empíricos y las Matemáticas apenas eran conocidas. En la poesía se distinguieron un poco. Cantaban en verso sus amores, las hazañas de sus reyes y de sus héroes, y componían en verso comedias y tragedias. Para los cantos de amor tenían su música y entre aquéllos daremos a conocer los siguientes: "En las solitarias pampas solíamos ver a los pájaros yendo a su nido. Lloraban lastimeramente por sus compañeros. Así, al irte tú, lloraré yo, amado mío." Otro decía: "Mientras me dure la vida —seguiré tu sombra errante —aunque a mi amor se oponga: — agua, fuego, tierra y aire."

Las comedias enaltecían las virtudes domésticas y las tragedias los grandes hechos de la historia. Hasta nosotros sólo ha llegado una tragedia intitulada *Ollanta;* pero afirma Markham que es posterior a los incas, pudiéndose asegurar que la compuso el doctor Valdés, cura de Sicuani, bien que aprovechando antiguos cantos. Sin embargo, convienen los cronistas en que eran aficionados a las representaciones dramáticas, las cuales tenían por objeto exponer doctrinas religiosas o conmemorar triunfos guerreros. La música tenía cierto desarrollo, y los instrumentos, además de la trompeta, eran el tambor, el *huancar,* las sonajas y los cascabeles. Del mismo modo amaban con pasión el baile.

Acerca de la lengua, podemos dar como cosa cierta que la *quichua* era una de las mejores de América, la cual contaba entre sus principales dialectos el de los *quitos* y el de los *aymarás*. No faltan escritores que consideren el aymará como lengua y la quichua como dialecto. No descuidaron la agricultura y la ganadería. Supieron aprovechar hasta los páramos, si no para la agricultura, para la ganadería. Condujeron el agua por canales subterráneos de piedra, los cuales llegaron a tener hasta 400 o 500 millas. "Entre estas obras las había verdaderamente admirables, como que venían atravesando ríos, rodeando montañas, perforando a veces las mismas peñas y salvando abismos. Son indecibles el tiempo y el trabajo que debieron de costar en tiempos donde se carecía, no ya tan sólo de los medios mecánicos de que hoy se dispone, sino también de herramientas. Era aún más de notar el sistema que para los riegos se había adoptado. No se distinguía del que acá en España plantearon los árabes...,, (1). De la minería hicieron poco caso. En las artes útiles se distinguieron como plateros, tejedores y alfareros. Los metales que usaban eran el oro, plata y cobre.

Los caminos en el Perú, hechos casi lo mismo que en México, llamaron profundamente la atención de los españoles, en particular el que corría por la costa y el que iba por las mesetas y cumbres de los Andes. Cieza dudaba de que el emperador Carlos V, sin embargo de sus grandes medios, pudiera hacer en aquellos sitios otro tanto. En los lugares cenagosos, parte de los caminos eran calzadas sostenidas por recios y fuertes muros. El citado Cieza vió dos: una en el camino de Xaquixaguana al Cuzco, y otra desde el Cuzco a Mohina. El camino principal partía del Cuzco y llegaba a Quito, uniendo ambos reinos. Dice el ilustre Humboldt lo siguiente: "El gran camino del Inca es una de aquellas obras más útiles y más gigantescas que los hombres han podido ejecutar.,, Este camino, y otros de menos importancia, contribuyeron a la prosperidad del Perú. Estableciéronse los correos, muy parecidos a los de los nahuas mejicanos. Los puentes en el citado país eran generalmente de bejuco o de maguey. Hemos dicho generalmente, porque los había de cierta paja correosa y suave llamada *ichu*. Cuando los bejucos o las pajas no eran tan largas como ancho el río, se levantaban dos pilares, uno en cada orilla. Si damos crédito al historiador Garcilaso, el primer puente de esta clase se construyó sobre el río Apurimac, en tiempo de Mayta Capac. Tenía de longitud unos 200 pasos, y era tan fuerte que, en tiempo de la conquista, lo pasaban sin apearse y sin temor alguno los ginetes españoles. Encontrábanse—y así lo afirma Velasco—puentes artificiales de piedra en el Perú, a los cuales se daba el nombre de *rumichaca*. Nosotros creemos que tales puentes, sin embargo de la respetable opinión de Velasco, debían ser naturales. Los acueductos indicaban del mismo modo el adelanto de los peruanos.

En relación con los medios de comunicación estaba la costumbre de trasladar *colonias* de una parte a otra del imperio, lo cual favorecía el intercambio de productos. Los valles de Tacna y Moquegua, entre otros territorios, se colonizaron con *mitimaes (colonos)* de las aldeas próximas al Cuzco. También se establecieron en las fronteras colonias *militares*, lográndose con ello, además de otras cosas, dar ocupación al sobrante de la población agrícola. Huelga decir que la disciplina en lo militar era mucho más estrecha que en lo civil.

CAPÍTULO VI

Antes de reseñar algunos hechos de las tribus que vivían en la América Central y muy especialmente en el territorio de la actual Guatemala, diremos que la familia de los mayas se dividía en mayas propiamente dichos y en mayas-quichés. Según antiguas tradiciones, llegó a las costas de Tabasco (México) donde hubo de desembarcar, un personaje llamado *Votan*, quien fundó una ciudad denominada Nacham (ruinas de Palenque), población luego muy importante y hoy departamento del Estado de Chiapas (México). Cuando Votan efectuó su desembarco, el territorio estaba poblado de tribus salvajes. Numerosas fueron las tribus que habitaron desde el Istmo de Panamá hasta las orillas del río Colombia en el Estado de Oregón (Estados Unidos), y desde las costas del Océano Pacífico hasta el golfo de México. Han venido á mostrar modernas investigaciones que así

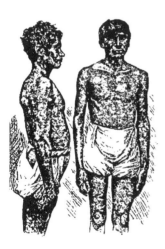

Tipos mayas (actuales).

como los mayas ocupaban gran parte de los actuales estados del Yucatán, Campeche y algo del de Chiapas, los quichés y cakchiqueles se extendieron por el país donde al presente se hallan las Repúblicas de Guatemala, Salvador, Honduras, Nicaragua, Panamá y Costa Rica. Unas y otras tribus alcanzaron alguna cultura.

Eran los mayas de color cobrizo, cráneo achatado, baja estatura y muy fuertes. Vivían principalmente de sus cosechas de maíz; también de la miel y de la cera de sus abejas. Gozaban fama de hábiles tejedores y teñían admirablemente lo mismo sus vestiduras de algodón que sus preciosas plumas. Refieren antiguos cronistas que con sus canoas llegaron a la isla de Cuba y mantuvieron continuo tráfico con las tribus meridionales de las costas del golfo. Cultivaban el cacao, el maguey o aloe, el algodón, la pimienta, las judías y varios árboles frutales.

Los quichés, según *Popal-Vuch* (1), procedían de un lugar que se llamaba Tulan-Zuiva. De este lugar, que tenía siete grutas o cuevas, añade Sahagún, se extendieron por varios puntos, antes que los toltecas y los pueblos que les acompañaban llegasen a Tulanzingo (2). Es de sospechar que los quichés eran uno de los pueblos citados y que entraron en tierra de Guatemala antes de la fundación de Tula. Entre la fundación de dicha ciudad y su destrucción tuvieron tiempo de realizar los hechos que el *Popal-Vuch* les atribuye.

El fundador de la monarquía de los quichés debió ser Balan Quitzé, al cual sucedió en el trono su hijo Qocabib. El tercer rey se llamó Balan-Conaché, el cuarto, Cotuha Zttayub, y el quinto, Gucumatz-Cotuha. En tiempo de Gucumatz estallaron graves discordias entre las principales familias que tenían asiento en el territorio. El sexto monarca debió ser Tepepal y el séptimo Caquicab.

Entre los quichés y los cakchiqueles se originó tiempo adelante guerra sangrienta. En ella llevaron la mejor parte los cakchiqueles, pues lo mismo el pueblo que los Reyes eran arrojados y belicosos. La batalla de *Quauhtemalan* fué timbre de gloria para los cakchiqueles. "Desde que la aurora —dice el cronista cakchiquel— comenzó a aparecer en el horizonte y a iluminar las cumbres de las montañas, empezaron a oírse los gritos de guerra; las banderas se desplegaron, resonaron los tambores y caracoles, y en medio de este confuso estruendo, se vió descender a los quichés, cuyas largas filas se movían con asombrosa velocidad, bajando en todas direcciones de la montaña.» Llegaron a la orilla del río que corría cerca de la ciudad, y ocuparon algunas casas y se formaron en batalla, bajo el mando de los reyes Tepepul e Ixtayul. "El encuentro —añade el mencionado cronista— fué terrible y espantoso. Los gritos de guerra y el ruido de los instrumentos bélicos aturdían a los combatientes, y los héroes de uno y otro ejército *hacían uso de todos sus encantos.*„ Fácilmente fueron vencidos los quichés, hasta el punto que unos huyeron y otros murieron en el campo de batalla. En-

---

(1) Véase el Prólogo de este tomo.
(2) *Historia Universal de las cosas de Nueva-España*, Prólogo y lib. X, cap. XXIII, párrafo 11

tre los primeros se hallaban los reyes Tepepul e Iztayul y muchos más, que fueron pasados al filo de la espada. "Tales fueron —así termina el cronista— los hechos heróicos con que los reyes Oxlahuhtzi y Cablahuh-Tihax, como también Roimox y Rokelbatzin hicieron para siempre famosa la montaña de Iximché.„

Desde la batalla de Quanhtemalan el poder de los quichés pasó a los cakchiqueles, quienes orgullosos con su victoria, aspiraron a dominar todo el territorio. Alarmados entonces los Estados vecinos, formaron una liga para defender su independencia; mas fueron también vencidos por los soberanos cakchiqueles. "Tal era la situación de estos países en los últimos años del siglo XV y cuando ya Cristóbal Colón había abordado a las playas del Nuevo Mundo„ (1).

En el interior del reino estalló, año de 1497, una insurrección. A la cabeza de los tukuchés, de la misma familia de los cakchiqueles, se puso Cay-Hunahpú, príncipe tan rico como ambicioso, quien se propuso arrojar del trono a Oxlahuhtzi y Cablahuh-Tihax. Dióse un combate, siendo vencidos los tukuchés, y Cay-Hunahpú pagó con la vida sus instintos revolucionarios. Sin embargo, el fraccionamiento del reino fué mayor cada día y la tribu de los zacatepequez consiguió nombrar Rey a uno de los suyos, estableciendo la capital del reino en Yampuk. Trece años después, esto es, el 1510, murió el rey cakchiquel Oxlahuhtzi, y el 1511 el príncipe Cablahuh-Tihax, que gobernaba con aquél; sucediéronles sus hijos Hunig y Lahuh-Noh. En el primer año del reinado de éstos, vino numerosa embajada mejicana que mandó, según unos autores, Moctezuma, y según otros, Ahuizotl, octavo rey de México. Visitaron los embajadores a los reyes quichés, cakchiqueles y algún otro; pero volvieron a su país sin haber adelantado nada. Es de advertir que en el año 1512 Colón había realizado sus cuatro viajes, la Isla Española estaba sometida, Puerto Rico y Cuba conquistadas, el Golfo de Honduras y otras tierras exploradas por Yáñez Pinzón y Díaz de Solís, Cartagena y países más lejanos habían sido reconocidos por Ojeda, Enciso, Núñez de Balboa y otros expedicionarios. ¿La embajada de Moctezuma tuvo por objeto la celebración de tratados para oponerse a los españoles? No lo sabemos, aunque es posible. Discuten también los historiadores modernos Fuentes, Juarros y Milla, si el reino de Guatemala estuvo sujeto alguna vez al imperio mejicano. Niéganlo con razones más o menos poderosas.

Sin detenernos en asunto tan poco interesante, haremos notar que, sin embargo de noticias o presentimientos acerca de llegada de los españoles, quichés y cakchiqueles volvieron a pelear entre sí en el año 1513.

(1) Milla, *Hist. de la América Central*, tom. I, pág. XXII.

Aunque la guerra fué favorable como antes á los cakchiqueles, la naturaleza les castigaba mandándoles toda clase de calamidades: langostas, incendios y pestes, de la que murieron Hunig y Lahuh-Noh, sucediéndoles Belché-Qat y Cahí-Imox, quienes, al saber que los extranjeros se habían apoderado de México, les pidieron auxilio, según una carta de Cortés a Carlos V, fecha en México el 15 de Octubre de 1524 (1). Continuó la guerra civil en la América Central hasta que llegó Pedro de Alvarado.

Respecto a los primeros pobladores establecidos en lo restante de la América Central sólo hay vagas noticias y a veces contradictorias. Lo mismo decimos de los habitantes de las islas de Haití, Puerto Rico, Cuba, Jamaica, Lucayas y otras. Además de los mayas de Guatemala, el país que al presente es la República del Salvador, estaba poblado por los *chontales* y por los *pipiles*, siendo su ciudad principal Cuscatlán. Estuvo el Salvador unido a Guatemala durante los siglos XVI, XVII y XVIII. Honduras estuvo habitada por los *chortises*, pertenecientes a la familia de los mayas, y por los *lencas* (chontales). Cuando los nicaraguatecas fueron conquistados por los españoles se hallaban divididos en cuatro grupos principales: los *niquiranos*, que habitaban desde el golfo de Fonseca al de Nicoya; los *chorotegas*, que vivían al Sur del lago de Managua y al Noroeste del de Nicaragua; los *chontales*, que ocupaban las vertientes de la cordillera central y se corrían a Honduras; y los *caribisis*, tal vez aborígenes de aquella parte de América, bajaban desde el pie de la citada cordillera hasta las playas del Atlántico. Fieros los indios *chorotegas, cotos y güetares* de Costa Rica, vivían en continuas guerras.

Pasamos a estudiar el estado social de las tribus que habitaban los territorios de Guatemala y el Salvador, de Honduras, de Nicaragua, Panamá, Costa Rica y Antillas, fijándonos particularmente en la de los quichés.

Acerca de la creación del Universo, la doctrina del *Popal-Vuch* de los quichés, tiene—según la opinión de algunos autores—mucha analogía con la del *Génesis* de los hebreos. También el *Tepan Atilan* de los cakchiqueles conviene substancialmente con el Popal Vuch. Adoraban los quichés a sus dioses y celebraban solemnes festividades, no sin sacrificar seres humanos, que eran regularmente esclavos, hechos en la guerra. Los dioses tenían santuarios, santuarios que estaban servidos por sacerdotes y sacrificadores. Dícese con algún fundamento que existía la confesión entre los quichés. La monarquía quiché era hereditaria y la corte estaba formada de las familias reales. La justicia se hallaba ad-

---

(1) Véase Mills, Ob. cit. tomo I. pág. XXIX, nota.

ministrada por jueces y tribunales pertenecientes a la aristocracia. Las leyes eran severas para los criminales contra el Rey y la República. Los que atentaban contra el Monarca sufrían la muerte; y los plebeyos o nobles que se pasaban al enemigo o descubrían los secretos de la guerra, eran condenados a muerte, y sus mujeres e hijos reducidos a la esclavitud, pasando también al fisco sus bienes. Al ladrón de objetos sagrados, si éstos eran de valía, se le condenaba a muerte; si tenían poco valor, se le hacía esclavo. Los delitos contra la propiedad se castigaban con multas y devolución de lo robado; aun al ladrón de oficio no se le ahorcaba, si algún deudo suyo satisfacía el importe de la condena. De los delitos contra la honestidad, se castigaba con la muerte la violencia consumada y la frustrada nada más que con la servidumbre. El simple estupro no llevaba consigo pena aflictiva, como no reclamasen por la mujer sus padres o hermanos, en cuyo caso se declaraba esclavo al delincuente y alguna vez se le condenaba a muerte. No consideraban delito la prostitución. La mujer casada, mediando justo motivo, podía abandonar la casa conyugal, quedando disuelto el matrimonio. Mujer y marido en este caso tenían derecho a contraer con quien quisieran segundo matrimonio. Era costumbre, muerto el marido, que la viuda casara con el cuñado o con el más próximo deudo del marido.

Después de ocuparse detenidamente Pi y Margall del idioma de los quichés y del cual eran dialectos el cakchiquel y el tzutuhil, de la literatura y en particular de un drama-baile de los que se representaban en el patio de los templos o en la plaza pública, de la arquitectura y de la numeración aritmética igual o parecida a la de los mejicanos, escribe lo siguiente: "Algo más podría decir de los quichés; pero muy aventuradamente. Harto a la ventura voy en mucho de lo que escribo„ (1).

Fijándonos en Honduras o Cerquín, que linda con tierras de Yucatán y Guatemala, sus habitantes distaban mucho de tener la civilización de los quichés y yucatecas. Los hombres iban ordinariamente desnudos; en la guerra a veces usaban *maxtles* y mantas. Las mujeres llevaban unos pañuelos que les cubrían pecho y espalda; también unas enaguas que les llegaba al tobillo. No se ataban el cabello; siempre le tenían suelto y tendido. Comían todo género de animales, hasta los más inmundos; bebían aguamiel en gran cantidad. En todo manifestaban su barbarie y vivían en continua guerra. Peleaban a veces cubiertos con pieles de león y de tigre. Adoraban el *Sol*, la *Luna* y las *Estrellas*; rendían culto a muchos ídolos. Los sacrificios eran frecuentes, los ayunos muchos, y en sus grandes fiestas bailaban, al mismo tiempo que referían

(1) *Historia general de América*, tomo y cuaderno primeros, pág. 257.

cantando sus triunfos y derrotas. Consultaban a sus sacerdotes, no sólo en materias religiosas, sino en asuntos belicosos. Sabemos que en la época de la conquista, entre sus ídolos, tenían en mucha estima al gran Dios y la gran Madre, tal vez personificación del Sol y de la Luna. Creían en agoreros, en adivinos y en magos. Estaban reducidos sus templos a unas casillas largas y estrechas: sus ídolos tenían espantable rostro. Eran muy lujuriosos. Aunque se casaban solamente con una mujer legítima, tenían además mancebas. Apenas cuidaban de sus mujeres y de sus hijos; no hacían caso alguno de los enfermos. Sus ocupaciones principales eran la caza y la pesca. Cazaban cercando primero y quemando después grandes extensiones de monte: mataban a palos las despavoridas reses. Pescaban atajando con rama y tierra los arroyos y poniendo en la salida, siempre pequeña, zarzos de caña. Estaban atrasadísimos en la industria y más en las bellas artes. Removían la tierra con altas pértigas armadas de un garfio: apoyaban el brazo en la parte superior del palo y la planta en la parte de abajo a donde iba el garfio. Fabricaban mantas de cuatro hilos. Hacían el comercio de plumas. Entre las tribus o gentes que se hallaban establecidos en el país prevalecían los *chontales*.

No dejaba de ser curiosa la vida de los habitantes de Honduras desde su nacimiento hasta la muerte. Cuando las madres sentían los dolores del parto, marchaban al campo y allí daban a luz. Al recién nacido se le bañaba en el río más próximo y se le criaba con bollos de yuca. Antes de cumplir el año les llevaban sus padres al templo, donde pasaban una noche velados por sus parientes. De los sueños del que se dormía sacaban el horóscopo. La única instrucción que recibían era la de las armas. Los primogénitos, muertos sus padres, entraban de lleno en todo el patrimonio; si eran señores, en el señorío. No partían en ningún caso los bienes con sus hermanos. Cuando iban a casarse con mujer legítima practicaban algunas ceremonias parecidas a las que se usaban en México. Un anciano, llevando obsequios de mayor o menor valor, se presentaba en la casa de la novia y la pedía. Si aceptaba la petición, se celebraba un gran banquete y era recibida envuelta en una manta de brillantes colores. Uno la conducía en hombros a casa del novio, acompañada de deudos y amigos que cantaban y bailaban. De cuando en cuando se paraba la comitiva y repetía sus cánticos y bailes. La novia llevaba cubierto el rostro. Inmediatamente que llegaban a la casa del novio, las amigas descubrían el rostro de la novia, y después de bañarla en agua de flores, la encerraban en una habitación en tanto que seguían las fiestas y diversiones. A los tres días pasaba a poder del novio. Terminaba completamente el matrimonio luego que dormían tres noches en la casa del novio y otras tres en la casa de la novia, repitiéndose siempre la bulla y los banquetes. Como puede imaginarse, semejantes bodas eran de la gente rica o noble; las de la plebe, si pobres y humildes, venían a ser en el fondo lo mismo. Constituían los casados —añade el citado historiador— hogar y tenían hacienda propia. La hacienda a la verdad era bien pobre. Estaba generalmente reducida a unas malas sementeras de maíz y unos cuadros de legumbres; a una azuela para rozar y unos palos para arar la tierra; al metate en que molían el grano, la artesa en que hacían el pan y las calabazas en que bebían; a unos molinillos de mano y unas cestas forradas de cuero que servían de cofres; a una cama de estera sobre cuatro estacas en que había por almohada, ya un palo, ya una piedra. Con estos bienes y este ajuar encontraron los españoles a los habitantes de aquella comarca (1).

Las tintas negras del cuadro casi se convierten en blancas si pasamos de Honduras a Nicaragua. En Nicaruaga se veían reflejos de la civilización mejicana. Se hablaba por muchos moradores de aquella tierra la lengua nahuatl y se tenía noticia del tiempo. Se escribían libros cuyas hojas eran tiras de cuero de venado, en los cuales se pintaban las heredades, los caminos, los montes, los ríos, los bosques y las costas, anotándose también los ritos, las ceremonias, las leyes, los trastornos de la naturaleza, los cambios y mudanzas de los pueblos. Usaban la tinta, ya negra, ya roja. Doblábanse los libros de igual manera que entre los aztecas.

Había cierta semejanza lo mismo en los templos que en las creencias religiosas de los nicaraguatecas y los mejicanos. Unos y otros creían que los dioses gustaban de la sangre y del corazón de los prisioneros de guerra, siendo de advertir que hasta los nombres de algunas divinidades de Nicaragua eran mejicanos. Existían también semejanzas entre los nicaraguatecas y los yucatecas. Ambos se sajaban el cuerpo con cuchillos de pedernal y se echaban polvos de carbón en todo el trayecto de la herida, teniendo para estas labores oficiales diestros y entendidos. Unos y otros, al decir de Oviedo, usaban en la escritura, no sólo de imágenes, sino de caracteres, y leían en sus libros como nosotros en los nuestros.

No vaya a creerse por todo lo dicho que los nicaraguatecas carecían de fisonomía especial, de propias instituciones y costumbres. La cultura estaba reducida, si cultura puede llamarse, a la que tenían los pueblos que habitaban entre el Pacífico y los lagos, esto es, a los *niquiranos* y *chorotegas*. Chontales y caribises no eran tan bárbaros como los que poblaban a Honduras. Los chorotegas, que se dividían en

(1) Ob. cit. pág 281.

nagrandanos y *dirianes*, y los niquiranos en *orotinatecas* y *cholucatecas*, debieron tener cierto parentesco con las razas pobladoras del Anahuac. Chorotegas y niquiranos iban vestidos, usando hombres y mujeres pendientes en las orejas. Se distinguían por su hermosura las mujeres de Nicoya. Diferenciábanse mucho físicamente los hombres y las mujeres de Nicaragua. El hombre trabajaba en la agricultura y en la industria, y era cazador y pescador; la mujer vendía lo que el hombre ganaba. El hombre barría la casa y encendía la lumbre; pero el comercio estaba reservado a la mujer. Guardaba el hombre pocas consideraciones a su compañera; no le permitía ir al templo, ni asistir a ningún acto religioso. Con harta frecuencia la despreciaba y envilecía. Conducta semejante debió influir para que la mujer se prostituyese, siendo considerable el número de rameras, las cuales vendían sus gracias por diez almendras de cacao. Había burdeles públicos y al lado de las rameras no faltaban los rufianes. La poligamia se practicaba por los señores y por todos los ricos; la monogamia existía para los pobres. La sodomía estaba tolerada por los Gobiernos.

Respecto al carácter de los Gobiernos, unos pueblos estaban regidos monárquicamente o por señores o caciques; otros democráticamente o por consejos de ancianos. Los primeros eran hereditarios, y los segundos electivos. Donde gobernaban señores, había Asambleas *(monexicos)*, que deliberaban sobre todos los asuntos árduos del país. Estos árduos asuntos, lo mismo en las monarquías que en las repúblicas, fueron las guerras. Preparaba y dirigía la guerra un general que gozaba de extraordinarias facultades, imponiéndose a veces a los caciques, a los monexicos y a los consejos de ancianos. Pero el poder de los caciques era en todo tiempo absoluto, y más que absoluto, tirano.

Si de las bellas artes se trata, cabe suponer que la arquitectura no careció de belleza. Algunas industrias, como el tejido de algodón y la loza, estuvieron muy adelantadas. El comercio, tanto interior como exterior, tuvo tanta o más importancia que la industria. En las plazas tenían sus mercados, sirviéndoles el cacao de moneda.

Consideremos la religión entre los nicaraguatecas. Parece ser que hacían derivar todos los seres de *Tamagastad* y de *Cipattoval*, varón el primero y hembra la segunda, que habitaban en el Cielo. A ellos se les invocaba en caso de guerra y en ellos tenían los nicaraguatecas toda su confianza. Habían otros muchos dioses: *Quiateot* era el Dios de la lluvia, y *Mixcoa* el de los mercaderes. Tenían igualmente dioses para el amor, para la caza y la pesca, etc. Creía el nicaraguateco que el bueno en la tierra, a su muerte, subía al cielo, y el malo, por el contrario, descendía a un lugar profundo; el primero era recibido por los dioses Tama-

gastad y Cipattoval, el segundo por el dios *Miqtanteot*. Entre los nicaraguatecas existía también la confesión y el confesor era un viejo cé-
libe; los pecados consistían en haber hablado mal de los dioses o en
haber quebrantado las fiestas religiosas. La penitencia consistía en de-
poner en los altares de los dioses ofrendas, barrer o llevar leña al templo y otras de la misma clase. Para todos los dioses había templos y
oratorios, y en honor de ellos celebraban los nicaraguatecos alegres y
brillantes fiestas, como también ofrecían sacrificios humanos, cuya carne comían sacerdotes y caciques. Acerca del diluvio tenían ideas determinadas. Creían que todo ser viviente había perecido. Después vinieron
a la tierra Tamagastad y Cipattoval y crearon todos los animales:
hombres, pájaros y reptiles. Nada quedó de las primitivas razas. El
castigo fué terrible; pero merecido. La humanidad, viciosa, pecadora y
corrompida, había incurrido en la ira de los dioses.

Manifestaban singular atraso en algunas cosas. Apenas nacían sus
hijos, los padres deformaban la cabeza deprimiéndoles el hueso coronal
y abollándoles los parietales. La potestad de los padres sobre los hijos
era casi absoluta, pues, en caso de necesidad, hasta podían venderlos
como esclavos. Habremos de recordar el siguiente hecho: era costumbre
que la mujer durmiese la primera noche de su casamiento con el sacerdote mayor. Por cierto, que con dicho sacerdote mayor confesaba sus
pecados, los cuales él sólo podía perdonarlos.

Del siguiente modo describe y diseña Oviedo la morada del cacique de Tecoatega, a quien visitó en Enero de 1528. Así podremos conocer la vida de aquel cacique y de aquel pueblo. Dice el laborioso escritor en su *Historia General y Natural de las Indias*, que vivía el gran
señor de Tecoaga en una gran plaza cuadrilonga rodeada de frondosos
árboles. Allí tenía casa, donde moraban sus mujeres y sus hijos; pórtico, donde él pasaba las horas más calurosas del día acompañado
de sus fieles capitanes; lugar destinado a la fabricación del pan y
hasta cementerio para su familia. Allí, como señal de su poder y bravura, tenía puestas en altas cañas las cabezas de los ciervos muertos
por su mano. El cacique estaba recostado de día en una cama a tres
pies del suelo, alta la cabeza, casi desnudas o mal cubiertas las carnes
por una manta de blanco algodón; sus capitanes se hallaban también
sobre esteras que cubrían el pavimento. Si llamaba el señor, se levantaba uno o varios de los capitanes y ejecutaban las órdenes de aquél recibidas. De noche dichos jefes velaban el sueño del cacique y guardaban la plaza.

Las casas eran grandes chozas terminadas en ángulo agudo, de
cuyo vértice bajaba el tejado hasta casi dar con los aleros en el suelo;

los pórticos consistían en tinglados sostenidos por troncos de árboles y cubiertos con ramas, y las camas se componían de zarzos de gruesas cañas, por colchón esteras y por almohada banquillos de madera. El bambú, el bejuco, la madera y la paja, constituían los materiales de esos edificios.

Vagas y de segunda mano son las noticias que tenemos de los pueblos que hoy constituyen las Repúblicas de Panamá y de Costa Rica. Dice Torquemada que no había idólatras en los citados pueblos. Adoraban a un solo Dios o *Chicuhna*, que moraba en el cielo. Chicuhna significa principio de todas las cosas. A dicho Dios dirigían sus plegarias y hacían sus sacrificios. Los europeos, cuando llegaron al país, no encontraron imágenes de Chicuhna ni de otros dioses. Herrera, por el contrario, sostiene que en Panamá rendían culto a una divinidad que llamaban *Tabira*, y cuya imagen estaba hecha de oro. Algunos, no todos, creían en la vida futura, y por esta razón enterraban con el cadáver todo aquello que había sido más de su agrado durante la vida. Los habitantes de Panamá, añade Herrera, tenían mucho parecido a los de las islas de Santo Domingo y Cuba. Distinguíanse, en particular, como pintores y entalladores.

Por último, afirma Torquemada que del Darién a Nicaragua sólo existía el gobierno monárquico, y al Rey heredaba el hermano, y a falta de hermanos sucedían los sobrinos. Los sobrinos debían de ser, no por línea de varón, sino de hembra.

Pasando ya a otro asunto, habremos de notar que desde Panamá hasta México, incluyendo también las islas de Santo Domingo y Cuba, se parecían los habitantes en usos y costumbres; también tenían cierto parecido o semejanza sus instituciones políticas y administrativas.

Nada nuevo añadiremos al decir que las numerosas tribus que ocupaban la mayor parte de las islas de Haití o Santo Domingo (Isla Española), Cuba, Puerto Rico, Jamáica, las islas Lucayas y otras, diferían mucho de los caribes, lo mismo física que moralmente. Si físicamente eran de buena talla, de color más claro, de hermosas facciones, esbeltos y bien formados, bajo el punto de vista moral se distinguían por su dulzura, candidez y generosos sentimientos. Aunque se conoce poco de la vida social de los habitantes de aquellas islas, se sabe que hasta la veneración llevaban el respeto a sus caciques. Sobresalieron en la industria agrícola, labraban la madera y trabajaban hábilmente el barro. Hacían joyas de oro, estátuas, etc. Estaban muy atrasados en las ciencias. Creían en la otra vida; adoraban el *Sol*, la *Luna* y otros dioses. Se permitía la poligamia y el repudio. No eran más humanos con los enfermos que los patagones y los tapuyas. Tenían tanto miedo a los caribes, que, cuando se les hablaba de ellos, se ponían trémulos. Colón se los atraía sólo con decirles que había ido allí para librarlos de enemigos tan fieros. Los caribes, como los tupíes, se hallaban interpolados con otros muchos pueblos (1). Caribes y tupíes debían tener casi las mismas cualidades. "Iban —escribe Pí y Margall— sin temor de isla en isla, y de las islas a Tierra Firme. Hacían tan aventuradas expediciones con el sólo fin de asaltar pueblos y procurarse cautivas. Bravos, no temían la lucha en campo abierto; pero la evitaban siempre que podían, cayendo de noche sobre las plazas objeto de su codicia o su venganza, tomándolas sigilosamente las salidas, atacándolas de rebato, incendiándolas y para mayor confusión aturdiéndolas con espantosos alaridos. Como los demás bárbaros, no dejaban con vida sino a los niños y las mujeres; mataban y aun comían a los adultos, y eran el terror de las gentes. Aterradas tenían a todas las naciones de la cuenca del Orinoco, si se exceptúa la de los cabres, aterradas las costas, aterradas las Antillas, y verdaderamente aterrados tuvieron después a los mismos europeos„ (2). Untaban sus flechas con veneno. Desde Pedro Mártir de Anglería, hasta el último de los cronistas que, como testigos presenciales, escribieron, ora de las Antillas, ora de Tierra Firme, los presentan comiéndose a sus enemigos en repugnantes banquetes.

Pondremos remate a nuestras consideraciones y por lo que a Cuba se refiere, considerando que en estos últimos años (1909-1910). D. Federico Rasco, coronel de la Guardia Rural, ha encontrado objetos precolombinos en una cueva en Jauco, término de Bayamo (provincia de Oriente), que tienen verdadero valor histórico. Consisten dichos objetos en un dujo o asiento indio, de madera y de una sola pieza, con dibujos en tallado, dos ídolos de piedra, tres hachas de piedra dorita pulimentadas, varias figuras o mascarillas de arcilla endurecidas al sol y que formaban parte de las vasijas de los indios, etc. Además, se hallaron dos cráneos, uno de un hombre y otro de una mujer, y por ciertas señales debieron ser de caribes. Indícanos el estudio de los objetos citados que la civilización de los primeros habitantes de Cuba no fué nula, pero inferior, bastante inferior a la del Yucatán, México y América Central.

---

(1) Recuérdese lo que se dijo de los tupíes y caribes en el capitulo IV.
(2) *Historia general de América*. tomo y volumen I, págs. 695 y 696.

CAPÍTULO VII

—

Consideremos el comienzo de la historia de México. El punto es obscuro y nada puede asegurarse con certeza. Según recientes estudios,
apareció el hombre en el suelo mejicano al principio de la época cuaternaria. Dícese del mismo modo que el habitante más antiguo pertenecía a la raza negra. Dejando la cuestión de si era o no autóctono,
sabemos tradicionalmente que las primeras gentes fueron los *quinametzin*, hombres de elevada estatura, establecidos en las orillas del Ato-
yac, rio que corre entre Cholula y Puebla; descendían, como todos los
invasores de América —y así lo dice Veytia— de siete familias que vinieron de Tartaria. ¿Los quinametzin y quinamés son el mismo pueblo?

La raza que contribuyó más que ninguna a la civilización de la América del Norte fué la de los nahuas (1). Estos nahuas, ya xicalancas, ya olmecas, si estuvieron primeramente subyugados por los quinamés, luego convidaron a sus señores a un banquete, y después de embriagarles, los mataron. Dueños del país, lo poseyeron pacíficamente. Acerca de la procedencia de olmecas y xicalancas, se cree que bajaron del Oriente en canoas y llegaron primero al río Pánuco, desembarcando después en las costas y ocupando toda la península del Yucatán con la fracción de Chiapas y Tabasco.

Decían los mejicanos del tiempo de la conquista que el mundo había pasado por cuatro edades: en la segunda ponían á los quinamés, y en la tercera a los xicalancas y olmecas. En la cuarta hacían venir del Occidente á los *chichimecas*, conjunto de tribus pertenecientes al mismo tronco que los xicalancas y olmecas, aunque de diferente carácter. Estos nahuas acamparon en la parte más septentrional de México, en las riberas del Gila o del río Colorado. Afírmase que echaron los cimientos de la ciudad de Huehuetlapallan, y la hicieron capital de su imperio. Andaban casi desnudos o cubiertos con pieles de fieras, se alimentaban de la caza y de frutas silvestres, vivían en cuevas naturales o abiertas en los montes. Aunque tenían su monarca y organización, dichas tribus gozaban de cierta autonomía y obedecían a su cacique. Los chichimecas eran monógamos. No se casaban sin el consentimiento de los padres de la novia; luego, por ligeros motivos, repudiaban a sus mujeres y contraían otras nupcias. Trataban, sin embargo, muy bien lo mismo á sus mujeres que a sus hijos. No consentían los enlaces entre padres é hijos, ni entre hermanos y hermanas; pero sí entre cercanos deudos.

Entre las tribus chichimecas había una que tenía mayor cultura y costumbres más suaves, algunos conocimientos de astrología, de artes y de agricultura. Era la de los *toltecas*, la cual pronto se declaró independiente de los emperadores de Huehuetlapallan e hizo de Tlachicatzin la capital de su república. Se ignora el tiempo que los toltecas permanecieron en Tlachicatzin, como también si gozaron de completa independencia. Parece probado que andando el tiempo pelearon con las demás tribus, siendo vencidos y arrojados de su patria. Emprendieron a últimos del siglo VI de Jesucristo, larga peregrinación que duró cien años, llevando consigo, según cuentan muchos historiadores, sus mujeres e hijos, siete capitanes por jefes, un sacerdote por guía y consejero. Andaban unos días y descansaban otros. Hacían largas estaciones, de-

---

(1) Los nahuas y los mayas, ¿son razas diferentes? Sostienen algunos autores que tuvieron el mismo origen y vivieron unidas mucho tiempo. Puede, sí, asegurarse que los unen grandes semejanzas y los separan notables diferencias.

jando en ellas cuando marchaban cierto número de familias. No se dirigían a punto fijo; unas veces iban por la costa del mar y otras veces se separaban de ella, ora se dirigían a Levante y ora a Poniente, ya avanzaban y ya retrocedían (1). Hacia el año 697—según cálculos de Veytia- debieron llegar los toltecas a Tulcantzingo (hoy Tulanzingo), recordando entonces que hacía dos ciclos, esto es, ciento cuatro años, que habían salido de su país. No agradándoles su nueva patria, a los diez y seis años, el 713, volvieron a ponerse en camino con dirección a Occidente. Convidados por la dulzura del clima y la fertilidad de la tierra, acamparon cerca del pueblo de Xocotitlan, en las riberas de humilde río, donde fundaron la ciudad de Tullan (hoy Tula). Decididos a no mudar de asiento, edificaron sus casas de lodo y piedra, y desde Tula se derramaron por el valle de México, tal vez teniendo que luchar con varias tribus que aún quedaban en aquella tierra.

¿Se hallaban entre estas tribus los *tarascos y otomíes*, los *totonecas, zapotecas y mixtecas?* De los tarascos de Michoacán diremos que eran pueblos sedentarios, cuyas casas hacían de piedra y barro, distinguiéndose en la fabricación de sus objetos de orfebrería, en sus trabajos de pluma y en sus excelentes armaduras, rodelas, etc. La lengua de los tarascos tenía cierta armonía, y en ella abundaban las vocales. Manifestaban cierta obscuridad en sus ritos y ceremonias.

Los otomíes, vecinos de los anteriores, no se distinguían por su cultura. Cultivaban sus feraces tierras y eran aficionados á la música y al canto. Apenas había mujeres célibes, pues los padres o los tutores les buscaban con empeño maridos. Cuando la mujer otomí se hallaba en cinta se cargaba de amuletos y talismanes; procuraba no encontrarse con seres o cosas maléficas, como la vista de perros negros. Si el que nacía era varón, se le colocaba en la frente una pluma, en los hombros un arco y una aljaba, y en el pecho una herramienta cualquiera; si era hembra, en la mano derecha un uso, en la izquierda una poca lana y en el corazón una flor.

Los otomíes, como todas las tribus del Norte, usaban el pulque, la más estimada bebida alcohólica; el maíz era cultivado generalmente y formaban con él sabrosas tortas. Debemos hacer notar que los otomíes eran uno de los pocos pueblos que veían en la muerte la completa aniquilación del hombre. Volveremos a recordar en este lugar que si las tribus del Mediodía manifestaban sentimientos religiosos, en cambio, las del Norte estimaban poco o apenas hacían caso de las relaciones entre el hombre y Dios.

Los totonecas de Veracruz, tributarios también de los aztecas, aun-

(1) Veytia, *Historia Antigua de México*, caps. XXI y XXII.

que más cultos, debieron ser los constructores de las pirámides y templos de Teotihuacán. Los antiguos cronistas, al ocuparse de *Cempoalla*, la principal población de los totonecas, dicen—tal vez con exageración manifiesta—que parecía un paraíso terrenal.

No tenían menos cultura los zapotecas de Oaxaca y sus vecinos los mixtecas de la costa del Pacífico. Afirmaban los zapotecas que las ruinas de Mitla, llamadas en su lengua *Ryo-Ba* o entrada a la tumba, con sus soberbios palacios de grandes salones, fueron sepulcro de sus antepasados. La lengua zapoteca se llamó en el país *tichaza* (lengua de los nobles). Entre los zapotecas existía la monogamia. Con frecuencia se unían mancebos de catorce años con doncellas de doce. Dominaban los hombres a las mujeres; pero no por la fuerza, sino por el cariño y la dulzura. Si gustaban de los placeres carnales, no llevaban sus relaciones amorosas hasta la lujuria.

De los mixtecas se dice que perpetuaron en jeroglíficos la memoria de sus mitológicas leyendas. Cuéntase de ellos que tenían en cada pueblo personas anualmente elegidas para que todos los días señalasen trabajo a sus convecinos. Al amanecer, las citadas personas, desde lo alto de sus casas, llamaban a los convecinos y les señalaban tarea. Aquellos que no cumplían el encargo, porque perezosos no realizaron la obra o la hicieron mal, sufrían severo castigo. Tales hechos hacen pensar con algún fundamento si los mixtecas se hallaban regidos bajo principios comunistas.

Dejando ya el estudio de las últimas tribus, cuya importancia es escasa, recordaremos que durante la peregrinación de los de Tula, los chichimecas invadieron el Anahuac (1), que tomaron por la fuerza.

Los toltecas, residentes en Tula, deseosos de reconciliarse con los chichimecas, abandonaron el gobierno de los siete capitanes, que los mandaban alternativamente, eligieron un Rey y establecieron la monarquía hereditaria. El primer Rey—según Veytia—era hijo de Icauhtzin, emperador de los chichimecas, y se llamaba Chalchiuthlanetzin. Las leyes de sucesión disponían que ninguno pudiera ser Rey más de un ciclo; el que viviera más, entregaría la corona a su heredero, y el que muriese antes se encargarían de ella los ancianos. La monarquía había gozado gran ventura, engrandeciéndose por la influencia de la civilización más que por las armas. Brasseur de Bourbourg, apoyándose en nuevos códices, sostiene que Nauhyotzin fué el primer Rey de los toltecas y que no hubo las citadas leyes de sucesión; añade que pasó toda

---

(1) Unos autores entienden que el antiguo Anahuac comprendía toda la tierra que se halla entre los dos Océanos, y otros dicen que sólo abrazaba lo que denominamos hoy Nueva España. Nosotros entendemos por Anahuac el territorio ocupado al presente por los Estados de Querétaro, México, Veracruz, Tlaxcala y Puebla.

su vida en lucha con las tribus extranjeras o indígenas establecidas en aquel suelo.

Por entonces se fundaron tres monarquías: una en Colhuacan, cuyo primer Rey fué Nauhyotzin; otra en Guauhtitlan, dirigida por Chicon-Tonatiuh; y la tercera en Tula, de la cual Mixcohuatl Mazatzin fué a la vez Rey y Pontífice. Prestábanse apoyo las tres monarquías y los tres Reyes en sus respectivos Estados emplearon sus armas, en el interior, contra la aristocracia que se negaba a reconocerlos, y en el exterior contra las tribus que venían del Norte. Los caudillos más bravos fueron considerados luego como dioses, lo cual indicaba que todavía se hallaba América en los tiempos heróicos y no en los históricos.

A tal punto llegó la unión de las tres monarquías, que a la muerte de Nauhyotzin en Colhuacan le sucedió Mixcohuatl Camaxtli, hijo del Rey de Tula, y al morir Mixcohualt Nazatzin en Tula, ocupó el trono Huetzin, cuyo origen se desconoce. Según el *Códice Chimalpopoca*, la monarquía menos venturosa fué la de Quauhtitlan, cuyo segundo Rey, llamado Xiuhel, acabó sus días de muerte airada: tal vez hubiera perecido este reino, si no se hubiese nombrado Rey a Huactli, joven de valor y simpático. En su apoyo llegaron de Chapala número considerable de chichimecas.

El Rey de Colhuacan, Mixcohuatl Camaxtli, tomó a Cuitlahuac, ciudad donde se estrelló su padre, y se dirigió al Mediodía de Popocatepetl y al territorio de Tlaxcala y Huexotzingo, ciudades que él fundó, según algunos escritores. Los nobles, enemigos de la monarquía, mataron a Camaxtli, teniendo que bajar Huetzin desde Tula, el cual impidió la disolución del reino. Ocurrió entonces un suceso que no acertamos a explicar, y fué que Huetzin pasó a ser Rey de Colhuacan, quedando como monarca de Tula un tal Ihuitimal.

Por aquellos tiempos, esto es, en el año 856, se confederaron los monarcas de Tula, de Colhuacan y de Otompan, reino el último cuya situación se desconoce, y que tal vez —como opina algún historiador— sus dominios constituyeron después el de Tezcuco. Dícese que Reyes y ancianos de las tres monarquías, reunidos en asamblea, acordaron dar al soberano de Colhuacan el título de *Tlatocat-Achcauh*, que quiere decir Emperador o el primero de los Reyes. Cada Rey continuaría siendo, lo mismo en lo religioso que en lo civil, la autoridad suprema de su Estado. Las leyes de sucesión habían de ser iguales en los tres pueblos: el primer sucesor sería el primogénito, el segundo el segundogénito, el tercero el hijo del primogénito y el cuarto el hijo del segundogénito, y así sucesivamente. El heredero de la corona, cuando llegaba a la mayor edad, ejercía el cargo de generalísimo; pero, si lo desempeñaba mal, no podía subir al trono. En los intereses comunes a los tres Estados, deliberaban los tres Reyes, resolviéndose todos los asuntos por mayoría.

A la sazón —y seguimos al pie de la letra el Códice Chimalpopoca—apareció un hombre extraordinario: llamábase Quetzalcoatl o Quetzalcohuatl. Debió pertenecer a la tribu tolteca, si bien algunos escritores le consideran olmeca o xicalanca. Ven en él, unos, al mismo apóstol Santo Tomás, que apareció en América (siglo primero de la Iglesia); otros dicen que era Dios; quién le hace Santo, Pontífice o Rey; quién hechicero o un hombre cualquiera. Convienen casi todos en que era un ser superior, digno de eterna fama en la historia del Nuevo Mundo. "Quetzalcoatl, se dice unánimemente, les enseñó a mejorar el cultivo de la tierra, fundir el oro y la plata, tallar las piedras preciosas, tejer el algodón y la pluma, curtir y adobar las pieles, construir puentes y calzadas, y levantar los más suntuosos monumentos; los exhortó a moderar las pasiones, domar la carne por el ayuno, purificarse por la penitencia y hacerse propicia la divinidad por la oración y el sacrificio de la propia sangre; los apartó de inmolar a Dios víctimas humanas, y los inclinó a no darle en ofrenda sino perfumes, flores, frutos, pan de maíz, mariposas, y, cuando más, serpientes y gamos; les ablandó, por fin, el corazón y les suavizó las costumbres„ (1). Es de advertir que en la mitología tolteca había un Quetzalcoatl, dios de los vientos; también se llamaba Quetzalcoatl el sacerdote de aquella divinidad. ¿Contribuiría esto a las contradicciones de los cronistas?

Cuentan algunos historiadores que había en Tula una virgen llamada Chimalmam, que tenía dos hermanos de nombre Tzochitlique y Conatlique. Hallándose los tres solos en su casa, se les apareció de repente un enviado del Cielo. Tzochitlique y Conatlique, murieron de terror, oyendo entonces Chimalman de boca del ángel, que concibiría un hijo sin obra de varón. Aquel hijo fué Quetzalcoatl.

De diferente manera refiere el caso el *Códice Chimalpopoca*. Según él, Chimalman fué una princesa que defendió valerosamente sus Estados contra Mixcohuatl Camaxtli, Rey de Colhuacan, el mismo que murió en Cuitlahuac a manos de los nobles. Vencida Chimalman, casó con el vencedor, y tuvo a Quetzalcoatl. De muy joven, añade el Códice, acompañó Quetzalcoatl a su padre en todas las expediciones belicosas. Cuando Quetzalcoatl supo que el autor de sus días había sido asesinado, reunió a sus parciales, se dirigió a Cuitlahuac y la tomó, llevando a cabo terrible venganza. Desapareció luego, ignorándose dónde estuvo. A los quince años, el 870, apareció en Pánuco, rodeado de brillante pléyade de sabios y artistas. El vengativo guerrero se había convertido en

---

(1) Pi y Margall, *Hist. gral. de América*, tom. y vol. I, pág. 27.

profeta. Aquel hombre, de negros y largos cabellos, blanco rostro y buenas facciones, de espesa barba y gallarda estatura, vestido con una túnica y calzando sandalias, se atrajo y cautivó a las gentes. Ganoso de extender la civilización por el país, comenzó su apostolado en Tulanzingo. Pasó a Teotihuacan, de cuya ciudad salió irritadísimo porque allí se levantaban los templos del Sol y la Luna, y allí se inmolaban cautivos y criminales en el altar de los dioses. Recomendaba que cada uno vertiera su sangre punzándose con espinas el cuerpo, y él mismo se lo picaba con agujas de esmeralda después de haberse bañado a media noche en las fuentes de Atecpan Amocheo. A la muerte de Ihuitimal, fué proclamado Rey. Lo primero que hizo fué abolir los cruentos ritos de los chichimecas y ordenar que se purificasen los templos, medidas que le atrajeron el odio de los sacerdotes. Arreció la enemiga contra él cuando introdujo las siguientes reformas: el bautismo, el ayuno, la confesión, la castidad para los Ministros de Dios, y la fundación de colegios sacerdotales sujetos a severa disciplina. En cambio, se ganó el corazón de la muchedumbre por la santidad de sus actos, el esplendor del culto, el fausto de la corte, la grandeza de los monumentos que hizo levantar en Tula, la protección que dispensó a la industria y a las artes, los caminos con que enlazó los tres reinos. Como tuviese noticia que secretamente se inmolaban cautivos en aras de los dioses, castigó sin piedad a los que tales cosas hacían. Tetzcatlipoca, individuo de una familia que se creía con derechos a la corona, al frente de algunos partidarios de la antigua religión, y con la ayuda de los reyes de Colhuacan y de Otompan, encendió la guerra contra Quetzalcoatl, quien, no queriendo derramar sangre, abandonó el trono y partió de la ciudad, seguido de muchos de los suyos. Dejaba el trono el 895. Hacía veinticinco años que llegó a Pánuco y veintidós que era Rey.

Veámos cómo dicen los historiadores que Quetzalcoatl hizo el viaje a Cholula. Delante van los músicos tañendo la flauta, al lado pajes que le cubren la cabeza con el parasol de plumas, detrás los ciudadanos más distinguidos y por los aires pájaros de brillantes colores que abandonan la población rebelde. Si vuelve los ojos y llora al ver a Tula, sus lágrimas horadan los peñascos; si pone las manos en una roca, en ella se señalan las huellas; si tira una piedra a un árbol, las señales duran siglos; si se sienta en la loma de una sierra, el monte se hunde. Escondió en el lecho de un río las joyas que no ocultó antes de salir de Tula, y a instancias de sus antiguos vasallos, dejó en el reino los maestros de las artes y las herramientas (1).

Inmensa alegría causó su presencia en Cholula, donde continuó la

(1) Véase Sahagún, lib. III, caps. XII, XIII y XIV. Torquemada, lib. VI, cap. XIV.

obra que había realizado en Tula. Enseñó a los hombres la moral y las artes; extendió la civilización y cultura a toda la comarca. Convirtió a Cholula en hermosa ciudad, pues antes sólo era pobre villa. Se atrajo a los olmecas, que se hallaban situados al Este y Sur de Popocatepetl, formando con ellos un segundo reino. Fundó ciudades, levantó templos, abrió caminos, estableció colegios de sacerdotes y comunidades religiosas de mujeres.

Tetzcatlipoca, bajo el nombre de Huemac, logró ceñir la corona de Tula, y luego, temiendo el ascendiente del reino de Cholula, al frente de poderoso ejército, cayó sobre los dominios de Quetzalcoatl, quien, como en Tula, se negó a pelear, aunque sus súbditos le manifestaron su decisión de combatir hasta derramar la última gota de su sangre. No lo consintió Quetzalcoatl, y, después de darles algunos sanos consejos y esperanzas, abandonó la ciudad, acompañado sólo de cuatro distinguidos jóvenes, emprendiendo su tercera retirada. Cuando llegó a la embocadura del Guazacoalco, despidió a sus compañeros, anunciándoles que en los futuros tiempos vendrían a dominar el país unos hombres de Oriente, como él blancos y de espesas barbas. Dirigióse en seguida por las aguas del río, ignorándose el camino que tomó, ni dónde acabó sus días. Por mucho tiempo recordaron aquellas tribus el nombre inmortal de Quetzalcoatl.

Posteriormente el tirano Tetzcatlipoca, fué castigado como merecía. Creíase invencible, cuando Nauyotl, por cuyas venas corría sangre de los chichimecas, se sublevó en Tula, derrotó completamente a Tetzcatlipoca y se apoderó del reino. El nuevo monarca, si permaneció fiel a las antiguas creencias, no persiguió el nuevo culto. Tula fué el centro de la religión tradicional y Cholula la ciudad santa de las doctrinas de Quetzalcoatl. Nauyotl hizo construir en Tula magnífico y soberbio templo. Aunque continuaron los sacrificios humanos y el horrible culto de Tlaloc, no decayó el cultivo de las ciencias, de las artes y de la industria. Si Tula había sido en tiempo de Quetzalcoatl y aun durante el reinado de Tetzcatlipoca la capital del Imperio, Nauhyot hizo a Coluhacan la verdadera metrópoli. Perdió Tula la superioridad política, ganando en cambio la cultura científica, pues en ella se crearon escuelas, y ella fué la morada de sabios y de artistas. Muerto Nauhyot, en 945, su mujer Xiuhtlatlzin, querida de los súbditos, ciñó, contra las leyes de sucesión del reino, la corona de Tula. A los cuatro años murió reina tan excelente, dejando por heredero a su hijo Matlaccoatl, de quien nada sabemos. Tampoco tenemos noticia alguna de Tlilcoatzin, que comenzó su reinado el 973.

Al llegar al año 994 se ve que Huemac Atecpanecatl, de la familia

de los reyes de Colhuacan, fué elegido rey de Tula (1 . Enamorado de
una mujer bellísima, la cual hubo de conocer porque se presentó ofreciéndole miel o vino de maguey, tuvo de ella un hijo; y cuando falleció
su esposa, elevó al trono a la adúltera y designó por sucesor a Topiltzin
Acxitl, fruto de su adulterio. La nobleza y el pueblo tomaron muy a
mal lo hecho por Huemac Atecpanecatl. Venían a hacer más difícil la
situación del Rey las amenazas de los chichimecas, bárbaros del Norte
Hallábanse en las fronteras del Anahuac, decididos a caer sobre el reino de Tula.

Viéndose perdido Huemac, no encontró otro medio para salir de su
apuro que abdicar en favor de su hijo Topiltzin Acxitl. Comenzó bien
Topiltzin; luego se entregó a las liviandades más repugnantes, siguién-
dole en su conducta depravada sacerdotes y sacerdotisas. Cuéntase que
Hueman, sacerdote que dirigió a los toltecas en larga peregrinación,
profetizó que perecería el reino cuando ocupase el trono un hombre de
cabello erguido, y naciesen conejos con cuernos y colibríes con espolo-
nes. Creyó Topiltzin reconocer estos prodigios en un conejo y en un
colibrí que había cazado en sus jardines, cambiando entonces, lleno de
terror, de costumbres y ordenando sacrificios a los dioses. Sin embargo, los dioses, irritados contra el monarca y su pueblo, hicieron que las
aguas inundasen el país y lo devastaran, que los huracanes derribaran
edificios y árboles; sucediéronse grandes sequías, secándose las fuentes
y arroyos; luego sofocante calor; en seguida horrorosos fríos que helaban
hasta los magueyes; después plaga de gusanos que roían las plantas en
los campos, y de gorgojos que comían el trigo en los graneros; últimamente, un hambre que diezmaba las poblaciones. Como consecuencia
del hambre, por todas partes había cuadrillas de ladrones e incendia-
rios. Tal estado de cosas, llegó hasta los mismos tiempos de Hernán
Cortés (2).

No estalló la guerra entre Topiltzin y los príncipes rebeldes del
Norte; pero aquél no pudo resistir la acometida de los chichimecas, los
cuales se extendieron por los valles de México. Es de advertir que los
reyes de Colhuacan y de Otompan no ayudaron en esta ocasión al de
Tula. Los chichimecas saquearon a Otompan y Tezcuco, como también
a Colhuacan. En la corte de Tula se prepararon a la lucha hasta los ancianos padres de Topiltzin y hasta las mujeres acaudilladas por la Reina madre. La victoria fué de los chichimecas; la madre de Topiltzin
murió en un combate y Tula cayó en poder de Huehuetzin, uno de los

---

(1) Veytia designa a este Rey con el nombre de Tecpancaltzin. *Hist. antigua de México*, capítulo XXIX.

(2) Esta hambre—según Kinsborough - puso fin entre los mejicanos a la cuarta edad del mun
do. *Antiquites of Mexico*, vol. VI, pág. 175.

jefes de las tribus victoriosas. Cuando Huemac, padre de Topiltzin, perdió toda esperanza, se encerró en una gruta y se colgó. Así terminó el imperio de los toltecas, que se extendía de mar a mar, entre los grados 16 y 21 de latitud Norte. Brasseur dice que concluyó del 1060 al 1070; Veytia, el 1116, y Ixtlilxochitl, el 958.

Los Reyes de Tula, según Brasseur, fueron:

1. Mixcohuatl-Mazatzin, Rey en 752.
2. Huetzin, en 817.
3. Ihuitimal, en 845.
4. Quetzalcoatl, en 873.
5. Tetzcatlipoca-Huemac, en 895.
6. Nauhyotl, en 930.
7. Hiuhtlaltzin, en 945.
8. Matlalccoatl, en 949.
9. Tlilcoatzin, en 973.
10. Huemac II, en 994.
11. Topiltzin Acxitl, en 1029.
12. Huemac III, en 1062.

Según Veytia:

1. Chalchiuhtlanetzin. Rey en 719.
2. Ixtlilcucchanac, en 771.
3. Huetzin, en 823.
4. Totepeuh, en 875.
5. Naxacoc, en 927.
6. Mitl-Nauhyotl, en 979.
7. Xiuhtlatzin, Reina, en 1035.
8. Tecpancaltzin, en 1039.
9. Topiltzin, en 1091..

Según Ixtlilxòchitl:

1. Chalchiuhtlanetzin subió al trono en 510.
2. Ixtliqucchanac, en 572.
3. Huetzin, en 613.
4. Topeuh, en 664.
5. Xiuquentzin, Reina, en 826.
6. Iztacquanhtzin, en 630.
7. Topiltzin, en 882.

Los Reyes de Colhuacan, según Brasseur, fueron:

1. Nauhyotl, Rey en 717.
2. Nonohualcatl, en 767.
3. Yohuallatonac, en 815.
4. Quetzalacxoyatl, en 904.
5. Chalchin-Tlatonac, en 953.
6. Totepeuh, en 985.
7. Nauhyotl, en 1026.

Físicamente considerados, los toltecas eran de alta estatura, de bellas formas, más blancos y de barba más espesa que los demás chichimecas. Llevaban sombreros de paja o de hojas de palmera, se cubrían
con mantas y se calzaban con sandalias. Para ir a la guerra se ponían
en la cabeza vistosos penachos, se colocaban una banda de plumas, se
pintaban el cuerpo y se adornaban con sus mejores joyas. Los soldados, en general, iban desnudos; sólo usaban el maxtle, para ocultar
lo que el pudor exige. La única arma de defensa que tenían era el
escudo. Unos empleaban el arco y llevaban las flechas en la aljaba; otros
la honda y guardaban las piedras en bolsas colgadas del cinto; estos
blandían la javalina o la maza con puntas de pedernal. Los jefes usaban
el casco de oro o de cobre y la cota de algodón. Los toltecas eran ágiles
y aptos para el trabajo. Beneficiaron las minas, construyeron varios monumentos y eran inteligentes en varias industrias. Labraban el oro, la
plata, el cobre y el ámbar. Hacían toda clase de alhajas. Trabajaban
con mucha destreza y habilidad el barro. Por lo que a la cultura intelectual respecta, conocían los jeroglíficos y mediante ellos transmitían
a sus sucesores los hechos más importantes. Poseían en dicha clase de
escritura el *Teo-Amoxtli*, compuesto, según se cree, por el sacerdote
Huemar en los primeros años del reino de Tula, y era como una sínte-
sis de las ciencias, instituciones y vida nacional del pueblo tolteca.
Cuando los españoles se apoderaron del país, ya no existía el citado libro. También perpetuaban los hechos en unos poemas, que en sus grandes festividades cantaban al son de la música. Cultivaban la Medicina
y la Astrología con algún aprovechamiento. Eran morales y tenían establecida la monogamia. Rendían ferviente culto a sus dioses. Las cuestiones religiosas y las luchas interiores, contribuyeron a la decadencia
y ruina de los toltecas.

Los chichimecas suceden a los toltecas. Hallábanse aquellos establecidos en las márgenes del Gila y bajaban por el mediodía hasta las fronteras del reino de Tula. Estaban gobernados por consejos de ancianos
y por sacerdotes que les recordaban sus deberes. Vivían en casas de
mampostería, que tenían hasta cuatro pisos. Hilaban y tejían, adobaban las pieles, eran hábiles alfareros, cultivaban la tierra y recogían
mucha cantidad de maíz. Hombres y mujeres iban vestidos; sólo las
solteras no podían cubrirse ni aun en los más rigurosos fríos. La
mujer, dedicada en absoluto a los negocios domésticos, era muy considerada del marido. Los hombres se distinguían por su laboriosidad.
Miraban la Cruz como un símbolo de paz. Las tribus chichimecas
bajaron al Anáhuac, empujándose las unas a las otras, como sucedió
en el siglo V en Europa con los bárbaros del Norte. Debieron venir

12

los chichimecas huyendo de los *teyas, querechos, apaches* y otros.

La caza era la ocupación principal de los chichimecas. Siempre llevaban un arco y un carcaj. Comían y se vestían con lo que cazaban; en efectos de caza pagaban sus tributos, y la res o pieza que primeramente cogían la sacrificaban al Sol. Además de la caza, se alimentaban con los frutos de la tierra. Poseían conocimientos de medicina, y no ignoraban las virtudes curativas de muchas hierbas; pero si los remedios eran ineficaces, lo mismo a los enfermos graves que a los viejos los mataban introduciendo una flecha por la garganta. Hombres y mujeres iban vestidos de pieles; sólo el Emperador podía usar la piel del león. El hombre y la mujer casados se guardaban fidelidad hasta la muerte. Juntos iban a las fiestas y a la guerra. Juntos pasaban toda la vida. Creían en un Dios creador del universo. Sólo rendían culto al *Sol* y a la *Luna*.

En política vivían bajo el inmediato poder de sus nobles, si bien reconociendo en el Emperador la autoridad suprema. Xolotl, hermano del emperador Achcauhtzin, conquistó el Anahuac; luego fundó a Tanayocan (Tenayuca) en la margen occidental del lago de México, siendo desde entonces residencia de la corte. Todo lo que constituyó el imperio tolteca, pasó a formar parte del chichimeca. El gobierno de Xolotl fué justo; dispuso que se dejase a los toltecas en posesión de sus ciudades y villas, siempre que le reconociesen como señor y le pagasen tributo. Llegó hasta permitirles que se gobernaran por sus antiguas leyes y costumbres.

El engrandecimiento de los toltecas llegó a inspirar recelos á los chichimecas. Nauhyotl se declaró rey de Colhuacan, se negó a pagar el feudo a Xolotl, y se dispuso a la guerra. Vencido y muerto Nauhyotl en una batalla que se dió en las orillas de los lagos, habría podido Xolotl acabar con el nuevo reino. Lejos de ello, continuó su política de atracción, hasta el punto que, vacante el trono de Colhuacan—pues sólo tres hijas del último Rey eran las herederas—ei citado Xolotl casó a su hijo Nopaltzin con una de ellas.

A la sazón, de las opuestas playas del golfo de California vinieron otras tribus, muy parecidas a los toltecas por el idioma y la cultura. Adoraban a un dios que llamaban Cocopitl, y tenían conocimientos de la agricultura y de otras industrias. Capitaneaba Tzortecomatl a los *aculhuas,* Chiconquauhtli a los *otomíes* y Aculhua a los *tecpanecas.* Bien acogidos por Xolotl, se establecieron los primeros en Coatlichan, los segundos en Xalcotan y los terceros en Azcapotzalco. Mediante matrimonios de Tzontecomatl con una hija del tolteca Chalchinhlatonac, cacique de la provincia de Chalco, y de los otros dos jefes con dos hijas de Xolotl, se aseguraron las relaciones entre las nuevas y antiguas tribus. Xolotl repartió tierras a los maridos de sus hijas y luego a sus nietos; también a seis capitanes que habían venido del Norte. Los nuevos jefes tenían la obligación de acudir con sus soldados a defender al Emperador en tiempo de guerra, y a pagar ciertos tributos para el sostenimiento del imperio. Feudal fué la constitución de aquella vasta monarquía, pues de ninguna otra manera hubieran podido vivir juntas tantas y tan extrañas gentes. Xolotl y sus chichimecas se penetraron de las ideas de los toltecas y de los acalhuas, antes sus enemigos, y levantaron un templo al *Sol;* conocieron la pintura jeroglífica e hicieron palacios y jardines.

Sin embargo, no son para olvidadas ciertas desavenencias y guerras entre las nuevas tribus y aun contra el mismo Xolotl. Unidos toltecas y otras tribus, decidieron deshacerse del Emperador del modo siguiente: Tenía costumbre de dormir la siesta a la sombra de unos grandes árboles de sus jardines. De repente inundarían con una gran cantidad de agua el lugar donde dormía el Emperador. Sabido esto por Xolotl, en el día destinado a su muerte, subióse a dormir a lo más alto de una colina. De muerte natural acabó Xolotl sus días al poco tiempo. Reinó—según Veytia—ciento quince años; según Ixtlilxochitl, ciento doce. ¿Sería—como pretende Brasseur—no un nombre, sino un título, confundiéndose por esta razón en un Emperador dos o más príncipes? Hállase averiguado que en la historia antigua de América es cosa corriente hallar personajes que su vida excedía en mucho a la ordinaria del hombre. Veytia dice que vivió del año 1117 al 1232, Ixtlilxochitl del 964 al 1075 y Brasseur del 1064 al 1160.

Nopaltzin sucedió a Xolotl, reinando pacíficamente, si hacemos caso de Veytia y de Ixtlilxochitl, y en completa anarquía, si damos crédito a Brasseur. Conformes nosotros con los dos primeros, afirmamos, además, que bajo su gobierno continuó la civilización de los chichimecas.

A Nopaltzin sucedió su hijo Tlotzin-Pochotl, conocido también con el nombre de Huetzin, el cual era chichimeca por su padre y tolteca por su madre. Continuó la obra civilizadora de sus antepasados y fomentó de un modo extraordinario la agricultura. Progresaron también las artes. Tenían grandes y hermosas ciudades. Dentro del imperio se hallaban siete Estados grandes y muchos pequeños; los grandes eran: *Coatlichan, Azcapotzalco, Xaltocan, Quauhtitlan, Colhuacan* y *Xuexotla.* Bajo el imperio de Tlotzin tuvo origen el reino de Tezcuco; también tuvieron comienzo los señoríos de Tlaxcala y de Huexotzingo.

Pasamos a estudiar el imperio de los aztecas, que, como los toltecas, pertenecían a la raza de los nahuas. Llamamos tribus aztecas, nahuatl

o mexicanas las de la familia utoazteca, que hablaban la lengua nahuatl (1). Hallábanse establecidas en la cuenca del Océano Pacífico y
regiones montañosas próximas, desde el río del Fuerte, en Sinaloa (26º
lat. Norte), a las actuales fronteras de Guatemala, exceptuando pequeña parte del istmo de Tehuantepec. La mayor y más granada parte
de la citada familia formó poderoso reino en la meseta del Anahuac.

Los aztecas que se sitúan en el Anahuac y fundan poderoso imperio, ¿de dónde proceden? Dícese que de una tierra llamada Aztlan; pero
se ignora su situación. Según Ixtlilxochitl procedían de Xalisco y eran
descendientes de aquellos toltecas que fueron arrojados de Chapultepec
después de la ruina de Tula; Aubín cree que de la península de California; Veytia sostiene que de más allá de Cinaloa y la Sonora; Brasseur
opina que del territorio comprendido entre las orillas del Colorado y
las del Yaqui.

Los aztecas aventajaban en cultura a los chichimecas de las márgenes del Gila y a los toltecas. Eran pueblos agrícolas, industriales y artistas. Ellos fueron los constructores de las dos *Casas Grandes* que se
admiran en las riberas del Gila; y más abajo, en Chihuahua, entre el
río del Norte y los montes donde nace el Yaqui, se hallan otras, con la
misma denominación de *Casas Grandes*, fábrica también de las citadas
tribus (2). Lo mismo unas casas que otras están situadas cerca de un
río, en lugar ameno y no lejos de ciudades. Tanto las primeras como
las segundas son cuadrilongas y se encuentran á los cuatro vientos. De
las Casas Grandes del Gila diremos que estaban defendidas por una muralla en cuyos ángulos había una especie de torres o baluartes. Las citadas dos casas tenían tres pisos y además un sótano; las paredes eran
de tapia, gruesas y fuertes, sin más abertura, fuera de las de entrada,
que dos agujeros redondos bastante pequeños. Invasores del Norte a
Sur debieron construirlas, los cuales debían ser excelentes arquitectos
y hábiles alfareros. En efecto, excelentes arquitectos y hábiles alfareros fueron los pueblos de más allá del Gila. Citamos la industria de
alfarería porque en los alrededores de aquellos palacios se hallaron
multitud de ollas y jarras, de diferentes formas y de varios colores
(blancas, encarnadas y azules). El Aztlan, pues, de donde se supone
vinieron los aztecas, debió estar más allá del Gila, como lo creía Veytia
y lo afirmaba el cardenal Lorenzana en sus *Comentarios a las Cartas de*

(1) «En esta tierra de la Nueva España hay tres maneras o linajes de gentes,que son chi chi-
mecas, los de Chulhúa e mexicanos: todos estos están mezclados, emparentados por casamientos:
desde muchos años acá, antes que fuese México se emparentaron los dos primeros linajes, que
son los chichin ecas e los de Chulhúa, en los terceros se emparentaron después de encomenzado
México, que ellos edificaron e fundaron de principio...» Pomar y Zurita. *Nueva colección de documentos para la historia de México*, tom. III, págs. 283 y 281.
(2) Véase Pi y Margall, *Historia general de América*, tom. 1, volúmen I. págs. 64 y 65.

Hernán Cortés. Salieron de Aztlan en la segunda mitad del siglo XI, y siguiendo la conducta de los toltecas, comenzaron larga peregrinación que duró más de doscientos años (1). Iban buscando siempre mejores y más productivas tierras. El que les guió por más tiempo fué un hombre prestigioso llamado Huitziton, tal vez muerto a mano airada en las riberas del lago de Patzcuaro. Los sacerdotes dijeron al pueblo que Huitziton era Dios, siendo desde entonces adorado bajo el nombre de Huitzilopochtli. Los huesos del nuevo Dios, guardados en una cesta de junco, fueron conducidos en hombros de cuatro ancianos. Los aztecas no emprendieron ningún negocio sin ser consultado con el Dios, encargándose de la consulta los sacerdotes. De esta manera vinieron a ser regidos por el sacerdocio. Recorrieron diferentes lugares hasta que llegaron a Zumpango, cuyo señor se llamaba Techpanecatl.

De tal modo quedó prendado Techpanecatl de sus huéspedes, que les pidió mujer para su hijo Ilhuicatl, les dió una de sus hijas para que casara con un azteca y les facilitó toda clase de auxilios. Tan grande fué su amistad que consintió en que se llevasen a su hijo Ilhuicatl cuando acordaron continuar el viaje.

Ilhuicatl tuvo un hijo llamado Huitzilihuitl, a quien se considera como el primer rey de los mexicanos. Persiguió la desgracia después y por algún tiempo a los aztecas, hasta que llegaron a Chapultepec, donde se repusieron de sus quebrantos. Luego, muerto Huitzilihuitl, se unieron con unos pueblos vecinos o con otros; pero siempre como conquistadores o señores del país. Se establecieron últimamente, la mayor parte, en lo que es hoy la ciudad de México, y la menor parte, en Tlatelolco. Creían los aztecas, por su dios Huitzilopochtli, que no debían poner término a su viaje hasta que viesen sobre un nogal un águila devorando una culebra. Los que, impacientes, no quisieron esperar que tal hecho sucediese, ocuparon la pequeña isla de Tlatelolco; los que continuaron su camino y creyeron haber visto la profecía divina, hicieron asiento en México.

En seguida se dispusieron a tomar parte activa en las guerras de las tribus vecinas, ayudando con extremado valor a Quinantzin, emperador de los chichimecas. Por ello, con la benevolencia de Quinantzin, se dedicaron a edificar, además de la ciudad de *Tlatelolco*, la de *Tenochtitlan* (por ser Tenuhezin o Tenuhe el caudillo de sus fundadores), o *México* (por llamarse mexicas los aztecas) (2). Quinantzin dejó por sucesor en el Imperio a su hijo menor Techotlalazin o Techotlala,

---

(1) Recuérdese lo que en este mismo capítulo se dijo del viaje de los toltecas.

(2) Tenochtitlan se fundó, según Brasseur, en 1325; según Veytia, en 1327, y según Torquemada, en 1341.

excelente político. Procuró la fusión de chichimecas y de toltecas, montó su palacio y su corte a la costumbre tolteca, desplegó magnificencia y lujo extraordinarios, subordinó la nobleza y dividió el Imperio en 75 provincias, al frente de las cuales puso otros tantos gobernadores. Al mismo tiempo había 73 señoríos, que el Emperador no suprimió, pues eran sólo de nombre. Los reyes vecinos, unos se engrandecieron durante el largo imperio de Techotlalatzin, y otros decayeron y aun vinieron a la ruina; en el primer caso, se encuentran los de Azcapotzalco, y en el segundo, los de Colhuacan. Techotlalatzin, hombre verdaderamente superior, en su afán de fusionar más los pueblos, hubo de consentir en sus dominios la idolatría. Sin embargo, no permitió que entrase en su palacio, ni que en los templos se vertiera sangre humana. "Para mí—decía—no hay sino un Dios que todas las mañanas saludo en el Sol que nace. Como no es cuerpo, me parecen innecesarias las ofrendas. Ni puedo convencerme de que, habiendo creado los animales, se complazca en verlos impía y estérilmente sacrificados. Menos he de creer aún que le agrade el holocausto del hombre, horror de la naturaleza„ Techotlalatzin no se dejó arrastrar al vicio. Ni tuvo amores ilícitos, ni solicitó más de una mujer, ni se entregó a los placeres de la mesa, ni al lujo de su persona. Como monarca trató con el mismo cariño a sus subordinados y procuró establecer la igualdad en los tributos. Exigió exacto cumplimiento de las leyes y castigó severamente los delitos.

A Techotlalatzin sucedió en el imperio su hijo Ixtlilxochitl. De las manos robustas del gran Emperador pasa el país a las menos fuertes de su hijo.

A la sazón, los aztecas se hallaban encariñados con Tezozomoc, rey de Azcapotzalco. Tezozomoc, con la ayuda de ellos, se decidió a pelear con Ixtlilxochitl, pues éste se había atrevido a repudiar una hija del mismo rey de Azcapotzalco. Además, el citado Emperador era un libertino. Procuró Tezozomoc atraerse a todos los príncipes que recibían algún agravio de Ixtlilxochitl. Cuando lo consiguió, los convocó secretamente a una junta, exponiéndoles la necesidad de recobrar la independencia —porque de otro modo no era posible— mediante las armas. Obtuvo el general asentimiento de sus camaradas, buscando desde entonces ocasión propicia para la rebelión. Noticioso de todo el Emperador, se contentó con reconvenir a Tezozomoc.

Comenzó la lucha entre el rey de Azcapotzalco y otros contra Ixtlilxochitl. La fortuna acompañó al Emperador en todas ocasiones, llegando por último a la misma corte de Tezozomoc. Cuando la capital iba a rendirse por hambre, presentáronse embajadores a Ixtlilxochitl, pidiéndole la paz y ofreciéndole que Tezozomoc sería en adelante fiel vasallo. El Emperador accedió a los ruegos del enemigo, y se obligó a restituir lo que le había quitado en lucha tan larga. Poco después, el rey de Azcapotzalco, ingrato a los beneficios recibidos, y olvidándose de sus promesas, volvió a buscar el apoyo de los descontentos, y al frente de poderosas fuerzas se dirigió contra el Emperador, quien hubo de abandonar a Tezcuco, y algún tiempo más adelante, sólo con unos pocos hombres, luchó como un león hasta que perdió la vida. Tezozomoc se dispuso, en unión de sus aliados, a apoderarse del Imperio, sin hacer caso de Netzahualcoyotl, hijo de Ixtlilxochitl, y joven de unos diez y seis años. Convencido Tezozomoc de la impotencia de Netzahualcoyotl, le permitió vivir en México y después en Tezcuco. En los comienzos del año 1427 murió el rey de Azcapotzalco, dejando por heredero, no a su primogénito Maxtla, pues hubo de decir: «No quiero en el trono un carácter orgulloso y áspero.» Le sucedió Teyauhzin, su hijo segundo.

Tiempo adelante, Netzahualcoyotl, poniéndose a la cabeza de muchos y valerosos partidarios, peleó con constancia un día y otro día, recuperó el trono de sus mayores y cayó sobre Azcapotzalco deseoso de castigar a Maxtla, quien no sólo se había apoderado del trono, sino que había dado muerte a su hermano Teyauhzin. Netzahualcoyotl entregó la ciudad al saqueo, arrasó los templos y las principales casas, mató a los habitantes sin respetar edad ni sexo, y habiendo encontrado a Maxtla escondido en un baño, le hizo llevar a la plaza pública, donde sufrió cruel muerte (junio de 1428). Sin darse punto de reposo, tomó a Cuyoacan y Tlacopan, residencia de los fugitivos, luego a Tenayocan, y dirigiéndose al Norte, llegó hasta Xaltocan, de cuya ciudad también se hizo dueño (diciembre del citado año). Se retiró a México a descansar de guerra tan desastrosa. Celebráronse toda clase de fiestas y se sacrificaron muchos prisioneros en los altares de Huitzilopochtli. Justo será consignar que Netzahualcoyotl aborrecía los sacrificios de seres racionales, si bien no tuvo valor para oponerse a la religión de sus aliados. Las creencias religiosas de soberano tan ilustre estaban reducidas a adorar a un Dios creador de todo el universo. En Tenochtitlan no levantó templos; pero sí un palacio, un parque y obras de utilidad pública. A él se atribuyen las albercas de Chapultepec y la elevada atarjea por donde corren las aguas de la ciudad citada a México. En la primavera de 1429 volvió a ponerse sobre las armas, ayudándole en esta empresa sus veteranos y los Reyes y tropas de los aztecas. Se puso sobre Tezcuco que cayó bajo su poder después de tenaz resistencia, y en seguida Xuexotla, Coatlichan, Quauhtepec e Iztapalocan, no siguiendo adelante por el cansancio que creyó notar en los aztecas.

Retiróse a México y en el citado año redujo la ciudad de Xochimilco, situada en la misma margen del lago. Volvió a emprender nueva campaña en el año 1430, logrando la sumisión de Cuitlahuac, de Acolman (hoy Oculma) y de otras ciudades. Había conquistado Netzahualcoyotl la mayor y mejor parte del imperio de los chichimecas, pudiendo ceñirse con orgullo la corona de sus mayores. Entonces, cuando había llegado a la cima de la gloria, se hizo jurar Emperador en Tenochctitlan (México); pero compartiendo generosamente el imperio con Totoquiyauhtin, señor de Tlacopan, y con Itzcohuatl, Rey del citado México. Se concibe que Netzahualcoyotl hubiese compartido el poder con Itzcohuatl, a quien debía en gran parte la conquista de Azcapotzalco y la sumisión de los rebeldes al Occidente de las lagunas: mas, ¿qué debía a Totoquiyanhtin? Del siguiente modo lo explica el historiador Veytia: "Entre las muchas concubinas que tenía el principe Netzahualcoyotl, había una de singular hermosura, cuyo nombre no nos dicen, sino sólo que era hija de Totoquiyauhtzin, señor de Tlacopan, que corrupta la voz por los españoles, llaman hoy Tacuba. Esta, pues, juntaba al buen parecer la destreza y el artificio para hacerse amar del Príncipe, cuyo afecto poseía en más alto grado que todas las otras, y quien tenía ya en ella varios hijos. Su privanza, su alta nobleza y su natural ambicioso, le hicieron concebir el deseo de exaltar su casa... y logró hacer entrar al Príncipe en su proyecto, que se reducía, no sólo a que no se despojase a su padre de los estados de Tlacopan, sino a que se le aumentasen... y lo que es más, se le diese en el gobierno del Imperio igual parte que al Rey de México, de suerte que fuese éste un triunvirato de que dependiese el gobierno de todo el Imperio» (1).

Sin embargo de que Itzcohuatl, de México, por su edad y experiencia se creía con derecho a ser el jefe del triunvirato o de la liga o confederación azteca (conocida después con el nombre de Imperio de Moctezuma o mexicano), Netzahualcoyotl procuró desarmarle con blandas razones, y cuando se convenció que nada adelantaba con ello, le hizo la guerra y le venció completamente. Determinóse la nueva constitución política. Se deslindaron ante todo los límites de los citados tres reinos. El asiento del Gobierno o la capital de la Confederación estaba en México, población situada en el centro de uno de los lagos (Tezcuco) del valle de México, lagos que rodean las elevadas y volcánicas cumbres del Popocatepetl (montaña que arroja humo) y de Ixtaccihuatl (mujer que duerme). La Confederación había de conocer de todos los asuntos comunes a los tres reinos, y cada Rey confederado de los propios de sus pueblos.

---

(1)   Torquemada y Clavigero afirman que la hija del señor de México se llamaba Matlatzihuatzin y era, no querida, sino mujer legítima de Netzahualcoyotl.

En las guerras se hallaban obligados a ayudarse mutuamente, repartiéndose el botín del siguiente modo: de cinco partes, dos serían para el de México, dos para el de Tezcuco y una para el de Tlacopan. Se dispuso, después de largas discusiones, el restablecimiento de los feudos, acordándose restablecer hasta 30; 14 en el de Tezcuco, 9 en el de México y 7 en el de Tlacopan. Debería exigirse a los nuevos señores que prestaran homenaje a los tres Reyes y sirviesen, además, con tropas en tiempo de guerra. Tanta importancia se dió a la declaración de guerra, que no bastaba el acuerdo de los triunviros, sino la reunión de los pro hombres de las tres monarquías. Netzahualcoyotl, por su parte, hermoseó la ciudad de Tezcuco con soberbios edificios, y para sí hizo magnífico alcazar, que era la admiración de todos. Organizó la administración y justicia, protegió las ciencias y artes y promulgó numerosas leyes civiles, políticas, penales y militares. Ocupáronle mucho las guerras, ya sólo, ya con los reyes de México y de Tlacopan. Refieren los cronistas que en los ratos de ocio Netzahualcoyotl escribía versos, conservándose todavía algunos de sus cantos. Sin embargo del idealismo que se nota en sus poesías, acostumbraba a decir lo siguiente: "Ya que son pasajeros los bienes del mundo, apresurémonos a disfrutar del bien que pasa; anhelemos y busquemos los del Cielo, sin menospreciar los de la Tierra." Con harta frecuencia sus acciones no estaban en relación con sus ideas. Si quemaba templos en odio a la idolatría y aborrecía los sacrificios humanos, levantó otros templos y consintió que se pusiera la piedra destinada a recibir las víctimas consagradas a los dioses Tlaloc y Huitzilopochtli, pues de este modo, según algunos, transigía con las preocupaciones de su pueblo.

Respecto al reino de México, a la muerte de Itzcohualt, ocupó el trono el general Moctezuma I, ya conocido por sus hechos militares. A Moctezuma I sucedió Axayacatl.

Llegó también la última hora a Netzahualcoyotl, rey de Tezcuco, que sólo dejó un hijo legítimo de corta edad. El día de su fallecimiento, llamó a los presidentes de los cuatro consejos y les habló de este modo: "Aquí tenéis a vuestro Rey y señor; aunque niño es cuerdo y prudente, y hará que reinen entre vosotros la concordia y la justicia. Si le obedecéis como leales vasallos, os conservará los señoríos y las dignidades. Siento cercano mi fin. Cuando muera, en vez de tristes lamentos, entonad cánticos de alegría, para que déis muestras de gran corazón, y lejos de consideraros abatidos, crean las naciones que sometí que el último de vosotros es capaz de mantenerlas bajo el yugo." Volviéndose al príncipe Acapioltz, uno de sus más fieles amigos, añadió: "Acapioltz, sé desde este momento el padre de este niño. Enséñale a vivir y procura que por tus consejos gobierne bien el imperio. Sé su guía mientras no esté en edad de marchar por sí mismo.„ Era el año 1470.

Comenzó verdadera rivalidad entre Tezcuco y México. Axayacatl, rey de México, se apoderó de extensos territorios a costa de los grandes señores sus vecinos. En tanto, Netzahuilpilli se encargó del gobierno de Tezcuco, dando señaladas muestras de prudencia. En seguida se preparó a la guerra y se dirigió hacia el Oriente, volviendo cargado de laureles. Mostró después que, como su padre, era aficionado al fausto y a la magnificencia. Hizo construir un palacio de más bella arquitectura que el del autor de sus días y dió a su corte un esplendor nunca visto. No se durmió, sin embargo, en los brazos del deleite. Mientras que por muerte de Axayacatl de México, ocupaba el trono su hermano Tizoc, Netzahuilpilli reunió un ejército y marchó sobre Nauhtla, situada en las playas del Golfo, al Nordeste de Tezcuco, logrando en poco tiempo someter toda la provincia hasta la desembocadura del Pánuco.

A la sazón murió Tizoc, sucediéndole su hermano Ahuitzotl, hombre enérgico, de duro corazón y aficionado a la guerra. Inmediatamente que se encargó del gobierno, excitó a los otros dos Reyes a atrevidas expediciones; unidos los tres dominaron el país de Tlappan, las dos Mixtecas, el Tapotecapan, y avanzando al Sur, llegaron hasta Chiapas y Xoconuchco. El imperio recobraba—según los citados hechos—sus antiguos términos.

Netzahuilpilli no dejó las armas de la mano. Castigó la provincia de Tizauhcoac, que se había rebelado contra el imperio y luego cayó sobre Atlixco, a cuyo independiente señor le castigó con dureza. Lo mismo hizo con el señor de Huexotzingo.

De un acontecimiento verdaderamente singular vamos a dar noticia. Ahuitzotl de México iba a inaugurar el templo o templos que acababa de terminar. Asistieron al acto los reyes de Tlacopan y de Tezcuco, como también los grandes del imperio. Unos cuarenta templos, rodeados de un alto muro, se consagraron a todos los dioses del Olimpo mexicano. Cada templo tenía su colegio de sacerdotes, sus braseros donde debía arder perpetuamente el fuego sagrado y su piedra para los sacrificios. En estos cuarenta templos fueron sacrificados miles de prisioneros de guerra durante los cuatro días de fiestas (1486).

A la muerte de Chimalpopoca, rey de Tlacopan, le sucedió Totoquilinatzin, segundo de este nombre. Unidos los tres Reyes, pelearon un día y otro día con las tribus vecinas, consiguiendo grandes triunfos. Por su parte, Netzahuilpilli peleó después por su cuenta, llevando aún más allá sus guerras y conquistas.

Por lo que respecta al gobierno interior de Netzahuilpilli, era severo, severísimo en el cumplimiento de las leyes. Porque un día su hijo primogénito Huexotzincatl se atrevió a requebrar, o, según algunos, a tener relaciones con una de las favoritas imperiales, Netzahuilpilli, respetando la sentencia de los jueces, le hizo condenar a muerte. A muerte hizo condenar, por causas más pequeñas, a otros dos hijos y a una hija. A una de sus esposas, cogida en adulterio, la hizo estrangular en la plaza pública, y no solamente a ella, sino a sus amantes y cómplices. En cambio, a él se deben reformas que enaltecen su nombre. Los hijos de los esclavos que había en el imperio, seguían, como en la vieja Europa, la condición de los padres. Netzahuilpilli dispuso que en lo futuro gozasen de la libertad que les concedía naturaleza. Regularizó los procedimientos judiciales, estableciendo que los negocios más graves sólo pudiesen durar ochenta días. Castigó severamente las faltas de los jueces. Era tan bueno para los pobres, huérfanos, ancianos y enfermos, como duro para los criminales. Cultivó la poesía, y pasaba mucho tiempo contemplando el curso de los astros. En religión creía en un sólo Dios creador del Universo, mas no se atrevió a negar los dioses de los aztecas. Como se acercasen los tiempos de la llegada de los españoles al Anahuac, recordaremos que poco antes, esto es, en los primeros meses del 1500, nació a Netzahuilpilli un hijo, llamado Ixtlixochitl, que será uno de los primeros amigos de Hernán Cortés y del cual predijeron los astrólogos que, partidario de un pueblo extraño y enemigo del suyo, sería la ruina de su patria. Los augurios eran cada vez mayores y más constantes al paso que los españoles se aproximaban al golfo de México.

Sentábase en el trono de México a la sazón Moctezuma II, sucesor de Alhuitzotl, é hijo de Axayacatl. No era Moctezuma II el mayor de sus hermanos; pero había dado pruebas de valor y de arrojo. Siguiendo la costumbre de sus antecesores, salió a campaña y venció. Generoso con los hijos del pueblo, fué duro con los aristócratas. Debían hablarle con la frente inclinada y los ojos bajos. Los súbditos habían de postrarse cuando le veían en la calle. Era extraordinario el lujo de su palacio, como era extraordinario el número de sus concubinas. Acerca de la industria, se labraban los metales (oro, plata, plomo, latón, estaño y cobre), y se hacían primorosos objetos de piedra, barro, hueso y conchas de mar. Se trabajaba admirablemente la madera; se construían, vidriaban y pintaban vasijas de exquisito gusto; se tejían finas telas de algodón, y se curtían pieles y se las teñía de mil colores. Calzadas y acueductos, palacios y casas particulares, todo era digno de admiración y de alabanza. Moctezuma, con la eficaz ayuda de los reyes de Tezcuco y Tlacopan, intentó acabar con la independencia de Tlaxcala. La lucha fué tenaz, larga y sangrienta, resultando, al fin, que los tres Reyes fueron vencidos y rotos sus ejércitos. Entonces se resignaron a tener enclavada en el corazón del Imperio una república libre e independiente. Refieren algunos autores que Moctezuma, con la intención de quebrantar las fuerzas de Tezcuco, insistió tiempo adelante con sus colegas a llevar de nuevo la guerra contra Tlaxcala. Netzahualpilli fué el primero en reunir la flor de sus ejércitos que mandó a la frontera bajo las órdenes de dos de sus hijos. Acudió también Moctezuma; pero avisando secretamente a los tlaxcaltecas de la marcha de los de Tezcuco y comprometiéndose a no tomar parte en la contienda. En efecto, cayeron los tlaxcaltecas sobre los de Tezcuco, derrotándolos completamente y matando a los hijos de Netzahuilpilli. Moctezuma presenció la matanza desde las faldas de Xacoltepetl. Lo cierto es que, durante el reinado de Moctezuma, adquirió México no poca preponderancia sobre Tezcuco. Debemos también referir que terrible hambre afligió el imperio durante los años 1504 y 1505. Los tres Reyes continuaron peleando con sus enemigos en los años sucesivos, llegando por Chiapas y Guatemala, y no parando hasta los confines de la América del Mediodía. Ganaron a Honduras por la fuerza y a Nicaragua por la astucia. "No pudo ya el Imperio —escribe Pi y Margall— llevar más allá sus armas. Sonó pronto para él la hora, no ya de conquistar, sino de ser conquistado. Hace ya veinte años que los españoles pisan el suelo de América, y en este momento acaban de descubrir la Florida. Están ya en una de las extremidades del Anahuac los hombres barbudos y blancos, de quienes dijo Quetzalcoatl que vendrían de Levante. No tardarán en salir de Cuba para explorar el Occidente del golfo y penetrar por las márgenes del Tabasco en tierra de México... Para colmo de mal, muere a poco Netzahualpilli sin dejar elegido sucesor, y entra la discordia en el palacio de los aculhuas. Ha llegado el imperio a la cumbre de la grandeza, sólo para que fuese mayor su caída„ (1).

Cuando los españoles llegaron a México, tendría de extensión el imperio de *Moctezuma II* como la tercera parte de la actual República. Debía ocupar, además del distrito federal de México, los Estados de Veracruz, Tabasco, Chiapas, Oajaca. Guerrero, Puebla y Querétaro. Dentro de la citada superficie había ciudades y aun provincias independientes: lo era Cholula, Huexotzingo, Tlaxcala, Acatapec, Acapulco y otras. La población del imperio era bastante numerosa. Los demás reinos y señoríos casi debían su independencia a complacencias del Emperador. Murió por entonces el rey de Tezcuco, a cuya corona se

_____
(1)   Vol. I, pág. 132

creían con derecho tres de sus hijos, llamados Coanacochtzin, Ixtlixochitl y Cacamatzin. Aunque logró ser proclamado Cacamatzin, con la ayuda de Moctezuma, al fin se vino a un acuerdo, dividiéndose el reino en tres partes y quedando para Cacamatzin y Coanacochtzin las provincias del Mediodía y para Ixtlixochitl las del Norte. Cacamatzin conservó el título, nada más que el título. Moctezuma era el verdadero dueño del país, y en el Anahuac, a la llegada de los españoles, sólo sonaba el Emperador de México.

Habremos de repetir—si de religión se trata—que el *Sol*, la *Luna* y las *estrellas* fueron adorados por los habitantes del Anahuac, a quienes les levantaron templos. Además eran adorados otros muchos dioses. Se decía que todos eran descendientes de Citlatonac y Citlalycue. Quetzalcoatl, Huitzilopochtli y otros formaban el Olimpo azteca. La religión del Imperio era, no sólo bárbara en los sacrificios, sino en la manera de presentar a sus dioses. Pintábase a los dioses de diferentes colores y se les cubría de joyas y adornos, no faltando las plumas de papagayo: resultaban verdaderos monstruos. No pocos dioses velaban por la agricultura. La fiesta que se celebraba el primer día del cuarto mes del año estaba consagrada a *Tzinteotl*, el dios de los maizares, y a *Chicomecoatl*, la diosa de los mantenimientos. También hacían fiestas a los hermanos *Tlaloc*, los dioses de las lluvias; a *Quetzalcoatl*, el dios de los vientos; a *Xiuhtecutli*, el dios del fuego; a *Izquitecatl* y sus compañeros, los dioses del vino, y a *Macuilxochitl*, el dios de las flores. Aunque los mexicanos gustaban de la vida sedentaria, su ocupación principal no era la agricultura, sino la guerra. Como otros pueblos americanos, no tenían ejércitos permanentes. Desde la niñez se les educaba para la guerra, y guerreros eran todos los hombres hábiles de la tribu. Entre los jefes había categorías y grados, pues podían ser modestos jefes de clan o linaje, o jefes distinguidos de las cuatro secciones *(calpulli)* en que estaba dividido México. Sobre todos estos jefes estaba el *tlacatecuhtli o jefe de hombres*, llamado Emperador o Rey por los cronistas españoles. Su autoridad estaba limitada por el *Consejo Supremo* Tlacopan) y por el *jefe civil* superior *(Cihuacohuatl)*, que con él alternaba en el mando. El cargo era electivo dentro de determinado clan o linaje y vitalicio; además ejercía el poder supremo sacerdotal. Podía ser relevado del cargo. Tanto el tlacatecuhtli como el cihuacohuatl, podían llevar aquellas "calaveras de plumería con sus penachos verdes y rodelas de lo mismo, y aquellas "ajorcas y pulseras de oro y plumas en la nariz, los brazos y los tobillos, de que nos dan idea los relieves de la llamada *Cruz de Palenque*.

Hacíase la guerra con cualquier pretexto, casi siempre *para adqui-*

rir subsistencias y, a veces, para *conseguir víctimas humanas* y satisfacer las exigencias del culto. Las armas se guardaban en almacenes públicos *(tlacochalco),* próximos al templo principal *(teo-calli),* y pertenecían a la comunidad, repartiéndose cuando lo ordenaba el Consejo. Por el Consejo se decidían las campañas y se proclamaba la declaración de guerra en los *teo-callis* al son del tañido de grandes atambores. Repartíanse armas y provisiones, dirigiéndose hacia el territorio enemigo lanzando gritos de guerra. Si los enemigos eran derrotados, los mexicanos entraban a sangre y fuego en sus aldeas, hasta que aquéllos pedían la paz y pagaban un tributo. Consistían los tributos, generalmente, en *maíz;* también eran a veces objetos de alfarería, tejidos, esclavos, mujeres, etc. En los comienzos del siglo XVI, el pueblo de México estaba dividido en cuatro barrios o partes, en los que vivían los individuos de cada clase, linaje o grupo de parientes *(calpulli),* con derecho de usufructo del territorio que ocupaban *(calpullalli).* Los calpullallis se hallaban divididos en parcelas cultivables *(tlalmilli),* que se repartían por las autoridades del clan o *calpulli* a los jefes de familia del mismo *(patriarcado),* para que los cultivasen en beneficio de los suyos. Si dejaban de cultivarlos dos años seguidos, o si la familia que lo usufructuaba moría o salía del *calpulli,* se daba la parcela a otra familia del linaje. Cuando moría el jefe de la familia, heredaba la parcela el mayor de sus hijos, y a falta de éste el hermano que le seguía en edad o los tíos del muerto. El mayorazgo estaba obligado a cultivar la parcela heredada y sostener a sus hermanos y hermanas hasta que contraían matrimonio, obteniendo a su vez los varones otra porción de tierra cultivable. Si alguno de los hijos estaba inválido, el *calpulli* cuidaba de su subsistencia, y si alguna de las hijas permanecía soltera a causa de su vocación religiosa, era mantenida por el templo. Es de advertir que la sociedad mexicana fué una especie de democracia militar. Los *calpullis* o los veinte linajes formaban cuatro *fratrias* y las cuatro fratrias la *tribu,* cuyo gobierno supremo residía en el *Consejo Tribal (tlatocan),* compuesto de varios individuos, uno por cada *calpulli.* Reuníase este Consejo—el cual tenía facultades absolutas—cada diez días, o antes en casos extraordinarios. De cuando en cuando se reunía el Consejo en sesión magna y pública (juntas tribales extraordinarias), concurriendo a ella los veinte *hermanos mayores de los calpulli,* los jerarcas sacerdotales, los capitanes de las fratrias, etc.; en estas juntas podía pedirse la reforma o derogación de anteriores disposiciones del Consejo Tribal.

Existió la esclavitud entre los mexicanos, aunque en estado rudimentario. Eran esclavos los que dejaban dos años sin cultivar la parcela de tierra que les había sido asignada, como también los arrojados de los *calpullis* por su mala conducta. Si el esclavo persistía en su poco amor al trabajo o no enmendaba su conducta, era castigado con penas infamantes. Si continuaba lo mismo, a pesar del castigo, era entregado a los sacerdotes para los sacrificios.

La *familia* azteca tenía su fundamento en el patriarcado. Los *calpullis* observaban la ley de exogamia. La mujer, aunque estaba considerada como propiedad individual y exclusiva del marido, era tenida en más estima. El *calpulli* arreglaba los matrimonios y castigaba severamente a los adúlteros, quienes se convertían en esclavos. Como las leyes sociales del *calpulli* disponían el matrimonio de todos sus individuos, los que se negaban a cumplirlas, salvo votos religiosos, tenían la misma pena que los adúlteros. Esto no impidió impedir el concubinato, ni modificar en las tribus aztecas los repugnantes vicios contra natura (1). Por lo que respecta al comercio—del cual se tratará más extensamente en el capítulo décimo cuarto—haremos notar que en las poblaciones principales los mercados se celebraban cada cinco días, siendo muy activo el tráfico de granos, cacao, alimentos, bebidas, vestidos, armas, alfarerías y demás objetos necesarios para la vida material y para el adorno del indígena. No se usaban en los mercados pesas ni medidas. Consistían las transacciones en permutas y en compras, haciendo el papel de moneda los *zontlis* y *xiquipiles* de cacao, los cañutillos de ansarones llenos de granitos de oro y los pedacitos de estaño o cobre en forma de T (2). También, de cuando en cuando, había ferias.

Cuando penetraron los españoles en el país, encontraron la agricultura y otras industrias muy adelantadas. Producía la tierra toda clase de legumbres. No dejó de llamar la atención la inteligencia que mostraban en acueductos, canales, acequias, etc. De muy lejos, y por sitios escabrosos, se traían a veces las aguas. Se talaban los bosques y se allanaba la tierra. Para el fomento de la agricultura no se perdonaba medio. En general, los cultivos más estimados eran el maíz, el maguey, el cacao, el plátano, la vainilla, el algodón. Con mucho esmero se cultivaban las flores, pues de ellas eran aficionados los mexicanos.

Por lo que respecta al calendario mejicano, se consideraba el año de trescientos sesenta y cinco días, dividido en diez y ocho meses de veinte días cada mes, y los cinco días restantes se añadían al fin del año para igualar el curso del Sol. En estos cinco días se daban todos los mejicanos a la ociosidad, como preparándose a entrar en las tareas del año siguiente. Las semanas tenían trece días y los siglos cuatro semanas de años.

---

(1) Bernal Díaz del Castillo, *Conq. Nueva Esp.*, cap. CCVIII, pág. 309
(2) Véase Bernal Díaz del Castillo, ob. cit. pág. 89.

Los puentes eran de diferentes clases. Consistía una clase en levantar fronteros dos pilares: uno en cada orilla. De pilar a pilar se ataba gruesa cuerda de cuero, de la cual pendía un aro del que se colgaba un banasto. De este banasto caían dos cuerdas que se ataban por sus cabos a las dos riberas. Metíase en el banasto el hombre o bestia que había de pasar el río y se le llevaba de una orilla a la otra tirando de la respectiva cuerda. También se hacían puentes de paja, enea y juncia. Del mismo modo los mejicanos construían puentes de madera. Así eran todos los de la capital, que, como sabemos, ocupaba el centro de un lago. A la ciudad se llegaba por cuatro calzadas, las cuales estaban defendidas por torres y fosos cubiertos de vigas. Por puentes de vigas construídos de trecho en trecho se comunicaban también las casas de las dos aceras. Estos puentes, levadizos todos, tenían vigas grandes y bien labradas, y era tanta la anchura de ellos que podían pasar de frente diez caballos. Creemos que de cantería no los hubo en México; pero cerca de Palenque y en el Perú se encuentran algunos. Caminos había en México, en el Perú y aun en los pueblos salvajes.

Tampoco faltaban acueductos en diferentes puntos, especialmente en el país de los aztecas; la mayor parte de las calles de México estaban surcadas de canales, sobre los cuales, a trechos, había puentes de madera. Procedía el agua de Chapultepec. Acequias para el riego de los campos se encontraban en la mayor parte de los pueblos de América.

Si estudiamos la *escritura*, no sería aventurado decir que los aztecas no pasaron del sistema de escritura *jeroglífica*; los mayas, quichés y cakchiquels, en sus pictografías simbólicas se aproximaron al sistema de escritura *fonética*. Unas y otras pictografías, lo mismo las nahuatl que las mayas-quichés, eran de colores brillantes y se hacían en pieles preparadas para ello, en telas de algodón, en fibras de áloe y en las columnas, muros, etc. Es de sentir que el tiempo, las guerras, y muy especialmente la ignorancia del clero de pasados siglos, hayan destruido casi todos los ejemplares pictográficos.

De las creencias religioso-mágicas de los *uto-aztecas y mayas*, nada añadiremos a lo que hemos dicho sobre la materia al estudiar otras tribus aborígenes. Hombres superiores (Quetzatcoatl, entre los aztecas, y Votan, entre los mayas), no consiguieron moderar la crueldad de aquellos sacerdotes y de aquellas muchedumbres que sacrificaban tantas víctimas en las aras de sus divinidades guerreras. Y ya que de la religión nos ocupamos, deberemos consignar que los sacerdotes se sobrepusieron en México a los guerreros, logrando adquirir tal influencia, que una especie de anatema pareció caer sobre los aztecas y mayas. El vulgo, alentado a veces por el sacerdocio, era crédulo y supersticioso. Sacaban presagios del aullido de las fieras, del canto de la lechuza, del repentino encuentro de una raposa o de una sabandija. Con mucho acierto escribe Pi y Margall lo que a continuación copiamos: «¿Se deberá por esto considerar escasa la cultura del Imperio? Conviene recordar que durante los siglos XV y XVI no privaban menos en Europa que en América los agoreros y los astrólogos. Importa poco que los adivinos de aquí pretendiesen leer lo futuro en el firmamento, y los de allí en meros signos del calendario: tan mudos estaban los cielos como los signos, y tan injustificados eran, por consiguiente, unos como otros pronósticos» (1).

Sería injusto negar que la civilización del Imperio mexicano tenía un carácter de originalidad que la distinguía de todas. Era una mezcla de cultura y barbarie, de pequeñez y grandeza, de fiereza y dulzura de sentimientos. Hernán Cortés se fijó, principalmente, en que aquellos indios se comían a los prisioneros; eran caníbales. Sólo por esta costumbre habían de parecer bárbaros a los ojos de los europeos.

(1) *Hist. general de América*, vol. I, pág. 167.

CAPÍTULO VIII

América Septentrional (*Continuación*).—Tribus mejicanas: los shoshoneamus.—Los comanches: sus costumbres; su cultura.—Tribus sonoras: los pimas, los ópatas y los tarahumares; sus costumbres; su cultura.—Tribus iroquesas: su situación y su desarrollo social.—Confederación Iroquesa: religión e industria.—Los esquimales: su situación; su carácter y costumbres; su religión. —Organización social.—Los algonquinos y los athabascos: su situación.— Los navajos y los apaches.—Cultura de los navajos, apaches y athabascos: religión y lengua.—Los algonquinos: sus costumbres; su industria; su religión.—Los sioux o dakotas: su situación; sus costumbres; su cultura.—Los muskokis: su situación. —Liga Muskoka.—Los creeks.—Yuchis, timaquanos y natchez.—Los californios: su situación; su industria; su religión y lengua.—Los tlinkits.—Los pieles-rojas.— Región de los pueblos.—Los chinuks: situación, cultura, industria y costumbres de estas tribus.

Los *shoshoneamus* ocupaban hasta el siglo pasado el territorio que se extiende desde el río Columbia u Oregón (Estados Unidos) hasta el Estado de Durango (México). A ellos pertenecen los *comanches*, gente de alguna cultura y de suaves costumbres (1). Cuenta la historia que se distinguían los comanches por el lujo de los vestidos. Los hombres calzaban mocasines que les subían a las corbas y se ponían delantales que les bajaban a las rodillas. Al paso que algunos se cubrían el cuerpo con camisetas de piel de ciervo, otros usaban largos mantos de búfalo, que se prendían en los hombros. También las mujeres usaban mocasines y del cuello a las piernas se ceñían especie de vestido de piel de gamo. Aquéllos y éstas gustaban mucho de adornos, de los cuales abusaban en sus fiestas civiles y religiosas.

Las viviendas de los comanches en verano consistían en galerías y en ellas solo se podía estar sentado o tendido. Hincaban paralelamente

---

(1) Pi y Margall, que no se separa de la doctrina de Bancroft en este punto, dice que los comanches formaban parte de los apaches, primera familia de los nuevo-mejicanos. *Historia general de América*, vol. II. pág. 1082.—Luego, los comanches, empujajos desde el N. por los apaches, fueron nómadas al N. de Tejas y por Nuevo Méjico.

en tierra ramas de sauce, las doblaban de dos en dos por los vértices y las cubrían con esteras de junco. Dejaban puertas a Or. y Oc., y ventanas a N. y S. Diestros cazadores, perseguían a los búfalos, que al acercarse el invierno invadían el país. Lograban matarlos con solo el arco y la flecha; a veces únicamente con la lanza. Bebían caliente la sangre de los que mataban y comían con sumo gusto el hígado. Importábales poco comer cruda la carne, y cuando querían asarla, la colocaban en puntas de palo inclinados al fuego. La que no comían después de muerto el animal, para que no se corrompiese, la cortaban en delgadas lonjas, la secaban al sol y la molían. Con esta harina, echada en agua hirviendo, se alimentaban perfectamente. También les servía de comida las plantas silvestres. No se dedicaban a la agricultura y sólo las tribus que moraban en las riberas de los ríos se nutrían de pescado.

Antes de realizar sus bárbaras excursiones, más propias de bandidos que de guerreros, llevaban a sus mujeres e hijos a lugares inaccesibles, para que no cayesen en poder de los enemigos. Eran muy belicosos, considerando el valor como la principal virtud y la suerte de la guerra como la mayor fortuna. Desde niños se habituaban al ejercicio del arco y de la javalina. Celebraban su danza de guerra antes de salir a sus expediciones. A los prisioneros respetaban generalmente la vida, y a pocos les daban muerte. Violaban las mujeres y trataban con cariño a los niños. Hacían la paz, no sin celebrar la ceremonia de fumar los guerreros en una sola pipa. Sentían poca afición por el comercio y nunca empleaban el fraude. De todas las tribus pertenecientes a la familia de los nuevos mexicanos, sólo los comanches vivían bajo verdaderas instituciones políticas. Convocaban periódicamente los comanches asambleas, donde se deliberaban todos los asuntos de interés para la tribu, y lo dispuesto en aquéllas se cumplía con toda fidelidad. Creían en un *Ser Supremo* y adoraban también al *Sol* y la *Tierra*. Reconocían la existencia de espíritus malignos, a los que atribuían sus enfermedades y todas sus desventuras. Honraban, como pocos pueblos bárbaros, la memoria de sus héroes; hombres y mujeres, especialmente las mujeres, daban rienda suelta a su dolor. Después de sepultados, no cesaban de llorarlos durante treinta días, y con harta frecuencia prorrumpían en lamentos y alaridos. Cortábanse en señal de luto el cabello, y además se laceraban las carnes. Se tatuaban la piel en distintos sitios, especialmente en la cara o pecho.

En los comienzos de la segunda mitad del siglo XIX se confió a los comanches meridionales, errantes por el *Bolsón de Mapimi*, el exterminio de los apaches, sus enemigos hereditarios (1). Estos apaches, que

---

(1) Reclus, *Nueva Geografía Universal: América*, tomo II, página 122.

vivían en el espacio comprendido entre el río *Grande* (1) y la vertiente oriental de *Sierra Madre*, fueron castigados sin compasión y casi destruídos completamente. "Los que quedan, dice Reclus, se han hecho pastores, boyeros, chalanes y hasta guardas de estación en los ferrocarriles que atraviesan ahora sus antiguos territorios de correrías y de pillaje„ (2). Añade Reclus que casi todos los indios que habitan la región Noroeste de México, desde la frontera de Arizana hasta los montes que dominan el río Lerma, pertenecen a una misma familia de tribus, cercana a los aztecas por el lenguaje. Dos de sus grupos más considerables se les conoce con el nombre de los *pimas* (Norte de la Sonora) (3) y de los *ópatas* (Sierra Madre, en los valles altos del río Sonora y del río Yaqui). Unos y otros se han puesto siempre al lado de los blancos en las guerras de razas: los autores mejicanos ensalzan su valor, su sobriedad, su consecuencia, habiéndoles dado el nombre de *espartanos de América*. Sus poblaciones agrícolas se hallan casi españolizadas (4).

Los pimas levantaban, para pasar el invierno, chozas de planta circular o elíptica y forma de cúpula, altas de cinco a siete pies, y de diámetro o eje de 20 a 50. Sus aberturas estaban reducidas a una puerta de entrada y a un agujero en el techo, por donde penetrase la luz y el aire. En los estíos vivían en sus maizales al abrigo de ligeros sombrajos, desde los cuales vigilaban sus cosechas. Supieron regar sus campos. Aunque eran poco aficionados a la caza y a la pesca, no por eso dejaban de comer carne de gamo, de liebre o de conejo, como también los peces de sus ríos. Gustaban con verdadero deleite de las bebidas alcohólicas. Eran pacíficos; pero si se les obligaba a hacer la guerra, la hacían con coraje y aun con crueldad. No perdonaban edad ni sexo en el calor del combate. Después de la victoria mataban a los prisioneros varones y guardaban a los niños y a las hembras para venderlos. Vencedores, entraban por sus pueblos en medio de coros y danzas; vencidos, se retiraban silenciosos y sólo oían gritos de muerte.

Nótanse muchas analogías entre los pimas y otra tribu—de la cual habremos de ocuparnos en este mismo capítulo—conocida con el nombre de los *pueblos*. Tenían los pimas escasa cultura. Ignoraban la escritura de los jeroglíficos, ni hilaban, ni tejían. En sus construcciones tampoco usaban la piedra ni el adobe. Como otras tribus vecinas, cele-

---

(1) Durante parte de su curso separa a México de los Estados Unidos.

(2) Ibídem.

(3) *El Estado de Sonora* (México) se halla frontero a la parte septentrional de la Península. Entre las ciudades sonoreñas, la más próxima a la frontera de los Estados Unidos es Magdalena o Santa Magdalena. Pi y Margall, siguiendo a Bancroft, comprende en la segunda familia de los nuevos mejicanos a los *pueblos*, los *moquis*, los *pimas*, los *maricopas*, los *pápagos* y otras tribus. *Historia general de América*, tomo I, volumen II, página 1.096.

(4) *Nueva Geografía Universal:* América Central, tomo II, páginas 116 y 117.

braban fiestas, señalándose en particular la danza de las flechas, la del búfalo, la de la tortuga, la del maiz verde y algunas otras. Casi en todas las fiestas cantaban e iban marcando el compás algunos de los concurrentes, y en casi todas se tocaba el tambor, la flauta y las sonajas.

Estimaban de igual manera los ejercicios de fuerza, como el juego de pelota, el salto, la carrera y el golpear de los escudos. Explicaban la creación del siguiente modo. La tierra, decían, había sido creada por Ckiowotmahke. Era al principio como una telaraña que se extendía por el espacio, mas luego tomó consistencia hasta ser tan sólida como la vemos. La recorrió Ckiowotmahke volando en forma de mariposa, y, cuando creyó conveniente, se detuvo y formó al hombre. Tomó arcilla en sus manos, la amasó con el sudor de su cuerpo y la dió un soplo, mediante el cual, llena de vida, se movió y convirtió en un hombre y en una mujer. Hallábase ya bastante poblado el mundo, cuando ocurrió el siguiente hecho. Vivian en el valle del Gila un gran profeta, y Szeukha, hijo de Ckiowotmahke. Cierta noche apareció un águila de giganteseas alas a la puerta del profeta, quien se despertó sobresaltado al ruido del animal. Levántate —le dijo el águila— tú que curas a los enfermos y ves lo futuro, porque está muy cerca el diluvio que ha de inundar la tierra. Sordo el profeta al anuncio del agorero pájaro, volvió a dormirse. Por segunda vez el águila le anunció la catástrofe y por segunda vez no hizo caso el profeta. Por última y tercera vez fué despreciada la reina de las aves, sin embargo de anunciar que iba a ser invadido y sumergido el valle. Lo fué en efecto y en el tiempo que dura el aleteo de un pájaro, después de varios truenos, sonó horrible estallido y en seguida se levantó en la llanura un monte de agua que, cayendo sobre el valle con pavoroso estruendo, anegó la choza del profeta, salvándose sólo el hijo de Ckiowotmahke, que flotaba sobre una pelota de resina. Cuando descendieron las aguas, desembarcó Szeukha, con todas sus herramientas y utensilios, en la cima de un cerro contiguo a la embocadura del río Salt. Inmediatamente se dirigió a vengarse del águila y con este objeto hizo una escala de cuerda de las fibras de un árbol, subió al nido y mató al fiero animal. En la cueva o nido encontró una mujer y un niño, la esposa y el hijo del aborrecido pájaro.

Dejando el mundo de la fábula y entrando en el campo de la historia, bien será decir que una de las páginas más brillantes de la Compañía de Jesús en América es la evangelización de las aldeas de los pimas (Pimería alta y baja) por el P. Kino.

Los *tarahumares, ópatas* (en los Estados de Chihuahua (1) y Duran-

_____
(1) Ciudad del Norte mejicano en la vertiente oriental de *Sierra Madre.*

go (1) y otras muchas tribus eran sedentarios y laboriosos. Bancroft sólo habla de las principales tribus establecidas, no sólo en el citado Estado, sino en los próximos. Seguros de no ser desmentidos, podemos afirmar que estos nuevos mejicanos del Norte conservan hasta el presente las creencias, ritos y costumbres que estudiaron como propias de ellos los misioneros de las centurias XVII y XVIII. Por lo común dichos mexicanos eran altos, erguidos y de agradable rostro; unos tenían color moreno claro, otros color moreno obscuro y muchos color de cobre; todos tenían negro y fuerte cabello. Las mujeres llamaban la atención por su hermosura y airoso porte. El traje no podía ser más sencillo y pobre.

Tenían decidida afición por los adornos, los cuales se ponían en la nariz, en las orejas, en la garganta, en los brazos, en las muñecas y hasta en los tobillos. Pintábanse de diferentes colores, ya la cara, ya el pecho, ya todo el cuerpo. En el cabello, tanto los hombres como las mujeres, se colocaban plumas y a veces perlas. Si los ópatas vivían en casas de adobes y vigas, los tarahumares buscaban abrigo en las cuevas de las montañas pedregosas. Eran cazadores y pescadores; pero en particular se alimentaban de frutas, semillas y raíces que daba espontáneamente la naturaleza. Se dedicaban poco a la agricultura y los ópatas tejían el algodón y la pita. En la guerra, harto frecuente entre aquellas tribus, usaban los soldados el arco, la flecha y la clava, y los jefes pequeña lanza y rodela o escudo. Unos y otros llevaban un cuchillo de pedernal. Los infelices prisioneros, después de sufrir las más terribles torturas, eran sacrificados de una manera cruel y bárbara. A veces, algunas tribus los cocían y comían. Al volver de la expedición, si era venturosa, salía todo el pueblo a recibir a los combatientes. Las mujeres bailaban en corro, cantaban, jesticulaban y prorrumpían en grandes alaridos. El botín se distribuía siempre a los ancianos y a las mujeres. Malas, muy malas eran las instituciones sociales. La poligamia dominaba generalmente en todas aquellas tribus y se hacían grandes fiestas en honor de la mujer que se consagraba al celibato o a la prostitución. La sodomía se hallaba extendida de un modo considerable. Después del nacimiento de un hijo, el padre no salía de la cama, ni comía pescado ni carne en seis o más días. Rara costumbre que era común en varios pueblos de América. En casi todas sus fiestas, la embriaguez y la obscenidad no tenían límites. Sin embargo, entre los ópatas eran, no ya decentes, sino decorosas, la fiesta de primero de año y la conocida con el nombre de *torom raquí*. Consistía la primera en meter en el suelo por un extremo parte de un palo de bastante altura y del cual

(1) Abraza por el Oeste las cadenas paralelas de *Sierra Madre*.

colgaban cintas de cuero de varios colores. Jóvenes bellas vestidas caprichosamente tomaban cada una del cabo determinada cinta y danzaban alrededor del palo, formando varias y caprichosas figuras. En la segunda, cuyo objeto era implorar la lluvia para que la cosecha próxima fuera abundante, bailaban alegremente cuatro grupos de jóvenes desde el amanecer hasta la noche.

La industria apenas existía y las bellas artes se hallaban por completo desconocidas. Si algunas tribus fabricaron casas, y si los españoles vieron pinturas en las paredes, ni las primeras revelaban conocimientos arquitectónicos, ni las segundas sentimiento estético. La ciencia estaba reducida a observar atentamente los astros y los cambios de la atmósfera. Fueron de los más crédulos y supersticiosos de toda la América. Si para los habitantes de la Sonora vagaban los espíritus de los muertos por las rocas de los precipicios y sus voces constituían los ecos, para los de Nayarit había diferentes cielos, a los cuales se iba según la edad y según la clase de muerte: un cielo estaba destinado a los niños y a los adultos que muriesen buena y pacíficamente; otro, situado en la región de los aires, donde pasaban a ser brillantes estrellas, los que perecían luchando con los extranjeros; y un tercero que se hallaba en la misma tierra, y tenía el nombre de *mucchita*, destinado al vulgo, y, por lo tanto, a la mayor parte de las almas. De la mucchita pudieron salir y aun volverse a encarnar en sus antiguos cuerpos, hasta que lo hizo imposible un hombre imprudente. Este hombre hizo un pequeño viaje, dejando la casa al cuidado de su mujer. A su vuelta desapareció su consorte, penetrando en la mucchita. Allí fué el desconsolado marido, logrando conmover con sus lágrimas y suspiros el corazón del guarda de aquella región de las sombras. "Mira, le dijo el guarda, ven aquí de noche, busca con los ojos a la que fué tu compañera, y cuando la veas danzando, disparala una de tus flechas. Te reconocerá y volverá a tu casa; pero guárdate bien de prorrumpir en gritos ni alaridos, porque si tal haces, la perderás para siempre y tú serás entonces la causa de su muerte." Hizo el hombre lo que se le dijo. Al verse con su mujer, quiso celebrar tanta ventura y dió gran fiesta llamando a músicos y cantores. Loco de alegría, olvidando por un momento el aviso del guarda, exhaló un grito. Inmediatamente cayó cadaver su compañera y entró de nuevo en la mucchita. Desde entonces no volvió alma alguna a unirse con su cuerpo. Pudieron, sí, como pudieron antes, convertirse de día en mariposas, salir en busca de alimentos y andar entre los vivos. De noche recobraban sus naturales formas y la pasaban danzando.

En nuestros días, los *tarahumares*, en número de unos cuarenta mil, viven exclusivamente en los valles de *Sierra Madre*, en las dos vertientes del Atlántico y del Pacífico. Hállanse esparcidas sus aldeas en las montañas de los tres Estados de *Chihuahua, Sonora y Sinaloa*, y aun, según Pimentel, penetran en Durango. Todavía algunas familias pasan su vida en grutas, y se ven muchas cuevas que estuvieron habitadas antiguamente. Los tarahumares que viven en las ciudades de los blancos, hablan la lengua de los conquistadores; los habitantes de la sierra conservan su antiguo idioma y no pocas de sus costumbres primitivas. Practican, según se dice, su antigua religión. Se les supone tristes; pero a veces manifiestan su alegría y *bailan con sus dioses*. Son aficionados a las justas y a la carrera (1).

Entre las tribus que habitaban al Sur del Canadá (América Septentrional), se hallan las *iroquesas*. Dichas tribus deben estudiarse con algún detenimiento, y es de justicia que figuren a la cabeza de las del Norte americano. Si en la cultura general no se diferenciaban mucho de sus vecinos, en su desarrollo social podían compararse a las tribus de la familia *Uto-Azteca*. Ocupaban muy especialmente las orillas del río San Lorenzo y el actual Estado de Nueva York, las llamadas *Cinco Naciones* (Mohawk, Onondaga, Oneida, Cayuga y Séneca). Suma importancia tuvo, en los comienzos del siglo XV, la *Confederación* o *Liga* que para hechos defensivos y ofensivos formaron los iroqueses.

Esta Confederación desempeñó papel importante en la conquista y colonización de la América del Norte. Fué formada por las cinco tribus o naciones citadas, a las que se unió corriendo el año 1715 la de los tuscaroras; el fundador, según la tradición, fué Hiawata, ayudado del jefe de los onandagas. En asuntos de gobierno interior cada nación permaneció autónoma, delegando toda su autoridad en un *Consejo Federal* o *Senado de Sachems*, elegido por las seis tribus, cuando asuntos de interés general lo reclamaban o exigían. Además existía el *Consejo Tribal*, de autoridad absoluta en los asuntos peculiares de la tribu. El Consejo Federal sólo podía convocarse a instancia de alguno de los Consejos Tribales y las decisiones de aquél habían de ser por unanimidad, en cuyo caso se cumplían sin discusión. La Confederación no tenía jefe o poder ejecutivo. En las guerras contra las tribus vecinas o contra el europeo, el Consejo Federal nombraba dos jefes militares, que habían de ser ayudados por los jefes secundarios de cada tribu. Sólo el Consejo Federal tenía atribuciones para firmar tratados de paz.

Como dice perfectamente un historiador contemporáneo "los iroqueses, arrojados por los algonquinos de las márgenes del San Lorenzo, consiguieron paulatinamente vencer a sus enemigos del Norte y Sur, convirtiéndose, merced a su confederación, en dueños virtuales del te-

(1) Reclus, *Geografia Universal: América*, tom. II, págs 118 y 119.

rritorio comprendido entre la bahía de Hudson y la Carolina del Nor-
te„ (1). En religión se notaba—como en las demás tribus del Norte de
América—la influencia de los shamanes y hechiceros y los sacrificios
humanos. El canibalismo se hallaba también entre las bárbaras costumbres de los iroqueses. Los mitos de los iroqueses personificaban siempre
de una manera o de otra la lucha constante entre la luz y las tinieblas.

Por lo que a la industria respecta, fabricaban alfarerías, cultivaban
entre otras cosas, el maiz y el tabaco, fortificaban sus aldeas levantando en las calles empalizadas y otras defensas, construían buenas canoas
y sepultaban a sus muertos en grandes montículos *(mounds)*. Los iroqueses actuales (con excepción de los cherokees) reducidos a unos 12.000,
habitan en el Canadá y en las reservas indias de Nueva York, Wisconsin y Ontario; los *cherokees* forman parte de las tribus civilizadas de
los *Indian Territories* (territorios indios)
de los Estados Unidos del Norte América.

Los *esquimales*, tribus situadas alrededor del polo, se extendían por la Groenlandia y por la región comprendida
entre la bahía Hudson y el Estrecho de
Behring. Es probable que algunos de sus
grupos llegaran y hasta cruzasen en
épocas remotas el Estrecho citado. Algunos etnógrafos, dando como cierto lo
que nosotros juzgamos probable, consideran como esquimales a los chukchas
de la Siberia.

Ignoramos el origen del nombre esquimal. Charlevoix cree posible que proceda de la voz abenaqui *esquimantsic,*
comedor de carne cruda; pero lo cierto
es que no se llamaban a sí mismo esquimales, sino *innuits,* palabra que significa
el *pueblo,* de *inuk,* hombre.

Mujer esquimal.

Digna de estudio, por muchos conceptos, es la raza esquimal. Con-
fundíanse a primera vista las mujeres con los hombres, no sólo porque
el traje era igual, sino por la fisonomía. Tenían sucia y desgreñada cabellera, grandes ojos, ancho rostro, negruzco color y feo aspecto. Comían toda clase de carne y pescado, muy especialmente la grasa de la

foca, de la ballena y del manatí. Las viviendas consistían, durante el
verano, en poner de punta en el suelo tres o más palos, los cuales cubrían por la parte superior con pieles de foca o de chivo. En el invierno
construían chozas a la manera de tinnehs, esto es, cuevas debajo de
tierra con agujeros en la techumbre para la luz y el humo. La ocupación principal de los esquimales consistía en la caza y la pesca. Las armas eran el arco, la flecha, el dardo, la lanza, el hacha y la honda. Llamaba la atención en aquellas gentes sus grandes canoas, los trineos y
los patines. De los trineos tiraban perros dóciles y fuertes. Encendían
fuego por el frote de las maderas. Desconocían en absoluto los conocimientos científicos y su literatura estaba reducida a algunas lamentaciones fúnebres.

Eran sumamente aficionados a los banquetes, al canto y al baile.
Los danzarines, al son del tamboril y el coro, remedaban mediante gestos á muchos animales.

Por lo que a la religión respecta, los esquimales profesaban el animismo. Creían no sólo que el hombre tenía alma, sino también los demás animales. Los sacerdotes (angakoks) eran legisladores, jueces y médicos, hallándose dotados además de cualidades superiores. Se les res-
petaba principalmente porque se les creía en relación con los espíritus.
Se comunicaban con Tornarsuk, ser supremo y fuente de toda ciencia.
Los hechiceros, que usaban los mismos procedimientos que nuestras
brujas, ejercían ministerios mágicos y no pocas veces se les atribuía
todas las calamidades que afligían al pueblo, en particular las pestes.

En lo tocante a la organización social de los esquimales puede asegurarse que se basaba en la familia y no en el clan. También se halla
fuera de duda que entre ellos predominaba el patriarcado y la monogamia. La propiedad era comunal o cuando más familiar; la individual
sólo existía al referirse a bienes muebles. Aun en nuestros días los esquimales viven en aldeas pequeñas (de 10 a 20 chozas), separadas por
grandes distancias, siendo de notar, que apenas difieren en el lenguaje
unas tribus de otras. A causa de la poca fecundidad de las mujeres y de
la mucha mortandad de los niños, las tribus esquimales tienden a extinguirse.

"En las vastísimas comarcas donde esos hombres vivían, mar y tierra están lo más del año cubiertas de espesas capas de hielo, que no se
derriten nunca en las cumbres de los altos montes. Huyen las aves a
más templados climas, busca la res abrigo en las cavernas o en los
apartados bosques, y reinan en toda la naturaleza la soledad y el silencio. Escasea tanto la vegetación, que en muchas partes no hay leña con
que encender lumbre. Para colmo de mal, abandona el sol el horizonte

y no vuelve a brillar sobre tan árido suelo hasta después de tres meses de noche y seis de crepúsculo. No interrumpe de vez en cuando tan largas tinieblas sino la aurora boreal con sus ya tenues, ya fúlgidos resplandores, que no parece sino que al extinguirse aumentan la obscuridad del espacio. Sólo entre mayo y agosto brilla sin interrupción la luz del día; libres de hielos las aguas, bajan al Océano con alegre estruendo; se cubren de musgo las rocas y de hierba y flores los espaciosos llanos. Sólo entonces pueblan el aire numerosas bandadas de pájaros que volvieron del Mediodía en busca de sus antiguos nidos; salen de sus cuevas ó vienen de las lejanas selvas multitud de rangíferos, de ciervos-mosas, de almirilados ovibos, y con ellos inmensas greyes de búfalos. Durante el triste y prolongado invierno, sólo en el crepúsculo que precede al día resuena a lo largo de las playas el ladrar de las focas y el resoplar de las ballenas.» (1).

En suma: los esquimales "moraban y moran todavía, en número de 4.000, en el litoral Artico, desde el Labrador hasta el mar de Berhing: pero nunca penetraron en el interior del Continente„ (2).

Al Sur de los esquimales, el Canadá se dividía entre dos grandes razas, a saber, la de los *algonquinos* y la de los *athabascos*. Constituían la dilatada familia de los algonquinos muchos pueblos, y se extendían—según la autorizada opinión de Bancroft—desde el golfo de San Lorenzo hasta las montañas rocosas. Cuando los europeos llegaron al país, el principal asiento de dicho grupo eran las tierras al Norte del San Lorenzo. Otros autores dicen que ocupaban la costa del Norte del Atlántico, desde el mar de Hudson al cabo Hatteras, exceptuando sólo los territorios de los dakotas o sioux.

Los athabascos poblaron las regiones comprendidas entre el mar Artico y las fronteras de Durango (México), desde la bahía de Hudson al mar Pacífico. A la familia de los athabascos pertenecen, entre otros, los salvajes *navajos* y *apaches* (3).

Adquirieron los navajos fama de hábiles plateros y tejedores; pero se cree, con algún fundamento, que dichas industrias se debían a tribus más cultas sujetas a dichos navajos. Los telares en que tejían el algodón consistían en dos vigas, una sujeta al suelo y otra que colgaba del techo, en las cuales se extendía perpendicularmente la urdimbre; ade-

---

(1) Pi y Margall, *Historia de América*, volumen 1.º página 921.

(2) *Enciclopedia Universal Ilustrada*, tomo X, pág. 1.353.

(3) El grupo de nuevo-mexicanos se divide - según Bancroft — en cuatro grandes familias: los *apaches*, los *pueblos*, los *indios de la península de California*, y los *del septentrión de México*. Los apaches se subdividen en las siguientes naciones: 1.ª, la de los *comanches*; 2.ª, la de los *apaches o shies*; 3.ª, la de los *navajos o tenuayos*; 4.ª, la de los *mojaves*; 5.ª, la de los *hualapayos*; 6.ª, la de los *yumas*; 7.ª, la de los *kosninos*; 8.ª, la de los *yampayis*; 9.ª, la de los *yilcheilunes*; 10, la de los *yamajabes*; 11, la de los *cochies*; 12, la de los *cruzados*, y 13, la de los *nijoras*.

más dos tablillas de pizarra que la mantenían en doble cruz y abrían paso a la lanzadera; ésta consistía en un palo corto a que arrollaban el hilo.

Mostrábanse atrasadísimos en la construcción de sus viviendas los apaches, lo cual no es de extrañar, puesto que eran nómadas y vivían del pillaje, no pasando a veces ocho días sin cambiar de asiento. Levantaban postes, ya vertical, ya oblicua, ya semicircularmente, cubriendo el espacio formado por dichos postes con pieles, broza, hierbas o piedras. Daban de anchura a las casas de 12 a 18 pies, y de altura de cuatro a ocho. Sin embargo de su vida errante, labraban la tierra casi todas las tribus apaches, y cultivaban el maíz y algunas legumbres. Apenas comían la carne y tampoco eran aficionados al pescado. Adelantaron más en la construcción de armas que en herramientas para cultivar el campo, pues disponían de arcos y flechas, de lanzas, de hondas, de escudos y de macanas.

Apache.

Tenaces y crueles bandidos, casi hasta nuestros días, no han cesado de causar grandes daños a los norteamericanos y mexicanos. Al presente, el único resto de los apaches es el de los *janos* o *janeros* de Chihuahua (México).

Predominaba el matriarcado entre los navajos y apaches. Distinguiéronse los navajos porque cultivaron la tierra con fruto y no debemos pasar en silencio que cuando por primera vez (1541) se encontraron a los españoles, vivían en chozas fijas, construían graneros, eran labradores y regaban con acequias sus campos.

Menos cultos los athabascos que sus vecinos los esquimales, eran también más desconfiados, taciturnos y astutos. La religión de los athabascos era animista, con no pocas supersticiones mágicas. Los shamanes y hechiceros, que gozaban de mucha estima, presidían los Consejos Tribales. Caracterizábanse sus muchos dialectos por su dureza y dificultad.

Afirman algunos escritores que los algonquinos representaban el verdadero tipo del indio norteamericano. Distinguíanse por su alta talla, buenas formas, labios finos, manos y pies pequeños, color cobrizo, pelo negro y recio, gran fortaleza y bastante longevidad. Dominaban entre ellos el matriarcado y el *totemismo*. Vivían en chozas redondas cubiertas con hojas de maíz y cercadas de empalizadas. Sus jefes, lo mismo en tiempo de paz que de guerra, se elegían de un clan determinado. Cultivaban el maíz, tabaco, etc.; curtían pieles, hacían ollas y fabricaban objetos de cobre (no por medio de la fundición, sino a golpe). Activos comerciantes, llevaron sus industrias á grandes distancias, llegando hasta las costas del mar Atlántico. Adoraban al Sol, al fuego, á los cuatro vientos como productores de lluvias, a los espíritus y a ciertos animales.

El *Michabo* o *Manibozho*, dios y héroe de los algonquinos, redentor y maestro de las tribus, inauguró la edad de oro de la obscura historia de los citados indios. Aunque horticultoras las tribus algonquinas, se alimentaban de la caza, de la pesca y de las abundantes cosechas de arroz silvestre. Los individuos de la de los *lennapés*, situada en las orillas del río Delaware (riega a Filadelfia), se llamaban ellos mismos los *genuinos* (progenitores de la raza), y así eran considerados por las demás tribus. El dialecto de los lennapés era relativamente dulce y armonioso. Merecen especial mención por su energía y habilidad en la lucha con sus dominadores, los algonquinos Pontiac, King-Phiilip y Tecumseh.

Los restos de las tribus algonquinas o de la familia *álgica* (unos 40.000) se encuentran repartidos a la sazón en algunas provincias del Canadá (Manitoba y otras), y en pequeña región de los Estados Unidos (Estado de Wisconsin).

Después de los iroqueses, esquimales, athabascos y algonquinos, se presentan los *sioux* o *dakotas*, los cuales—según los etnólogos—eran ejemplares típicos de la raza india. Vivían al Oeste del Mississipí, desde el río Saskatchewan, en el Norte, al Arkansas, en el Sur, extendiéndose hasta Virginia y tal vez hasta el golfo de México. Estaban divididos en varios grupos, subdivididos en bandas y sub-bandas locales. El Gobierno era casi patriarcal. Los jefes eran electivos, y tenían su autoridad limitada por los Consejos de las bandas o sub bandas. Si en tiempos de paz gozaban de gran respeto los ancianos, durante la guerra sólo eran respetados los jefes militares. Prevalecía entre ellos la poligamia. Los sioux ajustaron su vida en absoluto a la *caza del bisonte*, ocupación que aumentó considerablemente con la llegada del caballo en la época del descubrimiento de América. Antes de conocer el caballo, se valían los sioux del perro en sus expediciones de caza; también se servían de él para su alimento, arrastres, etc. Curtían pieles de bisonte, trabajaban rudamente la alfarería y fabricaban armas y útiles de piedra, madera, cuerno y hueso. La casa del sioux, igual a la de los comanches, etc., era la movible tienda *(tipi)* formada sobre postes colocados en filas paralelas o circularmente y cubiertos dichos postes con pieles de bisonte, etc. Las tribus *mandanes*, pertenecientes a la familia de los dakotas, fueron las constructoras de las casas comunales en forma circular *(circular-house)* rodeadas de empalizadas.

Para estudiar algunos puntos relativos a la evolución del arte americano no carecen de interés las pictografías de los sioux, en pieles de bisonte, sus pipas de arcilla roja y tubo largo adornado de plumas y sus abigarradas aljabas. Predominaban los cultos de carácter mágico, mereciendo especial mención las fiestas anuales de invocación al Sol *(sun-dance)*.

Varias veces los sioux han hecho frente a los ejércitos norteamericanos, y, últimamente, en el año 1862, llevaron a cabo la sublevación de Minnesota, dirigida por el cruel *Litlle Crow*, en la cual perdieron la vida más de 100 soldados y 700 colonos. A la sazón los sioux o dakotas viven sin lazo alguno que les una en varios puntos de los Estados Unidos, llegando su número en el año 1904 a 29.000, si bien tienden poco a poco a extinguirse.

Estaban situados los *muskokis* en los valles que se extienden desde las estribaciones de las montañas Apalaches hasta el golfo de México, y desde las márgenes del Mississipí hasta el Océano Atlántico (1). Otros escritores sólo dicen que lindaban con la Florida por el Norte y Oeste (2). Entre los muskokis se distinguían por su valor las tribus *creeks*. Vivían los muskokis en aldeas o poblados, y cada linaje tenía su propio territorio y su montículo *(mound)* para depositar los restos de sus muertos.

Aunque predominaba el matriarcado, la posición de la mujer, lo mismo en la familia que en el clan, era inferior a la que tenía entre los iroqueses. Los jefes civiles eran vitalicios y a veces hereditarios; los militares se nombraban de acuerdo con los Consejos de las tribus. Rodeados de enemigos por todas partes, colmaron de distinciones a sus guerreros. No carecían de importancia sus Casas del Consejo (Casa Grande) y muy especialmente la formación de una liga *(Creek Confederacy)*, parecida a la de los iroqueses, aunque solamente defensiva. Los creeks y sus desmembraciones los *seminolas* (Florida) hicieron tenaz resistencia (1830-1842) a las tropas de los Estados Unidos, siendo al fin trasladados a los *Territorios Indios*, donde viven al presente con cierta independencia y aun prosperidad. Creían que el Cielo era sólido y semicircular; que el Sol, la Luna y algunos planetas giraban alrededor del mundo, entendiendo que los demás astros estaban inmóviles y suspendidos del firmamento. Suponían la tierra plana y fija en medio de vastos mares. Eran supersticiosos en medicina y sólo en la aritmética

---

(1) Navarro Lamarca, ob. cit., tomo I, pág. 222.
(2) Pí y Margall, ob. cit., tomo y volúmen I, pág. 730.

conocían un sistema de numeración bastante regular. No conocieron ningún género de escritura, ni ninguna de las bellas artes. Cultivaban extensos campos, extraían el oro de las arenas de sus ríos y se hallaban adelantados en la alfarería.

Los *yuchis*, *timaguanos* y *natchez*, tribus que habitaban en el territorio de los muskokis, tenían lenguas y dialectos completamente diferentes. Los yuchis (Río Savanah) se llamaban ellos mismos *hijos del Sol*. Profesaban gran estima a las mujeres. Debemos notar que cuando Hernando de Soto les vió por primera vez "la cacica, señora de aquella tierra... moza y de buen gusto„ le recibió con señaladas muestras de alegría y le festejó (1540). Los timaguanos, que ocupan las orillas del río San Juan (Florida) y la costa del Océano Atlántico hasta el río Santa María, se extinguieron completamente hace más de una centuria. Los natchez estaban situados en la orilla izquierda del Mississipí, debajo de la confluencia del Yazoo. Créese que procedían del Sudoeste. Emigraron de la primitiva patria y se fijaron en el Anahuac. "Nuestros antepasados—decían— favorecieron a Cortés en la guerra con Moctezuma, y sólo cuando se convencieron de la tiranía de los españoles, levantaron de nuevo el campo y vinieron a estas llanuras: quinientos soles habían ya reinado entonces sobre nosotros. Consideraban a sus caciques como hijos del Sol y adoraban a dicho astro, sacrificándole cautivos. Los natchez eran muy sensuales, dándose el caso que la mujer más prostituta gozaba de más estimación. Los templos se distinguían por su humildad. Construían con habilidad suma toda clase de objetos de alfarería y llegaron a la perfección en los tejidos que hacían con fibras vegetales.

Los *californios* habitaban de Norte a Sur desde los montes Umpqua hasta la boca del río Colorado, y de Oeste a Este desde las costas del Pacífico hasta las sierras que limitan a Poniente la gran cuenca (*the Great Bassin*). Divídense, según Bancroft, en californios del Norte (desde las márgenes del río Rogue hasta las del Eel (Anguila), del Centro (desde las del Eel hasta cerca de las del Guyamas) y del Mediodía (desde las del Guyamas hasta las islas Montague y Goree, que se hallan en el interior del golfo de California. Vivían y viven los californios del Norte en tierras algo productivas a causa de sus muchos lagos, ríos, arroyos y bosques. Eran los californios de gallarda presencia, y algunas mujeres estaban dotadas de singular belleza. Hombres y mujeres apenas se cubrían algunas partes de su cuerpo. Vivían en casas formadas por toscos maderos que descansaban en pies derechos, cubiertas con esteras, helechos o ramaje. Alimentábanse de caza y pesca, de raíces y de semillas; tenían pan que hacían de bellotas. Sobresalían en el curtido de las pieles y fabricaban con no mucha destreza las canoas. Justo será recordar la habilidad en trenzar las raíces de sauce, con las cuales hacían sombreros, esteras, cestas y cintas de colores para recogerse la cabellera. También de juncos y de mimbres construían platos, fuentes, tazas, calderos y hasta los sacos que acostumbraban a llevar las mujeres cuando iban en busca de bulbos y bayas. Acerca de sus armas, estaban reducidas al arco y la flecha. Declaraban la guerra, a veces encarnizada y sangrienta, a otras tribus, ya por el rapto de mujeres, ya por motivos supersticiosos, ya para obligarlas a pagar tributo. Pero lo verdaderamente repugnante era la costumbre de cazar con trampa a los hombres como si fuesen fieras. Hacían de la mujer objeto de venta y eran polígamos sólo los ricos. Existía la esclavitud entre aquellas tribus. Divertían sus penas en danzas y fiestas. Creían en un *Supremo Espíritu*, autor de lo creado, en muchos diablos y en la vida futura.

Por lo que respecta a los californios del Centro y del Sur, ni unos ni otros diferían mucho de los del Norte. Réstanos decir que las muchas lenguas habladas entre los californios eran generalmente dulces y sonoras; pero las que se hablaban en las márgenes del río Smith y unas 40 millas a lo largo de la costa se distinguían por lo duras y guturales.

Los *tlinkits* (Alaska y costas adyacentes), los *haydahs* y similares (Islas *Queencharlotte*, Columbia Británica, etc.), y los *yumas* (península de California hasta los valles del río Colorado, colindantes con el Estado de Arizona y el Norte de México), se diferenciaban de las tribus de las costas del mar Atlántico. Procede recordar que los tlinkits tenían ideas exactas acerca del *derecho de propiedad privada*, desconocido en la mayor parte de las tribus salvajes. Tanto estimaban la propiedad privada, que los más ricos eran los designados para ocupar los puestos más elevados, completando esta plutocracia el matriarcado y los linajes exogámicos. Los haidahs estimaban como los tlinkits la riqueza individual, la que consideraban como fin único de la vida.

Prevalecía entre ellos el patriarcado y honraban a las mujeres por su castidad e industria. Vivían en casas sólidas de madera, en cuyas puertas levantaban altos postes cuajados de esculturas totémicas. Fabricaban adornos de plata y cobre, lámparas, morteros y utensilios de piedra, como también excelentes canoas de cedro rojo. Los primeros navegantes que los visitaron (1741), dicen que tenían cuchillos de hierro, adquiridos tal vez en sus expediciones al Sur. Eran activos comerciantes y compraban esclavos a las tribus vecinas. Servíanse de las conchas como moneda. Los *yumas* fueron tribus salvajes, si bien algunas de ellas debieron dedicarse a la horticultura y construyeron sólidos edificios de adobe y piedra.

Debajo de los esquimales, en el dilatado territorio que desde el
Yukón y la bahía de Hudson se alarga hasta la punta de la Florida y
el Río Grande de México, y desde el Atlántico se ensancha hasta el Pacífico, permanecen, ya en estado nómada, ya algo sedentario, numerosas tribus conocidas con el nombre de *nieles-rojas*, señalándose entre

ellas dos tipos bien distintos, uno
dolicocéfalo y otro braquicéfalo.
Estas pieles-rojas descienden de
varias tribus, entre ellas de la de
los comanches.

Consideremos, por último, los
indios *pueblos*. Llamáronles así
nuestros capitanes del siglo XVI
porque los encontraron distribuidos en pueblos formados por una
sola casa. Estos pueblos o casas
estaban construídos a la manera
de las celdas de una colmena.
Extendíase la comarca o región
de los indios pueblos desde los
límites occidentales del Estado
de Tejas hasta California, y desde el centro del Estado de Utah
hasta el de Zacatecas (México).
A mediados del siglo XVI poblaban el territorio los *hopis*, *zuñis*,
querés y *tehuas*, quienes cada uno

Indio del Río San Juan (Región Pueblos).

de ellos hablaba lengua diferente. Vivían en 65 aldeas que distaban entre sí de 30 a 100 kilómetros; las casas de dichas aldeas eran de la
misma forma y tenían tres o cuatro pisos, habiendo algunas de siete,
las cuales servían de fortalezas y tenían sus correspondientes troneras
y saeteras para defenderse en caso de ataque. Dichas casas estaban
construídas de una manera original. Una sola casa a veces constituía
un pueblo, componiéndose aquélla de un cuerpo central y dos alas, que
comúnmente enlazaba y cerraba un muro de piedra. Otras veces el cuerpo central y las alas se hallaban separados por estrechas calles; pero
aun en este caso parecían formar una sola casa, dado que todos estos
cuerpos de obra estaban unidos por puentes o los acercaban grandes voladizos. Variaba la forma de las casas, hallándose algunas completamente circulares. En los patios había siempre estufas y en la parte superior azoteas. Tenían un sólo piso, aunque las había también de dos, tres

o cuatro. En todas se entraba por la chimenea y á todas se descendía por escaleras. Estaban situadas dichas casas en las cumbres de empinados cerros o en los bordes de espantosos precipicios; algunas, pero en escaso número, en mesetas, en estrechos valles o en las orillas de los arroyos. Véase cómo describe Castañeda la situación de Acuco, hoy Acoma. "Está Acuco—dice—en la cima de una roca a que con dificultad llegarían las balas de nuestros arcabuces. Para llegar a lo alto hay trescientos escalones cortados en la peña; doscientos de bastante anchura, ciento mucho más angostos. Concluída la escalera, hay que ganar tres toesas de altura, poniendo en un agujero la punta del pie y en otro los dedos de la mano.,, No sería aventurado decir en vista de semejantes construcciones, que los pueblos no carecían de ciertos conocimientos de arquitectura, indicándolo también las fuertes murallas con sus correspondientes aspilleras, las profundas cisternas y las largas acequias que utilizaban para el riego de sus tierras.

Las mujeres trabajaban lo mismo que los hombres, siendo obligación exclusiva de ellas la fábrica de aquellas ollas, y, en general, de aquellos objetos de loza, vidriados, de diferentes hechuras y de delicadas labores, que tanto llamaron la atención a los conquistadores españoles y que dieron tanta fama a las alfarerías de la región de los pueblos. Los habitantes de los pueblos eran monogamos y sólo contraían matrimonio cuando lo disponía el Consejo de ancianos. Los hijos pertenecían al clan o linaje de la madre (matriarcado). Los linajes no estaban reunidos por tribus, sino por aldeas. En cada una de dichas aldeas había un jefe de paz, que se asesoraba del Consejo de ancianos, y un jefe militar, elevado a tan alto cargo por sus valerosos hechos. No se conocía la propiedad privada de la tierra, si bien era muy respetada la ocupación que por determinado tiempo tenían individuos o familias de terrenos cultivables. Dedicábanse al cultivo del maíz, de las judías, del algodón, del tabaco, etc., y regaban los campos con acequias perfectamente construídas. Los sacerdotes y hechiceros estaban muy estimados por aquellas tribus excesivamente religiosas, y tenían a su cargo la celebración de los largos y complicados cultos. Las ceremonias religiosas constaban de dos partes: una secreta y otra pública. Terminaba la última exhibiendo los juglares sus habilidades dramáticas y lanzando a veces frases intencionadas y maliciosas. El principal y casi único objeto de todos los ritos religiosos consistía en *atraer la lluvia* para obtener buenas cosechas. En aquellas tierras pobres y áridas la lluvia era la vida o muerte de estas tribus pacíficas y laboriosas, que no estaban manchadas del canibalismo.

Al presente, las tribus de los Pueblos, reducidas a 10.000 habitantes, viven en el mismo territorio, repartidas en 27 aldeas, de las cuales únicamente Acoma y algunas hopis ocupan los mismos sitios que antes de la época de la conquista.

Los *chinuks* vivían al occidente de las orillas del río Columbia y los montes Umpqua. El clima era dulce, la tierra fecunda, la caza abundante en sus bosques, siendo también abundante la pesca en su mar y en sus ríos. Distinguiéronse los chinuks por su pequeña estatura y por su fealdad. Los hombres iban casi desnudos y las mujeres llevaban una falda que apenas les alcanzaba a las rodillas. Vivían en casas construidas sobre seis postes, cuatro en los ángulos y dos en el centro de los dos extremos del cuadrilátero; lo mismo las paredes que los techos estaban formados de tablas. Es de notar que no tenían ventanas ni chimeneas, pues cuando les ahogaba el humo, levantaban una de las tablas del techo. En la caza y en la pesca —salmones, esturiones— encontraban sus principales elementos de vida. No dejaban de ser industriosos los chinuks: fabricaban esteras de juncos o espadañas, cestas de hierba o de fibras de cedro, artesas de cedro o de otras maderas, cucharas de cuerno, agujas de ala de grulla, canoas de varias clases y también de varias clases armas. Los chinuks consideraban la tierra como propiedad de la tribu y no individual. Existía la esclavitud que tenía origen, como en otros pueblos, en la guerra y en el robo. Aunque se permitía la poligamia, pocos hacían uso de ella. Hembras y varones pasaban gran parte del tiempo en fiestas (banquetes y bailes), y en juegos de azar, habilidad o fuerza. En religión creían que *Ikánam* había creado el Universo; pero antes o después de él vino a la tierra *Itapalapas*, creador del hombre. Afirmaban que el hombre creado por Itapalapas tenía los ojos y los oídos cerrados, las manos y los pies sin movimiento. Ikánam abrió al hombre los ojos y oídos haciéndole también incisiones en manos y pies. Mostró todavía su generosidad el dios Ikánam enseñándole a fabricar todo género de utensilios. Parece ser que los chinuks tenían un espíritu del Bien que llamaban *Ecomé*, y un espíritu del Mal denominado *Ecutoch*. Debían rendir culto a los dioses citados y tal vez a algunos más. Hacíanles sacrificios humanos. Guardaban profundo respeto a los muertos y miraban como el mayor de los sacrilegios la violación de los sepulcros. Los cadáveres, envueltos en ricas mantas, eran llevados a lugar tranquilo y apartado. Al dejarlos allí rompían en tristes lamentos, y en señal de luto los parientes se cortaban la cabellera y algunos se desgarraban el cuerpo.

Nada diremos de los indios que vivían más adentro del Columbia, pues todas estas tribus presentan casi los mismos caracteres.

CAPÍTULO IX

Estado social de los indios.—La antropofagia.—El emperador en México y en el Perú: absolutismo de los emperadores.—Los caciques.—La policía.—Los mercados.—La hacienda.—La administración de justicia.—Los tributos.—
Incas, curacas y amantas.—El interregno.—El clan, el
sachem y el consejo.—Nomen y totem.—La tribu.—Confederaciones tribales.—El matrimonio: monogamia y poligamia.—Adulterio.—Divorcio.—Los hijos.—Los ancianos.—
Las viviendas.—Instituciones civiles en América: la propiedad en México y en el Perú.—La sucesión.—Tutela, curatela y adopción.—Esclavitud.—Leyes penales y de procedimientos.—Leyes sociales y administrativas.—Las postas entre los nahuas y entre los peruanos.

Acerca del estado social de los indios, podemos afirmar que todos,
aun los mejicanos y peruanos, no llegaron al estado completo de civilización. Si la antropofagia se hallaba extendida por toda América, justo
es reconocer que no fué tan general en los imperios de México y Perú,
como en el Río de la Plata o a orillas del Mississipí, en las Antillas e
islas Caribes. Los pueblos del Pacífico, donde existía población numerosa, rica y dedicada a la agricultura y a las artes, no debían tener
por objeto principal la guerra y la antropofagia, como los citados del
del Río de la Plata y todos los que ocupaban los extensos territorios
con vertientes hacia el Océano Atlántico.

México y el Perú se hallaban organizados casi feudalmente, estando
al frente de ellos, más bien que un Emperador ó Rey, un gran sacerdote, el cual se hacía temer por los grandes castigos que imponía, y entre
ellos los sacrificios humanos que mandaba hacer en los adoratorios, adoratorios que tiempo adelante hubo de destruir la espada de Hernán Cortés y de Francisco Pizarro.

Tanto en México como en el Perú se consideraban sagradas las personas de los monarcas Moctezuma y Atahualpa.

Fijándonos en el Emperador mejicano, diremos que todos los señores
de Estados particulares tenían su casa en México y eran fieles servidores de Moctezuma. Demás de estos grandes señores, que constituían la

grandeza, servían a Moctezuma los soberanos de Estados enclavados en el imperio. Los emperadores de México habitaban en magníficos palacios y disponían de rica y numerosa servidumbre; tenían suntuosos aposentos para los monarcas de Tezcuco y Tacuba; pasaban sus ocios en parques de caza o en hermosos jardines: salían a la calle en andas, con gran séquito, y a su presencia se postraban los súbditos. Con todo, no eran tan absolutos como a primera vista pudiera creerse, pues en el Anahuac había tierras de la corona, beneficiarias y feudales. De las de la corona disponían directamente en sus respectivos estados los reyes de Michoacán, la república de Tlaxcala, el cacicazgo de Xalixco y algunos más; tanto las tierras beneficiarias como las feudales, quedaban reducidas a feudos vitalicios o sólo a feudos. Otras causas, también de importancia, moderaban el absolutismo del poder imperial. No era la menor los diferentes reinos en que el país estaba dividido. Los caciques, especie de señores feudales, ejercían jurisdicción, que tiempo adelante consagraron las Leyes de Indias, con la mira de que conservasen la autoridad para mantener a todos en la obediencia de la metrópoli. Hallábase organizada numerosa policía en todos los reinos, cacicazgos o señoríos del imperio y muy especialmente en México. En las grandes ciudades había diariamente mercados, donde abundaban todas las cosas; mientras se celebraban, se constituía un Tribunal compuesto de 10 o 12 magistrados. En las poblaciones menos populosas los alguaciles o encargados de mantener el orden, llevaban las varas levantadas. Las cuestiones entre vendedores y compradores se resolvían en juicio verbal con bastante justicia. La hacienda descansaba en principios algo parecidos a los nuestros. Había verdaderos derechos de consumos. Estaba organizada la administración de justicia, como también la administración pública. Los plebeyos, mediante la guerra, llegaban a las más altas dignidades del Estado.

Y por lo que a los emperadores del Perú se refiere, tomaban el nombre de hijos del Sol, y en efecto, así lo parecían, pues en público sólo salían con vestiduras de fina lana recamadas de oro y pedrería, anchos discos de oro engarzados en los pulpejos de las orejas, una borla de color carmesí en la frente y una guirnalda de colores en la cabeza. Habitaban grandiosos palacios, en los cuales hasta los grandes señores entraban descalzos, baja la cerviz y con ligera carga en los hombros. Cuando salían de Palacio, ya para asistir a funciones religiosas dentro de la ciudad, ya para recorrer el Imperio, iban en andas guarnecidas de oro y esmeraldas, entre escogida guardia, llevando delante numerosa hueste de honderos y detrás de lanceros, con heraldos anunciadores y criados que limpiaban el camino. Presentábanse en todas partes no como hombres, sino como dioses. Habían logrado captarse el amor de sus pueblos, con razón seguramente, porque consiguieron desterrar de su territorio el hambre, unciendo al yugo del trabajo hasta los más indóciles.

El Imperio se hallaba dividido en cuatro grandes regiones *(Antisuyu, Chinchasuyu, Contisuyu* y *Collasuyu)*, unidas al Cuzco por cuatro grandes caminos. Mandaba cada región un Señor (Cápac), llamado virey por los españoles. Los cuatro Señores constituían el Consejo de Estado del Inca, y ellos tenían bajo sus órdenes tres Juntas: la de Guerra, la de Hacienda y la de Justicia. Las regiones se subdividían en provincias mandadas por Gobernadores *(hunnus)*, los cuales no podían intervenir en los asuntos de los *curacas* (antiguos caciques de tribus o de comarcas independientes antes del Imperio). Los curacas solamente estaban obligados á adorar al Sol, hablar la lengua del Cuzco, asistir a la Corte por sí o por sus hijos y pagar tributo en hombres y cosas. El cargo de Gobernador lo desempeñaban personas de sangre real. En las capitales de provincia había, además, empleados que llevaban la cuenta de lo que se recogía por impuestos y se invertía en gastos públicos; también anotaban los nacimientos y defunciones; en los primeros días del año llevaban los oficiales sus notas al Cuzco, donde otros empleados se ocupaban de la estadística del Imperio. Refiere Garcilaso que en los pueblos las familias estaban divididas en grupos de 10, de 50, de 100, de 500 y de 1.000, bajo la autoridad de Jefes de menor a mayor graduación. La misma organización servía seguramente para la administración de justicia; los delitos eran castigados—según la menor o mayor gravedad—por los Jefes que acabamos de citar. Para los pleitos había otros jueces: uno en cada pueblo, otro en cada provincia y un tercero en cada virreinato. Tanto la organización política como la económica eran sumamente complicadas. Las minas eran del Inca o de los *curacas.* Los tributos no pesaban de un modo oneroso sobre el contingente, pues se tenía en cuenta la riqueza o pobreza de los pueblos.

Formaban los *incas*—como se dijo en el capítulo V—la primera clase de la nobleza, los *curacas* la segunda y los *amantas* (sabios, sacerdotes y hábiles artífices) la tercera. Superior, muy superior era la clase de los incas; incas eran casi siempre los primeros empleados civiles e incas eran los primeros capitanes.

Entre el fallecimiento de cada Inca (Emperador) y la coronación del que había de sucederle, esto es, durante el *interregno*, gobernaba un hombre de gran autoridad y prestigio, perteneciente también a la primera clase de la nobleza.

El *clan* o linaje *(gens)* era el factor más importante de las rudimentarias sociedades indias. El clan, esto es, grupo de parientes más o menos próximos, paternos o maternos, vivían en lugar determinado, con obligación de ayudarse mutuamente. El indio se debía al clan antes que a su propia e íntima familia. Entre el interés de sus próximos deudos y el del clan, debía preferirse el último. El clan elegía y destituía sus jefes, los cuales eran civiles (sachems) o militares (caciques, etc.)

En tiempo de guerra, los jefes militares tenían absoluta autoridad en la tribu. Durante la paz todos quedaban sometidos al Sachem, o lo que es lo mismo, los jefes civiles dirimían las contiendas entre los individuos del clan o linaje. Cuando no podían resolverlas, las elevaban al Consejo, tribunal superior que también tenía la misión de resolver las cuestiones de interés general. Estaba formado dicho Consejo por los principales jefes o delegados de los clanes.

"Las tribus criks o muscogis se hallaban divididas en nueve clanes: el del Tigre, el del Viento, el del Oso, el de la Zorra, el del Lobo, el de la Raíz, el del Pájaro, el del Ciervo y el del Cocodrilo; las iowas, en ocho: el del Aguila, el de la Paloma, el del Lobo, el del Alce, el del Oso, el del Castor, el del Búfalo y el de la Serpiente; las iroquesas, en tres: el del Lobo, el de la Tortuga y el del Oso; las huronas, en otras tres: el de la Cuerda, el del Oso y el de la Roca.... 1 .

Más adelante añade: "Tenía generalmente cada uno de los clanes por nomen el del animal o el de la fuerza que miraba como su origen o como el nahual o el nombre del fundador de la estirpe; por totem, la representación gráfica de ese mismo animal o de esa misma fuerza. Sólo entre los iowas el totem estaba en la manera de llevar el cabello... (2).

La unión, pues, de varios clanes formaba la tribu. La nota característica de la tribu, según todas las señales, consistía principalmente en tener la misma lengua o dialecto. En general, las tribus no tenían jefe supremo, sino el Consejo antes citado. A veces, tribus afines, ante el temor de agresiones de tribus extrañas, se unían para su protección y defensa. Tal fué seguramente el origen de las Confederaciones Tribales, institución propia y característica de los aborígenes de América. Las Confederaciones más conocidas fueron la azteca y la iroquesa; también las de los mokis y de los dakotas.

El matrimonio entre los indios se celebraba por medio de ciertas ceremonias religiosas; se consignaba por escrito la dote que aportaba la mujer. Consideraciones económicas influían en la forma del matrimonio, pudiendo afirmarse que en los países en que la vida era ruda y difícil, el indio se contentaba con una sola mujer; en los climas cálidos y

---

(1) Pi y Margall. *Historia de América*, segundo volumen. página 1.248.
(2) Ibídem.

tierras fértiles existía la poligamia. En la América Septentrional predominaba la monogamia y en la Meridional la poligamia, siendo de notar que lo mismo en la primera que en la segunda dependía la duración del matrimonio de la voluntad o del capricho de los contrayentes.
Habremos de advertir que en algunos pueblos predominaba la monogamia por la escasez de mujeres; admitíase en otros la poligamia por la
abundancia de aquéllas. El esquimal llegó a recurrir a la poliandria en
las grandes carestías de hembras. Lo predominante en América era la poligamia. El varón solía tomar las mujeres o concubinas que le consentían sus riquezas o que le exigía el apetito. En general, la mujer gozaba
de alguna estimación en las tribus en que predominaba la monogamia y
el matriarcado, siendo considerada como esclava en aquellas tribus en
que se hallaba establecida la poligamia, como también entre los salvajes.
Lo mismo en los pueblos agricultores, que en los cazadores y que en
los nómadas, la mujer era la bestia de carga de la familia. Se le hacía
trabajar continuamente, y gracias podía dar si no era objeto de malos
tratamientos. El marido la despreciaba, y con harta frecuencia la ofrecía a sus huéspedes. Gozaba de más consideración en las razas cultas,
aunque no de menos trabajo. Lo mismo en México que en el Perú, ella
hilaba y tejía la lana o el algodón, ella iba al mercado y cambiaba por
las cosas necesarias a la vida los productos del trabajo de su marido.

Castigábase el adulterio casi en todas las tribus, si bien con más
rigor en unas que en otras. En las razas cultas—y en ello están conformes todos los escritores— lo mismo entre los aztecas que entre los
incas, no reinaba la blandura ni la justicia. Lo que no se consentía en
modo alguno ni en uno ni en otro pueblo era que el marido se tomase
la justicia por su mano. Aunque cogiese a la adúltera en flagrante delito,
estaba obligado a llevarla ante los tribunales. Blandos con los adúlteros
fueron los hurones, patagones, charruas, los pueblos de los llanos del
Orinoco y los nicaraguatecas. Los hurones, partidarios del amor libre,
nada les importaba la infidelidad; los patagones devolvían la mujer
adúltera o la vendían al amante; los charruas sólo maltrataban a los
criminales de palabra; los indígenas de los Llanos buscaban la venganza
en pagar ofensa con ofensa, y el nicaraguateca despedía a la culpable
y la condenaba a viudez perpétua; pero entregándole el dote. Los
divorcios eran frecuentes. En casi todas las razas salvajes, no sólo el
adulterio se consideraba motivo de divorcio, sino la diferencia de caracteres, el capricho. Entre las razas cultas existía también, aunque no con
tanta frecuencia. Acerca de los hijos puede asegurarse que la lactancia
era larga. Cuando el niño llegaba a la pubertad recibía su nombre,
hecho que tenía no poca importancia. Declarado adulto, si en unas tribus

seguía el padre gozando de autoridad absoluta, en otras recobraba el hijo completa libertad de sus acciones, hasta el punto que nada tenía que ver desde entonces con sus progenitores.

Los ancianos (exceptuando los *shamanes,* adivinos, etc.), que no servían para la guerra ni para la caza, eran mirados por su tribu como pesada carga, siendo muertos con frecuencia violentamente.

Respecto a las viviendas no conocieron algunas tribus más abrigo que el de los bosques. Otras tribus se contentaban con cubrir la tierra con verde follaje. Se defendían del sol colocándose a la sombra de los árboles, de los barrancos y de las rocas, y del viento levantando parapetos de piedra o de brozas, y también en reductos de fagina. Cuando arreciaba el frío, se metían en cuevas o en hoyos; si estaban enfermos, en bajas y miserables chozas. Otros salvajes hacían de paja sus viviendas; algunos doblaban unas pocas ramas, las cuales metían en el suelo por los dos cabos y encima de ellas echaban pieles; no pocos metían en el suelo y a corta distancia palos, sobre los cuales tendían pieles de huanaco.

Constituían verdadero adelanto otras viviendas. Con gruesos postes o troncos de árbol se formaban *buhíos* poliédricos, hasta el arranque del techo; desde el arranque del techo hasta el remate eran cónicos. Hallábase formada la armadura del techo por varas o palos delgados que partían de las soleras de los troncos y convergían á un largo madero hincado en el centro de la casa, cubriéndose los intersticios por cañas sobre las que se extendían luengas pajas, hojas de palmera ó de bihao. También algunos buhíos eran cuadrilongos y tenían modestos zaguanes. Había pocas puertas sin jambas, y ninguna sin dintel. Tribus más adelantadas labraban los postes de sus paredes y las vigas de sus techos; entre las vigas y entre los postes colocaban tablas de cedro que podían levantar y bajar a su capricho. Era cosa corriente que algunas tribus tuviesen sus viviendas en alto y otras bajo tierra o subterráneas. Lo que verdaderamente llamó la atención de los europeos, fué las casas de hielo de los esquimales, de forma semi-esférica. Muros, ventanas, puerta, muebles, todo era de hielo. Maravilla más todavía la fábrica de las casas-pueblos, casas de dos, tres, cuatro y hasta más pisos, cuya elevación no bajaba de 40 pies, de longitud 300 y de anchura 120; muchas con grandes voladizos, y todas, en particular en los pisos inferiores, tenían una especie de galerías o azoteas, que cerradas por pretiles, servían de miradores en la paz y de baluarte en la guerra. Componíanse dichas casas, ya de piedra y barro, ya de adobes y ya de argamasa, que era una mezcla de carbón, ceniza, junco y tomillo con tierra y agua (1).

(1) Véase lo que en el capítulo VII se dijo sobre las casas grandes de Gila.

En México, las casas de la plebe estaban hechas de barro y piedra, de árboles, de cañas, cubiertas por heno, por hojas del maguey ó del áloe. Las de los hombres principales estaban hechas de piedra y cal y las techumbres de madera de cedro, ciprés, abeto o pino; en general se hallaban formadas dichas casas de dos pisos, y en los dos había jardines; también zaguán, patio, azotea, granero, baño, oratorio, aposento para las mujeres, aposento para los hombres y una o dos entradas formadas por un cancel de cañas, pues puertas no se colocaba ninguna. En el Perú eran de piedra bien labrada las del Cuzco y las de los pueblos de la serranía; de adobes, las de los Llanos; en general, sólo tenían un piso y el techo de estera o paja. Muchas habitaciones, únicamente se encontraban en las casas de los curacas y de los incas. Sin embargo de la pobreza, las viviendas de muchas razas salvajes presentaban pintoresco conjunto. Estaba casi siempre el hogar en medio de la casa, debajo del agujero que se dejaba en el techo para la salida del humo; alrededor de las paredes corrían las camas, que consistían en sencillos petates o en zarzos y tarimas. Colgaban del techo carne o pescado hechos cecina o mazorcas de maíz; de los muros, aquí armas, allí adornos o galas de hombres y mujeres; en el sitio más visible de la casa cabezas de ciervos o de búfalos. La suciedad más grande, lo mismo en las personas que en las cosas, era frecuente en el hogar salvaje.

Tiene excepcional importancia el estudio de las *instituciones civiles* en América antes de la conquista. Comenzando por la propiedad, consignaremos que los individuos de las tribus, lo mismo de las salvajes que de las cultas, tenían dominio sobre las cosas muebles; pero no sobre los bienes raíces, con la sola excepción de las chozas que habitaban. La propiedad no era individual, sino de la tribu o de la nación. La propiedad colectiva gozaba de absoluta importancia, siendo, no obstante, raro el verdadero comunismo. Parécenos exagerada la pintura que hace Pedro Mártir de Anglería acerca del comunismo en Cuba: "Todas las mañanas —escribe el autor citado— mientras a la sombra de los árboles deliberaban los ancianos sobre los negocios de la República, iban los mozos, según los tiempos, a sembrar, escardar o segar los campos. Todo pertenecía a todos, nada a nadie, y se vivía en paz y ventura sin cercados, leyes, tribunales ni suplicios.„ No negaremos que, tanto en las razas salvajes como en las cultas, latía el comunismo en el fondo de las instituciones civiles. Recuérdese a este propósito que cuando los trabajadores tenían noticia de la vuelta de sus compañeros del campo, o del regreso de los cazadores, o de la llegada de las barcas pescadoras, se encaminaban a las puertas de sus jefes, donde recibían la parte de cereales, caza o pescado, en relación con el número de los hijos que cada cual tuviera. Entre los nahuas, ni la nobleza, ni el sacerdocio, ni el pueblo podían enajenar sus tierras; eran más bien usufructuarios que propietarios. Llama la atención que sólo los barones podían, a par de los Reyes, ceder sus campos y montes a quien quisieran. En las tierras de la comunidad cada familia tenía un lote que transmitía a sus herederos; pero si dejaba de cultivarlo o cambiaba de domicilio, lo perdía. Los lotes vacantes servían para la dotación de nuevas familias o para la mejora de otros lotes poco fecundos o escasos. El jefe del barrio o *calpulli* tenía en todos los casos no pocos derechos y deberes. Entre los mayas debía haber, no verdadera propiedad, sino mera posesión, que duraba mientras no se dejase de cultivar la tierra, pudiéndose, sin embargo, transmitir por herencia. Respecto al trabajo sí pudiera asegurarse que hubo comunismo. Landa escribe lo siguiente: "En tiempo de sus sementeras, los que no tienen gente suya para las hacer, júntanse de veinte en veinte, o más o menos, y hacen todos juntos por su medida o tasa la labor de todos, sin dejarla mientras no la cumplan." El mismo carácter que entre los mayas tuvo la propiedad entre los quichés y los cakchiqueles. Respecto a los nicaraguatecas, es de notar que no podían vender su propiedad, que pasaba a sus próximos deudos, y si no los había, al varón o al municipio. Si de los peruanos se trata, la tierra entre ellos estaba dividida en tres partes: una para el Sol o el Sacerdocio, otra para el Inca o el Estado, y la tercera para el Pueblo o el Municipio. El Municipio repartía anualmente a cada familia sin hijos dos *tupus* (unas tres fanegas de sembradura): uno para maíz y otro para legumbres. A cada familia con hijos solteros se le daba dos *tupus* más por varón y uno más por hembra. De modo que las familias eran simples usufructuarias de la tierra, no pudiendo cederla ni a título oneroso, ni a título gratuito. Las tierras del Sol y las del Inca aumentaban o disminuían, según las necesidades de los Municipios. Los labradores de la comarca cultivaban unas y otras tierras en determinada época. Las tierras de las viudas, de los huérfanos, de los enfermos y de los ausentes por causa de la República, se cuidaban por los agricultores del Municipio respectivo. Del mismo modo que había comunidad en el trabajo, había también en determinados bienes. Eran comunes la sal, los peces de los ríos, los arroyos y los árboles silvestres. Considerábanse como propiedad del Inca los ganados y las minas; disponían de llamas, de objetos de oro y plata caciques nobles y aun plebeyos. Semejante organización de la propiedad produjo en el Perú excelentes frutos. "Vinculadas las tierras de los nobles —escribe Fernando de Santillán— repartidas año por año las de los plebeyos, señor de casi todo el país el Estado, la generalidad del pueblo en una medianía rayana de

la pobreza, no podía la sucesión tener en el Perú mucha importancia.„
Afirma el mismo Santillán que, cuando moría un cacique, el sucesor se
hacía dueño de las fincas y bienes, y con el producto de ellos, subve-
nía a las necesidades de la mujer y de los hijos del difunto.

Por lo que a la *caza* respecta, pertenecía al que la mataba. En algunos pueblos al que hiriera las reses y aun al que las ojeara se les
reconocía el derecho a la piel y a cierta porción de carne. Si formaban
partida los cazadores, las piezas que se cogían se repartían entre todos.

De la *tutela* y *curatela* habremos de decir que existía en el Perú y
en algunas otras tribus. La *adopción* adquirió carácter principal entre
los algonquinos e iroqueses. Los primeros sólo adoptaban prisioneros de
guerra, y los segundos a toda clase de hombres, amigos o enemigos.

La *esclavitud* existía en América, pues sólo en el Perú, entre los esquimales, dacotas y shushwaps no se hallaba establecida. Nacía principalmente de la guerra, y según Pi y Margall—con cuya opinión no estamos conformes—no era tan dura como en Europa. "No mediaban—
dice—allí tampoco entre los esclavos y los señores los abismos que aquí
en Europa. Acontecía más de una vez que tomase el señor a una de sus
esclavas por esposa y admitiese la señora a uno de sus esclavos por
marido; más de una vez también que niños esclavos se sentasen a la
mesa de sus dueños. Llegaban a establecerse entre las dos clases hasta
vínculos de cariño; viendo pobres a sus antiguos amos trabajaban con
ahinco por socorrerlos esclavos que ya no lo eran o estaban en otras
manos. Que ya no lo eran, digo, porque allí como en Roma cabía eman-
ciparlos y con frecuencia se los emancipaba. Lo que no podía nunca el
esclavo era obtener cargos públicos.„ (1).

Poco numerosas eran las *leyes penales* entre las razas cultas, escasas en las razas salvajes. Los salvajes no se contentaban con aplicar la
pena del talión (vida por vida, honra por honra y propiedad por propiedad), sino que llevaban el castigo más allá del agravio. En algunas
razas el marido burlado tenía derecho a cohabitar con la mujer o hermana del adúltero: en otras se destruía casa por casa, se devastaba
campo por campo y se arrasaba maizal por maizal. Para algunos delitos no había pena alguna. No se castigaba ni al que mataba en duelo ni
al sodomita. Tampoco casi se castigaban los delitos contra la honestidad, a excepción del adulterio, pues en general los adúlteros sufrían la
pena de muerte. Así sucedía entre los caribes, los criks, los musos y los
colimas. Se imponía la pena de muerte a los homicidas; sólo los californios del Norte se limitaban a exigir precio por cada muerte, y pedían
por la de una mujer la mitad de la que por un hombre. Se imponía la

(1) *Historia de América*, vol. 2.º, pág. 1.353.

pena de muerte a los homicidas, debiéndose de contar que, entre los
tupinaes, si huía el matador, se extrangulaba a cualquiera de sus hijos;
si no los tenía, a cualquiera de sus hermanos, y si tampoco los tenía, se
obligaba a su pariente más próximo a ponerse bajo la servidumbre del
más próximo de la víctima.

Los nahuas, entre las razas cultas, eran los que tenían más leyes penales (Apéndice F). A los sediciosos, a los homicidas, a los calumniadores, a los testigos falsos, a los adúlteros, a los sodomitas y a los alcahuetes los condenaban a grandes penas o los mataban. Castigaban con la
muerte al hijo que levantaba la mano contra su padre o su madre, y privaban de la herencia de sus abuelos a los hijos del delincuente. No eran
menos duros con los que se embriagaban y más todavía con los imprudentes que se atrevían a dirigir palabras amorosas a algunas de las
concubinas del monarca. No se distinguían por su blandura los castigos
que imponían a los que no respetaban la propiedad inmueble o mueble. El
que entraba por las huertas y maizales robando frutas o mazorcas, o el
que arrancaba el maíz antes que granara, era condenado a muerte; pero
el viajero que pasaba por las orillas de los bancales, si tenía hambre o
sed, se le permitía coger algunas mazorcas. Por lo que toca a los bienes
muebles, aplastaban con la clava a los que salían a robar en los caminos
reales y mataban a palos al que hurtaba la cosa más pequeña en los mercados públicos. También era largo, aunque no tanto, el código penal de
los mayas. Eran condenados a muerte los traidores, los que se negaban
a pagar los tributos, los homicidas y los hechiceros. También los que
provocaban alzamientos o los que de algún modo ponían en peligro la
salud del Estado. Contra los delitos sensuales había diferentes penas,
lo mismo respecto a los adúlteros que a los seductores. Si en Guatemala
y el Salvador, el raptor era castigado con la muerte, en Nicaragua sólo
tenía que pagar una indemnización a los padres o parientes de la robada.
Blandura extremada había contra el adulterio en Guatemala, Nicaragua
y Vera Paz. Acerca de los delitos contra la propiedad, los mayas no
fueron tan severos como los nahuas. Los mayas únicamente mataban a
los ladrones incorregibles. Las pocas leyes penales que conocemos de
los muiscas pueden calificarse de muy severas. El código de los peruanos medía con la misma vara al inca que al hombre del pueblo. Imponía
la muerte al que mataba al Rey, a la Reina o al Príncipe, al ministro
del Rey, sacerdote o virgen consagrada al astro del día y al cacique;
también al que se pasaba al enemigo en la guerra. Hacía cuartos al
parricida, despeñaba o apedreaba al matador de niños, ahorcaba o
descuartizaba al marido que matase a la mujer, como no fuera por causa
de adulterio. Azotaba y ponía a la vergüenza al estuprador y estuprada;

de igual modo castigaba el incesto entre sobrinos y tíos, primos de segundo grado y afines de primero; con lapidación u horca el coito entre hermanos germanos; con lapidación entre hermanos de padre; con despeñamiento entre padres e hijos. Adúltero y adúltera pagaban con la vida su delito. Los reos de sodomía eran arrastrados, ahorcados y quemados; a los alcahuetes favorecedores de incestos o estupros se les ahorcaba. Los delitos contra la propiedad dieron origen a pocas leyes. El hombre laborioso que hurtase para satisfacer el hambre o adquirir vestido para él, su mujer o sus hijos, no era castigado; pero lo era el jefe, que, debiendo proveerle de víveres para satisfacer el hambre o de lana o de algodón para vestidos, no lo había hecho. El que por haragán o vicioso hurtase más de cierta cuantía, si era hijo de señor se le degollaba en la cárcel, y si plebeyo, se le ahorcaba.

No había *leyes de procedimientos* en las razas salvajes. Donde más un consejo de ancianos fallaba, procediendo en seguida a la ejecución de la sentencia. Ni siquiera había cárceles donde encerrar a los reos. Tampoco verdugos de oficio, pues de dar muerte a los reos se encargaba el pueblo todo. En las razas cultas, lo mismo entre los peruanos que entre los mayas y nahuas, sí había leyes de procedimientos. En estas tribus los procedimientos eran verbales. Se sabe que tuvieron cárceles, pudiéndose citar una del Cuzco, que estaba llena de osos, tigres, culebras y víboras; era—según Cieza—como un lugar de prueba, donde las fieras devoraban a los culpables y respetaban a los inocentes. Debieron haber Jueces, tal vez Abogados, Procuradores y Amanuenses o Notarios. Los juicios eran rápidos.

En diferentes pueblos de América, y especialmente en el Perú, se encuentran leyes, ya del *orden social*, ya del *administrativo*, no faltando notables disposiciones acerca de la *agricultura*. No carecen de curiosidad ciertos usos y costumbres de los incas (Apéndice G).

Opinan algunos cronistas que las postas sólo se hallaban establecidas entre los nahuas y los peruanos. Como ni unos ni otros disponían de caballos ni de otra clase de animales que los supliese, empleaban peatones *(chasquis)* que corrían con velocidad pasmosa (1). Entre los nahuas había postas de seis en seis millas, y entre los peruanos de cinco millas era la mayor distancia (2). Los despachos de los nahuas eran verbales o escritos en jeroglíficos; los de los peruanos en forma oral o por escrito *(quipus)*. Los chasquis, vestidos de un traje particular, partían a la carrera para transmitir las noticias o entregar los objetos que

---

(1) Dice Garcilaso que chasquis significaba *uno que hace un cambio*. Com. Real, parte I, libro VI, cap. VIII.

(2) Respecto al Perú casi todos los autores dicen que no pasaba de *tres cuartos de legua*.

llevasen para la Corte a la posta siguiente, y así a las restantes hasta llegar a su término. "Es muy notable—escribe Prescott—que esta importante institución fuese conocida en México y en el Perú al mismo tiempo, sin que hubiese comunicación entre ambos países y que se haya encontrado establecida en dos naciones bárbaras del Nuevo Mundo antes que se adoptase entre las naciones civilizadas de Europa., (1). Lo mismo en México que el Perú gozaban dichos peatones de mucha consideración, hasta el punto de que nadie podía inferirles la menor ofensa sin incurrir en pena de muerte. Las casas de postas se hallaban siempre en alto, y las unas a la vista de las otras. Es de advertir que los chasquis estaban únicamente al servicio del Estado: pero a veces transportaban objetos para el servicio de la Corte, y aun cosas de comer para el consumo de la Casa Real. Por este medio la Corte recibía pescado del distante Océano, caza de lejanos montes y frutas de las cálidas regiones de la costa. Con semejante sistema de correos se tenía en seguida noticia en la capital, ya de la insurrección de una provincia, ya de la invasión de extranjeros enemigos por la frontera más remota. "Tan admirables eran las disposiciones adoptadas por los déspotas americanos para mantener la tranquilidad en toda la extensión de sus dominios. Esto nos recuerda las instituciones análogas de la antigua Roma, cuando bajo el imperio de los Césares eran señores de medio mundo., (2).

Por último, terminaremos con las mismas palabras con que Herder dió fin al capítulo que intituló *Organización de los americanos* (3). ¿Qué puede deducirse —preguntaba el filósofo alemán - de todo lo expuesto?

Primero: que no se debe hablar de una manera general de los pueblos de un continente que está enclavado en todas las zonas. El que dice: América es cálida, sana, húmeda, baja, fértil, tiene razón: el que diga lo contrario, también tiene razón, si considera estaciones y lugares diferentes. La misma observación se aplica a las naciones, pues se encuentran hombres de un hemisferio bajo todas las zonas. Al Norte y al Sur hay enanos, y al lado de ellos se hallan gigantes. En el centro se ven hombres de talla regular, más o menos bien formados, pacíficos, belicosos, perezosos y vivos, en una palabra, todos los géneros de vida y todos los caracteres.

En segundo lugar, nada, sin embargo, prueba que tantas ramificaciones no procedan de la misma raíz, y que la unidad de origen se manifieste también por la semejanza de los frutos. Eso es lo que oímos de-

(1) *Historia del descubrimiento y conquista del Perú*, tomo I, pág. 82.
(2) Prescott, Ibídem, pág. 83.
(3) *Philosophie de L' Histoire de L' humanité*, tom. I, págs. 300 y 301.

cir del carácter dominante, lo mismo en la figura que en la organización física de los americanos. Ulloa observa en las comarcas centrales, que los individuos tienen la frente pequeña cubierta de cabellos, nariz afilada que se encorba hacia el labio superior, ancha cara, grandes orejas, piernas bien formadas, pies pequeños y cuerpo rechoncho; y sus caracteres se encuentran más allá de México. Pinto añade que la nariz es algo chata, la cara redonda, los ojos negros o castaños, obscuros, pequeños y vivos y las orejas un poco separadas de la cabeza: esto mismo se halla en los pueblos degenerados que viven lejos de aquéllos. Esta fisonomía general, que se transforma más o menos, según los pueblos o los climas, parece como un rasgo de familia y se reconoce en pueblos diversos, atestiguando perfectamente la unidad de origen. Si fuese cierto que pueblos de todas las partes del mundo, en diferentes épocas se habían fijado en América, ya mezclados o ya separados, la diferencia con los anteriormente citados debía ser mayor. Los cabellos blondos y los ojos azules no se ven en las gentes de esta parte del mundo: los cessers de los ojos azules de Chile, y los akansas de la Florida han desaparecido recientemente.

En tercer lugar, ¿se puede, después de todo ello, señalar a los americanos un carácter general? Parece que sí, y éste es una bondad e inocencia casi infantil, de las que se encuentran señales en todas sus formas, aptitudes y poca astucia y, sobre todo, por la manera como ellos han recibido a los primeros europeos. Nacidos en un país bárbaro, sin ninguna ayuda del mundo civilizado, realizaron los progresos por sí solos, y por esa razón, presentan en sus comienzos un aspecto rico e instructivo de la humanidad„.

CAPÍTULO X

INSTITUCIONES MILITARES.—EL ARCO Y LA FLECHA.—LA LANZA.
LOS DARDOS, LAS JABALINAS, LAS HONDAS Y OTRAS ARMAS.—LAS
ARMAS DEFENSIVAS: EL ESCUDO, EL PETO, LA COTA Y EL CASCO.—
DIFERENCIA ENTRE LAS ARMAS DE LAS RAZAS CULTAS Y DE LAS
SALVAJES.—LAS FORTIFICACIONES. — BANDERAS O ESTANDAR-
TES.—LA MÚSICA MILITAR.—ORGANIZACIÓN DE LA FUERZA AR-
MADA. -LA GUERRA: SU DECLARACIÓN; SUS PREPARATIVOS.— LOS
TAMBOS O CUARTELES-PÓSITOS. — LA TÁCTICA Y LA ESTRATE-
GIA.—CRUELDAD EN LA GUERRA.—PREMIOS Y CASTIGOS. -LEYES
MILITARES.—MODO DE AFIANZAR LAS CONQUISTAS.—LA PAZ EN
LOS PUEBLOS SALVAJES Y EN LOS CULTOS.

Nos vamos a ocupar de las instituciones militares. Dividíanse las
armas de los indios en ofensivas y defensivas. Ofensivas más importantes eran el *arco* y la *flecha*. Los pueblos del Norte solían hacer el
arco de madera de cedro, roble, sauce, pino o tejo; los del Sur, de madera de palma. Las cuerdas consistían en nervios de animales o tiras de
cuero. Las flechas que usaban los habitantes de la América septentrional eran de pedernal o cobre; los de la América meridional eran asti-
llas de caña o de madera y huesos. Las puntas de las flechas, labradas
cuidadosamente, tenían la figura de lengüeta, de cono o de triángulo.
Muchos pueblos envenenaban sus flechas, valiéndose de diferentes substancias, siendo la principal el *curare*, que se extraía de cierto bejuco del
género *strychnos*, muy abundante en la riberas del Orinoco, del río
Negro y del Amazonas.

Después del arco y la flecha, el arma de más uso era la *lanza*: blan-
díanla en la América del Norte los apaches, los californios del Centro,
los shoshonis, los haidahs, los tlinkits, los aleutas, los koniagas, los
chinuks y los esquimales; y en la América del Sur, los araucanos, los
aucas, los puelches, los charruas, los albayas, los panches, los pueblos
de los Llanos y los omaguas (1). Variaba lo largo de las lanzas, ya en
unos, ya en otros pueblos.

También usaban los *dardos*, las *jabalinas*, las *hondas*, las *macanas* y
las *clavas*. Usaban del dardo, entre otros, el dacota; de la jabalina, el

---

(1) Véase Pi y Margall, *Hist. general de América*, tomo I, cuaderno II, págs. 1.294 y 1.295.

iroqués; de la honda, el patagón y el apache; de la macana (verdadera espada de dura madera), el chiquito y otros, y de la clava, arma bastante parecida a la macana, el caribe. Otras armas conocieron algunos pueblos, como los *sables*, las *hachas*, los *cuchillos*, las *bolas* o los *lazos*.

En Cuba, en la Jamaica, en las islas de Bahama y en la parte septentrional de Haytí no tenían los indios arcos y flechas, aunque sí el arma conocida con el nombre de *azagaya*, la cual terminaba en punta por uno de sus extremos; a veces esta punta se hallaba formada por una espina de pescado.

Las armas defensivas consistían en escudos, rodelas y máscaras. Los escudos eran de diferentes formas. Algunos indios llevaban simples rodelas de cuero, de madera, de piel o de corteza de árbol. Escudos y rodelas variaban, no sólo de forma y de materia, sino también de tamaño. Defendíanse, además, con el *peto*, la *cota* y el *casco*.

Casi iguales eran las armas de las razas cultas y salvajes, diferenciándose únicamente en la mayor perfección de las primeras sobre las segundas. Hasta tal punto mostraron su inventiva las razas salvajes, que llegaron a emplear las flechas incendiarias; las emplearon los habitantes de la Florida, y entre los tupíes, los tupinambaes. Como los materiales de que estaban formadas las viviendas ardían con suma facilidad, los que usaban tales flechas conseguían por este medio su objeto.

Si los toltecas, al establecerse en el valle del Anahuac no conocieron más instrumentos belicosos que el arco, la flecha y la cerbatana, los aztecas, además de las citadas, usaron lanzas de mucha altura, dardos de tres puntas, espadas de guayacán o de otras maderas, y algunas más. Los hierros de las lanzas eran de cobre o de obsidiana; los dardos, o todos de madera endurecida al fuego o de cobre; las espadas no tenían menos filo que nuestras cuchillas.

Los nobles, como era natural, solían llevar armas más ricas; los capacetes eran de oro o plata, o, por lo menos, cubiertos de aquellos metales; las corazas estaban hechas de láminas de plata u oro; las cotas adornadas con brillantes plumas, distinguiéndose por su finura los guanteletes y por su riqueza los brazales. La armadura de los reyes era todavía mejor, pues además de emplear el oro y la plata con mayor profusión que los nobles, adornaban con plumas de *guetzalli* sus yelmos, cascos y rodelas.

En la América Central las armas ofensivas y defensivas tenían exacto parecido a las usadas en México y en el Perú.

Pasando a estudiar las *fortificaciones*, diremos, como regla general, que las razas salvajes, y aun las cultas, buscaban la defensa de sus pueblos en la naturaleza, así que solían situarlos en lugares altos y escabrosos o en las márgenes de los ríos. Muchas razas protegían sus poblaciones con sencillas empalizadas y fosos. Los guaraníes del Paraguay tenían fortificado el pueblo de Lampere con foso y doble cerco. Aún eran más fuertes no pocas poblaciones de Guatemala. Lo mismo podemos decir de muchas poblaciones de Nicaragua y del Ecuador. En el Perú abundaban los castillos, siendo de notar que muchos de ellos se comunicaban por galerías subterráneas: el del Cuzco y el de Pisac, entre otros, eran célebres por su imponente grandeza. Lo mismo interior que exteriormente, llaman la atención las fortificaciones de la ciudad de México y las que se encuentran en las opuestas provincias de Veracruz y Oajaca. Recordamos en la provincia de Veracruz la de Centla, que está próxima a Huatusco, y la de Tlacotepec, a cuatro leguas de Folutla. En la provincia de Oajaca, donde las fortificaciones demuestran mayores adelantos que en ninguna parte, se halla, a tres cuartos de legua al Oeste de Mitla, una ciudadela sobre escarpada roca, que bien puede figurar al lado de ciudadelas de Europa posteriores en siglos. "Tenía esta ciudadela un muro de piedra, grueso de 21 pies, alto de 18 y largo casi de una legua. Corría el muro por todo el borde superior de la roca y formaba multitud de ángulos entrantes y salientes. Unido a él había al Este otro lienzo de muralla curvilíneo y ondulante, de no menos espesor y de más altura. Las dos entradas de tan regular fortificación eran oblicuas. Estaban las dos al Oriente: la una en el primero y la otra en el segundo lienzo. Al Occidente, casi en la misma línea de la segunda entrada, había una como puerta de salida o de socorro; en medio de la plaza, grandes edificios, acaso cuarteles y depósitos de efectos de boca y guerra» (1).

Hállanse fortificaciones, más o menos sólidas, en otros puntos de América, llamando la atención algunas por su semejanza con nuestros castillos de la Edad Media.

Respecto a *banderas* o *estandartes*, carecían de ellos las razas salvajes; sólo de los araucanos se cuenta que usaban estandartes, y en ellos pintada una estrella. Tenían banderas casi todos los pueblos cultos. Dice Bernal Díaz del Castillo, que en la costa de Campeche (Estado de México), vió escuadrones de indígenas con banderas tendidas. En el imperio de Moctezuma —según el Oficial Anónimo— cada compañía de cuatrocientos hombres llevaba su estandarte. En el Perú —añade Jérez— los soldados estaban repartidos por escuadras y banderas. Los aztecas los hacían de plumas que unían con hilos o cintas de oro o plata, los peruanos los fabricaban de lana y los tlaxcaltecas los componían de plumas de colores.

(1) Pi y Magall, Ob., tomo y cuad. citados, pág. 307

¿Fueron siempre signo de guerra las banderas? Escribe Cortés que, en su segunda expedición a México, salieron de Tezcuco cuatro indios con una bandera en una vara de oro, lo que indicaba que venían de paz, añadiendo Bernal Díaz, que en señal de paz abajaron, humillaron y entregaron dicha bandera (1).

Por lo que a instrumentos de *música militar* se refiere, la diferencia entre algunas razas salvajes y cultas era poca, y decimos algunas, porque la mayor parte de ellas se enardecían en los combates dando sólo voces y gritos. El instrumento principal usado por las cultas y algunas salvajes era el tambor, construído con troncos huecos de árboles y cubiertos los extremos de dichos troncos con piel de venado o de cabra montés. De muy diferentes clases y tamaños eran los tambores, ya en unos, ya en otros pueblos. Cítanse de igual manera los cuernos de caza, los cuernos marinos y los silbatos. También debía ser instrumento de guerra la flauta o *fututo* que usaban los indígenas de la América Meridional.

No estaba organizada la guerra armada en las razas salvajes. Se servían del arco y de la flecha lo mismo en sus guerras que en sus cacerías. Cuando iba a comenzar la guerra, se nombraba el jefe. Entre los araucanos, los tupíes y algunos más, el servicio debió ser obligatorio; entre todos era obligatorio en las guerras defensivas, no en las ofensivas.

Respecto a la *organización del ejército* entre los araucanos, se sabe que estaba dividido en batallones de mil plazas y compañías de ciento. Mandábalo un *thoqui* o general en jefe, y bajo sus órdenes había un *vicethoqui* o lugarteniente; debajo de los dos, capitanes de diferente graduación. Los aztecas habían dividido sus ejércitos en batallones de 400 hombres y cuerpos de 8.000 o *xiquipillis*. Unos batallones se distinguían por el color de las plumas de que llevaban cubiertos jubón y calzas; otros —según el Oficial Anónimo— por las plumas bermejas y blancas; algunos por las amarillas y azules; varios por otra clase de colores. Unos iban provistos de arcos, otros de hondas, algunos de espadas. Cada batallón tenía su capitán, y cada ejército su *tlacochcalcatl* o general en jefe. Los peruanos dividían su ejército en grupos de diez, cincuenta, ciento, mil, cinco mil y diez mil hombres; todos estos grupos se hallaban mandados por jefes de diferente categoría. Un grupo manejaba la honda, otro el arco, aquél la porra o el hacha y éste el lanzón o la pica. Existía, además, en el Perú un cuerpo de dos mil incas destinado a la guardia y defensa de los emperadores. Distinguíanse de todos los demás soldados porque llevaban engarzados en las orejas rodetes de oro.

---

(1)   Pi y Margall, ob., tomo y cuad. citados, pág. 1.312.

La *guerra* era casi el estado habitual de los pueblos americanos. La hacían los cultos y los salvajes. Si guiaba a los primeros de vez en cuando algún fin noble o humanitario, los segundos la promovían por espíritu de venganza, por adquirir cautivas, por codicia, por cuestiones de límites, por feroz canibalismo. Procede decir que los cultos aztecas no sólo peleaban por engrandecer el Imperio y castigar a sus enemigos, sino también con el deseo de coger prisioneros y sacrificarlos a sus dioses. Sentimientos más nobles tenían los chibchas y peruanos: los primeros no emprendían guerra alguna sin consultar al Pontífice de Sogamoso, y los incas se proponían un fin civilizador, cual era apartar a los salvajes de todo culto sangriento e instruirlos en las artes industriales y en la agricultura.

Decretaban la guerra, en los pueblos salvajes, los caciques poderosos, las Juntas de jefes de familia o las Asambleas de guerreros. Los incas tampoco declaraban formalmente la guerra, sino cuando contaban con probabilidades del triunfo. Antes de lanzarse a la lucha, tomaban posiciones y se guarecían tras estacadas en altos cerros, procurando cortar el paso á los que pudiesen socorrer al enemigo. Más formalidades guardaban los mejicanos, quienes enviaban embajadores a la capital enemiga, esperando algunos días la respuesta. No se contentaban con una embajada, sino repetían dichas embajadas antes de comenzar la guerra.

Eran diferentes los *preparativos de guerra* entre las razas salvajes y las cultas. Lo primero que hacían los salvajes era buscar soldados, y para ello se reunían los hombres más valerosos en banquetes y daban cuenta de sus proyectos belicosos. Si encontraban acogida los tales proyectos, se abría la campaña: en caso contrario, se desistía de ella. Antes se celebraban ciertas fiestas, ya religiosas ya profanas. Los dacotas acostumbraban a elegir por caudillo un sacerdote o un guerrero. Al paso que algunos pueblos se preparaban a la guerra mediante ridículos procedimientos, otros, aunque tan rudos como aquéllos, se disponían más convenientemente. Tanto los pimas como los salvajes de algunos puntos de México, buscaban el apoyo de los pueblos vecinos para lanzarse a la lucha. También antes habían adquirido armas, víveres, tiendas y todo lo que necesitaban en tales circunstancias. Tenían del mismo modo sus exploradores.

Los preparativos en las razas cultas eran diferentes. Los reyes aztecas encargaban a gente sagaz y entendida que examinase la naturaleza del terreno enemigo y la condición de los pobladores. No abrían la campaña sino después de conocer los pasos fáciles y los peligrosos, el lado vulnerable de las fortalezas, las armas, el número de los enemigos.

Discutido todo en consejo de guerra, se llamaba a los capitanes de mayor categoría y se les decía el camino que habían de seguir, las jornadas que debían hacer y el sitio más a propósito para lograr la victoria. Mandaban a la vez que los demás jefes de las provincias se incorporasen con tropas al ejército, y también que otras autoridades aprestasen armas, víveres, mantas y tiendas de campaña. Los incas tenían dichos abastecimientos en *tambos* o cuarteles-pósitos; los últimos se hallaban en determinados puntos de los caminos que de Norte a Mediodía y de Oriente a Occidente cruzaban el imperio. Allí en los citados *tambos* podían las tropas alojarse, surtirse de víveres, de armas y de vestidos.

Eran casi nulas la *táctica* y la *estrategia*. No las tenían las razas salvajes; apenas las cultas. Empezada la refriega, los combatientes, sin orden o en tumulto, y dando feroces alaridos, avanzaban disparando flechas, hasta llegar a las manos con el enemigo. Peleaban cuerpo a cuerpo, y abandonaban el campo si perdían al jefe o veían muertos a muchos de sus hombres. La estrategia estaba reducida a partir secretamente, escoger ocultas veredas, llegar de noche al campamento enemigo, emboscarse, y al romper del alba caer y lograr la victoria.

Los araucanos se distinguían por su *estrategia*. Eran diestros para organizar en secreto expediciones, caer de improviso y de noche sobre el enemigo, fingir falsas retiradas, simular ataques, triunfar por el engaño. Metidos en las asperezas de los montes, eran invencibles. Los mismos españoles tiempo adelante se vieron muchas veces engañados y sorprendidos en las diferentes guerras que con ellos sostuvieron. Bien puede asegurarse que los indios, en general, eran traidores en las guerras. Combates en el mar no los había; pero sí en los lagos y en los ríos.

Los aztecas y los incas mostraron algunas veces ligeros conocimientos de táctica y de estrategia, en particular los segundos: "Marchaban los ejércitos peruanos divididos en vanguardia, centro y retaguardia. Iban en la vanguardia los honderos con sus hondas y rodelas; en la retaguardia, los piqueros con sus picas de treinta palmos, y en el centro los soldados de las demás armas con el Inca o el general en jefe y la guardia del imperio.

. . . .

Sabían los peruanos atacar de frente y de flanco, fingir retiradas y también emboscar gentes que en lugar y momento oportunos decidiesen el combate.

. . . .

Cuéntase, además, de los peruanos que llevaban en sus expediciones rebaños de carneros para la manutención de las tropas en país enemigo, el material necesario para las tiendas de sus campamentos y oficiales que tomaran razón de los salvados, heridos y muertos„ (1).

Crueles en las batallas eran las razas de América, como crueles eran también las naciones europeas. Matar, destruir y llevarlo todo a sangre y fuego será siempre el fin de la guerra. En diferentes puntos de América, ya del Norte, ya del Sur, se mataba y se comía a los prisioneros. Varias tribus se contentaban con reducirlos a la servidumbre. Tanta crueldad mostraron los aztecas con los prisioneros como las razas salvajes. Les colocaban en sus templos sobre la piedra de los sacrificios, les abrían el pecho, les arrancaban el corazón y rociaban con la sangre el rostro de sus ídolos. A otros prisioneros les daban otro género de muerte. Los peruanos eran humanos, hasta el punto de ponerlos en libertad luego que la guerra terminaba. A veces los desterraban del hogar en que habían nacido; pero permitiéndoles llevar consigo la familia. Procuraban economizar la agena y la propia sangre, llegando su humanidad a no extremar el ataque ni la defensa, aun sabiendo que con semejante conducta prolongaban la guerra. "No aniquiléis ni destruyáis lo que habéis de vencer y adquirir mañana„, solían decir los jefes a sus ejércitos. Digna de alabanza fué, por muchos conceptos, la conducta que seguían los peruanos y que hubiera debido servir de ejemplo a las naciones más civilizadas de Europa.

En las razas salvajes y en las cultas se premiaba a los valientes y se castigaba a los cobardes. Para los hombres de reconocida bravura había ciertas insignias en muchas razas salvajes. Pintarse los brazos, el pecho o del ojo a la oreja era señal de cierto número de combates; llevar prendidas en sus cabellos plumas de águila indicaba el valor del guerrero, pues el número de plumas era igual al de enemigos a quienes había dado muerte.

También entre los aztecas era insignia de valor las plumas. Sólo podía usarlas el que hubiese hecho por su mano cinco prisioneros. Semejante guerrero tenía derecho a llevar vistosos penachos sujetos por hilos de plata y mantos de diferentes colores o con ricas orlas.

El pueblo más valeroso entre los americanos debió ser el azteca. Nadie hacía caso del noble si era cobarde, y el soldado más humilde, si tenía valor, se elevaba a los primeros puestos. Sólo dos cargos se reservaban a determinadas clases: a la familia del Rey el de Capitán general de los ejércitos; a la alta nobleza el de General de división o *de xiquipilli*. Las insignias militares eran muchas. Ordenes de caballería había una o varias, y para entrar en ella o en ellas debían hacerse ceremonias graves y solemnes. Del mismo modo en el Perú hubo una especie de orden de caballería, donde entraban los incas de diez y seis años que

(1) Pi y Margall, ob. cit., tomo I y cuaderno II, pág. 1.327.

resistieran determinadas pruebas. Alguna semejanza tenía esta orden con la de los aztecas; en ambos pueblos compartían el ayuno los deudos del neófito y en ambos pueblos era común el taladro, allí de las narices y aquí de las orejas. Respecto a las demás ceremonias, notábase a primera vista la diferencia; dominaba entre los aztecas el sentimiento religioso sobre el militarismo, y entre los incas el militarismo sobre la religión; eran aquéllas más fantásticas que prácticas, y éstas más positivas que ideales.

No dejan de ser curiosas y de no poco interés las *leyes militares* de los aztecas, que a continuación copiaremos:

I. Todo General u Oficial que salga con el Rey a campaña y le abandone o le deje en poder del enemigo, faltando a la obligación que tiene de traerlo vivo o muerto, será decapitado.

II. Todo Oficial que forme parte de la guardia del Príncipe y abandone su puesto de confianza, será decapitado.

III. Todo soldado que desobedezca a su jefe inmediato, o deje su puesto, ó vuelva la espalda al enemigo, o de cualquier modo le auxilie, será decapitado.

IV. Todo Oficial o soldado que usurpe, que robe el cautivo o el botín de otro, o ceda a otro el prisionero que por su mano hizo, sufrirá pena de horca.

V. Todo soldado que en guerra dañe al enemigo sin la venia de su Jefe, o le ataque sin haberse dado la señal de combate, o abandone la bandera, o deserte del campamento, o quebrante o viole las órdenes del Capitán de su compañía, será decapitado.

VI. Todo traidor que revele al enemigo los secretos del ejército o las órdenes encaminadas para llevarle a la victoria, será descuartizado. Se le confiscarán los bienes y se reducirán sus hijos y deudos a perpetua servidumbre.

VII. Toda persona que en tiempo de guerra oculte o proteja al enemigo, noble o plebeyo, será descuartizada en medio de la plaza pública. Se arrojarán sus miembros a la muchedumbre para que los haga objeto de escarnio.

VIII. Todo noble o toda persona de distinción que en acciones de guerra, en danzas o en otras fiestas ostente insignias de los reyes de México, Tezcuco o Tamba, sufrirá pena de muerte y serán confiscados sus bienes.

IX. Todo noble que habiendo caído prisionero en poder del enemigo, se escape y vuelva al país, será decapitado. Se dejará, por lo contrario, libre y se premiará como bravo al que vuelva después de haber vencido en la piedra gladiatorial a siete adversarios. Si el que huyera de la cárcel del enemigo fuese simple soldado y volviese al país, será bien recibido.

X. Todo embajador que en cumplimiento de su mensaje no se atenga a las órdenes é instrucciones que haya recibido o vuelva falseando la contestación, será decapitado.

. . . .

Con el objeto de *afianzar las conquistas*, los vencedores dejaban a la cabeza de las tribus sometidas, al jefe vencido o a su sucesor, exigiéndole únicamente ciertos tributos y determinadas obligaciones. De todos los monarcas de América, los de Perú mostraron más deseos que ningún otro de civilizar a los pueblos conquistados, ya mediante la persuasión, ya por la fuerza. A los jefes les regalaban hermosas mujeres y joyas de oro; a los demás, lana y algodón para que se vistieran, ganados para criarlos, maíz y legumbres para que comiesen. A veces les instruían en la agricultura y les abrían acequias para el riego de los campos.

Respecto a la *paz*, solicitábanla lo mismo los pueblos salvajes que los cultos por medio de embajadores. Entre los salvajes, el símbolo de la paz era la pipa: en una pipa generalmente esculpida o pintada, fumaban los embajadores o los jefes de los pueblos que ponían fin a sus discordias. Si los embajadores se presentaban al Rey, lo primero que hacían era ofrecerle una pipa. Luego cada uno de aquéllos encendía la suya y fumaban todos, echando la primera bocanada de humo al Sol, la segunda a la tierra y la tercera al horizonte. En seguida pasaban sus pipas a la comitiva regia, y exponían su mensaje. Expuesto y contestado, el Rey usaba de la pipa, significando de este modo paz y concordia. Hacía encender una pipa y la circulaba a los mensajeros; con esto terminaba la embajada.

Los embajadores aztecas llevaban una especie de dalmática verde, de cuyos extremos pendían borlas de colores, manta finísima revuelta al cuerpo y recogida por dos de sus puntas en los hombros, ricas plumas en el cabello, una flecha con la punta al suelo en una mano y un escudo en la otra; pendiente del brazo una red con víveres para el camino. Acerca de los incas, ellos enviaron pocas o ninguna embajadas; pero recibieron muchas de las naciones fronterizas.

CAPÍTULO XI

LENGUAS AMERICANAS: SU NÚMERO.—LENGUA DE LOS HABITANTES
EN LA TIERRA DEL FUEGO: EL YAHGAN.—LENGUAS QUE SE HABLA-
BAN EN LAS PAMPAS Y EN EL GRAN CHACO.—LA LENGUA CHA-
RRUA.—LENGUAS DE LA AMÉRICA MERIDIONAL: GRUPO ATLÁNTI-
CO Y GRUPO ANDINO.—EL GOAGIRO ARAWAK.—EL TAPUYA, EL
TUPÍ Y GUARANÍ.—LENGUA CHIQUITA.—EL CHIBCHA, EL QUICHUA
Y EL AIMARÁ.—OTRAS LENGUAS.—LENGUAS DE LA AMÉRICA CEN-
TRAL.—EL MAYA-QUICHÉ Y EL NAHUATL O AZTECA.—EL OTOMÍ Y
EL PAMA.—LENGUAS DE LA AMÉRICA SEPTENTRIONAL: EL CAHI-
TA Y OTROS.—EL ÓPATA Y EL DACOTA.—EL CHIGLET Y OTROS.—
PARTES DE LA ORACIÓN EN LAS LENGUAS AMERICANAS.—LA ES-
CRITURA.—EL LENGUAJE DE LOS GESTOS.

Hase dado en nuestros días suma importancia al estudio de las lenguas, pretendiéndose obtener, mediante ellas, el origen y parentesco
de los pueblos. Que el estudio es interesante no cabe duda alguna, si
bien, a veces, la filología no ha estado conforme con la antropología (1).

Considerable es el número de lenguas y dialectos que se hablaron
en América. Bastará decir que el P. Kircher, aprovechando en su obra
Sobre la Torre de Babel los datos que le comunicaron los Padres Jesui-
tas de las misiones de América, al celebrarse una Congregación en
Roma el 1676, hubo de elevar a quinientos el número de tales idiomas.
En el siglo décimo octavo, D. Juan Francisco López sostuvo con algún
fundamento que se hablaban en las Indias Occidentales no menos de
mil quinientos (2). En nuestros días, Brinton, ilustre profesor de Ar-
queología y de Lingüística americana, menciona unos ochocientos cincuenta y cuatro lenguajes entre idiomas y dialectos (3). Por nuestra

---

(1) Para escribir este capítulo hemos tenido presente, y a veces hemos seguido al pié de la letra, las obras siguientes:

Fernández y González, *Los lenguajes hablados por los indígenas del Norte y Centro de América*, Conferencia dada en el Ateneo de Madrid el 29 de febrero de 1892.

Fernández y González, *Los lenguajes hablados por los indígenas de la América Meridional*,
Conferencia dada en el Ateneo de Madrid el 16 de mayo de 1892.

Sentenach, *Ensayo sobre la América Precolombina*.

Conde de la Viñaza, *Bibliografía española de las lenguas indígenas de América*.

(2) Hervás, *Catálogo*, etc., vol. I, pág. 115.—Fernández y González, Ibidem.

(3) *The American Race*, New York, 1891.

parte, sólo habremos de citar algunos idiomas, y siguiendo el método del inmortal Hervás y Panduro, comenzaremos estudiando las lenguas del Sur de América hasta remontarnos a las del Norte. En tres partes dividiremos el asunto, las cuales serán las siguientes: *Lenguas de la América Meridional, Lenguas de la América Central y Lenguas de la América Septentrional.* Trataremos cada una de dichas partes sin sujetarnos al orden observado por Hervás. Al Sur de la Patagonia, que es el país más meridional de América, se halla la Tierra del Fuego, cuyos habitantes hablan el *yahgan*, lengua sumamente pobre y rústica (1). Afirman otros autores, entre ellos el Sr. Fernández y González, que el yahgan es lenguaje bastante culto, y de él se consideran dialectos el *oua*, hablado al Noroeste en ambas costas del Estrecho de Magallanes, y el *aliculuf* de los fuegueños al Noroeste. Del yahgan ha hecho L. Adam detenido estudio en la *Revista de la Lingüística* (2).

Las lenguas de las pampas manifiestan del mismo modo rudeza extraordinaria. La región de las pampas comprende tres vastos territorios, que son al Norte el Gran Chaco, en el Centro las pampas propiamente dichas y al Sur la Patagonia. Entre las principales familias lingüísticas del Gran Chaco se encuentran el *guaycuru*, el *payagua*, el *chunupe*, el *lule*, el *vilela* y el *mataco*; todos estos idiomas, al parecer, carecen de numerales, lo cual indica el estado de ignorancia de los pueblos que hablaban tales lenguas. Afirma Pelleschi—uno de los más sabios investigadores de los usos y costumbres de los indios—que caudillos estimados como inteligentes en la religión citada, no saben contar los dedos de las manos, llegando su ignorancia a expresar los dos numerales primeros por palabras compuestas y sin forma fija. Nada tendría de particular que todos los indios que hablan el guaycuru en el Chaco (lengua distinta de la de los indios de California, llamada con el mismo nombre) procedan del Paraguay.

Del mismo modo se tiene por cierto que los *charruas*, pueblo casi salvaje, ocupaban la margen oriental del Uruguay; respecto a su idioma apenas tenemos más noticias filológicas que las suministradas por Hervás y Panduro. Haremos observar que, según Azara, la citada lengua charrua era completamente nasal y gutural.

Pasamos a estudiar lenguas y pueblos más importantes y también más conocidos de la misma América Meridional. Estas lenguas pueden dividirse en dos grandes grupos: el atlántico, representado principalmente por el *goajiro, caribe* y sus dialectos, con los idiomas *tupí* o *gua-*

---

(1) En la Tierra del Fuego—según la opinión de von Martins y del Dr. Deniker, de París—se encuentran los moradores más antiguos de América.

(2) *Revue de la Linguistique*, XVII y XVIII

raní, y el *chiquito* de Bolivia, más pobre que los otros de la citada América Meridional; el otro grupo es el andino, occidental, que llega hasta el *araucano*.

En rigor de verdad, el primero de los dos grupos, que consta de muchas lenguas, genuinamente americanas, presenta, además de perfecta unidad en la formación, admirable pureza de raíces. Parece probado que el *goajiro arawak* es la primera lengua que oyeron los españoles en el Nuevo Mundo, extendida en aquellos tiempos por todas las Antillas. Considérase por muchos como hermana del caribe y se presenta como aglutinante en superior grado. Su vocabulario es rico y su numeración es decimal. Las mismas particularidades se encuentran en las demás lenguas de la citada región, notándose que pierden su riqueza y organismo gramatical conforme se van acercando hacia el Sur, como sucede con el *tapuya* o *brasileño* y el *tupí* o *guaraní*, más pobres en formas conjugables y con numeración solamente quinaria. Los tupíes o guaranís (provincia de Corrientes en la Argentina y República del Uruguay) (1) forman la declinación de su lengua por medio de posposiciones, que son las mismas para singular y plural. Dialecto muy interesante de la lengua guaraní es el de los *omaguas*, los más occidentales de la raza.

La región de los chiquitos, que se extendía entre los afluentes del alto Paraguay y la cima de la cordillera de los Andes, al Norte hasta la tierra de los moxos, al Sur el Gran Chaco y al Oeste hasta los quichuas, comprendía cuatro tribus principales: los taos, los pinocos, los penoquíes y los manacicas. Situados los últimos cerca del lago Xavay y hacia las fuentes del Paraguay, constituían el grupo más importante y civilizado. Sumamente curiosas son las noticias que acerca de la lengua chiquita ha dado el profesor de *Estética* de la Universidad de Madrid: "Como en iroqués y en otros idiomas de Asia y Africa, dice, se señalan en chiquito dos modos de hablar, en tercera persona principalmente, el de los hombres y el de las mujeres, con la particularidad de que éstas no pueden usar el modo varonil, mientras los hombres emplean ambos; de forma que, cuando se trata de seres que se representan en figura de varón, emplean la masculina, y cuando hablan de otras (mujeres, brutos, seres inanimados, etc.), ó refieren conversación de alguna mujer, usan la femenina. El lenguaje de la mujer se distingue a las veces por palabras diferentes, y en lo común por aféresis y síncopas, como el género femenino de los idiomas semíticos se di-

---

(1) La mayor parte de la población de la provincia de Corrientes esta formada por los descendientes de los indios guaraníes; y un noventa por ciento de la población del Uruguay tiene sangre guaraní en sus venas.

ferencia por formas pronominales y verbales que le son privativas„ (1).

Y más abajo añade el mismo escritor: "Por suponerse relaciones con el chiquito, de parte de idiomas mal conocidos todavía, los cuales conforman con él en alguna palabra, se han atribuido a su misma familia los de poblaciones vecinas al Oeste, es a saber: de los yurucares, tacanas y mosetanas, así como también los de los ites, movimas y canichanas al Norte. y el de los samucos al Mediodía, en los confines septentrionales del Chaco. Por lo que toca a los tacanas, es evidente la mayor analogía de su lenguaje con el aimará, con el quichua de los peruanos y con otros idiomas del alto Amazonas„ (2).

La lengua *chibcha* o muysca no deja de tener algunas formas, en particular en los verbos. semejantes a los del sanscrito, a los del griego y a los del latín. Llama la atención el gran número de raíces y temas comunes al chibcha con los idiomas arios. "Extinguido —dice Fernández y González— el idioma chibcha en Bogotá desde 1765, así como sus dialectos, el *chimila* y el *dമീu*, duran de ellos, al parecer, al Sur del istmo, el *araraco* en Sierra Nevada de Santa Marta, y el *siquisique* en el Estado de Lara„ (3). Añade después que son dialectos del chibcha el *guaymi istmiano* de Veragua, hablado al Norte por los valientes. el *siquisique* de Venezuela y tal vez el extinguido *chimila*, el *oroaco* y el *coggaba* (4).

En la cuenca del Pacífico, pero en la región peruviana que comprende los territorios de las actuales repúblicas del Ecuador, Perú, algo de Bolivia y bastante de Chile, se hallan en primer término el *quichua* y el *aimará;* ambos idiomas, o idioma el uno y dialecto el otro, como opinan algunos autores, tienen organismo gramatical muy completo, con ricas formas en declinaciones y conjugaciones. Si la declinación en quichua recuerda en parte la declinación vasca, la ugrofinnesa y alguna otra, la conjugación procede con la misma sencillez que la semítica.

Aparecen en la misma región el *yunca* (al norte de Trujillo) (5), el *puquina* (en las islas y esteros del Lago Tiquitaca) y el *atacameño* en el valle del río Loa), lenguajes todos los citados —según la opinión de varios filólogos—completamente rudos y primitivos, tal vez restos de pueblos anteriores a la dominación incásica. El *quichua*, el *aimará*, el *yunca*, el *puquina* y el *atacameño* o *calchaqui* son, pues, los cinco idio-

(1) Conferencia pronunciada en el Ateneo de Madrid el 10 de Mayo de 1892, pág. 62.

(2) Ibidem, págs. 65 y 66.

(3) Ibidem, pág. 9.

(4) Ibidem, págs. 16 y 17.

(5) Aunque el yunca ha sido estimado como de raza quichua, no lo es, como tampoco lo es el puquina, ni el atacameño. Los atacameños, en opinión de Tschudi, son una rama desprendida de los calchaquis de Tucumán, que huyendo de los españoles se refugiaron en los oasis de las costas del Pacífico.

mas expuestos por el misionero Alonso de la Bárcena en su obra, hoy perdida, *Lexica et Præcepta in quinque Indorum linguis*, dada a conocer en Lima el 1590. Desde el grado 2 al 35, sur de la América Meridional, predominó el idioma quichua, el cual se generalizó por las conquistas de los incas. Estiman algunos autores, aunque sin fundamento alguno, que el yunca, hablado al norte de Truxillo, pertenece a la raza quichua.

En la América Central, entre los dos istmos, figura en primer término el idioma *maya*, o, como se dice colectivamente, el *maya-quiché*, asociándole una de las ramas más importantes de su familia. El ascendiente que el maya consiguió por Oriente y Mediodía, logró el *nahuatl* o *azteca* en el norte de la América Central. Ambos idiomas se extendieron por Tabasco, Chiapas, Yucatán, isla de Cozumel, Guatemala, Salvador, Honduras, Nicaragua y Costa Rica, y parecen ser los más cultivados y perfectos de América.

Gran interés ha despertado desde los tiempos del descubrimiento el estudio del nahuat o azteca. Lengua rica, flexible y cultivada, ofrece en su gramática y vocabulario, no sólo influencias semíticas y turanio-euskaras, sino también elementos arios, en particular griegos, galeses y noruegos.

Desde que Fr. Francisco Gabriel de San Buenaventura, en el año 1560, publicó su *Arte del idioma maya*, se han hecho curiosos e importantes trabajos acerca de dicha lengua, llamando la atención entre todos el *Gran Diccionario*, que Fr. Antonio de Ciudad Real dió a luz en los comienzos del siglo XVII, no interrumpiéndose dichos estudios hasta nuestros días. El Sr. Rada y Delgado ha reproducido la obra del P. Landa intitulada *Relación de las cosas del Yucatán* y que el sabio franciscano escribió a mediados del siglo XVI; en ella se encuentra un alfabeto del que se servían los mayas cuando querían consignar sus pensamientos. Lo mismo Landa que otros de nuestros primitivos escritores pudieron darnos el silabario y aun la traducción de manuscritos mayas; pero "so pretexto de que los citados códices mantenían la superstición y retardaban los progresos del cristianismo, mandó Zumárraga, primer obispo de México, quemarlos, en vez de procurar que se los estudiase y descifrase, y se hizo con esto un daño que no podrán nunca perdonar ni la ciencia ni la historia. Contribuyó ese mismo Landa a tan salvaje quema„ (1).

En letra manuscrita escribió después el mismo Pi y Margall: "El Sr. Icabalceta ha publicado recientemente (año 1881) un libro, *Don Fray Juan de Zumárraga, primer obispo y arzobispo de Méjico*, donde pretende probar, no sólo que no partió de este prelado la orden, sino que también

(1) Pi y Margall, *Historia de América*, vol. II, pág. 1.728.

fueron pocas las pinturas aztecas entregadas al fuego. En sus curiosas investigaciones es muy de notar que hace caso omiso de Diego de Landa, franciscano como Zumárraga, que pisó la tierra de Yucatán cuando aún vivía el arzobispo. Ese mismo testigo, que es de toda excepción, dice textualmente: Hallámosles grande número de libros de estas sus letras, y, porque no tenían cosa en que no uviese superstición y falsedades del demonio, se los quemamos todos, lo qual a maravilla sentían y les dava pena. Se quiso borrar hasta la memoria de lo que habían sido los aztecas antes de la conquista. Tampoco debe olvidarse que por Real cédula de 22 de Abril de 1577 se mandó recoger la obra de Bernardino de Sahagún y se previno a las autoridades de México que en manera alguna consintiesen que nadie escribiera en ninguna lengua de cosas que tocasen a las supersticiones y a la manera de vivir de aquellos indios, pues así convenía al servicio de Dios nuestro señor y al nuestro. El mismo Sr. Icabalceta ha publicado esta Real cédula en otro libro posterior (1883), intitulado *Nueva colección de documentos para la Historia de México.,*

Prueba todo esto la importancia que se ha dado al lenguaje de las gentes más civilizadas del Nuevo Mundo, debiéndose advertir que las bellezas que se muestran en su sonido y mecanismo alcanzan a su conexo el *quiché*, con sus varios dialectos: el *trotzil*, el *chol*, el *totomaco* y otros. No pocas afinidades ofrece este grupo con las lenguas asiáticas jaféticas, "hasta el punto de poderlas asimilar en ciertos momentos a los idiomas llamados indo-germánicos, como el *chiapanec*, apenas aglutinante, y el *tarasco*, con un verbo casi greco-sanscrito o zendo, sin que por esto falten entre ellos dicciones semíticas y hasta vascas, adquiridas por contacto con las aborígenes, como haríamos patentes a poder entrar en su estudio detallado,, 1).

Con el *tarasco* manifiestan cierto parentesco el *otomí* y el *pame*, como otros que corresponden a los pueblos que tuvieron asiento en la parte más meridional de América. Al lado del azteca o mejicano, en los Estados de San Luis de Potosí, en alguna parte de Querétaro, en mucha de Guanajuato, Mechoacán, Veracruz, Puebla y en otros lugares de Nueva España, se habló el *otomí*, uno de los idiomas más usados en la América Central, y que tenía muchas analogías con varios de la América Meridional. Al Nordeste de los países en que se hablaba el otomí, dominó el *pame*, idioma propio de los chichimecas, y que guarda no pocas analogías con el otomí. En el fondo el idioma de los *zapotecas* (situados en el Estado de Oaxaca y en las costas del Océano Pacífico) se asemeja mucho al pame y al otomí, si bien hay en él, como en el egip-

(1) Sentenach, ob. cit., pág. 52.

cio antiguo, procedimientos y raíces que lo mismo guardan conexión con los idiomas semíticos que con los arios. Semejantes a estos idiomas debieron ser los hablados por varios pueblos primitivos al Norte de México, según la autorizada opinión de Brinton y otros modernos, apareciendo el ya conocido *nahuatl*, hablado por los aztecas en su última época. Tardó mucho tiempo la formación de dicha lengua en el Anahuac, y cultivo tan largo le dió más flexibilidad y riqueza, a costa, seguramente, de su pureza y carácter castizo, pues se advierten en seguida las influencias más extrañas, lo cual no debe llamar la atención, por los muchos pueblos que pasaron por el territorio mexicano antes que los aztecas se hiciesen dueños absolutos del país. El *mixteca*, hablado todavía en el Estado de Oaxaca y en parte del de Puebla y Guerrero, es bastante perfecto, como también el *zapoteca*, que se halla del mismo modo en dicho Estado de Oaxaca y en las costas del Pacífico. En el fondo el zapoteca se asemeja al pame y al otomí, siendo de notar que hay en él, como en el egipcio antiguo, procedimientos y raíces que lo mismo guardan conexión con los idiomas semíticos, que con los arios. Al Mediodía de los zapotecas viven indios procedentes de remotas costas de la parte del Sur, que no ofrecen en su lenguaje nada de extraño; no así los que están situados al Norte de dicho territorio.

Los últimos dos pueblos, el chinanteco y el mazateco, difieren notablemente de sus vecinos, y en particular de los nahuas, mixtecas y zapotecas. El chimanteco tiene por capital a Chinantla, llegando dicho Estado a confinar con el de Veracruz, y el mazateco está situado al Norte de los mencionados mazatecos. El *chiapanec*, afine con el mazateco, se hablaba en Chiapas, y, en la época de la conquista, los naturales ocupaban las orillas del lago de Managua y de la bahía de Fonseca en Nicaragua. Parece ser que el chinanteco tenía lengua bronca, compuesta de sonidos guturales, al contrario del mazateco y chiapanec, que era eufónico y armonioso.

De Guatemala mencionaremos el *chanabal*, el *chol*, el *cacchí*, el *poconchí*, el *pocoman*, el *guasteco*, el *zutugil* y el *xinca*; de Honduras el *lenca* y el *xicaque*; de Nicaragua el *chontal* y el *subtiaba*; de la costa de los Mosquitos el *rama* y el *guatuso*; de Costa Rica el *viceita*, y otros menos importantes en toda la América Central.

Recordaremos en este lugar que tienen la misma lengua—según ha mostrado el excelente filólogo Joh. Card. Ed. Buschman—todas las tribus de la familia Uto-Azteca (1).

---

(1) Como dato curioso conviene saber que en el año 1880—si damos crédito a los censos norteamericanos y mexicanos—vivían en los dos territorios, unos 2.000.000 de indios pertenecientes v la familia lingüística Uto-Azteca.

Procede ya que tratemos de las lenguas principales que se hablan en la América Septentrional. Conforme avanzamos de la América Central a la del Norte, las lenguas presentan caracteres diferentes. En la parte Oeste de México merecen consideración especial el *cahita*, el *tara-humara*, el *tepehuano* y el *cora*, hablados todavía en los Estados mejicanos e influidos de antiguo por el azteca, en particular el último.

Asentados los cahitas en la parte Norte de Sinaloa, cerca de los ceris, ópatas y pimas, su lenguaje, que se extiende por el territorio de Sonora, comprende los dialectos siguientes: el *mayo*, el *yaqui* y el *tehuepo*. El *tara-humara* se halla en Chihualua, Sonora y Durango; el *tepehuano* en Cohuaila y Sonora; y el *cora* en Jalisco. Al Sur de Colombia se encuentra la California a lo largo de las costas del Pacífico, y en las márgenes del Oregón, del Pitt, del de la Trinidad y del Salmón se hablan varios idiomas y dialectos. En el valle Potter se habla el *tahtú*, que comprende el *pomo-yuca*, del cual es principal dialecto el *kunalapo*, que se usa cerca del lago Clear. Según Bancroft el kunalapo tiene alguna analogía con el malayo, añadiendo el citado escritor que los idiomas de los habitantes situados en el nacimiento del río Eel guardan mucha semejanza con el chino y el japonés. Entre los idiomas dominantes en los pueblos de la Baja California y Nuevo México no deben ser olvidados el de los *teguas*, *cuños*, *guaymíes* y *guaicuris*. El *guaicuri* tiene más importancia que los anteriores.

Nos creemos obligados a decir que el *pima*, idioma hablado al Sur del río Gila, en Sonora y en algunas partes de la Sinaloa septentrional, es un lenguaje armonioso cuyas dicciones todas terminan en sonidos vocales. Entre el pima alto y bajo se habla el *ópata*. Al Este de los lugares donde se habla el pima bajo y el ópata, en las regiones del Golfo de California y en la isla del Tiburón, se usa el idioma de los *ceris* o de los *seris*, y a la parte oriental de las Montañas Roquizas, en el valle del Misouri, el de los *dakotas*; pero no se debe olvidar que dichos idiomas, como sus respectivos dialectos, han merecido profunda atención por algunos escritores, quienes han llegado a decir que los ceris y los dakotas hablaban lenguajes idénticos a los de los europeos. No huelga referir que confinan con dakotas y esquimales los *algonquinos* e *iroqueses* cuyos lenguajes han sido estudiados con bastante detenimiento.

De los esquimales comenzaremos diciendo que se hallan en América y en Asia, o en ambos lados del Estrecho de Behering. Recordaremos aquí que Brinton, guiado por tradiciones orales de los indígenas que pudieran remontarse a dos mil años, no tiene inconveniente en afirmar que los esquimales asiáticos proceden o son originarios de América, llegando a creer que la familia de ellos es la misma que la de los de Groen-

landia, tierra que debió estar unida a la de Baffin y a la Escandinavia (1), allá por la edad cuaternaria. Filólogos de bastante reputación
reducen a tres los dialectos principales de la lengua esquimal, y son el
de *Groenlandia y el Labrador*, el *chiglet*, o de las costas del mar Artico,
y el de Alaska. No carecen de interés los estudios modernos que se han
hecho acerca del chiglet (idioma de los esquimales del río Makencie),
y del *alascano*. El *athka*, dialecto hablado en las islas occidentales
aleutienas, se diferencia poco del alascano. Al mediodía de la región
occidental ocupada por los esquimales, se hallan los tlinkits o koloss, y
más al Este los *tinnas* (chepeweyanos y athabascanos). Resulta, después de estudiar las costumbres de los tlinkits, que no dejaban de mostrar cierta disposición como comerciantes y marinos, habiéndose hallado entre ellos cuchillos y sierras de hierro, como también objetos para
labrar la plata y el cobre. Practicaban el comercio de esclavos. De su
lengua dicen los americanistas que era dura y áspera.

Al mediodía de los tlinkits, en el territorio llamado colonia inglesa,
y que comprende comarcas occidentales de los Estados Unidos, entre
los grados 55 y 43 de latitud Norte, habitan los kaidahs o kaigames,
que hablan un idioma pobre, sucediendo lo mismo a los indios nass, se-
basas y hailtzas, situados alrededor del río Nass. En el interior de la
Colombia Británica se habla el *nitlacapamuch*, o lengua del río Tomp-
son, y no lejos, pero más al interior y cerca de las Montañas Roquizas,
el idioma *salish* de los indios llamados *flattheads*. No carecen de interés
los idiomas de la familia de los *sahaptines*, idiomas que se hablan a lo
largo de los ríos Lewis y de la Culebra, hasta la falda de las Montañas
Roquizas. En cierto sentido pudieran referirse al *sahaptin* el lenguaje
de los calapoyoc, que habitan al Sur de los valles de Villameta, el de
los indios watlalas y el de los chinuks.

Acerca de las partes de la oración en las lenguas americanas, procede notar:

1.º   Que el artículo, en las lenguas cultas, sólo existe en el maya, y
en las incultas entre los algonquines y otomíes.

2.º   El nombre suele llevar un pronombre posesivo en muchas lenguas. Si en unas no cambian los nombres de singular a plural, y se les
pluraliza mediante numerales o adjetivos, en otras las formas plurales
son varias y más o menos numerosas. El dual sólo existe, entre todas
las lenguas de la América del Sur y del Centro, en la chilena; pero sí
en algunas de la América del Norte. Respecto a géneros masculino y

---

(1)   La idea de un territorio a manera de puente que sirviera de barrera o valla a los Oceanos
Atlántico y del Norte hasta el período glacial, ha sido expuesta por M A. J. Jules-Browne en su
obra *The Buildings of the Britis Isles,* impresa en Londres el año 1888.

femenino, no los hay—según no pocos gramáticos—en las lenguas americanas. Casi lo mismo pudiéramos decir de las declinaciones y los casos.

3.º No abundan los verdaderos adjetivos en las lenguas americanas, y se duda si los tienen las algonquinas.

4.º El pronombre es parte importante de la oración en muchos de aquellos idiomas.

5.º El verbo se incorpora, no sólo los pronombres, sino los nombres ʼque rige, los adverbios y hasta las conjunciones y preposiciones. Tiene, además, muchas conjugaciones, voces y modos. Débese recordar que falta el verbo sustantivo en lenguas bárbaras y en lenguas cultas, y lo hay lo mismo en unas que en otras lenguas.

6.º El adverbio se incorpora en muchas lenguas al verbo. En otras es muy frecuente adverbiar los verbos o los adjetivos.

7.º La preposición abunda en algunos idiomas de la América del Sur, del Centro y del Norte. En la mayor parte de las lenguas americanas las preposiciones deberían denominarse postposiciones: sobre todo cuando rigen pronombres, suelen ir, no sólo pospuestas, sino también prefijas o sufijas (1).

8.º Del mismo modo la conjunción va sufija o cuando menos pospuesta en muchos de dichos idiomas. Tal vez la lengua más rica en conjunciones sea la maya y la más pobre la lule.

9.º La interjección se halla en todas las lenguas. Advertiremos que en las americanas, si algunas veces son, como en las nuestras, gritos arrancados al hombre por movimientos del alma, otras veces difieren completamente. Otra particularidad debemos tener en cuenta, y es que en algunas lenguas las interjecciones usadas por los hombres son diferentes a las que usan las mujeres.

Escasas noticias se tienen de la Sintaxis, Ortografía, Prosodia y Lexicología.

Respecto a la escritura se desconocía la fonética. Cuando llegó Pizarro al Perú se encontró con otro medio gráfico sumamente curioso, y éste era el *quipu*. "Consistía el quipu en un cordón de lana, generalmente de más de un metro, al que se prendía y del que se colgaba a manera de rapacejos cordoncillos de diversos colores. Constituía el color en esta singular escritura el primer orden de signos ideológicos; así que con frecuencia cambiaba, no sólo en cada uno de los cordoncillos, sino también en cada uno de los hilos de que se componían. A lo largo de los cordoncillos se hacían nudos; y éstos constituían el segundo orden de signos. Variaban de significación los nudos, según estuviesen más o

_____

(1) Véase Pi y Margall, ob. cit., pág. 1.693.

menos lejanos del cordón-tronco, según formasen o dejasen de formar
grupo, según el puesto que en el grupo ocupasen y tal vez, según la forma
que se les diese„ (1). Afirman algunos, en nuestro sentir sin fundamento, que mediante los quipus, conocían los peruanos su historia, sus leyes, su dogma, su culto, su ciencia y hasta su poesía. Creemos sí que
servían los quipus para todo lo que se relacionase con los números y
cuentas; pero nada más.

Más común fué en toda América la *pintura simbólica*. Abundan las
rocas donde se encuentran grabadas curvas, círculos concéntricos, figuras fantásticas, representaciones del Sol y la Luna, cabezas humanas,
monstruosas imágenes y verdaderas inscripciones. Escritura tan rara
es todavía objeto de largos estudios. Muchos pueblos tenían sus jeroglíficos, unos pintados sobre papel y otros pintados o esculpidos en sus
monumentos. Aunque no han sido descifrados todavía, abrigamos alguna esperanza de que se rasgará el velo que los cubre, y entonces ten-
drán explicación hechos que hoy parecen absurdos o contradictorios.

Además de las lenguas o idiomas, los indios transmitían sus ideas
mediante *gestos*. En particular el indio del Norte de América usó con
perfección y bastante ingenio el lenguaje de los gestos, pues con los
gestos llegó a expresar nombres propios y comunes, también verbos,
pronombres, etc., y hasta pudo construir discursos.

El número considerable de lenguas contribuyó al mayor desarrollo
de este lenguaje de gestos, medio de comunicación general y a veces
único entre distintas tribus. El lenguaje de los gestos sólo tiene carácter general en América, pues en las demás partes del mundo es únicamente auxiliar del lenguaje hablado.

---

(1) Pí y Margall, ob. cit. pag. 1.719.

CAPÍTULO XII

LAS CIENCIAS Y LETRAS ENTRE LOS INDIOS. — LAS MATEMÁTICAS, LA GEOGRAFÍA Y LA ASTRONOMÍA.—LA MEDICINA.—LA RELIGIÓN: EL DIOS DE LOS INDIOS.—LOS SACERDOTES Y HECHICEROS.—EL DIABLO.—LAS PLEGARIAS.—LAS OFRENDAS.—LOS SACRIFICIOS. — LA PENITENCIA.—EL CUERPO HUMANO.—EL ALMA.—LA INMORTALIDAD.—LOS SUEÑOS: SU IMPORTANCIA.—LA VIDA FUTURA.—LAS SEPULTURAS.—LOS DUELOS. — EL DILUVIO.—LAS LETRAS. LA ORATORIA.—LA POESÍA: EL DRAMA "OLLANTA. Y EL BAILE-DRAMA "RABINAL-ACHI..

Acerca del estado de la ciencia entre los indios, los sabios o maestros enseñaban los ritos religiosos, la historia de los Emperadores, la enseñanza del quechua y la descifración del quipus (escritura); pero la instrucción se daba únicamente a los descendientes de la familia real, pues al pueblo, para mejor gobernarlo, se le mantenía en la ignorancia. Algo sabían de Matemáticas, de Geografía y de Astronomía; algo sabían de otras ciencias, en especial los mejicanos y peruanos. El sistema decimal llegó a su completo desarrollo en algunos pueblos, al paso que en otros prevaleció el sistema vigesimal. Ambos sistemas, lo mismo el decimal que el vigesimal, parecen indicar el conocimiento de operaciones aritméticas. Sin temor de equivocarnos, se puede afirmar que el primero, esto es, el decimal, llegó a su completo desarrollo en la América Meridional, especialmente entre los peruanos y chilenos. Además, los peruanos no desconocían los números ordinales. Entre los pueblos que prevaleció el sistema vigesimal, citaremos los nahuas, los mayas, los quichés y también—si damos crédito a Duquesne—los muiscas. Revelaban lo mismo el sistema de los decimales como el de los vigesimales el conocimiento de operaciones aritméticas.

Atrasadísimos vivían los pueblos americanos en ciencias cosmológicas. Creían plana e inmóvil la tierra. Al paso que unos decían que era un ser viviente, otros afirmaban que estaba sostenida por gigantescos pilares, y algunos la consideraban como una isla en medio de un mar sin límites. Suponían que el cielo estaba formado de una masa sólida, no faltando quien dijese que estaba sostenido por dioses. No distinguían los astros fijos de los errantes, y todos tenían a los cometas como apariciones de mal agüero. Rindieron culto al Sol y a la Luna, considerando al primero como fuente de luz, de calor y de vida. Por el Sol distinguieron el día de la noche y un día de otro día, y mediante la Luna se elevaron a la noción de mes. Contaron por lunaciones durante siglos, y algunos, sin embargo de conocer el año solar, no acertaron a eliminarlas por completo de sus sistemas cronológicos. Bien puede asegurarse que hasta que los españoles conquistaron el Nuevo Mundo, no llegó ningún pueblo salvaje a fijarse en el año solar (1).

Entre los medios naturales más usados por la medicina en América encontramos el baño ruso. No sólo se empleaba el baño ruso en la mayor parte de la América septentrional, lo mismo hacia el Atlántico que hacia el Pacífico, sino el sudatorio público se hallaba establecido en muchos lugares. No cabe duda que en las poblaciones de México, las familias más acomodadas tenían sudatorio en sus casas. Consistía en una pequeña habitación, baja de techo y puerta angosta, con un agujero muy pequeño en dicho techo. Después de muy caliente la habitación, se retiraba el fuego, se hacía entrar desnudo al enfermo y se le colocaba sobre una estera. Cerrada la puerta, se rociaba de agua el pavimento y paredes. Cuando apenas podía respirar el doliente, á causa de la masa de vapor que se producía, se le sacaba del sudatorio sumergiéndole de improviso en agua fría. Unas veces, mientras permanecía en el sudatorio se le daba con un manojo de hojas de maíz en todo el cuerpo ó sólo en la parte lesionada; otras veces, después del baño de agua fría, se le frotaba las carnes, y con harta frecuencia se le conducía del sudatorio a la cama. Para muchas enfermedades se empleaban los baños rusos. En Nuevo México y California del Norte los sudatorios públicos estaban situados generalmente en las orillas de los arroyos. Más al Norte consistía el sudatorio en calentar piedras, rociarlas, y cuando con el vapor promovido por dicho medio se hallaba bañado de sudor el enfermo, era llevado al próximo mar ó al próximo río, prefiriendo siempre el agua muy helada.

También producíase el calor de otro modo. Los californios del Centro abrían una zanja en la arena y la calentaban con lumbre; en seguida tendían al enfermo y lo cubrían con arena también caliente. En el momento que sudaba a mares, le bañaban en agua fría.

Muchas de las tribus de la América central usaban baños de agua caliente.

Además de los baños, no pocos pueblos de América usaban la sangría, considerándola como medio curativo en el Perú, istmo de Panamá, Honduras, Guatemala, México, Florida, etc. En el Perú se la empleaba

(1) Véase Pi y Margall, *Hist. general de América*, tomo I, cuad. II, págs. 1.758 y 1.759.

contra los dolores de cabeza y se hacía en la junta de las cejas, encima de las narices. La lanceta consistía en una punta de pedernal engastada en un palo. En el istmo de Panamá la sangría era remedio contra la fiebre. En Honduras, Guatemala, México y Florida se usaba la sangría como medio curativo de diferentes enfermedades: unas veces se sangraba en la frente, otras en los hombros o en los brazos, no pocas en los muslos o en las piernas.

Hacían uso diferentes pueblos de purgantes y eméticos. En el Perú consistían los purgantes en ciertas raíces que se tomaban, ya contra los empachos, ya contra los dolores de estómago. En México se usaba como purgantes, la jalapa, los piñones tostados y las raíces; como eméticos, el *neixcotlapatli* y las hojas del *mexóchitl*. Curaban la sífilis con los purgantes y con comidas cortas y sobrias. Además, en las costas del Perú los enfermos apuraban uno tras otro jarros de zarzaparrilla, y en las riberas del mar de los Caribes tomaban cocimiento de guayacán o de palo santo por doce o quince días. Con el mismo cocimiento se lavaban las úlceras, dado que las tuviera el enfermo, hasta que se curasen; la curación tardaba unos noventa días. La gonorrea la curaban los californios del Mediodía con la canchalagua, las llagas con el cauterio, las mordeduras de las serpientes con las hojas y las raíces del guaco, las heridas con orines calientes, las ronqueras bebiendo miel de abejas y así otras muchas enfermedades.

De los médicos diremos que los había en México y Perú; también había médicas. Lo mismo en México que en el Perú, médicos y médicas curaban o intentaban curar toda clase de enfermedades. Parece ser que ellas y ellos eran muy dados a la superchería y a la magia.

Entre los salvajes, la medicina iba unida al cacicazgo, al sacerdocio o al mago. Con frecuencia fué peligrosa la profesión de médico. No pocas veces el que la ejercía era castigado, si no curaba al paciente. Por esta razón comenzó a decirse que la muerte del enfermo era debida, ya a la cólera de Dios o del Diablo, ya a los conjuros y a las malas artes de tribus enemigas. Motivo fué lo último, esto es, la creencia en las citadas malas artes, para que peleasen con saña dos o más tribus. Refieren las crónicas que a veces se presentaba el médico o hechicero llevando la cara y cuerpo cubiertos con una piel de oso, adornada con objetos ridículos, en la mano izquierda un lanzón y en la derecha un tambor... Con trajes tan raros y con danzas y contorsiones, cantos, conjuros y rugidos, untos y brujerías, creían que se marchaban las enfermedades. Si la credulidad del indígena no tenía límites, tampoco tenía límites la habilidad del médico o hechicero. Afirman los autores que los medios extranaturales se hallaban más usados en la América del Norte y en la Central que en la del Sur. Los secretos medicinales pasaban de los padres a los hijos. Los médicos eran a la vez sacerdotes y hechiceros.

Los indios, ya cultos, ya incultos, llevaban amuletos, a los cuales atribuían virtudes sobrenaturales.

Por lo que a la religión respecta, el indio adoró a un Dios que tenía alguna semejanza con el panteísta de los pueblos orientales. Mediante ruegos y plegarias, el salvaje procuraba constantemente aplacar la supuesta cólera de sus dioses. ¿Era general la idea de Dios en América? En este punto no se hallan conformes los cronistas. Al paso que algunos sostienen que no se consideraba general ni mucho menos, otros dicen que todas las tribus, aun las más salvajes, adoraban a sus dioses. Se ha dicho con algún fundamento que las religiones americanas fueron principalmente astrolátricas. Lo fueron las de las tribus más adelantadas; así la de los aztecas y otras adoraban al Sol como origen de todo bien, y los incas prestaban culto al Sol, a la Luna y a las Estrellas. Otras muchas tribus adoraban a los elementos. Los mismos mejicanos e incas consideraban el fuego como sagrado, los chibchas creían que era sagrada el agua de los ríos y lagos, y los iroqueses adoraban a los vientos. El salvaje veía a su dios en todas partes, en la luz, en las tinieblas, en la tempestad y en el Océano. El murmullo del viento entre las hojas, el crugir de las ramas y el ruido de los troncos, fueron considerados por el indio como voces misteriosas del espíritu que moraba en los árboles. Los árboles grandes y solitarios inspiraban veneración profunda. También el culto de la piedra fué practicado por los americanos. Los dakotas pintaban de rojo las piedras que consideraban sagradas y les ofrecían sacrificios y, en general, el indio, de cualquier tribu que fuese, conservaba con veneración piedras de formas, colores o propiedades para él extrañas. Tales piedras fueron convertidas por el indio en *fetiches* o en prodigiosas medicinas para determinadas dolencias. Objeto de especial devoción eran ciertos animales, siendo la culebra el animal que, entre todos los sagrados, recibía universal homenaje. El fetiche era para el indio verdadero ídolo; de modo que, en la Historia de los americanos no cabía distinguir la idolatría del fetichismo. El Diablo fué adorado o temido en la mayor parte de los pueblos. Afirmaban algunos que se les había aparecido bajo horrible aspecto y hablándoles con ronca voz. Creían muchos —de igual modo que los hebreos— que el Diablo entraba en el cuerpo del hombre. Así explicaban ciertas enfermedades, y por esto, unos le invocaban y otros le conjuraban. No se presentaba el Diablo de igual manera ni bajo la misma forma en todas partes. Decían unos que se presentaba en figura de serpiente, otros de tigre, algunos de hombre, no pocos de zumaya o de halcón, murcié-

lago, etc. Del mismo modo la creencia en el dualismo y en el antago-
nismo de Dios y el Diablo era frecuente en América.

Según la tradición iroquesa, la humanidad bajó del Cielo a la Tierra. Dos mellizos, hallándose todavía en el claustro materno, bajaron
al mundo. Eran enemigos, lo mismo en el vientre de la madre que en la
tierra. Llamábase el primero *Enigorio* y el segundo *Eningonhahetgea*;
aquél representaba el espíritu del Bien y éste el del Mal. Representaba
Enigorio la bondad y Eningonhahetgea la maldad. Enigorio creó el
Sol y la Luna; llenó la tierra de arroyos y de ríos; pobló de mansos
animales el suelo, el aire y las aguas; formó de barro al hombre y la
mujer, infundiéndoles vida y alma, dándoles por sustento los frutos de
la naturaleza. Eningonhahetgea, en tanto, erizó la tierra de rocas y de
barrancos, despeñó las aguas, esparció por todas partes tigres, serpientes y lagartos; quiso sacar del barro dos seres a su semejanza y sólo
sacó dos monos: para crear hombres, tuvo que pedir a Enigorio que les
dotara de alma. Continuó la lucha entre los dos hermanos, acordando
al fin acabar de una vez mediante un duelo. Dos días seguidos pelearon,
cayendo al cabo de ellos vencido y casi muerto Eningonhahetgea. Desaparecieron de la tierra los dos rivales; pero continuaron siendo, el uno,
el genio del bien y el otro el genio del mal. Semejante doctrina tiene
más semejanza con la persa que con la hebrea. Enigorio y Eningonhahetgea de los iroqueses no son el Dios y el Diablo, ni los ángeles
y los demonios de la Biblia, sino el Ormuz y el Ahrimán de Zoroastro.
No es esto decir que fuese la misma la doctrina americana que la con-
tenida en el Zendavesta. La lucha entre Ormuz y Ahrimán, entre la
luz y las tinieblas, debía terminar con la victoria del primero; pero entre el Dios y el Diablo de muchas razas salvajes del Nuevo Mundo, no
acabaría nunca, o la guerra entre los dos sería eterna. Dichas razas—
y la doctrina no deja de tener cierto gusto positivista—rendían preferente culto al Espíritu del Mal, fundándose en que el del Bien siempre
era propicio a los hombres. Los indios querían tener contento al que podía hacerles daño e importábales poco o nada el que por su naturaleza
tenía que hacerles beneficios. Aztecas, peruanos, quichés y otros pueblos dirigían plegarias a los dioses, pidiéndoles protección y amparo,
salud y ventura, ayuda contra los enemigos, agua para regar los campos, alimento para los inocentes niños que no andan y están en sus cunas, consuelo a los hombres, a los brutos y a las aves que habitan en la
tierra. El dacota se contentaba con decir cuando iba de caza: *Espíritu
de los bosques, compadeceos de mí y enseñadme dónde encontraré el búfalo y el cierro. Espíritu de los vientos*—repetía al entrar en un lago —*de-
jad que cruce sano y salvo estas profundas aguas.*

Acerca de la actitud en que oraban los mejicanos, era, unas veces arrodillados, otras en cuclillas, algunas, vuelta la faz a Oriente, y también, en solemnes fiestas, postrados a los pies de sus ídolos. Los peruanos se ponían en cuclillas, las manos altas y dando besos al aire. Los quichés se contentaban con levantar el rostro al cielo.

Respecto a las ofrendas estaban en relación con las riquezas del que las daba. Aztecas e incas ofrecían a sus dioses ricas joyas de oro y de plata; los quichés deponían en los altares de sus divinidades provisiones de boca o mercancías. El pobre, en todos los pueblos citados, se contentaba con dar modesta torta o sencilla flor. Entre las razas salvajes, el dacota, por ejemplo, se limitaba a dirigir al cielo la primera bocanada de humo que salía de su pipa.

La ofrenda de los seres vivos debió ser general en América. Brutos y aves se ofrecían por las razas cultas y por las salvajes. La codorniz era en México la víctima predilecta; ovejas y carneros en el Perú; lobos, ciervos, perros y otros en las razas salvajes.

De igual modo los aztecas sacrificaban hembras y varones, adultos y niños; los peruanos apenas hicieron tales sacrificios; la misma costumbre observaron los indios de la América Central y de la Meridional. Los prisioneros de guerra y los esclavos fueron principalmente las víctimas propiciatorias.

La penitencia se hallaba establecida de un modo o de otro, y consistía en el ayuno, la abstinencia de algunas comidas, el apartamiento de los placeres sensuales y el martirio del cuerpo. Dícese que algunos pueblos conocieron la confesión, la comunión y la circuncisión.

El cuerpo humano—según el indio—era sólo envoltura de otro ser dotado de facultades misteriosas. Creía el indio que todo el mundo material tenía inteligencia y sensibilidad; los animales todos oían los ruegos de los hombres. Confundían a menudo la inteligencia y sensibilidad con la vida. Pensaban que el hombre, al nacer, recibía del aire el aliento, la existencia; aliento o existencia que perdía poco a poco hasta morir.

Casi todas las tribus de América admitían en el hombre un ser interior que le daba vida e inteligencia. No sabemos si lo suponían inmortal, afirmando por lo menos que sobrevivía al cuerpo. Dícese que los otomíes y los miwocos de la América del Norte veían en la muerte el completo acabamiento del hombre, y lo mismo se piensa de algunas tribus del valle del Sacramento. También se afirma que lo mismo pensaban algunas tribus de Sinaloa, varias de los columbios de tierra adentro y otras de los hiperboreos. Sostenían los acagchemenes que el hombre, al tiempo de nacer, recibía del aire el aliento, la respiración, la existencia; todo esto lo iba perdiendo a medida que envejecía, y al morir los dejaba confundidos en aquel vasto mar de la vida. No carece de originalidad teoría tan peregrina. Sospéchase de igual manera que en la América Central se hallaban tribus que no creían en el alma. El alma, a los ojos de los americanos, era el aire, el viento, la respiración, la sombra, la imagen, el corazón, la vida y la inteligencia. Acerca del sitio donde residía, según unos, en el corazón; según otros, en la cabeza; había pueblos que decían que estaba en los ojos, y algunos afirmaban, por último, que residía en los huesos. Después de la muerte—decían algunos pueblos—salía del cuerpo y corría a nuevas regiones; según otros, se convertía en ángel de los que amó o en demonio de los que aborreció; sostenían muchas gentes que las almas transmigraban, no sólo a cuerpos de hombres, sino a cuerpos de otros seres. La del que había muerto en batalla, se convertía —así lo contaban los aztecas— en pájaro de rico plumaje que libaba las flores de los vergeles del cielo o venía a sustentarse con las de los jardines de la tierra. En vistosas aves y también en estrellas se transformaban —según creencia de los tlaxaltecas—las de noble alcurnia, y en escarabajos u otros insectos las de la obscura plebe. En serpientes de cascabel suponían los apaches encarnadas las almas de los réprobos, convirtiéndose igualmente —según dichos salvajes— en osos, lechuzas y otros animales. Del mismo modo se creía por la generalidad que las almas, después de morir el cuerpo, iban a regiones más o menos felices.

Dichas regiones las suponían muchos pueblos en la misma tierra, ya al Oriente, ya al Occidente, ora en lugares subterráneos, ora en el cielo. No faltaron pueblos que para los justos concibieron un paraíso y para los pecadores un infierno. Con el inca Garcilaso diremos que los peruanos daban a las buenas almas el cielo y a las malas el centro de la tierra.

La creencia en la inmortalidad del alma originó la costumbre de enterrar los cadáveres con sus armas, vestidos, etc., y a veces con sus caballos y hasta con sus esclavos y mujeres, para que el muerto pudiera presentarse en el otro mundo con la misma dignidad que gozó en la tierra.

Sin embargo de todo lo expuesto acerca del alma humana, trasladaremos aquí la siguiente nota manuscrita de Pi y Margall y con la cual terminaba el capítulo LXXXVI: "Verdadera noción del espíritu no la tenía pueblo alguno de América„ (1).

Tuvieron verdadera y transcendental importancia entre los americanos los *sueños* (naturales o provocados). Mediante los sueños se po-

(1) *Historia de América*, vol II. pág. 1.371.

nían en comunicación directa con los dioses, según pensaban los indios. Esto dió un carácter especial a la vida del salvaje, carácter que podemos calificar de irreal y absurdo.

Creían en la vida futura, considerando la muerte como tránsito a otra vida. Moría el cuerpo; pero lo que constituía la individualidad pasaba a otro mundo astral.

Las sepulturas tenían varias formas. Se colocaban los cadáveres en cisternas, en sepulcros, en grutas y en cavernas, bajo montículos, entre las ramas de los árboles, en elevadas plataformas, etc. Algunos pueblos quemaban a sus muertos.

Manifestaban los parientes o amigos su dolor con gritos, quejas, lastimándose el cuerpo, etc., y hacían esto para aplacar la cólera del alma vagabunda. Infundían los muertos, más que respeto, temor. Frecuentes eran también las ofrendas. Se acostumbraba poner víveres junto a los muertos, como igualmente armas y herramientas; a veces joyas. "Por estos valles del Perú—escribe Cieza—se usa mucho enterrar con el muerto sus riquezas y cosas preciadas, y en los pasados tiempos hasta se le abría la sepultura para renovarle la comida y la ropa. Mucha cantidad de oro y plata sacaron de estas huacas los españoles luego que ganaron este reino; y, al decir de los indígenas, lo que entonces y después sacaron es para lo que continúa oculto, lo que para una gran medida de maíz un puñado y para una gran vasija de agua una simple gota". Lo mismo que en el Perú halló Cieza, mucho más al Norte, en los sepulcros esta abundancia de riquezas. Hállanse hoy los museos de Berlín, de París, de Lima, de otros pueblos de América y de Europa llenos de objetos de oro, de plata, de bronce, de piedra y de otras substancias de las vastas necrópolis de Ancón, Chancay y Pachacamac. Se han descubierto en ellas vasos y brazaletes de oro, de plata, de bronce; sortijas y collares de plata e imitaciones de hojas de coca en oro; alfileres y depiladores de plata; pedazos de plata y de bronce; hachas y flechas; flautas y pájaros de hueso: muchos objetos de barro, etc. En la isla de Hayti solíase encerrar con los difuntos, además de cazabe y un cántaro de agua, joyas y armas. En América del Norte los pueblos establecidos hacia el Atlántico observaban la citada costumbre.

Hemos de registrar del mismo modo, que como en la otra vida los reyes y los señores podían echar de menos el cariño de sus mujeres y el servicio de sus criados, se hizo indispensable que mujeres y criados muriesen al mismo tiempo que dichos reyes y señores. Si en las tribus de la América del Norte casi estaban reducidos los duelos a cantos, lloros y alaridos, llama la atención que en Michoacán (Estado de México), después de quemar el cadáver del monarca, se daba un banquete a todos los que le habían llevado á la hoguera y un paño de algodón para limpiarse el rostro. Cinco días habían de permanecer sentados, la cabeza baja y en absoluto silencio. Si de la penitencia se exceptuaban los grandes, en cambio tenían que velar y llorar de noche en la tumba. En los citados cinco días los hogares estaban tristes y las calles desiertas.

Entre algunas tribus salvajes de la Carolina, cuando alguien moría, se reunía la familia y los individuos invitados, para oir una especie de oración fúnebre. A los soldados muertos en batalla se les tributaba mayores honras. Cuando moría un cacique se cortaban la cabellera todos los vasallos, varones y hembras, y guardaban tres días de abstinencia y luto.

Entre los algonquines consistía el luto en abstenerse de concurrir a los banquetes y fiestas y en no cortarse el cabello. Daban otros pueblos mayores muestras de dolor, debiendo citarse los tacully, en cuyo pueblo la viuda había de llevar, durante dos años, en un saco, las cenizas y los huesos no quemados de su marido, teniendo que ir también vestida de andrajos. Por último, entre los natextetanos de la América del Norte, se hallaba la familia de los tinnehs, cuyas mujeres se mutilaban la falange de un dedo cuando moría cualquiera de sus parientes. No se cortaban los hombres los dedos; pero se rapaban la cabeza y se herían el cuerpo con pedernales.

En la América Central, al morir un jefe o cualquiera de su familia, era llorado cuatro días por los súbditos, quienes de día estaban silenciosos y de noche daban grandes alaridos. El gran sacerdote, al amanecer el quinto día, les ordenaba que no continuasen en sus tristes demostraciones o lamentos, asegurándoles que el alma del muerto estaba ya con los dioses. En Guatemala el viudo se pintaba de amarillo el cuerpo, y entre los mozquitos todos los individuos de la familia se cortaban el cabello cuando fallecía uno de sus deudos; sólo se dejaban una tira de la nuca a la frente. La viuda, entre los mozquitos, daba con su rostro en el suelo hasta chorrear sangre.

Acerca de la América del Sur, dejando de contar los duelos en el Perú y en otros puntos, los cuales quedaban reducidos a llantos y a muestras de sentimiento parecidas a las ya dichas, citaremos los duelos con sangre, tan comunes en toda América, lo mismo en la del Norte, que en la Central y en la del Sur. Entre los charruas de la América del Mediodía, la viuda por el marido, la hija por el padre y la hermana por el hermano, se cortaban la falange de uno de sus dedos y se clavaban varias veces en brazos, pechos o costados la lanza o el cuchillo del muerto.

De un diluvio o general inundación tuvieron noticias más o menos vagas muchas tribus, como ya indicamos en algunos capítulos de este tomo.

Terminaremos esta breve reseña de las ciencias y religión de los antiguos americanos, no sin decir antes que nos asaltan dudas acerca de ciertos asuntos. ¿Habremos dicho la verdad? No lo sabemos. ¡Es tan obscura la historia de América antes de la conquista de los españoles!

No quedan grandes vestigios de la vida literaria de los indios. No obstante, por la tradición oral sabemos que se distinguieron bajo el punto de vista de la oratoria los araucanos al Sur y los iroqueses al Norte. Unos y otros daban y dan aún brillante colorido a sus arengas; tenían y tienen todavía mucho cuidado porque su lenguaje sea puro y su estilo enérgico. Como muestra, trasladaremos aquí el siguiente párrafo del discurso que el jefe de los onondagas dirigió en 1684 al enviado de Dorgan, pues anteriores a la conquista nada conocemos.

"Corlear (1): Ononthio (2), me adoptó por hijo, como hijo me trató en Montreal y como hijo me dió el traje que visto. Juntos plantamos allí el árbol de la paz, y juntos lo pusimos en Onondaga, a donde envía siempre sus mensajeros. Hacían ya otro tanto sus antecesores, y ni a ellos ni a nosotros nos pesa. Tengo dos brazos: extiendo el uno sobre Montreal para sostener el árbol que allí plantamos, el otro sobre la cabeza de Corlear, que es, hace tiempo, mi hermano. Corlear es mi hermano, y Ononthio mi padre; pero sólo porque quiero. Ni el uno ni el otro son mis señores, y del Creador del mundo recibí la tierra que ocupo. Soy libre. Respeto a los dos, si bien no reconozco en ninguno el derecho de mandarme. No lo tiene tampoco ninguno de los dos para quejarse de que yo procure por todos los medios posibles evitar la guerra. Tomóse mi padre (Ononthio) el trabajo de venir a mi puerta y siempre me hizo proposiciones razonables. Voy a verle: no puedo diferirlo más tiempo„ (3).

Notables son también algunas leyendas y baladas y cantos de amor, lo mismo de los pueblos cultos que de los salvajes. Netzahualcóyotl, rey de Tezcuco, fué gran poeta y compuso hermosos cantos. Así comienza uno de ellos: "Son las caducas pompas del mundo como los verdes sauces, que por mucho que quieran durar perecen, porque los consume inesperado fuego, o los destroza el hacha, o los derriba el cierzo o los agobian los años. Como las rosas es la púrpura por su color y su suerte; son bellas ínterin sus castos botones recogen y guardan avaros el rocío que cuaja en ricas perlas la aurora; se marchitan, pierden su hermosu-

---

(1) Corlear era súbdito inglés.
(2) Ononthio era natural de Francia.
(3) Véase Pi y Margall, Ob. cit., tomo I, cuaderno II, pág. 1.730.

ra, su lozanía y el encendido color con que agradablemente se ufanaban, luego que les dirige el padre de los vivientes el más ligero de sus rayos...„ (1).

En el Perú floreció la poesía lírica y también la dramática. De la última puede servir de ejemplo el drama que lleva el título de *Ollanta* (2). El protagonista del drama se llama *Ollanta*, famoso guerrero, que se había enamorado de Kusi-Khóyllur, hija del inca Pachacútij (3). Encontramos las siguientes frases pronunciadas por Ollanta: "Sería más fácil hacer brotar agua de una roca y arrancar lágrimas a la arena que hacerme abandonar a mi Kusi-Khóyllur, la estrella de mi ventura.„

El drama, escrito en el quechua, fué traducido al francés por el señor Pacheco Zegarra. Acerca del autor del drama nos asaltan algunas dudas. ¿Se escribió antes o después de la conquista? ¿Se halla probado que el autor pertenecía a la raza indígena o lo escribió D. Antonio Valdez, cura de Tinta, quien lo hizo representar en la corte del desgraciado Tupac-Amaru? Sólo afirmamos que el autor, sea el que quiera, conocía perfectamente el lenguaje; tal vez fuese algún misionero versado en el quechua, pudiéndose sospechar con fundamento que se escribió después de la conquista. El inca Garcilaso en sus *Comentarios Reales* afirma que no era raro que religiosos españoles, principalmente jesuítas, compusieran comedias en quechua y aimará.

De la citada composición dramática escribe Pi y Margall lo que sigue:

"Ollanta, según la tradición, era uno de los más poderosos caciques de Tahuantinsuyu. Vivía en la ciudad de su mismo nombre, a no gran distancia del Cuzco, al abrigo de una vetusta fortaleza construída en la cumbre de un áspero y empinado cerro. Enamoróse de Cusi Khóyllur, hija de Pachacutec, y fué, para desgracia de ambos, correspondido. Al advertirlo el Inca, trató con gran rigor a la hija y la encerró, quién dice que en un calabozo, quién que en el monasterio de vírgenes consagradas al Sol. Ciego el cacique Ollanta de amor y cólera, concibió nada menos que la idea de ganar a Khóyllur por la fuerza de las armas. Se sublevó contra su soberano, y alcanzó al principio brillantes triunfos. Derrotado después, se hizo fuerte en su castillo, verdadero nido de águilas. Sostúvose allí algún tiempo, desplegando un valor y una estrategia que no se esperaba de sus años, siendo al fin vencido y preso por uno de los mejores generales del Imperio. Estaba ya entonces sentado en el

(1) Pi y Margall, ob , t. y cuad. citados, pág. 1.743.
(2) *Ollantay* escriben otros.
(3) O Cusi Coyllur, hija de Pachacutec.

trono de Cuzco Inca Yupanqui. Inca Yupanqui, no sólo le perdonó, sino que también le dió la mano de Cusi Khóyllur, su infeliz hermana„ (1).

No hay en él—escribe el citado historiador—reminiscencias católicas, y habría sido difícil que en una composición literaria se hubiese dejado de escapar una que otra de la pluma de un español de aquel tiempo. Retrátase en él, por lo contrario, con fidelidad pasmosa y verdadero cariño las creencias, el culto y aun las supersticiones de los antiguos peruanos; y esto, sobradamente lo comprenderá el lector, habría sido todavía más difícil para nuestros hombres. El lenguaje es, además, puro y clásico: ¿qué extranjero había de conocer tan a fondo aquél idioma? ¿Con qué objeto lo habría estudiado? (2).

Después de decir el autor de la *Historia general de América* que si los versos parecen castellanos por el número de sílabas, no lo son por sus condiciones prosódicas, y si hay frases que parecen acusar manos españolas, como también un gracioso bastante parecido al de nuestras antiguas comedias, esto no es bastante motivo para creer la obra ni extranjera, ni posterior a la conquista. Pudo sí ocurrir que la obra con posterioridad á la conquista sufriese enmiendas y correcciones, cosa no sólo posible, sino también probable.

Es de advertir que la afición a los espectáculos teatrales no era exclusiva de los peruanos; la tenían los mayas, los nahuas y otros (3).

De los bailes-dramas, tan estimados entre algunos pueblos americanos, citaremos el *Rabinat-Achi*, que recogió Brasseur de boca de los indígenas y publicó en su *Colección de documentos*, volumen segundo. El Rabinat-Achi es un documento interesante y se halla escrito en lengua quiché. Su argumento, sumamente sencillo, consiste en que Rabinat-Achi, valeroso guerrero, consiguió poner preso a Queche-Achi, enemigo de su pueblo. Llevado Queche-Achi a la presencia del rey Hobtoh, cuando se convence que ha de morir, pide, entre otras gracias, que se le conceda trece veces veinte días y trece veces veinte noches para ir a despedirse de sus montañas y de sus valles. Obtuvo el permiso y cumplió valerosamente lo que había ofrecido. Los bailes-dramas fueron generales en toda la América Central antes de la conquista y continuaron después de ella con el mismo entusiasmo. De unos y de otros se conservan ligeras noticias.

Respecto de las razas salvajes casi nada sabemos, pero llegamos a creer que sólo tuvieron el baile pantomímico. No pudieron tener otra cosa (4).

---

(1) Véase Pi y Margall, Ob. cit., tomo I, vol. I, pág. 401.
(2) Ob. cit., vol. II, pág. 1.749.
(3) Ibidem, págs. 1.749 y 1.750.
(4) Ibidem, pág. 1.752.

CAPÍTULO XIII

Las bellas artes entre los indios.—Carácter de las bellas artes en México y en el Perú.—Materiales empleados en los monumentos. Las pirámides.—Relaciones entre los monumentos de América y los del Antiguo Mundo.—Los templos: el de México. Los palacios.—Monumentos de Mitla.—Ruinas de Palenque. Oratorios de Ocotzingo.—Estatuas de Palenque.—Pirámides de Aké. Otros monumentos. Los monumentos de Yucatán y de Honduras.—Consideraciones sobre los teocallis.—Su semejanza con otros del Asia.—La falsa bóveda en América.—La arquitectura en el Perú: monumentos pre-incásicos y de los incas.—El templo del Cuzco.—Otros edificios.—La arquitectura peruana y la del Viejo Continente.—La escultura.—El dibujo y la pintura.—La música en México y en el Perú.—Las bellas artes en Bolivia y en la América Central.—El canto: el areito.

Antes de fijar nuestra atención en las construcciones arquitectónicas, recordaremos que en las tres Américas (Meridional, Central y Septentrional), se hallan cuevas más o menos profundas que fueron un día, unas albergue de vivos, otras tumba de muertos y algunas templo de dioses.

También en varios puntos de América se ven puentes naturales, ya formados por árboles seculares, ya por grandes rocas. Consisten los primeros en que un árbol, nacido en la margen de un río o torrente, cae sobre la opuesta ribera y forma un puente sobre el cual pasa el indígena. Pero no son esos los puentes que llaman más la atención en las Indias: lo son los dos de roca viva de Icononzo, tendidos sobre el profundísimo valle de Pandi y por el cual corre el torrente de Suma Paz. Comunícanse los dos puentes: el uno está a más de 97 metros sobre el nivel de las aguas y forma un arco que mide 14 $\frac{1}{2}$ de longitud, 12 con 7 decímetros de anchura, 2 con 4 de espesor en su centro: el otro puente se halla sobre el torrente a unos 78 metros y se compone de tres masas de rocas, haciendo oficio de clave la del medio. Tales puentes deben ser obra de la naturaleza, como obra de la naturaleza son los montes y los valles.

Pasando a estudiar la arquitectura propiamente dicha, haremos notar primeramente la poca o ninguna relación artística que ha mediado entre México y el Perú, dada la distancia tan corta que los separa. Diferente es el camino que siguió el arte en México y en el Perú. Si atendiésemos a imperiosas necesidades de la localidad, al clima, por ejemplo, resultaría que debieran hallarse en México muchos edificios del Perú, y en el Perú muchos de México. Ya sabemos que en sus orígenes, las construcciones son, ya de piedra, ya de madera o ya de ambas cosas. Pues bien, en ciertas localidades se comprende el empleo de la piedra y la madera o el sistema mixto; pero no—y esto sucede frecuentemente—que unos edificios sean sólo de piedra y otros de madera.

Tal vez pueda explicarse todo esto no olvidando que Manco Capac, en el Perú, y Quetzalcoatl en México, fundadores el primero de aquel Imperio y el segundo del último, son extranjeros. Ellos y su gente importaron la cultura de su primitivo país a sus nuevos Estados, y no teniendo en cuenta las condiciones de las ciudades peruanas y mejicanas, levantaron edificios como los que habían dejado en su antigua patria. Peruanos y mejicanos dieron a sus obras formas artísticas diferentes, que, mediante transiciones y modificaciones, llegaron al estado de relativa perfección.

Los materiales empleados en los monumentos eran los mismos que los usados en Europa, esto es, la tierra, la arcilla, la madera, la cal, la arena, el betún y la piedra; el adobe y el ladrillo; la argamasa, el cemento y el estuco. Usábase también de los mismos aparejos: el tapial, el hormigón y la mampostería; el sillar paralelepípedo, el ciclópeo y el almohadillado; la sillería de juntas en cruz y la de juntas verticales; los revoques y los enlucidos (1). No huelga decir que tales construcciones no se hallan en los pueblos salvajes. Si encontramos la columna en muchos edificios de los pueblos cultos, el arco no fué conocido en ningún pueblo. En frisos y cornisas vemos riqueza considerable, y, por lo que respecta a los huecos, sólo por las puertas recibían la luz la mayor parte de los edificios. Las puertas eran rectangulares y algunas cuadradas, y las ventanas, donde las había, presentaban la misma forma que las puertas. Como los grandes edificios, especialmente los templos, se edificaban en sitios elevados, para subir á ellos se recurría a la rampa o a la escalera. Los tramos eran, generalmente, rectos, las escaleras angostas y los escalones altos. Los pasamanos, como los escalones, estaban construídos de piedra.

(1) Véase Pi y Margall, Ob. cit., vol II, págs. 1.891 y 1.802.

Abundaban las pirámides y, entre otras, llamaban la atención la del Sol y la de la Luna en Teotihuacán, la de Cholula, la de Teopantepec y la de Huatusco. Acusan marcado adelanto las de Huatusco. Papantla, Xochicalco y Tusapán. La de Tusapán es perfecta. "Sólo éstas—dice el historiador citado— merecen el nombre de pirámides. Las demás no tienen ni siquiera oblicuas las aristas de los diversos altos que las componen. Son todas, no secciones piramidales, sino paralelepípedos-rectángulos, de abajo arriba, el uno menor que el otro.

Escaseaba en Egipto este género de construcciones; abundaba en la cuenca del Tigris y del Eufrates, en los antiguos reinos de Asiria y Babilonia. Herodoto vió el templo de la ciudad de este nombre y lo describió en el párrafo 181 del libro primero de su Historia. El templo, según él, era cuadrado en su base, y medía en cada uno de sus frentes dos estadíos, 370 metros. En medio de esta base se alzaba una torre maciza de un estadío de longitud y otro de anchura; sobre ésta, otra: sobre ésta, otra; y así sucesivamente, hasta el número de ocho. Alrededor de todas había una rampa, y como a la mitad un relleno con asientos para descanso de los que subían. En la última torre estaba el santuario. A juzgar por las ruinas que aún existen, debió de ser esta forma de construcción, tan general y típica en aquella parte del Asia como en América. Lo hubo de ser hasta en la Pérsida. Nos lo revela el sepulcro de Ciro que cabe aún ver en lo que fué ciudad de Pasárgada. Véase el tomo II de la obra *Histoire de l'Art dans l'Antiquité*, principalmente el capítulo II y el IV, (1).

Al Oeste de Puebla de los Angeles se encuentra la citada pirámide de Cholula. Antes de pasar adelante, consignaremos que las pirámides de Teotihuacán son de tierra, arcilla, argamasa y guijarros; la de Cholula, de adobes; la de Huatusco, está revestida de piedra, y la de Xochicalco, es de sillería.

Respecto á templos, tal admiración causó a Hernán Cortés el mayor de México, que suyas son las siguientes palabras: "Tal es—decía el insigne capitán—su grandeza, que no lo sabría explicar lengua humana: dentro de su circuito se podría muy bien facer una villa de quinientos vecinos. Hay bien cuarenta torres muy altas, la mayor más alta que la de la catedral de Sevilla. Son todas de tal labor, así en lo de piedra como en lo de madera, que no pueden estar en parte alguna mejor labradas ni hechas.„ Comenzóse su fábrica por Tizoc, el año 1483, y fué inaugurado por Almitzotl, el 1487. Dentro de vasta cerca, coronada de almenas, había 33 templos, siete casas para otros tantos colegios de sacerdotes,

---

(1) Nota de Pi y Margall, escrita por él mismo en su *Historia de América*, volumen segundo página 1.825.

seis oratorios, una hospedería, cuatro albercas, dos juegos de pelota y otras habitaciones, sin contar los muchos patios, alguno tan grande que medía más de 130 metros en cuadro. Otro palacio no menos digno de memoria describe Cortés. En él dice que tenía Moctezuma un jardín con miradores que del suelo al techo eran de jaspe. En dicho jardín había diez albercas y en ellas se mantenían muchas aves acuáticas. Los leones, tigres, lobos y otras fieras, como también las aves de rapiña, tenían sus correspondientes albergues. Otros palacios con sus jardines se levantaban en Tezcuco, en Toxcutzingo y en la Quemada. En el Estado de Oajaca, en el fondo de un valle, y en medio de un semicírculo de agudos picachos, se hallan los monumentos de Mitla. Estas antiguas necrópolis consisten en cuatro grandes fábricas, llamadas comúnmente palacios, y dos pirámides que se consideran como altares o templos. "Examinados en conjunto—dice Pí y Margall—los cuatro monumentos, asombra a la verdad su rigor geométrico, la pureza y la energía de sus líneas, la precisión de sus ángulos, la simetría y harmónica disposición de sus partes, el corte y las juntas de sus piedras que hicieron inútil la argamasa, las combinaciones de sus mosáicos, también sujetos a medida. No cabe regularidad mayor que la de esas singulares construcciones„ (1). Las dos pirámides, la una está situada al Oeste de la primera necrópoli, y la segunda al Sur de la última: aquélla consta de cuatro pisos y ésta de tres.

Pasamos a estudiar las ruinas de Palenque, restos de antigua ciudad llamada Nacham, y que—según Dupaix—tenía de extensión unos doce kilómetros. A la sazón—si damos crédito a Waldeck—apenas llega a cinco. Se hallan en territorio de Chiapas, orillas del Otolúm, de 11 o 12 kilómetros al Sudoeste de Santo Domingo, en las colinas de un valle y a la entrada de una serranía de la que bajan abundantes arroyos. Cinco son los principales y ruinosos monumentos: el Palacio, el templo de la Cruz, el del Sol, el del Relieve y el de los Tableros.

Hay, además, muros aislados, arranques de edificios, sillares sueltos y dos pirámides. Al Norte está el Palacio; al Sur, y casi en la línea del Palacio, el templo del Relieve; al Sudeste, los del Sol y la Cruz; al Sudoeste, el de los Tableros, y a unos 3.500 pasos al Mediodía de la última casa Nordeste de Santo Domingo, las dos pirámides. Levántase el Palacio casi a la margen del Otolúm, sobre una mole piramidal de 78 por 86 metros de base y 11 o 12 de altura; el Palacio mide de alto 8 metros y de base 50 por 35. En sus cuatro frentes lleva 40 huecos, distinguiéndose las puertas sólo por la mayor anchura. Las talladas losas, numerosas tumbas y gigantescas estatuas, han hecho que algunos arqueólo-

_____

(1) *Historia general de América*, vol. II pág. 1 839

gos hayan creído que el citado lugar fuera sagrado, donde se congregaba un pueblo de devotos y residía el alto sacerdocio de los mayas (1).

En Ocotzingo, allá en la vertiente de pequeño cerro, al que se sube por espaciosa y casi desmoronada gradería, se levantan tres adoratorios, dos pequeños y uno mayor central; y en segundo término, la arquitectura de los mencionados oratorios es del mismo gusto que la de Palenque.

Dentro del territorio de Yucatán, que es donde se descubren más restos de edificios antiguos, se ven muchos monumentos que afectan la forma piramidal.

Las dos estatuas de Palenque, según algunos críticos, hubieran podido también aparecer en Egipto sin llamar la atención de los arqueólogos. ¿Serán casuales las semejanzas entre los monumentos del Antiguo y del Nuevo Continente? Es evidente que en los comienzos de la cultura primitiva, la humanidad ha debido desplegar sus energías del mismo modo, siempre que se haya encontrado en condiciones semejantes, por cuya razón no causa extrañeza la semejanza entre los edificios americanos y los del Antiguo Mundo. Cuando el arte ha llegado a su completo desarrollo, entonces no existen ciertas analogías, pues —como dice Riaño— "nunca se da el caso en la historia del arte de que aparezcan en distintas localidades, debido a la casualidad, formas y pormenores que representan las más veces muchos siglos de cultura, (2).

Como a 40 kilómetros al Este de Mérida, en un lugar llamado Aké, se encuentran 15 o 20 pirámides de diferentes tamaños, las cuales sostuvieron palacios hoy completamente derruidos. También en Izamal se admiraban varias pirámides, llamando particularmente la atención la de Kinichkakmó, que tenía dos pisos, veinte escalones, ancha plataforma y detrás una plazoleta con otro cerro ó pirámide que sostenía un templo. Era redonda por su parte posterior y toda de cantería. Cada escalón tenía de largo 28 metros y de alto cinco decímetros. Al ocuparse Charnay de los restos de un camino a la isla de Cozumel, y de otro a Mérida, dice del último, que era de siete a ocho metros de anchura y se componía de grandes piedras cubiertas de hormigón y de una capa de cemento. De cemento era también el camino a la isla de Cozumel. En Mayapán se admira otro monumento, el cual manifiesta los mismos caracteres que los anteriores. Las ruinas de Chichén-Itzá ocupan un rectángulo de 835 metros de largo y 556 de ancho: al Norte está el templo y, según otros, gimnasio o circo: al Este el Pórtico, y entre el

1 Véase Navarro Lamarca, ob. cit., págs. 273 y 274.
2 *El arte monumental americano.* Conferencia pronunciada en el Ateneo de Madrid el 25 de mayo de 1891, pág. 13.

templo y Pórtico el castillo: al Sur el Acabtzib y la Casa de las Monjas, más al Norte el Caracol, y al Oeste el Chichanchob o la Casa Roja.
El más antiguo de todos estos edificios y a la vez el más humilde, es el
Acabtzib; y el más moderno y también el más bello, es la Casa de
las Monjas. Debe fijarse la vista en las numerosas e imponentes
ruinas que se descubren en Uxmal, la Atenas de los mayas. Preséntanse

Teocalli en Palenque.

a nuestros ojos, al Norte, el Palacio o Casa de las Monjas, la Casa de
los Pájaros y el cerro del Enano o del Adivino: a Mediodía Las Culebras o juego de Pelota: más al Sur la magnífica Casa del Gobernador y
la de las Tortugas: al Sudeste la Casa de la Vieja y al Sudoeste la Casa
de las Palomas. Son por más de un concepto notables los monumentos
de Kabah, la Casa Grande de Zayi, los edificios de Labnah, los de
Kewick, y en las costas del Oriente los de Tuloom. El apogeo del arte
americano se encuentra en Yucatán. Algunos autores creen que la arquitectura tuvo su comienzo en Aké y su fin en Zayi. Al Sur de la
Península yucateca se hallan las ruinas de Tikal. En la margen
izquierda del Usumacinta se ven las ruinas de Lorillard, y en una de

las islas del lago Yaxhaa, aparece especie de torre de cinco altos. En la margen oriental del río Copán límites o confines de Guatemala y Honduras), se admiran grandes ruinas, como también en Quirigua, mucho más al Norte. Las ruinas de Tenampua, situadas al Sur, tienen bastante parecido a las de Copán.

Continuando el estudio de los templos o casas de Dios (Teocallis), diremos que los encontramos dentro de los valles del río Usumacinta, que desagua en la bahía de Campeche golfo de México). Ya sabemos que de la misma clase hay muchos en México, no siendo tampoco extraño, sino bastante frecuente, que haya varios en una misma localidad. Todos los mencionados Teocallis manifiestan la misma forma de pirámide, truncada en su último tercio, con el fin de dejar una explanada para levantar un adoratorio, donde estuviesen encerradas las imágenes. Se ascendía al pequeño santuario por medio de escaleras, las cuales eran diferentes, manifestándose las mayores variedades en su estructura. Como ejemplos de tales monumentos dimos a conocer diferentes pirámides, siendo de notar que es una cuestión todavía no resuelta por los críticos acerca de si tienen o no cierto parecido o semejanza los Teocallis de México con las pirámides de Egipto. Creen algunos y en ello estamos conformes que, además de las grandes diferencias en la forma, los Teocallis son templos y las pirámides son tumbas. Afirma el señor Riaño que los Teocallis tienen bastante parecido con edificios de la misma forma levantados en el Thibet, Cambodia y en toda la parte fronteriza entre la India y la China, como igualmente en otras localidades de varias regiones del Oriente. Nadie negará —por ejemplo que los Teocallis de Tehuantepec y de Xochicalco manifiestan en su estructura y pormenores verdaderas identidades con los templos en forma de pirámide de Sukú y de Boso Budhor (isla de Java).

Encontramos otra clase de monumentos antiguos en México, adornados con trabajos de escultura y pintura, pudiendo servir de ejemplo, entre otros, los ya citados de Mitla.

No hubo arcos, como sabemos, en la arquitectura americana; pero en Palenque y Yucatán se abovedaban puertas y salas. "Recientes descubrimientos han corregido la idea que hasta aquí se tuvo sobre el origen de la bóveda. Atribuíaselo a los Etruscos, y hoy es indiscutible que la hubo en Egipto, Caldea, Asiria, tierra de Israel, Fenicia y en las costas de Cerdeña.

Se ha encontrado en casi todo el Occidente de Asia la verdadera y la falsa bóveda; así la de dovelas como la de piedras horizontales, de la que acabo de hacer mérito. Ofrece Abydos un ejemplar de la primera en un sepulcro, y de la segunda en una capilla. En Egipto, sin embargo, la falsa bóveda era perfectamente semicircular, tanto que algunos la suponen coetánea y aun posterior a la verdadera. Verdadera o falsa, aparecía principalmente en los monumentos de ladrillo, en los de los Ptolomeos y en los de los Faraones.

La falsa bóveda de América se la ve mejor que en parte alguna en la isla de Cerdeña, en un pasadizo de la unragha de zuri. La bóveda es allí de cantería, y tiene por cerramiento una serie de lajors. Notable es también en este género una bóveda de la necrópolis asiria de Mugheir, bien que de adobes y con los muros que la sostienen inclinados hacia dentro.

Empleaban la verdadera bóveda los pueblos occidentales de Asia, sobre todo en los canales y demás obras subterráneas. En ninguno constituía uno de los elementos comunes de la Arquitectura (1).

Por último, entre otras antigüedades mejicanas, citaremos la *Máscara del Sol*, el *Calendario* y dos *ídolos*.

Pasando a estudiar la arquitectura del Perú, dividiremos los monumentos en dos clases: pre-incásicos y de los incas. Entre los primeros se hallan los de Tiahuanaco, donde deben admirarse las puertas monolíticas, que son muestra curiosa e importante de la primitiva historia del arte. ¿Qué objeto podrían tener cuando no servían de paso y eran por sí solos monumentos? No lo sabemos. También anterior a los incas debió ser otro edificio de Tiahuanaco y del cual solo vió Cieza un muro bien labrado. Anteriores debieron ser del mismo modo dos ídolos que dicho autor calificó de gigantescos. Se admiran monumentales puertas de sólida sillería y de forma piramidal, en una meseta de los Andes, a la que se sube desde el valle de Colpa y donde se halla Huánuco el Viejo. Recuerdan el arte egipcio por la tendencia a la pirámide, y el arte griego por el esmerado corte y buen asiento de las piedras, la acertada contraposición de las juntas y la pureza de las líneas y la sobriedad de adornos. Merece atento exámen en Huánuco un terraplén que lo mismo pudo ser mirador que fortaleza. Puertas y terraplén formaban parte de un vasto sistema de construcciones. A unos ocho kilómetros del puerto de Huanchaco (valle de Trujillo), al Sur, se ven los monumentos del Gran Chimu. En un área de cuatro kilómetros vivía—según todas las señales—un pueblo que tenía ricos palacios y extensos jardines, laberintos, templos, sepulcros, plazas, calles de humildes viviendas y un estanque que recibía las aguas del río Moche por larga y bien construída acequia. No lejos de las citadas ruinas, a unos cuatro kilómetros de la ciudad de Trujillo al Este, hay una fábrica que llaman Templo del Sol y que consiste en una pirámide rectangular de tres pisos, toda de ado-

(1) Nota manuscrita de Pi y Margall, etc., pág. 1.805.

bes; tiene de altura de 25 a 31 metros, en su base 125 por 130 y en la plataforma 104 de anchura. Un poco más abajo se halla otro edificio. también de adobes, que mide 90 metros en cuadro y está rodeado de un muro grueso de 33 decímetros.

Por lo que se refiere a los monumentos de los incas, comenzaremos trasladando aquí la siguiente observación de Humboldt: "Imposible es examinar con atención un solo edificio del tiempo de los incas, sin reconocer el mismo tipo en todos los demás que existen en la superficie de los Andes, en una extensión de más de 450 leguas, desde 1.000 hasta 4.000 metros de elevación sobre el nivel del Océano. Parece que un solo arquitecto ha construido este gran número de monumentos. (1). La arquitectura peruana se distingue por la rica variedad de sus materiales y sus aparejos. Empleaba generalmente el pórfido, el granito, y a menudo, el adobe o ladrillo; también el barro, el cascajo, la piedra en bruto y labrada, la arenisca y pizarra; por morteros o argamasa, ya una mezcla de yeso y arena, ya una mezcla de betún y cal, y ya cierta arcilla soluble y pegajosa. Usaba el hormigón, la mampostería, la sillería común y la almohadillada, y, con no poca frecuencia, el aparejo denominado *ciclópeo*, que consiste en grandes piedras sin cemento o argamasa que las una, sólo empleado por los pueblos de Europa en los monumentos militares. Lo encontramos en las murallas de Tarragona (España). En el Perú vemos sus manifestaciones más legítimas en las fortalezas del Cuzco y de Ollantaitambo, no sin que notemos diferencias entre unas y otras, pues allí las piedras se hallan separadas por intersticios, y en Ollantaitambo están unidas casi perfectamente. Otro aparejo ciclópeo — si cabe darle este nombre — se distingue considerando la arquitectura de los incas, y consiste en no guardar riguroso orden ni en la colocación de los sillares ni en la formación de las hiladas, como puede verse si contemplamos la fachada Norte del palacio de Titicaca, el frente septentrional de un palacio de Cajamarca y otros muchos edificios. Los demás aparejos son excepcionales y únicamente se hallan en determinadas construcciones: o son mezcla de hormigón y pedruscos, o consisten en el empleo de adobes, hechos de barro y paja. Por todas partes se admiran templos, palacios, monasterios de las vírgenes del Sol, estaciones militares o tambos, coptas depósitos de armas, de cereales, de tejidos, etc., casas de baños y casas de juego. El templo del Cuzco tenía de circuito más de 560 metros y estaba cercado por una muralla. La puerta se hallaba al Oriente. Consistía su decoración en una cenefa de oro que llevaba por su parte más elevada y a todo su alrededor; la puerta estaba cubierta por una lámina de oro. En su parte

(1)   *Vues des Cordilleres*, págs. 107.

interior el oro constituía todo el ornato, todo el adorno del templo: de oro y pedrería era el Sol del testero del fondo. El pavimento estaba embaldosado de mármoles y el techo de paja le ocultaban finos tejidos de algodón bordados de vivos colores. Contiguo al templo había un patio, por cuyas paredes corría un friso de oro; dentro del patio se encontraban santuarios erigidos a la Luna, a las Estrellas, al Trueno y al Arco Iris. La imagen de la Luna era de plata, y de plata estaban revestidos los muros y la puerta del santuario. El segundo santuario tenía aforrada de oro la puerta y recamado de estrellas el velo tendido debajo del techo.

Es de advertir que en los monumentos del Perú no se conocía la columna. Las puertas de las casas tenían las jambas oblícuas y resultaban más estrechas en el dintel que en la base. Triangulares había algunas, y también rectangulares. Umbral no tenía puerta alguna y batientes, pocas. Las ventanas, que apenas las había, presentaban ordinariamente la forma de las puertas. Los escalones eran casi siempre de piedra como también los pasamanos. Los adornos de los monumentos tenían el mismo carácter que en México. Extraordinario —repetimos— fué el lujo desplegado en el templo del Cuzco; por dentro y por fuera abundaba el oro con toda esplendidez. Exteriormente una cenefa de oro, según Cieza, ancha de dos palmos y gruesa de dos dedos, corría alrededor de todo el templo: interiormente las puertas y las paredes se hallaban cubiertas de planchas de oro. No andan descaminados los que dicen que el gran templo del Sol era el edificio más magnífico del Nuevo Mundo y tal vez en el Antiguo no hubiere otro que pudiera comparársele en la riqueza de sus adornos.

Para terminar el estudio de los monumentos del Perú, añadiremos los siguientes: el palacio de Manco Capac, que se levanta en una de las islas del gran lago; la casa de las monjas o vírgenes dedicadas al culto del Sol: las tumbas que se encuentran en el camino que va del Cuzco a Sinca, y las murallas ciclópeas del mencionado Cuzco (1). Los citados edificios están hechos de piedra y nada tienen de madera, siendo de notar la absoluta carencia de ornamentación. No es esto decir que en el imperio de los incas se desconociera el adorno, pues rica decoración se manifiesta en las ruinas del palacio de Chimu, en las de Hatuncolla y en otras, hallándose también muchos objetos profusamente decorados; pero en el citado palacio de Manco Capac y demás monumentales, la sobriedad de líneas no puede ser mayor. Tales construcciones guardan completa semejanza y aun pudiéramos decir igualdad con las grie-

---

(1) También debemos mencionar las ruinas del palacio de Mamacuna en Pachacamac, el palacio del inca Rocca y las fortalezas de Ollantaytambo y Tiahuanuco,

gas arcaicas y etruscas, hechas seis siglos antes de la era cristiana.

Las murallas del Cuzco pertenecen al mismo sistema de construcción que las de Mycena, Cremona, Tarragona y otras fundadas por etruscos y griegos. Aquéllas y éstas se hicieron con grandes bloques de piedra de forma irregular, colocadas en hileras de desigual altura, y con los huecos llenos de piedras pequeñas, para igualar, aunque con poco arte, los planos del muro. A semejante construcción se llama poligonal, por los muchos lados que presentan los bloques, los cuales se usaban como salían de las canteras. Generalmente, esta clase de obra se empleaba en la base del edificio, continuando sobre ella la fábrica con sillares labrados, aunque desiguales también en longitud y altura, y no falta alguno que otro ejemplo en que los sillares afectan ya la forma rectangular, colocados en hiladas iguales, con las uniones verticales dispuestas de manera que caigan en los centros de los rectángulos, o sea, adoptando el perfecto sistema de este género de obras, el *opus quadratum* de los romanos, que no ha variado después. (1).

Lo mismo en puertas, ventanas y otras perforaciones de los muros de muchos edificios, se emplea la forma de trapecio, de igual manera que aparece en los antiguos restos de Etruria.

Si en algunos edificios del Nuevo y del Viejo Mundo hay semejanzas arquitectónicas, existen otros en el Perú, donde brillan en todo su esplendor la originalidad y fantasía de aquellas gentes, como son los del lago de Umaya, los de Cacha, de Palca, de Chimu, de Hervai, de Cajamarquilla y de Quisque.

Ocurre preguntar: ¿Cómo bloques tan grandes, no siendo conocida la mecánica, se pudieron traer de distancias tan considerables? ¿Cómo no fueron labradas las piedras, si se conocían los instrumentos indispensables para dicho trabajo? ¿Por qué se les dió tanta consistencia, si las armas en aquellos tiempos eran únicamente flechas? Había piedras en el castillo de Cuzco que tenían de anchura 16 pies y altas más de 13. Las había de 36 de altura por 21 de anchura. Las había anchas de 6 pies, altas de 22 y largas de 50. Debieron llevarse arrastrando á través de cerros y ríos, y en las pendientes rápidas emplearían muchos hombres, ya para empujarlas, ya para impedir que se desprendiesen al fondo de los barrancos. Dicha fortaleza tenía tres murallas por la parte del campo y una por la de la ciudad, la cual se hallaba construída —según Garcilaso que la vió—con piedras labradas y regulares como las del templo de la misma ciudad de Cuzco. Por lo que respecta a la consistencia extraordinaria de sus fortalezas cuando sólo se conocían las flechas, no acertamos a dar satisfactoria explicación.

(1)   Riaño. Conferencia pronunciada el 26 de mayo de 1891 en el Ateneo de Madrid, pag. 10.

Consérvanse en el *Museo Antropológico de Madrid* algunas curiosas antigüedades peruanas.

En Bolivia, las primitivas bellas artes de los indios aymeraes estaban reducidas a las *chullpa* (casita pequeña de piedra) y a las *pucanas* (montecillo fortificado con varias zonas de gruesas piedras); sobre ellas estaba una *chaca* o un templete construido con muros de piedra cubiertos con grandes losas.

En Guatemala, Nicaragua y en algunos otros países de América se cultivaron las bellas artes. Afirman algunos escritores que en Yucatán estuvo el apogeo del arte americano, y añaden que allí la tendencia al arco era manifiesta.

Por lo que a escultura y pintura respecta, siempre encontramos—como escribe Navarro Lamarca-- la misma rigidez de líneas, la misma tosquedad de factura, el mismo afán de imitación grosera, la misma falta de espontaneidad e idealismo (1).

Fijándonos en la escultura no deja de observarse, aun en las mejores obras que decoran los templos, que el sentimiento de la naturaleza era todo. La idea de Dios no inspiraba al artista americano. Sin género de duda podemos afirmar que el arte escultural en las Indias hizo pocos, muy pocos adelantos. En Tiahuanaco se han encontrado una estatua de granito y una cabeza de pórfido, resultando las dos paralelepípedos y prevaleciendo en las dos la línea recta. Cerca de Cajabamba se halló otra escultura de granito que representaba un hombre en cuclillas y en actitud de orar; pero aunque sea como las de Tiahuanaco, se nota que el artista hizo esfuerzos para redondear las formas de la cara, lo cual ya es un progreso digno de alabanza. Superior es, sin duda, el arte escultórico entre los muiscas, como se muestra por las estatuas y relieves hallados en el fondo de un bosque, cerca de Timana, donde comienza el valle del río Magdalena.

Escultura en las ruinas de Copán.

En Nicaragua la escultura reprodujo mejor al bruto que al hombre, y del hombre, lo mejor la cabeza. En Copán (Honduras) participó el arte escultórico del de los muiscas y del de Nicaragua. Los monumentos de Quisigua son inferiores á los de Copán. Los de Yucatán recuerdan a Tiahuanaco en las máscaras que adornan el frontis de uno de los edi-

1) *Compendio de Historia general de América*, tomo I, pág. 150.

ficios de la casa de las Monjas, a Nicaragua en las fauces de fiera que
sirven como de tocado a ciertas figuras de Nohpat, y a los muiscas en
el remedo de las facciones humanas. Los relieves escultóricos del gimnasio o juego de pelota de Chichén-Itzá (Yucatán), son más artísticos
que los de Copán y Tiahuanaco. La influencia de la bárbara religión
azteca en la escultura de México, produjo monstruos y no estatuas.
Otros relieves que encontramos en diferentes puntos de México son inferiores a los del gimnasio de Chichén-Itzá. Llegó la escultura en Palenque del mismo modo que la arquitectura a un relativo apogeo. No
labró muchas estatuas; pero sí figuras de relieve, las cuales hizo de piedra o de estuco. Los relieves del palacio de la gran pirámide consisten
en figuras de granito, casi todas de mujer, altas de tres metros, unas
de pie y otras de rodillas, desnudas de la cintura arriba, y de la cintura abajo con faldas o con un *maxtli* suelto. Estas figuras, tal vez copias
de una raza que ha desaparecido, tienen deprimida la frente, corva y
grande la nariz, salientes y gruesos los labios. Lo mejor modelado de
ellas es la cabeza; pero de todos modos son inferiores a las de estuco.
Es evidente que los artistas de Palenque no sabían hacer en piedra lo
que en estuco. En el templo de la Cruz se hallan relieves en piedra
mejores que los anteriores, aunque tal vez inferiores a los del Sol. La
figura que ha dado nombre al templo del Relieve es sumamente bella.
Así la describe Pi y Margall. «En almohadón riquísimo —dice— puesto
sobre un banco a que sirve de pies y brazos un monstruo de dos cabezas, está gallardamente sentada una graciosa joven, vueltos a un lado
los ojos, alzada la mano zurda, con la diestra señalando, el pie izquier-
do en la almohada y el otro caído sin que apenas roce con el banco la
punta de los dedos. Ciñe esta joven un casco parecido al gorro frigio,
del que sobresalen revueltas plumas, viste una camiseta que no le cubre la mitad del pecho, y luce un medallón suspendido de un collar de
finas perlas; tiene prendida al cinto una corta falda y una sobrefalda
que cae sobre el almohadón en airosos pliegues; ostenta en los brazos
anchas ajorcas y calza no menos elegantes sandalias que las de la otra
figura» (1). Esta es —añade dicho escritor— la obra maestra de la escultura en América. Por último, entre los zapotecas, mixtecas y tarascos la escultura sólo creó monstruos, aunque de excelente ejecución,
tales como la cabeza del dios Ocelotl de Mitla, el vaso cinerario de
Tlacolula y la urna Ocelotl de Xochixtlahuaca.

Por lo que a la pintura se refiere, era ésta policroma. También es
cierto que los mejicanos y peruanos hacían uso de la pintura mural. El
historiador Cieza vió brutos y aves pintados en las paredes de las for-

(1) *Historia general de América*, volumen II, pág. 1.898.

talezas de Huarco y Paramanga, y Charnay descubrió en Tula una casa tolteca, en cuyas paredes pintadas de blanco y rojo sobre fondo negro halló caprichosas figuras. Por espacio de muchos años se han podido contemplar en los muros del Juego de Pelota de Chichén-Itzá pinturas de costumbres de los mayas en diferentes colores (rojo, amarillo, verde y azul).

En algunos códices se ven pinturas de varios colores, siendo las más perfectas las de los códices Borjiano y Vaticano; pero estéticamente consideradas, lo que se llama verdadera pintura, no la hubo en América. Se sabía dibujar, no pintar. Refiere Garcilaso —no sabemos con qué fundamento— que el inca Viracocha hizo pintar en lo más elevado de alta peña dos condores: el uno, abiertas las alas y mirando al Cuzco; el otro, recogidas las alas y baja la cabeza.

Dibujo propiciatorio.
(Pueblos.)

Por tanto, puede afirmarse en el terreno de la estética que ni los arquitectos, ni los escultores, ni los pintores dieron señales de gusto y de conocimientos de la belleza. Dígase lo que se quiera por los apasionados defensores de las bellas artes americanas, aun las de los pueblos más adelantados, carecían de la hermosura, gracia e inspiración de las griegas, romanas y cristianas.

Cultivóse la música con algún entusiasmo entre algunos pueblos de América, distinguiéndose especialmente los mejicanos y peruanos. Sin embargo, sólo sirvió como auxiliar del canto y del baile. Respecto a la música de los haravies del Perú, dominaba en ella—según anónimo escritor—melancólica monotonía que nacía de su vaga tonalidad y de su constante terminación en notas bajas. La música azteca—escribe el señor Chavero—revelaba el carácter belicoso del pueblo y en los cantares de la muerte parecía a veces lluvia de lágrimas.

Los instrumentos musicales que principalmente usaba el indio eran el atambor, tamboretes, sonajeros y chirimías, silbatos de hueso o madera y flautas de caña. En el Perú encontramos la *linya*, especie de guitarra de cinco a siete cuerdas. El canto se usaba con frecuencia en las funciones religiosas. Del mismo modo las danzas eran elemento principal de las citadas funciones, no careciendo tampoco de interés las llamadas guerreras. Aquéllas, unas tenían por actores a hombres y otras a mujeres, usándose en todas máscaras grotescas y trajes ridículos de colores.

El himno religioso, el canto de guerra y las canciones romancescas tuvieron escaso valor. "Pocas muestras de cantos y salmodias religio-

sas nos han dejado las primitivas razas americanas; pero podemos asegurar que las endechas funerarias han prevalecido entre todas ellas,
llegando a obtener en alguna la forma de verdaderas recitaciones poéticas. En el *Libro de los ritos de los Iroqueses* se encuentran ejemplares
de éstas„ (1). El canto más extendido entre las gentes aborígenes es el
que nos dió a conocer Fernández de Oviedo con el nombre de *areíto* (del
verbo aranak, recitar). El citado canto, tan parecido a los infantiles
nuestros, coreados en rueda que repite el verso dictado por el que lleva
la voz cantante, fué sumamente estimado. "Los cantos de Dakota reco-
gidos por Riggs, los de Chippeway de los californios, y tantos otros,
son verdaderas especies de areítos, al igual de los oídos por Oviedo en
la isla española„ (2).

1) Sentenach. Ob. cit., pag. 58.
2) Ibidem.

CAPÍTULO XIV

LA INDUSTRIA.—LA METALURGIA. — LA MINERÍA.—LOS CURTIDOS. —
LOS TEJIDOS.—LA CERÁMICA.— LOS COLORES. — OTRAS INDUS-
TRIAS. — LA AGRICULTURA.—LA GANADERÍA.—EL COMERCIO.—LA
MONEDA.

Hubo industria en América, lo mismo entre las razas cultas que entre las incultas. En las primeras, como es natural, más perfecta que en
las segundas. Muy frecuente era el uso de los metales en la América
del Sur; poco común en la del Norte. Fundían el oro, plata y cobre aztecas e incas; también los caribes, haitianos y otros. No dejan de sor-
prendernos algunos productos del arte metalúrgico, considerando las
pocas e imperfectas herramientas que tuvieron a mano. Desconocían
el fuelle, el yunque, el martillo con mango, las tenazas, los clavos, la
sierra, la barrena, el cepillo, el buril, las tijeras y la aguja. El oro era
el metal más estimado y con él imitaban formas animales. Lo mismo
sucedía en obras de madera y el carpintero apenas podía disponer más
que del hacha y de la azuela.

El cacique Guaynacapa—si damos crédito al historiador Gomara—
"tenía de oro todo el servicio de su casa, adornaba además con estatuas
de oro, de tamaño real, de cuantos animales, aves, árboles y hierbas
produce la tierra, y cuantos peces cría la mar y agua sus reinos.„ Otros
caciques chapeaban las paredes de sus palacios y templos con el rico
metal. "La metalurgia americana precolombina juega un gran papel
entre las antiguas industrias humanas, tanto por la abundantísima e
inmejorable riqueza de sus productos, como por el exquisito arte y estética que imprimieron en ellos„ (1). Causa admiración los muchos y preciosos objetos que hacían de oro y de plata; no los harían más perfectos
los mejores artífices de Europa. Se conservan ajorcas y collares de delicadas y caprichosas labores, siendo de notar que en dichas joyas estaba mezclado el oro con el estaño y antimonio. En uno de los cintos que
el cacique Guacanagarí regaló a Colón, había una carátula que tenía de
oro las orejas, los ojos, la nariz y la lengua. Admirábanse objetos de
oro, plata y pedrería en los palacios de Moctezuma y de Atahualpa. En
los jardines del emperador de México se dice que había figuras de oro
y plata que tenían movimiento, pues se habla de pájaros y otros anima-

(1) Sentenach. Ob. cit., págs. 135 y 136.

les que meneaban la cabeza, la lengua, las alas y los pies, añadiéndose
que llamaba la atención un mono que hilaba y se ponía en cómicas actitudes. Sacudía una zumacaya la cabeza, daba una gaviota con el pico
en una tabla, se picoteaban dos perdices y en una de las fiestas de los
koniagas cuatro pájaros artificiales ejecutaban especie de pantomima.

No sólo trabajaban los americanos las piedras preciosas, sino toda
clase de piedra, haciendo con ellas la mayor parte de sus instrumentos
y utensilios. De piedra hacían la punta de sus lanzas, los almireces, los
metates, las pipas, los espejos, las estatuas y los relieves. No se limitaban a todo esto; también cincelaban la piedra, la pulían y le daban
formas elegantes. Se distinguían en estos trabajos aztecas y peruanos.

La industria *minera* se estimaba mucho. Se beneficiaba especialmente el oro, la plata, el cobre, el estaño y el plomo. Se dice que sólo los
aztecas aplicaron el plomo a la industria. Conocían los indios el azogue,
aunque no la virtud que posee de separar el metal de la escoria. Había
hierro en el país; pero ignoraban los indígenas sus infinitas aplicacio-
nes. Buscábase generalmente el oro en el lecho de los ríos. Los nahuas
mejicanos y los peruanos lo tenían en la superficie de la tierra: los primeros en las provincias del Mediodía, y los segundos en casi todas
ellas. Unos y otros para adquirirlo, ¿abrieron galerías subterráneas? No
lo sabemos. La plata y el estaño lo extraían los nahuas de las minas de
Taxco y de Tzompanco; el cobre, de Michoacán y de otras partes. Ignoramos de dónde lo extrajesen los peruanos.

Respecto a la industria de curtir las pieles de los animales, animales que cazaban o pescaban muchas tribus, mostraron rara habilidad
los indios. Los conquistadores españoles quedaron asombrados al ver
cómo las tundían y adobaban. Los aztecas, no sólo las curtían perfectamente, sino las teñían de vivos colores. Más torpes los peruanos, se
contentaban con meterlas dentro de grandes vasijas llenas de orines,
zurrándolas después. En dicha industria aventajaban a los peruanos algunas tribus salvajes que se extendían desde el golfo de México al
Océano Glacial del Norte. Las tribus de la Florida hacían finos mantos
para sus caciques con las pieles de martas cebellinas. Los californios,
los columbios, los hurones y otros, las curtían de diferentes modos. Los
del Gila curtían las del alce, del ciervo, del oso y de la zorra; los esquimales, además de las de los animales dichos, las del rengífero, el lobo,
la liebre, la ardilla, la foca y la ballena.

La industria *plumaria* adquirió mucha importancia. Las plumas de
los pájaros se las mezclaba con el algodón en los tejidos y se hacían
mosqueadores y abanicos. Con las plumas se adornaban los escudos de
los guerreros y con ellas se reproducían los seres todos de la naturale-

18

za: hombres, bestias, aves, reptiles, árboles, flores y hojas. Recogíanse las de los brillantes pájaros de los trópicos, entre los que figuraban el colibrí, el papagayo y el guainambi. Estas obras de pluma—si damos crédito a los historiadores de las Indias—podían competir con los cuadros más perfectos de los artistas europeos. De pluma estaban compuestos los mantos de los reyes y las vestiduras de los sacerdotes, los tapices que cubrían las paredes de los palacios y los templos, los quitasoles y las colchas de las camas. Eran muy estimados en México los artífices de estas obras de pluma, y porque vivían en el barrio denominado Amantla, se dió a ellos el nombre de *amantecas*.

Asimismo se estimaba mucho la industria de tejidos de lana, alpaca, vicuña, llama y huanaco. La lana de vicuña la hilaban y tejían las vírgenes del Sol para los incas y los sacerdotes. Se desconocen los procedimientos de industria tan adelantada. Mantos de pelo le parecieron a Hernán Cortés de seda, lo mismo por la suavidad que por el brillo. Hilaban y tejían el algodón muchas tribus, distinguiéndose sobre todas los aztecas y peruanos, cuyos tejedores hacían toda clase de telas, lo mismo finas que bastas. A veces mezclaban el algodón y las plumas; a veces el algodón y el pelo de conejo.

No sólo del reino animal, sino también del vegetal, sacaron todas aquellas razas muchos elementos para su industria. Los pobres mejicanos se vestían con telas hechas de las fibras del maguey y de ciertas palmas. Otros pueblos tejían telas con determinadas substancias; así los hurones hilaban el cáñamo silvestre, los guaicurues el hilo de ciertos cardos, los achaguas y los otomacos el de las palmeras, los tlinkits el de las algas marinas y los haidahs el de la corteza de cedro, de pino o de sauce. El juracaré se cubría con la corteza de los árboles, la cual pintaba, no la deshilaba. Con los vegetales se servían para la fabricación de cuerdas, esteras, cestas y otras clases de utensilios.

De igual modo, muchas tribus trabajaban hábilmente la madera. Los aztecas y los mayas, que tuvieron su escritura geroglífica, usaron de hojas delgadas de palmera, y más frecuentemente de las fibras del maguey. Además de la fabricación del papel, ya se ha dicho que el maguey se empleaba para hacer telas, esteras y sogas; también como substancia alimenticia. Añadiremos a todo esto que de las espinas hicieron los aztecas agujas, y de las raíces los peruanos cierto jaboncillo, con el cual las mujeres se pintaban las pecas de la cara y se lavaban el cabello.

La industria más extendida fué la *cerámica*. Quizá se desarrolló más rápidamente en América que en Europa. Los productos cerámicos eran numerosos y diferentes entre los pueblos americanos. Llegaron algunos a trabajar perfectamente el barro, revelándolo así los objetos encontrados en antiguos sepulcros del Perú, Chiriquí y Costa Rica. Entre las vasijas de los *mound-builders* ya las había de largo cuello y de iguales formas que en la industria española. Mucho mejor que los *mound builders* trabajaron el barro los nahuas, los cuales hacían platos, fuentes, copas, jarros, calderos, pebeteros, urnas sepulcrales, instrumentos de música y otros muchos objetos. Puédese citar como ejemplos la urna de México, descubierta en la plaza de Tlatelulco, el vaso de Tula y el ídolo de Culhuacán. Del mismo modo los mayas trabajaron con toda perfección el barro, hasta el punto que los vasos de Yarumela son tan bellos como la citada urna de Tlatelulco entre los nahuas. Por lo que se refiere al Perú, también la cerámica era muy rica en formas. Brutos, aves y peces estaban reproducidos en los vasos de arcilla. Lo estaban el hombre y la mujer en sus diferentes edades, a veces en caricatura o en el acto de cumplir deseos carnales. Estas imágenes, ya daban la forma al vaso, ya sólo le servían de adorno. Vasos había que eran la cabeza o el pie de hombres o de monstruos. No encontramos en ningún pueblo vasos construidos con más ingenio. Algunos, por el movimiento del agua de que estaban llenos, reproducían la voz de hombre o el grito del animal que representaban: uno imitaba perfectamente el gemido lastimero de una anciana, como el que se halla en el *Museo Arqueológico de Madrid*; otro el gorjeo de un pájaro, un tercero el silbido de una culebra. Constan generalmente de dos botellas que se comunican y llevan el cuello de la una abierto, el de la otra sólo con agujeros que permiten el paso del aire. El aire que el agua desaloja al moverse es el que, pasando por los orificios o estrechos agujeros, produce el fenómeno. Ciertas vasijas redondas se llenaban por el asiento: ya llenas podía volvérselas sin derramar el líquido. Había, además, vasos que podríamos llamar *lacrimatorios*, los cuales representaban caras tristes y por los poros salía el agua y se deslizaba por las mejillas. "La variedad de los vasos del Perú era infinita. Se les descubre todos los días de nuevas formas en las excavaciones de los sepulcros. No parece sino que repugnaba a los alfareros la reproducción de los tipos que inventaban. Los hay de doble cuello y hasta de cuatro recipientes unidos por tubos huecos. En riqueza de formas no es comparable con la cerámica peruana ni aun la fenicia, que tenía también vasos de cuello doble y aun de tres recipientes„ (1). Añade el mismo historiador que en el siglo XV casi todos los pueblos americanos fabricaron el barro, siendo de notar que ni cultos ni salvajes conocieron la rueda del alfarero. Se cree que empleaban algún procedimiento para que la arcilla no se

(1) Nota manuscrita de Pi y Margall en su *Historia de América*, volumen 2.º, pág. 236.

abollase ni resultara desigual el espesor de las paredes de los vasos. Tampoco se sabe si cocieron las vasijas en hornos. Los hubo en el valle del Mississipí, según dicen Squier y Davis; pero se ignora cuándo y quiénes los hicieron.

Si se trata de los *colores*, los sacaron de los tres reinos de la naturaleza. Recurrieron a los vegetales casi todas las tribus. Aztecas y peruanos se sirvieron para sus tintes lo mismo de los minerales que de los vegetales.

Del reino animal utilizaron la cochinilla y ciertas ostras. De la primera sacaron el color carmesí y de las segundas el de púrpura. Los mayas y nahuas se servían de la cochinilla, y los nicaraguatecas de las ostras. No sólo servían los vegetales para los tejidos; también para la fabricación de cestos, canastos, esteras, cuerdas, sogas y otros objetos. En los textiles, diferentes en las formas, usos, colores y trama, los había sencillos como los de los iroqueses y algonquinos, artísticos como los de los aztecas, peruanos y otras tribus del Sur de América. Se sabe que las razas que vivían cerca del mar de los caribes usaban la palmera y el cabuya o henequén para hacer toda clase de cuerdas; los tobas se servían de la bromelia; los muscogis empleaban retorcidas cortezas de árboles o hierbas parecidas al lino, y los iroqueses tenían como substancia principal los filamentos del sauce o del cedro. Los californios del Norte hacían esteras de raíces de sauce, los nutkas de fibras de cortezas de cedro, y multitud de pueblos de mimbre, junco o bambú. Iroqueses, hurones, tacullis y colombios de tierra adentro, hacían sus vasijas, platos y copas de cortezas de varios árboles; los shoshonis y otros, de mimbre o de hierbas trenzadas; los apaches, de varetas de sauce; los yaquis, los ceris y los nicaraguatecas, de calabaza. De la vajilla de los haitianos se hacen lenguas algunos cronistas.

Respecto a objetos de madera sobresalían los aztecas y los mayas, superiores a los peruanos, y entre las razas salvajes los chinuks, los esquimales, los koniagas y los tinneks.

Pocos progresos hizo la *agricultura*, industria que presupone el empleo de bestias de tiro y el uso del arado. Los aztecas se servían para romper la tierra, ya de una especie de pala de roble, ya de una herramienta de cobre y madera; los incas usaban una como laya. Araban, pues, la tierra con una estaca o pértiga terminada en punta, de cuatro dedos de ancha, larga como de una braza, llana por delante y redonda por detrás, que llevaba a una media vara de su remate sólido y firme travesaño. Clavábase la estaca en la tierra y saltando el labrador sobre el estribo la hincaba cuanto podía. Seis o siete hombres, apalancándola al mismo tiempo y tirando con toda su fuerza, levantaban grandes terrones. Las mujeres, que asistían á la faena, ora rompían los terrones con sus rastrillos, ora volvían las tierras de abajo arriba, para que, puestas al aire y al sol, las malas raíces se secaran pronto o muriesen. Fatigoso y pesado era el procedimiento; pero con él se conseguía suplir la falta de yuntas, como también el uso del arado y de otros instrumentos de agricultura.

Hacíase la siembra agujereando el suelo con agudas estacas y echando la semilla en los agujeros, los cuales tapaban con tierra, sirviéndose del pie o de la mano. A su tiempo se escardaba o se limpiaba de hierbas y broza. Cuando la mies estaba en sazón, en el mismo terruño o en próximo paraje, se levantaba una especie de barraca de madera y cañas, donde muchachos con piedras y a gritos ahuyentaban las aves y toda clase de animales dañinos. Contribuía al atraso de la agricultura la falta de instrumentos de toda clase. Los americanos desconocían el molino y el cedazo: el maíz lo molían sobre una piedra plana con otra en forma de media luna, que cogían con las dos manos. A fuerza de repetidos golpes y de batirlo una y otra vez, lo reducían a tosca harina. Luego extendían la harina sobre mantas de algodón, pegándose la flor y quedando suelto el salvado. Con la harina formaban tortillas que las tostaban en los hornos. De otros varios modos preparaban el maíz, pues con él hasta hacían un licor, dejando fermentar el agua en que había cocido aquella planta.

Los abonos eran conocidos y aun estimados por muchos pueblos; pero principalmente consistían en la ceniza. En unas partes se pegaba fuego al rastrojo y en otras a los arbustos o matas: la ceniza se extendía por las tierras destinadas al cultivo. Los peruanos, además de la ceniza, abonaban las tierras, ya por medio de excrementos humanos, ya por medio de excrementos del ganado, y muy especialmente por el que dejaban los numerosos pájaros marinos de las islas Chinchas. También servía de abono los peces muertos que el mar arrojaba a la playa. Refieren los cronistas, que desde Arequipa a Tarapacá era tan estimado por los agricultores el estiércol de las aves marinas, que se castigaba con la pena capital al matador de ellas e igualmente al que entraba en las islas durante la cría de dichos pájaros.

Los mayas de la América Central, lo mismo que los aztecas mejicanos y los incas peruanos, hicieron algunos progresos en la agricultura. Entre los pueblos de la América Central se distinguieron los habitantes de Nicaragua. Los nicaragüenses para el riego de las tierras conducían el agua a veces de ásperas y lejanas distancias, por medio de acequias y acueductos. Tales obras causan a la sazón no poca sorpresa a nuestros ingenieros. No dejó de aprovecharse ni un solo pedazo de tierra cultivable. En las costas más bajas, como en las montañas más altas, se cogían abundantes cosechas de maíz, patatas, algodón, coco, etcétera. También practicaron con mucho acierto y dieron bastante desarrollo a la *horticultura*.

Cultivábase el maíz por numerosas tribus, y aunque no tanto, la mandioca, las judías, las patatas o papas, el pimiento *(chile o axi)*, la calabaza, el *maní* (cacahuete), el tabaco, el maguey, el cacao, el algodón y el plátano; en el Perú, muy especialmente, la coca y la quinua. Indígena del Perú, o importada de Chile, la patata constituía en algunas partes el principal alimento de los indios: dicha planta era desconocida en México, lo cual prueba que peruanos y mexicanos ignoraban recíprocamente su existencia. Por lo que al tabaco se refiere, conviene no olvidar que el uso que de él hacían los peruanos, era diferente del de otros pueblos donde era conocido, pues allí sólo lo empleaban como medicina en forma de rapé (1). Del maíz sólo diremos que era el principal alimento, lo mismo entre los pueblos del Norte que entre los del Sur del continente americano; después de su exportación al Antiguo Mundo, también aquí se extendió rápidamente.

El pan llamado *cazabe* se hacía de la yuca o mandioca. Conocían muchas de las excelentes cualidades del maguey *(agave americano)* y del *maní*.

Los árboles que producían el cacao sólo se cultivaban en las tierras calientes de México, y en las que median entre los dos istmos, y se plantaban por hileras, distantes uno de otro sobre cuatro varas, cerca del agua, para que fuera fácil el riego y a la sombra de árboles más altos y frondosos, para que a causa de los ardores del sol no cuajara el fruto.

Fué muy estimada en algunos puntos la *ganadería*. No se conocía el caballo, si bien la paleontología muestra que lo hubo en los primitivos tiempos. Recorrían numerosos bisontes las praderas. Pacían en los Andes del Perú cuatro especies de carneros: el llama, el huanaco, la alpaca y la vicuña. Consiguieron los incas domesticar el llama, sirviéndose de él para los transportes. El huanaco, la alpaca y la vicuña pacían salvajes por los páramos de los citados montes. No se consentía al campesino peruano que cazase estos animales silvestres. Cada año se celebraba una cacería, ya presidida por el Emperador, ya por sus representantes. No se repetían las cacerías en la misma parte del país, sino cada cuatro años, pues de este modo podían reponerse fácilmente los animales.

Los indios trasquilaban y recogían excelentes lanas de los animales muertos; de igual manera se aprovechaban del vellón de los llamas

(1) Garcilaso, *Com. Real.*, parte I, lib. II, cap. XXV.

que destinaban al acarreo. Tanto los llamas como los otros animales de la misma familia, casi sólo eran estimados por su lana. La lana de la vicuña, dice Walton, era mucho más apreciada que el pelo fino del castor del Canadá y que la lana de la *brébis des Calmoucks* o de la cabra de Siria (1). Además del animal doméstico llama, Garcilaso de la Vega cita gansos en el Perú, Hernán Cortés refiere que gallinas, ánsares y perros castrados había en México, no cabe duda que el pavo y otras aves se criaban en los pueblos mayas, y—según ciertos autores—el conejo, la liebre y la abeja. El P. Las Casas habla de colmenas, y Gomara dice que las abejas eran pequeñas y la miel un poco amarga. Convienen los historiadores que en los estanques de uno de los palacios de Moctezuma se mantenían varias aves acuáticas.

Numerosas tribus de América no conocían la agricultura. Los patagones, los charruas y otras muchas tribus vivían exclusivamente de la caza, la pesca y los frutos silvestres. Lo mismo hacían las que en el Norte habitaban más allá de los Grandes Lagos. Aun en la América Central se encontraban tribus que desconocían los trabajos agrícolas más rudimentarios.

Pocas razas salvajes se dedicaban al *comercio*. Había, sí, cambio de productos de hogar a hogar y aun de tribu a tribu. Los españoles daban a los indios fruslerías por artículos de utilidad. "En la isla de Guanahaní—dice Cristóbal Colón— nos daban los indígenas por cuentecillas de vidrio y cascabeles, papagayos, ovillos de algodón, azagayas y otras muchas cosas. Hasta diez y seis ovillos que pesarían más de una arroba vi dar por tres centis de Portugal, que equivalen á una blanca de Castilla". Entre las razas salvajes sólo podemos decir que se dedicaban al comercio antes de la conquista los haidahs, los nutkas, los chinuks, los columbios y los mojaves; pero los verdaderos comerciantes de América fueron los nahuas y los mayas, que tuvieron sus mercados, sus ferias, sus expediciones mercantiles y algo que suplía la moneda. Desde la remota época de los xicalancas venían los nahuas ejerciendo el comercio en Veracruz, Oajaca y Tabasco. Durante la dominación de los toltecas adquirieron importancia comercial Tula y Cholula, bajo los chichimecas Tlaxcala y bajo los aztecas Tlatelulco, alcanzando en esta última época su apogeo. Los mercaderes de Tlatelulco llegaron a rivalizar con la nobleza, se regían por Cónsules y Tribunales propios y formaban uno de los Consejos de la corona. A los pueblos del Mediodía cambiaban artículos de algodón, pieles, objetos de oro, piedras preciosas y esclavos por aromas, plumas, productos de mar y muy especialmente ámbar, una de las materias más estimadas por los nobles de México.

(1) *Relación histórica y descriptiva del carnero peruano.* pág. 115. Londres. 1811.

Era aún más considerable entre los nahuas el comercio interior.
Todos los días celebraban mercado y semanalmente una feria en Tlate -
lulco, Tlaxcala, Tezcuco y otros pueblos. La plaza que para los mercados y ferias había en Tlatelulco se hallaba rodeada de portales; en ella
se vendían toda clase de mercancías; pero en su correspondiente calle o
compartimiento. Aquí, se vendía la caza; allí, la hortaliza; más allá, las
frutas; en ésta, las telas; en aquélla la porcelana. Vendíase en este compartimiento la plata, el oro y la pedrería, y en aquél, la piedra, los adobes y el ladrillo; en otros muchos, los diferentes productos de la naturaleza y del arte. Dentro de la misma plaza había un edificio *(teopancalli)*
donde estaban sentados 10 o 12 jueces que regulaban los precios, dirimían toda clase de cuestiones entre vendedores y compradores y castigaban a los delincuentes. Refiere Hernán Cortés que unas piezas de estaño hacían oficio de moneda en varias provincias; Ixtlilxochitl cita cierta moneda de cobre, larga de dos dedos, ancha de uno y gruesa como un
real, que habían usado los indígenas de Tutupec; y Bernal Díaz del
Castillo habla de unos cañutillos de pluma blancos y transparentes, llenos de granos de oro que, según los gruesos y largos, se les daba determinado valor. Pero lo que pasaba en todas partes por moneda corriente
eran almendras de cacao, las cuales se podían emplear sueltas y también reunidas en *xiquipillis* (8.000) y en sacos (24.000). La moneda,
pues, en México era el cacao: las monedas de estaño de que habla Cortés y las de cobre de Ixtlilxochitl debieron ser puramente locales. En
todos los mercados se vendía por cuenta y medida, no por peso. "Fasta
agora no se ha visto vender cosa alguna por peso„, escribe Hernán Cortés, después de recorrer el mercado de Tlatelulco. Refiere Oviedo que
en Nicaruaga se compraba por diez almendras de cacao un conejo, por
otras diez se gozaba una prostituta y se adquiría por ciento un esclavo.

También entre los mayas tenía suma importancia el comercio. Del
mismo modo, allí los comerciantes constituían clase privilegiada: había
mercados y ferias, y un empleado regulaba los precios y castigaba a
los infractores de las leyes comerciales. El comercio exterior se hacía
por grandes caravanas.

En suma, nahuas y mayas eran comerciantes: pero a causa de ser
imperfectísima la moneda, prevalecía tanto en los primeros como en los
segundos el cambio directo de las cosas.

"La sarta de conchas—escribe Pí y Margall—se dice hoy que haría
el oficio de moneda en todas las tribus que ocupaban el territorio del
Canadá, los Estados Unidos y las dos Californias. Aun entre los yucatecas se cree que sirvieron de moneda las conchas„ (1).

(1)   Nota manuscrita en la pág. 1.244 de la citada obra y volumen.

CAPÍTULO XV

ALIMENTACIÓN DEL INDIO.—EL CANIBALISMO.—BEBIDAS EMBRIA-
GADORAS DE LOS INDIOS.—EL FUEGO: MODO DE OBTENERLO.—LA
LUZ.—LAS LÁMPARAS.—LAS CASAS DE LOS INDIOS.—LAS AL-
DEAS.—LAS VIVIENDAS DEL SALVAJE.—EL VESTIDO.—LOS ADOR-
NOS.—LA CAZA Y LA PESCA.—LAS CANOAS Ó PIRAGUAS.—LOS
JUEGOS DE AZAR.—EL JUEGO DE PELOTA.

La alimentación del indio era abundante tanto de vegetales como
de substancias animales en los países cálidos y fértiles. Por el contrario,
en los fríos y estériles, la alimentación se conseguía con grandes trabajos y a veces consistía en arañas, gusanos, lagartijas, culebras, etc.

Entre los alimentos *vegetales*, además de aquellos que la naturaleza
producía espontáneamente (plátano, los frutos de la pita o agave, el
ajo, el puerro y otros), los que necesitaban cultivos elementales (maíz,
patata, arroz salvaje, mandioca, yuca, etc. Ponen algunos escritores en
la lista de las subsistencias vegetales la coca y el tabaco. De la coca
hacían uso los peruanos, los habitantes de Venezuela, de Nicaragua
y tal vez los tlinkits de la América Septentrional. Seguramente que
el tabaco carece de las virtudes de la coca. Cuando los españoles comenzaron la conquista, el cultivo y el uso del tabaco estaba limitado á
parte de las Antillas, Venezuela, México y algunos pueblos situados
entre el golfo mejicano y el de San Lorenzo. El uso del tabaco en la
isla de Santo Domingo según refiere Oviedo estaba reducido a quemar las hojas en un plato, y luego aspirar el humo por las narices mediante un tubo en forma de Y griega o mediante dos canutos de caña.
El efecto que producía era caer el que lo usaba en profundo letargo.
Los mexicanos aprendieron de los dominicanos y se acostumbraron al
mismo vicio.

La alimentación *animal* variaba desde el walrus, lobo marino, ciervo, antílope o bisonte, propia de los indígenas del Norte, hasta la delicada pesca de los ríos de la América del Sur y los sabrosos mariscos de
sus costas é islas, que sostenían a muchas tribus ribereñas. Entre los
alimentos animales uno de los más estimados eran perros castrados que
los indígenas alimentaban y engordaban. Huelga decir que comían venados, liebres, conejos, patos y gallinas. Estimaban mucho los huevos.

El reino *mineral* proporcionaba la sal y algunas tribus comían una especie de tierra o caolín, ya sola, ya mezclada con algunas raíces.

De los aztecas diremos que aventajaban en alimentos a las demás razas. No conocían el trigo, ni el centeno, ni la avena, ni el mijo; todo lo cual suplían con las tortas que hacían del maíz, como hoy sucede en algunas comarcas de España. Hacían pasteles de aves y empanadas de pescado; conocían la olla podrida. Cortés afirma que la miel, lo mismo de maíz que de maguey, era mejor que el arrope. Estaban adelantados en la cocina y llevaron el sibaritismo hasta servir todo lo caliente en platos con braserillo: así se hacía en los palacios de los reyes. Los pueblos de la América Central se parecían a los aztecas, si bien preferían el pescado y las frutas a la carne. Los nicaraguatecas se lavaban las manos antes de comer y la boca después de la comida. En el imperio de los incas, cuyos adelantos competían con los de los aztecas, se estimaba el maguey más que en ninguna parte; de él sacaban miel, vino y vinagre; de él, mezclándolo con maíz, arroz o pepitas de mulli, fortísimo brebaje. Pan y vino hacían también del maíz, el cual molían en anchas losas. Lo comían crudo, asado, cocido, en gachas; lo convertían en agradable licor desliendo la harina en agua. Disponían igualmente de la *quinua*, que era una especie de arroz; lo usaban como comida y como bebida. Completaban sus alimentos con la carne de sus carneros, de ordinario hecha cecina, con peces, con frutas, con legumbres y con raíces.

Entre las muchas razas salvajes que comían el maíz, podemos citar las siguientes: al Norte de México, los pimas, los *pueblos* y los californios del Mediodía; al Sur del Perú, los araucanos; al Oriente de los Andes, los chiquitos y otros; en la cuenca del Orinoco, los otomacos, y hacia el Atlántico, los caquesios y algunos más. Otras razas salvajes suplían la mandioca por el maíz, como sucedía con muchos pueblos de los Llanos. No pocas tribus de Barlovento usaban el pan de *ajes*; los californios del Norte, los del Centro y los del Sur, el pan de bellotas.

Tostaban el maíz, arroz, etc., dentro de habitaciones a propósito, moliéndolos luego en morteros con mazas o en piedras planas con rodillos.

Consideramos también como uno de los alimentos de muchos pueblos indios el hombre. No cabe duda alguna que lo mismo en el Norte que en el Sur y en el Centro de América, existió la antropofagia o canibalismo, llegando a ser conocidas algunas tribus con el nombre de *comedores de hombres*. Por comedores de hombres la nación española consintió que sus capitanes o conquistadores persiguieran, hicieran esclavos y vendieran a los indígenas. ¿Eran caníbales por glotonería, por odio o por sed de venganza? No podemos dar respuesta satisfactoria; pero sí de que eran comedores de hombres, los cuales hallamos lo mismo entre las razas cultas que entre las salvajes. Afirma Hernán Cortés que durante el sitio de México los tlaxcaltecas, los otomíes, los naturales de Tezcuco, los de Chalco y los de Xochimilco se comían alegremente los cadáveres de los enemigos en sus cenas y almuerzos. Añade que a los soldados de Matlanzingo se les cogió muchas cargas de maíz y de *niños asados*. Termina diciendo que en su expedición al Golfo de Honduras mandó matar a un mexicano porque se le encontró comiendo carne de un indio. Extendióse el canibalismo a los pueblos mayas. No cabe duda que desde el istmo de Tehuantepec al de Panamá se comían a los hombres sacrificados en los altares de los dioses. Que existió el canibalismo en Guatemala lo dice el P. Las Casas; en Yucatán. Pedro Martir de Anglería, y en Nicaragua, Gonzalo Fernández de Oviedo. No es dudoso que lo hubiera entre los caribes, en Santo Domingo y en toda la América. Llegaron algunas tribus a cebar a los prisioneros para hacerlos más sabrosos.

En general no sentían el hambre ni los indios de la América del Norte, ni los de la Central, ni los del Sur. Sufrían hambres pasajeras los pueblos cultos y los salvajes, lo cual no debe causar extrañeza, considerando que hoy mismo en la culta Europa no puede impedirse, aunque de tarde en tarde, el azote del hambre.

Lo extraño es que pueblos adelantados como los aztecas, y que no ignoraban algunos guisos de verdadero gusto, comiesen en el suelo, emplearan no sillas, sino toscas banquetas o almohadones. Usaban por manteles vistosas esteras de palma. ¿Desconocieron el uso de las servilletas? No lo sabemos. De los yucatecas se dice que tenían manteles y servilletas, añadiendo los cronistas que se desvivían por conservarlos limpios.

Era muy común la embriaguez entre los indios. Bebidas embriagadoras, ya por fermentación sólo del maíz, ya por fermentación del maíz con otras substancias, eran muy estimadas en las tribus que sabían obtenerlas. Citaremos el *pulque* entre los mejicanos y la *chicha* entre los indígenas de Chile y de Guatemala. También las mujeres del harem de Atahualpa sirvieron la chicha en grandes vasos de oro a Hernando Pizarro y a Soto [1]. Unos pueblos preparaban la chicha de una manera y otros de otra. Un escritor antiguo dice que la preparaban poniendo a fermentar en agua, cebada, maíz tostado, piña y panocha, añadiendo también especias y azúcar. Del mismo modo el *uca* era usado entre los peruanos y el *caju i* entre los brasileños. Embriagábanse por otros medios las tribus que no sabían obtener las bebidas dichas, pudiéndose

---

(1) Prescott. *Hist. del descubrimiento y conquista del Perú*. tomo I. pág. 373. Madrid. 1858.

citar, entre otras, los *otomaques* (Orinoco) que tomaban como rapé los polvos de una semilla *(yuapa)* mezclada con otras substancias. Además, no pocas tribus usaron bebidas no fermentadas, como el *mate* (planta parecida al acebo, cuyas hojas se cuecen como el té) y algunas otras.

Por lo que respecta al fuego, conocido entre los aborígenes americanos, se producía por *fricción* (esto es, barrenando con un trozo cilíndrico de aguzada punta y madera dura otro pedazo de madera más blanda); por *percusión* (golpeando pedernales con piritas u otras piedras que contuviesen hierro); y mediante *reflexión* "con un brazalete grande (chipaba), del que colgaba un vaso cóncavo como media naranja, muy bruñido, poníanlo contra el sol y a un cierto punto donde los rayos que del vaso salían, daban en junto, ponían un poco de algodón carmenado, el cual se encendía en breve espacio.„ (1). Servíales el fuego para calentarse y alumbrarse. La *hoguera* fué principal elemento de vida del indígena. Si en un principio algunas tribus iluminaban sus chozas con gusanos de luz o de otros modos primitivos, descubierto el fuego, la luz contribuyó de un modo extraordinario al progreso de la humanidad. Tuvo origen entonces la industria de alfarería por lo que se refiere a las *lámparas*, siendo los esquimales los primeros que las conocieron. Al mismo tiempo se fabricaron las primeras vasijas de barro *(ollas)* y de arcilla. Es de creer, pues, que al ladrillo de adobe, sucedió la lámpara del esquimal y luego las restantes alfarerías.

En capítulos anteriores hemos dicho que las habitaciones o viviendas indígenas, fijas o movibles, variaban desde la casa del esquimal, hecha con bloques de nieve, hasta los palacios de los aztecas y de los incas, fábricas de piedras no pulimentadas. Bueno será advertir que algunas tribus no conocieron más abrigo que el de los bosques. Se defendían del sol a la sombra de los árboles, de las rocas o de los barrancos; del viento, con parapetos de piedras o de broza. En cuevas se metían cuando arreciaba el frío. Los salvajes que ya tenían casas, las construían de diferentes formas y maneras. Unas las cubrían de paja, barro o corteza de árbol, otras eran altas o bajas y se fabricaban en llanuras, en elevaciones o debajo de la tierra. Constituían un adelanto los *buhíos* de Haití y de otras islas del mar de los caribes. Eran generalmente poliédricos hasta el arranque del techo y cónicos hasta el remate. A veces estos buhíos tenían la forma rectangular. Cerraban cada uno de los lados por postes o troncos de árbol, y entre poste y poste colocaban cañas unidas por bejucos. La armadura del techo se formaba con varas que partían de las soleras de los troncos y se unían a un alto madero hincado en el centro de la casa: los intersticios se

(1)   Garcilaso de la Vega, *Com. Reales*, I, 13, 198, cap. XXII.

cubrían por cañas, pajas, hojas de bihao o de palmera. Todas las puertas tenían su correspondiente dintel y casi todas tenían jambas. Las casas que se hacían donde la madera era abundante, ésta predominaba en los materiales de construcción; donde no existía el arbolado, predominaba la piedra, el barro o el adobe. Al contemplar la regularidad y armonía de los edificios de México y el Perú, casi no se explica que el arquitecto indio no conociese el *compás* ni la *plomada*, ni la *escuadra*, como tampoco tuviera idea del *arco*, elemento esencial de la arquitectura. La reunión de las cabañas o tiendas formaban *aldeas* (rancherías, tabas, etc.), más o menos grandes, más o menos sólidas. Las casas de los jefes, templos, etc., se rodeaban generalmente de empalizadas para su protección.

Tales villorrios se hallaban frecuentemente esparcidos a lo largo de las costas de los mares, de los ríos y de los lagos, lo cual fué causa de las relaciones exageradas que del número de indígenas dieron los conquistadores europeos, quienes llegaron a suponer que también estaban habitadas las zonas mediterráneas.

La miseria en el hogar salvaje no podía ser mayor. Las camas eran bastas y pobres tarimas enclavadas en la pared. Colgaban del techo carne o pescado hechos cecina, mazorcas de maíz y a veces el trineo o la canoa; de las paredes colgaban las armas y cabezas de búfalo o ciervo; no lejos de la puerta se hallaban los trofeos del dueño de la casa. Unos hincaban la lanza delante de su toldo, otros en altas cañas las cabezas de las reses muertas por su mano y algunos sobre viejas aljabas las cabelleras de sus enemigos. Humosas teas iluminaban de noche la habitación o choza del salvaje, y sólo en las viviendas de los esquimales o en los subterráneos de la isla de Fox, ardían lámparas de piedra alimentadas por aceite de ballena o de foca. Ni los mismos mexicanos y peruanos dispusieron de mejor luz. También el señor feudal europeo colgaba en sus desabrigados salones las lanzas, alabardas y ferradas mazas, y en las puertas de su castillo cabezas de jabalíes o de lobos; también el vasallo vivía en casas de barro y se alumbraba con resinosas teas.

Lo mismo en las casas de los indios cultos, que en las de los salvajes, vivían hacinados viejos y jóvenes, hombres y mujeres. Las casas de los pobres sólo tenían un aposento. Si las de las razas cultas o de los indios algo acomodados tenían más de una pieza, el dormitorio era uno. Ellos hacían públicamente actos que la moral y el pudor quieren que sean secretos. Únicamente entre los reyes y los nobles parecía existir cierta honestidad.

Acerca del uso del *vestido*, halló Colón, en su primer descubrimiento, desnudos a hombres y mujeres, presentándose todos sin muestra alguna de sonrojo. En algunas partes vió el Almirante que las hembras se ponían unas *cosas* de algodón que apenas *les cobijaban la natura.* Afirma el P. Gumilla que las mujeres del Orinoco se avergonzaban, no de andar desnudas, sino de cubrirse las carnes. Es, pues, evidente que en casi toda América iban desnudos hombres y mujeres, siendo una excepción los que iban vestidos. En los países comprendidos entre los dos trópicos se cubrían con pieles; pero era cuando arreciaba el frío o les molestaba la lluvia.

En muchas partes las mujeres usaban faldas con las cuales se cubrían desde la cintura á las corvas; en otras, pequeños delantales que flotaban a merced del viento; y en algunas, cortas sayas hechas con fibras de cortezas de árbol. En las costas meridionales del mar de los Caribes, las mujeres se ponían un simple hilo, y los hombres llevaban recogido el miembro o metido en cañutos de metal, en tubos de madera o cuellos de calabaza.

Algunas tribus pegaban a su piel varias plumas y las pegaban con un barniz resinoso.

Costumbre fué también que el salvaje (esquimal, botocudo, etc.), perforase con dijes, joyeles, piedras, etc., lá nariz, labios, orejas o mejillas.

No sabemos cuándo y cómo comenzaron a usar *vestido* los americanos. Tanto la forma como la materia variaban de un modo extraordinario. Llamaba la atención la piel finísima de algunos vestidos, siendo muy común abrigarse con pieles de búfalo, ciervo, lobo marino, etc.

Entre los aztecas, las mujeres vestían el *huipil* o camisa sin mangas o con medias mangas que del cuello bajaba a las rodillas y el *cucilt* o especie de faldellín que las cubría de la cintura abajo; llevaban también sandalias. Mejor vestida iba la mujer en el imperio de los incas. Llevaba en la cabeza vistosa cinta, del cuello a los talones una bata que se ajustaba a las caderas con ancho cinto, de los hombros a los tobillos fino manto sujeto por alfileres de oro o plata que llamaba *topus*, y en los pies, abarcas hechas de fibras de cabuya. Era bastante parecido el traje del varón. En las sienes llevaba una guirnalda: de la garganta a las rodillas camiseta sin mangas ni cuello; encima, una manta de lana en las tierras frías y de algodón en las calientes; en los pies, albarcas.

Más bellos eran los trajes de los iroqueses y algonquines. Diferían muy poco los de la mujer y el hombre. La túnica era ceñida, la manta estaba compuesta de pieles de castor, y casi siempre salpicada de vivos colores, y las polainas y zapatos se hacían de pieles de ciervo. La diferencia más notable entre el traje de la mujer y del hombre consistía en que la túnica de la primera era ancha y flotante.

El *tatuaje* (imprimir en el cuerpo dibujos hechos con una aguja y una materia colorante) fué general entre los americanos y se consideró como un adorno, siendo los colores más usados el rojo, amarillo, blanco y negro, que fabricaban con ocres, cal, carbón y jugos de diferentes plantas. Del mismo modo pintábanse casi todas las razas, y lo hacían casi siempre para embellecerse. Unas se pintaban la nariz, la barba o los dientes, otras todo el rostro, algunas el pecho y muchas todo el cuerpo.

Los caquesios se pintaban el brazo si en duelo o en batalla habían dado muerte a uno de sus enemigos, el pecho si habían vencido en dos combates, y del ojo a la oreja si victoriosos por nuevos triunfos habían entrado en la corte de sus caciques. Los guaycurúes cuando eran niños se pintaban de negro las carnes, ya mozos de encarnado, ya ancianos o jefes de varios colores En algunas razas era el más estimado aquel que se presentaba con colores más brillantes; esto sucedía entre los salivas y los cumaneses.

Numerosos adornos usaban, lo mismo las razas cultas que las salvajes. Aunque los caciques de Haití iban desnudos, llevaban coronas, placas en el pecho y cintos con carátulas de oro. Los reyes de México, aunque se presentaban casi desnudos, llevaban durante determinadas fiestas joyas en las orejas, nariz, labios y garganta: encima de los codos, brazaletes, de los cuales salían brillantes plumas: en los brazos, ajorcas de oro: en las muñecas, pulseras de perfumado cuero con sendas esmeraldas: de la rodilla abajo, grebas de luciente oro: en los pies, sandalias de piel de tigre con suela de piel de ciervo: la espalda estaba adornada con vistoso plumaje: en la cabeza llevaban un pájaro disecado de vivos colores, y en las sienes dos borlas de finísimo plumión, que bajaban de lo alto de la cabellera. Otros adornos, más o menos ricos, usaban, no sólo los monarcas aztecas, sino los cortesanos y los poderosos magnates del imperio.

La mayor parte de las razas no se cortaban el cabello. Unas lo llevaban suelto y a la espalda (apaches, etc.), otras distribuído en trenzas, algunas como formando una corona alrededor de la cabeza, y no pocas a manera de asas. Entre las razas que se rapaban la cabeza, citaremos los tarascos. Los nicaraguatecas se dejaban un mechón en la coronilla, y las mujeres, entre los albayas, una cresta que iba del cerviguillo a la frente; los yucatecas se quemaban el cabello en la coronilla: los tupinambaes lo llevaban como nuestros monjes, etc.

La *caza* y la *pesca* fueron entre los indios cultos y salvajes ocupación principal. Si los primeros la consideraron como ejercicio de recreo, los segundos se entregaron a ella por necesidad. El cazador y el pescador indio conocían todos los medios para apoderarse y destruir los animales. Lo mismo usaban las trampas o lazos que las armas arrojadizas, valiéndose de una manera o de otra para cazar ciervos, antas, liebres, conejos y toda clase de pájaros.

Veamos cómo se verificaban las grandes cacerías en México y en el Perú. Cientos y cientos de hombres formaban un gran círculo, el cual iban poco a poco reduciendo o haciéndolo más pequeño. Conseguían de este modo que todas las reses se fueran cobijando en un lugar del bosque donde había muchas trampas y redes. Esto hacían los aztecas. Los incas, en número también considerable de hombres, provistos de lanzas y palos, corrían en opuestas direcciones, llevando la caza a determinado sitio. Mataban, desde luego, todas las alimañas y muchos venados; de ningún modo a los huanacos y vicuñas. Es de notar que este sistema de caza lo empleaban de igual manera los pueblos salvajes. Lo practicaban, entre otros, los patagones, los mosquitos de Honduras y los guajiros de Orinoco. Los últimos se distribuían en forma de media luna y cerraban el círculo cuando veían reunidas gran número de reses. En México había parques y sotos reservados a los reyes, incurriendo en pena de muerte los cazadores que se atrevían a penetrar en aquéllos; en el Perú, fuera de las cacerías anuales ordenadas por los incas, no se permitía matar huanacos ni vicuñas.

Dedicábanse principalmente a la *pesca* los pueblos que vivían en las orillas de los ríos y en las costas del mar. Eran aficionados a la pesca lo mismo las tribus cultas que las salvajes. Pescaban los indios ballenas, focas, nutrias, salmones, tortugas, manaties, caimanes y toda clase de peces. Unas veces los indígenas se metían en el agua y cogían los peces; otras los mataban, ya disparando flechas desde sus piraguas, ya desde las costas o riberas; con mucha frecuencia los atufaban con el jugo de algunas plantas; algunos atajaban la corriente con banastos para cogerlos fácilmente. Conocían los indios las redes y los anzuelos. Había anzuelos de hueso, de madera, de cuero y de conchas de almeja. Tenían fisgas y arpones. Usaban el dardo, la lanza y otros aparejos de pesca. Los pescadores más arrojados y valientes eran los esquimales y todos los del Norte; tal vez fuesen más diestros y audaces los pescadores del Orinoco y algunos de la América del Sur, en particular los que se dedicaban a la pesca del manatí dentro del río citado. Más intrepidez se necesitaba todavía para pescar el caimán y la tortuga. Cuando los otomacos veían que caimanes y tortugas saltaban al Orinoco, se arrojaban sobre los primeros o sobre las segundas, y caballeros en unas o en otras, bajaban al fondo del río, donde se apoderaban de los caimanes con lazos de nudo corredizo y de las tortugas volviéndolas de espaldas. Seguramente que este procedimiento era bastante más peligroso que el usado contra el caimán por las tribus de la Florida, pues allí los pescadores lo cogían introduciéndole en las fauces larga y nudosa rama de árbol.

Por lo que a la navegación respecta, los indios sólo conocieron la balsa, la canoa y el haz de juncos para recorrer únicamente sus ríos, sus lagos y las costas de sus mares. Los aztecas usaron la balsa y la canoa; los peruanos recorrieron sus ríos, el lago Titicaca y las costas del Pacífico, valiéndose también de balsas o de haces de enea. Los mayas se hallaban tan atrasados como los peruanos.

Puede asegurarse que eran más navegantes muchas razas salvajes. Lo eran los habitantes de la tierra del Fuego, los payaguaes, los guarapayos, y muy especialmente los intrépidos tupíes, que corrían ciento o doscientas leguas por las costas del Atlántico. Entre los tupíes descollaban por su audacia los caribes, que navegaban de isla en isla, de las islas a Tierra Firme; y allá en el Orinoco atravesaban—no sabemos cómo—los raudales y los saltos del Caroní y el Caura. Los antillanos y los esquimales desafiaban con sus canoas las tempestades y borrascas. Las piraguas o canoas de los habitantes de Santo Domingo, Cuba, etc., eran de bastante tamaño y de no poca fortaleza. Dícese que sólo los esquimales conocieron el *remo*, pues las restantes tribus manejaron las embarcaciones con *palas*.

La canoa, la balsa, el haz de enea, o de bambúes o de juncos, servían de medios de navegación y también de transporte. Ya sabemos que en América no había otra bestia de carga que el llama, ni otra de tiro que los perros del Norte. Los trineos, de los cuales tiraban los perros, lo usaban sólo los esquimales y los tinneks.

Probado se halla que los americanos desconocían la brújula y el astrolabio. Tenían mucha afición a los juegos de azar, hasta el punto que jugaban frecuentemente sus vestidos, sus adornos, sus armas, su libertad personal y hasta sus mujeres. Si unos juegos eran del agrado de determinadas tribus y otros juegos de otras, el *juego de pelota* era común a casi todas. Ejercitábanse en determinadas tribus los guerreros y hasta las mujeres en carreras a pie, logrando con ello fortaleza y destreza de sus miembros.

Entre las razas salvajes del Norte se jugaba del siguiente modo. Tomaban parte en la contienda dos tribus o dos pueblos. Se ponía la pelota entre dos metas equidistantes y las tribus se colocaban en opuestas direcciones. Consistía el juego en que la tribu del norte, por ejemplo, lograra llevar la pelota más allá de la meta del mediodía y la tribu del mediodía más allá de la meta del norte; esto era difícil porque eran muchos los jugadores de una y otra parte, y porque las dos metas, la una de la otra estaban a larga distancia. Unas tribus usaban pelotas de roble, otras de barro cubiertas de piel de ciervo. Arrojaban la pelota sirviéndose de un palo, en cuya punta retorcida se colocaba pequeña red de tiras de cuero o nervios de búfalo. Asistía al juego mucha gente: unos apostaban en favor de un bando y otros del otro. Gritaban a los jugadores lo mismo el público que llevaba la mejor parte como el que llevaba la peor; gritaban también los que se disputaban la victoria. Los haitianos jugaban igualmente en el campo, entre dos metas o rayas, logrando el triunfo los que conseguían llevar la pelota fuera de la linde de sus contendientes. Las pelotas eran de caucho, y las recibían o rechazaban, no con la mano, sino con la cabeza, el hombro, la cadera o la rodilla. También recibían y despedían las pelotas, los chiquitos con la cabeza y los otomacos con el hombro derecho. Los aztecas jugaban muy bien y tenían a gala ser los primeros: se cuenta que, vencido el rey de Tlatelolco, dispuso que se estrangulase al vencedor que era el señor de Xochimilco. Llegó el juego de pelota a toda su perfección entre los mayas y los nahuas. Se consideraba entre estas tribus como fiesta nacional, como la más importante, casi como la única. Los pueblos más pequeños tenían un trinquete, que consistía en habitaciones rectangulares, de 25 a 55 metros de largo, de 12 a 22 de ancho. Dividíanse los jugadores en dos bandos. Recibían y despedían la pelota con la parte del cuerpo que de antemano se hubiese convenido, generalmente con las rodillas o las asentaderas. Duraba la lucha de sol a sol. Los espectadores hacían apuestas en favor de uno o de otro de los jugadores. El que lograba meter la pelota por el ojo de uno de los dos anillos que se hallaban en una de las paredes, se le consideraba como el héroe de la fiesta y se le agasajaba con muchos y valiosos regalos. Jugaban con pala, bote y argolla. Desconocemos lo que fuese el bote y la argolla. Si se suscitaban cuestiones o discordias, ora entre jugadores, otra entre espectadores, allí estaban jueces nombrados por los caciques con el objeto de dirimirlas. También las mujeres, después de fabricar artículos de alfarería y de tejer con el hilo que sacaban del muriche esteras, canastas, etcétera, se dirigían al trinquete, cogían la pala (del ancho de una tercia de bordo a bordo y de astil grueso y largo para cogerlo con las dos manos) y tiraban la pelota (que era de caucho y de gran circunferencia) con tal fuerza que los hombres no se atrevían a recibirla en el hombro. A veces, hombres y mujeres, para evitarse tabardillos, se sajaban brazos, muslos y piernas durante los citados juegos, y para restañar las heridas se arrojaban al río. Si esto no era bastante, las cubrían de arena o barro.

SEGUNDA ÉPOCA

DESCUBRIMIENTOS

CAPÍTULO XVI

—

REYES DE CASTILLA A FINES DE LA EDAD MEDIA: ENRIQUE II, JUAN I.
ENRIQUE III, JUAN II Y ENRIQUE IV.—REYES CATÓLICOS.—CUL
TURA LITERARIA EN AQUELLOS TIEMPOS.—CRISTÓBAL COLÓN EN
ESPAÑA.

Veamos lo que dice el insigne historiador Mariana de los últimos
reyes de la dinastía de Trastamara y de los Reyes Católicos: "Tuvo,
dice, el Rey D. Enrique (II), tronco y principio deste linaje, el natural
muy vivo y el ánimo tan grande que suplía la falta del nacimiento. Don
Juan (I), su hijo, fué persona de menos ventura y de industria y ánimo
no tan grande ni valeroso. Don Enrique (III), su nieto, tuvo el entendimiento encendido y altos pensamientos, el corazón capaz del cielo y de
la tierra; la falta de salud y lo poco que vivió no le dejaron mostrar mucho tiempo el valor que su aventajado natural y su virtud prometían.
El ingenio de D. Juan, el segundo de este nombre, era más a propósito
para letras y erudición que para el gobierno., De su hijo D. Enrique IV,
escribe el jesuíta historiador lo siguiente: "Lo que importa más. las
costumbres no se mejoraron en nada, en especial era grande la disolución de los eclesiásticos; a la verdad se habla que por este tiempo Don
Rodrigo de Luna, arzobispo de Santiago. de las mismas bodas y fiestas
arrebató una moza que se velaba, para usar della mal..., (1). En Don
Enrique, añade después el P. Mariana, "desfalleció de todo punto la
grandeza y loa de sus antepasados, y todo lo afeó con su poco orden y
traza; ocasión para que la industria y virtud se abriese por otra parte
camino para el reino de Castilla, y aun casi de toda España, con que
entró en ella una nueva sucesión y línea de grandes y señalados príncipes. (2).

Don Modesto Lafuente se halla conforme con el P. Mariana. "En
poco más de un siglo—tales son sus palabras—que ocupó el trono de
Castilla la línea varonil de la familia de Trastamara, vióse a aquellos

---

(1) *Historia de España*, tomo II, libro XXII, cap. XX. ¿Es verdad o leyenda lo que dice el Pa
dre Mariana acerca de D. Rodrigo de Luna, arzobispo de Santiago y sobrino del condestable don
Alvaro? ¿Se trata de un cuento forjado, después de la muerte de D. Alvaro, para desacreditar a
la familia de los Lunas? Así lo cree—y razones poderosas tiene para ello—D. Antonio López Fe-
rreiro en su estudio histórico intitulado *Don Rodrigo de Luna*, impreso en Santiago el 1884.

(2) *Historia general de España*, tomo II, libro XXIV, cap. IV.

príncipes ir degenerando desde la energía al apocamiento, y desde la audacia hasta la pusilanimidad. El prestigio de la majestad desciende hasta el menosprecio y el vilipendio, y la arrogancia de la nobleza sube hasta la insolencia y el desacato. La licencia invade el hogar domésti-co, la corte se convierte en lupanar y el regio tálamo se mancilla de impureza, o por lo menos se cuestionaba de público la legitimidad de la sucesión. La justicia y la fe pública gemían bajo la violación y el es-carnio. La opulencia de los grandes o el boato de un valido insultaban la miseria del pueblo y escarnecían las escaseces del que aún conserva-ba el nombre de soberano. Mientras los nobles devoraban tesoros en opíparos banquetes, Enrique III encontraba exhausto su palacio y sus arcas, y su despensero no hallaba quien quisiera fiarle. Juan II procu-raba olvidar entre los placeres de las musas las calamidades del reino, y se entretenía con las *Querellas del amor*, o con los versos del *Laberin-to*, teniendo siempre sobre la mesa las poesías de sus cortesanos al lado del libro de las oraciones. Este príncipe tuvo la candidez de confesar en el lecho mortuorio, que hubiera valido más para fraile del Abrojo que para rey de Castilla (1). Los bienes de la corona se disipaban en perso-nales placeres, o se dispendiaban en mercedes prodigadas para gran-gearse la adhesión de un partido que sostuviera el vacilante trono„ (2). "La degradación del trono—añade después—, la impureza de la pri-vanza, la insolencia de los grandes, la relajación del clero, el estrago de la moral pública, el encono de los bandos y el desbordamiento de las pasiones, llegan al más alto punto en el reinado del cuarto Enrique de Castilla. Los castillos de los grandes se convierten en cuevas de ladro-nes; los indefensos pasajeros son robados en los caminos, y el fruto de las rapiñas se vende impunemente en las plazas públicas de las ciuda-des; un arzobispo capitanea una tropa de rebeldes para derribar al mo-narca y sentar al infante D. Alfonso en el solio. En el campo de Avi-la se hace un burlesco y extravagante simulacro de destronamiento, ig-nominioso espectáculo y ceremonia cómica, en que un prelado turbulen-to y altivo, a la cabeza de unos nobles ambiciosos y soberbios, se entre-tienen en despojar de las insignias reales la estatua de su soberano, y en arrojar al suelo, entre los gritos de la multitud, cetro, diadema, manto y espada, y en poner el pie sobre la imagen misma del que había tenido la imprudente debilidad de colmarlos de mercedes„ (3).

---

(1) El convento del Abrojo se fundó en 1415, a las márgenes del Duero, cerca de Valladolid, por el venerable Fray Pedro de Villacreces y San Pedro Regalado. Cuentan algunos escritores, co-piándolo del supuesto Bachiller de Cibdareal, que Juan II, poco antes de morir, le dijo: *Bachiller, naciera yo fijo de un mecánico, e hobiera sido frayle del Abrojo, e no Rey de Castilla.*

(2) *Historia de España*, tomo I. *Discurso preliminar*, páginas 100 y 101.

(3) Ibidem, págs. 102 y 103.

ISABEL LA CATÓLICA.

Pasamos a reseñar el reinado de Doña Isabel y D. Fernando. Después de decir el P. Mariana que la reina falleció en la villa de Medina del Campo, añade: "su muerte fué tan llorada y endechada cuanto su vida lo merecía, y su valor y prudencia y las demás virtudes tan aventajadas, que la menor de sus alabanzas es haber sido la más excelente y valerosa princesa que el mundo tuvo, no sólo en sus tiempos, sino muchos siglos antes„ (1). A Fernando el Católico así le juzga: "Príncipe el más señalado en valor y justicia y prudencia que en muchos siglos España tuvo. Tachas a nadie pueden faltar, sea por la fragilidad propia, o por la malicia y envidia ajena, que combate principalmente los altos lugares. Espejo, sin duda, por sus grandes virtudes en que todos los príncipes de España se deben mirar„ (2).

Por su parte, D. Modesto Lafuente, lleno de entusiasmo por los Reyes Católicos, escribe: "Gran príncipe el monarca aragonés, sin dejar de serlo, lo parece menos al lado de la reina de Castilla. Asociados en la gobernación de los reinos como en la vida doméstica, sus firmas van unidas como sus voluntades; *Tanto monta*, es la empresa de sus banderas. Son dos planetas que iluminan a un tiempo el horizonte español; pero el mayor brillo del uno modera sin eclipsarla la luz del otro. La magnanimidad y la virtud, la devoción y el espíritu caballeresco de la Reina, descuellan sobre la política fría y calculada, reservada y astuta del Rey. El Rey es grande, la Reina eminente. Tendrá España príncipes que igualen o excedan a Fernando; vendrá su nieto rodeado de gloria y asombrando al mundo; pasarán generaciones, dinastías y siglos, antes que aparezca otra Isabel„ (3).

Sentimos no estar conformes con la opinión de historiadores tan ilustres. En nuestro humilde juicio, no son tan negras las tintas del cuadro de los reyes de la casa de Trastamara, ni tan claras ni brillantes las que se destacan del de Doña Isabel y D. Fernando. Creemos que los reinados de Enrique II, Juan I, Enrique III, Juan II y Enrique IV, prepararon el de los Reyes Católicos. Si de la reconquista se trata, ellos continuaron la obra comenzada por sus antepasados, en particular por los dos últimos.

Enrique II el de las *Mercedes*, sin embargo de su bastardía, se captó el amor de sus súbditos. Venció a todos sus enemigos, a unos con su talento y a otros con su espada. Aunque anhelaba vivamente la paz con los moros, tuvo a veces que pelear, no sin mostrar brío y pujanza. Juan I vivió en paz con los muslimes, a los que era aficionado. Gozaba fama

(1) *Historia general de España*, tomo II, lib. XXVIII, cap. XI.
(2) Ibídem, tom. II, lib. XXX, cap. XXVII.
(3) *Historia general de España*, tomo I. *Discurso preliminar*, págs. 118 y 119.

de bondadoso. En sus guerras con Portugal, la fortuna le fué adversa
en la batalla de Aljubarrota. Enfermo de cuerpo, Enrique III no lo estuvo de alma, pues contuvo a los nobles, se aficionó a los muslimes gra-
nadinos y procuró con gran interés llenar las arcas vacías del erario
público. Admitimos con Mariana que Juan II *no tenía mucha capacidad*;
pero afirmamos que no le faltaban excelentes cualidades. Honró durante todo su reinado a los hombres de talento, y mostró su generosidad
lo mismo con sus amigos que con sus enemigos. Ejercitábase en las ciencias, en las letras y en las artes. Cultivó la lengua latina, en la cual—
según el cronista Pérez de Guzmán— fué *asaz docto* (1); también en la
filosofía, poesía y música, no faltándole ingenio para las dos últimas.
Dice el cronista que *tañía e cantaba e trovaba e danzaba muy bien*. Puede
asegurarse que bajo su protección se elevó a un grado hasta entonces
desconocido la cultura intelectual en Castilla.

"La ciega afición de D. Juan a su favorito—dice Prescott—es la
clave para juzgar de todas las turbulencias que agitaron al país durante los últimos treinta años del aquel reinado„ (2). Creemos nosotros que
los disturbios hubiesen sido los mismos con o sin la privanza de D. Alvaro de Luna. Los revoltosos D. Juan y D. Enrique, infantes de Aragón, confederados con los grandes de Castilla, dividieron el reino en
banderías, mantuvieron siempre viva la llama de la guerra civil, trayendo conmovidos los pueblos, acobardando al rey y perturbando la
monarquía. Al favorito nadie podrá negarle su fidelidad al Monarca y
su valor en los combates. Era, además, conocedor de la política de su
tiempo, dotado de penetración para descubrir las intenciones ajenas y
de serenidad para ocultar las suyas, infatigable en el trabajo y perse-
verante en sus propósitos.

Si Juan II se mostró siempre apático, si no supo contener los tumultos y rebeliones que se sucedieron unos después de otros, si no castigó
con mano de hierro a los revoltosos magnates—siguiendo en esto la
misma conducta del insigne y nunca bastante alabado Alfonso X, *el Sabio*—debe ser justamente censurado; pero no se olvide que durante su
menor edad, el almirante Alonso Enríquez destrozó la escuadra de
Marruecos, y D. Fernando de Antequera tomó a Zahara, venció en la
batalla de las Yeguas y conquistó a Antequera. No se olvide tampoco
que tiempo adelante el privado D. Alvaro de Luna llegó cerca de Granada y ganó la importante batalla de la Higueruela o de Sierra Elvi-
ra, que el primer marqués de Santillana se apoderó de Huelma en las
fronteras de Jaén, y que Alfonso Fajardo, gobernador de Lorca, obtu-

---

(1) *Crón.*, pág. 576.
(2) *Historia de los Reyes Católicos*, tomo I, pág. 114

vo señalado triunfo peleando con las tropas de Osmin, Rey de Granada.

Por lo que respecta a Enrique IV, los historiadores le han juzgado con una parcialidad como no hay ejemplo, llegando a decir que lo único bueno que hizo fué morirse. Reconocen algunos que se distinguía por su carácter benigno y por una bondad, que podía llamarse familiaridad, con los inferiores. Su generosidad no tuvo límites, hasta el punto que le mereció el renombre de *el Liberal.* "La vida de un hombre no tiene precio—decía—y no se debe en manera alguna consentir que la aventure en las batallas., Lafuente, que sigue al pie de la letra los relatos y juicios de Prescott, añade que cuando el emir de Granada tuvo noticia de la máxima monacal del Rey cristiano, hubo de decir: "que en el principio lo hubiera dado todo, inclusos sus hijos, por conservar la paz en su reino, pero que después no daría nada., Dijera o no dijera tales palabras el granadino—cosa que no tiene importancia alguna—opinamos que no merecen censura las dictadas por el generoso y noble espíritu de Enrique IV. No negaremos que era débil de carácter y que grandes y prelados vilipendiaron el trono. También repetiremos una vez más que era pródigo en mercedes, generoso y en la clemencia—como escribe Mariana—fué demasiado. De su amor a las bellas artes son prueba las fábricas que hizo levantar en Madrid y Segovia. Nosotros recordaremos que corriendo los años 1455, 1456 y 1457, realizó tres expediciones a Andalucía, logrando que el granadino se le ofreciese por vasallo y se comprometiera a enviarle anualmente diez mil doblas y seiscientos cristianos cautivos. Pasado algún tiempo y rotas las paces entre cristianos y moros, Enrique IV tomó posesión de Gibraltar ganado por los suyos y entró a saco por tierras granadinas; pero le salió al encuentro el Sultán y se reanudaron las paces. Sin embargo de la enemiga de los orgullosos magnates, de la insurrección de su hermano Alfonso y de los disgustos que le dió su hermana Isabel, "contribuyó más de lo que se cree—como escribe Fernández y González—a debilitar el reino de Granada, dejando una rica herencia para lo porvenir a sus inmediatos sucesores,, (1). ¿Por qué le censuraron con tanto encono los escritores contemporáneos? No negaremos que la conducta del cuarto Enrique se prestaba a censuras, y de su impureza de costumbres dió hartas pruebas. No le perdonaron aquellos autores la afición que tuvo a las inclinaciones de los muslimes, y aun pudiéramos decir a las creencias musulmanas. Nada nuevo añadiremos al notar que si Enrique IV tenía aficiones a los musulmanes, no era él sólo, sino toda aquella sociedad. La civilización árabe venía desde tiempos anteriores infiltrándose poco a poco en la vida y costumbres de los cristia-

(1) *Los Mudéjares de Castilla*, págs. 195 y 196.

nos. Jóvenes españoles estudiaban la lengua árabe, asistían a las escuelas de los moros, no dejaban de la mano los libros publicados o traducidos por los hijos del Profeta. A las fiestas y torneos que se celebraban en el reino de Granada acudían caballeros cristianos, los cuales correspondían galantemente con otras invitaciones. Cristianos amaban a moras y moros a cristianas. Poetas cristianos cantaban la belleza de la hija de algún cadí y trovadores musulmanes dedicaban sus versos a la hermosa compañera de algún magnate español. Jóvenes andaluces acompañaban a las castellanas en los paseos, en las corridas de caballos o de toros, y a veces llegaban a esperarlas a la salida de las iglesias; a su vez los cristianos no miraban con malos ojos, cuando de cosas de amor se trataba, el que las jóvenes moras leyesen con mayor o menor fervor el libro del Profeta.

Además—y cumplimos un deber diciendo lo que creemos verdadero—aduladores cronistas, olvidándose de la elevada misión del historiador, quisieron congraciarse con los Reyes Católicos maltratando a Enrique IV.

Debemos detenernos un poco en el reinado de los Reyes Católicos. Cierto es que la unión de las coronas de Aragón y Castilla contribuyó al esplendor y grandeza de la monarquía, cuyo timbre de gloria más grande será haber puesto un freno a las demasías de los nobles, robusteciendo, por tanto, el poder real. En las cortes de Madrigal de 1476, convocadas—según dice muy acertadamente Hernando del Pulgar—para dar orden en aquellos robos e guerras que en el reino se facían, se reglamentó la Santa Hermandad y se reorganizó la administración de justicia, logrando la reina, como escribe el laborioso escritor, "hacer que el labrador y el oficial no estuviesen sojuzgados por el caballero, y que la sentencia de un par de jueces fuese más respetada que un ejército" (1). Más importantes, no sólo que las cortes de Madrigal, sino que todas las celebradas por D. Fernando y D.ª Isabel, fueron las de Toledo del año 1480, en las cuales afirma con mucha razón Galindez de Carvajal "se hicieron las leyes y las declaratorias, todo tan bien mirado y ordenado que parecía obra divina para remedio y ordenación de las desórdenes pasadas" (2). Consiguióse en poco tiempo que la jus-

_____

(1) Colmenares, en su *Historia de Segovia*, al exponer la primera aplicación de la Santa Hermandad, dice lo siguiente: «Uno de sus primeros efectos fué en nuestra ciudad; porque llegando alguna gente de mala sospecha y peor traza, con algunos moros, que dezian ser criados del Rey a hospedarse en Zamarramala, arrabal (como hemos dicho), de nuestra ciudad, pidiendo aposento como soldados, les fué respondido como tenían privilegio de pechos y aposentos, por la vela que hacían en los alcázares, que todo permanece hoy. La gente era inquieta, los vecinos briosos; vinieron a las manos; hubo heridos y muertos. Súpose en la ciudad la revuelta; la *Santa Hermandad* despachó ministros, que prendiendo a algunos, averiguada con verdad la causa, los asaltaron, con que se temía más y se robaba menos.» Págs. 386 y 387.

(2) *Anales breves* en la *Colección de documentos inéditos*, tomo XVIII, 267.

ticia imperara en las grandes y pequeñas poblaciones, en las ciudades y en los campos. Mejoraron la administración pública y la hacienda, procurando poner orden y paz en el país.

Por lo que atañe a la inquisición, publicada la Bula (día 1.º de noviembre de 1478), por Sixto IV, concediendo facultad á D. Fernando y D.ª Isabel para elegir tres prelados u otros eclesiásticos doctores o licenciados, de buena vida y costumbres, para que inquiriesen y procediesen contra herejes y apóstatas de sus reinos, los mencionados monarcas, hallándose en Medina del Campo, nombraron (17 de septiembre de 1480) primeros inquisidores a los dominicos Fr. Miguel Morillo y Fray Juan de San Martín, juntamente con otros dos eclesiásticos, como asesor el uno y como fiscal el otro, facultándoles para establecer la inquisición en Sevilla. Comenzó en seguida el nuevo tribunal a ejercer sus funciones, adquiriendo suma importancia cuando el Papa expidió un breve nombrando (2 de agosto de 1483) inquisidor general de la corona de Castilla a Fray Tomás de Torquemada, prior del convento de dominicos de Segovia, cuyo nombramiento hizo extensivo después (17 de octubre de dicho año) a la corona de Aragón.

¿Por qué la reina Católica se fijó en Fray Tomás de Torquemada para el cargo de inquisidor general y no en Talavera, González de Mendoza o Cisneros? Era el primero—como dice Lafuente—, "el representante del fanatismo más furioso e implacable„ (1). Eran los segundos, "tres grandes lumbreras que sobraban por sí solas para derramar copiosa luz por el vasto horizonte de un siglo„ (2).

Dígase lo que se quiera en contrario, los Reyes Católicos, con una irreflexión o torpeza como no hay ejemplo— pues nada importa que la opinión general del pueblo español estuviese conforme con ello o que el espíritu del siglo fuese la intolerancia y la persecución—, crearon el tribunal más terrible que registra la historia y nombraron Inquisidor general al hombre más cruel de todos los tiempos.

Bernáldez, cura de los Palacios, historiador coetáneo, dice que desde 1482 a 1489, hubo en Sevilla más de 700 quemados y más de 5.000 penitenciados, sin designar el número de los castigados en estatua (3). Zurita, añade, que "en sola la Inquisición de Sevilla, desde que pasaron los términos de la gracia hasta el año de 1520, se quemaron más de 4.000 personas y se reconciliaron más de 30.000.„ "Hállase (continúa) memoria de autor, en esta parte muy diligente, que afirma que esta parte que aquí se señala es muy defectuosa, y que se ha de

(1) *Hist. de España,* tomo IX, pág. 511.
(2) Ibidem, pág. 518.
(3) *Reyes Católicos,* caps., XLIII y XLIV

tener por cierto y averiguado que sólo en el arzobispado de Sevilla, entre vivos y muertos y absentes, fueron condenados por herejes que judaizaban más de 100.000 personas, con los reconciliados al gremio de la iglesia„ (1). Mariana escribe: "Publicó el dicho inquisidor (Torquemada) edictos en que ofrecía perdón a todos los que de su voluntad se presentasen: con esta esperanza dicen se reconciliaron hasta 17.000 personas entre hombres y mujeres de todas edades y estados; 2.000 personas fueron quemadas, sin otro mayor número de los que se huyeron a las provincias comarcanas„ (2). No se olvide que en el año 1489, además del de Sevilla, había otros tribunales del Santo Oficio en Córdoba, Jaén, Villarreal (que se trasladó a Toledo), Valladolid, Calahorra, Murcia, Cuenca, Zaragoza, Valencia, Barcelona, Mallorca y los tres de Extremadura; y en cada uno de ellos solían celebrarse autos de fe cuatro veces al año.

Pasando a otro punto no habremos de negar que Isabel y Fernando realizaron prudente política, publicando las *Ordenanzas Reales* de Montalvo, incorporando a la Corona los Maestrazgos de las órdenes militares, reformando los tributos, fomentando la marina mercante, organizando el ejército y tomando a Granada (2 enero 1492). Señales eran todas de la radical transformación que se operaba en la nación española.

En el citado año, cuando todo anunciaba bienes sin cuento, un hecho de transcendencia suma vino a nublar el horizonte de España: los Reyes Católicos—no el terrible inquisidor Torquemada, como dicen los cronistas—publicaron el cruel edicto del 31 de marzo de 1492 arrojando a los hebreos de los dominios españoles. ¿Qué número de judíos salieron de España? El cronista Bernaldez dice que unos 170 a 180.000 individuos (3), y Mariana los hace subir a 800.000 (4). El número mayor o menor importa poco; lo que importa consignar es que los Reyes Católicos faltaron a las leyes de la humanidad con la publicación del mencionado edicto.

Posteriormente pelearon nuestros monarcas con una tenacidad rayana a la imprudencia en Italia, sacando de allí, el Gran Capitán, gloria inmarcesible, y los españoles afición a la lengua, a la poesía y a todas las artes italianas.

Dejando a poetas y cronistas que forjen toda clase de novelas alrededor de Isabel la Católica, pues si para los primeros era tanta su virtud

---

(1) *Anal. de Aragón,* lib. XX, cap. XLIX.
(2) *Hist. de España,* lib. XXIV, cap. XVII.
(3) *Reyes Católicos,* cap. CX.
(4) *Historia de España,* lib. XXVI, cap. I.

FERNANDO EL CATÓLICO.

que hacía se apartara de su lado
hasta la sombra misma del pecado.

acerca de los segundos recordaremos que el cura de los Palacios la compara a Santa Helena, madre de Constantino, y el venerable D. Juan de Palafox, obispo de Osma, a Santa Teresa. Entre los historiadores modernos, el conde de Montalembert dice que era "la más noble criatura que jamás haya reinado sobre los hombres„, y Cánovas del Castillo la llama *veneranda princesa, excelsa Reina y la mujer más grande de la historia* (1). Dejando exagerados relatos, nosotros, aunque sin autoridad alguna, queremos consignar que la reina Isabel no fué superior a otras reinas de España.

Cierto es que nadie podrá negar que tanto Isabel como Fernando realizaron hechos, unos dignos de alabanza y otros censurables. Merecen alabanzas la organización de la Santa Hermandad, la incorporación a la corona de los maestrazgos de las Ordenes militares y la conquista de Granada; y merecen censura el establecimiento del Tribunal de la Inquisición y la expulsión de los israelitas. Tampoco aprobamos la conducta que siguió Isabel con su hermano Enrique IV ni con su sobrina Juana. Ni Isabel ni Fernando estuvieron acertados en el nombramiento de inquisidores; no fueron generosos ni con Gonzalo de Córdova, ni con Colón, ni con Jiménez de Cisneros; no se valieron, por último, de buenos y justos medios para arrojar de España a Boabdil, quien vivía contento en sus tierras de las Alpujarras.

Sobre la política de los Reyes Católicos en el Nuevo Mundo, no seríamos imparciales si pasáramos en silencio dos cargos: uno, la poca clemencia tenida con los indios; otro, el funesto sistema de administración colonial. La reina Isabel—como mostraremos en su lugar—no tuvo reparo en autorizar la venta de sus infelices indios, como tampoco se opuso a que los hijos de Canarias se vendiesen en las plazas de las ciudades de Andalucía.

Creyendo los españoles que la mayor riqueza de un país consistía en la mayor abundancia de oro, buscaban el precioso metal en las entrañas de la tierra y olvidaban la riqueza que tenían en la superficie de dicha tierra.

Y como un error engendra otro error, prohibieron la exportación del oro y el comercio de los productos indígenas, logrando que el valor de aquel metal disminuyese, y el valor de las mercancías aumentara.

_____

(1) *Conferencia inaugural con motivo del cuarto Centenario del descubrimiento de América, pronunciada en el Ateneo de Madrid el 11 de febrero de 1891*, pág. 17.

De aquí que el laborioso pueblo español se transformara en un pueblo indolente, poco trabajador y vicioso.

Respecto a la pureza de costumbres y moralidad, dice Fernández de Oviedo que "ansí tenían hijos los frailes y monjas como si no fuesen religiosos„ (1). Consideramos como cuento aquello de que la reina Isabel vestía de camisas hiladas por su mano, y el rey Fernando renovaba más de una vez las gastadas mangas de un mismo jubón (2).

Del aspecto moral y político pasaremos a la cultura y al movimiento intelectual. No se olvide que D. Pedro López de Ayala fué cronista de Pedro el *Cruel*, de Enrique II, de Juan I y de Enrique III. No se olvide que poetas y prosistas brillaron en la corte de los reyes de la dinastía de Trastamara. Recordaremos que Juan II formó una corte poética que se componía de lo más granado de la nobleza castellana. A la cabeza de aquellos poetas y escritores, figuraba D. Enrique de Villena, pariente de Juán II de Castilla y de Fernando I de Aragón, el cual no se limitó al estudio de la poesía y de la amena literatura, sino que también cultivó la filosofía, las matemáticas y la astrología, ciencias, en especial la última, que le valieron la fama de mágico y de nigromántico (3). La más estimada de todas sus obras en prosa, es la intitulada *Libro de los doce trabajos de Hércules*. Don Enrique tuvo un doncel llamado Macías el *Enamorado:* su amor a una mujer casada fué la causa de su muerte. El marqués de Santillana, á quien se llamó "gloria y delicias de la corte de Castilla„, figura a la cabeza de los poetas más inspirados y de los prosistas más famosos. Entre sus obras doctrinales e históricas, citaremos los *Proverbios;* entre las de recreación, *Preguntas y respuestas de Juan de Mena y el marqués de Santillana;* entre las de devoción, la canonización de los bienaventurados santos Vicente Ferrer, predicador, y Pedro de Villacreces, frayre menor; y entre las amorosas, *El sueño, Querella de amor* y las *Serranillas*. Además, escribió obras en prosa y *Refranes que dicen las viejas tras el fuego*. No encontramos nada más dulce y flúido que algunas estrofas de las canciones tituladas *Serranillas*. Así comienza la serranilla III:

I
Después que nascí,
non vi tal serrana
como esta mañana.

II
Allá á la vegüela,

á Mata el Espino,
en esse camino
que va á Lozoyuela,
de guissa la vi
que me fizo gana
la fructa temprana.
. . . .

(1) *Epílogo real, imperial y pontifical.*
(2) Véase Lafuente, *Hist. de España*, tom. XI, pág. 55.
(3) No fué marqués de Villena, aunque Pellicer y otros autores lo llaman así. Lo fué su abuelo D. Alfonso; pero no su hijo D. Pedro, ni su nieto D. Enrique, de quien nos ocupamos.

De la serranilla **VI** copiaremos lo siguiente:

I

Moza tan fermosa
non vi en la frontera,
como una vaquera
de la Finojosa.

II

Faciendo la via
del Calatraveño
á Sancta Maria,
vencido del sueño
por tierra fragosa
perdí la carrera,

do vi la vaquera
do la Finojosa.

III

En un verde prado
de rosas é flores,
guardando ganado
con otros pastores,
la vi tan graciosa
que apenas creyera
que fuesse vaquera
de la Finojosa.
. . . . (1)

Al lado de D. Enrique de Villena y del marqués de Santillana, podemos colocar al cordobés Juan de Mena, autor, entre otras composiciones, del *Laberynto*, llamada también *Las trescientas*, por ser éste el número de las coplas de obra tan excelente. Propúsose Juan de Mena en la citada obra imitar al Dante, y así como el autor de la *Divina Comedia* se deja conducir por Beatriz, el poeta español se deja llevar por la Providencia bajo la forma de hermosa doncella.

Pertenece igualmente al reinado de Juan II el judío converso Juan Alfonso de Baena, natural de la villa que le dió su nombre, en la provincia de Córdoba, y autor del *Cancionero*. En el mismo reinado floreció Antón de Montoro, que empleó principalmente su musa en la sátira.

Del tiempo de Enrique IV son los hermanos Gómez y Rodrigo Manrique, sobrinos del marqués de Santillana. Don Gómez logró justa y merecida fama, ya por su obra *Prosecución de los vicios y virtudes*, ya por su poema *A la muerte del marqués de Santillana*. Pero el que aventajó a todos, por la ternura de sentimiento y por la natural fluidez, fué Jorge Manrique, hijo de D. Rodrigo y el último vástago de familia tan esclarecida. La muerte de su padre, acaecida dos años después de la de Enrique IV, es la más bella y delicada de sus composiciones; elegía que, con el nombre de *Coplas de Jorge Manrique*, goza de reputación universal. Por las siguientes estancias, que transcribimos de dichas *Coplas*, puede juzgarse su inestimable valor:

Recuerde el alma adormida,
avive el seso y despierte
contemplando

cómo se pasa la vida,
cómo se viene la muerte
tan callando.

(1) Amador de los Rios, *Obras del Marqués de Santillana*, págs. 467 y siguientes.

Cuán presto se va el placer,
cómo después de acordado
    da dolor;

Cómo a nuestro parecer
cualquiera tiempo pasado
    fué mejor.

. . . .
    Nuestras vidas son los ríos
que van a dar en la mar,
que es el morir;
allí van los señoríos
derechos a se acabar
y consumir.

Otro poeta de tanta fama, aunque no de tanto mérito, como Jorge Manrique, floreció en aquellos tiempos: llamábase Juan Alvarez Gato. De él dijo D. Gómez Manrique que *fablaba perlas y plata*.

No sería justo pasar en silencio las célebres coplas de *Mingo Revulgo*, cuya paternidad se atribuye a Rodrigo de Cota y que circularon por Castilla profusamente en las postrimerías del reinado de Enrique IV.

Por lo que a la historia se refiere, aunque fueron varios ingenios los que trabajaron en la Crónica de Juan II, tales como Alvar García de Santa María, Juan de Mena, Diego de Valera, y tal vez algún otro, no hay duda de que su ordenación se debió al insigne Fernan Pérez de Guzmán, quien, como escribe Galíndez de Carvajal, "cogió de cada uno lo que le pareció más probable, y abrevió algunas cosas, tomando la substancia de ellas." No fueron menos notables los cronistas de Enrique IV, Enríquez del Castillo y Alonso de Palencia, partidario aquél y adversario el último del desgraciado monarca.

Recordaremos, por último, el nombre de Alvar García de Santa María, judío converso y autor de una de las crónicas de D. Alvaro de Luna; el de D. Alfonso de Madrigal, Obispo de Avila, conocido por el *Abulense*, y más todavía con el nombre vulgar de el *Tostado*, "persona esclarecida--dice el P. Mariana--por lo mucho que dejó escrito y por el conocimiento de la antigüedad, y su varia erudición que parecía milagro" (1).

Acerca de la cultura literaria en tiempo de los Reyes Católicos, nuestras primeras palabras serán para decir que en el mismo año que ciñó la corona Isabel, se introdujo en España la imprenta, invención que debía hacer social revolución en el mundo. Cultiváronse las letras, aunque no realizaron los progresos que era de esperar, dado el impulso iniciado en Italia y en Alemania, y dado el espíritu innovador del Renacimiento. No negaremos que los doctos varones que vinieron de Italia, como los hermanos Geraldino, Pedro Mártir de Anglería y Lucio Marineo Sículo, hicieron adelantar aquellos estudios, que estaban más atrasados en España. La cultura clásica de la Reina; la sólida educación que daba a su hijo, el príncipe D. Juan y a sus hijas; el cultivo

_____

(1) *Hist. de España*, tomo II, libro XXI, cap. XVIII.

que de la lengua latina hicieron Doña Beatriz de Galindo (la *Latina*), Doña Francisca de Lebrija, Doña Lucía de Medrano, Doña María Pacheco y la marquesa de Monteagudo (hijas las dos últimas del Conde de Tendilla y la primera mujer de Juan de Padilla) y otras, merecen alabanzas. Cierto es que las Universidades, Estudios generales y Academias se hallaban concurridos por una juventud aplicada y deseosa de saber. De Gonzalo Fernández de Oviedo, autor de la *Historia general y natural de las Indias* y de algunos más escritores, poco podremos decir en su elogio. Ni la jurisprudencia, a pesar de Díaz de Montalvo, ni ninguna de las ciencias se colocó a gran altura, ni aun las mismas sagradas y eclesiásticas. Poetas y trovadores no faltaban en la corte, bien que ninguno de aquéllos podía compararse con Juan de Mena, ni con el marqués de Santillana, astros brillantes del reinado de Juan II. Si se echaron los cimientos del teatro, justo será recordar que ya en Italia habían adquirido carta de naturaleza las comedias, siendo de advertir que las del extremeño Bartolomé Torres Naharro fueron representadas en dicha nación y no en España. De Italia también vinieron por entonces los primeros maestros de las Bellas Artes (arquitectura, escultura, pintura y música).

Dejando el relato de todos estos hechos para la historia política y para la historia de la literatura de España, recordemos con alegría que procedentes del vecino reino de Portugal, no sabemos si por mar o por tierra, llegaron a España dos extranjeros, de edad madura el uno y niño el otro. Debió de acaecer todo esto entre fines de 1484 y comienzos de 1485. El primero, o sea el hombre de edad madura, venía decidido a ofrecer a los Reyes Católicos el imperio que poco antes había rehusado Juan II, rey de Portugal. Y nos encontramos ante Colón y el descubrimiento del Nuevo Mundo. Había sonado la hora fijada por la Providencia para que todo el Mundo Nuevo, no parte de él, se comunicara con Asia, Africa y Europa. Jamás la fortuna se mostró más propicia con ningún Rey.

CAPÍTULO XVII

Descubrimientos anteriores al del Nuevo Mundo.—El Preste Juan.—Viaje de Marco Polo.—"De imagine mundi„ de Pedro de Ailly.—Supuestas cartas de Toscanelli a Colón.—Expediciones de Enrique el "Navegante„.—Importancia de estas expediciones.—Viajes de Diego Gómez.—Los conocimientos geográficos en aquellos tiempos.—La astronomía. Viajes de Diego Cao.—El cosmógrafo Behaim: su famoso globo.—Expedición de Bartolomé Díaz.—Viajes de Covilham y Paiva.

Somos de opinión que tiene interés en una Historia de América este capítulo, pues sin el estudio de ciertas noticias y determinados viajes, no podríamos explicar hechos relacionados, más o menos directamente, con el descubrimiento realizado por el insigne genovés.

Entre las noticias más peregrinas que corrieron por Europa en el siglo XIII, se halla la de un personaje misterioso, conocido con el nombre de *Preste Juan o Rey sacerdote*. Decíase que reinaba sobre un pueblo cristiano. La primera noticia del Preste Juan la encontramos en los escritos del historiador alemán Otón de Freising, hermano político del emperador Conrado III, de Alemania (1). Escribe el mencionado historiador que, habiendo encontrado en el año 1145 en Viterbo (Italia), al obispo de Gabula (hoy Jibal, en el Norte de Siria), le había dicho, no sin derramar algunas lágrimas, los peligros que amenazaban allí a la Iglesia cristiana desde la caída de Edesa. Hacía pocos años, según dicho prelado, que en el lejano Oriente, más allá de la Armenia y de la Persia, apareció un tal Juan, sacerdote y monarca al mismo tiempo, que reinaba sobre un pueblo nestoriano. Juan, después de conquistar a Ecbatana, capital de la Media, venció en una batalla de tres días a los hermanos sandyardos (Mohamed y Sandyar), que tiranizaban a Persia y Media, y avanzando más al Oeste para llevar auxilio a la oprimida iglesia de Jerusalén, tuvo que retroceder por no poder pasar el caudaloso río Tigris.

¿Quién era el Preste Juan? Los cronistas han buscado en vano al

---

(1) Véase Dr. Sophus Ruge, *Hist. de la época de los descubrimientos geográficos.* págs. 15 y siguientes.—*Hist. Universal*, de Oncken, tom. III.

famoso monarca presbítero; Marco Polo (1254-1323) lo confunde, unas veces con Ungchan, rey de los Keraitas, y otras con Jeliutache, primo del último soberano de Catay y fundador de un imperio al Oeste del río Lop-nor. En el siglo XIV se creyó haberlo encontrado en la persona del rey cristiano de Abisinia; en los comienzos del XV, Enrique el *Navegante* lo buscó en el mencionado país y a fines de la misma centuria, y aun en la siguiente, los reyes de Portugal enviaban embajadas, deseosos de hallarle.

Marco Polo, ya con su padre Nicolás, ya con su tío, de nombre también Marco, realizó muchos viajes aumentando los conocimientos geográficos del Oriente en Europa, teniendo la gloria de ser el viajero más conocido de los tiempos medios. Las noticias del célebre veneciano constituyeron durante mucho tiempo en Europa lo fundamental de la Geografía y Cartografía del Oriente. "Resumamos, dice Sophus Ruge, los resultados del famoso viaje de Marco Polo, que duró veinticuatro años, desde el 1271 hasta el 1295. Marco Polo fué el primer viajero que atravesó toda el Asia, de un extremo a otro, y que describió los diferentes países, los desiertos de la Persia, las altas mesetas con sus verdes pastos y las barrancas espantosas de Badajchan, los ríos que llevan lapizlázuli del Turkestán Oriental, los páramos inhospitalarios de la Mogolia, la ostentosa corte imperial de Pekín y los innumerables habitantes de la China. Refirió lo que supo del Japón, con sus palacios cubiertos de oro, y de Birmania, con sus pagodas del mismo metal, y fué también el primero que descubrió las islas deliciosas de la Sonda con sus especias y aromas, las islas lejanas de Java y Sumatra, con sus muchos reinos, sus preciosos productos y sus habitantes caníbales. Vió a Ceilán con sus montañas sagradas; visitó muchos puertos de la India y estudió la extensión y las riquezas de este país, tan fabuloso entonces para los europeos. El fué el primero que publicó una relación clara del reino cristiano de Abisinia, que adquirió noticias por un lado hasta de Madagascar, y por otro del extremo Norte del Asia, de la Siberia, el país, según dice, de las tinieblas, en que no brillan ni sol, ni luna, ni estrellas, donde domina un crepúsculo eterno, y donde se viaja en trineos tirados por perros o a caballo sobre rengíferos, un país detrás del cual se extiende el Océano helado, (1).

La relación primitiva de obra tan interesante fué escrita en francés antiguo, siendo traducida y refundida tiempo adelante en latín y en italiano. Muchos años después se tradujo al alemán con el siguiente título: "Este es el noble caballero Marco Polo de Venecia, el gran viajero terrestre que nos describe las grandes maravillas del mundo, desde

1) Ibidem, pág. 27.

donde sale el sol hasta donde se pone, cosas que no se han oído nunca. Esto ha impreso Friczs Creussner, en Nuremberg, el año del nacimiento de Cristo 1477.„

Gozó también de mucha popularidad, y se leyó con no poco entusiasmo el tratado conocido con el nombre *De imagine mundi*, escrito por Pedro de Ailly (en latín, Petrus de Alliaco), cardenal de Cambray (1). Venía a ser dicho tratado una compilación, medianamente hecha, de obras escolásticas anteriores (ex *pluribus auctoribus recollecta*): de autores griegos (Aristóteles, Ptolomeo, Hegesipo y Juan Damasceno), de autores latinos (Séneca, Plinio, Solino, Orosio, San Agustín, Isidoro de Sevilla y Beda), y de autores árabes (Alfragani y Albategni). De la obra de Ailly sacó Colón la mayor parte de sus conocimientos cosmográficos y en particular sus ideas, ya sobre la magnitud de la tierra y poca anchura del Océano, ya sobre la situación y naturaleza del paraíso, ya también, por último, del próximo fin del mundo.

Ciega fe tenía Colón en la obra *De Imagine Mundi*. En el capítulo VIII se trata de la magnitud de la Tierra, y tanto crédito dió el Almirante a la doctrina del Cardenal que, en la carta escrita en su tercer viaje desde Haití en 1498, copió un gran trozo de aquél capítulo; en él se afirmaba que para saber la superficie habitable de la tierra debían tenerse en cuenta el clima y la parte del globo ocupada por el agua. Dice Ailly en el capítulo XII que la zona tórrida estaba habitada por monstruos humanos, lo cual también había dicho San Agustín. Conforme Colón con la misma idea, en el Diario de su primer viaje se muestra admirado de no haber encontrado todavía los monstruos. En el capítulo XLIX se ocupa de la diversidad de las aguas, y particularmente del Océano, haciendo notar que lo mismo Aristóteles que su comentador Averroes, sostienen que la distancia entre la costa occidental del Africa y la oriental de la India (entiéndase Asia) no puede ser muy grande, porque en ambos países se encuentran elefantes, bien que nadie le ha medido en nuestro tiempo ni se tiene noticia de ello en los autores antiguos. Añade en el capítulo LI que la extensión de la tierra habitada desde España hacia el Oriente o la India, es mucho mayor que la media circunferencia de dicha tierra. Sostiene el Cardenal Ailly en el capítulo LV, que el paraíso terrenal está situado—según los datos de Isidoro, Juan Damasceno, Beda y otros—en el lugar más delicioso del Oriente, lejos de nuestra región habitada, en un sitio tan elevado que casi toca con la Luna, donde no pudo llegar el diluvio univer-

---

1) Pedro de Ailly (n. en 1350 en Coplegne, y m en Avignon en 1120 o 1425), escribió muchas obras. El tratado *De Imagine Mundi*, y otros, se compilaron en Basilea el MCCCCXVIII. Véase Bellarmino, *De scritoribus ecclesiasticis*, tomus septimus, pág. 109.

sal. Antes, en el capítulo VII, dijo que a pesar de hallarse el paraíso junto al Ecuador, tenía un clima muy templado a causa de su gran elevación.

No hemos de pasar en silencio otra proposición del citado cardenal. Encuéntrase en su tratado que lleva por título *Vigintiloquium de concordantia astronomicœ veritatis cum theologia* (1), página 181, referente a la edad de la tierra y a la época del juicio final. "Calcula siguiendo a Beda—escribe el Dr. Ruge— que desde la creación hasta el nacimiento de Jesucristo habían pasado 5.199 años; de suerte que en 1501 de nuestra era iban transcurridos 6.700; y como el juicio final debía ocurrir 7.000 después de la creación, resultaba próximo el fin del mundo. Colón entretejió también esta idea en su proyecto, aunque difirió algo en el cómputo„ (2).

¿Llegaron a Colón noticias del Preste Juan? Posible es que nada supiera del famoso personaje. ¿Tuvo noticia de los viajes de Marco Polo? En ninguna parte menciona al ilustre veneciano. Acerca de la correspondencia que—según Don Fernando Colón—tuvo el Almirante con el médico florentino Pablo Toscanelli, no cabe duda que es apócrifa, como ha probado el Sr. Altolaguirre (3). Sin embargo de ello, trasladaremos aquí las supuestas cartas del sabio italiano.

"A Cristóbal Columbo, Paulo, físico, salud: Yo veo el magnífico y grande tu deseo para haber de pasar a donde nace la especiería, y por respuesta de tu carta te envío el traslado de otra carta que ha días yo escribí a un amigo y familiar del Serenísimo Rey de Portugal (4), antes de las guerras de Castilla, a respuesta de otra que por comisión de S. A. me escribió sobre el dicho caso, y te invio otra tal carta de marear como es la que yo le invié (5), por la cual serás satisfecho de tus demandas, cuyo traslado es el que sigue.„ Copia en seguida la carta escrita a Martins y cierra con la data Florencia 25 de junio de 1574.

Don Fernando insertó después la segunda carta que copiamos: "A Cristóbal Colón, Paulo, físico, salud: Yo rescibí tus cartas con las cosas que me enviaste, y con ellas rescibí gran merced. Yo veo el tu deseo magnífico y grande a navegar en las partes de Levante por las de Poniente, como por la carta que yo te invio se amuestra, la cual se amostrará mejor en forma de esfera redonda; pláceme mucho sea bien entendida, y que es el dicho viaje no solamente posible, mas que es verdadero y cierto e de honra e ganancia inestimable y de grandísima

---

(1) Véase Bellarmino, *Descriptoribus ecclesiasticis*, tomus septimus, pág. 509.
(2) *Hist. de la época de los descubrimientos geográficos*, págs. 15 y siguientes.
(3) *Cristóbal Colón y Pablo del Pozzo Toscanelli*, págs. 363-397.
(4) Hernán Martins, canónigo de Lisboa. Esta correspondencia es auténtica.
(5) Desgraciadamente, la carta de marear mandada a Martins se ha perdido.

fama entre todos los cristianos. Mas vos no lo podreis bien conocer perfectamente, salvo con la experiencia o con la platica, como yo la he
tenido copiosisima, e buena, e verdadera informacion de hombres magni-
ficos y de grande saber que son venidos de las dichas partidas aquí en
corte de Roma y de otros mercaderes que han tractado mucho tiempo en
aquellas partes, hombres de mucha autoridad. Así que cuando se hará el
dicho viaje será a reinos poderosos e ciudades e provincias nobilisimas,
riquisimas de todas maneras de cosas en grande abundancia y a nosotros
mucho necesarias, ansi como de todas maneras de especiería en gran
suma y de joyas en grandisima abundancia. Tambien se irá a los dichos
Reyes y Principes que están muy ganosos, más que nos, de haber tracto
e lengua con cristianos de estas nuestras partes, porque grande parte
dellos son cristianos y tambien por haber lengua y tracto con los hombres sabios y de ingenio de acá, ansi en la religion como en todas las
otras ciencias, por la gran fama de los imperios y regimientos que han
destas nuestras partes; por las cuales cosas todas y otras muchas que se
podrían decir, no me maravillo que tu, que eres de grande corazon, y
toda la nacion de portugueses, que han seido siempre hombres generosos en todas grandes empresas, te vea con el corazon encendido y gran
deseo de poner en obra el dicho viaje.„ "Puede, pues, afirmarse—dice
Altolaguirre—que la correspondencia de Toscanelli con Martins fué en
1474, que hasta dos años después no llegó Colón a Portugal, y como
acto seguido emprendió el viaje a Thule, parece lo cierto que hasta
después de 1478, cuando ya los portugueses habían desechado y probablemente olvidado el proyecto de Toscanelli, no tuvo de él conocimiento
Cristóbal Colón„ (1). Se propuso Don Fernando con tales patrañas
"recabar para su padre la gloria de haber sido el iniciador del pensamiento de que navegando desde Europa o Africa directamente al Oeste,
era posible arribar a la costa Oriental de Asia„ (2).

Entrando ya en el estudio de los descubrimientos geográficos, colocamos a la cabeza de los grandes viajeros al infante D. Enrique, llamado el *Navegante*, quinto hijo del rey Juan I de Portugal (nació el 4
de marzo de 1394). Habremos de comenzar recordando que Portugal,
pobre rincón de tierra separado de España, si sufrió en el siglo VIII,
como toda la Península Ibérica, la dominación musulmana, pronto logró
expulsar a los moros del territorio lusitano, penetrando luego en Marruecos y extendiendo su poder en aquellas tierras. Cerca de medio siglo llevaba el reino de Portugal buscando ocasión de extenderse allende
los mares. A la sazón el representante del espíritu aventurero de la

---

(1) *Cristóbal Colón y Pablo del Pozzo Toscanelli*, pág. 369.
(2) Ibidem, pág. 397.

ENRIQUE EL NAVEGANTE.

época fué, sin duda alguna, el citado infante D. Enrique. Todavía muy
joven se dió a conocer por su espíritu belicoso. Juan I de Portugal arrebató a los sultanes marinitas de Marruecos—año de 1415—la ciudad de
Ceuta, en la costa meridional del Estrecho de Gibraltar, siguiéndose a
dicha conquista la de Tánger, Tetuán y otras plazas vecinas del Estrecho. En un combate sangriento contra los moros de la citada Ceuta, el
infante D. Enrique ganó las espuelas de caballero. Cuéntase que tanto
se distinguió en la acción, que Martín V, Segismundo de Alemania y
otros soberanos le hicieron proposiciones para confiarle el mando de sus
ejércitos. El Papa deseaba enviarle contra los turcos y el Emperador en
el Concilio de Constanza hizo sus proposiciones al embajador de Portugal, quien debía trasladarlas al valeroso infante. No hizo caso D. Enrique de tales invitaciones porque otras ideas bullían en su mente. Subiendo a los muros de la plaza de Ceuta

> ... con sola su rodela
> y una espada, enarboló
> las quinas en sus almenas.

Desde lo alto de las almenas de la ciudad, para la realización de sus
atrevidos proyectos, pudo contemplar, por un lado, el mar, y por otro,
las tierras que esconde el Atlas. Tiempo adelante, el Rey, su padre, le
concedió el ducado de Vizeu y le nombró *Gran Maestre de la orden de
Cristo*, pudiendo ya contar con rentas propias para realizar sus vastos
proyectos. Sin embargo de que la Orden de Cristo había sido fundada
para combatir a los musulmanes, enemigos de la ley de Jesucristo, se
creyó en el deber de atraerse a los hijos del Profeta por medios más
humanos y justos. No quería seguir la política de los reyes sus antecesores. Volvió de Ceuta con el pensamiento de conquistar Marruecos por
la fuerza de las ideas y de recorrer el mar por el valor y audacia de
sus marinos. Era un hombre enérgico, valeroso y tenaz. Embargábale la
idea de llegar hasta la Guinea (parte Oeste de África, que se extiende
desde la Senagambia al Congo), conocida entonces con el nombre de
Guanaja o Ganaja, y de la cual sólo se tenían vagas noticias, pues no
se conocía europeo alguno que hubiese visitado aquellas lejanas tierras.
Decíase, sin embargo—no sabemos con qué fundamento—que el oro
abundaba en aquellos países: noticia que dió mayores alientos al infante D. Enrique, deseoso de que Portugal fuese la única potencia de Europa que comerciara con los pueblos de la Guinea.

Del mismo modo se proponía descubrir—y esto era para él cuestión
de no poca importancia—en qué consistía el poder de los moros, los
enemigos mortales de su nación. Había notado que en todas las gue-

rras con la morisma aquéllos luchaban solos, dándose el caso que nunca rey alguno del interior de Africa acudió a prestarles auxilio. Este hecho y algunos otros, aunque de menos valor, hicieron sospechar al infante portugués que al Sur de los territorios musulmanes había quizás pueblos cristianos, en cuyo caso, contando con la ayuda de los últimos, los hijos de Mahoma estaban perdidos cuando se les atacase simultáneamente por el Norte y el Mediodía. Anhelaba de igual manera llevar la luz del Evangelio a regiones desconocidas. Por último, influía su horóscopo, que le declaraba destinado a hacer grandes descubrimientos.

El antiguo cronista Azurara considera que influyeron en el ánimo de D. Enrique los cinco motivos siguientes: 1.º, saber lo que había más allá del cabo Bojador; 2.º, entrar en relaciones comerciales con los cristianos que hubiese en aquellas tierras; 3.º, tener noticia exacta del poderío de los moros de aquella parte de Africa; 4.º, descubrir si en aquellos países existían príncipes que le ayudasen contra los moros, y 5.º, acrecentar o extender la religión católica (1).

Contando D. Enrique con el beneplácito del Rey, estableció — en el promontorio de Sagres en el Algarbe, de cuya provincia era gobernador vitalicio — su Palacio, el primer Observatorio astronómico de Portugal, el Arsenal marítimo y la Escuela de Cosmografía. Sagres viene a ser una peña llana, de unos 70 metros de altura, que penetra en el mar más de un kilómetro, y termina, no en punta, sino en una especie de maza. Allí, en el puerto de Sagres, cerca del cabo de San Vicente, rodeado de algunos doctos, ya lusitanos, ya de Marruecos y de Fez, olvidándose de la Tierra Firme, dirigió toda su atención al vasto Océano. La población que tocaba con el promontorio recibió el nombre de *Villa del Infante*. Dispuso D. Enrique que sus naves se abrigasen en el próximo puerto de Lagos. Adquirió noticias del Sudán y de las caravanas que traficaban entre Marruecos, el Senegal y Tombuctu, enviando después sus buques a descubrir el gran río Senegal (llamado *Samaya* por los portugueses, y *Ovedech* por los indígenas).

Entre las expediciones más importantes organizadas por el infante D. Enrique citaremos las siguientes: En 1416 envió a Gonzalo Velho a pasar más allá de las Canarias, y en 1431 descubrió las primeras islas del grupo de las Azores. El año 1434 Gil Eannes, paje del Infante, arriesgó su vida para doblar el cabo Bojador, y su sucesor Alfonso González Baldaya llegó hasta el río de Oro, o sea, hasta el límite septentrional de la zona tórrida. Llegó Nuño Tristán en 1441 al Cabo Blanco, y dos años después a la bahía de Arguim. Destinóse la isla de Arguim como centro de operaciones y relaciones mercantiles, fundándose allí la

_____

(1) Véase *Chronica do descobrimento e conquista de Guiné.*

primera colonia portuguesa permanente en Africa, que adquirió pronto
importancia, hasta el punto que a los pocos años, una Sociedad mercantil de Lagos (puerto de la villa del Infante) pudo enviar una flotilla de
seis buques. Los portugueses llevaban tejidos (pañuelos de color y
mantas de lana), sillas de montar y estribos, trigo, miel, especias, plata, coral rojo y barreños, que cambiaban por esclavos negros de Guinea, oro de Tombuctu, camellos, vacas, cabras, pieles de búfalo y de
martas zibelinas, huevos de avestruz y goma arábiga. En el año 1445
el intrépido marino Dionís Díaz (ascendiente de Bartolomé Díaz, que
veintiséis años después de la muerte del Infante dobló el Cabo de Buena Esperanza) pasó por delante de la embocadura del Senegal que separa la raza negra de la blanca, llegando hasta el Cabo Verde. Consistía la importancia de la expedición en que se había llegado a la verdadera tierra de los negros y en que las teorías de Aristóteles y de Ptolomeo acerca de la inhabitabilidad de la zona tórrida eran falsas. "Esta
teoría antigua, que había prevalecido tantos siglos, se estrelló contra el
Cabo Verde, cabiendo este honor al infante D. Enrique, cuyo lema *Ta-
lent de bien faire* celebró allí su mayor victoria, porque desde entonces se
abrió para la ciencia geográfica un horizonte enteramente nuevo, y el
mundo europeo aprendió a fiarse más de las observaciones directas que
de la autoridad de los filósofos griegos„ (1). Vino a completar este descubrimiento el veneciano Luis de Mosto, a cuya disposición puso D. Enrique, pocos años más adelante, una carabela de 90 toneladas a las órdenes
de Vicente Díaz, los cuales llegaron hasta el río Gambia. Relación minuciosa del viaje publicó Mosto y de ella copiamos la siguiente descripción
del Cabo Verde: "El Cabo Verde—dice—trae su nombre de los árboles
verdes que allí crecen y que conservan su color casi todo el año. Lo descubrieron los portugueses un año antes de mi llegada, y le dieron este
nombre por la razón indicada, conforme llamaron el Cabo Blanco así por
el color de la arena que lo forma; pero el Cabo Verde es elevado y hala-
ga la vista. Está entre dos montañas y penetra en el mar con muchas
chozas y viviendas de negros. Hay que notar que al otro lado del Cabo
Verde forma la costa una bahía con playas llanas y cubiertas como
toda la costa de multitud de bellísimos y grandísimos árboles verdes,
porque allí no caen las hojas viejas hasta que salen las nuevas. Desde lejos parecen estar a orillas del agua, aunque en realidad están distantes
un tiro de ballesta. Es una costa bellísima. He viajado hacia Levante y
Poniente y he visto muchos países, mas ninguno más hermoso que éste,
bañado por muchos ríos grandes y pequeños„ (2). La descripción debió

(1) Dr. Sophus Ruge, *Historia de la época de los descubrimientos*, pág. 37.—*Historia Universal*, de Oncken, tomo VII.

(2) Ibídem, pág. 37.

interesar vivamente a D. Enrique, puesto que organizó desde Arguim un sistema completo de exploración. Juan Fernández penetró en el desierto de Sahara, permaneciendo siete meses entre las tribus salvajes del interior, al cabo de cuyo tiempo volvió a Sagres a dar cuenta al Infante, su señor, de lo que había visto en aquellas tierras. En el año siguiente de la expedición de Díaz, Nuño Tristán llegó hasta el rio Gambia y Alvaro Fernández casi hasta Sierra Leona. Las tribus próximas al Gambia eran más numerosas y valientes que las del Sahara, las cuales se opusieron al desembarque, logrando con sus flechas envenenadas matar a la mayor parte de los portugueses sin exceptuar al jefe. Por último, Diego Gómez, en el año 1457, con otros intrépidos navegantes subió río Gambia arriba hasta la ciudad de Cantos. Esta fué la última expedición importante que ordenó D. Enrique.

Murió navegante tan ilustre en Sagres (13 noviembre 1460), cuando ya contaba sesenta y seis años. En sus geográficas empresas había gastado más de sus recursos, pues en 1449 era en deber a su pariente Fernando de Braganza la suma enorme de 19.394 coronas de oro (1). Todo este dinero lo había empleado en hacer de Portugal una gran potencia marítima.

Aunque a la muerte del Infante disminuyó el entusiasmo por los descubrimientos, sin embargo, en la corte de Portugal se hallaban los pilotos más inteligentes y los constructores de barcos más hábiles; se vendían las mejores obras de astronomía, los planisferios, los mapa mundis y las cartas marítimas más exactas. Lisboa, pues, continuó siendo el centro de los estudios geográficos. Por entonces descubrió Diego Gómez, en compañía del genovés Antonio de Noli, las islas de Cabo Verde.

Antes de proseguir el estudio de los descubrimientos marítimos, recordaremos los conocimientos geográficos generales de aquel tiempo. En la *Margarita philosophica* del prior cartujo alemán Gregorio Reisch, publicada en el año 1496 y reimpresa muchas veces durante el siglo XVI, se lee lo siguiente: "El agua cubrió al principio toda la superficie de la tierra como una niebla fina que se elevaba hasta las altas regiones. A la orden del Creador, el firmamento separó las aguas superiores de las inferiores, reuniéndose éstas últimas en un sólo punto más profundo y dejando descubierta la tierra firme para los seres vivientes. De toda la substancia de la tierra y del agua se formó un solo cuerpo esférico, al cual atribuyeron los eruditos dos centros, uno de gravedad y otro de volumen. Este último es el que está situado en el punto medio del eje de toda la esfera formada de la tierra y del agua, y de consi-

---

(1) La corona de oro en aquel tiempo valía unas 20 pesetas de nuestra moneda.

guiente, en el centro del mundo. Fuera de este centro está el de gravedad, que es el centro del eje de la tierra sólida, mayor necesariamente
que el radio de la esfera formada de la tierra y del agua, porque, a no
ser así, caería el centro del mundo fuera de la tierra, suposición que
sería la más necia que pudiera imaginarse en física y en astronomía.
La admisión de centros distintos es ineludible, porque la parte seca de
la superficie terrestre es más ligera que la cubierta de agua. La tierra
seca es más ligera que la empapada del agua, y por esta razón no puede ser el centro de gravedad idéntico al de volumen, sino que el primero se halla más hacia la periferia del lado del agua que el segundo,
y hacia aquella parte se reunirán también las aguas de la tierra, porque
así se aproximan más al centro del mundo.

El primero que intentó la representación del lado del agua de la esfera terrestre fué Toscanelli de Florencia, allá por el año 1474. Ya por
entonces se había introducido nuevo e importante factor que trajo radical reforma en las teorías dominantes en aquella época. Este nuevo
e importante factor era el libro de Claudio Ptolomeo (geógrafo y astrónomo egipcio que floreció en Alejandría por los años de 125 á 135
antes de Cristo), intitulado *Almagesto*, obra de la cual trató el cardenal
Pedro de Ailly en su citado tratado *De imagine Mundi* (1). Entre los
astrónomos más sabios de aquella época sobresale Regiomontano
(1436-1476). Para facilitar las observaciones astronómicas a la orien-
tación y determinación de las situaciones geográficas, calculó Regiomontano en 1473 las efemérides (tablas que indican día por día la posición de los planetas en el Zodiaco) para un período de treinta y dos
años. También el sabio astrónomo inventó un instrumento llamado *ba-
lestilla* por los portugueses y *ballestilla, flecha o báculo de Jacob* por los
españoles), para medir la altura del polo de un astro. El último instrumento lo introdujo en Portugal Martín Behaim, discípulo del inventor.
Durante el reinado de Alfonso V el *Africano* (1438-1481) (2), tío del
infante D. Enrique, continuaron las expediciones marítimas. Juan II
(1481-1495) parecía heredero del espíritu de Enrique el *Navegante*. En
su tiempo Diego Cao se hizo a la vela (1484) con dos buques de su propiedad, llevando en calidad de cosmógrafo a Martín Behaim. Pasaron
el Cabo de Santa Catalina y descubrieron el Congo, el río más caudaloso de Africa. Se atrajo Cao a algunos habitantes con la idea de que
aprendiesen el portugués y servirse luego de ellos en sus relaciones con
el rey del Congo. Cao continuó todavía hacia el Sur unas 200 leguas,
llegando al Norte del Cabo Negro (1485). Behaim, a la vuelta del via-

---

(1) Ptolomeo es también autor de una *Geografía* y de otras obras.
(2) A Juan I (1385-1433) sucedió Eduardo I (1433-1438).

je, fué nombrado por el Rey caballero de la Orden de Cristo. Cosmógrafo tan insigne, después de su larga residencia en Portugal, y después de haber desempeñado importantes comisiones científicas, se retiró a su patria, a Nuremberg (1492), en cuyo año construyó—antes de
que Colón regresara de su primer viaje—el globo terrestre, que ha inmortalizado su nombre. Debemos advertir que dicho globo, guardado,
como precioso depósito, en Nuremberg, es—como Mr. Davezac sostuvo
en el Congreso Geográfico de Amberes de 1871, y cuya proposición
aprobó la sabia Corporación—una reproducción, en la parte que al Extremo Oriente se refiere, de la carta de navegar de Toscanelli. En el
globo de Martín de Behaim se ven indicadas ya las longitudes y las latitudes, siendo de notar los grandes errores cometidos en las últimas.
En cambio, las inscripciones que hay en él son muy interesantes. Léese
lo siguiente en uno de sus ángulos: "Sépase como esta figura del globo
representa toda la extensión de la tierra, tanto en longitud como en latitud, medida geométricamente, parte, según lo que Ptolomeo dice en su
libro titulado *Cosmografía*; el resto, según el caballero Marco Polo, que
desde Venecia viajó por el Oriente el año de 1250, y también según lo
que el respetable, docto y caballero Juan de Mandeville dijo, en 1322,
de los países orientales desconocidos de Ptolomeo, con todas las islas
pertenecientes a aquel continente, de donde nos vienen las especias y
las piedras preciosas. Mas el ilustre D. Juan, rey de Portugal, ha hecho visitar por sus naves, en 1485, todo el resto de la parte del globo,
hacia el Mediodía, que Ptolomeo no conoció, en el cual descubrimiento
he tomado yo parte...„

En el golfo de Benin, junto a las islas Príncipe, Santo Tomás y San
Martín, se halla el siguiente letrero: "Estas islas fueron descubiertas
por las naves que el rey de Portugal envió a estos puertos del país de
los moros el año de 1484...„ La inscripción puesta encima del cabo de
Nueva Esperanza contiene la relación del viaje que hizo Martín Behaim
con Diego Cao. Dice así: "El año 1484 del nacimiento del Señor, el ilustre D. Juan, rey de Portugal, hizo equipar dos naves, llamadas carabelas, provistas de hombres con armas y víveres para tres años, ordenando a la tripulación navegar al otro lado de las columnas de Hércules, en Africa, siempre hacia el Mediodía y los lugares donde el sol sale,
tan lejos como les fuese posible... Así equipados, salimos del puerto de
la ciudad de Lisboa con rumbo a la isla de la Madera, donde crece el
azúcar de Portugal... Llegamos al país llamado reino de Gambia, donde
crece la malagueta (especie de pimienta), y el cual dista de Portugal
800 leguas alemanas; después, pasamos al país del rey de Furfur, que
está a 1.200 leguas o millas y donde crece la pimienta que se llama de

Portugal. Más lejos aún, hay un país donde hallamos la corteza de la canela; pero encontrándonos de Portugal a 2.300 leguas, volvimos sobre nuestros pasos y a los diez y nueve meses estuvimos de vuelta ante nuestro Rey„.

En el año de 1486 Bartolomé Díaz con tres embarcaciones, una mandada por él, otra por Juan Infante, y la tercera destinada a provisiones por su hermano Pedro, se hizo a la vela, con el ánimo de continuar las exploraciones de las costas africanas, desde el punto que Diego Cao dejó las que hubo de realizar en compañía del cosmógrafo Martín Behaim. Se propuso obscurecer las glorias de sus parientes Juan Díaz y Dionís Díaz. Bartolomé hizo que mujeres negras que conducía a bordo desembarcasen en varios puntos de la costa del Congo y más allá hacia el extremo Sur de Africa, las cuales debían dar a los indígenas noticias del poderío de los portugueses, no sin manifestarles también que iban en busca del país del Preste Juan. Creyeron que las nuevas de la expedición llegarían de boca en boca y de país en país a oídos del fabuloso personaje, quien, al saberlas, tal vez enviase mensajeros para recibir a los portugueses con el objeto de entrar con ellos en relaciones.

Bartolomé Díaz levantó el primer padrón de piedra cerca de la Sierra Parda, al Norte de la bahía de la Ballena (*Angra dos Voltas*), no lejos de la desembocadura del río Orange. Desde el Golfo de Santa Elena emprendió de nuevo su rumbo, llegando, después de grandes trabajos, a una ensenada llamada de los Vaqueros (*Angra dos Vaqueiros*) (1), donde los hotentotes que allí guardaban sus rebaños, al ver los barcos, huyeron espantados hacia el interior. Dirigiéndose más al Este llegó a la bahía de San Bras (2), donde hizo provisión de agua dulce, lo cual dió motivo a un choque con los indígenas, pasando, por último, a la pequeña isla de Santa Cruz (Golfo de Algoa), y plantando en ella el último padrón. Pidieron los tripulantes al jefe no seguir adelante y emprender el viaje de regreso; pero Díaz les suplicó que le dejasen continuar avanzando dos o tres días más hasta ver la costa hacia el Norte, porque él creía firmemente haber doblado el extremo Sur del Africa, y en este caso, con poco trabajo, se lograría llegar a la India, que eran todos sus deseos. Continuaron navegando dos días más, hasta llegar a un gran río que Díaz denominó *do Infante*, porque un compañero, el Capitán de este apellido, fué el primero que saltó a tierra. Aunque a disgusto suyo, Díaz hubo de dar la vuelta, teniendo entonces la dicha de contemplar el imponente promontorio que forma la punta austral del Africa. Terrible tempestad que puso en gran peligro las embarcaciones,

(1) Ha llevado el nombre inglés de *Flesh-bai* (Bahía de la carne).
(2) Hoy Mossel-bai.

estuvo a punto de cambiar en día de luto los anteriores momentos de alegría. En recuerdo de la furiosa tormenta, Díaz dió al citado promontorio el nombre de *Cabo de las Tormentas*, y que Juan II, influído por otros sentimientos, le sustituyó por el que hoy lleva. "Ese Cabo nos abre el camino del Asia, dijo, se llamará *Cabo de Buena Esperanza*." Bartolomé Díaz, después de una ausencia de diez y seis meses y diez y siete días, y de haber explorado 350 leguas de costa, llegó a Lisboa en diciembre de 1487.

Consideremos los últimos viajes realizados durante el reinado de Juan II. Antes del regreso de Bartolomé Díaz, el Rey había mandado a Pedro de Covilham y a Alfonso de Paiva para explorar el reino de Abisinia y las condiciones de comercio y de comunicación en el Océano Indico. Antes intentaron lo mismo, por orden de Juan II, el Padre Antonio de Lisboa y Pedro de Montorryo; mas la expedición no dió resultado alguno. En cambio, no careció de interés la de Covilham y Paiva, quienes se pusieron en camino el 7 de mayo de 1487. Penetraron en Egipto, después de pasar por Rodas, llegando a Alejandría y al Cairo; embarcándose en el Mar Rojo fueron hasta Adén, donde se separaron, designando como punto de reunión otra vez el Cairo. Covilham, que se embarcó para la costa del Malabar, visitó a Cananor, Calcuta y Goa, regresando a la costa oriental del Africa, la cual siguió hasta el extremo meridional del rico país de Sofala, donde adquirió noticias sobre la isla de Madagascar.

Cuando Covilham regresó al Cairo, se encontró con la noticia de que Paiva había muerto; halló sí dos nuevos emisarios del rey Juan, que eran los rabinos Abraham de Beja y José de Lamego. En tanto que el judío José marchó a Lisboa con las noticias que adquirió Covilham, éste último, acompañado del hebreo Abraham, visitó la ciudad de Ormuz, tomando en seguida diferente rumbo, pues Abraham de Beja, con una caravana se dirigió por Bagdad y Haleb a Siria, mientras él marchó a Abisinia y se estableció en su capital Choa, con gran complacencia del monarca del país. Covilham se casó en Abisinia, y allí murió pasados algunos años.

Cuando se realizaban tales hechos, el genovés Cristóbal Colón se disponía a marchar a las Indias. Procede estudiar ya el descubrimiento del Nuevo Mundo.

COLÓN.

CAPÍTULO XVIII

CRISTÓBAL COLÓN: SU PATRIA Y FAMILIA.—COLÓN EN PORTUGAL:
SU MATRIMONIO.—LA FAMILIA DE SU MUJER.—ALONSO SÁNCHEZ
DE HUELVA.—CULTURA DE COLÓN.—LA ESFERICIDAD DE LA TIE-
RRA.—LA ACADEMIA DE TOLEDO.—ROGERIO BACON Y RAIMUNDO
LULIO.—PROYECTO DE COLÓN DE IR DIRECTAMENTE A LA INDIA
POR OCCIDENTE.—LA LIBRERÍA DE COLÓN. JUNTA CONVOCADA
POR JUAN II Y PRESIDIDA POR EL OBISPO DE CEUTA: OPINIÓN DEL
CONDE DE VILLARREAL.

Cristóbal Colón, según Andrés Bernáldez, cura de Los Palacios (1),
gran amigo del futuro Almirante y depositario de todos sus papeles,
debió nacer hacia el año 1435 (2). Afirma Washington Irving que se
verificó la época de su nacimiento allá por los años de 1434 a 1436.

Respecto a la patria de Colón, creemos que no cabe duda alguna,
puesto que él mismo lo declara en la fundación de su mayorazgo (22 febrero 1498) (3) terminantemente dice que ha nacido en Génova. Copiamos a continuación sus mismas palabras: "Siendo yo nacido en Génova,
vine a servir aquí, en Castilla.,, Además, encontramos la siguiente cláusula: "Item: mando al dicho D. Diego, mi hijo, o a la persona que here-
dare el dicho Mayorazgo que tenga y sostenga siempre en la ciudad de
Génova una persona de nuestro linaje que tenga allí casa e mujer, e le
ordene renta con que pueda vivir honestamente como persona tan llegada a nuestro linaje, y haga pie y raíz en la dicha ciudad como natu-

(1) Los Palacios es una población próxima a Sevilla.
(2) *Historia de los Reyes Católicos D. Fernando y Doña Isabel*, Sevilla, 1870.
(3) Procede recordar aquí que durante la monarquía castellano-leonesa de Doña Urraca (1109-
1126), mujer de Alfonso I de Aragón, D. Diego Gelmírez, obispo de Compostela, dió comienzo a
la organización de fuerzas navales para resistir a las piraterías de los moros, los cuales asolaban
toda la costa, desde Sevilla hasta Coimbra, *ab Hispali usque ad Cohimbram*, según se lee en la *Historia Compostelana*. El prelado de Compostela contrató genoveses, porque los italianos ejercían a
la sazón el papel que los griegos, y en particular los fenicios habían tenido en los tiempos antiguos. Eran los genoveses los hombres de mar, los mejores constructores navales y los más expertos marineros que recorrían el Mediterráneo: eran, como dice la Crónica, *optimi navium artifi-
ces, nauticque peritissimi*. «No puedo prescindir, dice Charlevoix, de hacer de paso una observación. Es muy glorioso para Italia que las tres potencias entre las cuales está repartida actualmente casi toda la América, deban a italianos sus primitivos descubrimientos. España, a Colón,
genovés: Inglaterra, a Juan Cabot y sus hijos, venecianos: y Francia a Verrazani, ciudadano de
Florencia.» *Viajes*, etc., en 1720.

ral della, porque podrá haber de la dicha ciudad ayuda e favor en las cosas del menester suyo, pues que della salí y en ella nací.„ En otra cláusula manifiesta también Colón el afecto que tiene lo mismo a Génova que a España, lo mismo a su país natal que a su nueva patria. He aquí sus palabras: "Item: mando al dicho D. Diego, o a quien poseyere el dicho Mayorazgo, que procure y trabaje siempre por la honra y bien y acrecentamiento de la ciudad de Génova, y ponga todas sus fuerzas e bienes en defender y aumentar el bien e honra de la república della, no yendo contra el servicio de la Iglesia de Dios y alto Estado del Rey o de la Reina, nuestros señores, e de sus sucesores.„ No hay dudas, pues, acerca de la patria de Colón; él mismo dice varias veces que era de Génova. "Sólo demostrando—como escribe Sánchez Moguel—que Colón no dijo que había nacido en la ciudad de Génova, o probando que mintió al decirlo, es como cabe abandonar fundadamente la causa de Génova, para abrazar la de Saona o de cualquiera otra de las innumerables poblaciones que pretenden haber dado nacimiento al descubridor del Nuevo Mundo„ (1). No ha conseguido Génova encontrar la calle y casa en que nació; pero el municipio de la ciudad compró en el año 1887, por la cantidad de 31.500 pesetas, una casa en la que se cree con algún fundamento que Cristóbal Colón pasó su infancia y juventud hasta la edad de catorce años (2).

Veamos ahora lo que sobre el particular ha publicado el historiador Juan Solari (3), no sin dar a conocer antes la opinión de Muratori y de Casoni. Muratori dijo: "Colombo es natural de Génova, o por mejor decir, de un pueblo vecino de Génova„. Casoni escribió *(Annali Genova 1708)*, lo siguiente: "Los antepasados de Cristóbal—como consta por escrituras públicas—habitaban Terrarossa, poco distante de Nervi, atrás de las faldas del Monte Fasce, situada al lado de Maconesi en Fontanabuona, que dá el nombre a dicho valle. Su abuelo se llamaba Juan. Su padre era Domingo, ciudadano de Génova, y su madre se apellidaba Susana Fontanarrosa„ (4).

Cristóbal Colón—dice Solari—nació en Terrarossa, valle de Fontanabuona, provincia de Génova, y su nacimiento se verificó en el año 1436 (5). Compónese Terrarossa de un grupo de casas situadas sobre un

---

(1) *España y América*, pág. 100. Del cura de Los Palacios son las siguientes palabras: «En el nombre de Dios Todopoderoso, ovo un hombre de tierra de Génova, mercader de libros de estampa, que trataba en esta tierra de Andalucía...» *Historia de los Reyes Católicos*, tomo I, capítulo CXVIII.

(2) Víctor Balaguer, *Cristóbal Colón*, pág. 159.

(3) *La cuna del descubridor de América, Cristóbal Colón*. Homenaje al centenario de la República Argentina, 25 mayo 1910.

(4) Ibídem, pág. 50.

(5) Harrise lo fijó en el 1445.

collado a flor del valle de Fontanabuona, a cien pasos de Entella. Su distancia de Maconesi es media milla, dos de Cicagna, tres de Oreso, ocho de Chiavari, y otro tanto o algo más de Génova, en línea recta. Decimos en línea recta, porque este camino es poco frecuentado por ser montuoso y de difícil acceso, lo que hace que la distancia parezca más larga de lo que es en realidad. La casa de Colón se encuentra entre las primeras que dan al río (1). A la sazón se halla reconstruída en su mayor parte. A poca distancia de la casa existen rastros de la fábrica de Domingo Colombo y no lejos una tierra denominada *Pian Colombino*, nombre que hace suponer fuera propiedad de la familia de Colombo (2).

Hállase probado—y seguimos la relación de Solari—que el padre del descubridor del Nuevo Mundo, en una escritura de venta de un terreno, año de 1445, a Bartolomeo de Maconesi, se firma Domenico Colombo di Terrarossa. Tampoco cabe duda que la madre del Almirante se llamaba Susana y era hija de Santiago Fontanarrosa. Bartolomé, hermano del Almirante, en una carta geográfica trazada en Londres, firmaba Colombo di Terrarossa; y Fernando, hijo de dicho Almirante, afirma que su padre, antes de descubrir el Nuevo Mundo, firmaba Colombo de Terrarossa (3). Además de la escritura citada, correspondiente al año 1445, se encuentran otros documentos públicos en que al lado de Domenico Colombo de Terrarossa se hallan los nombres de Simón de Maconesi, Benedicto de Monleone, Antonio Leverone de Fontanabuona y otros.

Parece cosa probada que los tres hermanos llamados Juan, Mateo y Amighetto—según documentos del año 1496—eran hijos de Antonio Colombo de Maconesi, hermano de Domingo, padre del descubridor del Nuevo Mundo. Juan, Mateo y Amighetto comparecieron ante escribano y celebraron un contrato a los efectos siguientes: Juan iría a España en busca de su primo carnal Cristóbal, Almirante al servicio de los Reyes Católicos, para tomar parte en las empresas marítimas o descubrimientos en el Nuevo Mundo. Los tres hermanos deberían contribuir por iguales partes a los gastos, así como también los productos se repartirían del mismo modo (4).

Añade Solari que en el año 1500, por deuda pendiente, se entabló demanda en Savona contra la sucesión de Domingo, padre de Cristóbal. En el juicio se hizo constar que los hermanos Cristóbal, Bartolomé y Diego se hallaban en España.

(1) Ob. cit., págs. 68 y 69.
(2) Ibidem, pág. 70.
(3) Ibidem, págs. 50 y 51.
(4) Ibidem, pág. 52. En el cuarto viaje acompañó al Almirante un hijo de Génova llamado Juan Antonio Colombo.

Resulta de todo lo expuesto, que Cristóbal Colón pudo llamarse ciudadano de Génova, puesto que el valle de Fontanabuona y, por consiguiente, Terrarossa, dependían de la ciudad citada; pero el lugar de su
nacimiento fué el caserío de Terrarossa. Por tanto, es evidente que Domingo Colombo tuvo en el valle de Fontanabuona la fabricación de paños, estableciendo luego pequeños depósitos, para aumentar la venta,
primero en Quinto y después en Génova y Savona (1). Los depósitos
citados, por el solo hecho de estar a su nombre, implicaban el domicilio
de Domingo, aunque no se hallase presente; mas dicho domicilio, lo
mismo en Quinto que en Génova y Savona eran transitorios, pues únicamente tenía fijeza el de Fontanabuona.

Haremos notar que el activo tráfico entre los caseríos o aldeas de
Fontanabuona con Génova, era mucho, teniendo aquellos comerciantes —por falta de escribanos en la región— que recurrir a Génova
para celebrar sus actos públicos. Por esto no debe causar extrañeza que
los testigos y demás personas que intervenían en los contratos, se llamasen Antonio Colombo de Maconesi, Antonio Leverone de Cicagna,
Nicolás de Fontanabuona, Juan de Monteone, etc.; y decimos que no
debe causar extrañeza, porque Domingo, cuando salía de Terrarossa, o
iba acompañado de testigos, o los buscaba en Savona o Génova, donde se encontraban accidentalmente (2).

Consideremos, por último, las principales poblaciones que con mayores o menores títulos y con más o menos entusiasmo se disputan la
gloria de haber sido cuna del descubridor del Nuevo Mundo (3). En Co-
goletto —que otros llaman Cugureo— se ve humilde casita sobre cuya
puerta se halla el escudo de armas de Colón, y debajo el siguiente letrero:

¡Hospes, siste gradum! Fuit hic lux prima Columbo.
Orbe viro majori hœ nimis arcta domus (4).

Mayor es el número de los que afirman que la patria del descubridor del Nuevo Mundo fué Saona. D. Francisco de Uhagón, después de
estudiar los archivos de las Ordenes militares, y en ellos el Códice intitulado: *Indice de los caballeros que han vestido el hábito de Santiago
con sus genealogías correspondientes,* sostuvo en el libro intitulado *La
Patria de Colón, según los documentos de las Ordenes militares,* que Colón

---

(1) Ibidem, págs. 53 y 54. La casa de Savona sólo estuvo abierta el año 1470.
(2) Ibidem, pág. 72.
(3) Véase Víctor Balaguer, *Cristóbal Colón,* págs. 149-198.

(4)   ¡Extranjero, detente! Aquí vió Colón la luz primera.
       El hombre más ilustre del mundo vivió en esta pequeña casa.

era de Saona, añadiendo lo siguiente: "La materia está agotada, el problema histórico resuelto, y no debe discutirse más en este asunto„. En la genealogía de D. Diego Colón, nieto del descubridor, con el proceso de información que hubo de abrirse para su toma de hábito, se hallan las tres declaraciones que a continuación copiamos. El testigo Pedro de Arana, solamente afirma haber oído decir que Cristóbal Colón era *genovés, pero que no sabe dondes natural*. El licenciado Rodrigo Barreda, dice, sólo por *haberlo oído decir*, que D. Cristóbal Colón *era de la señoría de Génova, de la cibdad de Saona*. Por último, Diego Méndez, compañero que fué del gran Almirante, depone que D. Cristóbal Colón *era natural de la Saona, ques una villa cerca de Génova*. Antes del descubrimiento del Sr. Uhagón, ya se había escrito sobre una puerta de modesta casa, el siguiente letrero:

Lunghi anni
Meditando
L'ardito concetto
In questa casa
Già posseduta da Domenico Colombo
Abitó l'inmortale scopritor dell' America,
Che
Fra i perigli della gloriosa impresa
A ricordo della Patria
Impose il nome di Saona
Ad un' insola dell' Atlantico (1).

Preséntase Calvi, en Córcega, a pedir el título de cuna de Cristóbal Colón. Ya en 1886 hizo colocar en su calle del Filo una lápida con la siguiente inscripción:

Ici est ne en 1441
Christophe Colomb,
Immortalisé par la découverte du Nouveau-Monde
Alors que Calvi était sous la domination Génoise.
Mort à Valladolid, le 20 mai 1506 (2).

El capellán Casanova y el Padre J. Perreti no abrigan duda alguna de que el gran Almirante nació en Calvi. Digno por todos conceptos

(1) «Largos años —meditando— su atrevida empresa —en esta casa— ya de antiguo poseída por Domingo Colombo —habitó el inmortal descubridor de la América— que en medio de las grandes penalidades de su gloriosa empresa —en recuerdo de la Patria— dió el nombre de Saona á una Isla del Atlántico.»

(2) Aquí nació en 1441 Cristóbal Colón, inmortalizado por el descubrimiento del Nuevo Mundo, mientras que Calvi se hallaba bajo la dominación genovesa. Murió en Valladolid el 20 de mayo de 1506.

de alabanza es el libro del citado D. Martín Casanova intitulado *La verité sur la patrie et l'origene de Cristophe Colomb*. Reconocemos el mérito del trabajo, ora por las razones que aduce y ora por los datos que aporta, ya por los testimonios que invoca y ya por las noticias que comunica. Partiendo de que Calvi fué la patria de Colón, el P. Perreti le considera francés y Casanova español, fundándose el primero en que Francia es al presente poseedora de la isla y el segundo en que Córcega, cuando nació Colón, formaba parte de la Corona aragonesa. Córcega, desde que Bonifacio VIII la cedió a los reyes de Aragón en 1297, pertenecía de *derecho*, aunque no de *hecho*, toda ella a la Corona aragonesa. Y decimos que no de hecho, porque Calvi, por ejemplo, reconocía la dominación genovesa, sosteniendo guerras con los aragoneses y catalanes, los cuales se apoderaron de ella y la perdieron varias veces. Conviene no olvidar que Colón nació por el año 1436 (1), y Alfonso V el *Magnánimo* comenzó su reinado el año 1416, muriendo el 1458.

Antes que el capellán Martín Casanova y el P. J. Perreti, sostuvieron otros la tesis de que Cristóbal Colón era natural de Calvi. Del siglo XVII existe una composición (que algunos atribuyen al mismo Colón) intitulada *Chistophorus Columbus ad Corsicam*, y en ella se declara el gran Almirante hijo de Córcega, y por consiguiente de Calvi, lamentándose de la enemiga que le tiene Génova. "Oh Córcega—exclama— por haberme visto tú nacer, es por lo que Génova, mi fiera madrastra, origen de mis males, ha sido para mí un puñal." Más adelante añade: "En vano desarrollé mi plan ante los Padres Conscriptos de Génova. De todas partes partieron voces desdeñosas murmurando: ¡sería de ver que fuese de Córcega de donde nos llegase un profeta!" Dicha composición comienza de este modo:

Corsica non solum, ser cor et sica vocaris
Cum te membratim, Corsica, considero...

y termina con estos versos:

Corsica, cor, sicam nostris oppone tyrannis:
Hanc mihi vindictam, si dabis, ultus ero!

Del mismo siglo XVII y también de poeta anónimo es otra poesía, cuyos primeros versos los trasladaremos aquí:

¡Madre, ó Corsica, sei di grande Eroi!
Ma infelice fur sempre i figli tuoi.
. . . .

_____

(1) Avezac, *Annee véritable de la naissance de Christophe Columbe* (*Boletin de la Sociedad de Geografia de Francia*, París, 1872), dice que nació en 1446.

Otro poeta de la misma centuria, Simón Fabiani, escribió otra composición y en ella dice:

> *O fortunata terra*
> *Della nostra Balagna (1)*
> *Di monti coronata e che il mar bagna.*
> *Quante memorie serra*
> *Il tuo grembo gentil? Da te partia*
> *L' intrepido nocchier che un mondo apria (2).*

A últimos de la centuria décimo octava, Alejandro Franceschi publicó otros versos dirigidos a Colón y en ellos le consideraba como hijo de Córcega. Dice así:

> *Cerchiato tu di bronzo il forte petto,*
> *corresti ignoti mari, e coronato*
> *fu, contra ogni speranza, il gran progetto.*
> *Cirno (3) ti segue con il cor di madre*
> *e infiora di tua gloria il suo bel cisne (4).*

Mayor autoridad tiene el insigne escritor alemán Fernando Gregorovius, y de su *Córsica* copiamos el siguiente párrafo: "Génova y Calvi están en desacuerdo. Los de Calvi sostienen que Cristóbal Colón nació en su seno, de familia genovesa allí hace tiempo establecida, suscitándose con este motivo empeñada contienda, que recuerda el antiguo debate entre las siete villas de Grecia, atribuyéndose el honor de haber sido cuna de Homero. Se supone que Génova se apoderó del archivo de la familia Colón y que mudó el nombre de la *Vía Colombo* de dicha ciudad por el de *Vía del Filo*. Parece además que los calvenses fueron los primeros corsos que pasaron a América, y que todavía existen en Calvi varios que llevan el nombre de Colombo. Los escritores corsos consideran como su compatriota al gran navegante, y Napoleón, durante su permanencia en la isla de Elba, dió órdenes para que se hiciesen investigaciones sobre el particular... El mundo tendría motivos de estar celoso si la suerte hubiese hecho nacer también en ese pequeño país de Córcega al Almirante del Océano, hombre extraordinario, más grande que Napoleón., El famoso e ilustre general Paoli hablaba de Colón como de un compatriota. En las luchas de Córcega con Génova, cuando

---

(1) Balagna se llama la comarca de que Calvi es cabeza.

(2) «¡Oh tierra afortunada de nuestra Balagna, coronada de montes y bañada por el mar, cuántas memorias guarda tu gentil seno! De ti partió el intrépido navegante que abrió las puertas de un mundo.»

(3) Cirno es el nombre poético que los griegos dieron a la isla de Córcega.

(4) «Cercado el pecho por la coraza, fuiste a cruzar mares desconocidos, y coronado fué por el éxito, contra lo que todos esperaban, tu gran proyecto. Cirno te sigue con su corazón de madre y con los rayos de tu gloria ciñe su frente.»

Paoli se veía obligado a sitiar a Calvi, ciudad donde se mantenían firmes los genoveses, decía con frecuencia: *La culla di Colombo e dirazzata* (1). Entre otros muchos que sostienen que la patria de Colón fué Calvi, citaremos al príncipe Pedro Bonaparte, quien afirma que en Santo Domingo se encontró una piedra con un letrero en español, perteneciente a la época del descubrimiento de dicha isla, y cuyo letrero decía: *Maldito sea el corso que me trajo aquí.* Se supone que el autor de la inscripción formaba parte de la pequeña guarnición que Colón dejó en el fuerte de la *Española* antes de su primera vuelta a España. Arrigo Arrighi, historiador y consejero del tribunal de Bastia, en su *Historia de Sampiero*, después de hacer notar que tuvo a la vista documentos guardados por individuos de su familia, con referencia a dichos papeles, dijo lo que copiamos aquí: "La partida de bautismo del gran navegante, cuya autenticidad es ya incontestable, prueba que nació en Calvi, de una familia corsa, cuando los presidios de esta ciudad se hallaban bajo la dominación genovesa." Se ha perdido dicha partida, tal vez a causa de la ruina que sufrieron los archivos de Calvi durante la guerra con los ingleses. Además de Arrighi, otros escritores afirman la existencia del documento, y alguno asegura haberlo tenido en sus manos. El notario Octavio Colonna-Cecaldi dió fe de que muchos testigos se presentaron ante él para declarar bajo juramento que sus padres o sus abuelos habían visto y leído la mencionada partida de bautismo. Lo que parece hallarse probado es que en la *calle del Hilo (caruggio del Filo)* hubo una casa, antes de existir Colón, perteneciente a una familia llamada Colombo, y, después de la muerte del descubridor del Nuevo Mundo, la calle tomó el nombre de *calle de Colón (caruggio Colombo).* "Esto (dice el notario Colonna-Cecaldi, en el acta que levantó) está en la tradición, en los registros, en el plano de esta villa y en la carta de los ingenieros militares." En la casa a que antes hemos hecho referencia se ha colocado dicha lápida.

Hace algunos años que se planteó la tesis de que el Almirante era descendiente de hebreos, suponiéndole extremeño, de la familia del converso D. Pablo de Santa María, obispo de Cartagena. Don Vicente Barrantes, con su autoridad de historiador y extremeño, refutó con acierto en el año 1892 la opinión de que Colón era hijo de Extremadura. Reprodújose la cuestión en 1903 por D. Vicente Paredes, en su estudio que bajo el título de *Colón Extremeño* se publicó en la *Revista de Extremadura.*

Otras poblaciones, entre ellas Cúccaro, Nervi, Prudello, Oneglia,

(1)　La cuna de Colón ha degenerado.

Finale, Quinto. Palestrella, Albizoli ó Albizola y Cosseria, reclaman la gloria de ser patria de Colón.

En estos últimos tiempos, D. Celso García de la Riega, con tanta convicción como entusiasmo, ha sostenido que Cristóbal Colón había nacido en Pontevedra. Comienza haciendo notar el laborioso escritor que ninguno de los documentos redactados por Colón, y que han llegado a nosotros, lo están en lengua italiana: "Memoriales, instrucciones, cartas y papeles íntimos, notas marginales en sus libros de estudio, todos se hallan escritos en castellano o en latín„ (1). Hasta tal punto llegó el insigne navegante a olvidar el italiano, que la carta que dirigió á la Señoría de Génova no está escrita en dicha lengua. Bien merece consignarse que al exponer a los Reyes Católicos el objeto de su empresa, diga (2) que en el Catay domina un príncipe llamado el Gran Kan, *que en nuestro romance* significa rey de los reyes. ¿Por qué Colón llama suya a la lengua castellana? Refiere Fernando Colón que cuando su padre, desahuciado en sus pretensiones, volvió a la Rábida decidido a dirigirse al Gobierno de otra nación, ante los ruegos de Fr. Juan Pérez, desistió de su propósito porque su mayor deseo era que "España lograse la empresa que proponía teniéndose por natural de estos reinos„. ¿Qué fuerza íntima — pregunta García de la Riega— le impulsaba a tales demostraciones de afecto hacia España? Téngase en cuenta que en la correspondencia de Colón, año 1474, con el sabio italiano Pablo Toscanelli, ni aquél para atraerse las simpatías del segundo le manifiesta ser su compatriota, ni el famoso cosmógrafo tiene noticia exacta de la patria del decidido navegante, pues le considera hijo de Portugal. No deja de llamar también la atención que Lorenzo Giraldo, italiano, residente en Lisboa, al poner en relaciones a Colón con Toscanelli no indicara el título de compatriota del futuro descubridor del Nuevo Mundo (3).

Desde que Colón se presentó en la Rábida el año 1474 comenzó a correr en cartas, recomendaciones y gestiones de toda clase que la patria de aquel personaje era Génova. No se olvide que en aquellos tiempos genoveses y venecianos monopolizaban el comercio del Asia y del Mediterráneo; no se olvide que los genoveses gozaban en España, desde mucho tiempo antes, fama de excelentes navegantes, y cerca de los reyes de Castilla de no poca consideración. ¿Se propuso Colón —exclama García de la Riega—aprovechar el dictado de genovés para el buen

(1) Conferencia del Sr. García de la Riega en sesión pública celebrada por la Sociedad geográfica de Madrid en 20 de diciembre de 1898, pág. 11, *Boletín* de dicha Sociedad, tomo XL, números 10, 11 y 12.

(2) Preámbulo de su *Diario de navegación*.

(3) Recuérdese lo dicho sobre este particular en el capítulo XVII.

éxito de su empresa y para ocultar a la vez su modesto origen? (1).

Pasando a otra clase de consideraciones, habremos de manifestar la poca luz que arrojan los libros de la época respecto á su infancia y juventud. Todos los escritores se vieron obligados a consignar lo que se decía de público acerca de la patria del futuro Almirante. Pedro Mártir de Anglería, italiano, relacionado con los cortesanos y nobles, se contenta en sus Epístolas con llamar a su amigo *vir ligur*, el de la Liguria. Escritor tan minucioso y detallista nada más dijo, guardando absoluto silencio del nacimiento, de la vida y de la familia de un compatriota que había realizado hechos tan sorprendentes. El bachiller Andrés Bernáldez, cura de Los Palacios, en cuya casa estuvo aposentado Colón a su paso por Andalucía en el año 1496, dice que era mercader de estampas, y por lo que a la patria del Almirante se refiere, si en el primero de los capítulos de su *Crónica de los Reyes Católicos* le llama "hombre de Génova„, al dar noticia de su fallecimiento en Valladolid, dice terminantemente que era de la provincia de Milán. Gonzalo Fernández de Oviedo, cronista oficial de Indias, que trató a Colón y a los que intervinieron en aquellos sucesos, sólo pudo enterarse de que "unos dicen que Colón nació en Nervi, otros en Saona y otros en Cugureo, *lo que más cierto se tiene„*. El Padre Las Casas se contenta con decir que era de nacionalidad genovesa, cualquiera que fuese el pueblo perteneciente a la Señoría donde vió la luz primera. De modo que los cuatro escritores que se honraron con la amistad del descubridor del Nuevo Mundo no puntualizan hecho tan interesante.

Galíndez de Carvajal, por su parte, afirma que era de Saona. Medina Nuncibay, autor de una crónica que se halla en la colección de Vargas Ponce, sostiene que el Almirante era natural de los confines del Genovesado y Lombardía, en los Estados de Milán, añadiendo que se escribieron algunos tratadillos "dando prisa a llamarle genovés„. En el archivo de Indias se encontró Navarrete con dos documentos oficiales escritos en los comienzos del siglo XVI: léese en uno que nació en Cugureo, y el otro señala por lugar de su nacimiento Cugureo o Nervi. De Fernando Colón, historiador de su padre, son textualmente las siguientes palabras: "de modo que cuanto fué su persona a propósito y adornada de todo aquello que convenía para tan gran hecho, *tanto menos conocido y cierto quiso que fuese su origen y patria;* y así, algunos que de cierta manera quieren obscurecer su fama, dicen que fué de Nervi, otros de Cugureo, otros de Boggiasco; otros que quieren exaltarle más, dicen era de Saona y otros *genovés*, y algunos también, saltando más sobre el viento, le hacen natural de Placencia„. No acertamos a explicar cómo

(1) Ob. cit., págs 13 y 14.

Fernando Colón, su hijo, ignora la patria del descubridor del Nuevo Mundo. ¿Quiso ocultar el humilde origen del Almirante?

Al estudiar otros puntos obscuros de la vida de Colón, lo primero que salta a la vista es que confiesa, en su postrera disposición testamentaria, la existencia de un cargo "que pesa mucho para su ánima„ con relación a D.ª Beatriz Enríquez, añadiendo que "la razón dello non es lícito decilla„. Si en esta confesión alude al hecho de no haberse casado con la cordobesa, preguntamos nosotros: ¿Por qué no realizó el matrimonio? ¿Por qué no descargó oportunamente su conciencia de aquel peso a fin de que la muerte no le sorprendiera en semejante estado? Nada de particular tendría que, ya por la universal notoriedad que había adquirido, ya por lo altivo de su carácter, hubiera creído que, ni aun en el trance de la muerte, debía casarse en secreto ni en condiciones que pudieran menoscabar su fama o desconceptuarle. ¿Cabe presumir que *la razón que no era lícito decilla* consistió en ocultar sus antecedentes? ¿Acaso su hermano Bartolomé se encontró en situación semejante, y por ello falleció sin casarse y dejando un hijo natural?

Si los escritores españoles apenas aportan datos acerca del nacimiento y de la vida de Colón antes de presentarse en Castilla, el historiador italiano Giustiniani se contenta con noticiar que los hermanos Cristóbal y Bartolomé habían sido cardadores de lana; y Allegretti, en sus *Anales de Siena* del año 1493, añade escuetamente que las noticias del descubrimiento llegaron a Génova. "Las nuevas de ese maravilloso descubrimiento realizado por un genovés—escribe García de la Riega—debieron ocasionar en Génova justificado orgullo y vivísima curiosidad en las autoridades, en los parientes de Colón, en el clero de la iglesia en que se bautizó, en los amigos, conocidos y vecinos de sus padres, así como en la mayor parte de los ciudadanos. En este caso, hubieran sido espontáneamente recordados los antecedentes del glorioso hijo de Génova, su infancia y juventud, su educación, sus estudios, sus prendas personales; y de todo este naturalísimo movimiento se hubieran hecho eco los escritores contemporáneos y hubieran pasado a la historia y llegado a nuestros tiempos datos diversos relativos a la vida y a la familia de Colón. No ha sucedido así y semejante indiferencia sólo puede explicarse, a mi juicio, por el hecho de que el inmortal navegante no era hijo de Génova, ni tenía en ella parientes„ (1). Añade la leyenda que los dos hermanos tejedores, en sus ratos de ocio, adquirieron variados conocimientos científicos, cuando no emprendían viajes marítimos a diferentes puntos. Ya en el camino de la fábula, documentos encontrados en los archivos, hacen a Colón y a su padre,

(1) Conferencia citada, págs. 21 y 22.

no cardadores, como escribe Giustiniani, sino tejedores. Cree García de
la Riega que el Almirante no fué en sus primeros años ni cardador ni
tejedor; pero los escritores coetáneos, al aceptar la nacionalidad genovesa, procuraron confirmarla con la existencia en dicha ciudad de familias Colombo dedicadas a cardar lana y emparentando con ellas al inmortal navegante.

Pasando a estudiar los documentos que se guardan en la casa municipal, destinados a corroborar el nacimiento de Colón en la capital de
Liguria, los escritores presentan los cuatro siguientes: una carta de
Cristóbal al magnífico Oficio de San Jorge, la minuta de contestación a
esta carta, un dibujo de la apoteosis del ilustre nauta y el llamado codicilo militar. La carta atribuída a Colón comienza con la frase siguiente: "Bien que el cuerpo ande por acá, el corazón está allí de continuo.„
En seguida participa a los señores del Oficio de Génova que manda a
su hijo D. Diego destine el diezmo de la renta de cada año a disminuir
el impuesto que satisfacían los comestibles a su entrada en la citada
ciudad. El extraño donativo no guarda conformidad con otros hechos.
Cristóba Colón, antes de emprender su cuarto viaje, dejó a su primogénito un memorial de encargos que D. Diego incluyó en su testamento, figurando entre aquéllos el relativo a un diezmo de la renta; mas no
lo destinó al pago de los consumos de Génova, ni a favor de pueblo alguno de Italia, sino al de los pobres. Causa no poca extrañeza que el
Almirante, tal vez pensando no regresar con vida de aquel cuarto viaje,
manifieste su amor a Dios, a la caridad, a los reyes, a doña Beatriz y
hasta al orden doméstico, no dedicando ni una sola palabra a la ciudad
de Génova. Y téngase en cuenta que la fecha de la carta es del 2 de
abril de 1502, y la del memorial fué escrito por aquellos mismos días.
Semejante contradicción no debe pasar desapercibida, como tampoco la
circunstancia de no constar que las autoridades se hayan preocupado
ni entonces ni nunca de la generosa concesión. En la misma famosa
carta se encuentra la frase de que "los reyes me quieren honrar más
que nunca.„ En efecto, en aquella época le negaban Fernando e Isabel
los títulos de Virrey y Gobernador y el ejercicio de estos cargos. El segundo documento o la minuta de contestación a la anterior carta da
lugar a una cosa rara. El mismo gobierno que llama a Colón "clarissi-
me amantissimeque concivis„, pocos años después haya dado a la comarca de Saona la denominación de "Jurisdizione di Colombo„, indicando con ello que no le consideraba hijo de Génova (1). El tercer documento es un dibujo representando la apoteosis de Colón, hecho por
su propia mano. Conócese a primera vista que es una grosera falsifica-

(1)   Véase García de la Riega. Ob. cit., pág. 25.

ción: vocablos castellanos, franceses e italianos explican las diversas figuras, entre las cuales, por cierto, no se halla la reina Isabel; pero sí, en lugar preferente, a la cabeza y en el centro del dibujo la palabra Génova. El cuarto documento, o sea el codicilo militar, ha sido declarado sin protesta de nadie documento apócrifo.

De otros documentos que pudiéramos llamar auxiliares—y seguimos la narración de García de la Riega—, vamos a ocuparnos, con los cuales se han querido reforzar los argumentos para sostener que Génova era la patria del Almirante. Correspondientes al período comprendido entre los años 1456 y 1459, se han hallado en el Archivo del Monasterio de San Esteban de la Vía Mulcento, de Génova, papeles con los nombres de Dominico Colombo y de Susana Fontarossa o Fontanarossa, y de los hijos Cristóbal, Bartolomé y Diego. No tuvo en cuenta el falsificador de los documentos que Diego nació el 1463 o 1464, como tampoco hubo de fijarse que Juan, segundo o tercer hermano de Colón, y Blanca, hermana de dicho Almirante, vivían por los citados años de 1456 a 1459. Otro documento que han encontrado los comisionados de la Academia genovesa, encargados de informar acerca de la patria del descubridor, ha sido un antiguo manuscrito, en cuya margen un notario escribió que Colón había sido bautizado en la iglesia de San Esteban de la Vía Mulcento. ¿De dónde sacaría la noticia el buen notario? Y cuando todo el mundo se ocupaba del descubrimiento, y el nombre de Colón adquiría la inmortalidad, sólo pasaba inadvertido para los religiosos de San Esteban, los cuales necesitaron que un notario, tiempo adelante, estampase la noticia. Otra de las pruebas consiste en la presentación de dos papeles, uno en 1470 y otro en 1472: dice en el primero, Christophorus de Columbo, filius Dominici, *mayor de diez y nueve años*; y en el segundo, Christophorus Columbus, lanerius de Januua lex Letoriae egressus, esto es, *mayor de veinticinco*. De modo que, en dos años pasó de diez y nueve a veinticinco; en el primer papel es *Columbo*, y en el segundo *Columbus*, llamando todavía más la atención lo de *lanerius*, de Génova. Posible es que en el año 1472 Colón marchase a Italia con objeto de visitar a sus padres; pero el que se iba a casar con una joven distinguida, el que abrigaba ideas tan elevadas y era ya conocido como excelente marino, seguramente no firmaría, como tejedor de lanas, en documentos notariales. Además, no se olvide que en aquella región de Italia, y por entonces, se encontraban varios Dominicos Colombo, pudiéndose afirmar que eran tan vulgares como Juan García o José Fernández en España. Prescindimos de otros documentos todavía más absurdos, y pasamos a otro asunto de más interés.

El apellido del descubridor del Nuevo Mundo, ¿era Colombo o Colón? Ante todo conviene saber que muchos apellidos italianos y españoles se derivan de la lengua latina, de modo que Colombo, lo mismo en los dos idiomas modernos, procede de Columbus. En los reinos de León y de Galicia se hallan pueblos y parroquias con la denominación de Santa Colomba, y familias que tienen el apellido de Coloma. A la pregunta anteriormente hecha responderemos que el apellido del Almirante era Colón. Probado está, por la carta del rey D. Juan invitándole a volver a Lisboa, que en Portugal usó el apellido Colón; en las estipulaciones de Santa Fe se estampó también Colón, indudablemente con el beneplácito del gran navegante; y Pedro Mártir, en carta que dirigió al conde Borromeo, con fecha 14 de mayo de 1493, dijo: "Christophorus Colonus." "Fernando Colón—escribe García de la Riega—, al tratar esta materia en la historia de su padre y al comentar alegóricamente ambos apellidos, asegura que *si queremos reducirle a la pronunciación latina, es Christophorus Colonus;* y no sólo insiste en afirmarlo, sino que también añade la singularísima indicación de que el Almirante *volvió a renovar* el de Colón." Nos explicamos de la siguiente manera la renovación del apellido Colón. Es posible que nuestro célebre descubridor, en los tiempos en que navegaba por el Mediterráneo, seducido por la fama de los almirantes Colombo *el Viejo* y Colombo *el Mozo,* o también porque Nicolo, Zorzi, Giovanni y otros distinguidos marinos usufructuaron tal sobrenombre, él lo llevó algún tiempo, arrepintiéndose pronto y volviendo a llamarse Colón.

Antes de manifestar la existencia de los apellidos Colón y Fonterosa, durante los siglos XV y XVI, en la citada provincia gallega, recordaremos "la importancia marítima que Pontevedra tenía en el mismo siglo XV, ya como puerto de Galicia, ya como uno de los principales astilleros de Castilla en aquella época. Patria es de los almirantes Payo Gómez, Alvar Páez de Sotomayor y Jofre Tenorio, en la Edad Media; del ilustre marino al servicio de Portugal, Juan da Nava, descubridor de las islas de la Concepción y de Santa Elena, en el entonces recién hallado camino de la India por el Cabo de Buena Esperanza; de Bartolomé y Gonzalo Nodal, descubridor éste último del Estrecho que injustamente lleva el nombre de Lemaire; de Pedro Sarmiento, a quien publicistas de Inglaterra llaman el primer navegante del siglo XVI; de los almirantes Matos, que brillaron en el XVII, y de otros distinguidos marinos, entre los cuales descuella en nuestros tiempos el ilustre Méndez-Núñez" (1).

Veamos ahora los documentos más importantes:

(1) García de la Riega, Ob. cit., pág. 33.

1.º Escritura de carta de pago dada a Inés de Mereles por Constanza Correa, mujer de Esteban de *Fonterosa*, fecha 22 de junio de 1528.

2.º Escritura de aforamiento por el Concejo de Pontevedra a Bartolomé de Sueiro, y a su mujer María *Fonterosa*, fecha 6 de noviembre de 1525.

3.º Ejecutoria de sentencia del pleito, ante la Audiencia de la Coruña, entre el Monasterio del Poyo y Don Melchor de Figueroa, vecino y alcalde de Pontevedra, sobre foro de la heredad de Andurique, en cuyo texto se incluye por copia la escritura de aforamiento de dicha heredad, hecho por el expresado Monasterio a Juan de Colón, mareante de aquella villa, y á su mujer Constanza de *Colón*, en 13 de octubre de 1519.

4.º Escritura de aforamiento por el Concejo de Pontevedra a María Alonso, de un terreno cercano a la Puerta de Santa María, señalando como uno de sus límites la heredad de *Cristobo (xp.º) de Colón*, en 14 de octubre de 1496.—Folio 20 vuelto.

5.º Acuerdo del Concejo de Pontevedra, nombrando fieles cogedores de las rentas del mismo año (1454), entre otros, a *Jacob Fonterosa*. Folio 66 del libro que comienza en 1437 y termina en 1463.

6.º Acuerdo del Concejo de Pontevedra, nombrando fieles cogedores de las rentas de la villa en dicho año (1444), entre otros, a *Benjamín Fonterosa.*— Folio 48 del citado libro.

7.º Minutario notarial de 1440, folio 4 vuelto. Escritura de censo a favor de Juan Osorio, picapedrero, y de su mujer María de *Colón*, fecha 4 de agosto del citado año.

8.º Acuerdo del Concejo (Pedro Falcón, juez; Lorenzo Yáñez, alcalde, y Fernán Pérez, jurado), mandando pagar a *Domingos de Colón* y *Benjamín Fonterosa* 24 maravedís viejos, por el alquiler de dos acémilas que llevaron con pescado al arzobispo de Santiago; su fecha, 29 de julio de 1437.—Folio 26 del mencionado libro.

9.º Minutario notarial de 1436. Escritura de aforamiento, en la cual se halla el nombre de *Jacob Fonterosa el Viejo*; fecha, el 21 de marzo de dicho año.

10. Minutario notarial que comienza el 28 de diciembre de 1433 y termina el 20 de marzo de 1435. Escritura del 29 de septiembre de 1434 de compra de casa y terreno hasta la casa de *Domingos de Colón el Viejo*, etc. — Folio 85 vuelto.

11. Minutario anterior. Escritura de venta (11 de agosto de 1434) de la mitad de un terreno que fué casa en la rua de las Ovejas, por María Eans a Juan de Viana *el Viejo* y a su mujer María de *Colón*, moradores en Pontevedra. — Folio 80.

12.   Minutario notarial de 1434 y 1435. Dos escrituras correlativas, en que el abad del monasterio de Poyo se obliga a pagar respectivamente 274 maravedís de moneda vieja a Blanca Soutelo, heredera de *Blanca Colón*, difunta, mujer que fué de Alonso de Soutelo, y 550 maravedís de la misma moneda a Juan García, heredero de dichos Alonso de Soutelo y su mujer *Blanca Colón:* su fecha, 19 de enero de 1434.—Folios 6 vuelto y 7.

Fijándonos en el documento señalado con el número 8, cabe pensar si el Domingos de Colón casó con una Fonterosa y de cuyo matrimonio naciese el descubridor del Nuevo Mundo. Resulta del mencionado acuerdo que el Domingos de Colón era alquilador de acémilas: ¿sería absurdo suponer que las preocupaciones sociales de aquellos tiempos obligaron al Almirante a ocultar su origen y patria?

A todo esto debe añadirse que la madre de Colón se llamaba Susana Fonterosa, familia hebrea, sin duda, o por lo menos de cristianos nuevos: ¿tendría interés Colón de no revelar tales antecedentes, dado el odio a dicha raza en todas las naciones, y muy especialmente por los Reyes Católicos?— "¿No merecería examen en este caso—escribe García de la Riega—la inclinación de Colón a las citas del Antiguo Testamento?» (1). Es de notar su estilo y sus fantásticas descripciones, sus metáforas y sus invocaciones, donde aparecen nombres bíblicos (Israel, Judá, David, Jerusalén, etc.)

De una carta de Colón escrita en Jamaica y dirigida a los Reyes Católicos, con fecha 7 de julio de 1503, son los siguientes párrafos. Hallábase sólo en brava costa y con fuerte fiebre, y habiéndose adormecido oyó una voz piadosa que le decía:

"¡O estulto y tardo a creer y a servir a sus Dios, Dios de todos! ¿Qué hizo él más por Moisés o por David, su siervo? Desque naciste, siempre él tuvo de tí muy grande cargo. Cuando te vido en edad de que él fué contento, maravillosamente hizo sonar tu nombre en la tierra. Las Indias, que son parte del mundo, tan ricas, te las dió por tuyas; tú las repartiste a donde te plugo, y te dió poder para ello. De los atamientos de la mar océana, que estaban cerrados con cadenas tan fuertes, te dió las llaves; y fuiste obedecido en tantas tierras, y de los cristianos cobraste tan honrada fama. ¿Qué hizo el más alto pueblo de Israel cuando le sacó de Egipto? ¿Ni de David, que de pastor hizo Rey en Judea? Tórnate a él y conoce ya tu yerro: su misericordia es infinita; tu vejez no impedirá a toda cosa grande; muchas heredades tiene él grandísimas. Abraham pasaba de cien años cuando engendró a Isaac, ¿ni Sara era moza? Tú llamas por socorro incierto: responde, ¿quién te

---

(1) Ob. cit., pág. 27.

ha afligido tanto y tantas veces, Dios o el mundo? Los privilegios y promesas que da Dios, no las quebranta, ni dice después de haber recibido el servicio, que su intención no era ésta, y que se entiende de otra manera, ni da martirios por dar color a la fuerza; él va al pie de la letra; todo lo que él promete cumple con acrescentamiento, ¿esto es uso? Dicho tengo lo que tu Criador ha fecho por tí y hace con todos. Ahora medio muestra el galardón de estos afanes y peligros que has pasado sirviendo a otros.

Yo así amortecido vi todo; mas no tuve yo respuesta a palabras tan ciertas, salvo llorar por mis yerros. Acabó él de fablar, quien quiera que fuese, diciendo: "No temas, confía: todas estas tribulaciones están escritas en piedra mármol y no sin causa„ (1).

También indica el origen semítico de Colón el retrato que hacen de él los historiadores de aquellos tiempos, según puede verse considerando el famoso regateo de Colón con los Reyes Católicos en las capitulaciones de Santa Fe.

Pasando a otro asunto diremos que la huerta de Andurique— añade el historiador de Pontevedra—aforada por el monasterio de Poyo a Juan de Colón, y situada a medio kilómetro de dicha población, linda con otras heredades de la pequeña ensenada de Portosanto, lugar de marineros en la parroquia de San Salvador. Cristóbal Colón bautizó a las dos islas que halló en su primer viaje con los nombres de *San Salvador* (Guanahaní) y la *Concepción*, dando con ellos pruebas de sus creencias religiosas. En seguida descubrió tres islas, a las cuales llamó *Fernandina*, *Isabela* (Saometo) y *Juana* (Cuba), en demostración de su gratitud a D. Fernando, a Doña Isabel y al príncipe D. Juan, primogénito de los reyes. Continuó su camino y llegó a un río y puerto que llamó de *San Salvador*, recorrió otras tierras, puso una cruz en la entrada de un puerto, que llamó *Portosanto* (hoy de Baracoa). Tiempo adelante visitó la isla Española (Haití). Todo esto lo hace notar García de la Riega en su erudita *Conferencia* (2). A los que escriben que el Almirante dió el nombre de Portosanto en memoria de que su suegro había sido gobernador de la isla portuguesa así llamada, no recuerdan seguramente que el inmortal navegante tenía hijos, hermanos, su amada Doña Beatriz, etc. Si Colón hubiese nacido en Pontevedra, nada tendría de particular que repitiese la denominación de San Salvador y de Portosanto, parroquia y lugar donde quizás fué bautizado y tuvo su cuna. En su segundo viaje Colón bautizó a una isla con el

---

(1) Hernández de Navarrete, *Colec. de los viajes y descubrimientos que hicieron por mar los españoles desde fines del siglo XV*, tom. I, págs. 303 y 304.

(2) Pág. 37.

nombre de *La Gallega*. ¿Quiso unir en el nombre La Gallega dos recuerdos: el de la carabela *Santa María* o *La Gallega* y el de Galicia? (1).

En el tercer viaje denominó *Trinidad* a la primera isla que descubrió, y Cabo de la *Galea* (hoy Cabo Galeote) al primer promontorio. Recuerda a este propósito el citado escritor un documento que contiene la compra de una casa por Payo Gómez de Sotomayor (rico hombre de Galicia, Mariscal de Castilla, Caballero de la Banda y Embajador en Persia de Enrique III), y su mujer D.ª Mayor de Mendoza (sobrina del arzobispo de Santiago), en cuya escritura se menciona, como parte del contrato, el terreno hasta la casa de Domingo de Colón el Viejo, con salida al *eirado* de la puerta de la Galea. El dicho eirado, inmediato al lugar que ocupaba la puerta y torre de la Galea, es una plaza o espacio irregular entre varios edificios, tapias y muelle al fondeadero llamado de la Puente. Nada de particular tendría el nombre de Cabo de la Galea, si Colón hubiese jugado en su niñez en aquel eirado, vecino a la casa de un pariente muy cercano.

No limitándose el historiador gallego a estudiar los documentos referentes a las familias de Colón y Fonterosa, cuyos dos apellidos eran los del Almirante de las Indias, estudia otro que arroja potentes rayos de luz en el obscuro campo de la Historia. Tal es la cédula del arzobispo de Santiago, fechada el 15 de marzo de 1413, dirigida al Concejo, Juez, Alcaldes, Jurados y hombres buenos de su villa de Pontevedra, mandándoles entregar *cogidos y recabdados*, quince mil maravedís de moneda vieja a maese Nicolao Oderigo de Génova. Casi un siglo después, otro Nicolao Oderigo, a quien el Almirante le confió en 1502 las copias de sus títulos, despachos y escrituras—lo cual indica la estrecha amistad que había entre ambos—había sido legado del Gobierno genovés cerca de los Reyes Católicos. ¿Sería el segundo Oderico descendiente del primero? Si aquél fué mercader de telas de seda y de otros géneros de la industria italiana, y el último desempeñó el cargo de legado en la Corte de Castilla, ¿sería aventurado presumir que la amistad de Colón con el mencionado legado tenía antigua fecha en su familia, y provenía de la protección del Oderigo a que se refiere la cédula del Prelado compostelano? Si los padres del Almirante fueron individuos de las familias Colón y Fonterosa, residentes en Pontevedra y emigra-

---

(1) «*La Capitana*—escribe Gonzalo Fernández de Oviedo— era *La Gallega*, que había sido un buque de carga destinado al transporte de mercancías. Se llamó *La Gallega*, dedicada a Santa María, y nombre que se repite muchas veces.» Y el elocuentísimo Castelar añade «que la nao *La Gallega* fué rebautizada en el Puerto de Palos con el nombre *Santa María*.» Del Padre Sarmiento, benedictino, son las siguientes palabras: «La nao *La Gallega* se construyó en Pontevedra, y fue dedicada a *Santa María la Grande*, parroquia de todos los marineros de aquellos lugares.»

dos luego a Italia, puede aceptarse que tuvieron relaciones más o menos directas con los Oderigos. ¿Conocía el legado Nicolao Oderigo la verdadera patria de su amigo el Almirante, como parece deducirse del hecho de haber retenido las copias que se le confiaron, y que no fueron entregadas a las autoridades de Génova hasta cerca de dos siglos después por Lorenzo Oderigo? Cree el Sr. García de la Riega que el matrimonio Colón-Fonterosa, residente en Pontevedra, emigró a Italia a consecuencia de las perturbaciones ocurridas, o por otras causas, hacia los años 1444 al 1450, aprovechando las relaciones comerciales existentes entre ambos países. Llevó en su compañía a sus dos hijos mayores —pues los demás nacieron posteriormente—, utilizando para establecerse en Génova, en Saona o en otras poblaciones cercanas, recomendaciones para el arzobispo de Pisa, que a la sazón era clérigo *sine cura* de la iglesia de Santa María la Grande, de Pontevedra, y cobraba un quiñón de sardina a los mareantes de dicha población; o tal vez se valiese de relaciones directas o indirectas con la familia de Oderigo. Allí adquirió Cristóbal algunos conocimientos y se dedicó a la profesión de marino. Navegó durante veintitrés años, y cambiando su apellido por el de Colombo se puso quizás bajo las órdenes de Colombo el *Viejo* o de Colombo el *Mozo*, famosos corsarios de aquellos tiempos. Antes de dirigirse á Portugal, donde los descubrimientos y viajes de los portugueses habían inmortalizado aquel reino, Colón vivió en la isla de la Madera, adquiriendo por entonces relaciones con Alonso Sánchez, de Huelva, y trasladándose luego a Lisboa. En la capital de Portugal concibió el proyecto de surcar el Atlántico en dirección al Oeste. Desechado su plan por el gobierno de Portugal, se presentó al de España fingiéndose genovés, ya para encubrir su humilde origen, ya para ocultar otra condición de raza de su familia materna. Cuando se vió en el apogeo de la gloria, tanto él como sus hermanos y sus hijos siguieron ocultando patria y origen. "¡Quién sabe—exclama García de la Riega—si aquel hebreo que moraba a la puerta de la judería de Lisboa, para el cual dejó una manda en su testamento y *cuyo nombre reservó*, era pariente materno del eximio navegante!" (1). Nada de particular tendría que Cristóbal Colón, en alguno de sus viajes a los mares del Norte, hiciese escala en Pontevedra, y convencido de que en aquella población nadie conservaba recuerdo de sus padres y de su familia, se decidió a fingirse hijo de Génova, lo cual, a falta de pruebas con respecto al lugar verdadero de su cuna, aceptó la historia. Después de relatar, aunque sucintamente, la conferencia de García de la Riega, recibimos de dicho señor la siguiente noticia:

1 Ob. cit., pág. 42.

"Recientemente, derribado un viejo altar en la parroquial de Santa María de esta ciudad, apareció un hueco en forma de arco y en su pared una inscripción de principios del siglo XVI, grabada en piedra con letra gótica alemana (de aquella época), relativa a un Juan de Colón (mareante de Pontevedra), que era sin duda el que figura con el mismo nombre en el tercer viaje del gran descubridor; además, los varios documentos del siglo XV hallados aquí, exhiben desde 1428 el mismo apellido precedido con la partícula *de*. Ahora bien, en una cláusula del testamento e institución de mayorazgo, documento que Colón y su heredero reservaron y que tiene la fecha de febrero de 1498, aquél consignó que "*su verdadero linaje* es el de los llamados *de* Colón„. Y ¿quién califica de *verdadero* a su linaje sino en presencia de uno ficticio o supuesto, el de los Colombo italianos? Por consiguiente, en esa cláusula Colón desvirtúa su declaración *heráldica* de haber nacido en Génova. Y esto hay que enlazarlo con el hecho de que en las famosas estipulaciones de Santa Fe (1492) el futuro Almirante, Virrey, etc., estampó el apellido *Colón*, que anteriormente *se le daba en Portugal*, y no el de Colombo. Acaso temió dificultades y peligros para el porvenir si no consignaba su verdadero apellido en tan solemne y transcendental documento, pues era hombre sumamente cauto y receloso„ (1). Hemos terminado la larga relación del Sr. García de la Riega (Apéndice H).

Añadiremos por nuestra parte que mientras los israelitas del Antiguo y del Nuevo Mundo, inspirados por el sentimiento de raza, se enorgullecen con tener entre sus antepasados a Colón; y mientras que en el Antiguo y Nuevo Mundo hombres ilustres proclaman el origen español del descubridor de América, nosotros esperamos más datos y más noticias para resolver cuestiones tan complicadas. Aunque mucho nos halagaría poder decir que Colón era español, sin embargo, no dejaremos de copiar los dos versos que se hallan escritos en las paredes del convento de la Rábida, firmados con las iniciales F. G. F.:

¡Al nauta genovés, honor y gloria!
¡Bendecid, españoles, su memoria!

Y tentados estamos para hacer nuestra la siguiente octava del poeta Foxá, escrita cuando Génova erigía a Colón magnífico monumento:

«A tu memoria el genovés levanta
gigante estatua que respeta el viento;
de noble aspecto y de riqueza tanta,
cuanta puede crear el pensamiento.

---

(1) Parte de una carta de D. Celso G. de la Riega, escrita al autor de esta obra desde Pontevedra y con fecha 3 de noviembre de 1912

—Pero la patria que tu nombre canta
y te consagra eterno monumento,
¿qué parte tuvo en tu inmortal hazaña?
¡Toda tu gloria pertenece a España!»

De la familia de Cristóbal Colón sólo diremos que es cierto que su padre se llamaba Domenico y su madre Susana Fontanarrosa; que, además de Bartolomé y Diego, tuvo otro hermano que se llamó Juan Peregrín, el cual murió joven, y que su hermana Blanquineta casó con el industrial Santiago Ravarello (1).

Procede ya referir los sucesos acaecidos al futuro descubridor del Nuevo Mundo en Portugal. Colón, acompañado de su hermano Bartolomé, llegó a Lisboa, a últimos del año 1476 (2). Habitaba cerca del Monasterio de *Todos los Santos*, en cuya iglesia debió conocer a la joven Felipa Muñiz. Prendóse de ella y la obtuvo en matrimonio. La primera noticia del nombre de la mujer del futuro Almirante, aparece en el testamento de su hijo Diego, quien la llama Felipa Muñiz. Bastantes años después, Fernando Colón añadió segundo apellido, y la dió el nombre de Felipa Muñiz Perestrello (3). Felipa era hija —según todas las señales— de Bartolomé Perestrello, genovés naturalizado en Portugal y distinguido navegante de la casa del nunca bastante alabado infante D. Enrique (4). Cristóbal Colón vino a Portugal, como otros muchos, en busca de fortuna, arrastrado, seguramente, por las noticias que corrían acerca de los navegantes y descubrimientos portugueses, pues a la sazón era Lisboa un centro náutico de gran importancia. Además no debe olvidarse que en la capital del reino lusitano se hallaban establecidos muchos italianos, en particular genoveses. Ya en Portugal, un poco antes o un poco después, emprendió un viaje a Thule (5) e hizo otros a diferentes puntos. Parece probado que Porto-Santo, isla descubierta por exploraciones dirigidas bajo la dirección del infante D. Enrique, se entregó en feudo a la familia de los Perestrellos.

De lo que no cabe duda es que, Pedro Correa, casado con una hermana de Felipa, tuvo el mando superior de Porto Santo, a la muerte de su suegro y de su suegra. Y afírmase por algunos que Miguel de Muliarte, de Huelva, era marido de Violante Muñiz, hermana también de Felipa (6).

<hr>

(1) Blanquineta y Santiago tuvieron un hijo de nombre Pantaleón.
(2) Otros dicen que llegó entre el año 1470 y 1472. Lo único que puede asegurarse es —pues lo dice él mismo— que en febrero de 1477 estaba en Lisboa.
(3) Algunos dicen Palestrello.
(4) Felipa, siguiendo la costumbre de aquellos tiempos, pudo usar el apellido materno antes que el paterno, y llamarse Muñiz Perestrello.
(5) P. Las Casas, *Hist. general*, lib. 1.
(6) Pero Miguel de Muliarte y Violante Muñiz, ¿eran realmente cuñados de Colón, como afirma

Cuando murió Bartolomé Perestrello, Colón pudo adquirir los mapas, diarios y notas de viajes de su suegro. También su cuñado Correa le dió algunas noticias, decidiéndose entonces Cristóbal Colón a ir a las famosas Indias, no por el Oriente, que era la idea de los portugueses, sino por el Occidente, por el Atlántico, mar que siempre había sido mirado con temor supersticioso. Del mismo modo, Colón, a la muerte de su cuñado, debió de hacerse dueño de los documentos y cartas de éste. No abrigamos duda alguna de que Colón se decidió entonces a realizar su viaje.

El que reveló a Colón las tierras trasantlánticas fué — según la opinión de algunos cronistas—Alonso Sánchez de Huelva. Véase lo que dice sobre el particular Oviedo: "Quieren decir algunos que una carabela que desde España passaba para Inglaterra cargada de mercadurías é bastimentos, assi como vinos é otras cosas que para aquella isla se suelen cargar (de que ella caresçe é tiene falta), acaesçió que le sobrevinieron tales é tan forçosos tiempos é tan contrarios, que ovo neçessidad de correr al poniente tantos días, que reconosçió una ó más de las islas destas partes é Indias; é salió en tierra é vido gente desnuda de la manera que acá la hay, y que cessados los vientos (que contra su voluntad acá la trajeron), tomó agua y leña para volver á su primero camino. Diçen mas: que la mayor parte de la carga que este navío traía eran bastimentos é cosas de comer é vinos, y que assi tuvieron con qué se sostener en tan largo viaje é trabajo, é que despues le hizo tiempo á su propósito y tornó á dar la vuelta, é tan favorable navegacion le suçedió, que volvió á Europa é fué á Portugal. Pero como el viaje fuesse tan largo y enojoso, y en especial á los que con tanto temor é peligro forçados le hicieron, por presta que fuesse su navegacion, les duraría cuatro ó cinco meses (ó por ventura más) en venir acá é volver á donde he dicho. Y en este tiempo se murió quasi toda la gente del navío é no salieron de Portugal sino el piloto, con tres ó cuatro ó alguno más de los marineros, é todos ellos tan dolientes, que en breves días después de llegados murieron.

„Diçese junto con esto que este piloto era muy íntimo amigo de Chripstóbal Colom, y que entendía alguna cosa de las alturas, y marcó aquella tierra que halló de la forma que es dicho, y en mucho secreto dió parte de ello á Colom, é le rogó que le fiçiesse una carta y assentase en ella aquella tierra que había visto. Diçese que él le recogió en su casa como amigo, y le hizo curar, porque tambien venía muy enfermo; pero

Feruández Duro, en la *Nebulosa de Colón*, págs. 18-29? Es de advertir que tiempo adelante, según cartas que se conservan, Muliarte trataba con mucho respeto a su protector Cristóbal Colón, hasta el punto que en dicha correspondencia no aparece señal alguna de familiaridad o parentesco.

que tambien se murió como los otros; é que assi quedó informado Colom de la tierra é navegacion destas partes, y en él solo se resumió este secreto. Unos diçen que este maestre ó piloto era andaluz, otro le hacen portugués, otros vizcaino; otros diçen quel Colom estaba entonces en la isla Madera, é otros quieren deçir que en la de Cabo Verde, y que allí aportó la carabela que he dicho, y él ovo por esta forma notiçia desta tierra. Que esto passase así ó no, ninguno con verdad lo puede afirmar; pero aquesta novela ansí anda por el mundo entre la vulgar gente de la manera que es dicho. Para mí yo lo tengo por falso, é como dice el agustino: *Melius est dubitare de occultis, quam litigare de incertis.* Mejor es dubdar de lo que no sabemos, que porfiar lo que no está determinado„ (1).

Añade el inca Garcilaso de la Vega que cerca del año 1484, un piloto natural de la villa de Huelva (condado de Niebla), llamado Alonso Sánchez de Huelva, tenía un navío pequeño, en el cual llevaba de España a las Canarias algunas mercaderías y allí las vendía; y de las Canarias cargaba frutos que transportaba a la isla de la Madera, volviéndose a España con azúcar y conservas. En cierta ocasión, atravesando de las Canarias a la isla de la Madera, dejóse llevar de recio y tempestuoso temporal. Al cabo de veintiocho o veintinueve dias, sin saber por dónde ni a dónde iba, se encontró cerca de una isla, tal vez Santo Domingo, según todas las señales. El piloto saltó a tierra, tomó la altura y escribió todo lo que vió. A la vuelta le faltó el agua y el bastimento, comenzando a enfermar y morir de tal manera la tripulación, que de 17 hombres que salieron de España no llegaron a la Tercera más de cinco, entre ellos el piloto Alonso Sánchez de Huelva. Fueron a parar a casa de Cristóbal Colón, genovés, porque supieron que era gran piloto y cosmógrafo, y que hacía cartas de marear. Recibiólos Colón con mucho cariño; pero iban tan enfermos que murieron todos en su casa, "dexándole en herencia los trabajos que les causaron la muerte (2): los quales aceptó el gran Colón con tanto ánimo y esfuerzo, que habiendo sufrido otros tan grandes y aun mayores, pues duraron más tiempo, salió con la empresa de dar el Nuevo Mundo y sus riquezas a España, como lo puso por blasón en sus armas, diciendo: *a Castilla y a León, Nuevo Mundo dió Colón„* (3).

Lo mismo que Oviedo y el inca Garcilaso refieren López de Gomara, Acosta y algunos más. Lope de Vega, en su comedia *El Nuevo Mundo descubierto por Christoual Colón,* escrita en el año 1604, el piloto Sánchez de Huelva dice al insigne genovés lo siguiente:

(1) *Historia general y natural de las Indias,* lib. II, cap. II, pág. 13.
(2) Documentos y mapas importantes.
(3) *Historia general del Perú o Comentarios Reales de los Incas,* tomo I, págs. 11-15. Madrid. 1800.

«La misma tormenta fiera
que allí me llevó sin alas,
casi por el mismo curso
dió conmigo vuelta á España.
No se vengó solamente
en los árboles y jarcias,

sino en mi vida, de suerte
que ya, como ves, se acaba.
Toma esas cartas, y mira
si á tales empresas bastas,
que si Dios te da ventura,
segura tienes la fama.»

Sobre este particular añade el Sr. Fernández Duro: "Los que la ta-chan de invención despreciable, no se han fijado, al parecer, en que el más interesado, el Almirante mismo, consignó en sus Memorias (1) que un marinero tuerto, en el Puerto de Santa María, y un piloto, en Mur-cia, le aseguraron haber corrido con temporal hasta lejanas costas de Occidente, donde tomaron agua y leña para regresar. Los nombres no comunicó, ni dijo hasta qué punto las confidencias se extendieron; mas la declaración confirma plenamente, en lo esencial, aquello que entre la gente de mar corría por válido. Que el piloto muriese en su casa y le legara los papeles, adorno añadido puede muy bien ser; que el piloto existió y de su boca supo cómo había ido y vuelto de las tierras incóg-nitas, confirmado por él está» (2).

Más adelante escribe: "Con las indicaciones vulgares se vislumbra ya, desde luego, que hubo más de una expedición o aventura desgracia-da, y que vascos, andaluces y portugueses intentaron la empresa que Cristóbal Colón llevó a cabo„ (3).

. . . .

Pero ¿puede acaso llamarse descubridores de América, ni lo son, cuantos columbraron la existencia de aquellos Continentes, o los que se admita o algún día llegue a probarse que de hecho aportaron a las pla-yas americanas, ora queriendo, o bien llevados allá por no poder resis-tir el empuje de los vientos o a las corrientes del Océano? (4).

Por nuestra parte, se nos ocurre preguntar: Si—como dice la narra-ción de Oviedo y de otros—Colón es el único depositario del secreto, ¿quién, cómo y cuándo lo ha revelado? En asunto de tanta importancia, añadiremos que, aun admitiendo que por el año 1000 de nuestra Era—como se dijo en el capítulo III de este tomo—valientes marinos norman-dos de Islandia llegaron a las costas de Groenlandia, de Labrador, de la Nueva Inglaterra, y acaso hasta donde hoy está Nueva York; aun admitiendo lo que de Alonso Sánchez de Huelva se refiere, y aun

(1) El P. Las Casas, *Historia de Indias*, libro I, capítulo XIII.
(2) *La tradición de Alonso Sánchez de Huelva.—Boletín de la Real Academia de la Historia*, tomo XXI, página 45.
(3) Ibidem, pág. 46.
(4) Ibidem, pág. 51.

admitiendo otras expediciones, descubrimientos y noticias, nada importa para la gloria del inmortal nauta.

Con respecto a la ciencia del futuro descubridor del Nuevo Mundo, él mismo, en carta a los Reyes Católicos, escribe lo que a continuación copiamos: "En la marinería me hizo Dios abundoso; de astrología me dió lo que abastaba y ansí de geometría y aritmética; y engenio en el anima y manos para dibujar esfera, y en ella las cibdades, ríos y montañas, islas y puertos, todo en su propio sitio. Yo he visto y puesto estudio en ver de todas escrituras, cosmografía, historia, coronicas y filosofía y de otras artes, ansí que me abrió Nuestro Señor el entendimiento con mano palpable a que era hacedero navegar de aquí a las Indias, y me abrió la voluntad para la ejecución de ello". Probado se halla—aunque otra cosa diga Fernando Colón en su historia del Almirante—que el descubridor del Nuevo Mundo no estudió ni poco ni mucho tiempo en la renombrada Universidad de Pavía. Debió pasar su infancia al lado de su padre y de sus hermanos. A los catorce años, o tal vez de más tierna edad, se lanzó al mar, adonde le llamaban sus constantes inclinaciones y ardientes deseos. Sirviese o no Colón bajo las órdenes de los corsarios Colombos, el asunto carece de toda importancia (1). "De muy pequeña edad—dice Cristóbal Colón en carta a los Reyes Católicos escrita en 1501—entré en la mar navegando e lo he continuado fasta hoy. La mesma arte inclina a quien le prosigue, a desear de saber los secretos de este mundo. Ya pasan de cuarenta años que yo voy en este uso. Todo lo que fasta hoy se navega, todo lo he andado". En otro lugar se lee: "El año de 1477, por febrero, navegué más allá de Tile cien leguas, cuya parte austral dista de la equinocial 73 grados y no 63 como dicen algunos... Veintitrés años he andado por el mar sin salir de él, por tiempo que deba descontarse—dice en otro sitio—ví todo el Levante y el Poniente, y al Norte de Inglaterra. He navegado a Guinea; pero en ninguna parte he visto tan buenos puertos como estos de la tierra de las Indias" (2).

Se ha creído por algunos que sólo Colón y otros pocos sabios contemporáneos creían en la forma esférica de la tierra. Ignoran que ya lo dijeron muchos, entre ellos Aristóteles (384-321), Arquímedes (287-

---

(1) El conde Roselly de Lorgues cree que eran dos corsarios: el *Archipirata*, verdadero Duguay-Trouin de la Liguria, y su sobrino *Colombo el Mozo*. *Historia de Cristóbal Colón*, tomo I, página 63. Barcelona, 1892. Añade D. Juan Solari que no están en lo cierto los escritores que hacen a Colón pariente de los citados corsarios y le consideran al servicio de Colombo el *Mozo*. Hace también observar que los tales corsarios no eran genoveses, ni aun italianos, sino gazcones; y sus apellidos eran Cazeneuve y de sobrenombre Coullon, que historiadores complacientes han traducido por Columbus y Colombo.—*La cuna del descubridor de América Cristóbal Colón*. Homenaje al centenario de la República Argentina. 25 de mayo de 1910.

(2) Fernando Colón, *Historia del Almirante*, tom. I, cap. IV

212), los filósofos de la Escuela de Alejandría, Plinio (siglo I de la Era Cristiana), San Basilio (siglo IV), el venerable Beda (siglo VIII), el patriarca Focio (siglo IX), el presbítero Honorio (siglo XII); y entre los árabes Mazoudi, Edrisí y Aboulfeda. La Academia de Toledo, fundada en 1258 por Alfonso X, seguía el sistema de Ptolomeo, profesando, por tanto, la teoría de la forma redonda de la tierra. Mientras que en Toledo se discutía el movimiento de los astros, dos hombres superiores, fundándose en la esfericidad de nuestro globo, deducían la existencia de otro Continente: eran estos Rogerio Bacon (1214-1294) y Raimundo Lulio (1235-1315) (1). Como dice el ilustre Gaffarel, es imposible señalar mejor que Bacon lo hizo la posición de América. Anunció muchas de las grandes leyes con que después se han enriquecido las ciencias físicas y naturales. Expuso en términos claros y precisos la doctrina de que al Occidente de Europa debían existir tierras, siendo posible, por tanto, la comunicación de aquella parte del mundo con las citadas tierras. ¿Conocía Bacon el viaje del islandés Erik Rauda (Erico el Rojo)? ¿Conocía alguna de las expediciones islandesas o normandas que poco después se llevaron a feliz término? ¿O adivinó el descubrimiento que en 1492 hizo el genovés Cristóbal Colón?

Háse dicho, del mismo modo, que el mallorquín Raimundo Lulio, el sublime autor de *Arte Magna (Ars Magna)*, se había ocupado de la existencia de un continente al Occidente de Europa, quedando reservado a Colón la gloria de encontrarlo. En la edición de Maguncia del año MDCCXXIX, forman las obras del beato Raimundo Lulio *(Operum Beati Raymundi Lulli)*, diez tomos en folio, hallándose en el cuarto el libro intitulado *Questiones per Artem Demonstrativam solubiles*. En la cuestión 154 (CLIV), folios 151 y 152, al proponer la dificultad del flujo y reflujo en el mar de Inglaterra *(¿quâ naturâ Mare Angliæ fluat et refluat?)*, el *Doctor Iluminado* la explica con todo detenimiento. La traducción del texto, hecha libremente al castellano, dice así: "Toda la principal causa del flujo y reflujo del Mar grande o de Inglaterra, es el arco del agua del mar, que en el Poniente estriba en una tierra opuesta a las costas de Inglaterra, Francia, España y toda la confinante de Africa, en las que ven los ojos el flujo y reflujo de las aguas, porque el arco que forma el agua como cuerpo esférico, es preciso que tenga estribos opuestos en que se afiance, pues de otro modo no pudiera sostenerse; y, por consiguiente, así como a esta parte estriba en nuestro continente, que vemos y conocemos, *en la parte opuesta del Poniente estriba en otro continente que no vemos ni conocemos desde acá;* pero la

---

(1) Rogerio Bacon nació en Inglaterra e hizo sus estudios en Oxford y en París. Escribió su magnífica obra intitulada *Opus Majus*.

verdadera filosofía, que conoce y observa por los sentidos la esfericidad del agua y su medido flujo y reflujo, que necesariamente pide dos
opuestas vallas que contengan el agua tan movediza y sean pedestales
de su arco, infiere que necesariamente en la parte que nos es occidental *hay continente* en que tope el agua movida, así como topa en nuestra
parte respectivamente oriental„. Después de leer el citado pasaje, podemos repetir con un estudioso jesuíta: "La existencia de un continente al Occidente de Europa, estuvo científicamente probada por Raimundo Lulio dos siglos antes que Colón lo hallara. Que este continente fuera precisamente la América, ni Lulio, ni Colón, ni nadie lo dijo: *Suum
cuique.*„ Somos de opinión que Cristóbal Colón no conoció las obras
científicas de Bacon, ni de Lulio. Según un autor coetáneo del beato
mallorquín, éste visitó varias veces la ciudad de Génova, dejando allí
algunas de sus obras en poder de un amigo suyo.

Además, casi todos los escritores cristianos coetáneos y posteriores
a la Academia Toledana, admitían la redondez de la Tierra: Alberto el
Grande, Vicente de Beauvois y nuestro D. Enrique de Villena o de
Aragón (a quien muchos llaman, sin serlo, marqués de Villena), se encuentran entre ellos. El de Villena, en su *Tratado de Astrología* (1),
dando por verdad sabida la redondez del planeta, estudió la fuerza de
atracción de la tierra Alonso de Córdoba, Pedro Ciruelo, Antonio de
Nebrija, Fernando de Córdoba, Abraham Zacut, afirmaron la esfericidad del globo. De modo, que en tiempo de Colón no indicaba sabiduría,
ni aun era peregrina la creencia de que nuestro planeta tenía la forma
esférica.

Debieron contribuir a que Colón formase su proyecto de ir directamente a la India por Occidente, no la correspondencia, que ha resultado apócrifa, con Toscanelli, ni las enseñanzas de las obras científicas de
los sabios que acabamos de citar, sino las noticias de los marinos y por
los mapas de navegación que las confirmaban. Debió tener conocimiento de los viajes de los venecianos Polo, del *Almanaque Perpetuo* de Zacut, y muy especialmente de la obra *De imagine Mundi*, del cardenal
Pedro de Ailly.

Procede en este lugar que demos cuenta de los libros que tuvo en
su librería Colón, y que han llegado hasta nosotros (2). Estos son los
siguientes: *Historia rerum ubique gestarum*, escrita por Eneas Silvio
Piccolomini (después Papa con el nombre de Pío II), impresa en Venecia el año 1477: *De imagine Mundi*, del cardenal Pedro Alliaco o
d'Ailly, impreso en Lovaina, en la oficina de Juan de Wesfalia, entre

---

(1) Terminó dicho libro el 20 de Abril del año 1428.
(2) *Libros y autógrafos de D. Cristóbal Colón*, por D. Simón de la Rosa y López. Sevilla, 1891.

los años de 1480 a 1483; *De consuetudinibus et conditionibus orientalium regionum*, obra de Marco Polo, impresa tal vez en Amberes por el año 1485; *Historia naturalle*, de C. Plinio, impresa en Venecia el 1489; *Vidas de los ilustres varones*, de Plutarco, traducidas al castellano por Alfonso de Palencia e impresas en Sevilla el 1491; *Almanak perpetuum*, compuesto por Abraham Zacut, impreso en Leirea el 1496; *Concordantiæ Biblia Cardinales*, S. P., manuscrito del siglo XV, y el titulado *Libro de las Profecías*, manuscrito posterior a 1504. También se cree que le pertenecieron: *Sumula confessionis*, de San Antonino de Florencia, impreso en Venecia el 1476; *Filosofía natural*, de Alberto Magno, edición de Venecia de 1466, y *Tragedias*, de Séneca, palimpsesto en folio, del siglo XV (1).

Resuelto ya Colón a llevar a cabo su idea, se decidió a pedir ayuda—según refieren algunos historiadores—, primero al Senado de Génova y después a la república de Venecia. Habiendo rehusado las dos poderosas repúblicas el ofrecimiento, dirigióse—y esto se halla completamente probado—a Juan II de Portugal. Una Junta, presidida por don Diego Ortiz de Calzadilla, obispo de Ceuta, opinó contra la propuesta del marino genovés, no sin que la defendiese con tanto entusiasmo como energía el conde de Villarreal. Merece el conde de Villarreal que se le señale el primer puesto entre los defensores de Colón.

Juan II, no sabiendo decidirse entre la opinión de la Junta y la del conde de Villarreal, tomó—según refiere la leyenda colombina—un término medio, cual fué mandar, con pretexto de ir a las islas de Cabo Verde, un buque, cuyo capitán, llevando los mapas y papeles que Colón había entregado sin desconfianza alguna, navegase hacia los lugares indicados en los dichos mapas y papeles. Cuentan que después de algún tiempo, la tripulación, sobrecogida de espanto, volvió a Lisboa, considerando como locura el pensamiento del insigne navegante. Creemos que todo esto—como acabamos de notar—pertenece á la novela.

---

(1) Respecto a los numerosos extractos y a las pocas notas que se hallan en las márgenes de estos códices, especialmente en las obras de Pío II y de Alliaco, se ignora quién fué el autor, atribuyéndolos, unos al mismo Almirante, otros a Bartolomé y algunos a un tercero desconocido; pero se puede afirmar que tanto los extractos, como las notas, son obra de un hombre poco versado en la ciencia cosmográfica.

CAPÍTULO XIX

CRISTÓBAL COLÓN EN PALOS Y EN LA RÁBIDA.—COLÓN EN SEVI-
LLA.—EL DUQUE DE MEDINASIDONIA Y EL DUQUE DE MEDINACE-
LI.—COLÓN EN CÓRDOBA: SE PRESENTA A LOS REYES. — RETRATO
MORAL Y FÍSICO DE COLÓN. — AMIGOS Y ENEMIGOS DEL GENO-
VÉS.—POLÍTICA EXTERIOR E INTERIOR.—JUNTA DE CÓRDOBA.—
JUNTA DE SALAMANCA. — COLÓN ANTE LOS REYES EN ALCALÁ DE
HENARES.—DOÑA BEATRIZ ENRÍQUEZ DE ARANA.—PROPOSICIO-
NES PRESENTADAS POR COLÓN A LOS REYES CATÓLICOS.— COLÓN
EN LA RÁBIDA.—LOS CONSEJEROS DE COLÓN. — JUAN PÉREZ ANTE
DOÑA ISABEL.—TRATADO ENTRE LOS REYES CATÓLICOS Y CO-
LÓN. —EL ALMIRANTE EN LA RÁBIDA. —MARTÍN ALONSO PIN-
ZÓN. — "SANTA MARÍA", LA "NIÑA" Y LA "PINTA".—CONVENIO EN-
TRE COLÓN Y PINZÓN.

Habiendo fallecido la mujer de Colón 1484) (1), el audaz genovés
abandonó a Portugal y llegó a la corte de Castilla, Estado a la sazón
poderoso, engrandecido por la política de los Reyes Católicos. Debió
de hacer el viaje por mar y no por tierra. Si realizó el viaje embarcado—como muchos creen (2)—es probable que hiciese escala en Huelva
para ver a su cuñado o amigo Muliarte.

Tomó después el camino de Córdoba, donde a la sazón se hallaban
los reyes; pero hubo de tocar de arribada en el puerto de Palos (3). Es
de creer que no habiendo encontrado en Palos seguro asilo donde poder
descansar y recuperar sus gastadas fuerzas, vió allá lejos y en una altura un convento, y hacia él dirigió sus pasos para gloria suya y de
España.

Aunque el convento de *Santa María de la Rábida* o de *Nuestra Señora
de los Remedios* no se hallaba en el camino de población alguna importante, Cristóbal Colón fué allí, como otros muchos pobres caminantes

(1 Fué enterrada en la *capilla de la Piedad* del convento del Carmen en Lisboa, siendo de notar que Colón se ocupó en sus escritos muy poco de ella, lo cual hace sospechar que la dicha y felicidad del matrimonio no fueron completas.

2) Herrera. *Década* 1.ª, lib. I, cap. VII.

(3) No se halla probado si desembarcó en Palos o en el Puerto de Santa María, en Sanlúcar de
Barrameda o en la Higuera

acudían a las puertas de dichas casas religiosas. Del convento de la Rábida dijo el duque de Rivas en uno de sus romances lo siguiente:

«A media legua de Palos
sobre una mansa colina,
que dominando los mares
está de pinos vestida,

de la Rábida el convento
fundación de orden francisca,
descuella desierto, sólo,
desmantelado, en ruinas.»

Daremos algunas noticias del convento en aquella época. Componíase de dos cláustros interiores y de tres pequeños cuerpos anejos al edificio principal. La iglesia de Santa María estaba rodeada de un cercado, cuyo espacio formaba un patio interior. Dicho templo, construído en forma de cruz, tenía tres capillas. Exteriormente, y por encima del altar mayor se levantaba esférica cúpula, rodeada de un borde de mampostería. Dicha parte del tejado, dispuesta a manera de azotea, parecía destinada a Observatorio. La cúpula, revocada de blanca cal, servía de señal a los buques costaneros. El convento, rodeado de espeso bosque de pinos, no se descubría por la parte de tierra; únicamente por la parte del mar.

Si era pobre la obra arquitectónica, lo era más todavía por la falta de estatuas, cuadros y lámparas de oro y plata. El convento sólo contenía habitación para el prior, doce celdas y biblioteca; el refectorio y la cocina ocupaban pequeño edificio rectangular, adosado a la izquierda del principal edificio.

Gruesa pared, construída tal vez para defenderse de los moros de España y de los merodeadores de Portugal, encerraba la escarpada colina que sirve de pedestal al convento y al pie de la cual crecían magníficos aloes y altas palmeras. Subíase por gradas formadas de piedras, viéndose a un lado y a otro frondosas higueras y arrastrándose por todas partes alcaparros y sarmientos. Al jardín, regado por máquina hidráulica alimentada mediante el río Tinto, le daba sombra frondoso parral y algunos limoneros.

A medida que los habitantes de Palos se han ido trasladando a Moguer, los religiosos, convencidos que ya no eran útiles a la población harto alejada, también se fueron retirando poco a poco. En tiempo de la revolución francesa estaban allí unos cuatro o cinco y se cuenta que el convento fué saqueado y el archivo destruído. El año 1825 había cuatro frailes; el edificio se hallaba casi olvidado. La revolución religiosa de 1835 suprimió los conventos, y aunque el de la Rábida fué clasificado y numerado como propiedad nacional, sin embargo, los habitantes ribereños devastaron el edificio y el jardín. En el año 1854 el duque de Montpensier inició una suscripción para restaurar aquella joya histórica. En efecto, se restableció la celda del P. Juan Pérez y se res-

SANTA MARÍA DE LA RÁBIDA ANTES DE SU RESTAURACIÓN.

FOTOTIPIA LACOSTE - MADRID.

tauró la iglesia, inaugurándose la restauración el 15 de abril de 1855, con asistencia de los duques de Montpensier, acompañados de los duques de Nemours (1).

A la sazón—como dice Becerro de Bengoa—el histórico monumento, completamente blanqueado, es "sencillo en sus líneas, breve en su contorno y humilde en su total apariencia„. "En su aspecto—añade—nada puede darse más reducido, en su arte exterior nada más pobre, en sus alrededores nada más mustio y desolado, y realmente en su interior nada más diminuto y vulgar, según está ahora. Añadid a esto el abandono, el silencio, la soledad, el aparente apartamiento del mundo en que aquello yace, y tendréis idea de la desilusión de que os hablo, y que, en efecto, allí se siente„ (2). En aquella modesta mansión se trataron los asuntos más transcendentales del siglo XV y aun de la historia.

Desde Portugal venía Colón acompañado de su hijo Diego. Hallábase a la vista de Santa María de la Rábida. Vencido por el cansancio y la fatiga, descansó a la sombra de carcomida palmera —si damos crédito a la tradición—; palmera conservada hoy entre un macizo de flores y con el largo tronco apuntalado, distante cien metros del convento. Frente al cenobio o explanada que dá acceso al interior de dicha casa religiosa, se levanta cruz de hierro sobre pilar de tosca mampostería, en cuyas gradas hubo de sentarse el futuro descubridor del Nuevo Mundo. Al poco tiempo —según refieren antiguas relaciones—Cristóbal Colón llamó a la puerta de la casa franciscana para pedir un pedazo de pan y una poca agua con que saciar el hambre y apagar la sed de su hijo Diego.

¿Llegó Colón el año 1484, como tradicionalmente han escrito los historiadores, o el año 1491, según parece desprenderse de una relación de Garci Hernández, médico de Palos, en el famoso pleito de los Pinzones? (3). Con mucha razón dice el marqués de Hoyos, que "si las palabras del físico de Palos se refiriesen a 1491, era totalmente impropio el calificativo de niñico dado por éste al hijo de Colón, al que también Las Casas llama niño chiquito, siendo así que en esa época debía tener ya más de quince años, mientras que a su llegada a España (1484), tendría ocho, edad en que le cuadraban las citadas expresiones„ (4).

Los franciscanos de Nuestra Señora de los Remedios, y en particular, el P. Fr. Juan Pérez —a quien algunos llaman guardián del con-

(1)   Véase la *Historia de Cristóbal Colón*, tom. I, págs. 123-126 del conde Roselly de Lorgues.
(2)   *Conferencia pronunciada el 21 de Diciembre de 1891 en el Ateneo de Madrid*, pág. 10.
(3)   No falta quien dé la que diez el 2 de enero de 1485
(4)   *Conferencia en el Ateneo de Madrid acerca de Colón y los Reyes Católicos* (21 de marzo de 1891). Debió nacer Diego en el año 1476.

vento— acogieron a Colón con gran afecto y cariño. Justo será recordar entre los religiosos el nombre de Fr. Antonio de Marchena "buen astrólogo", como decían los Reyes Católicos.

En el convento de Santa María de la Rábida encontró el futuro Almirante el apoyo que buscaba. Los frailes dieron pan y agua al hijo de Colón. Aquel pedazo de pan que sirvió de alimento, y aquella poca agua que apagó la sed del *niñico* Diego, fueron pagados con el descubrimiento del Nuevo Mundo. El convento de Santa María de la Rábida respondió a su tradición protegiendo al insigne genovés. Aquel Fray Juan Pérez y aquel Fr. Antonio de Marchena, eran discípulos de San Francisco de Asís, del bondadoso San Buenaventura, del sabio Rogerio Bacon y del *Doctor Iluminado* Raimundo Lulio. Si San Francisco enseñó a sus hijos la caridad y fraternidad humanas, y San Buenaventura pasó toda su vida queriendo armonizar las dos tendencias religiosas representadas en San Antonio y en Elías de Cortona, Rogerio Bacon, el inventor de la pólvora, predijo gran parte de los descubrimientos modernos; y Raimundo Lulio, cerca del año 1287, en filosófico discurso, dijo (como ya en el anterior capítulo hicimos notar), que "la parte opuesta del Poniente estriba en otro continente que no vemos ni conocemos desde acá". De caritativos y sabios podemos calificar a los fundadores de la Orden de San Francisco. Correspondióles Colón con el mismo cariño. Por eso, a la hora de su muerte en Valladolid, un fraile franciscano le leía la *Comendación* del alma, franciscanos acompañaron su cuerpo a *Santa María la Antigua*, franciscanos celebraron en dicho templo sus exequias, y franciscanos, por último, condujeron sus restos mortales a las tumbas del convento de los mencionados Padres.

Conocedores Fr. Juan Pérez, Fr. Antonio de Marchena y el físico Garci Hernández de los proyectos del futuro Almirante, no ignorando que pensaba dirigirse a Francia en busca de protección, y comprendiendo al mismo tiempo que por entonces andaban empeñados los Reyes Católicos en la guerra de Granada, aconsejaron a Colón que se dirigiera en demanda de apoyo al duque de Medinasidonia, dueño entonces de la mayor parte de la actual provincia de Huelva y de muchos pueblos y tierras de las de Cádiz y Sevilla, con espléndida corte en la última de las citadas ciudades y en la de Sanlúcar de Barrameda. Los productos mayores de la casa de Medinasidonia procedían de su privilegio de las almadrabas de Sanlúcar, para cuya industria tenían importante flota. En solicitud de algunas naves se dirigió Colón camino de Sevilla, llevando cartas de recomendación del guardián de la Rábida dirigidas al duque de Medinasidonia. En Sevilla encontró nuestro extranjero navegante a algunos genoveses, banqueros por lo general, y entre ellos a Juan Berardi, hombre rico y en cuya casa estaba empleado Américo Vespucio, tan famoso luego en la historia del Nuevo Mundo (1).

No habiendo encontrado protección en el de Medinasidonia, se presentó, con iguales recomendaciones, al duque de Medinaceli, señor no menos poderoso que el anterior y que en su ciudad del Puerto de Santa María no le faltaban elementos marítimos para una empresa tan arriesgada como gloriosa.

Bien será poner en este lugar la carta que el de Medinaceli escribió al cardenal González de Mendoza, y que Navarrete colocó entre sus documentos. Dice así:

"Al Reverendísimo señor, el Sr. Cardenal de España, Arzobispo de Toledo, etc.

Reverendísimo señor: no sé si sabe vuestra Señoria como yo tuve en mi casa mucho tiempo a Cristobal Colomo, que se venia de Portugal y se queria ir al Rey de Francia para que emprendiese de ir a buscar las Indias con su favor y ayuda, e yo lo quisiere probar e enviar desde el Puerto que tenia buen aparejo con tres o cuatro carabelas, que no demandaba mas; pero como vi que era esta empresa para la Reina nuestra señora, escribilo a su Alteza desde Rota (2), y respondiome que ge lo enviase; yo ge lo envié entonces, y supliqué a su Alteza, pues yo no lo quise tentar y lo aderezaba para su servicio, que me mandase hacer merced y parte en ella, y que el cargo y descargo de este negocio fuese en el Puerto. Su Alteza lo recibió y le dió encargo a Alonso de Quintanilla, el cual me escribió de su parte, que no tenia este negocio por muy cierto; pero que si se acertase, que su Alteza me haria merced y daria parte en ello: y despues de haberle bien examinado, acordó de enviarle a buscar las Indias. Puede haber ocho meses que partió, y agora es él venido de vuelta a Lisbona, y ha hallado todo lo que buscaba y muy cumplidamente, lo cual luego yo supe, y por facer saber tan buena nueva a su Alteza, ge lo escribo con Xuarez, y le envio a suplicar me haga merced que yo pueda enviar en cada año allá algunas carabelas mias. Suplico a vuestra Señoria me quiera ayudar en ello, y ge lo suplique de mi parte, pues a mi cabsa, e por yo detenerle en mi casa dos años, y averle enderezado a su servicio, se ha hallado tan grande cosa como esta. Y porque de todo informará mas largo Xuarez a vuestra Señoria, suplicole le crea. Guarde Nuestro Señor vuestra Reverendisima persona como vuestra Señoria desea. De la villa de Cogolludo a 19 de marzo.

Las manos de vuestra Señoria besamos. — *El Duque.*„

(1) Vespucio nació en Florencia en año 1452.
(2) La carta escrita desde Rota debió serlo a últimos del año 1485 o comienzos del 1486.

En la ciudad de Córdoba se presentó Cristóbal Colón el 20 de enero de 1486, en cuya fecha se hallaban los reyes en Madrid. Hasta el 28
de abril no llegaron D. Fernando y D.ª Isabel a la ciudad andaluza, de
la cual salió el Rey en el mes de mayo de dicho año para la conquista
de Loja. De modo que la primera entrevista entre los reyes y Colón
debió verificarse en el lapso de tiempo que media desde el 28 de abril y
últimos días de mayo. El tiempo que estuvo el futuro Almirante esperando la llegada de los reyes, debió pasarlo buscando amigos y protectores que le ayudaran en su empresa y tal vez sufriendo las burlas de
cortesanos y gente del pueblo.

Veamos el retrato tanto moral como físico que hacen antiguos historiadores del ilustre genovés. El Almirante era—según Herrera—
"alto de cuerpo, el rostro luengo y autorizado, la nariz aguileña, los
ojos garzos, la color blanca, que tiraba a rojo encendido; la barba y
cabellos, cuando era mozo, rubios, puesto que muy presto, con los trabajos, se le tornaron canos: y era gracioso y alegre, bien hablado y elocuente; era grave con moderación, con los extraños afable, con los de su
casa suave y placentero, con moderada gravedad y discreta conversación, y así provocaba fácilmente a los que le veían, a su amor; representaba presencia y aspecto de venerable persona, y de gran estado y
autoridad y digna de toda reverencia; era sobrio y moderado en el comer y beber, vestir y calzar...„ (1). Por su parte, Gomara le retrata del
siguiente modo: "Hombre de buena estatura y membrudo, cariluengo,
bermejo, pecoso y enojadizo y crudo y que sufría mucho los trabajos...» (2). Garibay escribe que era "de recia y dura condición„ y
Benzoni añade: *iracundiæ tamen pronus* (3).

Amaba de tal modo a la naturaleza que la contemplaba con entusiasmo durante el día y la observaba por los astros en las noches sere-
nas. Navegando cerca de las costas, aspiraba los aromas balsámicos
procedentes de la orilla, y en medio de los mares los efluvios de las
olas. Complacíase contemplando pájaros y flores. Gustaba de impreg-
nar del aroma de rosas o acacias o de flores de azahar sus vestidos, su
camarote y muy especialmente su papel para cartas. Era frugal y sobrio en las comidas, noble en todos los actos de la vida y cristiano en
sus obras.

En la poderosa corte de los Reyes Católicos el primero que se puso
al lado de Colón fué Alonso de Quintanilla, Contador mayor del reino
(cargo parecido al actual Ministro de Hacienda). Quintanilla le reco-

(1) *Década* 1.ª, lib. VI, capítulo XV.
(2) *Historia de las Indias* en la Biblioteca de Autores españoles, tomo XII, pág. 172.
(3) *Historia Indiæ Occ.*, libro I, cap. XIV.

mendó a D. Pedro González de Mendoza, gran Cardenal de España, apellidado por el cronista contemporáneo Mártir de Anglería: *Tertius Hispaniæ Rex*, tercer Rey de España. Colón "fué conosçido del reverendíssimo é ilustre Cardenal de España, Arçobispo de Toledo, D. Pedro Gonçalez de Mendoça, el qual començó á dar audiencia á Colon, é conosçió dél que era sabio é bien hablado, y que daba buena raçon de lo que decia. Y túvole por hombre de ingenio é de grande habilidad; é conçebido esto, tomóle en buena reputacion é quísole favoresçer. Y como era tanta parte para ello, por medio del Cardenal y de Alonso de Quintanilla fué oydo del Rey e de la Reyna; é luego se prinçipió á dar algun crédito á sus memoriales y peticiones ó vino á concluirse el negocio.„

En mala, en muy mala ocasión hubo de presentarse Cristóbal Colón a los Reyes Católicos. Cuando Doña Isabel y D. Fernando se hallaban ocupados en arrojar de nuestro suelo y para siempre a los musulmanes, cuando la Santa Hermandad castigaba con mano de hierro a los revoltosos magnates y la Inquisición echaba al fuego a los herejes, cuando se publicaban sabias Ordenanzas y se reunían célebres Cortes, y cuando en la corte brillaban aquellos personajes que se llamaban Talavera, González de Mendoza, Cisneros y Gonzalo de Córdova, un hombre obscuro, extranjero, sin otra recomendación que la de un pobre fraile franciscano y sin otros recursos que vender libros de estampa o hacer cartas de marear, fundándose en que la tierra era esférica, solicitaba apoyo de los reyes para ir por el Occidente a las costas de la India (Asia). No es extraño que las gentes le llamasen iluso o loco.

Antes de continuar nuestra relación, consideremos el estado de la política entre España y Francia, entre los Reyes Católicos y Carlos VIII. En los primeros días del mes de enero de 1484 se encontraban D. Fernando y D.ª Isabel en la ciudad de Vitoria. Allí recibieron una embajada que tenía el encargo de notificarles la muerte de Luis XI y la sucesión de su hijo Carlos VIII. Nuestros monarcas acordaron también mandar a Francia su correspondiente embajada, con la indicación de que Carlos VIII devolviese a España el Rosellón y la Cerdaña, condados que retenía contra la voluntad de su padre, quien había dispuesto antes de morir que se entregaran a los Reyes Católicos. La embajada, que se envió en abril del mismo año, sólo obtuvo cariñosas promesas. Fernando entonces pensó declarar la guerra a Francia; Isabel quería ocuparse únicamente de la guerra con los moros. Las razones en que se apoyaba el Rey Católico las expone admirablemente el cronista Pulgar. "El voto del Rey, dice, era que primero se debían recobrar los condados del Ruissellón y de Cerdaina que los tenía injustamente ocupados el rey de Francia: e que la guerra con los moros se podía por agora suspender, pues era voluntaria e para ganar lo ageno, y la guerra con Francia non se debía escusar, pues era necesaria e para recobrar lo suyo. E que si aquella era guerra sancta, estotra guerra era justa, e muy conveniente a su honra. Porque si la guerra de los moros por agora no se persiguiese, no les sería imputada mengua, e si estotra no se ficiese, allende de recibir daño e pérdida, incurrían en deshonra por dexar a otro Rey poseer por fuerza lo suyo, sin tener a ello título ni razon alguna. Decia ansimesmo que el Rey de Francia era mozo, e su persona e reino andaban en tutorías e gobernacion agena; las cuales cosas daban la oportunidad pare facer la defensa de los franceses más flaca, e la demanda de restitucion más fuerte. E que por si agora se dexase, era de esperar que cresciéndole la cobdicia con la edad, sería más dificile de recobrar e sacar de su poder aquella tierra. Otrosí decía que cuanto más tiempo dexase de mover esta guerra, tanto mayor posesion ganaba el Rey de Francia de aquellos Condados: e los moradores dellos que cada hora esperaban ser tornados a su señorío, veyendo pasar el tiempo sin dar obra a los recobrar, perderian la esperanza que tenían de ser reducidos al señorío primero: e que el tiempo faria asentar sus ánimos en ser súbditos del Rey de Francia e perderían la aficion que tenían al señorío real de los Reyes de Aragon. La cual aficion decia él que no era pequeña ayuda para los recobrar prestamente. Otrosí decía que no podía buenamente sufrir los clamores de algunos caballeros e cibdadanos de aquellos condados, que por servicio del Rey su padre e suyo, han estado tanto tiempo desterrados de sus casas y heredamientos, e reclamaban toda hora solicitando que se diese obra a la reduccion de aquella tierra por tornar a sus casas e bienes.„

Triunfó la opinión de la Reina y se continuó la campaña contra Granada, a gusto también del Rey, convencido de las grandes dificultades que tenía la guerra con Francia.

Desde que los castellanos asolaron la vega granadina (1484) hasta que Boabdil entregó las llaves de la ciudad (2 enero 1492), no dejaron de agitarse los amigos y enemigos de Colón, o mejor dicho, los partidarios o no partidarios de los proyectos del genovés insigne. Al frente del partido contrario al de Colón se puso Fr. Hernando de Talavera, prior de Nuestra Señora de Prado (Valladolid), y después arzobispo de Granada. Algunos escritores han tratado con severidad al prior de Prado por las dificultades que puso *al más noble solicitante del universo*, como le llama el conde Roselly de Lorgues (1). No tienen razón. Fr. Fernan-

---

(1) Obra citada, tom. I, pág. 135.

do ni era envidioso de la gloria ajena, ni sistemáticamente se opuso a los proyectos del genovés. Creía de buena fe lo que afirmaba. Aunque versado en las letras y en la ciencia teológica, apenas tenía noción alguna de las matemáticas y de la cosmografía. Nadie ponía en duda su clara inteligencia, ni sus muchas virtudes. "Varón tenido por santo„, escribe Vasconcellos; pero él que se había propuesto, como regla de conducta, no influir en recomendación alguna, creyó que debía oponerse a los deseos del extranjero. Justificada encontramos la oposición de Talavera. "¿Qué proponía Colón? — pregunta con mucho acierto el P. Ricardo Cappa—. Hallar por Occidente un camino más breve del que por Oriente intentaban los portugueses al Asia. Asunto, a la verdad, digno de consideración y acción: pero ¿qué podía valer para los españoles la Cipango del Gran Khan en comparación del reino de Granada?... ¿Podía un religioso, un prelado que fué el alma de esa guerra, podía Talavera permitir que se debilitara en algo empleando los recursos nacionales en lo que no fuese derrocar de una vez para siempre a la media luna de las muslímicas torres de Granada? La empresa de Colón era de un orden secundario por la ocasión en que se presentó, por lo dudoso de la ejecución, por lo problemático del resultado„ (1).

Comenzó entonces para Cristóbal Colón lucha continua y tenaz, con unos porque no le entendían, y con otros porque no le querían entender.

Decidieron los reyes someter el asunto a una Junta de letrados que se reunió en Córdoba y presidió Talavera, resultando de ella, como era de esperar—dado que sus individuos fueron nombrados por el prior de Prado—que las promesas y ofertas del genovés fueron juzgadas "por imposibles y vanas y de toda repulsa dignas„, según la expresión del P. Las Casas. Comunicóse a Colón el resultado de la Junta, y para no quitarle toda esperanza, se le prometió "volver a la materia cuando más desocupadas sus Altezas se vieran„. Cumplióse poco después lo prometido. "Nueva Junta se celebró en Salamanca a fines del año 1486, al mismo tiempo que los reyes, de regreso de su expedición a Galicia, residían en la ciudad (2. Si el alma de la Junta de Córdoba fué Talavera, ocupado a la sazón en visitar su diócesis como obispo de Avila, el principal papel de la de Salamanca lo desempeñó el dominico Fray Diego de Deza, maestro del príncipe D. Juan y protector decidido de Colón (3). De Fray Diego de Deza había de decir el mismo Colón tiempo

(1) Colón y los españoles, pág. 2.
(2) Washington-Irving, Prescott, Humboldt, Navarrete y otros suponen erróneamente que sólo se celebró una Junta en Salamanca.
(3) Obtuvo después altas dignidades: fué sucesivamente obispo de Zamora, Salamanca, Palencia y Jaén; arzobispo de Sevilla y electo de Toledo; canciller mayor de Castilla, capellán mayor y del Consejo Real, inquisidor general de España y confesor del Rey Católico.

adelante, lo que sigue: "El señor obispo de Palencia, siempre, desde que yo vine a Castilla, me ha favorecido y deseado mi honra„ (1). Un mes después decía que el obispo de Palencia "fué causa que sus Altezas hobiesen las Indias, y que yo quedase en Castilla, que ya estaba yo de camino para fuera„ (2).

Albergóse Cristóbal Colón en el convento de San Esteban. En dicho convento se hallaba el colegio de estudios superiores, que dirigían los mismos religiosos dominicos; colegio de estudios superiores que sobresalía entre todos los demás establecimientos de instrucción de Salamanca. Colón fué acogido benévolamente, lo mismo por el citado Padre Deza, profesor de Teología en el colegio, que por el prior Magdaleno. Los Padres dominicos, para poder examinar con todo detenimiento y tranquilidad el proyecto de Colón, se retiraron a la *granja de Valcuero*, distante unos 10 kilómetros Oeste de la ciudad (3). Allí pudo el hijo ilustre de Génova exponer sus doctrinas, atrayéndose la mayor y más granada parte de los individuos de la sabia Junta, a pesar de ruda y tenaz oposición que le hicieron los partidarios de Talavera (4). Certificó la Asamblea de lo "seguro e importante del asunto„, y Fr. Diego de Deza, con otros religiosos, acompañaron a Colón desde Salamanca a Alcalá de Henares, adonde se había trasladado la corte, para comunicar a los monarcas el dictamen favorable de los religiosos y maestros del convento de dominicos de San Esteban. El cardenal González de Mendoza los introdujo ante la presencia de Sus Altezas, dando los reyes a Colón "esperanzas ciertas„ de que se resolvería el asunto acabada la conquista de Granada. "Desde entonces—dice Bernáldez—le miraron los reyes con agrado„ (5). En efecto, le admitieron a su servicio, en el que estuvo durante la campaña con los musulmanes. En las cuentas del tesorero real Francisco González de Sevilla, se lee con fecha 5 de mayo de 1487 lo siguiente: "pagado a Cristóbal Colón, extranjero, tres mil maravedís por cosas cumplideras al servicio de Sus Altezas„ (6).

(1)   Carta de Colón a su hijo Diego , fechada en Sevilla el 21 de noviembre de 1504.
(2)   Carta al mismo D. Diego del 21 de diciembre de 1504. Esto que dice de Fray Diego de Deza, lo aplica en otras ocasiones a Fr. Juan Pérez, a Luis de Santángel y a otros.
(3)   Asistieron a las discusiones Monseñor Bartolomé Scandiano, nuncio apostólico, y Pablo Olivieri, secretario de la nunciatura; Monseñor Antonio Geraldini, ex nuncio, y su hermano Alejandro: Lucio Marineo y otros sabios.
(4)   Todavía el P. Manovel, catedrático de Derecho Canónico de la Universidad de Salamanca (m. el 4 de junio de 1893), alcanzó a ver—según decía—las figuras que Cristóbal Colón trazó en las paredes de Valcuevo para explicar sus teorías. Conviene no olvidar lo que el Sr. Berrueta escribió en su librito *El Padre Manovel*, librito que forma parte de la Biblioteca Salmantina. «Pasóse Manovel años y años—dice—rotulando puertas y paredes del convento de San Esteban: por aquí pasó el desvalido Colón, aquí estuvo sentado el desgraciado Colón, por aquí entró Colón, por aquí salió Colón, y la verdad es que ni Manovel ni nadie sabe todas esas cosas.»
(5)   *Historia de los Reyes Católicos*, capítulo CXVIII. Ms.
(6)   *Docum. Diplom.*, número XI.—Simancas. Más adelante se le dieron otras cantidades.

No es cierto, pues, lo que Vivien de Saint-Martin y otros muchos han escrito acerca de las conferencias de Salamanca. "Toda la ignorancia—dice el citado geógrafo—, todos los prejuicios, todo el dogmatismo intolerante, todas las objeciones pueriles contra las verdades físicas conquistadas ya por la ciencia antigua, en una palabra, todo lo que habían acumulado doce siglos de decadencia intelectual y científica, las argucias escolásticas y monacales y la citada interpretación de los textos de la Escritura, todo tuvo que oírlo y soportarlo Colón. (1). También, con sobrada injusticia, escribe el italiano Bossi lo que sigue: "El proyecto fué entregado al examen de hombres inexpertos, que, ignorando los principios de la cosmografía y de la náutica, juzgaron impracticable la empresa.

„¡Los mejores cosmógrafos del reino! ¡Y qué cosmógrafos!

„Una de sus principales objeciones era que si una nave se engolfaba demasiado hacia el Poniente, como pretendía Colón, sería arrastrada por efecto de la redondez del globo, no pudiendo, por lo tanto, regresar a España.„ Durante el siglo XV, lo mismo en España que en otras naciones, no era extraño que hombres tenidos por doctos dudasen de la posibilidad de que siendo la tierra esférica pudiera navegar un barco siempre en la misma dirección sin caer en la inmensidad del espacio. A nadie por entonces le era permitido aceptar cualquiera novedad en las ciencias físicas y naturales que pudiese aparecer como falsa interpretación de la Biblia. Por entonces debió recibir carta del Rey D. Juan de Portugal. (Apéndice 1.)

Hallándose Colón en Córdoba, conoció a Beatriz Enriquez de Arana, joven de familia muy humilde, tan humilde, que —según Arellano— tal vez fuera moza de algún mesón donde se hubiese alojado el futuro descubridor de América. Las relaciones íntimas de Colón con la cordobesa, dieron por resultado el nacimiento de un hijo (15 agosto 1488) a quien se dió el nombre de Hernando.

Iba a llegar el momento tan deseado por Colón. Cuando Fernando e Isabel se hallaban en el Real de Santa Fe y cercana la rendición de Granada, el genovés llegó a dicho campamento, no sabemos si por propio impulso o por orden de los reyes o llamado por sus amigos y protectores. Inmediatamente formuló sus proposiciones, las cuales debieron ser casi las mismas que —como después veremos—presentó la segunda vez. "Pareció, dice, cosa dura concederlas, pues saliendo con la empresa parecía mucho, y malográndose, ligereza.„ Ocasión propicia se ofreció a los enemigos de Colón para desacreditarle ante los reyes, poniéndose al frente de aquellos D. Fernando de Talavera, ya indicado

(1) *Historia de la Geografía*, tomo II, pág. 40.

para arzobispo de Granada. En efecto, D. Fernando y Doña Isabel rechazaron las proposiciones.

Volvió Colón a la Rábida, donde Fray Juan Pérez y el físico Garci Hernández le convencieron de que debía permanecer en España por entonces. Es de advertir que en aquellos tiempos los físicos, no sólo estudiaban el arte de curar, sino las ciencias naturales, la geografía y la astrología. Tal vez por ello los franciscanos Fr. Juan Pérez y Fr. Antonio de Marchena echaron mano de Garci Hernández para que plantease y resolviese los árduos y difíciles problemas que acariciaba el marino de Génova. Convencido Fray Juan Pérez, escribió una carta a la Reina. Llevó dicha carta Sebastián Rodríguez, piloto de Lepe. Garci Hernández, físico de Palos, testigo presencial de los sucesos, en las *Probanzas* del pleito que D. Diego Colón suscitó a la Corona declaró lo que sigue:

"Que sabe que el dicho myn alonso pinçón en la dicha pregunta tenya en esta villa lo que le hacya menester, é que sabe que el dicho almirante don Xobal colon venyendo á la Rabida con su hijo don diego, que es agora almyrante, a pie se byno a la Rabida, ques monesterio de frayles en esta villa, el qual demandó á la porterya que le diesen para aquel nyñyco, que hera nyño, pan y agua que bebiese, e que estando ally ende este testigo con un frayle que se llamaba frey juan perez, que es ya defunto, quyso ablar con el dicho don Xobal colon, e vyendole despusicion de otra trra o reyno ageno en su lengua le pregunto que quyen hera e donde venya, e que el Xobal colon le dixo que venya de la corte de su alteza e le quiso dar parte de su embaxada, a que fué a la corte e como venya, e que dixo el dicho Xobal colon al dicho frey juan perez como abya puesto en platyca en descobryr ante su alteza e que se obligaba a dar la trra firme, queriendole ayudad su alteza con nabyos e las cosas pertenecientes para el dicho viage e que convenyesen, e que muchos de los caballeros e otras personas que ay se hallaron al dicho razonamiento le bolaron su palabra e que no fué acoxida, mas que antes hazian burla de su razon, desiendo que tantos tiempos aca se abian probado e puesto nabyos en la busca e que todo hera un poco de ayre e que no abya razon dello; que el dicho Xobal colon, vyendo ser su rason desyelta en tan poco conoscimiento de lo que se ofresia de haced e complyr, el se vino de la corte e se yba derecho desta villa a la villa de Huelva, para fablar e verse con un su cuñado casado con hermana de su muger e que á la sazon estaba e que habia nombre muliar, e que vyendo el dicho freyle su rason, envyó a llamer a este testigo, con el cual tenya mucha conversacion de amor e porque alguna cosa sabya del arte astronómica, para hablarse con el dicho

Xobal colon e byese razon sobre este caso del descobryr, y que este dicho testigo vyno luego e hablaron todos tres sobre el dicho caso, e que de aquy lygeron luego un hombre para que llevase una carta a la Reyna doña Isabel, que aya santa gloria, del dicho frey juan perez, que hera su confesor, el qual portador de la dicha carta fue sebastian Rodriguez, un piloto de Lepe, e que detubieron al dicho Xobal colon en el monesterio fasta sabed la respuesta de la dicha carta de su alteza para ver lo que por ella proveyan e asy se hyso, e dende a catorce dias la Reina, nuestra señora, escribió al dicho Fray Juan Perez, agradeciéndole mucho su buen propósito e que le rogaba e mandaba que luego, vista la presente, pareciese en la corte ante S. A. y que dejase al dicho Xobal colon en seguridad de esperanza fasta que S. A. le escribiese e vista la dicha carta e su disposicion, secretamente se marchó antes de media noche el dicho fraile del monasterio, e cabalgó en un mulo e cumplió el mandato de S. A.; e pareció en la corte e de alli consultaron que se diesen al dicho Xobal colon tres navios para que fuese a descubrir e facer verdad su palabra dada, e que la Reina nuestra señora, concedido esto, envió 2.000 maravedises en florines, los cuales trujo Diego Prieto, vecino de esta villa, e los dió con una carta a este testigo, para que los diese a Xobal colon para que se vistiese honestamente y mercase una vestezuela e pareciese ante S. A., e que el dicho Xobal colon recibió los dichos 2.000 maravedises e partió ante Su Alteza como dicho es a consultar todo lo susodicho, e de ally vyno proveydo con lycencia para tomar los dichos nabios quel señalase que conbenyan para seguyr el dicho viaje, e desta hecha fué el concierto e compañya que tomó con myn alonso pinçon e vicente yañez, porque heran personas suficientes e sabydos en las cosas del mar, los quales, allende de su saber e del dicho Xobal colon ellos le abyaron e pusieron en muchas cosas, las quales fueron en probecho del dicho viaje, 1).

Por entonces contrajo relaciones Colón con Martín Alonso Pinzón, hombre que tenía posición desahogada, numerosos parientes, armador en Palos, experto marino y conocedor de los mares por donde a la sazón se navegaba desde nuestras costas, esto es, en el Mediterráneo hasta Italia y en el Atlántico hasta las Canarias. A la vuelta de un viaje que hizo a Roma, inmediatamente que Colón supo que había desembarcado en Palos, fué a verle, entendiéndose en seguida, pues había un punto, el más importante, en que los dos estaban conformes, cual era que navegando al Occidente hallarían ricas tierras. ¿Qué tierras eran éstas? Según Colón las partes orientales del Asia llamadas *Man-*

---

(1) *Archivo general de Indias de Sevilla.—Información de Palos,* 1.º de octubre de 1515.—Pieza 23, fol. 5º (Colec. del Patronato, estante 1.º, caja 1.ª, leg. 5 12.

ghi, Cathay y *Cipango;* según Pinzón las islas del Atlántico conocidas con los nombres de *San Barandán, Antila* o *Siete Ciudades* y *Max Satanaxia.*

Reanudáronse las negociaciones entre Colón y los Reyes Católicos, merced al citado Fray Juan Pérez, y tal vez influyesen en el mismo sentido la marquesa de Moya, Fr. Diego de Deza, el P. Marchena, Cabrero, Gutiérrez de Cárdenas, Dr. Chanca, P. Gorricio y otros amigos de Colón; pero la firmeza de carácter y aun inflexibilidad del insigne navegante hicieron que por segunda vez se rompiesen los tratos. Púsose en camino; mas convencidos Fernando e Isabel de los razonamientos de Luis Santángel, escribano de raciones de Aragón, dispusieron que un alguacil de corte fuese en su busca, alcanzándole a dos leguas de Granada, en la Puente de Pinos. La Reina ya no dudaba de que el proyecto de Colón podía realizarse, pues de ello le habían convencido los razonamientos del citado Santángel y los de otros servidores. Cuéntase que como algunos hiciesen notar que el Tesoro estaba exhausto después de tantas guerras, Isabel indicó que todo se arreglaría "buscando sobre sus joyas el dinero necesario para la Armada„ (1), o "yo torné por bien que sobre joyas de mi recámara se busquen prestados los dineros que para hacer la Armada pide Colón„ (2). Esta tradición pertenece a la leyenda, pues—como dice perfectamente Fernández Duro—no se la encuentra en los cronistas de la época, ni en los abundantes cancioneros que subsisten de entonces, ni en los elogios, biografías, relaciones y epistolarios de los personajes más allegados a los reyes o que directamente intervinieron en las pretensiones de Cristóbal Colón y en la expedición de las naves que hallaron el Nuevo Mundo„ (3). El primero que la estampó fué Fernando Colón, que era muy niño a la sazón y se hallaba lejos del lugar; de él la transcribió Fr. Bartolomé de las Casas, en su *Historia de las Indias.* Como las dos obras quedaron sin imprimirse, Antonio de Herrera nada dijo de las joyas en sus *Décadas.* Comenzó a difundirse la especie en los albores de la centuria décimo séptima, cuando se conoció la obra publicada por el hijo del descubridor del Nuevo Mundo. Desde entonces, en todos los libros en que se trata del famoso descubrimiento, se relata y amplifica el hecho, creyendo de este modo ensalzar el nombre de Isabel la Católica. Afirmamos que la Reina no dijo tales palabras, aunque sí es cierto que estaba decidida a prestar todo su apoyo al gran navegante italiano. ¿Forjó la leyenda Fernando Colón? No; la forjó la fantasía popular, la forjaron todos los españoles, porque éste era el sentimiento de la nación.

---

(1) Fernando Colón, *Vida del Almirante,* cap. XIV.

(2) Las Casas, *Hist. general de las Indias,* cap. XXXII.

(3) *Tradiciones infundadas,* págs. 359-383.—Madrid. 1888.

El 17 de abril de 1492, en Santa Fe, se firmaron las Capitulaciones entre los Reyes Católicos y Cristóbal Colón, redactadas por el aragonés Juan Coloma; el 30 de dicho mes se le despachó, y el 12 de mayo partió el Almirante para Palos. Bajo las siguientes bases se redactaron las mencionadas Capitulaciones:

Capitulaciones entre los señores Reyes Católicos y Cristóbal Colon, abril 17 de 1492 (1).

Las cosas suplicadas é que Vuestras Altezas dan y otorgan á don Cristóbal Colon, en alguna satisfaccion de lo que ha de descubrir en las mares Océanas, y del viage que agora, con el ayuda de Dios, ha de hacer por ellas en servicio de Vuestras Altezas, son las que siguen:

Primeramente: que Vuestras Altezas, como señores que son de las dichas mares Océanas, fagan desde agora al dicho D. Cristóbal Colon su Almirante en todas aquellas islas é tierras-firmes, que por su mano ó industria se descobrieren ó ganaren en las dichas mares Océanas para despues dél muerto á sus herederos ó sus sucesores de uno en otro perpetuamente, con todas aquellas preeminencias é prerogativas pertenecientes al tal oficio, é segund que D. Alonso Henriquez Vuestro Almirante Mayor de Castilla é los otros predecesores en el dicho oficio lo tenian en sus distritos.

Place á sus Altezas. =Juan de Coloma.

Otrosi: que Vuestras Altezas facen al dicho D. Cristóbal Colon, su Visorey y Gobernador General en todas las dichas islas y tierras-firmes, que como dicho es, él descubriere ó ganare en las dichas mares: é que para el regimiento de cada una y cualquier dellas, faga él, eleccion de tres personas para cada oficio; é que Vuestras Altezas tomen y escojan uno, el que mas fuere su servicio, é así serán mejor regidas las tierras que nuestro Señor le dejará fallar é ganar á servicio de Vuestras Altezas.

Place á sus Altezas. Juan de Coloma.

Item: que todas é cualesquier mercadurias, siquier sean perlas, piedras preciosas, oro, plata, especieria é otras cualesquier cosas é mercadurias de cualquier especie, nombre é manera que sean, que se compraren, trocaren, fallaren, ganaren é obieren dentro de los límites del dicho Almirantazgo, que dende agora Vuestras Altezas facen merced al dicho D. Cristóbal y quieren que haga y lleve para sí, la decena parte de todo ello, quitadas las costas todas que se ficieren en ello. Por

(1) *Archivo de los Duques de Veragua.—Colec. de doc. ined., etc.,* tomo XVII, págs. 572-574.

manera, que de lo que quedare limpio é libre haga é tome la decena parte para si mismo, é faga de ella á su voluntad, quedando las otras nueve partes para Vuestras Altezas.

Place á sus Altezas.==Juan de Coloma.

Otrosi: que si á causa de las mercadurias que él traerá de las dichas islas y tierras, que asi como dicho es, se ganaren é descubrieren, ó de las que en trueque de aquellas se tomaran acá de otros mercaderes, naciere pleito alguno en el logar donde el dicho comercio é trato se terná é fará: que si por la preeminencia de su oficio de Almirante le pertenecerá cognoscer de tal pleito: plega á Vuestras Altezas que él ó su Teniente, y no otro Juez, cognosca de tal pleito: é así lo provean dende agora.

Place á sus Altezas, si pertenece al dicho oficio de Almirante, segun que lo tenia el dicho Almirante D. Alonso Henriquez y los otros sus antecesores en sus distritos, y siendo justo.==Juan de Coloma.

Item: que en todos los navios que se armaren para el dicho trato é negociacion, cada y cuando é cuantas veces se armaren, que pueda el dicho D. Cristóbal Colon, si quisiere, contribuir é pagar la ochena parte de todo lo que se gastare en el armazon, é que tambien haya é lleve del provecho la ochena parte de lo que resultare de la tal armada.

Place á sus Altezas.==Juan de Coloma.

Es evidente—como han dicho no pocos escritores—que las Capitulaciones de Colón con los Reyes Católicos no podían llevarse a cabo. No pudieron ejecutarse en vida de Colón y mucho menos en tiempo de sus sucesores. Si los descendientes del genovés tenían derecho a que se les cumpliese todo lo ofrecido, el Estado, por su parte, no debía renunciar su soberanía sobre los territorios descubiertos. De modo que tiene clara explicación el pleito de la familia de Colón con el Estado y también con los Pinzones.

Hecho el convenio citado, encaminóse el nuevo Almirante por tercera vez a Palos y a la Rábida, pudiendo contar con la ayuda de Martín Alonso Pinzón, *persona esforzada y de buen ingenio*, al decir del mismo Colón (1). El nombre de Martín Alonso Pinzón merece el más alto lugar entre los compañeros del descubridor del Nuevo Mundo.

_____

(1) Se ha dicho que la alegría de Colon vino a turbarse cuando supo, al llegar a Palos, que patronos y marineros se negaban a acompañarle. Añade la leyenda, que en situación tan crítica apareció Martín Alonso Pinzón, logrando levantar el espíritu de los apocados o miedosos. Por lo que respecta a los navios *Santa María*, la *Pinta* y la *Niña*, declaró Colón «que eran muy aptos para semejante fecho.»

Distribuyéronse los cargos de la manera siguiente: mandaría la carabela *Santa María*, que era la de mayor calado, el Almirante, desempeñando el cargo de Maestre Juan de la Cosa; Martín Alonso Pinzón fué nombrado Capitán de la *Pinta*, que era la más velera, llevando de Maestre a su hermano Francisco; y otro hermano de Martín, Vicente Yáñez, dirigiría la *Niña*, y sería Maestre su propietario Juan Niño. En el espacio de un mes estuvo la flota en disposición de partir.

¿Cuáles fueron las condiciones del convenio entre Colón y Martín Alonso Pinzón? Arias Pérez declaró que "enseñando Cristóbal Colón a Martín Alonso las mercedes que sus Altezas le facían descubriendo la tierra y vistas, dixo e le prometió de partir con él la mytad" (1). Alonso Gallego puso en labios de Colón lo que sigue: "Señor Martín Alonso, vamos este viaje, que si salimos con él y Dios nos descubre la tierra, yo os prometo por la corona real de partir con vos como buen hermano mio" (2).

Francisco Medel dijo que el Almirante ofreció a Martín Alonso "cuanto pidiese e quisiese" (3). Diego Hernández Colmenero manifestó que "el dicho Almirante le prometió la mitad de todo el interés e de la honra e provecho que dello se hobiese..." (4). Somos de opinión que la mitad ofrecida no se refiere a todas las mercedes, como títulos, etc., conferido por los reyes a Colón, sino a las utilidades que se recogiesen en la expedición. No creemos que sea mucho esta mitad, considerando que Pinzón puso medio cuento de maravedís, o sea la mitad de lo que pusieron los reyes; puso, de acuerdo con sus condueños, la nao *Pinta*, y contrató las otras dos, y, por último, puso las tripulaciones, esto es, todo el personal.

(1) Información de Palos, 15 de octubre de 151.. Pieza 23, folio 71. Archivo general de Sevilla.
(2) Información de Sevilla, 15 de diciembre de 1535. Pieza 5.ª, folio 11ª.
(3) Información de Sevilla, 15 de diciembre de 1535. Pieza 5.ª
(4) Información de Sevilla, 15 de diciembre de 1535. Pieza 5.ª

CAPÍTULO XX

Primer viaje de Colón.—Incidentes más importantes que ocurrieron durante el viaje.—Disgusto de algunos marineros.—El 11 de octubre de 1492.—Rodríguez Bermejo es el
primero que grita ¡Tierra!—Guanahaní (San Salvador), Santa María de la Concepción, Fernandina, Isabela (Saometo),
Cuba (Juana) y Española (Haití).—El cacique Guacanagari.—Fuerte de Navidad.—Vuelta de Colón a España.—Colón en Lisboa y en Palos.—Colón en Sevilla y en Barcelona.—Breves de Alejandro VI.—Castilla y Aragón en el
descubrimiento.

Consideremos la primera expedición de Cristóbal Colón. En la mañana del 3 de agosto de 1492, después de oir misa en la iglesia de Palos, se dirigieron los expedicionarios a las naves, acompañados de sus
familias y de los religiosos de la Rábida, y seguidos de muchos vecinos
del pueblo, como también de Moguer y de Huelva. La bandera de la
Santa María llevaba la imagen de Nuestro Señor Jesucristo clavado en
la cruz (1). En el nombre de Jesús mandó Cristóbal Colón desplegar
las velas de sus naves (2). Cuando levaron anclas (3) y las tres carabelas comenzaron á alejarse, no pocos de los que quedaban en el puerto se mofaban del futuro Almirante de las Indias y pensaban que ni él
ni ninguno de los expedicionarios regresarían del viaje. Era aquél un
cortejo de luto más bien que una reunión de alegres personas que despedían a sus deudos y amigos para feliz viaje. Las madres, las esposas,
las hijas y las hermanas de los marineros maldecían en voz baja a ese
funesto extranjero que había engañado con sus palabras a los reyes.
Todo lo que se adelanta a la humanidad, lleva consigo la reprobación
de los contemporáneos (4).

(1) *Una banniera nella quale era figurato il Nostro Signore Jesucristo in croce.* Giov. Battista
Ramussio, *Della navigatione e viaggi, raccolta*, vol. III, fol. I.
(2) Véase Oviedo, *Historia natural y general de las Indias*, lib. II, cap. V, fol. C.
(3) Al pie del convento se halla la parte de playa (estero de Domingo Rubio), de donde zarparon las tres carabelas.
(4) «Al tiempo quel dicho D. Cristóbal Colon aderezaba para yr a descobryr las dchas yndias,
declara Alonso Pardo, este testigo vido que todos andaban haciendo burla del dcho D. Cristobal
Colon e lo tenian por muerto, a él e a todos los que yvan con él, e que no habia de venyr uyn-
guno.» (Información de Moguer, 12 de febrero de 1515. Pieza 3.ª)

Sin embargo de las importantes expediciones que se habían hecho en el siglo XVI y muy especialmente los viajes de Enrique el *Navegante*, todavía del mar Tenebroso, como de antiguo se llamó al Atlántico, circulaban en aquella centuria preocupaciones, consejas y patrañas, capaces de infundir terror en gentes supersticiosas e incultas.

Los tripulantes de la *Santa María* eran 70, los de la *Pinta* 30 y los de la *Niña* 24 (1). Además de Cristóbal Colón, Almirante, que montaba la *Santa María*; de Martín Alonso Pinzón, natural de Palos, capitán de la *Pinta*, y de Vicente Yáñez Pinzón, de Palos, que mandaba la *Niña*, se hallaban de la familia de los Pinzones los siguientes:

Diego Martín Pinzón, el viejo, de Palos.

Bartolomé Martín Pinzón, de Palos.

Francisco Martín Pinzón, de Palos.

Arias Martín Pinzón, de Palos.

Juan Niño, natural de Moguer, dueño y maestre de la carabela *Niña*.

Pero Alonso Niño, de Moguer, hermano de Juan y piloto de dicha carabela.

Alonso Niño, de Moguer, hijo de Juan y maestre de la misma carabela.

Andrés Niño, de Moguer.

Francisco Niño, de Moguer.

Cristóbal Niño, de Moguer.

Bartolomé Pérez Niño, de Moguer.

Alonso Pérez Niño, de Moguer.

Diego de Arana, natural de Córdoba, alguacil mayor de la Armada.

Rodrigo de Escobedo, natural de Segovia, escribano de la Armada.

Pero Gutiérrez, repostero de estrados de los Reyes Católicos.

Alonso, de Moguer, físico.

Luis de Torres, intérprete de la expedición, que había vivido con el Adelantado de Murcia y era judío converso, conocedor del hebreo, caldeo, árabe y de otras lenguas.

Jacome el Rico, genovés.

Juan de la Cosa, de Santoña, maestre de la *Santa María*.

Gomes Rascón y

Cristóbal Quintero, ambos de Palos y dueños de la carabela *Pinta*.

García Hernandez, de Palos, físico.

Juan de Umbría y

(1) *Relación hecha por D. Nicolás Tenerio con motivo del cuarto centenario del descubrimiento de América.* Consta dicha relación de 72 expedicionarios. Los restantes, hasta el número 124, unos se encuentran entre los 54 que murieron en el fuerte de Navidad, y otros todavía ignoramos sus nombres.

Cristóbal García Xalmiento, ambos de Palos y pilotos de la *Pinta*.

García Hernández, de Huelva, despensero de dicha carabela.

Juan Rodríguez Bermejo, vecino de Molinos en tierra de Sevilla.

Rodrigo de Triana.

Juan Quintero, de Palos, llamado el *plateador*, piloto.

Juan Pérez Vizcaíno, de Palos, calafate.

Diego Rodríguez, de Palos.

Pedro de Soria, de Palos.

Francisco de Huelva.

Andrés de Huelva.

López, calafate.

Diego Lorenzo, de Huelva.

Pedro de Lepe, vecino de Redondela.

Domingo de Lequeitio.

Juan de Lequeitio.

Martín de Urtubia, vizcaíno.

Alonso de Morales, de Moguer.

Francisco García Vallejo, de Moguer.

Rodrigo Sánchez, de Segovia.

Maestre Diego.

Rodrigo de Xerez, de Ayamonte.

Alonso Pérez Roldán, piloto de Palos.

Pedro Terreros, maestresala del Almirante.

Pedro de Saucedo, paje de Colón.

Gil Pérez.

Pero Bermúdez, de Palos.

Rodrigo Monge, de Palos.

Hernán Pérez, de Palos.

Bartolomé Pérez, piloto de Palos.

Bartolomé Colín, de Palos.

Alonso Gutiérrez Querido, de Palos.

Juan Ortiz, de Huelva.

Sancho Ruiz, piloto de Palos.

Pedro de Villa, del Puerto de Santa María.

Bartolomé García, de Palos.

Vicente Eguía.

García Alonso, de Palos.

Pedro de Arcos, de Palos.

Juan de Xerez, de Palos.

Juan de Sevilla.

Francisco García Gallegos, de Palos.

Alonso Medel, de Palos.

Juan Bermúdez, de Moguer.

Juan de Triana, de Moguer.

Juan de Moguer.

Pedro Arráez.

Fernández.

El primer día, impelidas las carabelas por favorable ventolina, tenían la proa Sudoeste cuarto sud.

El día siguiente, sábado, todo continuó bien.

El domingo, 5 de Agosto, anduvieron 40 leguas.

El lunes, 6 de Agosto, zarparon de la isla de Hierro, la más occidental de las Canarias (1). El viaje fué feliz. El mar estaba tranquilo, el cielo sereno y los vientos del Oeste empujaban las naves. Sin embargo, no habían transcurrido tres días desde que Cristóbal Colón salió de Palos, y ya desencajóse el gobernalle de la carabela *Pinta*, que era de Cristóbal Quintero y de Gómez Rascón, *porque les pesaba ir aquel viaje*, obligando a retrasar la expedición para poder adobar el timón en la Gomera. Después de reparar dicha carabela y de cambiar por velas cuadradas el velamen triangular de la *Niña*; después de renovar la provisión de agua y leña, y de tomar víveres frescos, continuaron su marcha el jueves, 6 de septiembre; pero una calma chicha les hizo estacionarse en las aguas de la Gomera. Situación tan triste duró desde el jueves por la mañana hasta el crepúsculo del sábado, 8 de dicho mes. Desde el día 9 de septiembre dispuso el Almirante contar menos leguas de las que andaba, para que la gente no se espantase ni desmayase, teniendo que reñir muchas veces a los marineros *porque gobernaban mal*.

Consideremos los incidentes más notables que ocurrieron a la expedición. El primero fué la llegada al mar de las Hierbas o de Sargaso; pero la turbación de los tripulantes se desvaneció fácilmente por las explicaciones dadas por los jefes. El segundo ocurrió a primera noche del 13 de septiembre y consistió en que habiendo apuntado la brújula hasta entonces al Noreste, declinó de cinco a seis grados al Noroeste, cuya declinación aumentó la mañana del día siguiente y los días sucesivos. Aunque esto asustó a los pilotos, Colón les hizo notar que "al tomar la altura de la estrella polar era preciso tener en cuenta su movimiento horario, y que la brújula se dirigía a un *punto invisible*, al Oeste

(1) «De haber continuado Colón la ruta dispuesta por él desde que zarpara de la Isla de Hierro, topa su nave con el territorio llamado la Florida hoy, es decir, con el Continente; a lo menos con isla de grandor casi continental, como Cuba; pero en la desviación propuesta por los Pinzones, y admitida por él a última hora, estaba llamada a dar con un islote muy hermoso de aspecto, pero diminuto y baladí si lo parangonamos con el inmenso mundo en cuyos mares navegaban ya.» Castelar, *Hist. del descubrimiento de América*, tomo II, pág. 38.

del polo del mundo.„ Colón, pues, había descubierto la declinación occidental de la aguja. Desde el comienzo del viaje, aquella fué la primera vez que se hizo semejante observación. Pronto el temor se iba a convertir en alegría.

El 14 de septiembre dijeron los de la carabela *Niña* que habían visto un *garjao* y un *rabo de junco*; el 16 también pudieron ver bastante porción de hierba, porción de hierba que aumentó el 17, y en la cual encontró un cangrejo vivo, diciendo entonces el Almirante que aquellas señales eran del Poniente, "donde espero en aquel alto Dios, en cuyas manos están todas las victorias, que muy pronto nos dará tierra.„ En aquella misma mañana vió un *rabo de junco*, ave que no suele dormir en la mar. El 18, Martín Alonso desde la *Pinta*, que era gran velera, dijo a Colón que había visto muchas aves dirigirse al Poniente, esperando aquella noche ver tierra. El 19 vino a la nao un *alcatraz* o *pelícano*, y por la tarde los marineros vieron otro; el 20 vinieron a la nao cuatro *alcatraces*, un *garjao* y dos o tres *pajaritos de tierra*; el 21 vieron un *alcatraz* y una *ballena*. El 22 de septiembre distinguieron otras aves. Dice el Almirante: "Mucho me fué necesario este viento contrario, porque mi gente andaban muy estimulados que pensaban que no ventaban estos mares vientos para volver a España.„

Registremos el incidente más importante que ocurrió durante la travesía, y sobre el cual no están acordes los historiadores. El 23 de septiembre la gente continuó murmurando del largo viaje, y murmurando continuó diez y siete días más; pero el Almirante dióles buenas esperanzas de los provechos que podrían haber. El mismo Colón escribió con fecha 14 de febrero de 1493, esto es, á su regreso, "que había tenido que sufrir mucho a la ida a causa de su gente, porque todos a una voz estaban determinados de se volver y alzarse contra él haciendo protestaciones„ (1). Pedro Mártir de Anglería, en su obra *De rebus Oceanis*, dice lo que a continuación copiamos: "Los españoles de la expedición empezaron a comunicarse su descontento en secreto, y luego se congregaron públicamente, amenazando arrojar al mar a su jefe, porque el genovés los había engañado y conducido á su perdición.„

Washington Irving, el conde Roselly de Lorgues y otros, refieren que una sublevación de los marinos contra Colón estuvo a punto de echar por tierra el descubrimiento del Nuevo Mundo. Dicen que, contagiados del miedo, los Pinzones amenazaron con la muerte al Almirante si no volvía las proas de los barcos hacia Castilla. Los tres hermanos, el mayor sobre todo, le habían tratado con cierta rudeza y aun al-

---

(1) Véase *Diario del primer viaje de Colón*, publicado por Las Casas y reproducido por Fernández Navarrete en su *Colección diplomática*, tom. I, págs. 1 á 197.

tanería. Pero el *Diario de Colón*, relato oficial de cuantos sucesos ocurrían, no refiere así los hechos. Entre las declaraciones relacionadas con el famoso motín de las tripulaciones, encontramos la de García Vallejo, que se hallaba en la carabela de Martín Alonso. "Capitanes, dijo el Almirante, ¿qué faremos que mi gente muestra mucha queja? ¿que vos parece, señores, que fagamos? Y que entonces dijo Vicente Yáñez: Andemos, señor, fasta dos mil leguas, e si aquí non falláremos lo que hamos a buscar, de allí podremos dar buelta... Y entonces respondió Martín Alonso Pinzón, que iba por capitán así principal: "Cómo, señor: ¿agora partimos de la villa de Palos y ya vuesa merced se va enojando? Avante, señor, que Dios nos dará victoria que descubramos tierra, que nunca Dios querrá que con tal vergüenza volvamos... Entonces respondió el dicho Almirante Don Cristóbal: "Bienaventurados seáis... Nosotros creemos que la rebelión se redujo a murmurar y pretender el regreso algunos expedicionarios, siendo disuadidos fácilmente por Colón y los Pinzones. La rebelión, pues, careció de importancia (1).

¿Por qué murmuraron contra Cristóbal Colón los tripulantes de la *Santa María?* ¿Por qué no murmuraron los marineros de las otras dos naos? Las causas quedan reducidas a dos: la primera, que Colón era extranjero: la segunda, que los marineros habían emprendido el viaje, no por la confianza que les inspiraba Colón, sino por la consideración y afecto que tenían a los Pinzones. Pudo también influir en que el Almirante era altivo y orgulloso o "de recia y dura condición", como escribe Garibay, lo cual le llevó a tratar con despego y aun con desdén a sus subordinados, pues nunca supo conquistarse el cariño de la gente de mar española.

El viernes, 5 de octubre, aparecieron señales de la proximidad de la tierra. "A Dios muchas gracias sean dadas", exclamó el Almirante. Cada vez se agitaban en el aire mayor número de aves. Continuaba siendo fácil la navegación y corrían presurosas las tres carabelas. El domingo, día 7, se creyó haber descubierto tierra. El lunes, día 8, dice Colón: "Gracias a Dios: los aires muy dulces como en abril a Sevilla, qué placer estar a ellos, tan olorosos son... El martes, día 9, cambió algo el viento, siendo preciso mudar varias veces de rumbo. El miércoles, día 10 de octubre, la escuadrilla andaba diez millas por hora, e hizo 59 leguas durante el día y la noche. Continuaban vientos favorables: pero cuando menos se pensaba, se alborotó el mar y se levantaron oleadas inmensas que impelían con fuerza las carabelas. Anunció Colón la proximidad de la tierra, aunque su vista nada descubría a la sazón.

1) Véase *Colón y Pinzón.* Memorias de la Real Academia de la Historia, tomo X. Madrid, 1883.

"Aquí—según el extracto hecho por Las Casas del *Diario* del primer viaje—la gente ya no lo podía sufrir: quejábase del largo viaje; pero el Almirante los esforzó lo mejor que pudo dándoles buena esperanza de los provechos que podían haber.» Y terminaba así: "que por demás era quejarse, pues que él había venido a las Indias y que así lo había de proseguir hasta hallarlas con ayuda de nuestro Señor."

Las esperanzas dadas por Cristóbal Colón a su gente se vieron realizadas en la noche del jueves, 11 de octubre de 1492. Ibase a descubrir el Nuevo Mundo, convirtiéndose en realidad los sueños del intrépido italiano (Apéndice J). Cuando el reló de la *Santa María* marcaba las dos de la madrugada, salió de la carabela *Pinta* el grito mágico de ¡Tierra! dado seguramente por el afortunado marinero Juan Rodríguez Bermejo, según las declaraciones de varios testigos (1). Sin embargo—escribe Sales y Ferré—se adjudicó Colón la pensión vitalicia de diez mil maravedís que se había ofrecido como premio al primero que viese tierra, y que pertenecía de derecho a Juan Rodríguez Bermejo (2). Nuevo y triste testimonio de lo mucho que podía la sed de oro en el ánimo de Colón (3). Dejamos al Sr. Sales y Ferré la responsabilidad de sus últimas palabras, de las cuales huelga decir que no estamos conformes. Washington Irving ha dicho—también en nuestro sentir con poco acierto—que no era digno y noble para Colón "el haber disputado la recompensa a un pobre marinero" (4). Despechado Juan

---

(1) «Esta tierra vido primero un marinero que se decía Rodrigo de Triana: puesto que el Almirante á las diez de la noche, estando en el castillo de popa, vido lumbre, aunque fué cosa tan cerrada que no quiso afirmar que fuese tierra: pero llamó a Pero Gutierrez, repostero destrados del Rey, é díjole, que parecia lumbre, que mirase él, y asi lo hizo y vidola: dijolo tambien á Rodrigo Sanchez de Segovia. quel Rey y la Reina enviaban en el armada por veedor, el cual no vido nada porque no estaba en lugar do la pudiese ver. Despues quel Almirante lo dijo. se vido una vez ó dos, y era como una candelilla de cera que se alzaba y levantaba, lo cual á pocos pareciera ser indicio de tierra. Pero el Almirante tuvo por cierto estar junto a la tierra. Por lo cual, cuando dijeron la *Salve*, que la acostumbraban decir é cantar á su manera todos los marineros y se hallan todos, rogó y amonestolos el Almirante que hiciesen buena guarda al castillo de proa. y mirasen bien por la tierra, y que al que le dijese primero que via tierra, le daria luego un jubon de seda, sin las otras mercedes que los Reyes habian prometido. que eran diez mil maravedís de juro á quien primero la viese. A las dos horas, despues de media noche pareció la tierra. de la cual estarian dos leguas.» *Diario del primer viaje de Colón*. etc., tomo I, págs. 19 y 20.

«... e qual cuarto de la prima, rendido el dicho Colon, mandó hacer guardias en las proas de los navios, e que yendo navegando, al otro cuarto vido la tierra un Juan Bermejo de Sevilla, e que la prima viera fué la ysla de Guadahany.» (Inf. de Lepe. 19 de septiembre de 1515 Pieza 23, folio 37). *Declaración del testigo Manuel de Valdovinos.*

«Que oyó decir á los mismos que venian del dicho viaje, e que del navio del dicho Martin Alonso, un marinero que se decia Juan Bermejo, vido la tierra de Guahanani primero que otra persona, e que pidió albricias al capitán Martin Alonso Pinzón, que ansi descubrió la tierra primero, e esto es público e notorio.» (Inf. de Palos, 1.º de octubre de 1515. Pieza 23). *Declaración del testigo Diego Hernández Colmenero.*

(2) Cree el Sr. Sales y Ferré que Juan Rodriguez Bermejo y Rodrigo de Triana son una misma persona.

(3) *El Descubriento de América*, págs. 176 y 177.

(4) *Historia de la vida y viajes de Cristóbal Colón*. tomo I, lib. V, cap. VII.

Rodríguez Bermejo—según se cuenta— de que la renta de diez mil maravedís se hubiese adjudicado a Colón, pasó al Africa, donde se hizo musulmán, creyendo encontrar más justicia entre los hijos del Profeta que entre los cristianos (1).

En nuestros días se ha publicado un impreso sumamente curioso acerca del particular (2). D. F. Rivas Puigcerver, de México, cuenta que Rodrigo de Triana era judío converso y fué el primero que en lengua hebrea, dijo: ¡tierra! ¡tierra!, en la noche del 11 de octubre de 1492. Con Colón iban no pocos judíos y moriscos, forzados por los decretos de expulsión de los Reyes Católicos. Añade el Sr. Rivas que Rodrigo de Triana, cuando se adjudicó a Colón la pensión ofrecida al que primero viera tierra, pasó el Estrecho renunciando religión y patria (3).

Continuando nuestra interrumpida narración, afirmaremos que la alegría que sintieron los marineros después de sesenta y nueve días de navegación, fué inmensa. No es de extrañar que los tripulantes de la *Pinta* (que era la carabela más velera y siempre llevaba la delantera a las otras dos), contemplaran, cuantos iban sobre cubierta, el encantador panorama de Guanahani, isla que llamó Colón *San Salvador*, distante quince leguas de la que los ingleses llaman *Cat* (o del *Gato*) y una de las que forman el archipiélago de las Lucayas. D. Juan Bautista Muñoz en el derrotero de las Antillas, publicado en Madrid, año de 1890, dijo lo siguiente (pág. 805): "La isla Watling o San Salvador, que reúne las mayores probabilidades de ser la primera tierra que pisó Colón en el Nuevo Mundo...."

En la carta de Juan de la Cosa, hábil piloto que hizo con Cristóbal Colón los dos primeros viajes, y del cual hablaremos varias veces en esta obra, se ve claramente que la isla de Guanahani es al presente la de Watling. Es, pues, evidente, que la isla Guanahani, San Salvador y Watling es una misma; pero no todos han opinado lo mismo. Washington Irving creyó que San Salvador era la isla Cat (o del Gato) (4) y siguen su opinión el alemán Humboldt, el cubano D. José María de la Torre y otros. Nuestro sabio marino Navarrete (5), quiso que Colón hubiera ido a parar nada menos que a una de las Turcas. De Varnhagen, que censuró a Navarrete por su equivocación, sostuvo (6) que San Salvador era la conocida posteriormente con el nombre de *Mayaguana*, y

(1) Conde Roselly de Lorgues, *Historia de Cristóbal Colón*, tomo I, pág. 299.
2 Intitúlase *Los judíos en el Nuevo Mundo*. México, Impr. del Sagrado Corazón de Jesús, 1891, en 8.°, dos hojas.
(3) *Boletín de la R. Academia de la Historia*, tomo XIX, págs. 361-365. Madrid, 1891
4 En el año 1828
5 En 1825.
(6) En 1864

hoy con el de *Mariguana*. Mr. G. V. Fox dijo (1), que Guanahani debió ser la isla *Samaná* o Cayo Atwood.

Por el rumbo que llevaba el Almirante, debió fondear cerca de la punta Suroeste de ella. Y antes de pasar adelante trasladaremos aquí las palabras que Francisco López de Gomara dijo al emperador Carlos V.

"La mayor cosa, después de la creación del mundo, sacando la Encarnación y Muerte del que lo crió, es el descubrimiento de las Indias." (Apéndice L.)

Respecto a la descripción de la citada isla, habremos de manifestar que a corta distancia de la espuma de las olas se extendían en forma de gradería hasta las alturas de la isla muchos y majestuosos bosques de árboles. Trechos sin árboles dejaban penetrar la luz en los citados bosques, viéndose allí habitaciones diseminadas que parecían grandes colmenas por su forma cilíndrica y por sus techos de hojas secas: las chimeneas asomaban por encima del arbolado y en distintos puntos. Grupos de hombres, de mujeres y de niños aparecían medio desnudos entre los troncos de los árboles más próximos a la costa, adelantándose un poco, retirándose después, y expresando siempre con sus gestos y actitudes más admiración y curiosidad que temor y miedo. Colón se dirigió con una chalupa hacia la playa, tomando posesión de la isla en nombre de los Reyes Católicos. Sobrecogidos los indígenas al ver hombres con trajes de brocado y con armas que reverberaban la luz, habían concluido por acercarse, como si secreta fascinación les empujara hacia ellos. Los españoles, a su vez, quedaban sorprendidos al no encontrar en los americanos ninguno de los caracteres físicos de las razas europeas, africanas y asiáticas. Su tinte cobrizo, su fina cabellera que se extendía sobre sus hombros, sus ojos apagados, sus femeniles miembros, su rostro confiado y sin expresión, su desnudez y los dibujos que adornaban su piel, denunciaban una raza distinta de las esparcidas por el Viejo Mundo, la cual conservaba aún la sencillez y la dulzura de la infancia. Persuadido Colón que aquella isla era un apéndice del mar de las Indias, hacia las cuales creía navegar, llamó a sus habitantes indios (2).

En el *Diario* de Colón, fuente única de la cual proceden todas las opiniones acerca de las primeras tierras descubiertas en el Nuevo Mundo, encontramos la siguiente noticia: "... Pusiéronse a la corda (al pairo), temporizando hasta el viernes, que llegaron a una isleta de los lucayos, que se llamaba en lengua de indios Guanahaní... está Lesteoues-

---

(1) En 1841.
(2) Véase Lamartine, *Biografía de Cristóbal Colón*, págs. 86-92. Tr.

te con la isla de Hierro... Esta isla es bien grande y muy llana y de árboles muy verdes y muchas aguas, y una laguna en medio muy grande (sábado 13 de octubre.)

El día 14 de octubre por la noche salió el Almirante de Guanahaní, llegando el 15 a las islas de *Santa María de la Concepción* (hoy *Concepción y Cayo Rum*). El 16 de octubre, ya cerca del mediodía, dejó el Almirante la isla de la Concepción y fué a fondear cerca de la punta SE. de la isla Fernandina, que es la Cat de los ingleses. El miércoles 17 salió Colón costeando la isla Fernandina y fondeó al obscurecer del 18 en la punta del SE. (Punta de Colón). El viernes 19, al amanecer, levantó anclas y a las tres horas de navegación vió la isla llamada *Saometo* por los indios y que él puso el nombre de *Isabela*. También a la Isabela se le dió el nombre de *Larga*. Desde el 20 de octubre que fondeó en dicha isla, hasta el 24, se ocupó en reconocerla. Refiere el mismo Colón que el 21 salió con sus capitanes a ver la isla: "que si las otras ya vistas —dice— son muy fermosas y verdes y fértiles, ésta es mucho más y de grandes arboledas y muy verdes. Aquí es unas grandes lagunas, y sobre ellas y a la rueda es el arbolado en maravilla, y aquí y en toda la isla son todos verdes y las yerbas como en el Abril en el Andalucía; y el cantar de los pájaros que parece que el hombre nunca se querría partir de aquí, y las manadas de los papagayos que obscurecen el sol; y aves y pajaritos de tantas maneras y tan diversas de las nuestras, que es maravilla.... Más adelante añade: "También andando en busca de muy buena agua fuimos a una población aquí cerca, adonde estoy surto media legua; y la gente della, como nos sintieron dieron todos a fugir, y dejaron las casas y escondieron su ropa y lo que tenían por el monte; yo no dejé tomar nada ni la valía de un alfiler. Después se llegaron a nos unos hombres dellos y uno se llegó del todo aquí; yo di unos cascabeles y unas cuentecillas de vidrio, y quedó muy contento y muy alegre, y porque la amistad creciese más y los requiriese algo le hice pedir agua, y ellos, después que fuí en la nao, vinieron luego a la playa con sus calabazas llenas, y folgaron mucho de dárnosla, y yo les mandé dar otro remalejo de cuentecillas de vidrio, y dijeron que de mañana venían acá... Después de adquirir noticias de los isleños, los cuales le dijeron que hacia el Sudoeste encontraría una isla muy grande que se llamaba *Cuba* (1), en la cual abundaba el *oro y especerías y naos grandes y mercaderes*, levantó las anclas. Desde la media noche del 24 hasta la tarde del 25 se mantuvo Colón a la vela, huyendo de los peligros y costeando los bajos, que son muchos en aquellos lugares. El 27 del dicho mes de octubre dirigió sus naves al Sudoeste y

(1) Colón creía que la isla llamada Cuba por los indios era la verdadera Cipango.

vió tierra al anochecer del mismo día, entrando el 28 por la mañana en *un rio muy hermoso y muy sin peligro de bajas ni de otros inconvenientes*, y recalando — según todas las señales— en el puerto de Gibara (Cuba)(1). Permaneció algunos días y recorrió varios puntos de la isla de Cuba, a la que él dió el nombre de *Juana*, por honor — como se dijo en el capítulo XVIII—al príncipe D. Juan, primogénito de los reyes.

El día 5 de diciembre llegó a la isla Haití, que él denominó la Española y que también lleva el nombre de Santo Domingo. El 14 de diciembre salió del Puerto de la Concepción y llegó a la Isla de la Tortuga que—según Colón—"es tierra muy alta, pero no montañosa, y es muy hermosa y muy poblada de gente como la de la Isla Española, y la tierra así toda labrada, que parecía ser la campiña de Córdoba,,. Refiriéndose a la Isla Española escribe Colón lo siguiente: "Era cosa de maravilla ver aquellos valles y los rios y buenas aguas, y las tierras para pan, para ganado de toda suerte...,, Cariñoso fué el recibimiento que el cacique Guacanagari, que mandaba en aquellas costas, hizo a Colón. Envióle Guacanagari una grande canoa llena de gente, y en ella un principal criado suyo a rogar al Almirante que fuese con los navíos a su tierra y que le daría cuanto tuviese. Más adelante Cristóbal Colón se dirigía a los Reyes Católicos en esta forma: "Crean vuestras Altezas que en el mundo todo no puede haber mejor gente, ni más mansa; deben tomar vuestras Altezas grande alegría porque luego los harán cristianos, y los habrán enseñado buenas costumbres de sus reinos, que más mejor gente ni tierra puede ser, y la gente y la tierra en tanta cantidad que yo no sé cómo lo escriba; porque yo he hablado en superlativo grado la gente y la tierra de la *Juana*, a que ellos llaman *Cuba*; mas hay tanta diferencia dellos y della a esta en todo como del día a la noche; ni creo que otro ninguno que esto hoviese visto hoviese hecho ni dijese menos de lo que yo tengo dicho, y digo que es verdad que es maravilla las cosas de acá y los pueblos grandes de esta isla Española, la que así la llamé, y ellos la llaman *Bohío*, y todos de muy singularísimo tracto amoroso y habla dulce, no como los otros que parece cuando hablan que amenazan, y de buena estatura hombres y mujeres, y no negros. Verdad es que todos se tiñen, algunos de negro y otros de otro color, y los más de colorado. He sabido que lo hacen por el sol, que no les haga tanto mal, y las casas y lugares tan hermosos, y con señorío en todos, como Juez o señor dellos, y todos le obedecen que es maravilla, y todos estos señores son de pocas palabras y muy

---

(1) De Varnhagen son las siguientes palabras: «No titubeamos ya en suponer que la recalada de Colón tuvo lugar en el puerto de Gibara, y de nuestra opinión son varios pilotos prácticos de la costa, a quienes hemos leido los pasajes respectivos del derrotero »

lindas costumbres, y su mando es lo más con hacer señas por la mano, y luego es entendido que es maravilla.

Cuando el Almirante se disponía a dirigirse a un lugar de la isla donde encontraría oro en abundancia, por negligencia o ignorancia de un grumete se encalló (noche del 24 de diciembre o mañana del 25) la carabela, salvándose toda la gente por el oportuno auxilio de la *Niña* y de las canoas de los indígenas. El (Cacique) con todo el pueblo lloraban tanto—dice el Almirante—: son gente de amor y sin codicia, y convenibles para toda cosa, que certifico a vuestras Altezas que en el mundo creo que no hay mejor gente ni mejor tierra; ellos aman a sus prójimos como a sí mismos, y tienen un habla la más dulce del mundo, y mansa, y siempre con risa. Ellos andan desnudos, hombres y mujeres, como sus madres los parieron. Mas crean vuestras Altezas que entre sí tienen costumbres muy buenas, y el Rey muy maravilloso estado, de una cierta manera tan continente ques placer de verlo todo, y la memoria que tienen, y todo quieren ver, y preguntan qué es y para qué. También el Cacique, además del socorro que prestó a Colón con sus canoas, le dió algún oro. El Almirante, al encontrarse solo con la *Niña*—pues la *Pinta* se había alejado con Alonso Pinzón—, se decidió a dar la vuelta a España (1).

¡Qué contraste—exclama Lamartine—entre el estado en que se hallaban estos pueblos en el momento en que los europeos les trajeron el espíritu y el genio del Viejo Mundo y el estado a que llegaron años después de haber conocido a sus pretendidos civilizadores! ¿Por qué misterio la Providencia envió a Colón a ese nuevo hemisferio, que creía favorecer con la virtud y la vida, y no sembró en él más que la tiranía y la muerte? (2). Decidido Colón a dar la vuelta a España, dejó en la Isla Española parte de sus marineros. Contaba con la buena amistad del cacique Guacanagari, cuyos súbditos le ayudaron a hacer pequeña fortaleza de tierra y madera, sirviéndose del tablaje y poniendo los cañones del buque *Santa María*. El fuerte se llamó de *Navidad*. Encargóles Colón que fuesen buenos cristianos, obedeciesen a su capitán, respetaran a Guacanagari y no hicieran violencia a hombre ni mujer. También les encargó que no mostrasen codicia y que aprendieran la lengua de los indígenas (3). Su amigo Arana, deudo de la cordobesa Beatriz, recibió la jefatura de la improvisada fortaleza.

Despidióse del cacique Guacanagari y se dispuso a volver a España. Se habían desvanecido las ilusiones de muchos tripulantes, que so-

1 Ignóranse los motivos que tuvo Alonso Pinzón para separarse del Almirante. La reconciliación se verificó poco después en el puerto que de este suceso se llamó de *Gracia*.
(2. Ob. cit., pág. 105.
(3 Véase Herrera, Década 1.ª, lib. I, cap. XX.

ñaban con encontrar una tierra rica, la famosa tierra de Marco Polo, cuajada de oro y sembrada de piedras preciosas. Hallaron, sí, montañas tapizadas de verdura, extensos bosques con árboles gigantescos, huertas con plantas de varias clases y pájaros de vivos colores. En lugar de grandes ciudades, encontraron miserables aldeas; en lugar de grandes casas, pequeñas chozas; en lugar de grandiosos templos, *piedras propias para la construcción de Iglesias.* Según el mismo Almirante, en lugar de poderosos sacerdotes, groseros fetiches; en lugar de gentes civilizadas, tribus desnudas y salvajes, y, lo que fué peor, en lugar de oro y piedras preciosas, pelotas de algodón hilado y azagayas y papagayos domesticados. Después de recorrer varias islas, encontraron algo, muy poco oro: ninguna piedra preciosa. Cansados de recorrer diferentes pueblos cosechando desengaño tras desengaño, pues el oro no parecía por ninguna parte, se decidieron a abandonar las Indias.

El 16 de enero de 1193 emprendió Colón la vuelta a España sin incidente alguno notable. El mar se hallaba tranquilo, el viento era excelente y la temperatura suave. El 21 de enero el viento refrescó mucho, y luego el cielo perdió su transparencia. Las provisiones disminuían, no quedando ya más que patatas, galleta y vino. El viernes, 25 de enero, sobrevino gran calma. En este día los marineros lograron coger un atún y un tiburón. El 4 de febrero se puso lluvioso y frío el tiempo: el Almirante mandó gobernar al Este. El 8 de dicho mes se cambió de rumbo, tomando al Sudeste cuarto al Este. El 12 de febrero el Almirante comenzó a tener grande mar y tormenta, aumentando el 13 el peligro El 14 por la noche, cuando ya se hallaba cerca de las costas de Europa, creció el viento y se desencadenó furioso temporal, que separó a las dos carabelas. La *Pinta* fué a fondear en Bayona de Galicia y la *Niña* arribó a Santa María, la isla meridional de las Azores. El 4 de marzo llegó a Lisboa, después de nuevas tormentas. Escribió al rey de Portugal, quien se hallaba nueve leguas de allí, diciéndole que los reyes de Castilla le habían mandado que no dejase de entrar en los puertos lusitanos y pedir, mediante sus dineros, lo que necesitase, añadiendo que solicitaba permiso para ir con la carabela a Lisboa, pues temía que algunos, creyendo que traía mucho oro, estando en puerto despoblado, intentasen robarle, como también para que se supiera que no venía de Guinea, sino de las Indias. El 8 de marzo recibió Colón carta del rey de Portugal invitándole a que se llegase adonde él estaba, y daba órdenes para que se diese generosamente al Almirante todo lo que necesitara. Colón, el 9 de dicho mes, salió de Sacanbeu, teniendo la señalada honra de presentarse ante el Monarca, que se encontraba en el valle del Paraíso, por la noche de aquel día. El 11 se despidió del Rey y marchó a Villafranca con el objeto de ver a la Reina, que permanecía en el monasterio de San Antonio. En seguida volvió a emprender su camino y se fué a dormir a Llandra. El 12, estando para salir de Llandra, recibió la visita de un escudero del Rey, quien le ofreció, en nombre de su Monarca, toda clase de medios, dado que prefiriera ir a Castilla por tierra. Cristóbal Colón desde Lisboa, y Pinzón desde Bayona, singlaron (13 de marzo) a Palos, entrando los dos el día 15, el Almirante por la mañana y Martín Alonso por la tarde. Pinzón no llegó a entrar en la villa y se trasladó a una casa de campo, en donde se agravó su enfermedad, siendo llevado al convento de la Rábida y falleciendo a los pocos días. "Y porque en breves días murió —escribe el P. Las Casas— no me ocurrió más que de él pudiera decir...

Por el contrario, la fortuna se mostró propicia con el Almirante, como lo indicaba entusiástica carta que desde Lisboa, con fecha 15 de marzo de 1493, escribió al magnífico Sr. Rafael Sánchez, tesorero de los Reyes Católicos. (Apéndice M.) El día 15 del mismo mes entró en Palos.

Carta de los Sres. Reyes Católicos a D. Cristóbal Colón, en p... ... del buen suceso de su primer viaje; encargándole que vuelva a la ... corte, y que deje hechas las disposiciones concernientes para ... luego a las tierras que había descubierto (1).

Marzo 30 de 1493.

El Rey e la Reyna: D. Cristóbal Colón, Nuestro Almirante del Mar Océano, e Visorrey y Gobernador de las islas que se han descubierto en las Indias: Vimos vuestras letras y hobimos mucho placer en saber lo que por ellas nos escribisteis y de haberos dado Dios tan buen fin en vuestro trabajo, y encaminado bien en lo que comenzaste, en que Él será mucho servido, y Nosotros asimismo y Nuestros Reinos recibir tanto provecho. Placerá a Dios que demás de lo que en esto le servides, por ello recibiréis de Nos muchas mercedes, las cuales creed que se vos harán como vuestros servicios e trabajos lo merecen; y porque queremos que lo que habéis comenzado con el ayuda de Dios se continúe y lleve adelante, y deseamos que vuestra venida fuese luego; por ende por servicio Nuestro, que dedes la mayor priesa que pudiéredes en vuestra venida, porque con tiempo se provea todo lo que es menester, y porque como vedes el verano es entrado, y no se pase el tiempo para la ida allá, ved si algo se puede aderezar en Sevilla o en otras partes para vuestra tornada a la tierra que habéis hallado; y escribidnos luego con ese correo que ha de volver presto, porque luego se provea como

(1) Archivo de los Duques de Veragua, Colec. de doc... ... tomo XIX, pág... ...

se haga, en tanto que acá vos venís y tornais: de manera que cuando volvieredes de acá, esté todo aparejado. De Barcelona a treinta días de marzo de noventa y tres.=*Yo el Rey.*— *Yo la Reina.*—=Por mandado del Rey e de la Reina, *Fernando Alvarez.*=En el sobrescrito decía: *Por el Rey e la Reina.*=*A D. Cristóbal Colon, su Almirante del Mar Océano, e Visorrey e Gobernador de las islas que se han descubierto en las Indias.*

Acerca del recibimiento de Colón en Sevilla y Barcelona, Andrés Bernáldez, que alojó en su casa al Almirante, refiere lo que a continuación copiamos: "Descubierta la tierra, se vino Colón a Castilla... entró en Sevilla con mucha honra a 31 de marzo, Domingo de Ramos, donde le fué hecho buen recibimiento; trajo diez indios, de los cuales dejó en Sevilla cuatro, y llevó a Barcelona a enseñar a la Reina y al Rey seis, donde fué muy bien recibido, y el Rey y la Reina le dieron gran crédito y le mandaron aderezar otra armada mayor y volver con ella,".

Cuéntase que cierto día en que fué invitado a la mesa de los reyes, uno de los convidados, envidioso de los honores que se tributaban a modesto extranjero, le hubo de preguntar que si él (Colón) no hubiese nacido, ¿hubiera algún otro descubierto el nuevo hemisferio? El Almirante no le respondió; pero cogiendo un huevo entre sus manos se dirigió a todos los comensales invitándoles a que colocasen el huevo de modo que el punto de contacto fuera el extremo exterior del diámetro más largo. Ninguno pudo conseguirlo. Entonces Colón lo rompió por uno de sus extremos, y haciendo que se mantuviera recto sobre la mesa probó a los envidiosos de su gloria, que no existía mérito alguno en realizar una idea; pero el que la realizaba antes que los demás podía reclamar para él los derechos de la primacía. Este apólogo ha sido desde entonces la respuesta que los inventores y descubridores han dado a sus semejantes. Ellos no habrán sido los más grandes; pero fueron los más favorecidos por la inspiración (1). El banquete fué—según otros escritores—ofrecido a Cristóbal Colón por Don Pedro González de Mendoza, gran cardenal de España. A la divulgación del imaginario banquete ha contribuido seguramente y no poco la conocida estampa de Teodoro Bry, y respecto a lo que se llama *El huevo de Colón,* ha probado Navarrete que es una leyenda más entre las muchas que adornan el descubrimiento de las Indias.

Como se creyese por todos que las tierras descubiertas eran como una parte del continente asiático, se les dió el nombre de *Indias Occidentales,* para distinguirlas de las *Orientales,* y se llamó indios a los naturales del Nuevo Mundo.

Quisieron los Reyes Católicos, *aunque para esto no tuviesen necesidad,*

(1. Lamartine. Ob. cit. págs. 119 y 120.

como dice Oviedo, fortalecer su derecho con la sanción pontificia (1).
En su virtud, después del primer viaje de Cristóbal Colón, se apresu-
raron a obtener el beneplácito de Alejandro VI para los descubrimientos hechos y los sucesivos, pensando, ya en la propagación del cristianismo, ya con el objeto de precaver las pretensiones y reclamaciones
de los reyes de Portugal, a los cuales los Papas, mediante diferentes
Breves, les habían concedido el monopolio de todas las tierras descubiertas y por descubrir lo mismo en Africa que en la India (2). Los
dos Breves de Alejandro VI llevan la fecha del 3 y 4 de mayo de 1493,
y comienzan designando como objeto principal y obra agradable a
Dios la predicación de la doctrina cristiana entre los indios. Dice en
seguida en el primer Breve: "Como Colón ha descubierto ciertas islas
y continentes lejanos y que hasta hoy eran ignorados (3), concedemos de nuestro libre impulso, sin ser solicitados por vos (4), ni por
otra persona alguna, de nuestra propia autoridad apostólica, a vos y a
todos vuestros sucesores todas estas islas y tierras firmes recientemente descubiertas y por descubrir, en cuanto no pertenezcan ya a
algún otro rey cristiano, y prohibimos a todos los demás, bajo pena de
excomunión, ir a aquellas tierras y traficar allí sin vuestro permiso...
(Apéndice N.)

Considerando el Pontífice que los términos en que se hallaba redac-
tado el citado Breve eran demasiado generales, publicó otro al día siguiente, señalando las regiones respectivas, donde España y Portugal,
sin temor de exponerse a colisiones, podían hacer sus descubrimientos.
En el Breve, pues, del día 4, se fijó una línea de demarcación "que a la
distancia de 100 leguas al Oeste de las Azores y de las islas de Cabo
Verde pasaba por los dos polos como meridianos y dividía el planeta
en dos mitades... El hemisferio occidental pertenecía a España, y el
oriental a Portugal. Al trazar dicha línea de demarcación Alejandro VI, debió tener presente las ideas manifestadas por el Almirante,
quien todavía en el año 1498 consignaba lo siguiente: "Me acuerdo que
cuantas veces fui a la India cambió la temperatura a 100 leguas al
Oeste de las Azores, y esto sucedía en todos los puntos desde Norte a
Sur., Añade más adelante: "Cuando navegaba de España a las Indias,
encontré, tan pronto como había pasado 100 leguas al Oeste de las
Azores, un grandísimo cambio en el cielo y en los astros, en el ambiente

1   *Hist. de Indias*, lib. I, cap. VIII
(2)   Véase Dr. Sophus Ruge, *Hist. d la época de los descubrimientos geográficos*, pags. 105, 106
y 107, en la Hist. Universal de Oncken, tomo VII.
3   Colón, como se dijo en una nota de este capítulo, creía que la isla de Cuba era la verdadera
Cipango.
4)   Doña Isabel y Don Fernando.

y en el agua del mar, y estos fenómenos los tengo observados con gran cuidado. Noté, cuando había pasado las citadas 100 leguas más allá de las mencionadas islas, tanto en el Norte como en el Sur, que las agujas de marear, que hasta allí declinaban hacia Nordeste, giraban todo un cuarto de viento (igual a 11° y cuarto de la brújula) hacia Noroeste, y esto acontecía desde el instante que llegaba a aquella línea. Al propio tiempo se presentaba otro fenómeno, como si en aquel punto fuese más elevada la superficie de la tierra, porque encontré el mar cubierto completamente de yerbas semejantes a ramas de abeto y con frutos parecidos a los del alfónsigo, siendo estas yerbas tan espesas que en mi primer viaje creí que allí había bajíos que harían encallar los buques. Tan pronto como llegamos a aquella línea a nuestro regreso, no se encontró rama alguna. También observé que el mar estaba en este punto tranquilo y unido, y casi nunca agitado por vientos, y que desde aquella línea al Oeste era la temperatura muy suave, distinguiéndose muy poco verano e invierno„ (1).

"Este pasaje—dice el barón de Humboldt en su *Cosmos*—contiene las ideas de Cristóbal Colón y sus observaciones sobre la Geografía física; la influencia de las longitudes, la declinación de la aguja magnética, la inflexión de las líneas isotérmicas entre las costas occidentales del Mundo Antiguo y las orientales del Nuevo, la situación del gran banco de Sargazos o plantas ficoideas en el Atlántico, y sobre las relaciones que existen entre esta parte del mar y su atmósfera. Los pocos conocimientos matemáticos de Cristóbal Colón y sus observaciones equivocadas del movimiento de la estrella polar cerca de las islas Azores, indujeron a este descubridor a admitir una irregularidad en la forma esférica de la tierra. Creía que el hemisferio occidental era más elevado, más *hinchado* que el otro: que los buques al llegar a esta parte donde la aguja magnética señala el Norte verdadero, estaban más próximos al cielo: y que esta elevación era la causa de la temperatura más fresca. Si a esto se agrega que Colón de regreso de su primer viaje tuvo la idea de ir a Roma para referir personalmente al Papa todo cuanto había descubierto (se entiende en cuanto se relacionaba con la religión, la mayor proximidad del cielo, etc.); si, por otra parte, se tiene presente la importancia que se daba en tiempo de Colón al descubrimiento de una línea nueva magnética, en la cual la aguja se mantiene constante, se me dará razón cuando el primero sostuve que el Almirante en los momentos de mayor favor en la corte, trabajó para transformar la línea divisoria física que había encontrado en la línea divisoria política.„

En el Breve del día 4 se fijó la línea de demarcación a 100 leguas al

(1)   Para comprender mejor todo esto estúdiese la colección de Navarrete.

Oeste de *cualquiera (quolibet)*, isla de las Azores o de las de Cabo Verde, sin fijar ninguna isla determinada, ni a un grupo de ellas, ignorando que la más occidental de Cabo Verde se halla casi 6º más al Este que la más occidental de las Azores. Explícase esta ignorancia porque los cosmógrafos en aquellos tiempos no podían, por falta de medios, determinar exactamente las longitudes.

También por entonces (28 mayo 1493) se concedió a Colón un escudo de armas, en el cual figuraban, además de las suyas o de familia, las de Castilla y León en campo verde, y unas islas doradas en ondas de mar (Apéndice O).

En el correr de los tiempos se colocó en su sepulcro un letrero que decía:

> *A Castilla y a León*
> *Nuevo Mundo dió Colón.*

Los detractores del Almirante y defensores de Pinzón transformaron el dístico en la siguiente forma:

> *A Castilla y a León*
> *Nuevo Mundo dió Pinzón.*

Pareciéndoles después que habían cometido una injusticia, creyeron arreglarlo todo diciendo:

> *Por Castilla, con Pinzón,*
> *Nuevo Mundo halló Colón.*

Con espíritu más levantado, vinieron otros que admitieron el mote de esta manera:

> *Por Castilla o Aragón*
> *Nuevo Mundo halló Colón.*

Desde la cátedra del Ateneo de Madrid propuso D. Víctor Balaguer que si algún día se intentaba variar el dístico, debía ser del siguiente modo:

> *Por la española nación*
> *Nuevo Mundo halló Colón.*

El ilustre escritor norteamericano Charles F. Lummis, en su pequeño libro intitulado *Los exploradores españoles del siglo XVI*, ha dicho lo siguiente: "A una nación le cupo en realidad la gloria de descubrir y explorar la América, de cambiar las nociones geográficas del mundo y de acaparar los conocimientos y los negocios por espacio de siglo y medio. Y esa nación fué España „

Un genovés, es cierto, fué el descubridor de América; pero vino en calidad de español; vino de España por obra de la fe y del dinero de españoles; en buques españoles y con marineros españoles, y de las tierras descubiertas tomó posesión en nombre de España„ (1).

Colocada en este punto la cuestión que nosotros resolveríamos con Balaguer y Lummis, no queremos, sin embargo, pasar en silencio las atinadas observaciones del Sr. Sánchez Moguel. Tales son las palabras del Catedrático de la Universidad de Madrid: "El conquistador de Granada, en su testamento, otorgado el 20 de enero de 1516, al instituir heredera de sus reinos de la corona de Aragón a su hija doña Juana, no comprende entre ellos en modo alguno las islas y tierra firme del mar Océano, esto es, el Nuevo Mundo. Sin duda, no pertenecía, ni en todo ni en parte, a su corona aragonesa, cuando no lo menciona. No cabe atribuirlo a olvido, porque no los hay de tanta monta, ni menos aún en documentos de esta clase. En cambio, su egregia esposa, la magnánima Reina de Castilla, en su testamento, fechado en Medina del Campo el 12 de octubre de 1504, habla de las islas y tierra firme del mar Océano como parte integrante de sus reinos de Castilla. Y ¿por qué? Sea la gloriosa Reina quien nos responda: "Por quanto... fueron descubiertas e conquistadas a costa destos Reynos e con sus naturales dellos„ (2).

No creemos que la cuestión tenga mucha importancia. Sin embargo, colocados en la obligación de dar nuestra opinión, diremos que la parte que tomó Castilla en el descubrimiento del Nuevo Mundo fué mayor, como mayor fué el apoyo que prestó a Colón la reina Isabel. Conviene no olvidar lo que dice Guicciardini, Embajador de la Señoría de Florencia en la Corte del Rey Católico: "los negocios pertenecientes a Castilla se gobernaban, principalmente, por su mediación y autoridad (de Isabel)„. Se ha dicho también que D. Fernando mandó librar de la Tesorería de Aragón—y esto lo afirman los defensores de D. Fernando—la cantidad necesaria para la empresa del descubrimiento, a causa de la pobreza del Erario castellano, disponiendo después que del primer oro que viniese de las tierras descubiertas se diera parte a Aragón, que se empleó, por cierto, en dorar el artesonado de la Aljafería de Zaragoza; pero el catalán Bofarull no halló entre los papeles de la citada Tesorería orden ni registro de semejante libramiento, y el aragonés Nougués y Secall ha mostrado que el dorado de la Sala mayor de la Aljafería es anterior a la vuelta de Colón de su primer viaje. Si pudiese haber todavía alguna duda, habremos de recordar que Alejandro VI concedió las tierras descubiertas a los reyes de Castilla y sólo a los reyes de Castilla.

---

(1) Pág. 59.
(2) *España y América*, págs. 34 y 35.

CAPÍTULO XXI

Segundo viaje de Colón.— Prisa de los Reyes en que se realizase.— Junta de Tordesillas.— Personas notables que acompañaron al Almirante.— Descubrimientos: la Dominica y otras islas.— El fuerte de Navidad.— La Isabela.— Insurrección general.— El comisario regio Juan de Aguado.— Colón en España.— Preséntase a los Reyes en Burgos. — El comerciante joyero Mosén Jaime Ferrer en Burgos.

Prisa tenían los Reyes Católicos de que Cristóbal Colón realizase la segunda expedición. Desde Barcelona, con fecha 23 de mayo de 1493, escribieron Doña Isabel y Don Fernando al florentino Juan Berardi, mercader y asentista para los negocios de las Indias, ordenándole que comprase una nao de 100 a 150, hasta 200 toneles, y la pertrechase para cuando fuera a recibirla el Almirante, el cual (añadían) iria presto y le satisfaría el costo que hubiese tenido; le encargaban también la provisión de 2.000 o 3.000 quintales de bizcocho.

Empeño tenían Doña Isabel y D. Fernando en que el médico o físico Alvarez Chanca fuese a las Indias, como indica la carta que copiamos. "El Rey o la Reina: Doctor Chanca: Nos habemos sabido que vos, con el deseo que tenéis de Nos servir, habéis voluntad de ir a las Indias, e porque en lo hacer nos serviréis, e aprovecharéis mucho a la salud de los que por nuestro mandado allá van, por servicio nuestro que lo pongáis en obra, e vayáis con el nuestro Almirante de las dichas Indias, el cual vos hablará en lo que toca a vuestro asiento para allá, y en lo de acá Nos vos enviamos una carta para que vos sea librado el salario e ración que de Nos tenéis en tanto que allá estuviéredes. De Barcelona, veinte y tres de mayo de noventa y tres. (1).

Al Doctor sevillano Alvarez Chanca, debemos la relación del segundo viaje.

Salió Cristóbal Colón de Barcelona el día 30 del mismo mes de mayo, con encargo especial de apresurar su salida. El 1.º de junio volvieron a escribir los reyes una carta a Berardi y otra a Gómez Tello, alguacil de la Inquisición, sobre la provisión del bizcocho (2).

(1) Navarrete, *Colección de los viajes y descubrimientos*, etc., tomo II, pag. 54.

(2) Tan á satisfacción desempeñó Berardi el encargo, que en 4 de agosto del mismo año le dieron los monarcas las gracias por lo que había hecho, encargándole la continuación. *Archivo de Indias de Sevilla*. Extractos hechos por Muñoz, de varios libros y documentos.

El deseo de los reyes de que Colón realizase su viaje, era cada vez mayor. Veámoslo: "El Rey e la Reina: D. Juan de Fonseca, del nuestro Consejo: Nos escribimos al Almirante de las Indias, encargándole que dé mucha priesa en su partida; vos por servicio nuestro, dad toda la priesa que pudiéredes en ello, y ya sabeis como vos mandamos que despues de partido, vos quedásedes ende en esa costa de la de la mar y en Sevilla, para que si hobiese que facer otra armada para ir en pos del Almirante, la ficiéredes e la enviáredes. Por servicio nuestro que así lo fagais, y vos informad mucho de los navíos que podreis haber en esas partes, que son para enviar este viaje, y en cuantos días se podrán aderezar para que partan, y el bizcocho que fuere menester, sabed en que tiempo se puede haber, y que dinero será menester para todo esto, y escribídnoslo luego para que cuando mandáremos entender en ello, se provea todo con tiempo. En Barcelona, a veinti y cinco de julio de noventa y tres, (1).

La actitud poco franca de Portugal tenía en mucho cuidado a Doña Isabel y a Don Fernando. Terminantemente así lo manifiestan en la siguiente e interesante carta, dirigida al Almirante, y escrita dos días despúes que la anterior.

"El Rey é la Reina: Don Cristobal Colon, nuestro Almirante de las Islas é Tierra del mar Océano á la parte de las Indias: vimos vuestra letra que escribisteis desde Córdoba, y ya con un correo que este otro día partió de aquí vos escribimos la respuesta que el Rey de Portugal nos envió con Herrera: despues acá no son venidos los mensajeros que nos escribió que nos enviaba, ni sabemos cosa dello; verdad es que nos han dicho que eran partidos de Portugal para acá por la mar, puede ser que con tiempo contrario no sean venidos: y cuanto á lo que decís que puede ser que se haya detenido de partir el armada de Portugal, esperando á partir despues que seais partido, es posible que sea así; aunque nosotros dudamos dello segun lo que el Rey de Portugal nos escribió; pero como quiera que sea, no se faga mudanza en lo de los Capitanes y carabelas: y asimismo ya sabeis que, cuando de aquí partisteis y Don Juan de Fonseca, mandamos al dicho Don Juan que despues de vos en buena hora partido, se quedase él en buen hora en Sevilla y en su costa, para saber de continuo si armaron en Portugal, y que sabiéndolo él ficiese otra armada para enviar á vos, que fuese el doble de los navíos que supiese que en Portugal armasen. Esto mismo le mandamos agora, como lo vereis por la carta que le escribimos. Por servicio nuestro que en tanto que ende estuviéredes vos procureis de saber todo lo que se ficiere en Portugal, y de continuo nos lo faced saber, porque si fuese

(1) Ob. cit.

menester cualquier provision de acá, se envíe luego. En lo que toca á Alonso Martínez de Angulo quisiéramos que tuviera disposición para ir este viaje, porque conoscemos que es tal cual cumple al negocio; pero, pues si su indisposicion no le dá lugar para ello, quédese que en otras cosas nos servirá, y vaya Melchor como aquí vos lo fablamos. Dad mucha priesa en vuestra partida por servicio nuestro, é facednos saber para cuando será queriendo Dios. De Barcelona á veinti y siete de julio de noventa y tres. (1).

No pasaron muchos días y también los reyes, desde Barcelona, pensando en la actitud de Portugal, escribieron (cinco de septiembre del mismo año) a Fonseca, dándole prisa para que inmediatamente se realizase el viaje. Decíanle lo siguiente: "... é Nos vos damos é encargamos, si servicio nos deseais facer, que dedes mucha priesa en todo lo que se ha de facer, de manera quel dicho Almirante no se detenga una hora de partir, porque de cualquier dilacion que hobiese en su partida seriamos mucho deservidos...„ (2).

¿Por qué las relaciones entre Castilla y Portugal no eran cordiales? El rey Juan II, inmediatamente que hubo despedido a Colón (3), se dirigió al gobierno de España recordándole los Breves pontificios que sancionaban su derecho de monopolizar los descubrimientos y tráfico en determinados mares. Ni la embajada que Fernando e Isabel enviaron a Lisboa y que tan prudentemente desempeñó Lope de Herrera, ni la que mandó a Castilla el rey de Portugal, compuesta de Pedro Díaz y de Ruy de Pina, dieron resultado alguno favorable. No siendo posible el fijar la línea de demarcación propuesta por el Papa (4), obligó a los gobiernos de España y Portugal a entrar en negociaciones para resolver todas las cuestiones que pudieran suscitarse. Acordóse al fin el nombramiento de dos comisiones, una de parte de Portugal y otra de parte de Castilla. Nombrados por ambas naciones sus respectivos representantes, reuniéronse en Tordesillas, población situada junto al río Duero, al Sudoeste de Valladolid, y después de varias conferencias, se firmó el convenio (7 junio 1494).

Por dicho convenio España reconoció a Portugal todos los derechos sobre la Guinea y otros territorios; también, en atención a que los portugueses se quejaban de que la línea trazada por el Papa reducía sus empresas a muy estrechos límites, accedió a que en vez de tirarse a las 100 leguas al Occidente de Cabo Verde y las Azores, como dispuso

---

(1) Ob. cit.

(2) Archivo de Indias en Sevilla.— Conde Roselly de Lorgues. *Cristobal Colón,* tomo II, páginas 909 y 910.

(3) Véase el capítulo XX.

(4) Ibid. m.

Alejandro VI, se extendiese a las 370; pero tomando esta vez por punto de partida la isla más Occidental de Cabo Verde, sin hablar para nada de las Azores. "De lo cual resultó, según nuestros conocimientos geográficos actuales, que la concesión hecha a España quedó reducida, por lo menos, en 90 leguas, diferencia entre la isla extrema Occidental de las Azores y la extrema de Cabo Verde, es decir, que España, en realidad, no obtuvo 270 leguas a más de las 100 fijadas por el Papa, sino solamente unas 180 leguas„ (1). Así—dice Vasconcellos—esta gran cuestión, la mayor que se agitó jamás entre las dos Coronas, porque era la partición de un Nuevo Mundo, tuvo amistoso fin por la prudencia de los dos monarcas más políticos que empuñaron nunca el cetro.„ Prescott añade la observación siguiente: "No pasaron muchos años sin que las dos naciones, rodeando el globo por distintos caminos, vinieran a encontrarse en la parte opuesta; caso, según parece, no previsto por el tratado de Tordesillas. Sin embargo, las pretensiones de ambas partes se fundaron en los artículos de aquel tratado, que no era más, como es sabido, que un suplemento a la bula primitiva de demarcación de Alejandro VI. Así, aquel arrogante ejercicio de autoridad pontificia, tantas veces ridiculizado como quimérico y absurdo, en cierto modo llegó a justificarse por el suceso, porque estableció, en efecto, los principios según los cuales quedó definitivamente entre dos pequeños estados de Europa la vasta extensión de imperios vacantes en Oriente y Occidente„ (2).

Dentro del plazo de diez meses, cada nación había de mandar a la Gran Canaria una comisión compuesta de pilotos y astrónomos, para fijar la línea de demarcación. De la Gran Canaria pasarían a las islas de Cabo Verde, navegando luego 370 leguas al Oeste y señalando del modo que se acordase la citada línea de demarcación. La expedición no se realizó y tiempo adelante renacieron nuevas disensiones y divergencias. (Apéndice P).

Al fin el 25 de septiembre de 1493 salió Colón del puerto de Cádiz con rumbo a las Canarias. Se componía la flota de 14 carabelas y tres buques grandes de transporte. Fueron embarcados unos 1.200 hombres de armas con su correspondiente caballería, bastantes animales domésticos, varios cereales, legumbres de toda clase y vides para aclimatarlas en las nuevas tierras descubiertas.

Si en el primer viaje nadie quería embarcarse, en el segundo "allí estaba—escribe Washington Irving—el hidalgo de elevados sentimientos que iba en pos de aventuradas empresas; el altivo navegante que

---

(1) Dr. Sophus Ruge, Ob. cit., pág. 106.
(2) *Reyes Católicos*, cap. 18.

deseaba coger laureles en aquellos mares desconocidos; el vago aventurero que todo se lo promete de un cambio de lugar y de distancia; el especulador ladino, ansioso de aprovecharse de la ignorancia de las tribus salvajes; el pálido misionero de los claustros consagrado al servicio de la iglesia, y devotamente celoso por la propagación de la fe; todos animados y llenos de vivas esperanzas..., (1). La clase noble estaba representada por Alonso de Ojeda, Juan Ponce de León, que descubrió tiempo adelante la Florida, Diego Velázquez y Juan de Esquivel, después gobernadores, respectivamente, de Cuba y de Jamaica, y otros, atraídos por el deseo de grandes riquezas y de novelescas aventuras.

En una carta de los Reyes Católicos a Cristóbal Colón, escrita desde Barcelona, cuando se andaba en los preparativos de la citada expedición, se lee lo que de ella copiamos: "Nos parece que sería bien llevásedes con vos un buen astrólogo, y nos parecía que sería bueno para esto Fray Antonio de Marchena, porque es buen astrólogo y siempre nos pareció que se conformaba con vuestro parecer.„ Además de Fray Antonio de Marchena, llevó Colón un Vicario apostólico, el benedictino Bernardo Boil o Buil, personalidad de bastante relieve en los últimos años del siglo XV (2 .

En las instrucciones de los Reyes Católicos a Colón, dadas el 29 de mayo de 1493, se le dice que había de llevar al Padre Buil con otros religiosos para catequizar a los indios, *tratándolos muy bien y amorosamente, sin que les fagan enojo alguno* (3). Los religiosos siguieron al pie de la letra los consejos de D.ª Isabel y D. Fernando, y sin descanso alguno predicaron la ley de Dios, donde todo es amor y caridad.

A ruego de los Reyes Católicos, Alejandro VI, por Bula de 7 de julio de 1493, concedió omnímoda potestad eclesiástica á Fr. Bernardo Buil y a sus delegados para bautizar, confirmar y administrar toda clase de sacramentos, consagrar iglesias, absolver de pecados reservados a la Santa Sede, etc. (4).

El 2 de octubre llegó la flota a la Gran Canaria, donde hubo de recalar; también el 5 en la Gomera porque uno de los barcos hacía agua. Después de comprar algunos animales para que se aclimatasen en las nuevas tierras, continuó su marcha y el 13, favorecida la escuadra por buena ventolina del Este, perdió de vista la isla de Hierro. El 26 de

(1) *Vida y viajes de Cristóbal Colón*, libro VI, cap. I.

(2) Caresmar dice que Fray Boil nació en Tarragona cerca del año 1115 *Boletín de la Real Academia de la Historia*, tomo XIX, pág. 280). Otros afirman que fué aragonés y algunos que nació en el reino de Valencia.

(3) Archivo de Indias en Sevilla.

(4) El P. Buil pertenecía a la orden de benedictinos y fué abad del convento de Montserrat, pasando luego a la de los Mínimos, fundada por San Francisco de Paula.

dicho mes sobrevino brusca tempestad, cuya violencia duró cuatro horas, llegando al otro lado del Atlántico, habiendo seguido un derrotero más meridional que la expedición primera.

El 3 de noviembre, cerca del alba—según escribe el Dr. Chanca—dijo un piloto de la nave capitana: *albricias que tenemos tierra*. La gente, fatigada de tanto navegar, recibió la noticia con suma alegría. Los tripulantes, habiendo desembarcado y recorrido más de una legua de costa, notaron que toda la isla era montañosa y cubierta de verdes praderas: el Almirante la llamó *Dominica*, por ser domingo aquel día. Pasaron luego a otra, distante cuatro o cinco leguas, la cual era tierra llana. y les pareció que estaba despoblada, denominándola *Marigalante*, del nombre de la nao de Colón. Navegaron siete u ocho leguas y encontraron una tercera isla que nombraron *Guadalupe*, en cumplimiento de una promesa hecha a los religiosos del célebre convento de dicho título en Extremadura. Vista la isla desde el mar ofrecía grandioso espectáculo, contribuyendo a ello magnífica cascada que se precipitaba desde elevada sierra a la llanura. Desembarcaron los españoles en un sitio donde había chozas abandonadas, en las que se encontraron comestibles, algodón en rama y alguno elaborado, indicando los huesos humanos que vieron en las citadas cabañas que los habitantes eran antropófagos o caribes. En las relaciones con estos salvajes sirvieron á Colón como intérpretes dos de los siete indios que se había llevado en su primer viaje, pues los cinco restantes habían muerto.

Costeando al Nor-Oeste de la isla Guadalupe fué poniendo nombre a las islas del hermoso archipiélago según se le presentaban, como *Monserrate, Santa María la Redonda, Santa María la Antigua, San Martín, Santa Cruz* y otras. Sostuvieron los españoles un combate con una canoa de feroces indios, llamándoles la atención que las mujeres peleaban lo mismo que los hombres. Mandó Colón algunos de los suyos en una carabela hacia unas islas que de lejos se veían, y como aquéllos a su vuelta le dijesen que eran más de 50, Colón, a la mayor del grupo, le puso *Santa Úrsula*, y a las otras *Las once mil vírgenes*. Continuó su rumbo hasta llegar a una isla grande, de rica vegetación y con buenos pastos, a la que los naturales llamaban Burenquen, él denominó *San Juan Bautista* y hoy se la conoce con el nombre de *Puerto Rico*. Detúvose en un puerto de dicha isla dos días (1), dándose a la vela la escuadra, hasta que el 22 de noviembre arribó a otra isla, que reconoció ser el extremo Oriental de Haití o la Española. Continuó su rumbo y al pasar por la provincia llamada Xamaná dos indios se metieron en una canoa pequeña y llegaron a la nao del Almirante, a quien dijeron

(1) Ensenada de Mayagüez.

que los mandaba su Rey para rogarle que bajase a tierra y le darían
oro y comida; negóse Colón, y continuó su camino hasta llegar al puerto
de *Monte Cristi*, donde estuvo dos días. Bajaron a tierra algunos españoles y vieron un gran río (el de Santiago), en cuyas márgenes encontraron dos hombres muertos y al día siguiente otros dos, pudiéndose notar
que uno de ellos tenía muchas barbas. Aunque el puerto de Monte
Cristi se halla distante del de Natividad unas siete leguas, comenzaron a presentir malas nuevas de la colonia que en su primer viaje dejara el Almirante. Al anochecer del día 27 llegó Colón al fuerte de
Natividad y mandó tirar dos tiros de lombarda. No tuvieron contestación, porque los 43 españoles habían muerto a manos de los caciques
Canoabó y Mayrení, seguramente— como se probó después—con gran
contento del famoso Guacanagari (1). Varios indios y entre ellos un primo de Guacanagari se presentaron al Almirante.

Dijeron los indígenas a Colón que el cacique Guacanagari no podía
ir en persona porque tenía pasado un muslo, herida que recibió luchan-

---

(1) Lista de las personas que Cristóbal Colón dejó en la Isla Española en su primer viaje y
halló muertas por los indios cuando volvió el 1493:

Diego de Arana, Gobernador.
Pedro Gutiérrez, Teniente-Gobernador.
Rodrigo de Escobedo, Teniente-Gobernador.
Alonso Velez de Mendoza, de Sevilla.
Alvar Pérez Osorio, de Castrojeriz.
Antonio de Jaén, de Jaén.
El bachiller Bernardino de Tapia, de Ledesma.
Cristóbal del Alamo, del Condado de Niebla.
Castillo, platero, de Sevilla.
Diego García, de Jerez.
Diego de Tordoya, de Cabeza de Vaca.
Diego de Capilla, de Almadén.
Diego de Torpa.
Diego de Mambles, de Mambles.
Diego de Mendoza, de Guadalajara.
Diego de Montalbán, de Jaén.
Domingo de Bermeo.
Francisco Fernández.
Francisco de Godoy, de Sevilla.
Francisco de Vergara, de Sevilla.
Francisco de Aranda, de Aranda.
Francisco de Henao, de Avila.
Francisco Jiménez, de Sevilla.
Gabriel Baraona, de Belmonte.
Gonzalo Fernandez de Segovia, de León.
Gonzalo Fernandez, de Segovia.
Guillermo Ires, de Galuey Irlanda.,
Hernando de Porcuna.
Jorge González, de Trigueros.
Juan de Urniga.
Juan Morcillo, de Villanueva de la Serena.
Juan de Cueva, de Castuera.
Juan Patiño, de la Serena.
Juan del Barco, del Barco de Avila.
Juan de Villar, del Villar.
Juan de Mendoza.
Martín de Logrosán, cerca de Guadalupe.
Pedro Corbacho, de Cáceres.
Pedro de Talavera.
Pedro de Foronda.
Sebastián de Mayorga, de Mayorga.
Tallarte de Lajes, inglés.
Tristán de San Jorge (*).

(*) Arch. de Indias en Sevilla. *Papeles de Contratación.*

do con los caciques Caonabó y Mayrení por defender a los españoles.
A reconocer el sitio del fuerte fué el Almirante con algunos de los suyos, encontrado aquél quemado y algunos cadáveres de cristianos, cubiertos ya de la hierba que había crecido sobre ellos. Aunque los indios
decían que Caonabó y Mayrení habían sido los autores de las muertes,
"con todo eso asomaban queja que los cristianos uno tenía tres mujeres,
otro cuatro, donde creemos que el mal que les vino fué de celos„ (1).
Varios españoles saltaron a tierra, encaminándose a ver a Guacanagari, "el cual fallaron en su casa echado faciendo del doliente ferido„ (2).
Como le preguntasen por los cristianos, repitió que Caonabó y Mayrení los habían muerto, y que él por defenderlos sufrió una herida en un
muslo. Mostró deseo de ver al Almirante. En efecto, Colón se dirigió a
la casa de Guacanagari, a quien encontró tendido en una hamaca y
mostrando mucho sentimiento con lágrimas en los ojos por la muerte
de los cristianos. Dijo que unos murieron de dolencia, otros que habían
ido a tierras de Caonabó en busca de una mina de oro y allí fueron
muertos, y algunos sufrieron la muerte en su misma fortaleza. Queriendo atraerse la voluntad del insigne genovés, Guacanagari le hizo
algunos regalos de oro y pedrería. "Estábamos presentes yo—escribe
el Dr. Chanca—y un zurugiano de armada; entonces dijo el Almirante
al dicho Guacamari (3) que nosotros éramos sabios de las enfermedades
de los hombres que nos quisiese mostrar la herida: él respondió que le
placía, para lo cual yo dije que sería necesario, si pudiese, que saliese
fuera de casa, porque con la mucha gente estaba escura e no se podía
ver bien; lo cual él fizo luego, creo más de empacho que de gana: arri-
mándose a él salió fuera. Después de asentado llegó el zurugiano a él e
comenzó de desligarle; entonces dijo al Almirante que era ferida fecha
con *ciba* (4), que quiere decir con piedra. Después que fué desatada, llegamos a tentarle. Es cierto que no tenía más mal en aquella que en la
otra, aunque él hacía del raposo que le dolía mucho.„ Todos se convencieron que Guacanagari era cómplice. Aunque otros indicios vinieron a
confirmar lo mismo, se procuró disimular para no romper tan pronto
con los naturales de la isla. Muchos españoles hubieran deseado fuerte
e inmediato castigo, negándose á ello el Almirante, quien no quiso mal-
quistarse con un aliado todavía poderoso en el país y del que había recibido en el primer viaje señaladas pruebas de amistad (5). También
creemos—y la imparcialidad nos obliga a decirlo—que los españoles

---

(1) *Carta del Dr. Chanca.*—Véase Roselly de Lorgues, Ob. cit., tom. III, pág. 150.
(2) Ibidem.
(3) Así lo escribe el Dr. Chanca.
(4) Ibidem, págs. 217 y 218.
(5) El P. Boil aconsejaba que se prendiese a Guacanagari.

del fuerte de Natividad, menospreciando la autoridad de Diego de Arana, únicamente pensaron en satisfacer su avaricia y sensualidad.

Oviedo emite, con respecto a los marinos, una opinión, tal vez algo exagerada é injusta. Dice así: "Pero en realidad de verdad, sin perjuicio de algunos marineros que son hombres de bien, atentos y virtuosos, soy de opinión de que en la mayoría de los que ejercen el arte de marinos, hay una gran falta de juicio para las cosas de tierra; porque además de que la mayor parte de ellos son de baja condición y mal instruídos, son también ambiciosos y dados a otros vicios, como a la golosina, lujuria, robo, etc., que no se podría tolerar„ (1). Lo cierto es que no siguieron los consejos de Colón, y que abusaron de los indios, atrayéndose por ello la cólera de Caonabó, Mayrení y del mismo Guacanagari.

Siguió después el Almirante explorando toda la costa, no sin luchar con vientos contrarios y grandes borrascas, hasta que llegó, al cabo de tres meses, a un sitio, a 10 leguas al Este de Monte Cristi, donde determinó fundar en aquella isla una ciudad que fuese como capital de la colonia. Levantáronse casas de piedra, madera y otros materiales, se erigió un templo y se hicieron almacenes, quedando, al fin, edificada la primera población cristiana del Nuevo Mundo. El Almirante le dió el nombre de *Isabela*, en honra de la Reina Católica.

De los naturales del país dice lo siguiente el Dr. Chanca: "Si pudiésemos hablar y entendernos con esta gente, me parece que sería fácil convertirlos, porque todo lo imitan, en hincar las rodillas ante los altares, é al Ave María, é á las otras devociones é santiguar: todos dicen que quieren ser cristianos, puesto que verdaderamente son idólatras, porque en sus casas hay figuras (ídolos) de muchas maneras...„ (2).

En aquella tierra hay árboles que producen lana y harto fina; otros llevan cera en color, en sabor e en arder tan buena como la de abejas, y varios que fluyen trementina. Encuéntranse árboles cuyo fruto es la nuez moscada. También se halla la raíz de gengibre, la planta de áloe, el árbol de la canela y otros árboles y plantas. Fabrican el pan con raíces de una hierba. La noticia más grata que recibieron los españoles fué de que a 25 o 30 leguas de la costa, en unas comarcas conocidas, la una con el nombre de Cibao y la otra con el de Nití, había mucho oro en ríos y arroyos, creyéndose que cavando se hallaría en mayores pedazos. A Cibao se encaminó Alonso de Ojeda con 15 compañeros por el mes de enero de 1494, habiendo sido recibido en todas partes muy bien, y regresando a los pocos días con arenas auríferas de los arro-

(1) *Historia general y natural de las Indias*, lib. II, cap. XII.
(2) Ibidem, pag. 154.

yos del interior de la isla. Conocedor el Almirante de nuevas tan satisfactorias, con numerosa fuerza de españoles se encaminó al país del oro, esto es, a Cibao, dando pronto la vuelta, convencido de haber descubierto el famoso país de Ofir de Salomón. Hasta el nombre del Rey de aquel país era de buen agüero, pues se llamaba Caonabó, es decir, *señor de la Casa de Oro*. Antes de dar la vuelta, quiso levantar una fortaleza que protegiera las comunicaciones entre las montañas de Cibao y el puerto de Isabel. Escogió para ello un sitio ventajoso e improvisó allí un fuerte, que denominó de *Santo Tomás*, en el cual dejó 56 hombres y algunos caballos, al mando de Pedro Margarit, caballero de Santiago. El doctor Chanca confirma la gran cantidad de oro encontrada con las siguientes palabras: "Ansí que de cierto los Reyes nuestros señores desde agora se pueden tener por los más prósperos é más ricos Príncipes del mundo, porque tal cosa hasta agora no se ha visto ni leído de ninguno en el mundo, porque verdaderamente á otro camino que los navíos vuelvan, pueden llevar tanta cantidad de oro que se puedan maravillar cualesquiera que lo supiesen. Aquí me parece será bien cesar el cuento: creo los que no me conocen que oyesen estas cosas, me ternán por prolijo é por hombre que ha alargado algo; pero Dios es testigo que yo no he traspasado una jota los términos de la verdad„ (1).

Todavía se hallaba Colón descansando de su viaje cuando recibió un enviado de Margarit anunciándole que Caonabó, señor de la Casa de Oro, se disponía á tomar el fuerte de Santo Tomás. El Almirante envió un refuerzo de 70 hombres con sus correspondientes víveres. En seguida se ocupó en activar la terminación de Isabel.

De la mente de Colón no se separaba la idea de ir a China. Dejó en la Isabela de Gobernador a su hermano Diego, y él con los buques *Niña, San Juan* y *Cardera*, zarpó el 24 de abril, llegando a la isla de la Tortuga, luego al cabo de San Nicolás, en seguida a Cuba, poco después a Jamaica y, por último, a Puerto Nuevo, dando la vuelta a Cuba, siempre pensando que la última isla formaba parte del continente asiático. En la isla de Pinos, que llamó *Evangelista*, ordenó (12 junio 1494) al escribano Fernán Pérez de Luna, que redactase un acta; en ella se declaraba que la tierra que tenían delante era el continente asiático, esto es, Manci o la China Meridional.

Firmado el documento, Colón se hizo a la vela con rumbo al Oriente, teniendo el disgusto de que la *Niña* varase en la playa (6 de julio) y si se consiguió ponerla a flote, tuvo que entrar en la ensenada inmediata al cabo de Santa Cruz para recomponerla. El 8 de julio dobló la expedición el citado cabo y el 20 pasó a la Jamaica, llegando el 19 de

(1)   Ob. cit., pág. 155.

agosto al cabo Morante. Presentóse el 20 a la vista del cabo Tiburón (Haití), llamado por Colón cabo de San Miguel. Después de recorrer algunos días los mares, no sin luchar con las olas y las tormentas, el 29 de septiembre dió fondo a la colonia Isabela. En esta expedición quedaron descubiertas las cuatro grandes Antillas.

La fortuna iba a comenzar volviendo la espalda a Cristóbal Colón. La codicia y la tiranía de algunos españoles, en particular de Pedro de Margarit y del P. Boil, produjo insurrección general de los rudos e infelices indios. Dice Herrera que Margarit, al frente de 400 hombres, se retiró a la Vega Real, diez leguas de la Isabela, donde aquella gente, alojada en varias poblaciones, sin regla, ni disciplina, cometía toda clase de excesos y violencias. Dicho capitán Margarit, después de conducta tan insensata, temiendo ser castigado por el Almirante, decidió, en compañía del Padre Boil y de otros de su bando, volver a Castilla.

Las relaciones entre el fraile y Colón no fueron tan cordiales como era de esperar, dado el carácter de ambos personajes. Parece cosa probada que el Almirante hubo de extralimitarse en lo referente a severos castigos impuestos a los españoles, y que el vicario apostólico—como escribía el cronista Fernández de Oviedo— *ybale a la mano*, queriendo contenerle. Hasta tal punto llegaron las cosas, que el Padre Buil llegó a poner entredicho e hizo cesar el oficio divino, vengándose entonces el Almirante con negar a los frailes los mantenimientos. Comprendiendo el P. Buil que no podía luchar con enemigo tan poderoso, acordó marchar a España —según puede verse en su correspondencia con los Reyes Católicos—; pero, alegando su falta de salud y no el verdadero motivo. En efecto, regresó a España, donde vió recompensados sus servicios por Doña Isabel y D. Fernando.

¿Quién era el causante de aquel estado de cosas? Si Colón no era buen gobernante, Margarit había olvidado sus deberes de militar y el P. Buil no hizo caso de la obediencia que a sus hijos dictara el fundador de la orden benedictina. Margarit y el P. Buil se pusieron al frente de la facción enemiga de los Colones. En su afán de ensalzar a Colón llega a decir el conde Roselly de Lorgues que D. Fernando propuso al Papa el nombramiento del benedictino P. Bernardo Buil; pero "el jefe de la Iglesia, sabiendo la adhesión de Cristóbal Colón a la Orden Seráfica, la participación de los franciscanos en el descubrimiento, reservaba esta honra a la humildad de un discípulo de San Francisco; y nombró espontáneamente por Breve del 7 de julio de 1493, como vicario apostólico de las Indias al padre *Bernardo Boyli*, provincial de los franciscanos en España„ (1). Creyó el Rey—según afirma nuestro apa-

---

(1) *Cristóbal Colón*, tom. I, pág. 365.

sionado historiador—que el Papa se había equivocado en la designación
de la persona, a causa de la semejanza del nombre, y fundándose en
ello, pudo D. Fernando el *Católico*, teniendo en cuenta la premura del
negocio, sustituir al nombrado por el Papa, con el benedictino P. Buil.

En tanto que el P. Fray Bernardo Boil y el capitán D. Pedro Margarit se presentaban en la corte e informaban que en las Indias no había oro, añadiendo que todo cuanto decía el Almirante era burla y em-
beleco, allá en la Española los soldados, cuando se vieron sin el citado
capitán, se esparcieron por la tierra, viviendo como gente sin cabeza (1).
Logró el Almirante, no sin grandes trabajos, restablecer la tranquilidad, castigando severamente a los causantes de la insurrección, enviando algunos a España y mandando fusilar a otros. En seguida sujetó a
los insulares, ya enemigos mortales de todo lo que era español. Por último, quiso—y esto le perjudicó grandemente—que todos los colonos
trabajasen, incluso los hidalgos. Desde entonces, lo mismo los que quedaban en la Española, que los que habían venido castigados a España,
le pintaban como hombre cruel y tirano; decían que sólo miraba a su
provecho, no al de su nación. No se percataban de decir en todos los
tonos y en todas partes que la codicia de Colón no tenía límites. Tantas cosas dijeron en contra suya, quizá con algún fundamento, aunque
siempre con exageración manifiesta, que los Reyes Católicos hubieron
de mandar con el carácter de comisario regio a Juan de Aguado. "Margarit—escribe Muñoz en su *Historia del Nuevo Mundo*—había sembra-
do entre los nuestros la peste de la discordia, y entre los indios odio
mortal a todo lo que era español, manteniendo su gente constantemente
en la Vega Real, la comarca más cultivada y más rica del país donde la
soldadesca se entregó a todos los vicios y se permitió todos los abusos,
hasta que despertó a los naturales de su letargo e hizo que los caciques
más poderosos y más notables se unieran en una alianza para arrojar
a los extranjeros de la isla. El alma de esta conspiración fué Caonabó (2).

A castigar al cacique Caonabó se dispuso el valiente y arrojado
Alonso de Ojeda. A la cabeza Ojeda de algunos hombres decididos, fué
en busca del cacique, a quien hizo creer que era distinción especial de
príncipes, llevar esposas relucientes adornadas de campanillas, de campanillas que tanto gustaban a los indios. En semejante estado le hizo
montar en su caballo y, metiendo espuelas al brioso corcel, a todo
escape y seguido de los suyos, se dirigió, en tanto que los indios atónitos no comprendían el suceso, a la costa, entregando a Caonabó al go-

---

(1) Herrera, *Historia de los viajes y conquistas de los castellanos en las Indias occidentales*,
década 1.ª, lib. II, cap. XVI.
(2) Véase Dr. Shopus Ruge, Ob. cit., pág 110.

bernador del castillo de la Isabela. Continuó el cacique en la fortaleza, de la cual salió para acompañar a Colón a España.

El comisario regio Juan de Aguado llegó al Nuevo Mundo. Comenzó intimando a los jefes de servicio para que se le presentasen y le dieran cuentas, reprendió a otros y dispuso encarcelar a muchos. Trató con altanería a Bartolomé Colón y apenas hizo caso del Almirante. Luego "se propasó a palabras descomedidas hasta amenazarle con el castigo de la corte„ (1). Por el contrario, Colón se mostró cada vez más respetuoso con el comisario regio. Cuando Aguado entregó su credencial, recibióla el Almirante, hizo repetir su lectura y dijo que estaba dispuesto a cumplir lo que se le mandase de parte de sus soberanos. Intentó Aguado provocar la ira del descubridor del Nuevo Mundo; mas Colón "sufrió su insolencia (de Aguado) con grande modestia„ (2). El comisario regio estaba decidido a perder no sólo a Colón, sino a todos los partidarios del Almirante. Comprendiéndolo así, y no queriendo someterse a un proceso, salió Colón de Haití con dos buques, 225 españoles y 32 indios el día 10 de marzo de 1496. Entre los últimos se hallaba Caonabó, que murió en el camino, un hermano, un hijo y un sobrino del mismo cacique (3). El viaje fué muy penoso, llegando a Cádiz el 11 de junio. También había salido de la Española Aguado y se había encaminado a España llevando el proceso para perder a Colón. Malos vientos corrían en la Corte contra el genovés. Además de las informaciones de Aguado, la Reina había escuchado varias veces las quejas del Padre Boil, de Pedro Margarit y de otros servidores de la Real Casa, en quienes tenía ella gran confianza. Sin embargo, las graves acusaciones formuladas por aquéllos fueron olvidadas cuando Colón se presentó en Burgos a Don Fernando y a Doña Isabel. Expuso con exactitud la situación de la colonia y dijo que había dejado de gobernador de la Isla Española, con el título de *Adelantado*, a su hermano Bartolomé. Diéronle a entender los reyes que hubiera convenido proceder con menos severidad (4). Lo mismo Isabel que Fernando se mostraron contentos y satisfechos al recibir los presentes que trajo el Almirante y que consistían en oro, papagayos y otras cosas. Le ofrecieron una vez más su apoyo y protección. Colmáronle públicamente de honores, puesto que le confirmaron los privilegios concedidos en la capitulación de la vega de Granada (5); le dieron licencia para que, bajo ciertas y determinadas

(1) Muñoz, *Hist. del Nuevo Mundo*, lib. V, párrafo 35.
(2) Herrera, *Década 1.ª*, lib. II, cap. XVIII.
(3) Muñoz, Ob. cit., lib. V, párrafo 38. El hermano de Caonabó falleció también pocos días después.
(4) Véase Herrera, *Década 1.ª*, lib. III, capítulo I.
(5) Real cédula dada en Burgos el 23 de abril de 1497.

condiciones, hiciese el repartimiento de las tierras de Indias (1); nombraron a su hermano Bartolomé *Adelantado* de Indias (2) y a sus hijos Diego y Fernando pajes de la Reina (3); también le dieron facultad para fundar uno o más mayorazgos (4).

Al mismo tiempo Fernando e Isabel disponían tercera expedición, siendo de advertir que así como antes se disputaban muchos el afán de ir al Nuevo Mundo, ahora apenas se encontraba quien quisiera acompañar a Colón en el tercer viaje proyectado. Tampoco los reyes prestaban la atención necesaria, ya porque estaban en guerra con Francia, a la que deseaban arrebatar el reino de Nápoles, ya también porque estaban ocupados en asuntos de familia, pues trataban de casar a sus hijos, el infante Don Juan y la infanta Doña Juana, con los hijos del emperador Maximiliano, la princesa Margarita de Austria y el archiduque Felipe. Retardóse después la expedición por la muerte imprevista del infante Don Juan, acaecida el 4 de octubre de 1497.

En la ciudad de Burgos contrajo Cristóbal Colón relaciones amistosas con un hombre muy estimado por los reyes y que el gran Cardenal de España le honraba llamándole amigo. Era éste Jaime Ferrer de Blanes (5), a quien comunmente se le designaba con el nombre de *Mosén*. Tenía en Burgos un comercio de joyería y sucursales en otros puntos. Sus relaciones con hombres ilustres de otros países, su manera fina de tratar las personas y los negocios, su honradez y su modestia le granjeaban simpatías en todas partes. Podía recomendársele también como políglota, matemático, astrónomo, cosmógrafo, metalurgista, erudito, filósofo y poeta. Era grande la cultura que había adquirido en sus contínuos viajes, y le servía de lustre su parentesco con su homónimo Jaime Ferrer, el antiguo cosmógrafo. Sus negocios mercantiles le llevaron a Génova y Venecia (Italia), a El Cairo (Egipto), a Palestina, Damasco y Alepo (Siria) y a otras poblaciones asiáticas.

El simpático lapidario, además de buscar las esmeraldas, topacios, zafiros y otras piedras preciosas del Oriente, estudiaba las obras del autor de la Divina Comedia, y publicaba el libro intitulado *Sentencias católicas del divino poeta Dante*. Habiendo frecuentado el trato con los indios, persas, musulmanes, cismáticos, griegos, etc., conocía sus doctrinas religiosas, las cuales consideraba muy inferiores a las católicas.

Como sabía cuán atrasadas estaban las ciencias geográficas y náu-

---

(1) Carta patente, dada en Medina del Campo, el 22 de julio de 1497.
(2) Con la misma fecha.
(3) Albalaes de 18 y 19 de febrero de 1497, en Alcalá de Henares.
(4) En Alcalá a 23 de abril de 1497.
(5) Blanes, pueblo de la provincia de Gerona

ticas, llamaba al descubrimiento de Colón "más bien divina que humana peregrinación.»

No estando terminada la cuestión, al cabo de más de un año, y a pesar del Tratado de Tordesillas, entre Portugal y España, Jaime Ferrer, que estaba al corriente de todo —pues así se lo había ordenado el gran Cardenal de España— escribió a la Reina (27 enero 1495) dándole su opinión acerca de los medios geográficos que había para allanar la disputa. Isabel contestó al lapidario (28 de febrero del citado año) dándole gracias por su carta y le invitaba a que fuera a la corte en el mes de mayo siguiente (1). En la carta que el lapidario burgalés escribió a la Reina, le decía que la Divina Providencia había escogido a Colón como su mandatario para esta empresa (Descubrimiento del Nuevo Mundo). Cuando Ferrer se presentó en la corte fué objeto de muchas consideraciones y agasajos. A su vuelta a Burgos escribió (5 agosto 1495) respetuosa carta al descubridor de las Indias. En ella le decía, entre otras cosas, lo que sigue: "La divina e infalible Providencia mandó al gran Tomás, de Occidente a Oriente, para manifestar en India nuestra sancta y católica ley: y a vos, Señor, mandó por opuesta parte, de Oriente a Poniente, a fin de que por la Divina Voluntad llegárais hasta el Oriente, etc.,, (2). Y más adelante añade: "Después de esas proezas gloriosas, cuando repase en su imaginación los resultados de vuestro glorioso ministerio, debe arrodillarse como el profeta y cantar en alta voz, al son de su arpa: *Non nobis, Domine, non nobis, sed nomini tuo da gloriam*,, (3).

---

(1) *Colección diplomática*, docum. núm. LXVIII. También Conde Roselly de Lorgues, ob. cit., tomo I, pág. 403.

(2) *Colección diplomática*. Documentos.—Apéndice al número LXIII También Conde Roselly de Lorgues, ob. cit., tomo I, pág. 404.

(3) *Colección diplomática*,—Documentos. Apéndice al número LXIII.—También Conde Roselly de Lorgues, ob. cit., tomo I, pág. 405.

CAPÍTULO XXII

TERCER VIAJE DE COLÓN.—RELACIÓN DE ESTE VIAJE HECHA POR EL MISMO ALMIRANTE.—¿SUPO COLÓN QUE HABÍA HALLADO UN NUEVO CONTINENTE? — COLÓN EN HAITÍ: ANARQUÍA EN LA COLONIA: LOS REPARTIMIENTOS.—ENEMIGA AL ALMIRANTE EN LA ESPAÑOLA Y EN LA CORTE.—EL COMISARIO REGIO BOBADILLA EN SANTO DOMINGO.—PROCESO CONTRA COLÓN.—CARÁCTER Y CUALIDADES DEL ALMIRANTE. — COLÓN ES PRESO Y CARGADO DE CADENAS.— INGRATITUD GENERAL CON COLÓN.—PRESÉNTASE A LOS REYES EN GRANADA. — NICOLÁS DE OVANDO, GOBERNADOR DE LA ESPAÑOLA.

Aunque tantos y tan graves asuntos traían de contínuo ocupados a los Reyes Católicos, no por eso apartaban su vista de los descubrimientos geográficos. Si el florentino Juanoto Berardi fué el encargado de realizar los preparativos del segundo viaje de Colón, a la muerte de aquél en diciembre de 1495, nombraron a Américo Vespucio, quien dispuso todas las cosas necesarias para la tercera expedición (1).

Las ideas contenidas en la famosa carta de Mosén Jaime Ferrer a Colón—y de la cual tratamos al terminar el capítulo anterior—contribuyeron a las conclusiones cosmográficas que se hallan en la relación del tercer viaje, escrita por el mismo Colón y que afortunadamente se ha conservado. Dice que en nombre de la Santísima Trinidad salió del puerto de Sanlúcar (30 mayo de 1498) (2), dirigiéndose por camino no acostumbrado a la isla de la Madera, huyendo de los corsarios franceses. Dispuso que tres buques marchasen directamente a la Isla Española con el objeto de entregar a la colonia las vituallas y utensilios que él llevaba. Colón, con los otros tres buques, pasó a las islas de Cabo Verde (3), marchando en seguida hacia el Sudoeste 480 millas, que son 120 leguas. "Allí—dice—me desamparó el viento y entré en tanto ardor y tan grande que creí que se me quemasen los navíos y gente„ (4).

---

(1) Ya se dijo en el capítulo XIX que Américo Vespucio debía ser empleado, y ahora añadimos que tal vez socio de la casa comercial de Berardi. Después, en capítulos sucesivos nos ocuparemos también de este famoso personaje.

(2) Componíase la flota de seis naves con escasa tripulación.

(3) El 27 de junio.

(4) Véase Roselly de Lorgues, *Historia de la vida y viajes de Colón*, tom. III, págs. 170 y 171.

Al cabo de ocho días siguió al Poniente y navegó diez y siete, viendo tierra el 31 de julio. El primero que la vió fué Alonso Pérez, marinero de Huelva y criado del Almirante. Aquella tierra era una isla cuya costa formaba tres montañas. Después de decir la *Salve Regina* y de dar muchas gracias al Señor, el Almirante la llamó isla de la *Trinidad* (1) y al promontorio primero le dió el nombre de cabo de la *Galea* (hoy Cabo Galeota). La citada isla, la más meridional de las pequeñas Antillas, estaba situada cerca del continente americano del Sur, cuya costa llana se distinguía perfectamente y que Colón llamó de Gracia. Desde los buques se veían en la isla casas rodeadas de huertas y en el mar aparecieron canoas, cuyos tripulantes no se aproximaban a nuestros buques. Iban armados de arcos, flechas y escudos de madera. Notóse—con gran sorpresa de los españoles—que aquellos indios tenían la tez más clara que la de los otros vistos hasta entonces, despertando también alguna curiosidad que llevasen el cabello cortado por la parte que caía sobre

Américo Vespucio (Montanus)

la frente, según la moda española a la sazón. El traje consistía en un faldellín de algodón de color. Navegando en dirección Oeste a lo largo de la costa meridional de la isla, llegó Colón el 1.º de agosto al extremo Occidental (Punta del Arenal), distante dos leguas de la playa del delta que forman los brazos del río Orinoco. Estréchase allí el Océano entre la isla y la tierra firme, siendo de notar que las masas de agua dulce que los dos brazos del Orinoco vierten al mar empujan la corriente ecuatorial hacia el golfo de Paria. Navegando en dirección Norte—según el descubridor del Nuevo Mundo—se encuentran muchas cascadas, una tras otra en el canal o estrecho, que producen estruendo espantoso, proviniendo, a su parecer, de rocas y arrecifes que cierran la entrada; y detrás de ellas se veían muchos remolinos que hacían un es-

(1) Según el voto que había hecho al salir del puerto de Sanlúcar.

truendo como el de las olas cuando se estrellan contra las rocas (1). Por
fin pudo salir del estrecho, dirigiéndose al través del golfo hacia su extremo Norte, formado por la península montuosa de Paria. Tomó rumbo
al Oeste, desembarcando en Paria, cuyos habitantes eran sociales y
hasta corteses. Allí los españoles conocieron el maíz, que Colón llevó
más adelante a España para cultivarlo. Colón, siempre en la misma
idea, creía que Paria era una isla y que él podría salir al Norte. El 13
de agosto logró pasar peligroso remolino o logró salir por la boca del
Norte llamada *Grande*, hallando que el agua dulce vencía a la salada.
Más adelante dice Colón que el mundo no era redondo como muchos escriben, sino de forma de una pera, salvo donde tiene el pezón, "o como
una teta de mujer puesta en una pelota redonda, así que desta media
parte non hobo noticia Tolomeo ni los otros que escribieron del mundo
por ser muy ignoto; solamente hicieron raíz sobre el hemisferio, adonde
ellos estaban ques redondo esférico„ (2). Ocúpase luego el Almirante del
Paraíso terrenal, del cual sale una fuente de la que resultan cuatro ríos
principales. Nadie sabe—dice—el sitio de dicho Paraíso; unos le colocan en las fuentes del Nilo (Etiopía) y otros en las islas Fortunatas o
Canarias. San Isidoro, Beda, Strabón, el maestro de la Historia esco-
lástica, San Ambrosio, Scoto y todos los sanos teólogos sostienen que
el Paraíso terrenal se encuentra en el Oriente. Después de otras teorías donde se manifiesta la ignorancia de Colón, lo mismo en matemáticas que en astronomía, pues llega a decir que en el pezón de la teta o
protuberancia de la pera se encontraba situado el Paraíso, adonde no
puede llegar nadie, salvo por voluntad divina, añade lo que sigue:

"Grandes indicios son estos del Paraíso terrenal, porquel sitio es
conforme á la opinion destos santos é sanos teólogos (3), y asimismo
las señales son muy conformes, que yo jamás leí ni oí que tanta cantidad de agua dulce fuese así adentro é vecina con la salada; y en ello
ayuda asimismo la suavísima temperancia, y si de allí del paraíso no
sale, parece aun mayor maravilla, porque no creo que se sepa en el
mundo de río tan grande y profundo„ (4). Refiere en seguida el Almirante que cuando salió de la Boca del Dragón era tan fuerte la corriente
del mar en dirección Oeste, que pudo andar en un día 65 leguas, á pesar de la flojedad del viento, porque apenas se sentía una ligera brisa;
lo cual le hizo suponer que hacia el Sur el mar se elevaba progresiva-
mente y hacia el Norte bajaba. Estaba seguro de que el agua del mar
se movía con el firmamento de Oriente a Occidente, y que a consecuen-

---

(1) Véase Roselly de Lorgues, Ob. cit., tom. III, pág. 173.
(2) Roselly de Lorgues, Ob. cit., tom. III, pág. 178.
(3) El sitio es el golfo de Paria: los santos y sanos teólogos los citados San Isidoro, etc.
(4) Ibidem, pág. 180.

cia de su movimiento más rápido en esta región, ha separado tantas islas de la tierra firme. Estas islas (las pequeñas Antillas) lo prueban también además con su forma, por ser anchas las que se dirigen de Noroeste a Sudeste, estrechas y más pequeñas las que se dirigen de Norte a Sur o de Nordeste a Sudoeste. Verdad es que el agua no tiene en todos los puntos la misma dirección: mas solo toma otra en aquellos donde la tierra le impide el paso y le obliga a desviarse (1). Después de algunos conceptos de Geografía física, añade más adelante lo siguiente: "Si no procede del Paraíso terrenal el río (antes mencionado) procederá de tierra infinita., (2). Tan juiciosa reflexión persuadió seguramente al Almirante que aquella era la tierra firme, como dice con mucho acierto el ilustre Navarrete.

Es de importancia suma trasladar aquí las siguientes palabras de Fray Bartolomé de las Casas: "Si a pesar de todo fuera (esta tierra dilatada) un continente, será el asombro de todos los doctos., Además, el autor de la *Vida del Almirante*, añade que Colón, después de haber descubierto muchas islas, estuvo convencido de haber hallado en la tierra de Paria el continente, por haber encontrado allí un río poderosísimo (Orinoco) que confirmó lo que decían los naturales de las pequeñas Antillas, acerca de una vasta tierra al Sur.

Dado caso que sean ciertas las anteriores opiniones, no se explica el alejamiento del Almirante de las costas que acababa de reconocer, sospechando que fueran de un gran continente, para dirigirse a Haití al segundo día de haber pasado felizmente la Boca del Dragón. Era tan ciega la fe de Colón en los autores que consultaba—autores que nada sabían ni decían del Nuevo Continente—que dejó dicho continente a pesar de que lo estaba tocando. Una choza abandonada, lejana humareda que se elevaba por encima de los árboles de un bosque y algunas huellas en la arena de la playa fué todo lo que vió del nuevo continente. Era lo bastante para que pudiese dar su nombre á las Indias (3).

Zarpó del Golfo de Paria y volvió a Santo Domingo, no por la ingratitud de sus compatriotas, no por la enfermedad que padecía a la sazón de la vista, sino principalmente por su deseo de llegar a la insurreccionada colonia, que no había visto en veintinueve meses.

Durante dicho lapso de tiempo, la colonia había sido gobernada por su hermano Bartolomé, como Adelantado o lugarteniente, quien hizo levantar fortalezas o castillos en varios puntos de la isla, obligó a los caciques indios a reconocer la soberanía de España y a que pagasen un

(1) Véase Roselly de Lorgues, Ob. cit., tomo III, págs. 180 y 181.
(2) Ibidem, pág. 182.
(3) Véase Lamartine, Ob. cit., pág. 140.

tributo en oro o en géneros de fácil salida. Al mismo tiempo el religioso franciscano Juan Borgoñón y el fraile jerónimo Ramón Pané, no descansaban un momento en la obra de convertir al cristianismo a los indígenas, logrando felices resultados. Sin embargo, reinaba el más completo desorden y anarquía en toda la colonia. Los españoles no sólo se hallaban en guerra con los naturales, sino entre sí mismos, haciendo especialmente objeto de su odio al adelantado Bartolomé, hermano del Almirante y *la fuerza de la familia*, según la feliz expresión de Lamartine. Algún motivo había para ello, porque Bartolomé, además de valiente, era áspero de condición, lo cual fué causa de que algunos le aborreciesen. Del mismo modo los caciques indígenas se aprestaron a sacudir el yugo del Adelantado, y seguramente hubieran conseguido poner en peligro a la colonia, si en los comienzos del año 1498 no hubiesen llegado de España alguna tropa y provisiones de boca, pudiendo Bartolomé con dicho auxilio reducir a la obediencia a los indígenas sus enemigos. Francisco Roldán, Magistrado superior de la colonia, cobró, por el contrario, más bríos, pues tuvo la fortuna de recibir la ayuda que le prestaron tres buques enviados por el Almirante a Haití desde las Canarias, los cuales echaron anclas en aquella parte de la isla. En una de las ausencias de Bartolomé de la ciudad de la Isabela, estalló la revolución. A duras penas pudo Diego Colón, hermano de Bartolomé y Comandante de la plaza, contener a los revoltosos. Cuando llegó el Adelantado, al frente Roldán de sus parciales, salió de la Isabela y se retiró a la comarca de Xaragua, no sin declarar guerra a muerte a los genoveses, como acostumbraban a llamar a los Colones.

Un mes después llegó Cristóbal Colón con otros tres buques a la ciudad de Santo Domingo, fundada por Bartolomé Colón junto a la desembocadura del río Ozama. Sin darse punto de reposo intentó el glorioso descubridor del Nuevo Mundo sosegar las discordias haciendo importantes concesiones a Roldán y a sus partidarios, siendo la principal de todas ellas distribuirles terrenos en cuyo cultivo pudiesen emplear determinado número de indígenas; recurso funesto, que le quitó bastante autoridad y fué luego el origen del famoso sistema de los *repartimientos* (1).

Tantas fueron las acusaciones que en España se hicieron contra el Almirante, que los Reyes Católicos nombraron a Francisco de Bobadilla, natural de Medina del Campo, comendador de la Orden de Calatrava, para que fuera a la Española, se informase de todo, y si el Almirante era culpable, le mandase a Castilla, quedándose él en el gobierno. Bobadilla era muy apreciado por Fonseca y gozaba de mucho prestigio en

_____

(1) Véase Herrera, *Década* 1.ª, lib. III, caps. XII-XVI.

la corte. Bobadilla llegó a Santo Domingo a fines de agosto de 1500, en ocasión que el Almirante y sus hermanos estaban fuera de la capital combatiendo una rebelión de indios. Con poco respeto, y aun sin consideración alguna, el Comendador se fué a vivir al palacio de Cristóbal Colón, sirviéndose de todas las cosas que había como si fueran suyas. El 7 de septiembre, con Fray Juan de Trasierra y el tesorero Juan Velázquez, le mandó una carta de los reyes, que al pie de la letra decía así:

"Don Cristóbal Colón, nuestro Almirante del mar Océano, hemos mandado al Comendador Francisco de Bobadilla, portador de ésta, que os diga algunas cosas de nuestra parte: por lo cual os rogamos le déis fe y crédito y obedezcáis.—Dado en Madrid a 21 de Mayo de 1499.—*Yo el Rey.— Yo la Reina.*—Por mandato de sus Altezas, *Miguel Pérez de Almazán.*

Tres capítulos escribe D. Fernando Colón en su obra *Historia del Almirante* para referir lo sucedido entre su padre y el comendador Bobadilla. Intitúlase del siguiente modo el primero: *Cómo por informaciones falsas y fingidas quejas de algunos, enviaron los Reyes Católicos un juez a las Indias para saber lo que pasaba.*

En tanto que las referidas turbaciones sucedían, como se ha dicho, muchos de los rebelados, con cartas desde la Española, y otros que se habían vuelto a Castilla, no dejaban de presentar informaciones falsas a los Reyes Católicos y a los del Consejo contra el Almirante y sus hermanos, diciendo que eran muy crueles, incapaces para aquel gobierno, así por ser extranjeros y ultramontanos, como porque en ningún tiempo se habían visto en estado de gobernar gente honrada: afirmando que si sus Altezas no ponían remedio sucedería la última destrucción de aquellos países, los cuales, cuando no fuesen destruidos por su perversa administración, el mismo Almirante se rebelaría y haría liga con algún príncipe que le ayudase, pretendiendo que todo fuese suyo, por haber sido descubierto por su industria y trabajo, y para salir con este intento escondía las riquezas y no permitía que los indios sirviesen a los cristianos, ni se convirtiesen a la fe, porque acariciándoles esperaba tenerles de su parte para hacer todo cuanto fuese contra el servicio de sus Altezas. Procedían éstos y otros semejantes en estas calumnias con tan grande importunación a los Reyes, diciendo mal del Almirante y lamentándose de que había ?muchos años que no pagaba sueldos, que daban que decir a todos los que entonces estaban en la corte. Era de tal manera, que estando yo en Granada cuando murió el serenísimo príncipe D. Miguel, más de 50 de ellos, como hombres sin vergüenza, compraron una gran cantidad de uvas y se metieron en el patio de la Alhambra, dando grandes gritos, diciendo que sus Altezas y el Almirante les hacían pasar la vida de aquella forma por la mala paga, y otras muchas deshonestidades e indecencias que repetían. Tanta era su desvergüenza, que cuando el Rey Católico salía, le rodeaban todos y le cogían en medio, diciendo: *Paga, paga*, y si acaso yo y mi hermano, que éramos pajes de la serenísima Reina, pasábamos por donde estaban, levantaban el grito hasta los cielos, diciendo: *Mirad a los hijos del Almirante de los mosquitillos, de aquél que ha hallado tierra de vanidad y engaño, para sepultura y miseria de los hidalgos castellanos*, añadiendo otras muchas injurias, por lo cual excusábamos pasar por delante de ellos.„

Así se intitula el segundo capítulo, escrito por Fernando Colón acerca de las relaciones entre su padre y Bobadilla: *Cómo el Almirante fué preso y enviado á Castilla con grillos, juntamente con sus hermanos.*

Inmediatamente que Colón recibió la citada carta del 21 de mayo de 1499, vínose con ellos á Santo Domingo, donde Bobadilla (1.º de octubre de 1500) le hizo poner preso en un navío con su hermano Don Diego, poniéndoles grillos y vigilados por buena guardia. Decidióse Bobadilla a formar proceso a Colón y a sus hermanos. Entre otras cosas, acusaron al Almirante de haber dado malos y crueles tratamientos a infelices trabajadores: a unos no les pagaba, condenándoles a morir de hambre, y a otros, por causas pequeñas, les hacía ahorcar. Quería —según dijeron— más bien esclavos que cristianos, y llegó a pensar alzarse con las Indias con el favor de algún otro rey cristiano, añadiendo, por último, que había ordenado reunir muchos indios armados para resistir al Comendador y hacerle tornar a Castilla. Si hubo —como creemos firmemente— exageración manifiesta en las citadas declaraciones, no debemos pasar por alto las siguientes palabras del P. Las Casas, quien vió el proceso y conoció a muchos testigos de los que en él declararon. "Yo no dudo —dice— sino que el Almirante y sus hermanos no usaron de la modestia y discreción, en el gobernar los españoles, que debieran, y que muchos defectos tuvieron y rigores y escasez en repartir los bastimentos a la gente, segun el menester y necesidad de cada uno, por lo cual todos cobraron contra ellos, la gente española, tanta enemistad.„ Y el mismo Colón, durante su viaje de Santo Domingo a Cádiz, escribió a Doña Juana de Torres (o de la Torre), ama del príncipe Don Juan, lo que sigue: "porque mi fama es tal, que aunque yo faga iglesias y hospitales, siempre serán dichas espeluncas para ladrones.„

Mucho afectó a Colón la orden de prisión, llegando a creer que iban a matarle, pues—según se cuenta—cuando el hidalgo Alonso de Valle-

FR. BARTOLOMÉ DE LAS CASAS.

jo, pariente de Fonseca, director del departamento de Indias, se le presentó con un piquete de tropa para llevarle a bordo, pensando que se disponían a conducirle al patíbulo, preguntó, con mucha tristeza, al oficial: *Vallejo, ¿a dónde me llevais? Al navío va Vuestra Señoría,* respondió. No dando Colón crédito a la respuesta, hubo de exclamar: *Vallejo, ¿decis la verdad? Por vida de Vuestra Señoría,* replicó Vallejo, *que es verdad que se va a embarcar.* Hubo entonces de tranquilizarse *y casi de muerte a vida resucitó* (1). Lo mismo Alonso de Vallejo que Andrés Martin, capitán del buque, trataron con todo respeto y consideración a Colón y a sus hermanos. Cuando el buque que conducía a los Colones se alejó de las playas americanas, Vallejo y Martín quisieron quitarle los grillos a los presos, a lo cual se negó el ilustre navegante, añadiendo que los conservaría siempre como un monumento de la recompensa dada a sus servicios. "Así lo hizo —escribe su hijo Fernando— ; yo los vi siempre colgados en su cuarto, y quiso que fuesen enterrados con él."

El tercer capítulo que escribió el hijo del descubridor del Nuevo Mundo, lleva el siguiente título: *Cómo el Almirante fué a la Corte a dar cuenta de sí a los Reyes.* Llegó a Cádiz el desgraciado prisionero, excitando en toda España compasión e interés. Por importantes que fueran sus detractores, la grandeza del descubrimiento hizo que en Cádiz se levantara un grito de indignación hasta en los mismos enemigos de los Colones. Los reyes escribieron al Almirante una carta deplorando aquella ofensa, y le invitaban a trasladarse inmediatamente a la corte.

Acerca de la conducta de Bobadilla, el cronista Gonzalo Fernández de Oviedo, después de referir la prisión de Colón y su salida de la Isla Española, escribió lo que al tenor copiamos: "Y quedó en el cargo y gobernacion desta isla este caballero (Bobadilla) e la tuvo en mucha paz y justicia fasta el año de mill e quinientos e dos, que fué removido y se le dió licencia para tornar a España... Los Reyes Católicos removieron del cargo a Bobadilla e le dieron licencia que se fuese a España, *teniéndose por muy servidos del* en el tiempo que acá estuvo, por que abia retamente e como buen caballero hecho su oficio en todo lo que tocó a su cargo." (2). De López de Gomara son las siguientes palabras: "Bobadilla gobernó muy bien" (3). En efecto, Bobadilla gobernó la Española desde últimos de agosto de 1500 hasta mediados de abril de 1502. El P. Ricardo Cappa, de la Compañia de Jesús, en su libro *Colón y los españoles,* juzga con más apasionamiento que justicia a los Colones, y

(1) Herrera, *Década 1.ª,* libro IV, cap. X.
(2) *Historia general de las Indias,* lib. III, caps. VI y VII
(3) *Historia de las Indias.* Parte I.

suyas son las siguientes palabras. "No debe detener al escritor sincero y recto el clamoreo de los que sin conocimiento de las leyes de otros siglos, no tienen más norma para juzgar de lo ocurrido en ellos que la *sensiblería* del nuestro. Bobadilla, al aherrojar a los Colones que no habían obedecido sus mandatos y que se habían puesto en armas contra él, no hizo más que aplicarles la pena que ordenaba la legislación entonces vigente„. Más adelante, añade: "No fué un refinamiento de crueldad: fué la pena correspondiente a todo reo de Estado„.

Por nuestra parte habremos de decir que, aunque torpe en su gobierno el Almirante —como escribe el P. Las Casas— jamás debió el comisario regio Bobadilla disponer que se pusiesen grillos al ilustre genovés, y asimismo a sus hermanos Bartolomé y Diego. Cuando un hombre llega a la cima de la gloria, y su nombre ha de ser bendecido por todas las generaciones, no es permitido a los contemporáneos conducirle ante el severo tribunal de la justicia para absolverle o condenarle como a los demás mortales. El pueblo español, sin pararse a estudiar con más o menos detenimiento la conducta de los gobernantes de la Isla Española, creyó, desde el primer momento, que en el fondo de todo aquello había no poca ingratitud para con el Almirante y sus hermanos, como también una inmensa censura para los que habían decretado la prisión. No podía explicarse el pueblo que hoy cruzara preso aquellos mares el mismo que poco antes los cruzó cual victorioso conquistador, y que viniera cargado de hierros, como criminal, el que antes había sido aclamado como un Mesías. Séanos permitido añadir una vez más que los Reyes Católicos nunca mostraron afecto sincero al exigente y descontentadizo Cristóbal Colón. Nada importa que Fernando e Isabel le recibiesen con afabilidad en Granada el 17 de diciembre de 1500, y le devolvieran muchos de sus honores y mercedes; pero no el título y mando de virrey y gobernador de las Indias. Nada importa que el Rey y la Reina, desde Valencia de las Torres (Badajoz), le dirigiesen una carta el 14 de marzo de 1502, en la cual se leen las siguientes palabras: "Tened por cierto que de vuestra prision nos pesó mucho, y bien lo visteis vos y lo cognoscieron todos claramente, pues que luego que lo supimos lo mandamos remediar, y sabeis el favor con que vos hemos tratado siempre, y agora estamos mucho más en vos honrar y tratar muy bien„. ¿Quisieron Fernando e Isabel con el anterior documento reparar injusticias pasadas? ¿Quisieron también desautorizar a Bobadilla? Tarde vinieron la reparación y la desautorización; pero si los Reyes Católicos y su gobierno fueron ingratos con Colón, no se olvide que Atenas dió de beber la cicuta a Sócrates, que Francia dejó desamparada a Juana de Arco, que Holanda persiguió a Descartes y lo arrojó de su seno, que Portugal vió morir a Camoens en un hospital, que Inglaterra menospreció a Shakespeare y maldijo a Byron, que Italia puso preso a Galileo, que Florencia no se opuso a que Savonarola fuese llevado a la hoguera y que Ginebra, la progresiva Ginebra, quemó a Servet: achaques propios de la humanidad y de que ningún pueblo logra libertarse.

El 13 de febrero de 1502 salió Ovando de Sanlúcar, llevando 32 naves con 2.500 hombres. Mandaba la flota Antonio Torres y en ella iban doce frailes franciscanos con el prelado Fr. Alonso del Espinal. "Hasta entonces —como escribe el Sr. Ruiz Martínez— no había salido para las Indias escuadra más lucida y numerosa„ (1). Después de violento temporal, que puso en grave peligro la escuadra, reunidos los navíos en la isla Gomera, de allí salió Ovando con los más ligeros, llegando a Santo Domingo el 15 de abril de 1502. Antonio Torres, con la otra mitad de la flota, llegó unos quince días después. Fray Nicolás de Ovando, caballero de la Orden de Alcántara y comendador de Lares, fué nombrado gobernador de la Española. A Bobadilla sucedió Ovando. El nuevo gobernador era natural de Brozas (Cáceres), pertenecía a distinguida familia y era pariente, aunque lejano, de Hernán Cortés. "Este caballero —escribe el P. Las Casas— era varón prudentísimo y digno de gobernar mucha gente, pero no indios, porque con su gobernación, inestimables daños, como abajo parecerá, les hizo. Era mediano de cuerpo y la barba muy rubia o bermeja, tenía y mostraba grande autoridad, amigo de justicia; era honestísimo en su persona, sus obras y palabras; de cudicia y avaricia muy grande enemigo y no pareció faltarle humildad, que es esmalte de virtudes; y dejando que lo mostraba en todos sus actos exteriores, en el regimiento de su casa, en su comer y vestir, hablas familiares y públicas, guardando siempre su gravedad y autoridad, mostrólo asimismo, en que después que le trajeron la Encomienda mayor, nunca jamás consintió que le dijese alguno Señoría. Todas estas partes de virtud y virtudes, sin duda ninguna en él cognoscimos„ Cariñoso por demás se muestra el P. Las Casas con Ovando. No negaremos que tenía maneras graves y corteses, aunque á veces era orgulloso más de lo justo. Portóse bien con los españoles, mal con Colón y cruelmente con los indios.

(1) *Conferencia pronunciada en el Ateneo de Madrid el 8 de mayo de 1892, pág. 9.*

CAPITULO XXIII

Cuarto y último viaje de Colón.—Muerte de Bobadilla, Roldán y otros en alta mar.—Conducta de Ovando con Colón. Ovando en Xaragua.—Anacaona: su muerte y crueldad de los españoles.—Colón en las playas de Jamaica.—Diego Méndez y Bartolomé Fieschi.—Escobar en auxilio de Colón.—Conducta de Ovando con Colón y de la Reina con los indios.—Repartimientos de indios.—Colón en España.—Insurrección de los indígenas.—Diego Colón en la Española. Injustas censuras a la política de Cristóbal Colón en Santo Domingo.

Deseaba Colón hacer su cuarto y último viaje. «Es muy probable—como escribe el Dr. Sophus Ruge—que le aguijoneasen a esta nueva empresa los grandes resultados obtenidos entonces por los portugueses en la verdadera India, porque mientras estaba todavía luchando con el rebelde Roldán en Haití, había vuelto de la India Vasco de Gama, en septiembre de 1499. De regreso Colón a España, se había informado, naturalmente, con vivo interés de las empresas portuguesas, y adquiridas ya todas las noticias posibles sobre la India, y convencidísimo de que había encontrado en Cuba y en la tierra de Paria las orillas orientales del Asia, habiendo, además, otros descubridores particulares como Ojeda, Vespucio y Pinzón, reconocido nuevos trechos de costa del continente más allá de Paria, no dudó que pasando entre Cuba y Paria, y dirigiéndose al Oeste llegaría a la India de los portugueses. La poderosa corriente marítima que se lanza impetuosa en la costa de la América del Sur, hacia el Oeste, era para él segura señal de que se dirigía a un estrecho desconocido e inexplorado que conducía al mar Indico; al mar más allá del Ganges, como se llamaba desde la antigüedad. Esta idea fué la base de su nueva empresa, recibida y aprobada por los soberanos de España con benevolencia» (1). (Apéndice Q.)

Decidida su marcha, redactó una memoria para su hijo mayor don Diego; en ella consignaba sus derechos y enumeraba sus títulos. Temía de que en su ausencia o después de su muerte, si acaecía en lejanas tie-

(1) *Historia de la época de los descubrimientos geográficos,* pág. 117. *Historia universal de Oncken,* tomo VII.

rras, le robasen sus títulos y privilegios, y por eso los confió a sus amigos los religiosos, depositándolos por copia o por duplicado en sus conventos. Escribió, además, a los reyes recomendándoles a sus hijos y a sus hermanos, en el caso de que muriese durante aquel viaje. El 14 de marzo contestaron D. Fernando y D.ª Isabel prometiéndole hacer más en su favor que lo especificado en los privilegios, y le renovaban la promesa de que, después de él, pondrían a D. Diego en posesión de sus títulos, cargos y dignidades. Como si todo esto fuera poco, confió a Nicolás Oderico, legado del Gobierno genovés cerca de los Reyes Católicos, copia de todos sus privilegios y también de la carta del 14 de marzo que acababa de recibir de los reyes. Para colocar ˉesos privilegios querría mandar hacer una caja de corcho enforrada de cera. (1).

Hechas todas las cosas que acabamos de contar, se ocupó con actividad en sus preparativos de viaje, ˉbien que él sea el más noble y provechoso„ (2). Emprendió Cristóbal Colón su cuarto y último viaje con cuatro carabelas pequeñas (3) y 150 hombres de mar, saliendo del puerto de Cádiz el 11 de mayo de 1502. Le acompañaban su hermano Bartolomé y su hijo Fernando, de edad de trece años. En la Instrucción que los reyes dieron al Almirante le decían lo siguiente: ˉHabeis de ir vuestro viaje derecho, si el tiempo no os feciese contrario, á descubrir las islas é Tierra Firme que son en las Indias en la parte que cabe á Nos, y si á Dios pluguiere que descubrais ó falleis las dichas islas habeis de surgir con los navíos que levais y entrar en las dichas Islas é Tierra Firme que así descubriéredes, y habeis de informaros del grandor de las dichas islas é facer memoria de todas las dichas islas, y de la gente que en ellas hay y de la calidad que son, para que todo nos traigais entera relacion. Habeis de ver en estas islas y Tierra Firme que descubriéredes, qué oro é plata é perlas é piedras é especería, é otras cosas hobiere, é en qué cantidad é cómo es el nascimiento de ellas, é facer de todo ello relacion por ante nuestro escribano é oficial que nos mandamos ir con vos para ello, para que sepamos de todas las cosas quen las dichas islas é Tierra Firme hobiere„ (4).

Desde las Canarias escribió Colón al fraile cartujo Gaspar Gorricio, su amigo y consejero en Sevilla, las palabras que a continuación copiamos: ˉAgora será mi viaje en nombre de la Santa Trinidad y espero della victoria„ (5). Tardó diez y nueve días de las Canarias a la

(1) Conde Roselly de Lorgues, obra citada, tomo I, págs. 541-544. *Carta autógrafa del Almirante D. Cristóbal Colón, al R. P. Gaspar, de la Cartuja de Sevilla.*

(2) *Carta de Cristóbal Colón, fecha en Jamaica el 7 de julio de 1503.*

(3) Se llamaban la *Capitana*, el *Santiago de Palos*, el *Gallego* y la *Vizcaina*. En la primera izó el Almirante su pabellón.

(4) Roselly de Lorgues, ob. cit., tomo III, pág. 193.

(5) Navarrete, I, 479. También en el nombre de la Santa Trinidad hizo su tercer viaje.

Martinica. Desde la Martinica navegó a lo largo de las otras pequeñas
Antillas más septentrionales, y de la costa meridional de Puerto Rico
hasta Santo Domingo. Necesitando el Almirante reparar algunas averías de sus buques y tomar agua, se dirigió a la Española, a cuya vista
llegó el 29 de junio, hallándose todavía anclada en el puerto de Santo
Domingo la flota que debía conducir a Bobadilla a España. Cristóbal
Colón quiso entrar en el puerto, a lo cual se opuso Ovando, comenzando con ello a mostrar su ojeriza al inmortal descubridor del Nuevo
Mundo. En los primeros días del mes de julio del citado año salió la armada que conducía al comendador Bobadilla, a Francisco Roldán, jefe
de la sublevación contra el Almirante y a otros. Como la flota se fué, a
poco de salir del puerto, a pique, ahogándose Bobadilla, Roldán y la
mayor parte de los pasajeros, esto dió ocasión a Hernando Colón para
escribir lo siguiente: "Yo tengo por cierto que esto fué providencia divina, porque si arribaran a Castilla jamás serían castigados según merecían sus delitos, antes bien, porque eran favorecidos del obispo, hubieran recibido muchos favores y gracias." Llama la atención que entre
los pocos buques, entre los muy pocos que se salvaron, se encuentre
uno pequeño, gastado, malo, llamado el *Aguja*, el cual, como escribe
Herrera "traía todo el caudal del Almirante, que consistía en cuatro
mil pesos, y fué el primero que llegó a España, como por permiso de
de Dios" (1). La mar se había tragado a los enemigos de Colón y a las
inmensas riquezas que ellos habían reunido. El cronista Oviedo y Valdés, que residió en la isla y habló del suceso con testigos oculares, dice
en su *Historia natural y general de las Indias* "que se perdieron (las naves) por no haber creido ni tomado consejo del Almirante." Del mismo
modo el milanés Benzoni, que vivió en la Española cuarenta años después del citado hecho, ve la justicia de Dios en la destrucción de la escuadra (2).

Si censurable—aunque otra cosa digan apasionados cronistas—fué
la conducta de Bobadilla como gobernador de la Isla Española, mayores censuras merece la de Ovando. Cuando llegó Ovando a la isla apenas había unos 300 españoles, repartidos en cuatro poblaciones: Santo
Domingo, Concepción, Santiago y Bonao; pero el mismo huracán que
echó a pique la flota que debía conducir a Bobadilla, destruyó casi
completamente la población de Santo Domingo, cuyas casas eran de
madera y paja. El Comendador tuvo el poco acierto de hacerla reedi-
ficar en un sitio menos higiénico, cual fué al otro lado del río, esto es,

(1) *Historia general de los viajes y conquistas de los castellanos en las Indias occidentales.*
Década 1.ª, lib. V, cap. II, pág. 337.
(2) *La Storia del Novo Mondo*, lib. I, folio XXIV.—Venezia, 1572.

a la derecha del Ozama. En cambio, estuvo muy acertado haciendo construir varios edificios de mampostería, como *La Fortaleza*, residencia de la primera autoridad, el convento de San Francisco, el hospital de San Nicolás y otros que proyectó, y después se fueron haciendo. Reedificada la villa de Santo Domingo, hizo edificar la que llamó *Puerto de Plata*, en la costa Norte de la isla, y algunas más en otros lugares. Más preocupaban otros asuntos al comendador de Lares. Había traído consigo unos 2.500 hombres, más deseosos de riquezas que de trabajar. Preferían el oro y la plata de las minas más que los productos de aquellas fértiles comarcas. Cuando vieron que para extraer aquellos ricos metales se necesitaba rudo y peligroso trabajo, regresaron a Santo Domingo hambrientos, desnudos y cargados de deudas. En lugar de las inmensas riquezas que esperaban, las enfermedades y la peste se cebaron en ellos, llegando a 1.000 el número de víctimas. Socorrió Ovando—según sus fuerzas—a tantos desgraciados. También hubiera querido no recargar con onerosos tributos a los que trabajaban en las minas: pero no tuvo más remedio que obedecer las órdenes de los reyes. Sabía, además, que la bondad de los gobernadores en España estaba en relación con el oro que mandaban. Eran buenos si remitían mucho oro, y malos si poco. Toda la prudencia que mostró Ovando con los españoles, se convertía en despotismo y crueldad cuando de los indios se trataba. No pudiendo resistir tantos vejámenes y tropelías los indios de la provincia de Higuey, huyeron a las montañas y cavernas, huida que calificaban los españoles de sublevación. Ovando mandó a Juan de Esquivel, al frente de unos 300 o 400 hombres, para que hiciese la guerra a Cotubanamá, uno de los caciques más poderosos de la isla. Crueles fueron los españoles con los infelices indígenas. El delito—si lo hubo—fué insignificante: el castigo terrible. Pacificado el Higuey, Juan de Esquivel dejó una guardia de nueve hombres mandados por Martín de Villaman, ya para que vigilasen a los indios, ya para que cobrasen los tributos que los isleños se habían comprometido a satisfacer.

Sometida casi por completo la Isla Española, la parte más occidental, el Estado de Xaragua, equidistante de la Isabela y de Santo Domingo unas 60 leguas, conservaba su independencia. Desde que los españoles se habían llevado al fiero Caonabó, su mujer Anacaona, que en el idioma indígena quiere decir *flor de oro fino*, se retiró al lado de su hermano Behechio, dueño a la sazón del Estado de Xaragua. Vamos a relatar una historia legendaria. Era Anacaona—dicen—mujer de mucho talento y de extraordinaria hermosura. Su inspiración poética le había granjeado generales simpatías. Los *areytos* o romances de su invención se convertían en nacionales y sus dulces composiciones poéti-

cas eran el encanto de todos los soberanos indios de la isla. Llamaba
la atención por su elegancia la etiqueta de su corte: sus usos y costumbres, sus flores, sus adornos y muebles se pusieron de moda. Su palacio
estaba lleno de objetos elegantes y de lindas obras del arte indígena.
Tales objetos consistían en hamacas aéreas, en canastillas formando
variados relieves o pinturas, vistosos abanicos, máscaras con adornos
de oro y de conchas. Tenía magnífico servicio de mesa, manteles finos de
algodón adornados con flores y a manera de servilletas lienzos de hojas olorosas. Hallábase su mencionado palacio lleno de jóvenes y alegres doncellas, de hermosos pájaros de todas clases; perfumado con los
aromas más delicados; centro de toda cultura literaria y artística. Cuando la visitó Bartolomé Colón para concertar tributos, tanto ella como
su hermano Behechio dispensaron a los españoles entusiástica acogida,
agasajándoles con lo mejor que tenían. Cuéntase que cuando los españoles estuvieron cerca de la capital de Xaragua, los oficiales de la corte y empleados, con sus respectivos trajes, se presentaron ante ellos,
llevando delante encantadores grupos de jóvenes, que servían de com-
parsas á un coro de treinta jóvenes doncellas adornadas de flores, ceñida la frente con una cintilla, llevando en sus manos flexibles palmas
que entrelazaban ingeniosamente y con las cuales formaban arcos, ca-
nastillos y haces, al mismo tiempo que acomodaban sus danzas al son
de sus cantos. En medio de la amenidad de virgen naturaleza, debajo
de los magníficos arcos de olorosos bosques y junto al lago de Xaragua,
recibió a Bartolomé Colón y a sus acompañantes. Las jóvenes Terpsí-
cores—como las llama el conde Roselly de Lorgues—, al llegar cerca
del Adelantado, doblaban sus rodillas y depositaban a sus plantas un
ramo, en señal de reverencia y homenaje. Detrás de esos grupos, en el
centro de un coro de *canéforas* o doncellas de distinguido nacimiento,
aparecía en un trono cubierto de flores la reina Anacaona, rodeada de
su corte y llevada en un palanquín por seis caballeros. En lugar de corona real ceñía su frente corona de flores, y de flores se componía su
collar, brazaletes, cinturón y borceguíes. En sus negros cabellos re-
saltaban las flores y su cetro era un tallo florido. "Parecía —añade
Roselly— que la flor de las reinas era también la reina de las flo-
res„ (1).

Anacaona descendió de su litera, hizo graciosa reverencia a Barto·
lomé Colón, le ofreció una de sus flores y le condujo a la habitación que
se le tenía preparada. Dos días pasó el Adelantado en compañía de la
Reina y de Behechio, obsequiado con espléndidos festines y agasajado
con toda clase de honras. Logró Bartolomé que, en cambio de la protec-

---

(1) *Historia de Colón*, tom. I, pág. 453.

ción de España, se comprometiese Behechio a pagar un tributo a los Reyes Católicos.

Algún tiempo después, Anacaona, por muerte de su hermano Behechio, se encargó en absoluto del trono de Xaragua. Pasaron unos seis años. Ovando, gobernador de Santo Domingo, se disponía a visitar los dominios de la hermosa e inteligente reina Anacaona. Aunque ella recordaba que los cristianos habían preso a su marido, lo cual fué causa de la muerte del poderoso cacique; aunque no dejaba de tener presente que al acogerse a sus dominios los sublevados de Francisco Roldán habían abusado torpemente de su hija Hignememotta; aunque recordaba los atropellos que dichos revolucionarios habían cometido con los pacíficos habitantes de sus Estados, ella, comprendiendo su situación, soportaba con paciencia tantos desmanes, pagaba puntualmente los tributos concertados y no permitía que se hiciera el menor daño a los pocos españoles que, restos de anteriores revueltas, vivían en su territorio con los indios (1). Es de advertir que los citados españoles, cómplices del malvado Roldán, continuaban cometiendo horribles excesos; pero con la idea de captarse el favor del gobernador Ovando —favor que necesitaban para prevenir las quejas que podrían llegarle acerca de sus iniquidades—, escribieron algunas veces diciendo que los indios de aquella comarca preparaban próxima rebelión.

Con el objeto de hacer una visita —según dijo—se dirigió a Xaragua el gobernador Ovando, no sin hacerse acompañar de 300 infantes y 70 caballos. Anacaona envió en seguida la orden a todos los caciques para que acudiesen a prestar homenaje al representante de los reyes de España. Ella misma salió a recibirle, acompañada de las 30 doncellas más hermosas de su servidumbre y de 300 señores de su reino, todos luciendo sus galas más vistosas. Hizo que las dichas doncellas ejecutasen la danza virginal, llamada así porque en ella no tomaron parte ni hombres, ni mujeres casadas. Al Gobernador, lo mismo que a los que le acompañaban se les alojó en habitaciones preparadas al efecto, y se les sirvió ricos y abundantes banquetes. Obsequióse a Ovando con exquisitos presentes, y se ofreció a todos pan y tortas de cazabí, hutias guisadas de diferentes modos, caza, pesca, frutas y todo lo que tenían de más gusto. Toda la comarca hubo de despoblarse para ver al gobernador Ovando y a los españoles que le acompañaban, en obsequio de los cuales se organizaron alegres fiestas, como juegos de pelota, simulacros de guerra, bailes, cantos del país y otras.

De igual manera el comendador de Lares anunció un domingo que

(1) Ruiz Martínez, *Conferencia pronunciada en el Ateneo de Madrid el 8 de mayo de 1892,* págs. 13 y 14.

los suyos iban a celebrar unas justas o cañas a usanza de España. La noticia se recibió con general alegría y se dispuso que los principales señores del país debían presenciar la fiesta en la casa donde se hallaba la Reina y él. Cuando se creía que todo estaba dispuesto para la fiesta, el Gobernador se asomó a una ventana y al colocar su mano sobre la cruz de Alcántara que ostentaba en su pecho, pues ésta era la señal convenida, rodearon la casa multitud de españoles, en tanto que otros sujetaban en el interior a Anacaona y a 80 personajes indios. Atados a los maderos que sostenían la techumbre, después de retirarse los españoles con Anacaona, pusieron fuego a la habitación que, hecha de madera y paja, se convirtió en seguida en inmensa hoguera. Mientras que aquellos infelices sobre los cuales recaían sospechas de traidores a la patria eran quemados, la gente del Gobernador alanceaba a la muchedumbre, pisaba con sus caballos a mujeres y niños, perseguía a los desarmados indios que huían, los unos hacia las montañas para esconderse entre breñas y matorrales, y los otros hacia las costas para arrojarse al mar. El gobernador Ovando, no contento todavía con tanta crueldad, dispuso que Diego Velázquez y Rodrigo Mejía persiguieran a los fugitivos que habían buscado amparo en los montes con un sobrino de Anacaona. Preso el pariente de la Reina, sufrió la muerte con otros infelices. La capital de Xaragua entregada á las llamas desapareció completamente (1).

La infortunada Anacaona, en premio de sus buenas acciones, vió trocadas sus guirnaldas de flores en cadenas de hierro. Con las falsas confesiones arrancadas al dolor, se le condujo a Santo Domingo, donde fué juzgada después de las declaraciones de gente ruin y miserable. ¡La infeliz fué condenada a la horca! Así acabó su reinado la noble Anacaona. El historiador, aun suponiendo que haya gran parte de leyenda en el relato, debe condenar, con harto sentimiento suyo, no sólo a Ovando, sino a Don Alvaro de Portugal, presidente a la sazón del Real Consejo de Indias. No negaremos, sin embargo, que se ha poetizado la figura de la reina indígena, exagerando a la vez el rudo gobierno de los españoles; pero insistiremos en que los Católicos Monarcas no fueron siempre y en todos los casos caritativos y piadosos con los indios. (Apéndice R.)

Al continuar la historia de Cristóbal Colón, comenzaremos diciendo que, cuando pasó la tormenta en la que pereció Bobadilla, aquél abandonó (14 de julio) las costas de la Isla Española en busca de nuevas tierras. El 16 de julio llegó a la vista de la Jamaica (cayos de Morante), continuando su derrota. Su navegación se vió sumamente contrariada.

(1) Ob. cit., pág. 14 y siguientes.

Paró en *Cayo Largo*, volviendo a salir el 27 de dicho mes de julio. El 30 descubrió la i-la Guanaja, que él llamó isla de Pinos, primera tierra centro-americana que encontraron los europeos en el siglo XVI. Guanaja se hallaba rodeada de varios islotes y estaba situada delante del golfo de Honduras. Bartolomé Colón, con algunos de los expedicionarios, desembarcó en la isla, a la cual vieron llegar una canoa de grandes dimensiones, hecha del tronco de un solo árbol. En ella iban hombres, mujeres y niños, conduciendo varias mercaderías. Para resguardar a los pasajeros del sol y de la lluvia tenían en medio una especie de cámara, formada con petates o esteras. Se creyó que pertenecía a indios traficantes que habían ido a cargar la embarcación en las costas cercanas a Yucatán. El Almirante fué de opinión que los naturales de aquella isla eran más civilizados que los de las Antillas, descubiertas en anteriores expediciones. Para juzgar de aquel modo, se fijó Colón en los siguientes hechos: aquellos indios no habían mostrado asombro a la vista de los buques, ni temor al aproximarse a los españoles; además iban vestidos y se dedicaban al comercio. El 14 de agosto desembarcaron en punta de Caxinas, hoy puerto de Trujillo, donde asistieron a la misa, que se celebró en el citado día por primera vez en el suelo centroamericano. Continuó avanzando la escuadrilla al abrigo de la costa. A unas quince leguas de la punta de Caxinas desemboca en el golfo el río Tinto, por el cual subieron los botes: bajó a tierra el Almirante y enarboló el 17 de agosto el real estandarte de Castilla. A orillas del mencionado río se presentaron indios diferentes—lo mismo en la fisonomía que en el lenguaje—a otros que habían visto en las islas. Anduvieron algunos días costeando aquella tierra, a la que dieron los nombres de Guaymuras, Hibueras y Honduras, cuya última denominación conserva al presente. La fuerza de los vientos, la violencia del mar y las lluvias torrenciales causaron muchas enfermedades a los marineros. Tanto su hijo Fernando, como su hermano el *Adelantado*, le animaron en aquellos días tristísimos. El 14 de septiembre alcanzó un promontorio que se desviaba bruscamente del Este hacia el Sur; luego que lo doblaron dejóse sentir brisa excelente y se calmó el mar. El Almirante dió *Gracias a Dios*, y así llamó al mencionado cabo. Siguió la costa de los Mosquitos, deteniéndose el 17 de septiembre en la embocadura de ancho río, donde zozobró el bote de la *Vizcaína*, y por ello Colón llamó a aquel lugar *el río del Desastre*. El 25 de septiembre, entre la pequeña isla de Quiribí y la Tierra Firme, se presentó excelente puerto, situado al frente de la aldea llamada Cariari, donde algunos indios principales llevaban *guaní* (oro bajo), y donde vió mantas de algodón, puercos y grandes gatos monteses. Este pueblo parecía muy entregado a la hechicería, y sus habitantes hicieron señas a los españoles para que saliesen a la orilla. Luego salieron del río *Guyga* (hoy de Veragua) a la ribera muchos indios armados con sus lanzas y flechas, llevando en sus pechos espejos de oro. Notaron los españoles que aquellos indios estimaban más sus joyas que las nuestras, y que la tierra estaba cubierta de arboledas muy espesas. Del mismo modo, hubieron de observar que ninguna población se hallaba en la costa, sino dos o tres leguas adentro, como también que los indios, para ir desde la mar a sus pueblos, no iban por tierra, sino por los ríos en sus canoas.

El 5 de octubre el Almirante mandó levar anclas, dirigiéndose hacia el Sur. Iba navegando a lo largo de la costa de Mosquitos (hoy Costa Rica, a causa de sus minas de oro y plata). Siguiendo su derrotero, entró en un golfo rodeado de varias islas que formaban pequeños canales, en cuyas orillas se levantaban árboles gigantescos, que entrelazándose sus elevadas copas, formaban arcos. La fresca sombra y el suave aroma de los bosques, recreaban a las tripulaciones. El golfo era la bahía de *Carabaro* (hoy bahía del Almirante). Al bajar a tierra vieron algunos indígenas que iban desnudos y llevaban en el cuello placas de oro. Pasaron después las carabelas a otra bahía grande llamada ahora *Laguna de Chiriqui*. Continuó su camino y habiendo descubierto la embocadura de un río, dirigió allá las embarcaciones. Cuando vieron los indios que los españoles se aproximaban a la playa, se prepararon a oponerse a su desembarco, en tanto que el sonido de los caracoles marinos y de los tambores de madera, que resonaban en los bosques, llamaba a otros al combate. Los indios se dirigieron decididos al encuentro de los españoles, escupían hierbas mascadas en señal de desprecio y entraban en el agua hasta la cintura para arrojar de más cerca los dardos y jabalinas. Ante las señales de paz de los nuestros, los indígenas se calmaron, hasta el punto que hubieron de cambiar 17 espejos de oro por cascabeles. Volvieron los indios a las andadas, esto es, acordaron deshacerse de aquellos importunos visitantes. Comenzaron la lucha disparando algunas flechas, contestando los españoles con un tiro de ballesta y un cañonazo. Tal espanto produjo la detonación entre los indígenas, que huyeron a todo correr, a las espesuras de los bosques. Al poco volvieron algunos y cambiaron con los nuestros tres espejos. Fué preciso continuar el camino, y desde aquella costa se dirigió la escuadrilla hacia el Este. Pasó por delante de *Cobrava* y descubrió cinco aldeas grandes. Llegó después al litoral de *Chagres*. Siguió la costa al Este, y el 2 de noviembre echó el ancla en seguro y cómodo puerto, llamado por Colón *Puerto Bello*. Encontró allí casas espaciosas y tierras perfectamente cultivadas, donde se contemplaban hermosas palmeras y donde las ananas y vainillas embalsamaban el ambiente. Los indios le trajeron algodón elaborado y muchas frutas; el oro, poco. El 9 de noviembre se hizo a la vela para continuar la exploración, siguiendo a lo largo del istmo de Panamá. Continuó su camino; mas sorprendido por terrible borrasca, echó el ancla en unas islas de la costa, donde era tal la abundancia de frutos, raíces y en particular de maíz, que denominó aquel sitio el *Puerto de las Provisiones*. Allí estuvo hasta el 23 de noviembre, saliendo al fin con el objeto de continuar el reconocimiento de la isla. Tres días después, esto es, el 26 de noviembre, encontró un puerto estrecho que denominó *El Retrete* (hoy Puerto Escribanos), dando la vuelta a la tierra que atrás quedaba, noticioso de que las minas de oro se hallaban en Veragua. El 5 de diciembre dejó El Retrete; hizo noche en Puerto Bello; se vió en gran peligro por violentas borrascas, pues "ojos nunca vieron la mar tan alta, fea y hecha espuma.„ El 13 de noviembre una tromba marina *(fronks)* estuvo a punto de sumergir la escuadrilla. A los cuatro días siguientes, o el 17, lograron nuestros barcos entrar en un puerto, y cerca de él había un campamento, cuyas viviendas se hallaban construídas encima de los árboles. El 20 desplegaron sus velas y se lanzaron a la mar; furioso viento les hizo acogerse a una ensenada, dedicándose a reparar las averías de las carabelas. En aquel sitio pasaron el año nuevo. El 3 de enero de 1503 salió la escuadrilla y penetró en un río que el Almirante llamó de *Belén* (los indígenas *Yebra*) distante una legua del conocido con el nombre de Veragua, país de las minas de oro. La distancia de Puerto Bello a Veragua es de unas 30 leguas; pero habiendo tardado en salvarlas cerca de un mes, y no sin bastante trabajo, el Almirante dió a aquella parte de litoral el nombre de *Costa de los Contrastes*. "Durante todo ese mal tiempo—según Herrera—sufrió (Colón) ataques continuos de gota con grandes dolores, y todos los que se hallaban a bordo de las carabelas estaban enfermos, fatigados y sujetos a raras debilidades de temperamento„ (1).

Como el río de Veragua tenía poco fondo, y el de Belén pasaba de cuatro brazas en su entrada, continuó Colón en el citado último río. Aunque las relaciones con los indígenas no eran tan cordiales como hubiera deseado el Almirante, sin embargo, los nuestros pudieron cambiar con ellos algunas fruslerías por veinte espejos de oro. El 12 de enero dispuso el Adelantado remontar con los botes el río de Veragua y llegar hasta la residencia de Quibián, jefe de aquella comarca. En efecto, verificóse la entrevista, que fué amistosa, hasta el punto que el indio

---

(1) *Hist. de los viajes y conquistas de los castellanos en las Indias Occidentales, Década 1.ª, libro V, cap. IX.*

obsequió con alhajas de oro al español. Al día siguiente, el Quibián se presentó en el puerto de Belén, recibiendo cariñosa acogida de parte del Almirante. Luego que los suyos cambiaron espejos de oro por cascabeles, partió bruscamente y sin despedirse de Colón.

El 24 de enero, de repente se desencadenó terrible tempestad en el Océano. Creció mucho el río. Las amarras de los barcos se rompieron, y la *Capitana* fué lanzada con violencia sobre el *Gallego*, ocasionándole graves averías. Del 6 de enero al 14 de febrero, llovió copiosamente. A pesar de la lluvia, el Adelantado, con 75 hombres, penetró en el país y habló a Quibián, por el cual supo dónde se hallaban las minas. Regresó el Adelantado el 16 de febrero, caminando a lo largo de la costa y no perdiendo de vista las embarcaciones. Recorrió una gran parte del litoral, donde obtuvo espejos de oro y provisiones, regresando con bastante cantidad de dicho metal.

Dispuso el Almirante establecer en aquel punto un puerto militar que fuese al mismo tiempo factoría para la trata del oro, en tanto que él marcharía a Castilla en busca de refuerzos. A un kilómetro de la embocadura del río, y con el beneplácito del Quibián, se construyeron algunas casas de madera y un gran almacén para encerrar provisiones de boca y algunos efectos de campamento (armas y artillería). Cuando disponía Colón su retirada, descubrióse terrible conjuración del Quibián. Descubrióla Diego Méndez, quien hubo de encontrar reunidos unos mil guerreros, con muchas provisiones de víveres y brebajes (1). Convencido el Almirante de la traición, dispuso que su hermano, el Adelantado, redujese a prisión al Quibián. Conducido el prisionero a un bote, aprovechando un momento en que el piloto Juan Sánchez se hallaba distraído, se arrojó de un salto al mar y desapareció debajo de las olas. Entretanto, el Adelantado se limitó a ejercitar sus derechos de conquista en la casa del famoso cacique, encontrando en ella —según el notario real Porras— seis grandes espejos, dos coronas, varias placas pequeñas y veintitrés alhajas de oro (2). El total podía valer unos trescientos escudos de oro (3). Mientras se preparaba Colón para dirigirse a la Española, el Quibián, ya fuera de las aguas, y oculto en las apartadas regiones de su tribu, animaba a los suyos para lanzarse a la lucha. El 6 de abril, cuando intentaba el Almirante hacerse a la vela y la gente de barcos iba a despedirse de los españoles del campamento, el Quibián, al frente de "más de cuatrocientos (indios), armados con sus flechas y cachiporras„, atacó el Real. Sufrió terrible castigo de

<hr />

(1) Relación hecha por Diego Méndez de algunos acontecimientos del último viaje.

(2) *Relación del oro que trajo el Adelantado de Veragua, cuando trajo preso al cacique e ciertas piezas de guani.*

(3) P. Charlevoix, *Histoire de Saint Domingue* lib. IV, pág. 244, in-4.

los bravos cristianos. Repitieron el ataque los indios, decididos a conquistar el campamento. Colón no sabía qué camino seguir. Los hombres que había dejado en tierra se hallaban en mucho peligro, y entre ellos, estaba su hermano que sólo podía disponer de pequeña guarnición, diezmada por la muerte y abatida por la desesperación. Las carabelas hacían agua por todas las costuras. El mar continuaba furioso y el cielo inclemente. Las tripulaciones presentían siniestros temores, y él se vió acometido de ardiente fiebre. Perdido el *Gallego*, y abandonado en el río Belén, ante situación tan crítica, el fiel Diego Méndez se multiplicaba, dando ánimos a todos. Colón le felicitó por su comportamiento. "Lo cual el Almirante tuvo a mucho, y no se hartaba de abrazarme y besar en los carrillos por tan gran servicio como allí le hice, y me rogó tomase la capitanía de la nao *Capitana*, y el regimiento de toda la gente y del viaje„ (1).

Hacia últimos de abril pudieron al fin salir "en nombre de la Santísima Trinidad„, las tres carabelas y navegar hacia la Española. Los vientos volvieron a agitar los mares y las naves, unas veces eran empujadas hacia el oriente y otras hacia el poniente. Habiendo andado treinta leguas, se inutilizó la *Vizcaína*, que no hubo más remedio que abandonarla, repartiéndose la tripulación entre la *Capitana* y el *Santiago de Palos*. Continuó el Almirante su derrotero, pasó a la altura del puerto de *El Retrete*, atravesó algunas islas, llegó al Cabo de San Blas y se adelantó diez leguas más al Oeste. El 1.º de mayo, los pilotos le hicieron presente el mal estado de los buques y el 2 de dicho mes estuvo en dos islas que denominó de las *Tortugas* por los muchos animales que vió de este nombre. Azotados los barcos por las furiosas olas y empujados por las corrientes, fueron a parar a las islas situadas al Sur de Cuba, que en otro viaje llamó el Almirante al sitio de arribada *Jardines de la Reina*. Aunque le quedaba poco para llegar a la Española, se encaminó a *Puerto Nuevo* (Jamáica), donde entró el 23 de junio de 1503. Al día siguiente marchó por la costa buscando un asilo más al Este, el cual encontró, y en su primer arranque de admiración le dió el nombre de *Santa Gloria*.

Hallábase rodeado el puerto de Santa Gloria de lugares encantadores, poblados de árboles frutales. Allí mandó encallar las carabelas, de las cuales hizo habitación. En Santa Gloria permaneció doce meses y cinco días, teniendo el sentimiento de que se le rebelasen los hermanos Diego y Francisco Porras. En carta escrita el día 7 de julio de 1503, desde la isla Jamáica, escribe lo que sigue: "Allí se me refrescó del mal

(1) *Relación hecha por Diego Méndez de algunos acontecimientos del último viaje del Almirante D. Cristóbal Colón.*

la llaga; nueve días anduve perdido sin esperanza de vida: ojos nunca vieron la mar tan alta, fea y hecha espuma. El viento no era para ir adelante, ni daba lugar para correr hacia algún cabo. Allí me detenía en aquella mar fecha sangre, herviendo como caldera por gran fuego. El cielo jamás fué visto tan espantoso; un día con la noche ardió como forno; y así echaba la llama con los rayos que todos creíamos que me habían de fundir los navíos. En todo este tiempo jamás cesó agua del cielo, y no para decir que llovía, salvo que resegundaba otro diluvio. La gente estaba ya tan molida, que deseaban la muerte para salir de tantos martirios. Los navíos estaban sin anclas, abiertos y sin velas„ (1).

Más adelante escribe: "Yo estoy tan perdido como dije: yo he llorado fasta aquí a otros: haya misericordia agora el Cielo, y llore por mí la tierra. En el temporal no tengo solamente una blanca para el oferta: en el espiritual he parado aquí en las Indias de la forma que está dicho: aislado en esta pena, enfermo, aguardando cada día por la muerte, y cercado de un cuento de salvajes y llenos de crueldad y enemigos nuestros, y tan apartado de los Santos Sacramentos de la Santa Iglesia, que se olvidará desta ánima si se aparta acá del cuerpo. Llore por mí quien tiene caridad, verdad y justicia. Yo no vine este viaje á navegar por ganar honra ni hacienda: esto es cierto, porque estaba ya la esperanza de todo en ella muerta. Yo vine á V. E. con sana intencion y buen celo, y no miento. Suplico humildemente á V. E. que si á Dios place de me sacar de aquí, que haya por bien mi ida á Roma y otras romerías„ (2).

En aquella olvidada isla hubiera encontrado obscura muerte el ilustre navegante, si el leal y bueno Diego Méndez no se ofreciera a pasar en una canoa india a la Isla Española en demanda de auxilio. A Méndez le acompañaba en tan arriesgada empresa el italiano Bartolomé Fieschi (3). Después de algunos días de luchar con las tempestades y borrascas, llegó Méndez al puerto de Azna, donde supo que el gobernador general Ovando estaba en Xaragua, cincuenta leguas tierra adentro, ocupado en exterminar a sus habitantes. El comendador de Lares oyó el relato y ofreció tratar de ello. Cuantas veces insistió Méndez, otras tantas se le contestó con evasivas y dilaciones. Y así pasaron ocho

(1) Navarrete, Ob. cit., tom. I, pág. 301.

(2) Ibidem, pag. 312.

(3) Reunidos el Almirante y los oficiales, Méndez dijo: «Señor, tengo una vida no más, yo la quiero aventurar por servicio de vuestra Señoría y por el bien de todos los que aquí están, porque tengo esperanza en Nuestro Señor, que vista la intención con que yo lo hago me librará, como otras muchas veces lo ha hecho.» Contestó Colón lo siguiente: «Bien sabía yo que no había aquí ninguno que osase tomar esta empresa sino vos.» Relación hecha por Diego Méndez de algunos acontecimientos del último viaje del Almirante D. Cristóbal Colón.

meses hasta que, habiendo perdido toda esperanza, se decidió a fletar una carabela y enviarla en ayuda del Almirante.

Entonces Ovando, para convencerse de si era cierta la narración de Méndez, mandó á Jamáica un carabelón mandado por Diego Escobar, uno de los que se habían sublevado contra el Almirante. Llegó Escobar a cierta distancia del sitio donde estaban los infelices viajeros, se aproximó en una barca, les dijo que el Gobernador se compadecía de ellos, y habiéndoles entregado por todo socorro una barrica y un tocino, volvió al galeón, el cual se hizo a la vela para Santo Domingo. Aunque dijo Escobar al Gobernador que todo lo dicho por Méndez era verdad, todavía pasó un mes sin decidirse, lo cual prueba la pasividad de Ovando.

Diego Méndez, cansado de esperar y arrostrando todas las consecuencias, hizo público en Santo Domingo el peligro en que se hallaba el descubridor del Nuevo Mundo y el abandono en que se le tenía. Amigos y enemigos, todos a una, se pronunciaron en favor de Colón y en contra de Ovando. Cuando, merced a los sacrificios de los amigos de Colón, pudo Méndez fletar un buque (28 junio 1504) para dirigirse a Jamáica, entonces, y sólo entonces, tal vez temiendo quejas y murmuraciones de la opinión pública, se decidió a mandar otro en auxilio del Almirante. Embarcado el descubridor del Nuevo Mundo, llegó (13 de agosto) al puerto de Santo Domingo, teniendo de parte de Ovando un recibimiento poco cariñoso y aun rayano a la frialdad. Había recorrido, desde el río Belén a la Isla Española, unas 225 leguas. Si alguno de nuestros lectores dudase—y no nos extrañaría su duda—de la fidelidad del relato, le recomendaremos que lea al P. Las Casas, que estaba a la sazón en Santo Domingo; a Fernando Colón, que acompañó a su padre en el cuarto viaje, y a Diego Méndez, que tomó parte principal en dichos sucesos.

Háse dicho por el Sr. Fernández Duro que Ovando demoró su ayuda al Almirante por el temor que abrigaba de que, llegando en aquellos momentos, pudieran reproducirse las no extinguidas banderías. Deseaba—añade el distinguido historiador—recibirle "con toda consideración, con todo el respeto y agasajo que se le debían„ (1). A esto contesta—y hacemos nuestras sus palabras—el Sr. Ruiz Martínez lo siguiente: "Quizás sea ésta, en efecto—a falta de otra mejor—la razón que diera Ovando para explicar su tardanza. Pero si tal recelo, que en el estado que ya se hallaba la isla era infundado, pasó realmente por su imaginación, ¿no le imponía el más rudimentario deber de humanidad, ya que no de patriotismo, la obligación de enviarles un buque para

(1) *Conferencia leída en el Ateneo de Madrid el 11 de enero de 1892*, pág. 17.

que hubiesen marchado directamente a España, sin tocar en Santo Domingo? Y si esto le parecía demasiada generosidad, ¿no estaba obligado, no ya tratándose de Colón, no ya tratándose de españoles, sino de unos náufragos, cualquiera que fuese su país y nacionalidad, a ponerse en frecuente correspondencia con ellos y enviarles las ropas, víveres y demás cosas indispensables para que no pereciesen de hambre o a manos de los indios? ¿Qué sublevaciones podía intentar Colón, agobiado por los años, rendido por las fatigas, enfermo de la gota y con su tripulación hambrienta, desmayada y medio desnuda? ¿Qué alborotos sobrevinieron cuando después llegó a la isla, permaneciendo en ella un mes? Y, sobre todo, ¿puede justificar la simple sospecha de que podía producirse un escándalo en Santo Domingo, aquel abandono en que se dejó al Almirante? ¿Qué mayor escándalo para el mundo todo, y qué ignominia mayor para la patria entera, que la noticia de haber perecido el descubridor del Nuevo Mundo, casi a la vista de los españoles, sin que se le tendiera una mano compasiva, por temor a una alteración del orden público? ¡Afortunadamente Dios, que sin duda velaba por la vida de Colón, libró a nuestra patria de semejante vergüenza! (1).

El 12 de septiembre se hizo Colón a la vela desde Santo Domingo para España. Sufrió privaciones sin cuento y fué juguete de las olas en las inmensidades del Océano, arribando en el más deplorable estado al puerto de Sanlúcar de Barrameda el 7 de noviembre de 1504.

Séanos permitido exclamar: ¡Qué ingratitud tan grande! Nada prueba la afectuosa carta que Colón escribió a Ovando de la isla *Beata*, anunciándole su llegada de Jamáica, y decimos que nada prueba porque en aquellos momentos aún podía el Gobernador perjudicar al Almirante. Tan cierto es lo que decimos, que cuando llegó a España manifestó cómo el Gobernador deseaba su perdición, pues mandó a Diego Escobar sólo por saber si ya era muerto. Si tales afirmaciones pecan de atrevidas, no será atrevimiento por nuestra parte decir que Ovando no perdonó medio para molestar al Almirante. Si anduvo solícito para poner en libertad y perdonar a los hermanos Porras, a los marineros y grumetes, todos del puerto de Sevilla o de las cercanías, que se habían sublevado en Jamáica contra el Almirante (2), manifestóse rehacio un día y otro día para devolver los bienes que a los Colones les fueran tomados por Bobadilla.

En tanto que se desarrollaban tales sucesos, la reina Isabel, cuyo fervor religioso nadie podría poner en duda, escribió a Nicolás de Ovan-

---

(1)　*Conferencia dada en el Ateneo de Madrid el 8 de mayo de 1892*, págs. 19 y 20.

(2)　Se apoderaron de los botes que Colón había comprado a los indios y en ellos partieron para la Española; pero renunciaron a su intento, y abandonando dichos botes, se dedicaron a recorrer como bandidos la isla.

do una carta, fechada en la ciudad de Segovia el 20 de diciembre de 1503, diciéndole, entre otros cosas de importancia, "que compeliese y apremiase a los indios a reunirse con los cristianos para que se convirtieran al catolicismo y les auxiliasen en los trabajos de población y cultivo de la Española., Influyesen o no en el ánimo del comendador de Lares lo escrito por Doña Isabel, probado se halla que desde entonces se establecieron de un modo permanente los repartimientos de indios. Lo cierto es que Cristóbal Colón inició el abuso, Bobadilla le dió más desarrollo, y en tiempo de Ovando llegó a su apogeo. Lejos de nosotros pensar que las palabras citadas de la reina Isabel fueron la causa de los repartimientos. Suyas son las siguientes palabras, que también se hallan en la misma carta: "Pagándoles (a los indios) el jornal que por vos fuese tasado, lo cual hagan e cumplan como personas libres, como lo son y no como siervos: e faced que sean bien tratados los dichos indios e los que de ellos fueren cristianos mejor que los otros, e non consintades ni dedes lugar que ninguna persona les haga mal ni daño, ni otro desaguisado alguno, e los unos ni los otros no fagades ni fagan ende al, por alguna manera. so pena de la mi merced, y de 10.000 maravedís para la mi Cámara.,

Sea de ello lo que quiera, no puede negarse que cada vez fueron mayores los repartimientos de indígenas. "Los premios y los castigos—escribe el Sr. Ruiz Martínez consistían en dar más o menos indios; los servicios y las influencias se pagaban con lucidos repartimientos, y llegó a tal extremo el abuso, que algún tiempo después, muerta ya la reina Isabel, se concedían a señores de España dotaciones de centenares de indios para que los explotasen allá sus criados y servidores, y que ellos, sin moverse de Castilla, recibiesen aquí los pingües rendimientos, (1). Política tan torpe ocasionó casi la despoblación de muchas y dilatadas comarcas. Bastará decir que de unos tres millones de indios que había en la Española a la llegada de Colón, quedaban 60.000 en los últimos tiempos de Ovando. Como los indígenas se acababan en la Española y la avaricia de los españoles iba en aumento, el comendador de Lares, con el consentimiento de D. Fernando el Católico, hubo de transportar a la Española los indios que habitaban las islas Lucayas. Por el engaño primero, y por la fuerza luego, los españoles se apoderaban de los indios, y embarcándolos, los conducían al mercado, donde eran vendidos, cuando la mercancía era más abundante, al precio de cuatro pesos. En poco tiempo las islas Lucayas quedaron casi desiertas y los indios que quedaron en ellas fueron sometidos a la dura condición que los de la Española.

(1) Conferencia pronunciada en el Ateneo de Madrid el 8 de Mayo de 1892, pág. 21.

De los malos tratos que recibía hubo de protestar por última vez la raza indígena. Los indios del Higuey prefirieron la muerte a la esclavitud. Juan de Esquivel, por orden de Ovando, al frente de 400 hombres, los venció sin ningún esfuerzo. Los que no murieron en la lucha, fueron ahorcados o quemados. El cacique Cotubanamá que se refugió en la isleta Saona con su familia, fué preso y conducido a Santo Domingo, pagando en la horca su amor a la independencia.

En otro orden de cosas no seríamos justos si negásemos nuestros aplausos al gobernador Ovando. Gobernó con bastante prudencia y puso en orden la administración; edificó y reedificó — como dijimos en este mismo capítulo — poblaciones: organizó el laboreo de las minas y estableció cuatro fábricas para acuñar moneda. Mandó a Sebastián de Campo (1508) a reconocer la isla de Cuba para saber si era o no tierra firme, lo cual aún se ignoraba, sin embargo de la indicación que había hecho en su famosa carta Juan de la Cosa; y envió a Juan de Esquivel a la isla de Boriquen (hoy Puerto Rico), para que la reconociese. Por último, arrojó de la isla a la gente maleante y dictó órdenes para dar forma legal a los amancebamientos de españoles con indias. Si cometió desaciertos y errores, censurémosle; pero tengamos presente las creencias y costumbres de su tiempo. En otro lugar y en distinta época, tal vez hubiese sido excelente gobernador.

D. Diego Colón, nombrado gobernador y capitán general de las Indias, en virtud de las estipulaciones hechas por los Reyes Católicos con su padre el Almirante, llegó a Santo Domingo (julio de 1509). Comenzó residenciando a Ovando; pero el antiguo gobernador abandonó la Isla Española en septiembre del dicho año y llegó a Castilla, muriendo el 29 de mayo de 1511.

¿Por qué Colón y sus hermanos fueron tan poco queridos en Santo Domingo? Repetiremos aquí lo que ya hemos indicado varias veces: los Colones, por su nacionalidad italiana y por su carácter grave y demasiado formal, opuesto al de los andaluces, que eran muchos en la Isla Española, gozaban de pocas simpatías. Sobre el particular — y aunque no estamos del todo conformes — veamos lo que dice Cánovas del Castillo: "Mas nada de esto quita que saliesen Colón y sus hermanos de nuestra primera colonia transatlántica malqueridos de todos; ¿y cuál pudo, en suma, ser la causa sino la que yo pienso, es a saber: el poco tacto, la violencia y falta de dotes de mando que demostraron? ¿Sería sólo su calidad de extranjeros? Para soberanos les venía esto mal, sin duda, y ya lo he dicho; pero después de todo, ¿qué nación ha habido en el Universo que con menos dificultad que la española se haya dejado regir por gente nacida en extrañas tierras?„ Los marqueses de Pescara y del Vasto, hijos de Nápoles, aunque de antiguo origen español: el condestable de Borbón, francés; Filiberto de Saboya, Alejandro Farnesio, Castaldo, Chapín Vitelli, Ambrosio de Espínola, Torrecusa, ¿no eran tan extranjeros como los Colones? Pues fueron todos amadísimos de la ruda, tal vez feroz, y asimismo rapaz y viciosa gente, aunque no peor que la de los otros países, sino propia de los tiempos, que a sus órdenes ejecutó tantas hazañas inmortales. Ninguno de los nombrados llegaba al mérito de Colón en cien leguas; pero así y todo, ¿no parece claro que hubieron de estar mejor organizados y preparados que él para el especial oficio del mando (1)?

Cosas muy distintas fueron las ocupaciones de los capitanes antes citados y la de Cristóbal Colón. El marqués de Pescara, Alejandro Farnesio, Ambrosio de Espínola y demás generales, peleaban al lado de otros jefes españoles y bajo las órdenes de nuestros monarcas; Colón, por sus grandes merecimientos, por la fortuna, que siempre le fué propicia, por su indudable superioridad, y tal vez por su legítimo orgullo, hubo de colocarse a tanta altura, que los pequeños se sentían humillados, los grandes le envidiaban y los mismos reyes se mostraban recelosos de un extranjero e importuno pretendiente hacía poco tiempo y que a la sazón estaba colocado en un trono de gloria. Cierto es, que el mando del Almirante en Santo Domingo fué poco feliz, influyendo en ello su carácter altanero y receloso; pero, como dice el Sr. Cánovas —y en esto estamos conformes con el ilustre historiador— "fué bastante extraordinario aquel hombre, y su memoria es sobrado gloriosa, para que ninguna flaqueza humana, cuanto más las que se le atribuyen, pudiera privarle del inmenso e indestructible pedestal sobre que su figura histórica descansa„ (2).

---

(1) *Conferencia pronunciada en el Ateneo de Madrid el 11 de febrero de 1891*, pág. 27
(2) Ibídem, pág. 35.

CAPÍTULO XXIV

Ultimos días de Colón.—Colón en Sanlúcar y en Sevilla.—
Sus padecimientos físicos y morales.—Conducta del rey
Católico con Colón.—Preséntase Colón a D. Fernando en
Segovia.—Carta del Almirante a D.ª Juana y a Felipe el
Hermoso.—Colón en Valladolid.—Testamento del Almirante.—Su muerte.—Celebración de sus exequias.—Sus
restos en el convento de San Francisco.—Juicio que de
Colón formaron sus contemporáneos.—Firma de Colón.—
Casa donde murió Colón.—Traslación de sus restos a la
Cartuja de Santa María de las Cuevas en Sevilla, luego a
la Catedral de Santo Domingo y después a Cuba. Hállanse
en la Catedral de Sevilla.—Religiosidad de Colón.—Su
carácter, según Herrera.—Opinión de los Reyes Católicos.—Opinión de Bolivar.—Colón, según algunos escritores de nuestros días.

El descubridor del Nuevo Mundo, enfermo y pobre, se dirigió desde
Sanlúcar de Barrameda a Sevilla. En esta última ciudad, con fecha 21
de abril de 1504, escribió a su hijo Diego, y, entre otras cosas, le decía
lo siguiente: "yo he servido á sus Altezas con tanta diligencia y amor
y más que por ganar el paraíso; y si en algo ha habido falta, habrá sido
por el imposible ó por no alcanzar mi saber y fuerzas más adelante."
Intentó presentarse en la corte, impidiéndoselo la enfermedad que le
aquejaba. "Porque este mi mal es tan malo—decía a su hijo en carta
fechada el 1.º de diciembre—y el frío tanto conforme á me lo favorecer, que non podía errar de quedar en alguna venta." Como sus padecimientos no le permitiesen salir de Sevilla, envió a la corte a su hermano Bartolomé y a su hijo natural Fernando, "niño en días, pero no ansí
en el entendimiento," para que en unión de su otro hijo Diego, que residía al lado del Rey, influyesen con Don Fernando, a fin de que le cumpliesen todo lo estipulado. El Rey, ocupado en otros asuntos, no aten-
dió las reclamaciones del Almirante.

Llegada la primavera del año 1505, pudo trasladarse en una mula
a Segovia, siendo recibido por el Rey con semblante alegre y buenas
palabras; eran estas palabras sólo dilaciones para no cumplir lo pacta-

do. Diego Colón dirigió al Rey otro memorial pidiendo lo mismo que su padre, obteniendo también la misma contestación. "Cuantas más peticiones daban al Rey—escribe Herrera—tanto mejor respondía y se lo dilataba; y, entre estas dilaciones, quiso el Rey que le tentasen de concierto, para que hiciese renunciación de los privilegios, y que por Castilla le harían la recompensa, y se le apuntó que le darían a Carrión de los Condes y sobre ello cierto Estado. de lo cual recibió el Almirante gran descontento, pareciéndole que era señal de no cumplirle lo que tantas veces con la Reina le habían prometido; y por esta causa, desde la cama, adonde estaba muy enfermo, con una carta se quejó al Arzobispo de Sevilla, remitiéndolo todo al Divino Juicio„ (1).

Ignoramos las asistencias que percibió Colón en todo aquel año y primeros meses del siguiente; sabemos, sí, que a sus hijos y a su hermano se les libraban importantes cantidades. a aquéllos por resto de lo devengado en sus viajes a Indias, al otro como contino de la Real Casa.

No esperando que Don Fernando le hiciese justicia, se dirigió a Doña Juana y a Don Felipe, que de Flandes acababan de llegar a España. Así decía la carta: "Por ende humildemente suplico á VV. AA. que me cuenten en la cuenta de su leal vasallo y servidor, y tengan por cierto que bien que esta enfermedad me trabaja así agora sin piedad, que yo les puedo aun servir de servicio que no se haya visto su igual. Estos revesados tiempos y otras angustias en que yo he sido puesto contra tanta razon me han llevado á gran extremo. A esta causa no he podido ir á VV. AA. ni mi hijo. Muy humildemente les suplico que reciban la intencion y voluntad, como de quien espera de ser vuelto en mi honra y estado como mis escrituras lo prometen. La Santa Trinidad guarde y acresciente el muy alto y real estado de Vuestras Altezas„ (2).

Dirigióse a Valladolid, a la generosa ciudad del conde D. Pedro Ansúrez. (Apéndice S). La última voluntad de Cristóbal Colón, "documento escrito de su propio puño, fechado el 1.º de abril de 1502„ y depositado en la celda del Reverendo Padre Gaspar Gorricio, de la Cartuja de las Grutas, antes de la partida del Almirante a su cuarto viaje, fué confirmado en todas sus partes después de su vuelta, conforme lo declaró él mismo, reproduciéndole el dia 25 de agosto de 1505. Tiempo adelante, cuando conoció que llegaba su última hora, quiso darle forma y que interviniese el correspondiente escribano y notario público, según puede verse a continuación. Dice de la siguiente manera:

"En la noble villa de Valladolid, á 19 dias del mes de mayo, año

(1) *Década* 1.ª, lib. VI, cap. XIV.
(2) Navarrete, *Colección de viajes*. tomo III, pág. 530.

del nacimiento de Nuestro Salvador Jesucristo de mil e quinientos e seis años, por ante mí Pedro de Hinojedo, escribano de cámara de sus Altezas y escribano de Provincia en la su Corte e Chancillería, e su escribano y notario público en todos los sus Reinos y Señoríos, é de los testigos de yuso escritos: el Sr. D. Cristóbal Colon, Almirante é Visorrey é Gobernador general de las islas é tierra firme de las Indias descubiertas é por descubrir que dijo que era, etc. Son testigos el bachiller Andrés Mirueña y Gaspar de la Misericordia, vecinos de Valladolid, y Bartolomé de Fresco, Alvaro Perez, Juan de Espinosa, Andrés y Hernando de Vargas, Francisco Manuel y Fernan Martinez, criados de dicho señor Almirante„ (1).

Muy significativo es el párrafo siguiente: "El Rey y la Reina, nuestros señores, cuando yo les serví con las Indias; digo serví, que parece que yo, por voluntad de Dios, se las dí, como cosa que era mía... é para las ir á descubrir allende poner el aviso y mi persona, Sus Altezas no gastaron ni quisieron gastar para ello, salvo un cuento de maravedís, é á mí fué necesario de gastar el resto: así plugó á Sus Altezas que yo hubiere en mi parte de las dichas Indias, islas é tierra firme que son al Poniente de una raya que mandaron marcar sobre las islas de las Azores, y aquellas del Cabo Verde, cien leguas, la cual pasa de polo á polo; que yo hubiese en mi parte el tercio y el ochavo de todo, é además el diezmo de lo que está en ellas, como más largo se amuestra por los dichos mis privilegios é cartas de merced.„ (Apéndice T.)

Instituyó Colón dos mayorazgos: uno para Don Diego, hijo legítimo; y otro para Don Fernando, hijo natural. En ambos excluye a las hembras, las cuales únicamente podrán disfrutarlos en el caso de la completa falta de herederos varones. Sobre este particular, el académico D. Luis Vidart, hace la siguiente observación: "No pesó en el ánimo del Almirante la gratitud a su protectora la Reina Doña Isabel de Castilla, para inclinarle a respetar el mejor derecho de las hijas sobre los sobrinos, en la herencia de los bienes, sean o no amayorazgados„ (2). Ordenó Colón a su hijo D. Diego que fundara una capilla y que en ella hubiese "tres capellanes que digan cada día tres misas, una á la honra de la Santísima Trinidad, é la otra á la Concepción de Nuestra Señora, é la otra por el ánima de todos los fieles difuntos, é por mi ánima é de mi padre é madre é mujer.„ La cláusula respecto a

---

(1) En los comienzos del siglo XVI y bastante tiempo después, la palabra *criado* no significaba lo que al presente, sino a todos los que prestaban algún servicio en las casas de ¡los magnates, como el de secretarios, administradores u otros semejantes. Seguramente que a estos últimos se referían los criados del señor Almirante.

(2) *Colón o la ingratitud de España.* Conferencia leída el 21 de enero de 1892 en el Ateneo de Madrid, pág. 26.

la madre de Don Fernando Colón, dice lo siguiente: "E le mando (á Don Diego) que haya encomendada á Beatriz Enriquez, madre de Don Fernando, mi hijo, que la provea que pueda vivir honestamente, como persona á quien yo soy en tanto cargo. Y esto se haga por mi descargo de la conciencia, porque esto pesa mucho para mi ánima. La razon dello non es lícito de la escribir aquí.„ A continuación del testamento se halla una memoria escrita de mano del Almirante, en que dispone se diese: "á los herederos de Jerónimo del Puerto, veinte ducados: á Antonio Vaso, dos mil quinientos reales, de Portugal; á un judío que moraba á la puerta de la Judería de Lisboa, el valor de medio marco de plata; á los herederos de Luis Centurion Escoto, treinta mil reales, de Portugal; á esos mismos herederos y á los de Paulo de Negro, cien ducados, y á Bautista Espíndola ó á sus herederos, si es muerto, veinte ducados.„ (Apéndice U).

Escribe Don Fernando Colón, que cuando el Rey Católico salió de la ciudad de Valladolid a recibir a Felipe I *el Hermoso*, que venía a reinar en España, su padre, "el Almirante quedó muy agravado de gota y otras enfermedades, que no era la menor el verse decaido de su posesion, y en estas congojas dió el alma a Dios el dia de su Ascension (1) a 20 de mayo de 1506, en la referida villa de Valladolid, habiendo recibido antes todos los Sacramentos de la Iglesia. Fueron sus últimas palabras: *In manus tuas, Domine, commendo spiritum meum.* Las exequias se celebraron en Santa María la Antigua (2).

Los restos del Almirante se depositaron—según algunos cronistas— en el convento de San Francisco. El Dr. D. Lorenzo Galíndez de Carvajal (n. en Plasencia el 1472 y m. en Burgos el 1532), en sus *Adiciones genealógicas a los Claros varones de Castilla*, de Fernán Pérez de Guzmán, escribe lo siguiente: "D. Cristóbal Colón, primer Almirante de las Indias, el cual primero las descubrió y halló en el año de mil cuatrocientos noventa y dos, y murió en Valladolid en el mes de mayo de mil quinientos seis, y allí se sepultó en el Monasterio de San Francisco en la capilla de Inés de Lacerda, para se llevar a la iglesia mayor de Sevilla, donde mandó hacer su capilla„ (3). En esta o en otras fuentes bebieron Washington Irving y Prescott, aquél en su obra ya citada, y éste en su *Historia de los Reyes Católicos D. Fernando y Doña Isabel*, cuando dicen que "los restos de Colón se depositaron primeramente en el convento de San Francisco de Valladolid„ (4).

(1) No fué el dia de la Ascensión, porque en aquel año cayó el 21.
(2) Véase Washington Irving, *Vida y viajes de Colón*.
(3) *Colección de documentos inéditos*, etc., t. XVIII, p. 467. Adición al cap. VI del Almirante D. Alonso Enriquez.
(4) Tomo VII, p. 126. Madrid, 1818. Tr.

Ni dentro, ni fuera de España se hizo apenas caso de la muerte de Colón. La atención pública en España se hallaba distraida por la llegada de la princesa Juana y de su marido el archiduque Felipe de Austria, llamado el *Hermoso*, quienes iban a tomar posesión del reino de Castilla. A grandes y pequeños les interesaba saber si eran o no eran ciertas las discordias conyugales entre los dos príncipes, y si eran o no eran ciertos los disgustos y rencores entre el yerno y el suegro. A todos preocupaban las divisiones palaciegas; a ninguno el fallecimiento del hombre que había dado a España la mitad del globo. Europa tenía fijos sus ojos en el renacimiento, ya literario, ya artístico, y en las famosas guerras de Italia. Sucedíanse los descubrimientos y los inventos. ¿Quién había de acordarse de Colón, cuando sucesos de tanta importancia preocupaban a todas las naciones?

¿Qué juicio habían formado los contemporáneos de Colón? Pedro Mártir de Anglería, historiógrafo real, que por el año 1506 se hallaba cerca de la hermosa ciudad del Pisuerga, no dice una palabra ni de la enfermedad ni de la muerte de Colón; y entre las muchas cartas curiosas de aquellos tiempos, publicadas en la *Biblioteca de autores españoles* (1), no hay tampoco dato alguno sobre el particular; los redactores del *Cronicón de Valladolid* (2), que dan noticia de las cosas más insignificantes de la ciudad, no creyeron que la muerte del insigne genovés merecía la pena de escribir unas cuantas líneas; el historiador valisoletano Antolínez de Burgos, que nació en el último tercio del siglo XVI y murió a mediados del XVII, se contentó con decir que acabó el Almirante sus días en Valladolid en mayo de 1506, y D. Manuel Canesi, hijo de una de las familias principales de dicha población, en su *Historia de Valladolid*, en seis tomos (3) escribe que murió el "año 1506, a 26 de mayo (algunos dicen a 6)". Ignoraba, pues, Canesi, que Cristóbal Colón falleció el 20 del citado mayo.

Otra prueba del poco interés que excitó la muerte del Almirante, se encuentra en la obra alemana intitulada *Países ignotos*, que terminó Ruchhamer el 20 de septiembre de 1508, pues en ella se refiere que Colón y su hermano Bartolomé vivían todavía en la corte de España.

De modo que no pocos historiadores contemporáneos y muchos de

---

(1) Tomos XIII y LXII.

(2) Comienza en el año 1333 y termina en el 1539.

(3) Esta obra, aún inédita, al ocurrir la muerte de D. Manuel en el año de 1750, se vendió por sus herederos a los Sres. Estradas, de éstos pasó a poder de D. Diego Sierra, vecino de Palencia, viniendo a parar a un puesto de libros viejos en Madrid, donde la compró D. Fidel de Sagarminaga, de Bilbao. A la muerte de D. Fidel de Sagarminaga, dicha obra, con la rica librería de dicho señor, se donó a la Diputación de Vizcaya. El título es el siguiente: *Historia Secular y Eclesiástica de la muy antigua, augusta, coronada, muy ilustre, muy noble, rica y muy leal ciudad de Valladolid, dedicada a los Señores Justicia y Regimiento, compuesta por D. Manuel Canesi Acebedo, natural de ella y criado de su excelso Ayuntamiento.*

los que después, hijos de Valladolid, escribieron sucesos de ciudad tan noble, apenas dedican unas pocas palabras de dudosa veracidad o no citan la muerte del hijo de Génova. Por el contrario, Galíndez de Carvajal en aquellos días, al tener noticia del fallecimiento de Colón, expresaba: "Podrá la inscripción que se le ha puesto borrarse de la piedra; pero no de la memoria de los hombres.„ Estanques, cronista de Felipe el *Hermoso*, decía: "El descubrimiento de las Indias por D. Cristóbal Colón fué la cosa más señalada que antes de sus tiempos aconteció en el mundo..., el cual, si se hiciera en el de los griegos y romanos, cierto es que lo ensalzaran y ponderaran en muchos volúmenes e historias, como la grandeza del caso merecía.„ Oviedo escribía a Carlos I lo que sigue: "Porque aunque todo lo escripto y por escribir en la tierra perezca, en el cielo se perpetuará tan famosa historia, donde todo lo bueno quiere Dios que sea remunerado y permanezca para su alabanza y gloria de tan famoso varón. Los antiguos le hubieran erigido estatua de oro, sin darse por ello exentos de gratitud.„ Pinel y Monroy expone dicho particular en estos términos: "Fué, sin duda, la dificultosa empresa de D. Cristóbal la de mayor admiración que pudo caber en ánimo mortal, y que jamás imaginó ni concibió la esperanza de los siglos; y pudo con razón decirse que después de la creación del mundo y la redención del género humano, no resaltará en las letras sagradas ni profanas otra obra de mayor grandeza.„

En la ciudad de Roma, Huberto Foglieta, historiador de las grandezas de la Liguria, manifestó su indignación contra *el vergonzoso silencio e increíble ceguedad de su patria* (Génova), que decretaba estatuas a ciudadanos de escaso mérito y no erigía ninguna al único de sus hijos cuya gloria no tenía igual (1). La república de Génova, participando de la general indiferencia, no pensó, hasta el año 1577 "en consagrarle un trozo de aquel mármol de que tan pródigos son sus palacios„ (2).

Ofrece cierta curiosidad la firma del Almirante, la cual es como sigue:

.S.

.S. A .S.

X M Y

Xpo FERENS

El significado es el siguiente: *Serrus, Supplex Altissimi Salvatoris. Jesús, María, Joseph. Christo Ferens.* Traducido al romance, será: *Siervo humilde del Altísimo Salvador. Jesús, María, José. El que lleva a*

---

(1) *Clarorum ligurum elogia*, pág. XXXVI.—Roma, 1577.

(2) Roselly de Lorgues, *Hist. de Colón*, Introd. de Fr. R. B., tom. I, pág. 16.

Cristo (esto es, *Christophorus*, Cristóbal). En la firma, como en otras cosas, se ve con toda claridad la influencia de la religión cristiana sobre el alma creyente de Colón. Dice el P. Las Casas en su obra (lib. I, cap. 102) lo siguiente: "Siendo el Almirante muy devoto de San Francisco, prefirió también el color gris parduzco del hábito de su Orden; y le vimos en Sevilla llevar un traje que era poco menos que idéntico al hábito de los frailes franciscanos." Del mismo Almirante son las palabras que a continuación copiamos: "Para la realización del viaje a la India de nada me han servido los razonamientos, ni las matemáticas, ni los mapamundis. Se cumplió sencillamente lo que predijo el profeta Isaías" (1).

Consideremos ahora dos asuntos de relativa importancia: la casa en que murió Cristóbal Colón y el lugar donde han descansado los restos del Almirante (2).

¿En qué casa murió el insigne descubridor del Nuevo Mundo? Don Matías Sangrador fué el primero que escribió: "Colón murió en la casa número 2 (3) de la calle Ancha de la Magdalena, que siempre han poseído como de mayorazgo los que llevan este ilustre apellido" (4). A pesar de la afirmación tan terminante del laborioso escritor valisoletano, cuando, en el año 1865, se quiso tributar un testimonio de respeto á la memoria de Colón, los resultados no correspondieron a las investigaciones que se realizaron, según se muestra por el documento que copiamos:

"*Antecedentes relativos a la casa que en la calle de la Magdalena de la ciudad de Valladolid posee el Sr. D. Diego Colón.*

Los Sres. Licenciados D. Hernando Arias de Rivadeneira y don Francisco de Rivadeneira, arcediano de Palencia, por escritura que otorgaron con fecha en la ciudad de Valladolid y diciembre de 1551 a testimonio del escribano de S. M. D. Diego Alonso Terán, y en virtud de Real facultad, fundaron un mayorazgo titulado de Rivadeinera, con los bienes que compraron a Juan de Segovia y a Juana Rodríguez, su mujer, agregando a él la casa principal de su morada que tenían en la ciudad de Valladolid a la calle que decían de la Magdalena, lindante por un lado con corrales de la casa de Diego de Palacios Mudarra (hoy herederos del Sr. D. José Arellano); por otro, con casas del fundador

---

(1) Véase Navarrete, II, 229 y siguientes.
(2) Sobre el particular publicamos un artículo en la *Revista de España*, núm. 566, correspondiente al 30 de Octubre de 1892, que después se reprodujo en la *Revista Contemporánea*, número 628, del 15 de agosto de 1902, y ahora lo trasladamos en parte a este lugar.
(3) Hoy núm. 7.
(4) *Hist. de Valladolid*, t. I, pag. 309.

D. Hernando, y por delante con la calle pública, cuyo mayorazgo lo instituyeron en cabeza del hijo de D. Hernando, D. Diego de Rivadeneira y sus sucesores.

La Sra. D.ª Josefa de Sierra Sarria Salcedo y Rivadeneira, sucesora del referido Sr. D. Diego Rivadeneira, poseedora del mayorazgo de este título y abuela del Sr. D. Diego Colón, casó en 13 de marzo de 1780 con el Ilmo. Sr. D. José Joaquín Colón de Toledo y Larreategui, descendiente del descubridor del Nuevo Mundo, D. Cristóbal Colón.

Por lo expuesto se demuestra que la casa sita en la calle de la Magdalena de la ciudad de Valladolid no perteneció al Almirante D. Cristóbal Colón ni a sus sucesores, hasta que, por el matrimonio del ilustrísimo Sr. D. José Joaquín Colón de Toledo con la Sra. D.ª Josefa de Sierra y Sarria, recayó en la familia de Colón como poseedora del mayorazgo de Rivadeneira.

Muy bien pudo suceder que el Almirante D. Cristóbal Colón, por relaciones que le uniesen con la Sra. D.ª María de Rivadeneira o con D. Diego Hernández de Segovia, padres del D. Hernando Arias de Rivadeneira, o por otra cualquiera causa, habitase la calle de la Magdalena cuando en 1506 estuvo en Valladolid; pero en el archivo del señor D. Diego Santiago Colón de Toledo no existe ningún antecedente legal que justifique que la relacionada casa fuese habitada por tan ilustre señor.

Cuanto queda relacionado es lo único que puede decirse relativo a la procedencia de la casa de la calle de la Magdalena, y a lo que resulta del archivo del Sr. Colón de Toledo sobre la posibilidad de que fuese habitada por el Almirante D. Cristóbal Colón.—Madrid 28 de septiembre de 1865.—P. O., *Cipriano Sáenz.* (1).

Sin embargo, la comisión de Valladolid, tenaz en su empeño, dispuso colocar la siguiente inscripción:

> ‹Aquí murió Colón.
> ¡Honor al genio!›

Las razones en que aquélla se fundaba eran:

"Se ha dispuesto colocar esta lápida en el frente de la casa núm. 7 de la calle de Colón, perteneciente al Sr. D. Diego Santiago Colón de Toledo, descendiente del ilustre genovés, descubridor del Nuevo Mundo, y en cuya casa hay datos para presumir que fué la en que falleció éste, si bien sólo se halla comprobado que sus honras se celebraron en la iglesia de Nuestra Señora de la Antigua„ (2).

---

(1) Hállase el original en el Archivo municipal. Expediente instruido para tributar un testimonio de respeto á la memoria de Colón, Cervantes y conde Ansúrez.

(2) Archivo municipal, año 1866.

Además del documento procedente del archivo del Sr. D. Diego Santiago Colón de Toledo, es evidente que la casa señalada como tal no sirvió de última morada, ni en ella acabó sus días Cristóbal Colón, indicándolo así su género de construcción, la cual debió tener lugar ya bien entrado el siglo XVI.

¿Es la conocida hoy con el nombre de cárcel de corona, situada en la calle de los Templarios, núm. 6? Podemos asegurar, según documentos que hemos tenido a la vista, que la mencionada casa era hospital por entonces, habiéndose hecho después reconstrucciones, obras y reparos de importancia. ¿Era la que se hallaba casi enfrente de la conocida como casa de Colón, quemada hace pocos años, y edificada luego con el núm. 4? Alguno lo creyó así, fundándose en que en ella se encontraron un nivel y una regla para trazar planos, los cuales debían de pertenecer a últimos del siglo XV o a principios del XVI; pero dado que sea verdad lo expuesto, nada prueba, si se tiene en cuenta que aquellos objetos estaban en la buhardilla a la vista de todos, y a mayor abundamiento, se hará notar que en dicha casa vivió algunos años un industrial dedicado a la compra y venta de antigüedades. En resumen, no se encuentra ninguna luz que nos oriente en tan obscuro camino, y es de presumir que será una de las cosas destinadas a no saberse nunca.

Otro asunto se presenta también a nuestra consideración. ¿Llevaron los franciscanos el cuerpo de Colón a determinada sepultura, como cree Galíndez Carvajal, o fué a parar al enterramiento general, como sospechan otros? No negaremos que los frailes de San Francisco le ayudaron a bien morir y celebraron sus funerales en Santa María la Antigua; pero tampoco debe olvidarse que el descubridor del Nuevo Mundo era hermano de la orden tercera. También debemos tener presente las palabras del Conde Roselly de Lorgues: "Es muy cierto, dice, que la muerte de un subgobernador, de un coronel, hace hoy más ruido en una provincia, que no la ocasionaba entonces en España la pérdida del hombre que había hallado un mundo„ (1).

Nosotros sólo diremos que se tiene noticia exacta de otros enterramientos y de sus letreros, poco importantes si se comparan con el del ilustre navegante, y nada se dice del de Colón. En la Historia del Convento de San Francisco, de Fray Martín de Sobremonte, obra voluminosa, manuscrita, llena de curiosas noticias y de preciosos datos donde las cosas más insignificantes se detallan con exactitud matemática, y muy especialmente las sepulturas de personas religiosas o no religiosas, no hay indicación alguna sobre la de Colón. El título de la obra es el siguiente:

---

(1) *Historia de la vida y viajes de Cristóbal Colón.* tomo II. pág 46.

Noticias chronographicas y topographicas del Real y religiosisimo convento de los Frailes Menores Observantes de San Francisco de Valladolid, cabeza de la Provincia de la Inmaculada Concepcion de Nuestra Señora.

Recogidas y escritas por Fray Matthias de Sobremonte, indigno Fraile Menor, y el menor de los moradores de el mismo convento.

Año de MDCLX.

En la parte I, que llama *Chronographica*, noticia XI, pág. 55 v.ª, se halla un epígrafe que intitula: *De algunos religiosos cuyas cenizas descansan en este convento,* y se lee que "Fray Pedro de Santoyo está enterrado en la capilla mayor desde el año 1431„, etc., pág. 56, y más adelante, que "Fray Bernardino de Arebalo está en la capilla mayor„, etcétera, pág. 57. En la noticia XII, *De algunas cosas dignas de memoria que an sucedido en este convento,* pág. 61, se lee que "D. Alvaro de Luna estuvo enterrado en el convento„, pág. 63.

En la parte II, que designa con el nombre de *Topographica,* y en la noticia III, *De las capillas, altares y sepulturas,* etc., consta que "el Padre Guevara, Obispo de Mondoñedo, fué enterrado en San Francisco„, pág. 20, y bajo el epígrafe *Otras sepulturas de personas de quenta,* página 32, se dan detalles de enterramientos que llaman la atención por lo minuciosos. ¡Ni una palabra acerca de la sepultura de Cristóbal Colón!

De modo que el P. Sobremonte no ignoraba las sepulturas de los frailes Santoyo, Arébalo y del cronista P. Guevara, de D. Alvaro de Luna, de D.ª María de Mendoza, de D.ª Leonor de los Leones y de muchos más: ¿puede admitirse que olvidase la de Colón?

Don Rafael Floranes, que escribió en el siglo XVIII, y cuyos preciosos manuscritos se hallan en la Biblioteca Nacional, tampoco nombra la del descubridor del Nuevo Mundo. Entre las obras del insigne escritor valisoletano, citaremos *Inscripciones de Valladolid,* (un tomo) (1), y *Apuntes para la Historia de Valladolid* (cinco tomos). Trata en la primera de las inscripciones que se pusieron en las capillas de las iglesias y conventos, habiéndonos fijado especialmente en las capillas de la *Orden Tercera de San Francisco.* El título de la segunda es *Apuntes para la Historia de Valladolid* (2). Datos muy curiosos se encuentran en el primer tomo (3), varias noticias y algunos enterramientos en el segundo (4), y del tercero (5) lo que copiamos a continuación: *Noticias del convento de San Francisco de Valladolid conducentes á la Historia de esta ciudad.* Entre los varios epitafios hay el siguiente: "Aquí yace el bien-

---

(1) *Departamento de manuscritos,* Mss. 11.246.
(2) *Departamento de manuscritos.*
(3) Mss. 11.281.
(4) Mss. 11.282.
(5) Mss. 11.283.

aventurado Padre Fray Pedro Santoyo, Autor de la Regular Obser-
vancia en España y Fundador de esta Santa Provincia de la Concepción: murió en este convento con opinión de santidad y milagros, año
de 1431 a 7 de abril; veinte años después le trasladaron junto al
altar mayor, en un sepulcro de piedra; y en el año de 1629 a 4 de mayo
le trasladaron a este lugar con licencia del Ordinario.„ Más adelante
leemos: *Noticias sacadas del Libro de la Sacristía de San Francisco, titulado el Libro de las sepulturas y capillas deste convento de San Francisco en Valladolid*. También, aunque ligeramente, hemos registrado los
tomos cuarto (1) y quinto (2). Don Rafael Floranes, como el P. Sobremonte, son diligentísimos escritores y de indiscutible autoridad en el
asunto de que se trata.

Dado como cierto que los restos de Colón se colocaron en determinada sepultura, ¿cuándo se trasladaron desde las bóvedas del convento
de San Francisco a la Cartuja de Santa María de las Cuevas? Solamente se sabe que el 8 de septiembre de 1523, el cuerpo de Cristóbal
Colón, según el testimonio de su hijo Diego, estaba depositado en el
monasterio de Sevilla. De modo que en el período de diez y siete años,
o sea, desde el 20 de mayo de 1506 hasta el 8 de septiembre de 1523,
se puede asegurar que se verificó la primera traslación. Prescott dice
que dicha traslación se hizo seis años después de la muerte del Almirante (3); pero no advirtió que Galíndez Carvajal escribió sus *Adiciones genealógicas* en 1517, después del mes de octubre, y de ellas se
desprende que todavía se encontraban los restos en San Francisco.

¿Cuándo fueron trasladados por segunda vez desde el Monasterio
de las Cuevas a la Iglesia Catedral de Santo Domingo? Créese que en
el año 1536 (4); se dice que la inhumación en la capilla mayor de la
Catedral se verificó en 1540, y se ignora si tuvo o no tuvo lápida su
tumba.

Por el tratado de Basilea del 22 de julio de 1795, la isla de Santo
Domingo pasó a formar parte de la república francesa, y los huesos del
Almirante, exhumados el 20 de diciembre, se transportaron por don
Gabriel de Aristizábal, Teniente General de la Armada, a la capital de
Cuba, conducidos a la Catedral y depositados en un nicho que se abrió
en el presbiterio al lado del Evangelio. En la Habana estaban el 15 de
enero de 1796. Se duda por algunos escritores dominicanos que los
restos de Cristóbal Colón fuesen los mismos que se llevaron a la Habana, y afirman que eran los de su hermano Bartolomé o de su hijo

(1) Mss. 11.284.
(2) Mss. 11.285.
(3) Ob. cit., tomo VII, pág. 120.
(4) Así opinó también Prescott. Ibidem

Diego, y D. Fr. Roque Cocchia, Obispo de Orope, asegura, con sobrada ligereza, que el 10 de septiembre de 1877, encontró en la Catedral de Santo Domingo los *verdaderos restos* de Cristóbal Colón.

Ignórase, pues, la época en que fueron trasladados los restos de Colón desde Valladolid a Sevilla y desde Sevilla a Santo Domingo, y el Obispo citado, no solamente duda, sino cree que aquéllos todavía descansan en la Catedral dominicana.

Hasta el 1899 estuvieron en la Habana, trasladándose en dicha fecha a Sevilla. Colocóse el pedestal en 1902, en la nave sur del templo, delante de la puerta de San Cristóbal. En el centro del pedestal se destacan las armas *chicas* de Sevilla que consisten en la figura entre las siguientes inscripciones: "Sevilla, 1891 (2) y 1902 (3)." Gótica inscripción ocupa todo el perímetro: "Cuando la Isla de Cuba—dice—se emancipó de la madre España, Sevilla obtuvo el depósito de los restos de Colón y su Ayuntamiento erigió este pedestal." Encima del pedestal se admiran, en buen tamaño, los reyes de armas o heraldos de los cuatro reinos de Castilla, León, Aragón y Navarra, colocados uno en cada ángulo y sosteniendo sobre sus hombros el sarcófago. En la cara inferior del sarcófago, en letras góticas y doradas, hay un letrero que dice: "Aquí yacen los restos de Cristóbal Colón. Desde 1796 los guardó la Habana y este sepulcro por Real orden de 26 de febrero de 1891."

En el paño fúnebre se lee:

A Castilla y á Aragón
Nuevo Mundo dió Colón.

Dice el cronista Herrera que era Colón ferviente religioso. Acostumbraba á decir: *En el nombre de la Santísima Trinidad.* Cuando escribía alguna carta o algún otro documento, ponía en la cabeza: *Jesus, Cruz, María sit nobis in via.* Su juramento consistía algunas veces en estas palabras: *Juro á San Fernando.* Si cuando escribía cartas, especialmente a los reyes, quería afirmar alguna cosa, sus palabras eran: *Hago*

---

(1) Alfonso X *el Sabio* concedió dichas armas *chicas* en 1283 a Sevilla, por haberse mantenido leal cuando casi todo el reino se había alzado en contra suya. Significan: *No madeja do.*

(2) Por Real orden del 26 de febrero de 1891 (*Gaceta* del 27) se dispuso la erección de un monumento en la Catedral de la Habana para sepulcro de Colón. En el mismo año y mediante informe de la Academia de Bellas Artes de San Fernando, se concedió el premio al proyecto de D. Arturo Mélida. Hízose el pedestal de piedra mármol y figuraba un templo o pirámide azteca. Cuando Cuba logró su independencia, al mismo tiempo que las cenizas del Almirante, se quiso trasladar el monumento a España. Como esto último era muy difícil, dado el mucho peso del pedestal, se hizo otro más modesto y con diferente carácter, también bajo la dirección del Sr. Mélida, para colocarlo en la Catedral de Sevilla.

(3) Esta es la fecha en que se verificó en la ciudad andaluza la inauguración del artístico pedestal o histórico monumento.

juramento que es verdad esto. Observaba los preceptos de la iglesia respecto al ayuno, confesaba y comulgaba muchas veces, rezaba todas las horas canónicas, era simplicísimo de blasfemias y juramentos, devotísimo de Nuestra Señora y del Bienaventurado San Francisco; pareció ser muy agradecido a Dios por los beneficios recibidos; por lo cual, casi por proverbio, cada hora traía, que le había hecho Dios grandes mercedes, como a David. Cuando le llevaban algún oro o cosas preciosas, en su Oratorio, de rodillas, daba gracias a Dios porque de descubrir tantos bienes le hacía digno; era muy celoso de la honra de Dios y muy deseoso de la conversión de los indios, y que por todas partes se sembrase y ampliase la fe de Jesucristo, y singularmente aficionado y devoto de que Dios le hiciese digno de que pudiese ayudar en algo para ganar el Santo Sepulcro, y con esta devoción, y la confianza que tuvo de que Dios le había de guiar en el descubrimiento de este Orbe que prometía, suplicó a la Serenísima Reina Doña Isabel que hiciese voto de gastar todas las riquezas que por su descubrimiento para los Reyes resultase, en ganar la tierra y Casa Santa de Jerusalén. Fué varón de grande ánimo, esforzado y de altos pensamientos: inclinado particularmente a lo que se puede colegir de su vida, hechos, escrituras y conversación, a acometer hechos egregios y señalados; paciente y muy sufrido, perdonador de las injurias, y que no quería otra cosa, según de él se cuenta, sino que conociesen los que le ofendían sus errores y se le reconociesen los delincuentes; constantísimo y adornado de longanimidad en los trabajos y adversidades que le ocurrieron siempre, teniendo gran confianza de la Providencia Divina, y entrañable fidelidad y grandísima devoción siempre a los Reyes, y en especial a la Reina Católica; y si él alcanzara el tiempo de los antiguos, por la admirable empresa de haber descubierto el Nuevo Mundo, además de los templos y estatuas que le hicieran, le dedicaran alguna Estrella en los Signos Celestes, como a Hércules y a Baco; y nuestra Edad se puede tener por dichosa por haber alcanzado tan famoso varón, cuyos loores serán celebrados por infinitos siglos„ (1).

Por último, veamos el retrato que, bajo el punto de vista moral, hace el cronista Herrera del Almirante. Solía decir "cuando reprehendía o se enojaba con alguno: *¿Do vos á Dios, no os parece esto y esto? ó ¿por qué hicistes esto y esto?„* Supo mucha astrología y muy perito en la navegación; supo latín e hizo versos. En las cosas de la religión cristiana fué muy católico y de mucha devoción.

Creemos de inestimable valor el juicio que acerca de Colón tuvieron Doña Isabel y Don Fernando. Después del descubrimiento del Nuevo

---

(1) *Década* 1.ª, lib. VI, cap. XV, pág. 168.

Mundo, los Reyes Católicos escribieron a Colón lo siguiente: "Vna de las principales cosas porque esto nos ha placido tanto es por ser inventada, principiada é habida por vuestra mano, trabajo é industria. Y cuanto más en esto platicamos y vemos, conocemos cuán gran cosa ha seido este negocio vuestro, y que habéis sabido en ello más que nunca se pensó que pudiera saber ninguno de los nacidos.,

Y Bolívar, el gran Bolívar, decía lo siguiente a sus amigos: "El plan en sí mismo (la fundación de la República de Colombia) es grande y magnífico; pero además de su utilidad deseo verlo realizado, porque nos da la oportunidad de remediar en parte la injusticia que se ha hecha a un grande hombre, a quien de ese modo erigiremos un monumento que justifique nuestra gratitud. Llamando a nuestra República Colombia y denominando su capital Las Casas, probaremos al mundo que no sólo tenemos derecho a ser libres, sino a ser considerados bastantemente justos para saber honrar a los amigos y a los bienhechores de la humanidad: Colón y Las Casas pertenecen a la América. Honrémonos perpetuando sus glorias, (1).

Entre los escritores modernos que con más injusticia han escrito contra Colón se hallan Aarón Goodrich y María A. Brown, ambos americanos. De Goodrich son las siguientes afirmaciones: Dice que en las galeras del pirata Colombo el Mozo (cuyo verdadero nombre era Nicolo Griego) se hallaba y tomó parte en el combate que en las costas de Portugal se dió contra la flota de Venecia, un tal Giovanni o Zorzi, pariente del citado jefe, que también usaba el sobrenombre de Colombo, el cual era terrible corsario, que había pasado toda su vida, ya robando en los mares, ya comerciando con carne humana en las costas de Guinea. Tomando el nombre de Colón, se casó en Portugal con Felipa Moriz de Mello. Escribe también que domiciliado Colón en la isla de la Madera, se apoderó de los documentos y mapas de Alonso Sánchez de Huelva. Añade Goodrich que el rey de Portugal le rechazó por la desmedida codicia de las proposiciones presentadas; pero él, apelando a la hipocresía y a la más baja adulación, se hizo oir en España.

La señora Brown, deseosa de llamar la atención del público indocto, comienza diciendo que no hay ningún cristiano que tenga buenas cualidades y que a esa religión se deben todos los males de América. Colón fué el que llevó el cristianismo al Nuevo Mundo; de modo, que él y solo él es el responsable de los citados males. Llama al Almirante "infame, aventurero, usurpador, pirata, traficante de carne humana, y otras cosas semejantes. "La religión cristiana — y estas son sus pala-

(1 O'Leary. Bolívar y la emancipación de Sud-América, tomo II, pág. 22.

bras—debe ser abolida, todo sacerdote expulsado, y el nombre de Cristo maldito como enemigo del género humano.„

Consideremos, por el contrario, a los panegiristas del hijo de Génova. Entre ellos se encuentra el Sr. Peragallo y el abate Martín Casanova de Pioggiola, mereciendo entre todos el primer lugar, por sus exagerados encomios, por su cultura y aun por la elegancia del estilo, el conde Roselly de Lorgues. "Digamos con toda franqueza —tales son sus palabras— lo que pensamos acerca de Colón. Ese hombre no tuvo ningún defecto ni ninguna cualidad del mundo. Tenemos fundados motivos para considerarle como a Santo„ (1). "Acabamos de ver —dice más adelante— un hombre de virtud perpetua, de entera pureza de corazón, cuya grandeza moral excede a los tipos más célebres de la antigüedad, y no es inferior, por cierto, a las más notables figuras de los héroes formados por el Evangelio„ (2). Por último, el devoto panegirista del Almirante, escribe también: "El contemplador de la Naturaleza, heraldo de la Cruz, libertador en esperanza del Santo Sepulcro, lleva en todos sus hábitos la señal de su apostolado. El embajador de Dios a las naciones desconocidas se distingue, entre todos los hombres, por el carácter de su misión augusta„ (3).

Prescindiendo de los juicios, lo mismo de los enemigos que de los amigos de Colón, no haciendo caso de censuras ni de aplausos que ante el severo tribunal de la Historia carecen de valor alguno, registraremos los nombres de aquellos escritores que más se han distinguido por su competencia e imparcialidad. "Lo que más caracteriza a Colón—dice A. de Humboldt— es la penetración y extraordinaria sagacidad con que se hacía cargo de los fenómenos del mundo exterior, y tan notable es como observador de la naturaleza que como intrépido navegante. Al llegar a un mundo nuevo y bajo un nuevo cielo, nada se oculta a su sagacidad, ni la configuración de las tierras, ni el aspecto de la vegetación, ni las costumbres de los animales, ni la distribución del calor según la influencia de la longitud, ni las corrientes, ni las variaciones del magnetismo terrestre... Y no se limita a la observación de los hechos aislados, que también los combina y busca su mutua relación, elevándose algunas veces atrevidamente al descubrimiento de las leyes generales que reaccionan el mundo físico. Esta tendencia a generalizar los hechos observados, es tanto más digna de atención cuanto que, antes del fin del siglo XV, y aun me atrevería a decir que casi antes del Padre Acosta, no encontramos otro intento de generalización„ (4).

(1) *Cristóbal Colón*, tomo II, pág. 80
(2) Pág. 83.
(3) Pág. 97
(4) *Cristóbal Colón y el descubrimiento de América*, tomo II, págs. 15 y 18. Tr.

Hermosa es la pintura que hace de Colón el primero de nuestros oradores. "Hombre maravilloso —dice Castelar— en quien se unen acción y pensamiento, fantasía y cálculo, el espíritu generalizador de los filósofos y el espíritu práctico de los mercaderes; verdadero marino por sus atrevimientos y casi un religioso por sus deliquios; poeta y matemático, el tiempo y el espacio en que nace y crece nos dan facilidades grandísimas de conocerlo y apreciarlo. (1). Más adelante, añade: "Colón, profeta y mercader, vidente y calculador, cruzado y matemático; especie de Isaías en sus adivinaciones y de banquero en sus cálculos; con el pensamiento a un tiempo en la religión y en su negocio; sublime oráculo, de cuyo libro brotan profecías a borbotones y pésimo administrador que arbitra irregulares medidas; proponiendo la reconquista del Santo Sepulcro por un esfuerzo de su voluntad piadosa, y el reencuentro con las minas de Golconda por camino más corto que los conocidos a la India; siempre suspenso entre las idealidades y las contariñas; capaz de crear un mundo con la fuerza de su visión intelectual, para luego destruirlo con los expedientes de su imprevisión y de su desgobierno; con ojos de telescopio que le permiten hasta llegar a lo infinitamente grande y con ojos de microscopio para conocer y analizar lo infinitamente pequeño; matemático y revelador, teólogo y naturalista, místico y astrónomo, se aparece tan múltiple y vario, que apenas cabe dentro de nuestras lógicas encadenadas series y en nuestros bien regulados y proporcionadísimos sistemas. (2).

Si su condición de extranjero perjudicó al Almirante, también fué motivo para que muchos no le estimasen, el carácter un tanto agrio de sus hermanos y de sus hijos. La envidia y aun la calumnia se cebaron en aquél, que ayer era pobre y loco, y hoy se igualaba a la primera nobleza de España.

Posible es que Colón desconociese el arte de gobernar y a veces se mostrara envidioso y altivo. No olvidemos las palabras de Víctor Hugo: "Los hombres de genio —dice— tienen, sin duda, originalidad exuberante, tienen defectos. No importa. Es necesario tomar a esos hombres como son, con sus defectos, sopena de hacerles perder al mismo tiempo sus cualidades.... Se ha dicho que era codicioso; pero no se olvide que fama de codiciosos tenían en aquellos tiempos y tuvieron después los hijos de Génova, como al presente tienen los judíos en las naciones de Europa y los chinos en las de América. Los religiosos de San Francisco escribían al cardenal Jiménez de Cisneros lo siguiente: "Que V. S. trabaje con sus Altezas, como no consientan venir a esta tierra ginove-

(1) Tomo I, pág. 73 (2.ª edición).
(2) Ibidem, págs. 111 y 115.

ses, porque la robarán e destruirán„. Y Quevedo hablando del dinero, escribe los versos que copiamos:

> «Nace en las Indias honrado
> donde el mundo le acompaña,
> viene á morir en España
> y es en Génova enterrado.»

No es Colón un codicioso vulgar ni se le puede censurar por su ansia inmoderada de lucro. Deseaba mostrar á sus reyes, a España y al mundo toda la importancia de las tierras que iba descubriendo, importancia que se manifestaba por las riquezas que descubriera. Si venecianos y genoveses querían llegar directamente a la India por el mar Rojo, y si los portugueses deseaban hacer directamente la navegación doblando el Cabo de las Tormentas, era porque les corría prisa traer de aquella región los perfumes, las especias, el oro y las piedras preciosas. Otra idea bullía en la mente de Colón: pensaba dedicar las grandes riquezas que acumulara a conquistar la Palestina y librar el sepulcro de Cristo del poder de los infieles. Muchas veces expuso en sus cartas el mismo pensamiento y hasta hubo de apoyarse en predicciones que aseguraban que de España había de salir quien llevase a feliz término la empresa. Hasta tal punto ofuscaba la fantasía el espíritu vigoroso de Colón. Por lo que hace a la crueldad es preciso recordar el tiempo en que vivió y los hechos que hubo de realizar. No llegó a la severidad excesiva de Hernán Cortés y de Francisco Pizarro, ni a la crueldad de Vasco de Gama, ni de Alfonso de Alburquerque. Tuvo el Almirante que imponerse, ya a gente aventurera e indócil, ya a indígenas salvajes. Es cierto que Fray Bartolomé de las Casas, el protector de los indios, estuvo dotado de santo celo y de caridad sin límites; pero no se olvide que para aliviar a aquéllos, propuso emplear esclavos negros en los trabajos del campo y de minería. ¡Cómo si los negros no fuesen hijos de Dios igualmente que los americanos y los blancos! Ingleses, flamencos y genoveses tomaron el asiento o contrato de la traída de negros; de modo que aquéllos, lo mismo que los españoles, introdujeron en América tráfico tan vergonzoso.

Aunque todos los defectos que han achacado a Colón fuesen ciertos, "¿qué importa eso—como dice el marqués de Hoyos—para la alta misión y el incomparable mérito del gran Colón? ¿Qué consecuencias han traido al mundo sus defectos? ¿Qué resultados, en cambio, para la cultura, para la civilización, para el progreso de la humanidad han traido sus excepcionales dotes, su inteligencia, su voluntad y su genio?„ (1).

_____

(1) *Conferencia leída en el Ateneo de Madrid el 24 de marzo de 1891*, págs. 38 y 39.

"Averiguar al cabo de cuatrocientos años que Colón fué un hombre, me parece descubrimiento un tanto inferior al del Nuevo Mundo.„ Estamos conformes con las citadas palabras del notable crítico Federico Balart, palabras dirigidas a D. Luis Vidart, académico de la Historia y apasionado censor de Cristóbal Colón.

Por nuestra parte solamente se nos ocurre decir: ¡Qué hombre tan extraordinario! Tuvo sus errores, es cierto; mas esto nada importa para su gloria. No negaremos que la idea que Colón tenía de la tierra era la misma que habían expresado los cosmógrafos griegos y romanos, sin otra diferencia que la de empequeñecer sus dimensiones. Calculaba la anchura del Atlántico, entre las costas occidentales de Europa y las orientales de Asia, en 1.100 leguas próximamente. "El mundo no es tan grande como dice el vulgo- escribe el Almirante a los Reyes Católicos en carta fechada en Jamaica el 7 de julio de 1503 y un grado de la equinoccial está 56 millas y dos tercios; pero ésto se tocará con el dedo.„ Creía también como griegos y romanos que el hemisferio inferior estaba a trechos cubierto de tierras de igual modo que lo estaba el superior, admitiendo por tanto la existencia de muchas islas en el Atlántico. Fijo Colón en su idea de la pequeñez de la tierra, pensaba que, yendo con rumbo del Oeste, por el paralelo de las Canarias, en cinco semanas de navegación andaría las mil y tantas leguas para la India, o para Cipango de Marco Polo (el Japón ; pero la distancia era doble, y, en vez del Cipango asiático, se encontró con las Antillas de la América Central. Entre lo que suponía haber hallado y lo que en realidad encontraba, existía otro mundo. También los portugueses se lanzaron al mar en busca del Preste Juan, y en vez del Preste Juan, que era un personaje fantástico, llegaron a la India.

No negaremos que ni en e *Diario de navegación* del primer viaje, ni en las cartas que escribió a su regreso, aparecen ideas propias, pensamientos luminosos o nuevos proyectos. De los navegantes de la Guinea, de la Madera, de las Canarias y de las Azores sólo pudo saber que existían islas próximas en dirección al Oeste: mas esto le interesaba poco. La única utilidad que le reportaba la noticia consistía en saber que a ambos lados del camino se encontraban tierras en que pudiera hacer escala y acogerse en caso de necesidad. Colón se proponía, y esta era su idea capital, como consta en su *Diario*, ir directamente a Cipango y al Cathay. Aunque creía que a una banda y a otra se hallaban islas, no se para a buscarlas, y sigue adelante. Cuando encuentra tierra a la distancia que en la carta de Toscanelli se marcaba el Cipango, dice que se halla en dicha espléndida región y que no lejos se encontraba el Cathay. En varias cartas escritas por el Almirante después del primer viaje, se prueba que seguía al pie de la letra el proyecto de Toscanelli; donde se muestra esto con toda claridad es en el extracto que fray Bartolomé de las Casas hizo del Diario de a bordo y en los comentarios que hubo de poner al curioso Diario dicho obispo al confrontarlo con la carta de Toscanelli a Martins (1).

Si damos como cosa cierta y averiguada que los escandinavos desde el año 874 conocieron la Islandia, territorio que fué colonizado por familias poderosas del Norte; si se halla probado que Erico el Rojo, arrojado de Islandia, abordó el año 986 a Groenlandia, tierra ya perteneciente a América; si no cabe duda alguna que durante los siglos XI, XII, XIII y XIV los escandinavos recorrieron el norte del Nuevo Mundo; si Alonso Sánchez, de Huelva, residente en la isla de la Madera, dejó a Colón, antes de morir, los diarios, derroteros, carta y demás documentos de un viaje hecho por él a la Isla Española; si Bartolomé Muñíz, suegro de Colón, distinguido navegante del tiempo de D. Enrique de Portugal, colonizador y gobernador de la isla de Porto Santo, dejó, a su muerte, mapas, diarios y apuntes de mucho valor; y si Pedro Correa, también notable navegante, departiendo en dicha isla de Porto Santo con su cuñado Cristóbal Colón, le manifestó cuanto se decía relativo á la existencia de tierras en el Atlántico, todo esto ni disminuye ni aumenta el mérito del descubridor del Nuevo Mundo.

Que el hijo de Génova no tuvo noticia exacta de las expediciones de los escandinavos, se prueba considerando que dirigió sus naves, no por el Noroeste, sino por el Occidente. Que Sánchez de Huelva y otros no influyeron en su manera de pensar, se prueba con recordar que Colón siempre dijo que iba a descubrir nuevo camino a la India, no a descubrir Nuevo Continente.

El mérito de Colón consiste, no sólo en haber encontrado la América, cosa que no buscaba, sino en haber partido de una hipótesis científica, de la redondez de la tierra, para lanzarse a través del Océano, en el *mar tenebroso*, con ánimo de llegar al extremo Oriente. Al propio tiempo debemos notar que emprendió el viaje, ya con el objeto de ensanchar el conocimiento geográfico del Mundo, ya —y esto es lo principal—con el deliberado propósito de colonizar y conquistar las tierras que encontrase. De modo que fué descubridor, colonizador y conquistador del Nuevo Mundo.

El escritor contemporáneo norteamericano Charles F. Lummis ha dicho muy acertadamente lo que sigue: "A pesar de que, mucho antes que Colón, varios navegantes vagabundos de media docena de distintas razas habían ya llegado al Nuevo Mundo, lo cierto es que no dejaron hue-

(1) Véase Altolaguirre, *Cristóbal Colón y Pablo del Pozzo Toscanelli*, págs. 379 y siguientes.

llas en América ni aportaron provecho alguno a la civilización.... (1).
En efecto, las expediciones de los escandinavos fueron infructuosas; los
viajes de Colón cambiaron completamente la faz de la tierra.

Bendecido por la iglesia católica, que ha tratado de santificarle en
estos últimos años; glorificado por todos los pueblos del Antiguo y del
Nuevo Mundo, inmortalizado por la Historia, saludado por los poetas y
enaltecido por los escultores y pintores, su nombre será siempre orgullo de España. Si algunas sombras empañan su retrato, siempre será
Colón la figura más extraordinaria de su siglo, de aquél siglo en que
tanto abundaban los hombres superiores y de mérito indiscutible.

En suma: para que no se nos diga que somos ciegos defensores de
Colón, tentados estamos para terminar su retrato reconociendo, no sus
bellezas, sino sus fealdades, no la sublimidad del genio, sino las peque
ñeces del hombre vulgar. Envidioso, agrio de carácter, poco cariñoso
con su primera mujer la portuguesa Felipa, amistado ilegítimamente
con la andaluza Beatriz, comerciante a la manera judía, soñador hasta
el punto que le dominaba la idea de recuperar el Santo Sepulcro, más
encariñado con las riquezas que con la gloria, dominado por la idea de
ir a las Indias y sin presentir jamás la existencia de otro mundo, mediano gobernante, severo con los españoles que servían a sus órdenes
y autoritario con los indígenas; todo esto y algo más que pudiera decirse del insigne genovés, no tiene valor alguno. Con aquellas o sin
aquellas cualidades, ¿dejó Cristóbal Colón de descubrir el Nuevo Mundo
a las dos de la madrugada, poco más o menos, del viernes 12 de Octubre
de 1492?

Al lado de Colón colocaremos a Isabel la Católica y a Martín
Alonso Pinzón. Colón—dice Sales y Ferré—puso la idea, Isabel puso
los medios y Pinzón puso la resolución. "Colón—añade el citado historiador—representa la inteligencia, Isabel el sentimiento, Pinzón la
voluntad: los tres elementos indispensables en toda acción para que
llegue a cumplido efecto„ (2). "Desde la intervención de los Pinzones en
el descubrimiento —escribe Ibarra y Rodríguez, docto catedrático de
la Universidad Central— van desapareciendo y venciéndose todos los
inconvenientes„ (3).

Debajo de las tres citadas figuras se colocan varios personajes en
primero y segundo término. En primer término, Fr. Juan Pérez, Fray
Antonio de Marchena y Fr. Diego de Deza, Alonso de Quintanilla, el
cardenal Mendoza y el duque de Medinaceli; también el Rey Católico y

(1) Los exploradores españoles del siglo XVI en América, pág. 65 Tr.
(2) El Descubrimiento de América, pág. 213.
(3) Don Fernando el Católico y el Descubrimiento de América, pág. 183.

los aragoneses Juan Cabrero, Gabriel Sánchez (1), Luis de Santángel (2), Juan de Coloma y Alonso de la Caballería. En segundo lugar García Fernández, médico que residía en Palos, muy aficionado a los estudios cosmográficos y algo astrólogo, el cual, en el solitario convento de la Rábida, dió no pocas veces aliento al ánimo decaído de Colón y de Juan Pérez; también la marquesa de Moya, Doña Beatriz de Bobadilla, Doña Juana Velázquez de la Torre, Gutiérre de Cárdenas, el Dr. Chanca y el P. Gorricio.

Injusticia—y no pequeña—sería olvidar el nombre de Beatriz Enríquez de Arana. Una mujer encantadora llamada Beatriz inspiró al Dante la *Divina Comedia*, y otra mujer, que tenía el mismo nombre que la amada del gran poeta, de noble alcurnia y bella según unos, de las clases inferiores de la sociedad y fea según otros, le hizo caso cuando todos le abandonaban y le tomó por cuerdo cuando todos le tenían por loco. Si grande era la fe de Colón en hallar nuevo camino para las Indias, era más grande el amor que profesaba a la joven que conoció durante su primera estancia en Córdoba y de la cual tuvo a su hijo Fernando. El amor a la cordobesa y a su hijo mantuvieron a Colón cada vez más firme en su idea y en sus esperanzas, a pesar de tantos desengaños y amarguras. Estos amores influyeron seguramente para que el genovés no saliese de España. Que siempre estuvo en buenas relaciones con la familia de su dulce amiga, se prueba considerando que en su primer viaje le acompañó Diego de Arana, primo de Beatriz, que fué muerto a manos de los indios en el fuerte de Navidad (isla Española), en tanto que el Almirante volvia a España; y en su tercer viaje llevó en su compañía a Pedro de Arana, hermano de su citada amiga. Si—como creemos—la madre de Fernando, con sus consejos y cuidados, logró reponer las fuerzas quebrantadas del soñador extranjero, no sin animarle a permanecer en España y hacer más llevadera su pobreza "vendiendo libros de estampa o haciendo cartas de marear„; si el amor ha obrado todos estos milagros, permítasenos grabar en las inmortales páginas de la historia y en sitio preferente, el nombre de la cordobesa Beatriz Enríquez de Arana.

Vamos a terminar este capítulo con los siguientes versos de un poeta mexicano, Justo Sierra y de dos poetas españoles, el duque de Rivas y el cantor de las Ermitas.

---

(1) Al tesorero Gabriel Sánchez debió quedar Colón sumamente obligado, por cuanto al regreso de su primer viaje, antes que a los reyes o al mismo tiempo al menos, escribió interesante carta.

(2) Luis de Santángel creía conveniente emprender aquella aventura «para servicio de Dios, triunfo de la fe, engrandecimiento de la patria y gloria del Estado Real de Don Fernando y de Doña Isabel.»

Colón (fragmentos de un poema dramático de Sierra):

....
¿Quién es? ¿Qué afán le guía?
¿Qué busca ese hombre en los perfiles rojos
Del remoto Occidente?
¿Por qué ese eterno pliegue en esa frente?
¿Por qué esa eterna llama en esos ojos?
¡Un visionario! ¡Ah, sí! Cuando ha dejado
La sombra, un horizonte; cuando avanza
Del corazón en lo infinito una hora,
Rayo de luz que basta a la esperanza
Para encender en el zafir su aurora;
Cuando aparece un astro en el Oriente
Mostrando al hombre en el dolor su ruta;
Cuando bebe un anciano la cicuta;
Cuando el sol de los libres centellea;
Y un profeta agoniza en el Calvario,
Es que la augusta antorcha de una idea
Brilla en manos de un pobre visionario!...
....
Para alzar de la noche un hemisferio
Edén de amores que la mar engasta,
Dadme un punto de apoyo, les dijiste,
Que la palanca de la fe me basta.
....
Y en pie en la proa del bajel hispano
Clamaste con acento sobrehumano:
«En el nombre de Dios omnipotente
En cuyo arbitrio la creación se encierra,
¡Despierta, continente!
Y como un eco enorme y de repente
Gritó una voz en lontananza: *¡Tierra!*
....
Mártir padre de América: el futuro
En la hora fatal de su justicia
Te hará salir de tu sepulcro obscuro;
Un himno estallará de polo a polo,
Y tu América entonces, santo anciano,
Hará de tu corona de martirio
El sol de tu apoteosis soberano.
    Cuando llegue ese instante,
Poned en la balanza, grandes reyes,
Vuestro sol sin ocaso, vuestras leyes,
De vuestro nombre el ominoso culto,
Vuestra justicia, que era la venganza,
Vuestro triste perdón, que era el insulto,
Y pon, historia humana escarnecida,
Del otro lado de la fiel balanza
Los grillos de Colón. —Que Dios decida

D. Angel Saavedra, en uno de sus romances, hace decir a Isabel la Católica, dirigiéndose a Colón, los versos que a continuación copiamos:

«Lleva a ese ignorado mundo
los castellanos pendones,
con la santa fe de Cristo,
con la gloria de mi nombre.
El cielo tu rumbo guíe,
y cuando glorioso tornes,
¡Oh Almirante de Castilla,
Duque y Grande de mi Corte!
tu hazaña bendiga el Cielo,
tu arrojo al infierno asombre,
tu gloria deslumbre al mundo
y abarque tu fama el orbe.»

De D. Antonio Fernández Grilo son los siguientes versos:

«En éxtasis profundo
Bendigo de Colón la eterna gloria.
No puede marchitarse la memoria
De aquél que al mundo regaló otro mundo.»

CAPÍTULO XXV

Descubrimientos posteriores al del Nuevo Mundo.—Viajes de los Cabot bajo la protección de la corona de Inglaterra.—Vasco de Gama bajo la protección de D. Manuel de Portugal.—Expedición de Alonso de Ojeda al Nuevo Mundo.—Juan de la Cosa y Américo Vespucio forman parte de la expedición.—Viaje de Pero Alonso Niño.—Viaje de Vicente Yáñez Pinzón.—Expedición de Diego de Lepe en el citado año.—Relación de Américo Vespucio.—El portugués Pedro Alvarez Cabral en el Brasil y en la India.

Si en el capítulo XVIII de este tomo se dijo que juzgábamos de todo punto interesante dar alguna idea de los descubrimientos que los hijos de Portugal llevaron a cabo antes del año 1492, ahora debemos ocuparnos de las expediciones que posteriormente a dicha fecha realizaron, ya los ingleses, ya los portugueses, al Nuevo Mundo, y también —pues no dejan de tener relación con la historia de América—las realizadas por los sucesores del infante D. Enrique al Asia y a la Oceanía.

El descubrimiento del Nuevo Mundo por Cristóbal Colón despertó en Inglaterra mucha afición a las empresas marítimas. Enrique VII, mediante Real cédula firmada en Westminster (5 marzo 1496), dió autorización a John Cabot o Gaboto, natural de Savona o de Castiglione (Génova) (1) y establecido en Bristol (Inglaterra), y a sus tres hijos Luis, Sebastián y Santos "para hacerse a la vela con dirección a todos los puntos, comarcas y mares del Oriente, del Occidente y del Norte, bajo nuestra bandera e insignias, con cinco bajeles, de cualquiera carga o cabida que sean, y con tantos marineros u hombres como quieran llevar consigo en dichos bajeles, a su propia costa y cargo, para buscar, descubrir y encontrar cualesquiera islas, comarcas, regiones o provincias de los salvajes idólatras e infieles, sean las que fueren, y en cualquiera parte del mundo donde puedan existir, y que hayan sido ignoradas antes de ahora de todos los cristianos„ (2).

Embarcóse Juan con su hijo Sebastián en los primeros días de mayo de 1497 en el puerto de Bristol. Llevaba una escuadra compuesta de

---

(1) Algunos dicen que era de origen veneciano (n. en 1451 y m. en 1498).

(2) Hakluyt, *Viajes y descubrimientos*, tom. III, pág. 6.

una nave y tres o cuatro buques e hizo rumbo hacia el Oeste. Hállase la siguiente nota en la crónica de la ciudad: "En 24 de junio de 1497 descubrieron a Terranova hombres de Bristol que tripulaban un buque llamado *Matthaens*„. Otra nota que se encuentra en las cuentas del dicho Rey y que debe referirse a Cabot, dice así: "Diez libras (esterlinas) para el que descubrió la nueva isla„ (1).

Recibió dicha cantidad a su regreso de la costa de América. En efecto, el 24 de junio divisaron tierra por vez primera. Aquella tierra era la costa del Labrador y la llamaron *Terra prima vista;* también descubrieron una isla que denominaron *Isla de San Juan*, en conmemoración del día en que fué descubierta, la cual estaba "llena de osos blancos y de ciervos, mucho mayores que los de Inglaterra„ (2). Costearon en una extensión de 300 leguas el continente descubierto y emprendieron el viaje de vuelta, llegando a Bristol en agosto del mismo año.

En 3 de febrero de 1498 el Rey otorgó una carta autorizando a Cabot para alistar una flota de seis buques y proseguir sus descubrimientos. No debió Juan Cabot aprovechar esta segunda carta.

Sebastián Caboto.

Sebastián Cabot, utilizando probablemente la carta real otorgada a su padre, salió en mayo de 1498 con dos buques: se proponía descubrir el supuesto paso septentrional para ir directamente a las Indias Orientales.

Llegó, según se cree, a Terranova, y después alcanzó el continente, desembarcando en varios puntos, y estuvo quizá en la actual bahía de Chesapeake. Hizo un segundo viaje hacia el Noroeste, probablemente en 1503; consta en la crónica de Roberto Fabián que de las islas recién descubiertas trajo algunos indígenas salvajes, vestidos de pieles.

Posteriormente —si damos crédito a algunos cronistas—, el mismo

---

(1) *Los Estados Unidos de la América del Norte*. Historia Universal de Oncken, tom. XII, páginas 3 y 4.

(2) Haydwar, *Vida de Sebastián Cabot*, pág. 8.

Sebastián realizó un tercer viaje el 1517. En esta expedición entró en la bahía de Hudson y llegó hasta los 67 grados de latitud Norte; pero la tripulación, aterrada ante la vista de inmensos bancos de hielo en el mes de julio, exigió no seguir adelante, teniendo Cabot, a disgusto suyo, que regresar a Inglaterra.

En suma, de las expediciones de los Cabot se deduce que subieron hasta la extremidad Norte del Estrecho de Davis, tal vez pasaron a la bahía de Hudson, y volviendo hacia el Sur, descubrieron la isla de Terranova, que denominaron *Tierra de los Bacalaos* y siguieron costeando hasta 5 grados Norte de la Florida. Parece ser que llegaron hasta el cabo Hatteras.

Tiempo adelante Sebastián marchó a España. Dícese que cuando Carlos de Gante vino a ceñir la corona, se apresuró Cabot a ofrecerle sus servicios, los cuales fueron aceptados por el Rey, quien le nombró piloto mayor con el sueldo de 125.000 maravedís (300 ducados). Sostienen varios autores que antes había estado bajo las órdenes de Fernando el *Católico*, y probado se halla que después de su nombramiento de piloto mayor, volvió el 1519 a Inglaterra, aunque por poco tiempo. Disgustado Cabot lo mismo con el Gobierno español que con el de Inglaterra, por el año 1522 se dirigió secretamente—según las relaciones y comunicaciones del embajador veneciano Contarini—a la república de Venecia, ofreciéndole descubrir un camino a la China por el Noroeste; mas no fué oído. Por tercera vez vino a España y en esta ocasión tuvo más suerte, pues logró el mando de una expedición, con orden de seguir camino determinado, penetrar en el Pacífico y continuar hasta las Molucas. Aunque duró la expedición desde el año 1526 hasta el 1530, el intrépido navegante sólo llegó hasta el río de la Plata.

A su vuelta fué preso, pues se le atribuyó no poca torpeza ó desidia, siendo desterrado en 1532, por dos años, a Orán. Indultado el 1533 por Carlos I, continuó al servicio de España hasta que a fines de 1547 marchó a Inglaterra. El gobierno de Eduardo VI le nombró (1549) piloto mayor con el sueldo de 166 libras esterlinas anuales, y, aunque el rey de España le reclamó varias veces, el Consejo de la Corona de aquella nación declaró que Cabot era súbdito de Eduardo VI y que nadie podía obligarle a salir del territorio británico. Poco después el inconstante Cabot, poco agradecido a los favores del gobierno inglés, ofreció sus servicios, en agosto de 1551, a Venecia, no sin prometer que iría a China por un camino sólo conocido por él. Debió morir Sebastián Cabot por el año 1557 o un poco antes, en Londres. Sin embargo de haber pasado la segunda mitad de su vida aventurera en proyectos y sin embargo de su poca formalidad en el cumplimiento de sus compromisos, no puede negarse que dió gran parte de un continente a Inglaterra, contribuyendo como ninguno al poder marítimo de nación tan poderosa. Si España fué ingrata con Colón, Inglaterra lo ha sido más todavía con Sebastián Cabot, pues ni humilde monumento indica dónde yacen sus cenizas, llegándose hasta desconocer la fecha de su fallecimiento. Los dos Cabot, padre e hijo, fueron los primeros que intentaron hallar una ruta a la China y a la India por las regiones árticas, logrando entusiasmar á los ingleses por las expediciones y descubrimientos. "En las expediciones hechas—dice el Dr. Sophus Ruge—bajo los auspicios de la reina Isabel en dirección Oeste y Noroeste, se fundan las pretensiones de la Corona de Inglaterra a sus dilatados dominios en América„ (1).

Bajo el reinado de D. Manuel el *Grande*, sucesor de Juan II, Vasco de Gama, al frente de los navíos *San Rafael*, *San Gabriel* y *San Miguel*, salió del puerto de Lisboa el 8 de julio de 1497. A las órdenes de Vasco de Gama, que montaba el *San Rafael*, iban su hermano Pablo, capitán del *San Gabriel* y Nicolás Coelho, que dirigía el *San Miguel*. Como organizador de la pequeña flota se nombró al perito Bartolomé Díaz, con orden de ir acompañando a la expedición hasta la factoría de La Mina en la costa de Guinea. Antes de salir la expedición, D. Manuel entregó a Vasco de Gama cartas de recomendación para el Preste Juan, para el soberano de Calcuta y para otros príncipes de la India. Pasaron los expedicionarios por las Canarias, luego por las islas de Cabo Verde, y descansaron algunos días en Santiago, donde se separó Bartolomé Díaz para dirigirse a la factoría de La Mina, a donde había sido destinado. Vasco de Gama tomó rumbo hacia el Sur sin fijarse en la costa, no sin sufrir grandes trabajos a causa de terribles y contínuas tempestades. Quisieron volverse atrás las tripulaciones; pero Gama se negó a ello y aun amenazó a los más impacientes. Después de cuatro meses largos de grandes padecimientos, entró la flotilla en la bahía de Santa Elena y dobló el 22 de noviembre el *Cabo de las Tormentas* (Cabo de Buena Esperanza). En los primeros días de enero del año 1498, y habiendo sufrido trabajos sin cuento, se aproximó Vasco de Gama a las costas, entró el 6 de dicho mes y año en el río que llamaron de los Reyes, por la fiesta de los Santos Reyes, buscó la alta mar temiendo la violenta corriente del Mozambique, pasó por delante de Sofala, llegó a la embocadura del Zambesi (río dos bons Sinaes), donde encontró por primera vez mestizos de tez clara que hablaban el árabe.

Permaneció un mes en la isla y puerto de Mozambique, ya para reparar los barcos, ya para dar descanso a la gente. Allí plantó un padrón con la inscripción en lengua portuguesa que decía: "Del señorío de Por-

(1) Ob. cit., pág. 207.

tugal, reino de cristianos.„ En aquel punto tan abrigado de la citada isla se habían establecido los árabes, haciendo de él centro de comercio con los negros, que les daban, en cambio de sus géneros, oro, marfil, cera y otros productos propios del país. El jeque del puerto era súbdito del soberano árabe de Quiloa, quien, después de recibir varios regalos de Gama, hizo una visita a bordo, llevando en su compañía muchos mestizos. Con toda clase de honores fué recibido por los capitanes de los buques, oyendo de boca de Gama, y mediante el intérprete, que el Rey más poderoso de la cristiandad les enviaba a la India, que llevaban dos años luchando con las borrascas del mar, y que deseando visitar pronto al país de las especias, le suplicaban les diese pilotos prácticos conocedores de aquellos mares. Volvió a tierra el jeque y en seguida envió víveres frescos, como también tres abisinios en calidad de prácticos. Del mismo modo un moro llamado Davané se ofreció generosamente a acompañar a los portugueses a la India. El jeque y los abisinios, sabiendo que los expedicionarios eran cristianos, decidieron, en tanto que la tripulación portuguesa se hallase en tierra cargando agua dulce, apresar los barcos. El plan fracasó, gracias a la fidelidad de Davané. El citado jeque quiso sincerarse de su conducta y envió otros prácticos; pero— como luego se vió—ellos tenían el encargo de conducir los barcos entre arrecifes de coral. Emprendieron al fin la marcha, y como Davané aprendiera pronto el portugués, pudo dar al jefe de la expedición importantes noticias sobre el comercio en aquellos mares. Por cierto, que como uno de los prácticos condujese a los buques entre bajíos de un grupo de islas, fué azotado por su traición, y en recuerdo del hecho, Vasco de Gama llamó a estas islas *del Azotado* (Ilhas do Azoutado). Siguieron la costa hasta Quiloa, puerto a donde acudían— según dijeron—hasta cristianos de Armenia: mas vientos contrarios impidieron que los buques se aproximasen. Tuvieron que emprender nuevamente el camino, llegando en la última semana del mes de abril a Mombaza.

Abandonó a Mombaza, cuyo jeque, lo mismo que el de Mozambique, intentó una traición. Por el contrario, el jeque de Melinde recibió a Gama con toda clase de honores. Dejaron la costa africana el 24 de abril, y a los veintidos días tocaron los portugueses en las playas de la India. El 20 de mayo entró la expedición en el puerto de Calcuta. capital del imperio del Malabar. A cierta distancia de la población, en medio de un bosque de palmeras se hallaba la residencia del *Samorín* o *Samudrin* (Señor del mar). El comercio oriental estaba en manos de los musulmanes (árabes, egipcios y moros de Túnez y de Argel). Cuando Vasco de Gama llegó a la vista del puerto de Calcuta, se le acercaron en una lancha de pescadores dos moros de Túnez que hablaban italiano y español, quienes saludaron a los portugueses con las siguientes palabras: "Lléveos otra vez el demonio que os ha traído." Después de varios hechos de menos importancia, Vasco de Gama se presentó al Samorín, haciéndole entrega de una carta que llevaba del rey D. Manuel, a la que contestó el soberano de Calcuta lo siguiente: "Vasco de Gama, noble de vuestra casa, ha visitado mi reino con lo cual he recibido gran satisfacción. En mi país abundan la canela, los clavos de especia, el jengibre y la pimienta. Tengo perlas y piedras preciosas. Lo que deseo de vos es oro, plata, coral y escarlata." Hicieron los portugueses algunas compras y levaron anclas ante la actitud poco amistosa del Samorín y la enemiga de los mahometanos.

Tocaron en el puerto de Cananor, cuyo soberano indio se manifestó muy complaciente con Vasco de Gama, hasta el punto que le invitó a detenerse en sus dominios. Además mandó algunas lanchas a los buques con agua, leña, gallinas, nueces de coco, pescado seco, higos y otros víveres, diciéndoles que aceptasen aquellos géneros como regalo, ya que no querían dar fondo en el puerto. También les ofreció especias para completar sus cargamentos, de mejor calidad y más barata que la comprada por ellos en Calcuta. Ante conducta tan generosa, Vasco de Gama pidió los artículos que necesitaba y que le fueron enviados inmediatamente, siendo pagados con coral, cinabrio, cobre y latón. En seguida Vasco de Gama, acompañado de su hermano y de Coelho, celebró una entrevista con el monarca indio, cambiándose regalos con gran contento de portugueses é indios.

Hízose a la vela Gama, y en una isla pequeña situada a los 13o 20' de latitud Norte, plantó un padrón con el nombre de *Santa María*, llamándose así la isla desde entonces. Marchó siempre al Norte hasta el grupo de las Andiedivas (cinco islas), situadas á los 14o 45' de latitud Norte y unas 12 leguas de Goa. Las Andiedivas formaban parte del gobierno de Goa, y éste, á su vez, del Imperio de Bidyapur, cuyo soberano se llamaba Yusuf Adil Khan, y también Sabai (Sabayo, según los historiadores portugueses) por ser natural de Sava, cerca de Hamadan (Persia Occidental). Al tener noticia el gobernador de Goa de la estancia de los extranjeros en las Andiedivas, dispuso que el capitán del puerto—un hebreo procedente de España, expulsado de ella cuando Granada fué tomada por los Reyes Católicos y a la sazón en la India después de pasar por la Turquía y la Meca—se apoderase, cuando los portugueses se hallasen descuidados, de sus buques. Conocedor Vasco de Gama de tales proyectos por los pescadores indios que traficaban con él, tomó sus disposiciones, y cuando poco después pasó el judío en una barca saludando en español, le dejó acercarse y le invitó a subir a bordo. Hecho esto, Vasco de Gama le mandó atar, amenazándole con el tormento si no confesaba todo su plan. Lo confesó el judío y fué tan débil, que acompañó a los portugueses al sitio donde él tenía apostadas sus barcas (fustas), para caer sobre los citados extranjeros. Unos indios fueron muertos y otros reducidos a prisión, y si damos crédito al historiador Barros, el israelita se convirtió al cristianismo y recibió el nombre de Gaspar Gama. Lo cierto es que ya no se separó de los portugueses, a quienes acompañó en posteriores expediciones y les hubo de aconsejar la favorable situación del puerto de Goa, como centro y base de sus empresas mercantiles.

Salió Gama de aquellas costas, divisando el 2 de enero de 1499 tierra africana cerca de Magadochu y llegando al puerto de Melinde el 8 del citado mes y año. Volvió el soberano de Melinde a recibir amistosamente a los portugueses, a quienes proveyó de víveres; a la despedida entregó a Gama una carta para el rey Don Manuel, ofreciéndole que tanto él como sus compatriotas serían siempre bien recibidos en sus futuros viajes a la India, si tocaban en sus puertos. El 2 de febrero, después de perder uno de sus buques, plantó el último padrón llamado *San Jorge*, en una isla cerca de Mozambique. Doblaron felizmente los portugueses el cabo de Buena Esperanza; luego, cerca del Ecuador y de las aguas de Guinea, la atmósfera, cargada de miasmas, causó en la tripulación varias víctimas. Como los buques hacían también agua y apenas podían sostenerse a flote, Gama hubo de arribar a la isla Tercera de las Azores, donde murió su hermano Pablo, siendo enterrado en el convento de San Francisco, en Angra.

Al poco tiempo Vasco de Gama emprendió su viaje, llegando á la capital de Portugal. Concedió el Rey a Vasco de Gama la nobleza y el título de Almirante de los mares de la India, una participación de 200 cruzados anuales en el comercio de especias sin pagar flete ni alcabalas y por vía de regalo único 20.000 cruzados y 10 quintales de pimienta. Los herederos de Pablo de Gama recibieron la mitad de todo lo que se dió a Vasco. Nicolas Coelho fué recompensado con 3.000 cruzados por cada mes de viaje y un quintal de todas las drogas; también se le concedió el mando de un buque en todas las expediciones que fuesen á la India, teniendo el derecho de ceder o vender la plaza a otro si él no quería ir. Cada patrón y piloto recibió medio quintal de especias, excepto canela y corteza de nuez moscada, porque de éstas se había traído poco. Iglesias y conventos recibieron de igual manera grandes regalos, y los reyes asistieron a las procesiones y misas que, con motivo tan grato, se celebraron en Lisboa. "Tanta liberalidad —escribe el doctor Sophus Ruge—prueba la grandísima importancia que se dió al éxito feliz de la empresa de abrir el camino directo con la India; empresa cuya base había sentado el infante Enrique, continuada bajo el mando de tres reyes sucesivos y coronada por la fortuna antes de concluir el siglo en que tuvo comienzo. Para el desarrollo del comercio y poder marítimo de Portugal, el viaje de Gama fué colosal impulso, y la grandiosidad del resultado justificó plenamente la perseverancia incomparable con que se había llevado a cabo la idea desde un principio„ (1).

Alabanzas, que no escatimamos, merece Vasco de Gama por su peligrosa y heroica expedición; pero las empresas de Colón y de Magallanes son más importantes. Gama es sólo continuador de arriesgados viajes, mientras Colón y Magallanes se lanzaron a descubrimientos completamente nuevos. Gama casi no se separó de la costa, en tanto que Colón y Magallanes atravesaron océanos ignotos y *tenebrosos;* Gama fué nombrado por su propio Gobierno y escogió la gente entre sus compatriotas, y Colón y Magallanes eran extranjeros que ofrecieron sus servicios a monarcas que no les conocían y que les dieron tripulantes revoltosos y desobedientes. Por último, Gama, más afortunado que Colón y Magallanes, tuvo la suerte de que un gran poeta, Camoens, cantase su expedición en el hermoso poema *Os Luisiadas.*

Por la expedición de Vasco de Gama pudo comprenderse que, si se quería continuar el comercio con la India, era necesario, dada la enemiga de los árabes, el empleo de importantes escuadras o de buques armados en guerra. Los reyes de Portugal siguieron conducta diferente a los Reyes Católicos.

De la segunda expedición nombraron jefe a Pedro Alvarez Cabral; pero conservaron la dirección suprema a Vasco de Gama, quien dispuso y dirigió los preparativos, fijó el derrotero, señaló la conducta que debía seguirse con el soberano de Calcuta, previno terminantemente que no se saltara en tierra sin tener rehenes a bordo y señaló la época en que debía salirse de Portugal. Acordóse—repetimos—nueva expedición, siendo el plan del Gobierno establecerse permanentemente en la costa de Malabar; pero dejando ya las expediciones a la India, pasamos a reseñar las dirigidas al Nuevo Mundo. Si importantes fueron los viajes de los portugueses, no lo fueron menos los de los españoles. De Vasco de Gama pasamos a Alonso de Ojeda.

La primera expedición de Alonso de Ojeda salió del puerto de Cádiz, según Vespucio, el 18 de mayo de 1499, y según Las Casas y He-

(1) Ob. cit., pág. 50.

rrera el 20 del mismo mes y año (1), dirigiéndose a las Canarias y atravesando el Océano, llegó a las playas de Surinam, descubrió la embocadura del Esequibo, que llamó Río Dulce, luego el delta del Orinoco, siguiendo después las huellas de Colón. Estuvo en la isla de la Trinidad, en cuya costa meridional dispuso que desembarcasen veintidós hombres armados. Los naturales, aunque eran caribes, no hicieron oposición alguna. Atravesó el golfo de Paria y la Boca del Dragón, siguió descubriendo hasta el golfo de las Perlas, visitó la isla Margarita, reconoció los islotes de los Frailes, que están a nueve millas al Norte y al Este de la citada isla, yendo a recalar al cabo Isleos (hoy cabo Codera), fondeando en la ensenada de Corsarios, que denominó *Aldea vencida*. Continuó reconociendo toda la costa *de puerto en puerto*, según declaró el piloto Morales en el pleito del Almirante, hasta el Puerto Flechado (hoy de Chichirivichi), donde tuvo que pelear con algunos indios. Desde la Vela del Coro se dirigió á la isla de Curazao, y allí los expedicionarios quedaron sorprendidos de la gran estatura de los indígenas, designando por esto a la isla con el nombre de la de los Gigantes. El día 9 de agosto llegaron al cabo de San Román, que llamaron con dicho nombre por ser la festividad de dicho santo, pasando inmediatamente a la aldea de Coquibacoa, en el golfo de Venezuela, que así denominaron los expedicionarios al ver la gente en viviendas construidas sobre estacadas en el agua cerca de la costa oriental de dicho golfo, pues tales construcciones les recordaron la situación de Venecia, edificada sobre las lagunas del Adriático. Desde el golfo penetraron los barcos (24 de agosto) en el lago de Maracaibo, cuya estrecha entrada llamó Ojeda puerto de San Bartolomé. Siguiendo más adelante se presentó la escuadra (16 de septiembre) en el cabo de la Vela (península de Guajira), al Oeste del citado golfo. Allá lejos divisaron los exploradores alta montaña que denominaron Monte de Santa Eufemia y que era casi seguramente una cumbre de la sierra nevada de Santa Marta. Desde el cabo de la Vela pasó la escuadra a Haití (23 de septiembre).

Aunque el Almirante dispuso que Francisco Roldán fuese contra Ojeda, no llegaron a las manos por la astucia del último. Salió Ojeda para las Lucayas (febrero de 1500), y luego, en las tierras que recorrió, robó 232 indígenas para venderlos como esclavos en España (mediados de junio del citado año). Tuvo la fortuna Alonso de Ojeda de llevar en

(1) Cuéntase que era grande su destreza y agilidad en todos los ejercicios corporales. Un día que la reina Isabel se había subido a la Giralda de Sevilla con la idea de ver desde tanta altura la gente que estaba al pie de la torre, Ojeda anduvo hasta el extremo de una viga que salía 20 pies de la torre, volviéndose con paso rápido y con toda tranquilidad. También se cuenta que desde el suelo arrojó una naranja hasta el punto más alto de la torre, dando con ello una prueba de la fuerza extraordinaria de su brazo.

su importante y famosa expedición como piloto al vizcaino Juan de la Cosa (1) y también al florentino Américo Vespucio (2). Los dos lograron renombre eterno en la historia del descubrimiento del Nuevo Mundo. El primero, esto es, Juan de la Cosa, después del viaje, hizo el primer mapa de América, y Vespucio escribió pintoresca relación del citado viaje. Contestando Ojeda a la pregunta que le dirigieron como testigo en el pleito que se seguía contra los hijos del Almirante, se ocupó de sus descubrimientos y terminó diciendo lo que sigue: *que en este viaje trujo consigo a Juan de la Cosa, piloto, e Américo Vespuche e otros pilotos.*

En dicha expedición, es de creer que—como escribe Pedro Mártir—se dió la vuelta a Cuba, por cuanto Juan de la Cosa, en su famoso mapa, la pone como isla, sin embargo de que algunos años antes declaró, bajo juramento solemne, que pertenecía al continente asiático. Aportó Ojeda a la bahía de Cádiz unos doscientos esclavos, y en aquella ciudad vendió muchos. Además, trajo piedras preciosas, buena cantidad de perlas y granos de oro. El beneficio de la expedición fué escaso o de poca importancia, pues, pagados todos los gastos, se repartieron unos 500 ducados entre 55 personas. La verdad es que era tan grande el deseo de adelantar en los descubrimientos como el de adquirir riquezas.

Mayores beneficios ó ganancias produjo, bajo el punto de vista mercantil, la expedición que hizo, pocos días después, otro insigne navegante, Pero Alonso Niño, natural de Moguer. Era piloto de la carrera de Indias y compañero de Cristóbal Colón en su primero y tercer viaje. Careciendo de dinero suficiente, hubiese malogrado la empresa sin el auxilio del sevillano Luis Guerra, el cual dió medios a Niño para armar una carabela de cincuenta toneles, con la condición de que Cristóbal, hermano del dicho Luis, dirigiese también la expedición. Alonso Niño y Cristóbal Guerra, se hicieron a la vela en Palos, llevando 33 hombres, el mes de junio de 1499. Tocó el barco en la costa de la América Central, donde Guerra y Niño, con anuencia de los indios, cortaron y cargaron palo del Brasil, no lejos del golfo de Paria, pasando luego por la Boca del Dragón. Al salir de las bocas del Dragón se vieron rodeados de diez y ocho canoas de caribes, teniendo que disparar varios tiros de artillería para ahuyentar a aquellos bárbaros. Los nuestros se dirigieron a la isla de la Margarita, donde adquirieron perlas y fueron los primeros españoles que desembarcaron en ella. Pasaron a tierra de Curiana (hoy Cumaná), entrando en un puerto (tal vez el de Mochima

---

(1) Residía a la sazón en el Puerto de Santa María.
(2) Este fué el primer viaje realizado por el célebre italiano, siendo, por tanto, apócrifo el que hizo—según algunos—dos años antes, ó sea el 1497.

o el de Manare). Allí vieron un pueblo de ochenta casas, y habiendo
bajado a tierra, pudieron conseguir que los naturales les diesen algunas
perlas. Dirigiéronse a otra población mayor, en la cual se detuvieron
tres meses: agosto, septiembre y octubre. Asegurados del carácter
pacífico de los indios, bajaron a tierra, siendo recibidos con amistosas
demostraciones. Las casas estaban hechas con maderos hincados en
tierra y cubierta la techumbre con hojas de palma. En los espesos
bosques vieron animales salvajes, como también ciervos, venados y
conejos. No tenían bueyes, ni ovejas, ni cabras. Se alimentaban de pan
de maíz o de raíces, de ostras, de aves, de animales salvajes y no
salvajes. Físicamente considerados llamaban la atención por el color
obscuro del rostro, por sus labios gruesos y por sus cabellos crespos y
largos. Para conservar blanca la dentadura masticaban frecuentemente
cierta hierba. Las mujeres cuidaban de la agricultura y de las cosas de
la casa, en tanto que los hombres se ocupaban de la caza y del juego.
Eran ellas muy laboriosas y ellos diestros cazadores. Cariñosos con los
españoles, permutaban con gusto sus objetos de oro y sus perlas por
las bujerías de los nuestros.

Como indicasen que el oro venía de una provincia llamada Cauchieto, que estaba al Occidente, allá se dirigieron los nuestros: llegaron
el 1.º de noviembre de 1499. Desde Cumaná a Cauchieto habría unas
seis jornadas, y como cada jornada puede conjeturarse de seis a siete
leguas, la distancia era de 36 a 42 leguas. Sumamente dóciles los naturales de Cauchieto, venían en sus canoas a la nave, trayendo el oro
propio de su país y los collares de perlas que adquirían de los de
Curiana. En la tierra hallaron plantaciones de algodón.

Continuaron navegando más de diez días hasta que lograron encontrar hermoso lugar con casas y fortalezas. Después de peligrosa navegación les fué grato llegar a país tan agradable y de vegetación tanta.
Allí las huertas y jardines eran tan bellos que uno de los viajeros no
tuvo inconveniente en decir que jamás había visto paraje más delicioso.
Intentaron desembarcar, oponiéndose a ello unos dos mil indios con
macanas, arcos y flechas. No dejó de extrañarles semejante novedad.
Retrocedieron á Curiana y allí volvieron a hacer nuevo acopio de perlas, algunas del tamaño de las tan celebradas de Oriente. Según Mártir, a quien sigue Muñoz, el 6 de febrero de 1500 tomaron la vuelta
para España (1), y a los sesenta y un días de navegación arribaron
buenos y contentos al puerto gallego de Bayona. El beneficio del viaje
fué de alguna consideración y sirvió de cebo para que algunos se dispu-
siesen a nuevas empresas.

_____
(1) Otros dicen que el 13

A principios de diciembre del mismo año de 1499, Vicente Yáñez Pinzón, célebre compañero del Almirante, se hizo a la vela en el puerto de Palos con rumbo a las Indias. Llevaba cuatro carabelas que había podido armar con la ayuda de su sobrino Arias Pérez y de otros parientes y amigos. Acompañábanle los afamados pilotos Juan de Quintero, Juan de Umbría y Juan de Jerez, también antiguos compañeros de Cristóbal Colón. Pasaron las Canarias, cruzaron el Atlántico, no sin que recia borrasca llenase de terror a nuestra gente, y llegaron a encontrar la costa americana sobre los 8º de latitud Sur; dicha tierra—pues tanto era el deseo que tenían de encontrarla—recibió el nombre de *Santa Maria de la Consolación*. Tiempo adelante se llamó aquel lugar cabo de San Agustín, algo al Sur de Pernambuco (Brasil) (1). Vicente Yáñez Pinzón desembarcó con escribano y testigos, tomando posesión del país en nombre de Castilla. En los dos primeros días no vieron hombre alguno; posteriormente se les presentaron algunos de elevada estatura y desnudos por completo. Eran uraños y bastante belicosos. Continuaron los españoles hacia el Ecuador, y en la boca de un río, donde hicieron aguada, tuvieron que pelear con los indios, a los cuales castigaron enérgicamente, aunque con la pérdida de diez españoles. Compraron, por tanto, cara la victoria.

¿Tomó parte Américo Vespucio en dicha expedición? El relato del segundo viaje de Vespucio es exactamente el mismo que el de Lepe, si bien es de extrañar que no cite el nombre del jefe, ni haya conformidad en las fechas de partida ni de llegada de la una y de la otra. Sea de ello lo que quiera, lo cierto es que el cabo de San Agustín, visitado dos veces por Vespucio, adquirió suma importancia por haber servido de base, una vez fijada la situación, para determinar el meridiano de demarcación entre los descubrimientos y conquistas de los españoles y de los portugueses.

Consideremos la expedición portuguesa de Pedro Álvarez Cabral. Este insigne marino, llevando como capitanes a Bartolomé Díaz, el descubridor del Cabo de Buena Esperanza, y a Nicolás Coelho, el compañero de Vasco de Gama, al frente de una flota compuesta de 10 buques mayores y tres menores, salió del puerto de Lisboa el día 9 de marzo del año 1500. La corriente ecuatorial llevó los buques, no hacia Calcuta, como se proponía Cabral, sino a las playas del Brasil. Dada, pues, la dirección que llevaban las expediciones marítimas de los portugueses, es evidente que un poco antes o un poco después habían de descubrir la América Meridional, aunque el proyecto de Colón no hubiese encontrado apoyo en los Reyes Católicos.

---

(1) Antiguo documento atribuye el descubrimiento del Brasil a Juan Ramalho en 1490.

De modo, que, huyendo de las gruesas mareas del Cabo de las Tormentas, y buscando mejores vientos para doblarlo, se fué engolfando la armada hacia Occidente. Navegaron de este modo, según Gaspar Correa, cronista de la India, *para que os ventos lhe fossem mais largos pera navegar pera o cabo.* "La capitana, añade el ilustre escritor, que iba delante, vió tierra a barlovento un domingo al amanecer, de lo que hizo señal disparando un falconete, y fué corriendo por ella y descubriéndola, que era gran costa y tierra nueva que nunca había sido vista, y estando cerca, corriendo al largo de ella, vieron grandes arboledas a orillas del mar, y por el interior grandes montes y serranías, y ríos muy anchos y grandes ensenadas, y siendo ya tarde vieron una gran bahía, en la que el capitán mayor entró sondando. Y hallando buen fondeadero dió fondo, y así lo hizo toda la armada. El capitán mayor botó un esquife al agua, y lo mismo hicieron los capitanes, y fueron a ver al capitán mayor, el cual mandó a Nicolás Coelho en su esquife con el piloto moro que fuese a tierra y viese si podía venir al habla con la gente de ella; y fué con diez hombres que llevaban lanzas y ballestas, porque aún no había escopetas, y saltó a tierra y halló poblaciones de chozas, en las que encontró gentes blancas y bárbaras, desnudas completamente, así los hombres como las mujeres. Algunos hombres vestían telas de malla de algodón y se adornaban con plumas de aves de variados colores y muy hermosas que hay en el país, especialmente papagayos, grandes como patos, con plumas de muchos colores. Eran tan pacíficos los habitantes que no huían, ni hacían daño, ni tenían armas: sólo unos arcos grandes con flechas de caña... No tenían en las casas ropa alguna, sino únicamente redes de hilo de algodón, que ataban por las puntas, las colgaban y dormían en ellas. Nadie podía entender la lengua de aquellos habitantes. La mayor parte de los árboles tenían una madera roja, la cual, echada en agua, la teñía de hermoso rojo; y se hallaron en esta tierra otras cosas que no describo y que después se descubrieron."

Siguiendo con no poco trabajo su ruta, llamóles la atención que el agua del mar se convirtiera en dulce en un espacio bastante dilatado; era que se encontraban en la desembocadura del río Marañón, llamado después de las Amazonas y de Orellana. Desagua por dos brazos principales divididos por la isla de Marajó (San Juan de las Amazonas). De tantas y tan largas fatigas pudieron descansar en la mencionada isla, cuyos habitantes les recibieron con señales de buena amistad. Retiráronse de aquellos sitios porque el *pròròca*, fenómeno del Amazonas y de otros ríos, puso en gran peligro las carabelas, llegando felizmente al golfo de Paria. En el camino tocaron con pequeños y pobres pueblecillos, y con grupos de indios errantes, quienes huían asustados y tímidos a cobijarse en la espesura de los bosques o en la cima de las montañas. Habremos de notar que los habitantes de Paria, tan buenos y dóciles con el Almirante Cristóbal Colón, se dispusieron a la sazón a pelear con los españoles.

Marcharon a la Española, a donde llegaron el 23 de junio, pasando luego a la Isabela, llamada por los indios *Saometo* o *Jumeto*, y en seguida a los bajos de Babura (tal vez *Babueca)*, teniendo la desgracia de perder dos carabelas (julio de 1500). Con las otras dos tomaron el camino de España, llegando a Palos el 30 de septiembre. Entre otras cosas trajeron piedras que se calificaron de finos topacios y gran cantidad del palo de tinte; también animales raros, llamando especialmente la atención el conocido con el nombre de *zarigüeya*.

Al mismo tiempo que salía Pinzón del puerto de Palos, se disponía Diego de Lepe a emprender igual viaje con dos carabelas. Llegó cerca del cabo de San Agustín, que llamó *Rostro Hermoso*. Desde allí llevó, con corta diferencia, el mismo derrotero que Pinzón, esto es, por delante del Marañón a la tierra de Paria. En el Marañón cautivó algunos naturales, y él perdió algunos hombres. El mayor fruto de esta expedición fué, no sólo haber doblado el cabo de San Agustín, sino haber dado a conocer que la costa de la nueva tierra firme continuaba por el Sudoeste. De tal descubrimiento, hecho ya por Pinzón, hizo Lepe un mapa para el obispo Fonseca, según declaró el piloto Andrés de Morales en el pleito del Almirante. Recordaremos en este lugar que el citado mapa fué consultado andando el tiempo por Juan Díaz de Solís. Es de justicia referir que Lepe descubrió al Sur más tierra que otro alguno en aquella época, y aun de diez ó doce años adelante. El mérito de nuestro navegante no deja de tener importancia. En empresa tan arriesgada le sirvieron de guía Bartolomé García, genovés; Andrés García Valdín, García de Vedía y el famoso piloto Bartolomé Roldán.

Lepe regresó por Haití a España, donde debió llegar antes de noviembre de 1500, y murió en Portugal, según declaró el piloto Andrés de Morales en el citado pleito del Almirante.

"El capitán mayor, con otros capitanes bajó a tierra, donde estuvo cinco días, y los hombres que penetraron más en el interior, no hallaron quien les hiciese daño alguno." Con los indígenas se establecieron cordiales relaciones. Asistieron aquéllos con gran recogimiento al santo sacrificio de la misa. Portugueses y brasileños construyeron una cruz muy grande de madera, que colocaron cerca de la playa, adorándola con mucha devoción unos y otros. Celebráronse también fiestas populares. Si los indios bailaban al son de la *yanubia* y eran el encanto de los portugueses, éstos, en cambio, daban conciertos de guitarra durante las deliciosas noches tropicales, y eran la alegría de los indios. Uno de los tripulantes, llamado Diego Díaz, *homem mui prazenteiro*, dice el cronista, mostró muchas habilidades en la playa. El 3 de mayo, día en que celebra la iglesia la *Invención de la Santa Cruz*, salió Cabral de aquellas costas que dió el nombre de *Tierra de Santa Cruz* y que poco después se llamó Brasil.

Mandó Cabral al rey D. Manuel un buque, en el cual iban los productos y las riquezas de aquella tierra. Como lastre trajo el buque *uns paos vermelhos aparados que eran muy pesados é que chamarão brasil per sua vermelhidão ser fina como brasa*. Aquel palo dió nombre al país. No huelga decir aquí que si Vicente Yáñez Pinzón, Diego de Lepe o algún otro descubrieron el Brasil, sólo el descubrimiento de Cabral produjo sus frutos.

Desde el Brasil, y llevando como segundo al castellano Sancho de Tóvar (1), se dirigió, al través del Océano, al cabo de Buena Esperanza, en cuyas cercanías se fueron cuatro buques a pique, entre ellos el de Bartolomé Díaz. Vino a morir navegante tan insigne junto al cabo por él descubierto. Pedro Alvarez Cabral marchó a Mozambique y después a Quiloa, y el 2 de agosto llegó a Melinde, con cuyo soberano estableció Cabral, como antes Vasco de Gama, relaciones de amistad. En esta ocasión dió también aquel soberano dos prácticos, los cuales condujeron la flota en diez y seis días a la India. El 23 de agosto estaban en las Andiedivas; allí permanecieron dos semanas calafateando los barcos y tomando agua dulce. Pronto se rompieron las buenas relaciones de Cabral con el Samorin, hasta el punto que, la gente del pueblo, excitada por los moros, atacó los almacenes de los portugueses y mató al factor y a algunos más, teniendo Cabral que disparar todo un día sus cañones contra la ciudad e incendiar 15 buques dentro del puerto.

En lugar de dirigirse Cabral a Calcuta, marchó con su flota más al Sur, a Cochin, cuyo soberano le invitó a pasar a su capital y puerto, donde hizo su cargamento de especias, como también en Collam, al Sur de Cochin, pues este soberano o rajá se manifestó de igual manera amigo de los portugueses. Pasaron luego a Cananor, esperando que el rajá del país tuviese con ellos el mismo generoso comportamiento que antes había tenido con Vasco de Gama. No se equivocaron, pues allí completaron los cargamentos con canela y gengibre. El 16 de enero de 1501 se hizo la flota a la vela, tocó en Melinde, se detuvo en Mozambique y después de varios sucesos, más adversos que favorables, entró en Lisboa en el mes de octubre de 1501.

---

(1) Sancho de Tóvar debía encargarse de la jefatura, si Cabral fallecía en la expedición.

CAPÍTULO XXVI

Expedición de Rodrigo de Bastidas.—Expedición de Alonso de Ojeda.—Viajes de Américo Vespucio, al servicio de Portugal.—Colón y Vespucio en Sevilla.—Vespucio al servicio de España.—Origen del nombre América.—Expediciones de Cristóbal y Luis Guerra, y de Juan de la Cosa.—Real Cédula en favor de Bastidas.—Capitulación hecha con Ojeda.—Capitulación con Yáñez Pinzón.—Viajes de Yáñez Pinzón y de Solís.—Privilegio en favor de Nicuesa y de la Cosa.—Viajes de Ojeda y de Nicuesa.—La Española, Cuba y Puerto Rico en aquellos tiempos.—Expedición de Ponce de León a la Florida y luego a Bimini.—Pérez de Ortubia en Bimini y Ponce de León en Puerto Rico.

Rodrigo de Bastidas, vecino y escribano de la ciudad de Sevilla, en el arrabal de Triana, salió de la citada población en el mes de octubre del año 1501. Llevaba en su compañía a Juan de la Cosa, vizcaíno, "que por entonces era el mejor piloto que por aquellos mares había„ (1). Acompañó a Cristóbal Colón en uno de sus viajes, y acababa de recorrer con Ojeda las costas de Venezuela. La primera tierra que visitó Bastidas fué una isla, a la que dió el nombre de *Verde*, situada entre la Guadalupe y la Tierra Firme. Visitó el golfo de Venezuela y los territorios al Sur y Oeste de la comarca de Coquibacoa. Desde el cabo de la Vela continuó sus descubrimientos; tocó en la costa de la sierra nevada de Santa Marta, pasó la desembocadura del río de la Magdalena, avistó el puerto de la galera de Zamba y el de Cartagena, la isla de Barú y las de San Bernardo, y siguiendo su derrota al Sur y al Oeste descubrió la isla Fuerte y la Tortuguilla, el puerto de Cispata y río Sinú, punta Caribana, entrando en el golfo de Darién o de Urabá. Costeó el istmo de Darién hasta la punta de San Blas o puerto de Escribanos, llamado así porque—como hemos dicho—Bastidas había desempeñado el mencionado cargo en Sevilla. Debemos notar que Bastidas estuvo en el puerto de Escribanos o del Retrete y del Nombre de Dios antes que Cristóbal Colón, pues el descubridor del Nuevo Mundo no llegó allí hasta el 26 de noviembre de 1502. El trazado de la costa septentrional

_____
(1) Las Casas, lib. II, cap. 2.º

de la América del Sur se completó con el viaje del escribano de Sevilla.

Conocedor Bastidas del carácter de los indígenas, comerció hábilmente con ellos, logrando recoger abundante cantidad de oro y perlas. Tuvo que volver a la Isla Española y fondear en la isleta llamada del *Contramaestre*, porque sus barcos fueron agujereados por el *broma* (caracol que horada e inutiliza la quilla de las embarcaciones). Salió para Cádiz, viéndose obligado a causa de los temporales y de las averías de sus barcos, a arribar al cabo de la Canongía, donde permaneció un mes. Dióse otra vez a la vela; mas también hubo de dirigirse, por la repetición de recias borrascas, hacia el puerto de Xaragua (hoy Puerto Príncipe). Allí, continuando los malos tiempos, perdió sus navíos, cuyo valor, con los esclavos, oro, brasil y otras cosas que conducían, era de consideración. Las riquezas que se pudieron salvar fueron llevadas á Santo Domingo, "y allí—dice el P. Las Casas—las vide yo entonces y parte del oro que había habido, (1). Bobadilla, a la sazón gobernador de la Española, le sometió a juicio, porque, según se decía, había malgastado grandes cantidades en hacer rescates y ventas con la gente de Xaragua y otras. Se le mandó a España y entró en Cádiz (septiembre de 1502).

Compadecidos los reyes del intrépido navegante, en premio de sus servicios le concedieron pequeña pensión vitalicia sobre los frutos procedentes de la provincia de Urabá y de la llamada del Cenú, sobre la bahía del mismo nombre. Igual pensión se concedió al piloto Juan de la Cosa. Las Casas dice que Bastidas vino en la flota que traía a Bobadilla y en un navío que pudo libertarse de la tormenta (2), aunque no preso, como aseguró Oviedo (3).

Alonso de Ojeda emprendió en enero de 1502 su segundo viaje, habiendo obtenido del Gobierno la concesión de los territorios que forman el golfo de Maracaibo con el título de gobernador de Coquibacoa. Con los buques de *Santa María de la Antigua*, *Santa María de la Granada*, *la Magdalena* y *Santa Ana*, mandados respectivamente por García de Ocampo o del Campo, Juan de Vergara, Pedro de Ojeda y Hernando de Guevara, pasó Alonso de Ojeda por la Gran Canaria y por la isla de la Gomera, arribando a la isla de Santiago en Cabo Verde, donde se detuvo ocho o diez días. Llegó al golfo de Paria, descubriendo después muchas tierras. La primera que descubrió fué el lugar que llamaron los *anegados* o *anegadizos* de Paria. Mientras se lim-

(1) Lib. II, cap. II.
(2) Lib. II, cap. V.
(3) Lib. III, cap. VIII.

piaban los buques, pudo la gente recoger corta cantidad de perlas y dos o tres clases de gomas de mucho color. Viéronse caníbales que habitaban allí, los cuales mataron a un cristiano, teniendo Ojeda que tomar sus medidas, temeroso de ser atacado.

Ya habilitados los cuatro navíos, salieron el 11 de marzo de 1502. Antes de llegar a la Margarita, se separó Guevara con su carabela *Santa Ana* y anduvo perdido algunos días. El 14 se dirigió Ojeda al puerto de la Codera, al cual llegó Guevara en la mañana del 15, no encontrando las dos naos la *Magdalena y Santa María de la Granada* porque habían marchado en busca del citado Guevara. Cansado de esperar Alonso de Ojeda salió del puerto de la Codera y siguiendo la costa hizo alto en una tierra que los indios llamaban *Curiana* y él le dió el nombre de *Valfermoso*. Pocos días después llegaron la *Magdalena* y *Santa María de la Granada*.

Convencidos de la necesidad de establecer una colonia, se dedicaron a la realización de la idea, tomando a viva fuerza de los naturales del país todo lo que les era indispensable. Los pobres indios se vieron robados y quemadas sus casas, llegando los españoles a matar unos siete u ocho en la refriega; de los nuestros fué muerto el escribano de una carabela, Juan de Guevara. Ojeda se cruzó de brazos ante las tropelías cometidas por Vergara y Ocampo, quienes hubieron de apoderarse de algunas indias. Después de algunos sucesos de menos importancia y después de recorrer costeando algunos puertos, siempre buscando el vellocino de oro, Ojeda, deseoso de hacer asiento y población, se detuvo en el puerto de Santa Cruz, que debió ser el conocido hoy con el nombre de *Bahía-honda*. De modo que en la parte Oriental del golfo de Venezuela resolvió Ojeda fundar la colonia, que no pudo llevar a cabo, ya por las hostilidades de los indígenas, ya por el motín de los tripulantes capitaneados por Vergara y Ocampo.

Decían los enemigos de Ojeda que éste en sus frecuentes incursiones en tierra de indios se apoderaba de todo lo que podía y no daba parte a Guevara y a Ocampo. Además, la gente estaba fatigada, el trabajo era grande, la ración escasa y la estación cruel; además temían que los navíos, comidos de la *broma,* se fueran a pique antes de poder salir de allí para la Isla Española. Los resentimientos y aun enemiga entre los partidarios de Ocampo y de Vergara por un lado y los de Ojeda por otro, eran cada vez mayores. Con la excusa de que Ojeda viese el pan que Ocampo había traido en su último viaje de Jamaica, acordaron detenerle en el navío para conducirlo a disposición del gobernador de la Española. Decían Vergara y Ocampo que tomaban tal determinación por los deservicios que Ojeda había hecho y también porque se guardaba todas las ganancias para sí. Intentó huir Ojeda para presentarse en Santo Domingo; pero le cargaron de cadenas. Debió suceder todo esto a últimos de mayo o comienzos de junio de 1502. Salieron del puerto de Santa Cruz y llegaron en los primeros días de septiembre a la provincia de Haniguayaga, donde Vergara y Ocampo entregaron a Ojeda. Se hizo cargo de él el comendador Gallego, trasladándole a la ciudad de Santo Domingo. De la sentencia, dada en 4 de mayo del año siguiente, apeló Ojeda ante SS. AA. y los señores de su Consejo, siendo absuelto en Segovia a 8 de noviembre de 1503. No habiendo reclamado de la sentencia la parte contraria, mandaron los reyes en Medina del Campo a 5 de febrero de 1504 darle la ejecutoria.

El rey D. Manuel de Portugal envió a Sevilla al florentino Juan Bartolomé del Giocondo para hacer proposiciones a Américo Vespucio, a quien deseaba atraer a su servicio. Hízose de rogar el insigne marino, aceptando al fin las proposiciones y marchó a Portugal (1). En mayo de 1501 salió del puerto de Lisboa en una escuadra, tal vez en calidad de astrónomo, pues era diestro como ninguno para determinar por medio del cuadrante la latitud de un lugar. No conocemos el nombre del jefe que mandaba la expedición. Sabemos que siguieron los expedicionarios la costa de África hasta más allá del Cabo Verde y luego atravesaron el Océano con rumbo más al Oeste. Cerca del Ecuador espantosa tempestad detuvo dos meses a los buques en el camino, no llegando a la costa americana hasta el 16 de agosto. Casi desde el cabo de San Roque marcharon en dirección Sudoeste, pasando el cabo de San Agustín el 28 del mismo mes; el día de San Miguel se descubrió el río de este nombre y el 4 de octubre el río de San Francisco. Recorrieron la costa descubierta por Cabral, conociendo que dicha costa no era de una isla, sino de un continente. Pasaron el río que llamaron de Santa Lucía y que debe ser el conocido hoy con el nombre de *Río Doce* (13 de octubre), llegando el 21 al cabo de Santo Tomás. Descubrieron la boca de la bahía del Río Janeiro, tal vez el 1.º de enero de 1502, el 6 la ensenada de los reyes, el 22 el puerto de San Vicente, poco después Cananea, el 22 de abril playas deshabitadas y llenas de arrecifes, probablemente las de Patagonia e islas de Falkland, atravesando en seguida el Océano en busca de Sierra Leona. En la costa de Sierra Leona hizo quemar uno de los tres buques porque estaba inservible, marchando a las Azores con los dos restantes y entrando en Lisboa el 7 de septiembre de 1502.

Tuvo este tercer viaje de Vespucio bastante utilidad para los cono-

(1) Otros dicen que no hubo tales proposiciones y creen que tomó parte en los viajes sin contar con el Rey.

cimientos geográficos. Había recorrido la cuarta parte del mundo. Sus descripciones de la rica naturaleza tropical, de la belleza del firmamento y la certeza de haber llegado viendo costa por lo menos hasta los 50 grados de latitud Sur, dieron no poca fama a Vespucio. También merece fama dicho marino porque fué el primero que anunció la idea de ir a la India dirigiéndose desde Portugal al Sudoeste para doblar el continente americano, cuya idea realizó diez y seis años después Magallanes.

Otra expedición en que Vespucio tomó parte la mandaba Gonzalo Coelho; se componía de seis buques y zarpó de Lisboa el 10 de junio del año 1503. Desde Sierra Leona tomó rumbo al Sudoeste encaminándose a la costa del Brasil y teniendo pronto el sentimiento de ver el naufragio del buque principal (la *Capitana*), que tropezó en una roca, junto a una isla poco apartada de dicha costa. Los buques, cada uno por su lado se dirigieron a la bahía de *Todos los Santos* o sólo Bahía, como vulgarmente se la llamaba. Aguardó Vespucio con su buque y otro a los tres restantes; mas viendo que no llegaban, se hizo a la vela, siguió la costa hacia el Mediodía y fundó a los 18º de latitud Sur la primera colonia en el Brasil, con 24 hombres de la tripulación del buque que le acompañaba y que allí había encallado. Cargó un buque de palo de Brasil y salió para Portugal el 2 de abril, llegando a Lisboa el 18 de junio de 1504. El encargo que Vespucio llevaba de ir a la India fracasó completamente.

Desde Lisboa marchó Vespucio a Sevilla, donde vió a Colón en febrero de 1505, tratándose ambos como compañeros de infortunio y víctimas de la ingratitud de los reyes. Cristóbal Colón escribió a su hijo: "Vespucio me ha hecho favores. La fortuna ha sido adversa a este hombre de bien, como a muchos otros." Aprovechando Fernando el *Católico* la estancia de Vespucio en Sevilla, intentó atraérselo. Comenzó haciéndole un regalo el 11 de abril de 1505; algunos días después Felipe el *Hermoso* le concedió derecho de ciudadanía española. Desde entonces fué fiel a su patria adoptiva. Se dice que hizo último viaje a América, no consiguiendo extender ya sus descubrimientos anteriores. El año 1508 se le nombró piloto del reino con 200 ducados de sueldo, con la obligación de examinar a los que aspiraban al título de pilotos. Hizo algunos mapas, no conservándose ninguno original, aunque sí la copia del del Nuevo Mundo (*Tabula terræ novæ*), publicado en la edición de Ptolomeo hecha en Estrasburgo, año 1513. Murió en Sevilla el 22 de febrero de 1512. (Apéndice X.)

Se ha dicho y repetido hasta la saciedad que si Colón tuvo la desgracia de morir en Valladolid olvidado de todos, Vespucio, más afortunado, cinco años antes de su muerte, vió que al nuevo continente se le daba en su honor el nombre de América. Es cierto que Colón murió olvidado en la ciudad del Pisuerga, y también lo es que el Nuevo Mundo recibió el nombre de América en honor de Américo Vespucio, uno de los primeros exploradores de aquellas tierras; pero cuya fama es bastante menor que la de Cristóbal Colón. El nombre de América, aplicado al conjunto de las regiones que forman el Nuevo Mundo, aparece, por vez primera el 1507, en un opúsculo publicado en Saint Dié (Lorena) por jóvenes del *Gymnase Vosgien*, asociación de literatos e impresores constituida con el apoyo y protección del duque de Lorena. El citado nombre, bajo la primitiva forma de *Amerrique* fué introducido en la *Cosmographiae Introductio*, capítulo IX, por Hylacomylus (o sea Waldseemüller), profesor de Geografía de Saint Dié.

Trasladaremos a este lugar las palabras de Waldseemüller: "Pero ahora estas partes (Europa, Asia y Africa), han sido más extensamente exploradas, y otra cuarta parte ha sido descubierta por Américo Vespucio (como se verá luego : y no veo qué razón impediría llamarla Amerige o América, esto es, tierra de Américo, según el nombre de su descubridor Américo, varón de sagaz ingenio, así como Europa y Asia traen sus nombres de mujeres. Su situación y las costumbres de sus habitantes, se comprenderán claramente por las dos navegaciones de Américo, que siguen„ (1). Dícese que el primero que se opuso a que se diere al nuevo continente el nombre de Américo, fué el insigne Miguel Servet, condenado a la hoguera en Ginebra por Calvino. Waldseemüller primero y la costumbre después pudieron más que la honrada protesta de Servet, y el nombre de América pasó lentamente al dominio público. Son raros los mapas del siglo XVI, en que los nuevos territorios se señalen como independientes del Asia y se les denomine América. En los citados mapas, además del nombre América, se hallan otros, como Terranova, Brasil, Santa Cruz, Atlántide, Peruana y Nueva India. Ya en el siglo XVII se admitió por todos la denominación de América. "Ni presión oficial —escribe Reclus— ni la intervención de famosos escritores, intervinieron en la paulatina adopción de la palabra; proviene de los mismos pueblos. La eufonía entra por mucho en la acogida favorable que obtuvo de los idiomas europeos: merced a esta eufonía, la enumeración de los continentes, termina de una manera agradable al oído: *Europa, Asia, Africa y América*. En los anales de la humanidad, ya tan

(1) *Nunc vero et haec partes sunt latius lustrate et alia quarta pars per Americum Vesputium (ut in sequentibus audietur) inventa est; quam non video an quis iure vetet ob Americo inventore sagacis ingenii viro Amerigem quasi Americi terram sine Americam dicendam; cum et Europa et Asia a mulieribus sua sortita sunt nomina. Eius situm et gentis mores ex bis binis Americi navigationibus que sequntur liquide intellige datur.*

llenos de injusticias, la cadencia de las sílabas ha contribuído a que prevalezca una injusticia más„ (1).

Del escritor norteamericano Charles F. Lummis son las palabras que copiamos: "Llamar América a este continente en honor de Amérigo Vespucio fué una injusticia, hija de la ignorancia, que ahora nos parece ridícula; pero de todos modos, también fué España la que envió el varón cuyo nombre lleva el Nuevo Mundo„ (2).

Continuando el relato de las expediciones a las Indias, salieron dos en el año 1504: una mandada por Cristóbal y Luis Guerra, y otra a las órdenes de Juan de la Cosa. Las dos expediciones, después de haber saqueado las costas de Venezuela y de apoderarse de cuanta gente pudieron para venderla en seguida, sufrieron no pocos trabajos y terribles desgracias. Naufragaron varios buques junto al golfo de Darién, viéndose los expedicionarios en grandes apuros, sin exceptuar el hambre y las enfermedades. De los 200 individuos que salieron en ambas expediciones, pudieron llegar unos 40 a Jamaica, luego a Haití y, por último, a España. "En ese año de 1504—dice Reclus—cuando Colón dejó el Nuevo Mundo para ya no volver a él, conocíase en su mayor parte la costa oriental de los dos continentes, en tanto que el mar de las Antillas, la primera región descubierta, no se había explorado sino por la parte meridional. Desde el descubrimiento de las islas de Bahama por Colón, transcurrieron veinticinco años antes que las naves españolas penetrasen en el golfo de México, a no ser costeando la isla de Cuba. Para los españoles era poco importante la metódica exploración de las costas del Nuevo Mundo; lo que buscaban eran mares abundantes en perlas o bien tierras ricas en oro y esclavos (3).

La capitulación que los Reyes Católicos hicieron con Juan de la Cosa, se firmó en Medina del Campo el 14 de febrero de 1504 (4). Concedieron los reyes que el citado navegante pudiese ir a las tierras e islas de las Perlas, al golfo de Urabá y a otras islas y tierra firme del mar Océano que están descubiertas o por descubrir, siempre que no fuesen de las que descubrió Cristóbal Colón, ni de las islas y tierra firme que pertenecían al rey de Portugal. Exigían los reyes a Juan de la Cosa la quinta parte de todo lo que encontrase, y le dejaban las otras cuatro partes para que pudiera disponer de ellas a su voluntad. Le concedieron tomar seis o más indios de los que dejó en la Isla Española Rodrigo de Bastidas para llevarlos a las tierras del golfo de Urabá, como también a Juan Buenaventura, si quisiera ir con él; además podría

(1) *Geografía Universal*, América del Norte, etc., págs. 2 y 3.
(2) *Los exploradores españoles del siglo XVI en América*, pág. 60.
(3) Ibidem, pág. 24.
(4) *Archivo de Indias.*—E. 139.— C. 1.—*Colec. de doc. inéd.*, etc., tomo XXXI.

tomar agua, leña u otros bastimentos, pagando por ellos lo que valieren. Le autorizaron para que él y los que le acompañasen, edificaran casas y pueblos, y cultivaran heredades. Mandáronle terminantemente que no llevase consigo a ningún extranjero. Hizo el viaje en cuatro navíos, y al Rey, por el quinto que le pertenecía de ganancias, le correspondieron 491.708 maravedís. A la Cosa se le concedieron 50.000 maravedís vitalicios.

En la capitulación que se hizo con Alonso de Ojeda en Medina del Campo y con fecha 30 de septiembre de 1504 (1), se disponía que el citado Ojeda podía ir a las tierras e islas de las Perlas, al golfo de Urabá, a la tierra antes descubierta por el mismo navegante y a otras islas y tierra firme del mar Océano, siempre que no fuesen de las descubiertas nuevamente por Colón (las cuales se hallan más allá de los lugares visitados antes por el mismo Ojeda y Rodrigo de Bastidas) ni de las que pertenecen al rey de Portugal. En las dichas tierras se le autorizaba para "rescatar é aber de otras qualesquier manera oro é plata é guanines ó otros metales é alxofar é piedras preciosas, é mostruos é serpientes é animales é pescados, é aber especierías é droguerías é otras qualesquier cosas de qualquier género é nombre que sean, en tanto que non podays traer esclavos, *salvo los questan en la isla de Santo Domingo é isla Fuerte, é en los puertos de Cartagena en las islas de Barú que se dicen Caníbales.*„ Mandaban los reyes que levantase una fortaleza donde antes la había hecho, o en otra parte que fuera más conveniente.

Hízose otra Capitulación ó Asiento por el Rey Católico (24 de abril de 1505) con Vicente Yáñez Pinzón, que se firmó en Toro y por la cual se autorizaba a dicho navegante poblar la isla denominada *San Juan,* que se halla en el mar Océano, cerca de la Española 2). Hace notar el Rey los buenos servicios hechos por Pinzón, principalmente en la conquista de la Isla Española y en el descubrimiento de otras tierras e islas en el mar Océano.

Después del cuarto viaje de Colón, se suspendieron por breve tiempo las expediciones de los castellanos, y decimos por breve tiempo, puesto que en el año 1506, Fernando el *Católico* autorizó a Vicente Yáñez Pinzón y a Juan Díaz de Solís para que emprendiesen un viaje marítimo. En efecto, llegaron a la isla de Guanaja, y navegando al Oeste, reconocieron el golfo de Honduras y una parte de la costa de Yucatán.

Andando el tiempo, Fernando V expidió Real cédula (23 de marzo

---

(1) *Archivo de Indias.* – E. 139 – C. 1.º – *Colec. de doc inéd, etc.,* tomo XXXI, págs. 258-272.

(2) *Arch. de Indias.* —E. 139. – C. 1.º *Col. de doc. inéd. etc.,* tomo XXXI. págs. 309-317.

de 1508), encargando a Pinzón y a Solís que procurasen descubrir un Estrecho—si dicho Estrecho existía, como opinaban algunos—al Norte de Yucatán, y por el cual se comunicasen los mares Atlántico y Pacífico. Con tal objeto salieron de Sanlúcar el 27 de junio de 1508. Como la península del Yucatán era a la sazón conocida imperfectamente, la cédula decía que irían "á la parte del Norte facia Occidente., Y con el objeto de evitar rozamientos con Portugal, se les prohibía arribar a las posesiones del dicho reino, pues tales eran las palabras de la Real carta. "No tocareis (en el Brasil) so aquellas penas é casos en que caen é incurren los que pasan é quebrantan mandamientos semejantes, que es perdimiento de bienes é personas é nuestra merced.,

Afirma algún historiador que Yáñez Pinzón y Díaz de Solís, faltando a las instrucciones recibidas, en vez de navegar por la costa septentrional de América en busca del Estrecho, se dirigieron al Sur explorando las costas hasta los 40º de latitud. Así lo dice el cronista Herrera, cuyas palabras trasladaremos a este lugar: "Partieron de Sevilla el año pasado (1508), y desde las islas de Cabo Verde fueron a dar en la Tierra Firme, al cabo de San Agustín., (1). No creemos que tenga razón Herrera, por cuanto se halla probado que obedientes a las órdenes que habían recibido, los insignes navegantes recorrieron sólo la costa de la América Central, pasando cerca de Santo Domingo a la ida, y entrando a la vuelta en la dicha población. De igual modo cuenta la expedición el P. Las Casas (2).

Fué de lamentar que las rivalidades entre Pinzón y Solís les obligasen a volver a España (3). Llegaron a las playas españolas a últimos de octubre del año 1509. Formóseles proceso por la Casa de la Contratación, resultando culpable Solís, a quien se mandó preso a la cárcel de corte, e inocente Yáñez Pinzón. Posteriormente, habiendo quedado libre y absuelto de todos los cargos Solís, se le pagaron, con fecha de 24 de abril del año 1512, treinta y cuatro mil maravedís como recompensa del tiempo de su prisión y pleito, además del salario de piloto mayor, de cuya plaza tomó posesión por fallecimiento de Américo Vespucio, asentándosele en los libros sólo sesenta y cinco mil marave-

---

(1)   *Década I*, lib. VI, cap. IX.

(2)   *Hist. de las Indias*, lib. II, cap. XXXIX.

(3)   En un asiento o capitulación hecho en Granada el cinco de septiembre de mil quinientos treinta y uno, los reyes dicen a Vicente Yáñez Pinzón que, recordando que «por nuestro mandado é con nuestra licencia é facultad fuisteis á vuestra costa é minsion con algunas personas ó parientes é amigos vuestros» a descubrir ciertas islas y Tierra firme «Tenemos por bien é queremos, que en quanto Nuestra merced é voluntad fuere, ayades é gocedes de las cosas que adelante en esta capitulacion serán declaradas ó contenidas...» Después de descubrir Islas y Tierra Firme llegaron al Cabo de San Vicente, no sin sufrir grandes trabajos y bastantes pérdidas.—*Colec. de doc. inéd.*, tomo XXII, págs. 300-307.

dís, porque los diez mil restantes se asignaron como pensión a la viuda de su antecesor (1).

Con fecha nueve de junio de mil quinientos ocho años, Diego de Nicuesa, caballero muy querido en la corte de Castilla, y el famoso piloto Juan de la Cosa, en representación de Alonso de Ojeda, solicitaron del Rey (1509) permiso para fundar colonias en las Islas y Tierra Firme de América. Obtuvieron en seguida lo que deseaban. Dividióse dicha Tierra Firme, trazando una línea en el golfo de Darién, dando la parte oriental (Nueva Andalucía) a Alonso de Ojeda y la parte del Norte y la del Oeste (Castilla del Oro) a Nicuesa. La Nueva Andalucía, por tanto, comprendía desde el cabo de la Vela hasta la mitad del golfo de Urabá; la Castilla del Oro desde el golfo de Urabá hasta el cabo Gracias a Dios. Indispusiéronse ambos gobernadores (Ojeda y Nicuesa), resolviendo el conflicto Juan de la Cosa, quien fijó como límite de los dos gobiernos las bocas del Atrato o Río Grande del Darién, según entonces se le llamaba. Con el objeto de comenzar sus expediciones, Ojeda y Nicuesa se encaminaron a la Española.

Se disponía en la capitulación que los dos jefes pudiesen fletar en la Española los navíos que necesitasen, como también se les autorizaba para llevarse seiscientos hombres además de los doscientos que fuesen de Castilla. Mandábase a Fray Nicolás de Ovando, gobernador de la isla, que diese todo el favor y ayuda que necesitaran Ojeda y Nicuesa. Y terminaba ordenando a dicho Gobernador que guardase y cumpliese la citada capitulación. En el otoño del año 1509 salió Alonso de Ojeda llevando cuatro buques y 300 hombres de dotación; entre los últimos se encontraba el extremeño Francisco Pizarro. El piloto Juan de la Cosa iba de lugarteniente o de segundo de la expedición. Poco después se hizo también a la mar Diego de Nicuesa, hombre que contaba con más recursos que Ojeda, pues pudo llevar siete buques y unos 700 hombres.

Desembarcó Ojeda donde a la sazón se encuentra Cartagena (Colombia) y, no dando oídos a Juan de la Cosa, penetró en el país y cayó sobre la primera aldea que encontró, matando a los indios que se resistieron y llevándose prisioneros a los que pudo coger vivos. Cuando los españoles se entregaron al descanso, fueron sorprendidos por los caribes de las aldeas inmediatas, quienes les mataron, entre ellos a Juan de la Cosa, salvándose únicamente Ojeda, gracias a su gran escudo y a su destreza para parar los flechazos. Corrió Ojeda hacia la playa, donde se escondió por no poder llegar a sus buques. Afortunadamente acertó a pasar por la costa Nicuesa, que caminaba hacia las tierras que le habían

(1) *Archivo general de Indias.* Ext. de Muñoz - Conde Roselly de Lorgues. - *Vida de Cristóbal Colón,* tomo. III, pág. 709.

sido concedidas. Al ver Nicuesa los buques sin jefe, determinó ir en busca de los expedicionarios con la gente de a bordo. Hallaron a Ojeda en lo más espeso de un manglar, extenuado por la fatiga y el hambre. Luego fueron al sitio de la lucha, donde encontraron el cadáver de Juan de la Cosa atado a un árbol y casi cubierto de flechas, hasta el punto que parecía un *erizo*.

Regresaron a los barcos, y mientras Nicuesa seguía su rumbo a Veragua, Ojeda se dirigió más al Oeste, donde, a orillas del golfo de Urabá, fundó, en los comienzos de 1510, una colonia defendida por un fuerte (San Sebastián) hecho de troncos de árboles (1). En la fortaleza tuvieron que guarecerse los expedicionarios por temor a los indios caribes, que eran tan fieros como los de la costa de Cartagena. En apuro tan grande, fué no poca dicha para ellos cuando vieron llegar un buque cargado de víveres con gente aventurera y aun maleante. Ayudado Ojeda por los recién llegados, emprendió lucha tenaz con los salvajes, teniendo la desgracia de ser herido en un muslo con una flecha envenenada. Salvóse de la muerte haciendo cauterizar la herida con un hierro candente para prevenir los efectos inevitables del veneno, cubriéndola luego con paños empapados en vinagre. Ya curado, marchó a Haití en busca de recursos, dejando a Francisco Pizarro como jefe; pero con orden de marchar con su gente a Veragua, si no volvía en el plazo de cincuenta días. Desembarcó Ojeda en la costa meridional de Cuba, recorriendo luego unas 50 leguas por la playa, atravesando lagunas y marismas, hasta que con sus compañeros de desgracia, extenuado y medio muerto de hambre, pudo llegar a una aldea india, donde halló hospitalidad. Allí hizo construir una capilla dedicada á la Virgen, cuya imagen, pintada por un artista flamenco, regalo de su protector el obispo Fonseca, llevaba siempre pendiente del cuello. Los indios condujeron a Ojeda y a los suyos en una piragua hasta dejarlos en Haití. Por cierto que al llegar a Haití aquella gente deseosa de aventuras—cuyo jefe se llamaba Talavera, y que poco antes, según se ha dicho, había auxiliado a Ojeda contra los salvajes — cayó en poder de la justicia, pagando con la muerte las cuentas que tenía atrasadas. Ojeda fué absuelto; pero sin recursos y sin auxilio alguno, murió en la mayor pobreza, allá por el año 1515. Dícese que en su testamento dejó ordenado, en expiación de su orgullo, que se le enterrase en el umbral de la

---

(1) No deja de llamar la atención que, con fecha 28 de febrero de 1510, los reyes (Doña Juana y su padre Don Fernando) desde Madrid dirigiesen Real Cédula a Don Diego Colón, Almirante y gobernador de las Indias, para que, en lugar de los 600 hombres que a Nicuesa y Ojeda se les permitió sacar de la Isla Española, fuesen sólo 200, pues habían sido avisados que sacando los dichos 600 hombres recibiría la isla mucho daño.--*Archivo de Indias.*--E. 139.--C. 2.--*Colec. de doc. inéd.*, etcétera, tomo XXXI. páginas 533-535.

puerta del convento de San Francisco (isla de Santo Domingo) para que los que entrasen y saliesen del templo tuvieran que hollar su tumba.

La siguiente Real Provisión, dada por la reina Doña Juana y por su padre Don Fernando en la ciudad de Burgos el 5 de octubre de 1511. indica la mala opinión que se tenía de Alonso de Ojeda y de sus cómplices (1). Dice así:

"Doña Juana, etc. A vos nuestros jueces de apelacion de las islas, Indias e tierra firme del mar Océano que residís en la isla Española, salud e gracia. Sepades de que yo he sido informada que Alonso de Hojeda seyendo nuestro gobernador de la provincia de Urabá, que es en la tierra firme del mar Océano, hizo muchos delitos e escesos, especialmente que estando en la dicha provincia hizo matar dos hombres, al uno degolló e a otro ahorcó, e hizo azotar otros dos hombres, e cortar la lengua a otro, e herrar a otro en la frente, e cortar dos dedos a otro, lo cual hizo e mandó hacer sin ser oidos a justicia, no guardándoles la orden del derecho: e diz que hizo nuevo juez y oficiales de justicia para los sentenciar y ejecutar, y dijo: que aunque fuésemos deservidos, sería gobernador en la provincia de Urabá, e que vernía a la dicha isla Española, e cortaría la cabeza al Almirante D. Diego Colon, nuestro visorey e gobernador de la dicha isla: e lo llamó traidor e otras palabras de injuria, e dijo que llevaria a D.ª María su mujer del dicho Almirante a la dicha provincia de Urabá, e que vernia la vía de la dicha isla Española e de San Juan, e que tomaria puercos e pan, e que procuraría de tomar alguna nao de las que fuesen o viniesen de Castilla a las dichas Indias e con esta intencion el dicho Alonso de Hojeda e Bernaldino de Talavera, vecino que fué de la dicha isla Española, habiéndose alzado con una nao e hurtado él e otros muchos vecinos de la dicha isla: e yéndose a Urabá en la dicha nao, salieron de la dicha provincia de Urabá con propósitos dañados de seguir un viaje a la dicha isla Española, como dicho es, e con tiempos e vientos contrarios diz que aportaron a la dicha isla de Cuba, donde diz que dicho Alonso de Hojeda hizo e cometió otros muchos delitos e desconciertos, e quel dicho Bernaldo de Talavera, despúes que en la dicha isla de Cuba entraron, se apartó de la compañía del dicho Alonso de Ojeda, e con la mayor parte de la gente que los susodichos llevaban en la dicha nao, se hizo jurar por capitan, e la dicha gente lo juró e puso de su mano alguaciles, no lo pudiendo hacer, e diz que ansí se entraron dicho Bernaldino de Talavera e los que le siguieron la tierra adentro por la dicha isla de Cuba. donde hicieron muchos delitos e escesos, maltratando los caciques e in-

(1) Hallase el original en el *Archivo de Simancas.*

dios de ella, tomándoles sus haciendas e mantenimientos contra su voluntad, sin se lo pagar, e forzándoles las mujeres, sacandolas de su poder por fuerza para las traer consigo por sus mancebas, e hiriéndoles e injuriándoles grave e atrozmente . . . .
. . . .

Encarga la Reina a los jueces que se informen de todo lo que hicieron en todas partes Ojeda, Talavera y demás personas; hecha la información procedan contra los culpantes e contra sus bienes imponiéndoles las mayores y más graves penas civiles y criminales (1).

Pasados los cincuenta días fijados por Ojeda, como poco antes se dijo, salió Pizarro con los dos buques que le habían dejado camino de Santo Domingo; pero uno de los barcos zozobró en una tempestad, y el otro, en el que iba Pizarro, ya a punto de hundirse, fué sustituido por un buque armado en el citado Santo Domingo.

Acerca del viaje de Nicuesa hemos de decir que, habiendo salido en noviembre de 1509 desde la costa, donde al presente se halla Cartagena, hacia el istmo de Darién y desde allí a Veragua, por la poca exactitud de una carta de marear dibujada por Bartolomé Colón, fué más lejos, teniendo la desgracia de perder todos sus buques. Habiendo logrado salvar la tripulación, se estableció en el puerto de Bastimentos, en cuyo lugar se fijó y denominó a la colonia *Nombre de Dios*. Cuentan que exclamó: "Detengámonos aquí en nombre de Dios„ (2).

Desde que Cristóbal Colón, en su primer viaje, tomó posesión de Haití (Isla Española) el 12 de diciembre de 1492, aquella fué la primera colonia europea en el Nuevo Mundo y la capital o centro del poder español en aquellas lejanas tierras.

Respecto a la isla de Cuba, descubierta también por Colón en su primer viaje (al anochecer del 27 de octubre del citado año), quedó casi olvidada por algún tiempo. Llamábanse *siboneyes* sus primitivos habitantes. En 1508 Nicolás Ovando, gobernador de la Española, mandó a Sebastián de Ocampo, con dos carabelas, *para bojear a Cuba*. Recorrió Ocampo la costa de Cuba y probó que era una isla. Ya en 1511, Diego Colón, gobernador de la Española, dispuso que Diego Velázquez, natural de Cuéllar (Segovia), fuera a poblar la mencionada isla. El cacique Hatuey trató de impedir el desembarco de los españoles; mas vencido hubo de retirarse a los montes, siendo al fin hecho prisionero y

---

(1) Véase la Real provisión en la *Historia de Colón*, de Roselly de Lorgues, tomo III, páginas 880-882.

(2) Diego de Nicuesa fundó el fuerte de *Nombre de Dios* el 1509, trasladándose luego á San Felipe de Puertovelo. La ciudad de Nombre de Dios fué quemada por los ingleses (13 agosto 1596) y San Felipe se fundó por D. Francisco de Valverde y Mercado (20 marzo 1597). *Col. de doc. inéd.*, etcétera, tom. IX, pág. 108.

condenado a morir en la hoguera. Como un fraile franciscano le dijera que se hiciese cristiano, único modo de ir al cielo, el indígena contestó que *no quería ir al cielo, porque allí iban los cristianos.*

La isla de Puerto Rico, que descubrió Colón en su segundo viaje, fué explorada en el año 1500 por Juan Ponce de León, a quien recibió amistosamente el cacique Agueynaba. Ovando, noticioso de que en la isla de Borinquen se encontraba en abundancia el oro, mandó una expedición de 200 españoles bajo las órdenes de Juan Cerón; pero considerándose preterido Juan Ponce de León, acudió a los Reyes Católicos, quienes le nombraron gobernador de Puerto Rico. Tuvo que sofocar cerca de Añasco un levantamiento de los indios contra los encomenderos. Reedificó Ponce de León la villa de Sotomayor y fundó la de San Germán.

Los españoles establecidos en Cuba, Santo Domingo y Puerto Rico, averiguaron la existencia de varias tierras situadas en la parte septentrional, donde, entre otras cosas maravillosas, había una fuente o río cuyas aguas tenían la virtud de remozar a los viejos que las bebían. Llevado de la curiosidad o de la idea de lucro, Juan Ponce de León, gobernador que había sido de Puerto Rico, armó tres naves y se hizo a la vela el 3 de marzo de 1512. Saliendo de la isla de Puerto Rico y corriendo al Noroeste cincuenta leguas, dió, el día 8, con los bajos de Babueca, reconociendo después las isletas de los Caicos, Yaguna, Amaguayo y Mariguá, llegando el 14 a Goanahaní, que situó en 25 grados, 40 minutos. Continuó navegando al Noroeste hasta que el Domingo de Pascua, 27, vió tierra que el mal tiempo no le permitió reconocer, continuando en la misma dirección hasta el 2 de abril que llegó a una isla llamada por los indios *Cautio,* y que él denominó *Florida,* ya por haberla descubierto en la *pascua de flores,* ya porque se ofreció a su vista llena de verdura, de árboles y flores. Desembarcó Ponce de León y tomó posesión de ella a nombre del rey de España.

El día 8 continuó su derrota entre violentas corrientes, viéndose obligado a fondear cerca de tierra, no sin que una de las naves se perdiese de vista. Ponce no encontró buena acogida de parte de los indígenas, con los cuales tuvo que pelear; retiróse a un río que llamó de *la Cruz,* donde esperó en vano el bergantín perdido. El 8 de mayo dobló el *cabo de Cañaveral,* que él llamó de *Corrientes* por la fuerza que allí tienen. Reconociendo la costa halló hacia los 27 grados dos islas, una tercera más al Sur y una cadena de isletas que nombró los *Mártires.* Recorrió la costa sin notar que era tierra firme, encontrando en todas partes indios suspicaces, sumisos a veces y fieros otras.

Después de algunos días determinó dar la vuelta a la Española y a

Puerto Rico. Al paso descubrió nuevas islas y reconoció otras vistas anteriormente. A un grupo de ellas dió el nombre de *Tortugas* por la abundancia que de ellas había, a otras denominó de la *Vieja*, porque sólo pudo ver una vieja india y que recogió en sus navíos. El 25 de julio se encaminó a Bimini, en cuya tierra se suponía que estaba la fuente prodigiosa; continuó navegando hasta que descubrió la isla de Bahama. Desde la isla de Bahama corriendo al Oeste cuarenta leguas, se encuentra, según Oviedo, la tierra de Bimini. Salió de Bahama con mucho trabajo el 6 de agosto, llegando el 16 a una de las islas Lucayas. En Guanimá compuso los navíos de sus averías, acordando allí que Juan Pérez de Ortubia con el piloto Antón de Alaminos y algunos indios prácticos se dirigiesen con un navío a reconocer la isla de Bimini, en tanto que él continuaba su viaje a Puerto Rico, a cuya isla llegó el 21 de septiembre. Pocos días después entró el otro navío que fué a Bimini, sin tener la fortuna de encontrar la fuente milagrosa; pero en cambio, halló una isla grande, con muchos árboles y abundantes aguas. Si este viaje fué de poca utilidad para Ponce de León, tuvo interés para la navegación que se hace por el canal de Bahama de regreso a España, y también por el descubrimiento de tantas isletas, bajos, restingas y canales, que hacen peligrosas las derrotas por aquellos mares.

VASCO NÚÑEZ DE BALBOA.

CAPÍTULO XXVII

DESCUBRIMIENTO Y EXPLORACIÓN DEL GRANDE OCÉANO U OCÉANO PACÍFICO POR NÚÑEZ DE BALBOA.—BALBOA ANTES DEL DESCUBRIMIENTO.—FORMA PARTE DE LA EXPEDICIÓN DE ENCISO.—DESGRACIA DE ENCISO.—POLÍTICA DE BALBOA.—LUCHA ENTRE LOS AMIGOS DE ENCISO Y LOS DE BALBOA.—NICUESA EN SANTA MARÍA LA ANTIGUA.—HUYE DE SANTA MARÍA Y SU MUERTE.—ENCISO SALE PARA ESPAÑA.—BALBOA Y EL CACIQUE CARETA.—BALBOA PENETRA EN EL INTERIOR DEL PAÍS.—SU CARTA AL REY.—DESCUBRIMIENTO DEL PACÍFICO.—IMPORTANCIA DEL DESCUBRIMIENTO.—D. PEDRO ARIAS DÁVILA, GOBERNADOR DE LA COLONIA DE DARIÉN.—ENEMIGA ENTRE BALBOA Y PEDRARIAS.—BALBOA SE PRESENTA A PEDRARIAS.—MUERTE DE BALBOA.—PEDRARIAS TOMA LA PROVINCIA DE PAQUE.

Consideremos el descubrimiento del Océano Pacífico o mar del Sur en el año 1513, por Vasco Núñez de Balboa. Era Balboa natural de Jerez de los Caballeros (Badajoz), donde nació por el año 1475. Cuando apenas contaba veintiséis años formó parte de la expedición dirigida por Rodrigo de Bastidas. Partió de Sevilla en octubre de 1501, y tras feliz travesía arribó a las costas del Nuevo Mundo, recorriendo y explorando desde el Cabo de la Vela hasta el puerto de Nombre de Dios. Dió la escuadra en unos arrecifes, de los cuales pudieron salir los expedicionarios, no sin que las naves sufriesen averías de importancia. Balboa, como otros compañeros, llegaron a la isla Española, donde a la sazón era gobernador Don Francisco Bobadilla. Obtuvo autorización para permanecer en la isla en calidad de colono y se le concedieron terrenos y esclavos.

Deseaba Balboa salir de aquella situación tan contraria a sus inclinaciones. Pronto se le presentó ocasión propicia. El bachiller Martín Fernández de Enciso comenzó a reclutar gente en Santo Domingo para una expedición. Salió de la isla (febrero de 1510) con dos buques, 150 hombres, algunos caballos y muchas armas. Prohibió el gobernador que se embarcasen los que tuvieran alguna causa pendiente. En este caso se encontraba Núñez de Balboa; pero ayudado, no se sabe por quién, se hizo llevar a bordo dentro de una barrica, burlando de este modo la vigilancia de Bobadilla. En alta mar salió de su escondite. "Y de ese modo, teatral y picaresco, digno de un Gil Blas o de un Guzmán de Alfarache—escribe el Sr. Ruiz de Obregón—, comenzó Vasco Núñez de Balboa su camino de aventuras y de titánicas y legendarias em· presas„ (1).

Enciso, desgraciado como Ojeda y Nicuesa, hubo de naufragar en la Punta Caribana (extremo oriental del golfo de Darién). Murieron bastantes a manos de los indios, y los restantes, tristes y desalentados, no tuvieron más remedio que dirigirse por la playa a la colonia de San Sebastián de Urabá, la cual encontraron quemada y arrasada. Ánimo les dió Balboa con el anuncio de que pronto encontrarían las deseadas minas de oro. Resolvieron pasar al otro lado del golfo y fijarse allí, sin embargo de que aquella costa formaba parte del territorio cedido por el Rey a Nicuesa. En la márgen del río Darién les esperaba el cacique Cemaco, más ganoso de guerra que de paz. Se dispuso a pelear con los españoles. Después de poner en salvo, en la espesura del bosque a las mujeres, ancianos y pequeñuelos de la tribu, el cacique se colocó en la cima de inmediata montaña al frente de los suyos. Contra ellos fué Balboa que los venció fácilmente, haciéndoles muchos muertos y huyendo los demás a unirse con los que antes habían marchado al interior del país.

Desde entonces aquel puñado de valientes se dispusieron á quitar la jefatura a Enciso. Ellos habían fundado la colonia de Santa María la Antigua del Darién, y ellos, por tanto, tenían el derecho de nombrar jefe. Dijeron, para dar visos de legalidad al hecho, que Enciso y los pocos que le seguían, se hallaban, como enviados o delegados de Ojeda, sin derecho a ejercer autoridad, puesto que la nueva colonia estaba situada en tierras de la jurisdicción de Nicuesa. Tales razones no convencieron a los partidarios de Enciso; pero los de Balboa, importándoles poco las amenazas de sus enemigos, eligieron para alcaldes de la villa a Vasco Núñez de Balboa y a Juan Zamudio. Con el objeto de poner paz entre los dos bandos, hubo quien propuso nombrar jefe a Diego Nicuesa, no comprendiendo que con esta solución se descontentaba a los amigos de Balboa y a los de Enciso.

Llegó por entonces un navío español, mandado por Rodrigo Enríquez de Colmenares, en busca de Nicuesa, a quien llevaba soldados, municiones y víveres. Enterado Colmenares de las discordias interiores de la colonia, propuso que se nombrase jefe—como ya se había intentado—a Nicuesa, toda vez que Santa María se hallaba dentro de su propia jurisdicción. Accedieron a ello, aunque no de buena gana, los dos

_____
(1) *Vasco Núñez de Balboa*, pág 27.

partidos enemigos, y al efecto, salieron algunos comisionados en busca de Nicuesa.

Llamado Nicuesa por Balboa para que se encargase del gobierno de Santa María, o habiéndose enterado por Colmenares de todo lo que ocurría en tierras que a él le había cedido el Rey, lo cierto es que abandonó *Nombre de Dios* con 60 hombres que le quedaban y se dirigió a la colonia de Santa María la Antigua. Refieren algunos cronistas que antes de presentarse Nicuesa en Santa María la Antigua pidiendo auxilio a Balboa, dos colonos del Darién llegaron a *Nombre de Dios* decididos a ofrecer el gobierno al citado Nicuesa, volviendo tan disgustados de la entrevista que dijeron lo siguiente: "Libertándonos de Enciso hemos salido de los dientes del lobo; pero vamos a caer en las garras de un tigre." Desde entonces la colonia del Darién se mostró obediente a las órdenes que diera Balboa.

Llegó Nicuesa a Santa María y en el desembarcadero pudo oir la voz del procurador del pueblo que le decía que se tornase a su gobernación de Nombre de Dios. Otros cronistas dicen que se mostró tan pedante y orgulloso, que los de la ciudad no quisieron recibirle. No fueron atendidos los ruegos de Nicuesa, el cual rogaba que si no le querían por gobernador le tomasen por compañero; pero los de la ciudad se negaban a ello *porque se entraría por la manga y saldría por el cabezón* (1). Insistió Nicuesa diciendo "que aquella tierra adonde estaban entraba en los límites de su gobernación, y que ninguno podía en ella poblar ni estar sin su licencia..." (2).

Quieras que no quieras, le obligaron a zarpar el 1.° de marzo de 1511 con 17 de los suyos. "y nunca jamás pareció, ni hombre de los que con él fueron, ni adónde, ni cómo murió" (3).

Creyeron algunos que aportó a Cuba y que los indios le mataron. fundándose en que tiempo adelante unos marineros que naufragaron en la isla de Cuba encontraron la siguiente inscripción grabada en un árbol: *Aquí feneció el desdichado Nicuesa;* pero según el cronista Gomara la inscripción decía: *Aquí anduvo perdido el desdichado Diego de Nicuesa.* "Lo que se tuvo por más cierto es que como llevaba tan mal navío, y los mares de aquellas partes son tan bravos y vehementes, la misma mar lo tragaría fácilmente, o que perecería de hambre y de sed" (4).

Llegó su turno a Enciso, a quien se obligó a marchar en el primer navío que salió para España.

(1) Herrera, *Década I*, lib. VIII, cap. VIII.
(2) Ibidem.
(3) Ibidem.
(4) Ibidem.

Es de justicia confesar que la gratitud no fué nunca norma de conducta del valiente extremeño. Dueño absoluto del poder Núñez de Balboa, como temiera que en la metrópoli se agitasen en contra suya los amigos de Enciso y Nicuesa, mandó a su fiel amigo Zamudio para que de todo diese cuenta al Rey (1). Procuró Vasco Núñez de Balboa mantener buenas relaciones, lo mismo con los colonos que con los indios, pues necesitaba de los últimos, ya para que le trajesen oro, ya para que le facilitaran provisiones. No pudo conseguir, aunque en ello tuvo empeño, ganarse la voluntad del cacique Cemaco. En efecto; dicho cacique, que siempre andaba buscando ocasión para vengarse, hizo que algunos de los suyos diesen noticia a Balboa del mucho oro que se encontraba en la región denominada Dobayba, distante de allí unas treinta leguas, proponiéndose con el engaño atraer a los españoles hacia los bosques y caer allí sobre ellos. Balboa envió como explorador a Francisco Pizarro, el futuro conquistador del Perú, quien se vió sorprendido, y a malas penas él y su pequeña hueste pudieron salvarse, teniendo que volver a Santa María. El mismo Núñez de Balboa salió en persona al frente de unos cien hombres y llegó al pueblo de Coyba, residencia del cacique Careta. Apoderóse del pueblo, haciendo prisionero al cacique y a toda su familia; cayeron bajo su poder muchas provisiones y algún oro. Hízose la paz entre Balboa y Careta, recibiendo aquél en prenda una hija del cacique, joven bastante agraciada, la cual ejerció sobre nuestro héroe más influencia que debiera. Vasco Núñez y Careta se dirigieron contra el vecino cacique Ponca, quien se internó en los bosques próximos mientras que aquéllos entraban a saco en la población abandonada.

Otra expedición dispuso Balboa a Dobayba, lugar de muchas riquezas y abundante de oro, según se decía por los indios; sólo encontró, después de penosas jornadas, el territorio del cacique Mibeyba, cuyos habitantes vivían en las ramas y copas de los árboles, a causa de que el suelo estaba siempre inundado por las aguas de próximas lagunas. Consiguieron los españoles comunicarse con aquellos indios, ya cortando o ya quemando los troncos de los árboles más corpulentos; pero nadie les dió noticia del oro y riquezas que buscaban con tanto empeño como codicia.

Decidido Balboa a penetrar más en el interior, quiso amedrentar a los indígenas vecinos, lo que consiguió entrando a saco los pueblos de Cemaco y de Tichirí, cogiendo prisioneros algunos jefes guerreros, á los cuales hizo decapitar.

Por mediación de su amigo Careta, logró Balboa atraerse al poderoso Comagro. Uno de los hijos del citado cacique le dió noticia de un

(1) En el mismo barco que marchó Zamudio salió también Enciso.

mar muy grande que se extendía al Sur, añadiendo que siguiendo las costas de dicho mar en dirección Sudeste se llegaría a una región habitada por gentes belicosas y donde abundaban las perlas y el oro. Es de creer que tales noticias se referían al Perú, siendo de advertir que entre los oyentes se hallaba Francisco Pizarro, valiente conquistador de aquellas tierras. No dejó de decirle también que, para llegar al mar del Sur, era preciso atravesar profundos pantanos, impetuosos ríos, espesos bosques y altas montañas, como de igual modo había que luchar con feroces indios de todas aquellas comarcas, habiendo de encontrar, a las seis jornadas a Tubanamá, cacique de instintos sanguinarios. "Nada podéis hacer —y estas fueron las últimas palabras que el indio de Comagro dijo a Núñez de Balboa — si no contáis por lo menos con 1.000 españoles armados como los que aquí tenéis,.

Inmediatamente Vasco Núñez participó tales noticias a D. Diego Colón, gobernador de Santo Domingo, rogándole al mismo tiempo que empleara sus buenos oficios para que el Rey le mandase los 1.000 hombres que necesitaba para su empresa.

Después de tres años, escribió (21 enero 1513) Balboa al Rey censurando la política de Enciso. Entre otras cosas decía: "Ruego a V. A. que ordene que ningún bachiller en Derecho o en otra ciencia, a excepción de la Medicina, venga jamás a estas comarcas, bajo pena de un grave castigo, pues no viene aquí uno que no sea un demonio... y no sólo son malos en sí mismos, sino que además enseñan el mal a los demás, y tienen mil medios de multiplicar las discordias y los pleitos,.

No teniendo paciencia para esperar el resultado de sus gestiones cerca de D. Diego, se embarcó el 1.º de septiembre con dirección a Coyba. Al frente de los suyos y de los indígenas que puso Careta a su disposición marchó desde Coyba por angosta faja de tierra que separa los dos océanos y une las dos grandes partes del continente americano. Veinte días tardó Balboa en hacer el viaje, en cuyo tiempo hubo de recordar muchas veces la exactitud de las noticias que le diera el hijo del cacique. El 26 de septiembre de 1513 pudo contemplar de cerca una de las mayores cordilleras de los Andes. Al pie del alto pico estaba situado el pueblo del cacique Cuareca. Comenzaron a subir. A poco señalaron los guías una eminencia desde la cual ya se veía el inmenso Océano. Quería ser el primer español que lo contemplase. Fijo en esta idea, ordenó hacer alto, y habiendo mandado a los suyos que no se movieran de aquel sitio hasta que él les avisase, trepó hasta la cima de la montaña y tendió la vista sobre un mar sin límites. Cayó de rodillas, elevó sus manos al cielo y dió gracias a la Providencia por haberle concedido dicha tan grande. Ya pudo avisar a sus compañeros, quienes, como su jefe, elevaron a Dios sus oraciones. "Alabemos a Dios—dijo Balboa—que nos ha concedido ser los primeros en pisar esta tierra jamás hollada por planta de cristianos, y en contemplar ese mar jamás surcado por naves de dichos cristianos, ofreciéndonos la dicha de dilatar la doctrina del Evangelio y de llevar á cabo dilatadas conquistas., Cortaron ramas de un árbol e hicieron con ellas una cruz, que pusieron en el mismo sitio donde poco antes se arrodilló Núñez de Balboa, amontonando en torno de ella algunas piedras a manera de pedestal. Postrados todos ante la divina insignia, uno de ellos, que era sacerdote, entonó el *Te Deum laudamus*. "Jamás, jamás—dice Wáshington Irving—ha subido al trono del Todopoderoso desde ningún lugar santificado, oblación más pura ni más sincera que la elevada en tan solemne momento desde la cúspide de aquella montaña, sublime altar de la naturaleza.,

Valderrábano, notario real y secretario de Núñez de Balboa, redactó un acta en presencia de "los caballeros, hidalgos y hombres de bien que concurrieron al descubrimiento del mar del Sur a las órdenes del muy noble señor capitán Vasco Núñez de Balboa, gobernador de Santa María y Adelantado de Tierra Firme., Entre los que le acompañaban citaremos a Francisco Pizarro, Andrés Vara (clérigo) y Juan Mateos Alonso (Maestre de Santiago). Después de grabar en los árboles inmediatos al pedestal los nombres de los reyes de Castilla, comenzaron a bajar el monte para llegar a la playa. Tres días duró el descenso, no sin que se viesen acometidos por los indios de Chiapes. Hecha la paz con los citados indios, en cuyo pueblo de Chiapes dejó parte de su gente, acompañado de 26 hombres solamente y del cacique de aquella tierra con varios de sus guerreros —pues los enemigos se habían convertido en auxiliares—llegó a una bahía que denominó de San Miguel por haberla descubierto en el día de dicho santo. Era por la tarde cuando logró tocar en la costa y en ocasión que la marea había descendido. El agua se hallaba a la distancia de una media legua. Sentado con su acompañamiento a la sombra de los árboles, esperó la pleamar, y cuando llegó ésta, se levantó, vistió sus armas, tomó una bandera en que aparecía la imagen de la Virgen y debajo las armas de Castilla y de León, desnudó la espada y agitando en la otra mano la bandera, penetró en el mar hasta que el agua le llegó a las rodillas. Allí proclamó a los muy altos y poderosos reyes D. Fernando y Doña Juana, en cuyo nombre tomaba posesión de aquellos mares y de todas las tierras que bañaban, añadiendo que estaba pronto y preparado para defenderlas y mantenerlas. Si los 26 españoles que presenciaban el acto se sentían entusiasmados, los indios permanecían atónitos, no comprendiendo tales cosas.

Unos dos meses permaneció Vasco Núñez de Balboa en aquellos sitios, emprendiendo varias expediciones peligrosas. No sólo se había propuesto el descubrimiento del mar del Sur o Pacífico, sino también el de explorarlo y reconocer la costa, deseoso de encontrar el rico país anunciado por el hijo del cacique de Comagro y de otros indios, que después confirmaron lo dicho por aquél.

Con grandes trabajos pudo Balboa construir dos bergantines en la costa del Atlántico, los cuales transportó a la del Pacífico y se dió a la mar. Eran los primeros buques de construcción europea que surcaban aquellos mares y el primer hombre del antiguo mundo que navegaba por ellos. Anduvo hasta unas 20 leguas más allá del golfo de San Miguel y no descubrió el Perú porque vientos contrarios no le permitieron seguir aquella ruta, dirigiéndose entonces al archipiélago llamado por él de las Perlas, donde a la sazón trataba de construir otros dos bergantines. Aunque Balboa había recibido del Almirante Diego Colón, gobernador de Haití, nombramiento de jefe de la colonia, le remordía seguramente la conciencia por lo que hiciera con Enciso y con Nicuesa, y temía recibir malas noticias de la metrópoli, tal vez su deposición y aun su prisión. En efecto, los presentimientos de Balboa salieron ciertos. El obispo Fonseca, director del departamento de Indias, no le perdonaba el comportamiento que había tenido con Nicuesa, persona muy estimada por el prelado. Ignoraba, además, Fonseca el brillante descubrimiento del Pacífico y otra cosa para la corte del Rey de más importancia, cual era el envío de un buque con la relación de su atrevido viaje, 20.000 castellanos de oro y 200 de las mejores perlas. El 21 de enero de 1514 volvió a Santa María el descubridor del Pacífico, después de cuatro meses y veinte días de haber salido.

Don Pedro Arias de Avila (Pedrarias Dávila) fué nombrado gobernador de la colonia del Darién. Era hermano del conde de Puñonrostro y muy querido en la corte. Este anciano sexagenario se embarcó en Sanlúcar el 12 de abril de 1514 en 20 buques y llevando más de 1.500 hombres; desembarcó en Santa María la Antigua el 30 de junio del citado año. El nuevo gobernador de *Castilla Aurífera*, como quiso el Rey que se llamara la tierra descubierta y conquistada por Vasco Núñez de Balboa, llevaba consigo, además de su mujer, Doña Isabel de Bobadilla, sus hijos y servidumbre, a Juan de Ayora como vicegobernador, a Gaspar de Espinosa como alcalde mayor de Santa María, al bachiller Enciso como alguacil mayor (cargo que aceptó para vengarse de Balboa), a Fernández de Oviedo (autor después de la *Historia general de las Indias*) como veedor o inspector de las minas, a Alonso de la Fuente como tesorero real, y al franciscano Fr. Juan de Quevedo como obispo de la provincia del Darién. Cuando Pedrarias Dávila arribó a la colonia de

Santa María la Antigua y supo que Balboa, con otros expedicionarios, había descubierto el mar del Sur, su ira no tuvo límites, comprendiendo desde aquel momento que Balboa, más que subordinado suyo, era odioso rival. Al enterarse luego de las cualidades de dicho caudillo, pudo apreciar su inteligencia y su valor. Desde aquel momento juró perder a Balboa. Mientras que Pedrarias veía cómo Balboa navegaba con dos bergantines, y pronto iba a tener cuatro, siendo querido de los españoles y respetado por los indios, él contemplaba desorganizada su expedición, muerta su gente de hambre o enferma por el clima, perdido casi el Darién y envalentonados los indígenas. Temía, además, que los colonos llegasen a quitarle el gobierno para dárselo a Balboa. La enemiga de Pedrarias Dávila a Núñez de Balboa no dejaba de tener fundamento. No hemos de negar a este propósito que Balboa—con fecha 16 de octubre de 1515—desde Santa María la Antigua, escribió a Fernando el *Católico*, dándole noticia de la mala gobernación de Pedrarias. Decíale—entre otras cosas peregrinas—que tanto el gobernador, como sus allegados y amigos, únicamente se cuidaban de tomar todo lo que podían y de matar cruelmente indios. Refiere que él (Núñez de Balboa), a la cabeza de unos 200 hombres, había penetrado en la provincia de Davaibe, cuyo cacique estaba receloso y alzado contra los cristianos. Averiguó que a las diez jornadas de allí se encontraban muchas minas de oro; pero hubo de volverse al Darién porque no halló de comer en aquella tierra, la cual estaba empobrecida a causa de la langosta. Obligáronle también a ello la actitud belicosa de los indios. Acerca del gobernador Pedrarias Dávila, afirmaba que era muy viejo y estaba enfermo, importándole poco que sus capitanes hurtasen oro y perlas en sus entradas en la tierra. Era aficionado a decir mal de los unos a los otros, codicioso, descuidado, suspicaz y envidioso. "Y por no ser más prolijo—añade—dejo de hazer saber a V. R. A. otras infinitas cosas, que consisten en su mala condicion, y que no había de caber en persona que tan gran cargo tiene y tanta y tan honrada gente ha de regir y administrar. Lo que a V. M. suplico, porque yo no sea tenido en posesion de maldiciente, es que mande tomar informacion desto que yo digo, de todas las personas que destas partes van, y verá V. A. claramente ser verdad todo lo que tengo dicho„ (1). Decía después que la tierra era muy rica, hermosa y sana.

Poco después Alonso de la Fuente y Diego Márquez escribieron una carta, con fecha 28 de enero de 1516, desde Darién, al citado mo-

---

(1) *Archivo de Indias. Patronato Real.* Estante 1, cap. I, legajo 26, núm. 5. *Colección de doc. inéd. relativos al descubrimiento, conquista y colonización en América y Oceania,* tomo 11, página 536.

narca, manifestando que el gobernador Pedrarias Dávila había salido para la costa del Norte, desembarcando en el puerto de Acla. Allí—decían—dió comienzo a la edificación de una fortaleza y de un pueblo; pero habiendo enfermado gravemente, dió la vuelta al Darién, dejando encomendadas las obras a Lope Dolano. Igualmente— añadían —se está edificando otro pueblo en dicha costa y en el paraje de la isla de las Perlas. "En esta salida que hizo el dicho Gobernador muestra la gente mucho contentamiento de su conversacion, y segun del trato que dizen que ha hecho á los indios, creemos que, si su enfermedad tan continua no le hobiera impedido, que hobiera mucho aprovechado haber entrado por la tierra en las cosas que V. A. tiene mandado„ (1). " Y bien creemos—dicen los citados Puente y Márquez— que entretanto quel Obispo estoviere en estas partes, nunca cesarán pasiones ó impedimentos al servicio de V. A. é al bien general de la tierra„ (2).

Después de breve expedición por las costas inmediatas y de corta estancia en las islas de las Perlas, regresó Vasco Núñez al río de las Balsas donde esperaría los refuerzos que había pedido a Pedrarias.

Cuenta Herrera que en este corto viaje, una noche que Balboa contemplaba pensativo el cielo, en compañia de algunos soldados, se fijó en una estrella, la cual le hubo de recordar cierto pronóstico que años atrás le había hecho *micer* Codro, astrólogo italiano. Consistía en que la noche que viese aquella estrella en el sitio donde a la sazón se encontraba y con aquellos destellos rojizos intermitentes que entonces despedia, su vida estaría amenazada de mucho peligro; mas si lograba escapar de él, su nombre, acompañado de la fama, recorrería el mundo. Balboa, habiendo contado esto a los que le rodeaban, se burló de los adivinos, no pudiendo creer que el horóscopo de Codro se iba a cumplir muy pronto.

Andrés Garabito, lugarteniente y hombre de toda la confianza de Balboa, fué el denunciador de su jefe. Veamos el motivo: "Su intimidad con Balboa daba lugar a que viese con frecuencia y tratase con confianza a la hermosa hija de Careta, manceba de aquél. Prendado de ella, se atrevió a cortejarla, y sorprendido en cierta ocasión por Balboa, éste le insultó y humilló con dureza en presencia de la india. Ciego de cólera y despecho, juró Garabito vengarse, y en el acto escribió secretamente a Pedrarias, manifestándole que Balboa no pensaba casarse con su hija (3), sino con la india que tenía en su compañia; que había fingido aceptar aquel honroso enlace para adormecer los justos recelos

(1) *Col. de Doc. ined.,* etc., tomo I, pág. 541.
(2) Ibídem, pág. 548.
(3) Por mediación de Fray Juan de Quevedo, Balboa pidió en matrimonio a María, hija de Pedrarias.

del gobernador y tener así más libertad de acción en la ejecución de sus planes, y que se proponía declararse independiente, rebelándose contra Pedrarias y contra el Rey, tan pronto como estuviesen en disposición de navegar los cuatro bergantines que estaba construyendo (1). Creyó Pedrarias lo que se le denunciaba y se dispuso a castigar a su enemigo. Los amigos de Balboa juzgaron que era conveniente avisarle lo que ocurría: uno de ellos, Hernández Argüello, cometió la torpeza de escribir una carta, aconsejando al citado Vasco Núñez que se hiciese a la mar sin perder tiempo y le ofrecía obtener la protección y ayuda de los frailes gerónimos, a la sazón poderosos en España. Carta tan imprudente—no sabemos cómo—cayó en poder del vengativo y suspicaz gobernador del Darién. Llamó Pedrarias a Balboa, que estaba entonces en la isla de las Tortugas, y, sospechando que no quisiera venir, despachó tras la carta a Francisco Pizarro con gente armada para que le prendiese, donde quiera que le encontrase. Inmediatamente que Balboa recibió la carta, se puso en camino. Cuando se hallaba cerca de Acla, le dijeron que Pedrarias estaba muy indignado con él; pero Balboa, confiado en su inocencia, continuó su camino. Encontró a Francisco Pizarro con la gente que le iba a prender y le dijo: "*¿Qué es esto, Francisco Pizarro? No soliades vos así salirme a recibir.* Llegó a Acla y fué reducido a prisión. Formóle proceso el licenciado Espinosa, alcalde mayor, en virtud del cual los jueces le condenaron a muerte, que sufrió con otros cuatro el 12 de enero de 1519. Contaba a la sazón cuarenta y cuatro años. Los vecinos de Acla vieron llegar al patíbulo que se levantaba en la plaza uno de los más ilustres capitanes—tal vez el primero—después de Colón. Se le acusó de haber dado muerte a Diego de Nicuesa, de la prisión y agravios del bachiller Enciso y muy especialmente como traidor al Rey y usurpador de las tierras de la Real Corona. Marchaba tranquilo y resignado al suplicio; pero al oir—como en otro tiempo D. Alvaro de Luna en la plaza del Ochavo de Valladolid—que se le condenaba por traidor y usurpador de los territorios de la Real Corona, exclamó indignado: "Mentira; siempre he sido leal, sin más pensamiento que el de aumentar al Rey sus dominios„ (2).

"Esta pérdida fué muy sentida, por ser Vasco Núñez capitán prudente, animoso y liberal, y que eternamente será estimado por uno de los capitanes más memorables de las Indias...„ (3). Al cabo de cuatrocientos años la posteridad ha hecho justicia al insigne navegante.

---

(1) Ruiz de Obregón., ob. cit., págs. 147 y 148.

(2) «Esta es la justicia (gritaba el pregonero) que manda hacer el Rey, nuestro señor, y Pedrarias, su lugarteniente, en su nombre, a estos hombres, por traidores y usurpadores de tierras pertenecientes a la Real Corona.»

(3) Herrera, *Década II*, lib. II, cap. XXII.

Creemos que en el mismo sitio donde fué ajusticiado, se levantará pronto su estatua. Bien la merece, pues la gigantesca obra de Colón fué completada por el descubrimiento de Vasco Núñez de Balboa. El obispo Fray Bartolomé de las Casas en su *Brevissima relacion de la destruycion de las Indias* (1), dice de Pedrarias Dávila. sin nombrarlo, lo que a continuación copiamos: "El anno de mil é quinientos é catorce: passo á la terra firme un infelice gobernador: crudelissimo tirano: sin alguna piedad ni aun prudencia: como un instrumento del furor divino., Fué decapitado Vasco Núñez de Balboa, el gran descubridor del Océano Pacífico, con no pequeño daño del poder de España en América, pues ninguno de sus sucesores valía lo que él. Ingrato había sido Balboa con Enciso y cruel con Nicuesa; pero no se olvide que el gobernador de Haití le dió el nombramiento de jefe de la colonia. Aun sin esto la sentencia de Pedrarias fué bárbara e inicua. Vasco Núñez de Balboa, valiente, tenaz en sus propósitos, inteligente y de clarísimo ingenio, nacido para mandar y dirigir una empresa, lo mismo pacífica que belicosamente, parecía destinado a elevar el poder de España en aquellas tierras a una gran altura. "Era—dice Antonio de Herrera—muy bien entendido y sufridor de trabajos, hombre de mucho ánimo, prudente en sus resoluciones, muy generoso con todos, discreto para obrar, tan hábil para mandar a los soldados como intrépido para conducirlos a la pelea, en la que nunca vacilaba en ocupar el puesto de mayor peligro., Añade, para retratarle físicamente, que "era bien alto y dispuesto de cuerpo, de buenos miembros y fuerzas, y de gentil rostro y pelo rubio., Pedro Mártir le llama *egregius digladiator*. Las Casas, después de repetir casi literalmente lo escrito por Herrera, dice por su cuenta que "Dios le reservaba para muy grandes cosas.,

Inmediatamente después de Vasco Núñez de Balboa fueron decapitados Valderrábano, Botello, Hernán Muñoz y el mismo Argüello. Fray Juan de Quevedo y Gaspar Espinosa pidieron al gobernador que indultara a Argüello. Negóse Pedrarias, como antes les había negado la misma gracia en favor de Balboa. Ya de noche "y a poco—dice el señor Ruiz de Obregón—oyóse en las tinieblas un golpe seco y siniestro, que anunció a los espectadores que todo había terminado, pereciendo también a manos del verdugo aquella inocente víctima de su afecto a Balboa y de su imprudencia, (2).

Terminemos, por último, este capítulo, reseñando la toma de posesión realizada por Pedrarias Dávila en la provincia de Paque (costa del Sur) el año de 1519. Estando Pedrarias, teniente general y gobernador

(1) Impreso en la ciudad de Sevilla el año 1552.
(2) Ibidem, pág. 161.

de Castilla Aurífera, en la boca de un estero que se halla en la citada
provincia, con los capitanes Francisco Pizarro, Bartolomé Pimienta
(piloto), Bartolomé de Bastidas y otras muchas personas, en presencia
de los escribanos Luis Ponce y Cristóbal de Mozolay, tomó en su mano
derecha una bandera de tafetán blanco, en la cual estaba figurada la
imagen de Nuestra Señora, y poniéndose de rodillas como todos los presentes, dijo en altas voces: "¡Oh, Madre de Dios!, amansa a la mar, e
haznos dignos de estar y andar debaxo de tu amparo, debaxo del cual
te plega descubramos estas mares e tierras de la mar del Sur, e convir-
tamos las gentes dellas a nuestra santa fee católica„.

Pedrarias Dávila, teniente general de los reinos e tierra firme de
Castilla del Oro, gobernador e capitán general dellos por la reyna doña
Juana y el rey D. Carlos su hijo, ordenó que los escribanos Ponce y
Mozolay diesen fe de haber tomado posesión "de toda la costa de la
tierra nueva e de la mar del Sur, e de todos los puertos y entradas e
caletas e abras que hay en toda ella, y de todas las islas e ínsolas de
cualquier manera o calidad o condicion que sean, que están en la dicha
costa e mar del Sur, e de todas las provincias e tierra o tierras, que
están aguas vertientes a la dicha mar„. Luego dijo estas palabras: "En
nombre de los dichos reyes nuestros señores e de sus subcesores de la
corona real de Castilla, corto árboles e rozo la yerba que está en esta
dicha tierra, y entro en el agua de la dicha mar del Sur, corporalmen
te e poniéndome de pies en ella, e huello la dicha tierra nueva e aguas de
la dicha mar del Sur„. Todos los capitanes y demás individuos presentes manifestaron que se hallaban dispuestos a defender y resistir la
citada posesión; también los escribanos dieron fe y testimonio de todo
lo sucedido (1).

---

(1)   *Archivo de Indias. Patronato Real.* Est. 1, caj. 1, leg. 26, núm. 13. *Colec. de doc. inéd*, etc,
tom. II, págs. 549-556.

CAPÍTULO XXVIII

Expedición de Juan Díaz de Solís.—Segundo viaje de Solis.-
Expedición de Francisco Hernández de Córdova.—Viaje de
Juan de Grijalba a Yucatán.—Famoso viaje de Fernando
de Magallanes alrededor del mundo.—Juan Sebastián El
Cano.

Ibase a descubrir el hermoso país del Río de la Plata. En tanto que
el Rey Católico parecía haber olvidado los descubrimientos, los portugueses hallaron en Malaca rico comercio constituído por el clavo y la
nuez moscada. D. Fernando hubo de decidirse al fin a mandar una expedición, recayendo el nombramiento de jefe de ella en Juan Díaz de
Solís, antes al servicio de Portugal y a la sazón muy quejoso de la conducta que aquel gobierno había seguido con él. Mendes de Vasconcellos, embajador portugués en España, por encargo del rey D. Manuel,
visitó varias veces al Rey Católico—pues a los portugueses les tenía en
mucho cuidado el tratado de Tordesillas—replicando siempre D. Fernando "que su propósito era conservar la mayor armonía con su hijo el
de Portugal; que su mayor deseo era no dejar ninguna manera de con-
flictos a sus nietos; y que si ahora era viejo y no estaba para reyertas en
los escasos días que le quedaban de vivir, mucho sería su contento si al
irse del mundo dejase asegurada de un modo firme la paz de su casa..
Vasconcellos escribía luego a su soberano diciéndole: "que todo no pasaba de muy buenas palabras.. El embajador portugués no descansaba
un momento. Convencido que nada sacaba de provecho con sus visi-
tas al Rey Católico, llamó a Solís repetidas veces, no sólo para repa-
rarle en sus agravios contra Portugal, sino principalmente para averiguar lo que hubiese de cierto en la expedición a Malaca. Pensaba el
monarca lusitano que la citada expedición podía ocasionar la ruina
del comercio portugués en Asia, dada la intrepidez y deseo de riqueza
de la marina mercante española. Por entonces, habiendo muerto en
Sevilla (1512) Américo Vespucio, nombró el rey *Piloto Mayor del Reino*
a Solís. El nombramiento acrecentó los temores de Vasconcellos, quien
no paró hasta tener larga entrevista en Logroño, el 30 de agosto, con
Solís, de la cual sacó que el ilustre navegante estaría en disposición de

hacerse a la mar en abril del próximo año con tres barcos, uno de 170 toneladas, otro de 80 y el tercero de 40, con el objeto "de ver y demarcar los verdaderos límites de las posesiones castellanas que por las alturas de la Malaca debían caer en dominio español." D. Manuel y su embajador insistieron con D. Fernando y Solís, dando por resultado que el Rey Católico escribiera a Hurtado de Mendoza, quien con el soberano portugués arreglaría el asunto. Mientras el embajador español tranquilizaba a la corte de Lisboa, D. Fernando decía a los oficiales de la Casa de Contratación que había suspendido el viaje a la Especería. Los aprestos hechos para aquella empresa se utilizarían en la exploración de las costas de Tierra Firme. ¿Fué el cansancio de los años lo que obligó a D. Fernando a modificar sus planes? ¿Fué el amor paterno, pues nietos suyos eran los hijos de D. Manuel? Tal vez ni lo uno ni lo otro, llegándose a sospechar que todo había sido obra de Solís.

Dícese también que la expedición que el citado piloto mayor hizo en 1512 fué preparada y por cuenta de él mismo. Ignoramos quién dió el dinero para armar las carabelas y tampoco sabemos el día cierto en que Solís se hizo a la vela. Tocó en el cabo de San Agustín, continuó su camino y llegó al puerto de Maldonado (departamento hoy del Uruguay), habitado por los charrúas. Apenas desembarcó, tomó posesión del país, no sin que los indígenas manifestasen cierta admiración por las ceremonias que hicieron al tomar dicha posesión. Cuando se hallaba ocupado en adquirir datos acerca de la topografía y extensión de aquella tierra, furiosa tempestad le obligó a alejarse de la costa, perdiendo uno de los buques de la flota. Volvió Solís a España. De aquella expedición se ignora también el día de llegada.

Expedición tan próspera animó a D. Fernando a despachar a Solís, con el cual hizo asiento (24 noviembre 1514). Solís se hizo a la vela en el puerto de Lepe (8 octubre 1515) con tres naves, encaminándose a Santa Cruz de Tenerife. Salió de Santa Cruz, llegó al cabo de San Agustín y ancló en el puerto de Río Janeiro (1.º enero 1516). Continuó corriendo la costa hasta el cabo de Santa María, pasó las islas de Lobos, llegó a Maldonado (2 de febrero), a cuyo puerto denominó de *Nuestra Señora de la Candelaria*. Continuó su viaje, remontando el curso del río, dando el nombre de *río de los Patos* a la parte comprendida entre los 35º hasta los 34 y 1/3, y siguió adelante, franqueando el abra, cuyas aguas son dulces, y por ello llamó *mar dulce* a su caudal. Continuó aguas arriba con la menor de sus carabelas, y después de haber dejado atrás una isla que bautizó con el nombre de *Martín García*, en recuerdo de haber muerto allí un piloto así llamado, dió fondo en las costas de la colonia. Acompañado del factor Marquina, del contador

Alarcón, del grumete Francisco del Puerto y de 50 marineros, desembarcó en el país, siendo recibido por los indígenas a flechazos y pedradas. Allí murieron Solís, Marquina, Alarcón y algunos marineros. Francisco del Puerto fué herido y prisionero. Los pocos sobrevivientes huyeron a la costa, donde se precipitaron a los botes y remando llegaron a la carabela. Los charrúas les persiguieron hasta la misma orilla del mar. Los españoles de la carabela acordaron partir en busca de los compañeros que habían dejado atrás, y todos juntos, dirigidos por el piloto Francisco de Torres, dispusieron la retirada. Desde que franquearon el cabo de Santa María, fuerte temporal hizo naufragar una de las carabelas, muriendo gran parte de sus tripulantes e internándose el resto a la ventura. En la bahía de los Inocentes se proveyeron de madera brasil (palo de Fernambuco). y a fines de agosto de 1516 llegaron a las costas de la península. Poco antes se había mandado a Europa el primer cargamento de dicha madera. La noticia de la feliz llegada de los expedicionarios se comunicó a los gobernadores del reino el 4 de septiembre. Cinco meses después Portugal reclamó contra los expedicionarios, pidiendo su inmediato castigo. Consistió todo el provecho de este viaje en unos 500 quintales de brasil, 66 cueros de lobos marinos y una esclavita. Expedición tan desgraciada, y la muerte del rey don Fernando el Católico (1516). contribuyeron con sobrada razón a que por entonces, o mejor dicho, en algunos meses no se pensara en viajes al Río de la Plata. Recuerdos tan tristes apenas duraron un año.

Importante fué la expedición realizada por Francisco Hernández de Córdova en el año 1517. Reunidos 110 compañeros españoles en Cuba, acordaron, con beneplácito de Diego Velázquez, gobernador de aquélla isla. nombrar por capitán á Francisco Hernández de Córdova, hombre rico, para descubrir nuevas tierras. Con tres barcos dirigidos por los pilotos Antón de Alaminos, Camacho de Triana y Juan Alvarez, salió Hernández de Córdova de la Habana (8 de febrero). A los doce días doblaron el cabo de San Antonio, navegando hacia donde se pone el sol; después de terrible tormenta, y al cabo de veintiún días de navegación, vieron tierra que antes nadie había descubierto. Desde los navíos vieron un pueblo grande que denominaron *El gran Cairo*. Una mañana llegaron algunos indios en cinco canoas y el jefe de esta gente o cacique les rogó que fuesen a su pueblo; allí se encaminaron los españoles; pero cuando habían penetrado en el monte cayeron sobre ellos los indígenas arrojándoles flechas y piedras. Huyeron vencidos por los nuestros, no sin sufrir unos y otros algunas pérdidas. En aquél país encontraron algún oro. Siguieron navegando hacia el poniente, descubriendo puntas, bajos, ancones y arrecifes, y luego, a los quince días, un pueblo importante, y cerca de él espaciosa ensenada. Llamaron al pueblo *Domingo de Lázaro*, porque fué descubierto en un día de estos; los indios le denominaban *Quimpech*, y los castellanos, tiempo adelante, cambiaron el nombre por el de *Campeche*. También los naturales de aquella tierra les condujeron á su pueblo, donde los sacerdotes *(Papas)* trajeron sahumerios como a manera de resina *(copal)*. En braseros de barro arrojaron leña, y dirigiéndose a los castellanos les dijeron que antes que aquella leña se quemase, los matarían. Retiráronse a toda prisa costa adelante; mas luego desembarcaron en un pueblo que se llamaba *Potonchan*, cuyo cacique les atacó con tales bríos que sucumbieron 50 de los nuestros, dos prisioneros y muchos heridos, encontrándose entre los últimos el capitán Hernández de Córdova, quien recibió doce flechazos. Acordaron regresar a Cuba, deteniéndose al cabo de tres días para tomar agua en un estero o río. El agua era salada y mala, y habiendo en aquél sitio muchos lagartos, diéronle el nombre de *El Estero de los Lagartos*. Se encaminaron a la Florida, y ya en ella el piloto Alaminos, con 20 soldados, bajó a tierra. Dijo el piloto que hacía diez o doce años que allí estuvo con Ponce de León. Cogieron agua muy buena; mas los indios cayeron sobre los españoles e hirieron algunos. Entre los heridos se hallaba el piloto Alaminos. Embarcáronse con el agua tan deseada, pasaron por las isletas que llaman de los *Mártires* y llegaron al puerto de Carenas o de la Habana. Después que Hernández de Córdova dió a Velázquez noticia de las nuevas tierras descubiertas, se retiró a la villa de Sancti Spíritus, muriendo a los diez días de resultas de sus heridas (1).

Consideremos la importantísima expedición realizada por el capitán Juan de Grijalba, preparada y dispuesta también por Velázquez. Grijalba llevaba por piloto mayor a Antonio de Alaminos, y formaba parte de ella Pedro de Alvarado. Salieron de Matanzas el 20 de abril de 1518, entraron en el de Carenas el 22 y se dirigieron pocos días después al cabo de San Antonio. El 3 de mayo reconocieron la isla de *Cozumel*, que el capitán, por la solemnidad del día, denominó de *Santa Cruz*. Siguió nuestra armada la costa. Pudieron contemplar los castellanos una tierra tan productora como bella, poblada de pacíficos indios. El día 6 Grijalba, acompañado de 100 hombres armados y de un clérigo, saltó a tierra, llegó a una torre que se levantaba no lejos del mar, y subiendo a ella, tomó posesión en nombre de Su Alteza (2).

---

(1) Bernal Díaz del Castillo, *Historia de los sucessos de la conquista de la Nueva España*, capítulos I-VI, págs. 1-5.

(2) De dicha torre, dice Oviedo lo siguiente: «Era un edeficio de piedra, alto é bien labrado. En el çircuyto tenía diez é ocho gradas, é subidas aquestas, avia una escalera de piedra que subia hasta arriba, é todo lo demás de la torre paresçia maçiço. En lo alto, por de dentro, se andaba

Encontraron los españoles algunos indios, con los cuales conversaron, desapareciendo los últimos al poco tiempo. Visitaron los nuestros varios pueblos, cuyos edificios parecían hechos por españoles. También hallaron muchos colmenares, abundando, por consiguiente, la cera y la miel. Había, del mismo modo, liebres y conejos, y, según los indios, se criaban puercos, ciervos y otros muchos animales monteses.

El 7 de mayo salieron de Cozumel, y, habiendo atravesado quince millas de golfo, se encontraron en la isla de Yucatán. Vieron en seguida tres pueblos de numeroso vecindario, formados de muchas casas de piedra, torres muy grandes y bastantes casas de paja. Corrieron algún tiempo por la costa, y allá, muy lejos, divisaron un pueblo tan grande, "que la ciudad de Sevilla no podría parecer mayor ni mejor, y se veía en él una torre muy grande., Salieron de la isla de Yucatán, volviendo a la de Cozumel o Santa Cruz, donde se proveyeron de agua y alimentos. Pasaron por segunda vez a la isla de Yucatán y anduvieron por la costa, encontrando una hermosa torre, habitada—según se decía—por mujeres, tal vez de raza de Amazonas. Llegaron al país del cacique Lázaro, tierra ya visitada en el año anterior por Hernández de Córdova. En aquella isla cogieron agua en un pozo, donde también hubo de cogerla el mismo Hernández de Córdova, y, después de obtener algunos obsequios de oro, cuyo valor era escaso, recibieron repetidas veces la orden de retirarse. "Pusieron en medio del campo un tiesto con cierto sahumerio, diciéndonos que nos fuéramos antes que aquel sahumerio se consumiese, que de no hacerlo así nos darían guerra. Y acabado el sahumerio nos empezaron á tirar muchas flechas...„ (1). Reñido fué el combate, muriendo varios indios y heridos algunos españoles.

Abandonaron el 29 de mayo el pueblo del cacique Lázaro, recorrieron algunas tierras y el 31 encontraron un puerto muy bueno, que llamaron *Puerto Deseado*, permaneciendo en él doce días, alimentándose de exquisito pescado y encontrando también conejos, liebres y ciervos. Posteriormente descubrieron una tierra denominada *Mulua* y un río, cuya agua dulce penetraba seis millas mar adentro. Pusiéronle por nombre *Río de Grijalba*. Seguidos de muchos indios, unas veces en actitud pacífica y otras veces amenazadores y belicosos, llegaron a ver unas sierras altas, donde nace el río, y "esta tierra parece ser la mejor que el sol alumbra., Luego siguió costeando la armada y los expedicionarios saltaron a una isleta que llamaron *Isla de los Sacrificios*: en ella hallaron algunos edificios de cal y arena, bastante grandes, y un trozo

alrededor por lo hueco de la torre á manera de caracol, é por de fuera en lo alto tenía un andén, por donde podían estar muchas gentes. Esta torre era esquinada, y en cada parte tenía una puerta, por donde podían entrar dentro, y dentro avia muchos ydolos.» Lib. 17, cap. 9.

(1) *Itinerario* escrito por el capellán mayor de la dicha armada

de edificio de dicha materia, "conforme a la fábrica de un arco antiguo
que está en Mérida, y otros edificios con cimientos de la altura de dos
hombres, de diez pies de anchos y muy largos; y otro edificio de hechu-
ra de torre, redondo, de quince pasos de ancho, y encima un mármol
como los de Castilla, sobre el cual estaba un animal a manera de león,
hecho asimismo de mármol, y tenía un agujero en la cabeza en que ponían los perfumes; y el dicho león tenía la lengua fuera de la boca, y
cerca de él estaba un vaso de piedra con sangre, que tendría ocho días,
y aquí estaban dos postes de altura de un hombre, y entre ellos había
algunas ropas labradas de seda a la morisca, de las que llaman almai-
zares; y al otro lado estaba un ídolo con una pluma en la cabeza, con
el rostro vuelto a la piedra arriba dicha, y detrás de este ídolo había
un montón de piedras grandes; y entre estos postes, cerca del ídolo,
estaban muertos dos indios de poca edad, envueltos en una manta pintada; y tras de las ropas estaban otros dos indios muertos, que parecía haber tres días que lo fueron, y los otros dos de antes llevaban al
parecer veinte días muertos. Cerca de estos indios muertos y del ídolo
había muchas cabezas y huesos de muerto, y había también muchos
haces de pino, y algunas piedras anchas sobre las que mataban a los
dichos indios„ (1).

Fueron obsequiados por los indios con perfumes, con tortas y
pasteles de gallina, con mantas de algodón pintadas de diversos
colores. Trajeron oro fundido en barras y varias joyas de dicho metal. Cogían el oro de los ríos y lo fundían en una cazuela. Cuando llegó
el momento de marcharse, los indios abrazaban a los españoles y daban
señales de tristeza. En piedras preciosas era tierra muy rica. Entre
las muchas piedras de gran valor, se hallaba una, destinada a Diego
Velázquez, que valía más de dos mil castellanos. Continuaron navegando cerca de la costa, encontrando, ya gente pacífica, ya gente fiera.
Rota una tabla de la nave capitana, fué preciso componerla, y con este
objeto desembarcaron todo lo que tenía dentro y también toda la gente
en el puerto que se llama de San Antonio. Permanecieron quince días
en el dicho puerto hasta componer la nave. Dirigiéronse a un pueblo,
siendo recibidos con mucho cariño por los indios, quienes les dieron de
comer gallinas y les enseñaron mantas y bastante oro. Habiendo dejado
el puerto, se encaminaron a *Champoton*, pueblo de tristes recuerdos,
por cuanto en él fueron muertos por los indios algunos de la armada de
Hernández de Córdova. A un tiro de ballesta de la costa se levantaba
una torre, que fué ocupada por los nuestros, deseosos de vengar la
muerte de sus compatriotas. Acordóse al fin seguir adelante, siempre

(1) Itinerario, etc.

descubriendo nuevas tierras, llegando el 5 de septiembre al pueblo de Lázaro, donde intentaron proveerse de agua, leña y maíz. Engañados por algunos indios se alejaron de la costa, hasta dar en una celada, donde 300 les esperaban armados, y con los cuales tuvieron que pelear. Salieron de allí el 8 de septiembre, navegaron algunos días, consiguiendo entrar en el puerto de Jaruco el 4 de octubre. En el día 9, serenado ya el temporal, se trasladaron los navíos al puerto de Matanzas, teniendo la dicha de encontrar al capitán Cristóbal de Olid, que por orden de Velázquez había ido con un navío en busca de Grijalva.

Velázquez hizo que se reuniesen todos en la ciudad de Santiago para aprestar de nuevo los buques y continuar sus expediciones. Entonces Juan de Grijalva le presentó exacta relación de todos los sucesos de su jornada, relación que luego se presentó al Rey. Hacía constar nuestro intrépido navegante que había descubierto una isla llamada Ulúa, cuya gente vestía ropas de algodón, habitaba casas de piedra y tenía sus leyes y ordenanzas. Añadía — y esto le llamó mucho la atención—que adoraban una cruz de mármol, blanca y grande, la cual tenía encima una corona de oro; "y dicen que en ella murió uno que es más lúcido y resplandeciente que el Sol.„ Muestran su ingenio los indios de aquella isla en algunos vasos de oro y en mantas de algodón con figuras de pájaros y animales de varias clases. "Y es de saberse que todos los indios de la dicha isla están circuncidados, por donde se sospecha que cerca se encuentran moros y judíos, pues afirmaban los dichos indios que allí cerca había gentes que usaban naves, vestidos y armas como los españoles; que una canoa iba en diez días adonde están, y que puede ser viaje de unas trescientas millas.„ Aquí termina el Itinerario de la isla de Yucatán, escrito por el capellán de la Armada (1).

El portugués Hernando de Magallanes (2) salió de Sanlúcar (20 septiembre 1519) con el mismo rumbo que cuatro años antes había llevado Solís. En su juventud había pasado a la India (1505) con el virrey Don Francisco de Almeida, distinguiéndose por su valor y prudencia en la conquista de Mambaza y Quiloa. En la conquista de Malaca adquirió gloria inmortal, salvando la vida del general Diego López de Sequeira y de las tripulaciones de los buques. Cinco años después, por orden de Alfonso de Alburquerque, y con el cargo de capitán de una de las tres naves, salió de Malaca en demanda de las Molucas. Posteriormente, creyendo que el rey de Portugal no había premiado sus servicios, pasó a España y se ofreció a Carlos I.

(1) Joaquín García Icazbalceta, *Colección de documentos para la Historia de México*, tom. I, págs. 281 y 308.— Obra impresa el 1858.

(2) Nació en Oporto el 1470. En el año 1517 se trasladó desde Portugal a España.

Aceptó sus ofrecimientos el Emperador, encomendando la dirección de la empresa a Magallanes y Rui Falero, nombrando tesorero de la Armada, a Luis de Mendoza; veedor general, a Juan de Cartagena, y maestre en la nao *Concepción*, a Juan Sebastián de El Cano. Las naves se llamaban la *Trinidad, San Antonio, Concepción, Victoria y Santiago*. La escuadra llegó sin novedad a las Canarias en seis días. Zarparon el 2 de octubre y pronto comenzaron las reyertas entre Magallanes y algunos jefes. Los castellanos no perdonaban su nacionalidad al valeroso capitán, distinguiéndose como el más imprudente de aquéllos Juan de Cartagena. Magallanes le hizo prisionero, encargando su custodia a Luis de Mendoza. El 8 de diciembre avistó la escuadra la costa del Brasil y el 13 fondeó en Río Janeiro, donde hizo acopio de víveres. El 27 zarpó a lo largo de la costa con rumbo al OSO. El 10 de enero de 1520 llegó al cabo de Santa María y continuó navegando el río de la Plata. El 7 de febrero volvió a salir al Océano y el 24 descubrió extensa bahía, a la que dió Magallanes el nombre de San Matías (hoy Bahía Nueva). Soportaron los buques recios temporales, y el 31 de marzo entró la armada en el puerto de San Julián. Como Magallanes indicase que se proponía invernar allí, estalló terrible insurrección, dirigida por Luis de Mendoza y Gaspar de Quesada, quienes pusieron en libertad a Juan de Cartagena. En seguida se declararon en rebelión las naves *San Antonio, Concepción y Victoria*, mandadas, respectivamente, por Quesada, Cartagena y Mendoza. Magallanes, al verse desobedecido por las dos terceras partes de su armada, se decidió a pelear sin temor a nada ni a nadie.

Todos los medios le parecían buenos si con ellos conseguía su objeto. Envió a la *Victoria* al alguacil Gómez de Espinosa con seis hombres armados secretamente, los cuales mataron a Mendoza, y con el auxilio de otros quince hombres que mandó Magallanes, se hicieron dueños de la nao. Atemorizados los otros dos jefes, no hicieron resistencia, pudiendo Magallanes tomar la *Concepción y San Antonio*. Hizo decapitar a Gaspar de Quesada y ordenó que fuesen abandonados en aquella costa inhospitalaria Juan de Cartagena y al capellán Sánchez de la Reina, que había tomado parte en la conjuración. Tales hechos acaecieron en el puerto de San Julián. Perdióse navegando a lo largo de costa unas cincuenta leguas la carabela *Santiago* que mandaba Serrano: salvados sus tripulantes, volvieron casi muertos de hambre y de frío al puerto de San Julián. En aquellos lugares vieron por primera vez salvajes de gran estatura, que tomaron por gigantes, y a los cuales dieron el nombre de *patagones*, por el enorme tamaño de sus pies.

Magallanes, pasado el invierno, continuó su viaje. Nombró capitán de la *San Antonio* a Mezquita, de la *Concepción* a Juan Serrano y de la *Victoria* a Duarte Barbosa. El 24 de agosto del mencionado año de 1520 salió de San Julián, llegando a mares completamente desconocidos. El 21 de octubre divisó un cabo, que denominó de las *Once mil Vírgenes*, detrás del cual se encontró el Estrecho que buscaba (1). No quiso pasar adelante el piloto portugués Esteban Gómez, quien dijo: "Pues que hemos hallado el Estrecho para pasar á las Molucas, volvámonos á Castilla para traer otra armada, porque hay gran golfo que pasar, y si nos tomasen algunos días de calmas ó tormentas pereceríamos todos." Magallanes le replicó del siguiente modo: "Aunque tuviese que comer los cueros de las vacas con que van forradas las entenas, he de pasar adelante y descubriré lo que he prometido al Emperador." Por primera vez surcaron el Estrecho los españoles en veinte días sin ver habitante alguno; sólo de noche en la costa del Sur distinguieron muchas hogueras, y por ello llamaron aquella tierra *Tierra del Fuego*. Una de las veces que se separaron los buques, Esteban Gómez subievó la tripulación de la nao *San Antonio*, puso preso al capitán Alvaro de Mezquita, se dirigió a la costa de Guinea y desde aquí al puerto de las Muelas de Sevilla, donde fondeó el 6 de Mayo.

El 27 de noviembre Magallanes, con las naves *Trinidad, Victoria* y *Concepción*, salió al Océano Pacífico. Abandonaba aquel Estrecho, llamado por él de *Todos los Santos*, en recuerdo de la fiesta que celebra la Iglesia al comenzar el mes de noviembre; pero que la posteridad le ha dado el nombre de *Magallanes*.

Durante el mes de noviembre navegó en demanda de más bajas latitudes, no sin ser combatido por gruesas borrascas. El 24 de enero de 1521 descubrió una isla desierta, a la que llamó de *San Pablo*, y el 4 de febrero otra isla, también desierta, que denominó de los *Tiburones*. El 13 de Febrero cortó la equinoccial por los 147º de longitud Oeste. A mediados de marzo dió vista a las islas de los *Ladrones* (hoy Marianas) y luego al archipiélago de San Lázaro (en la actualidad las Filipinas). Fondeó la armada en la isleta de Mazaguá y prosiguió a la isla de Cebú; allí halló víveres en abundancia a cambio de cascabeles y cuentas de vidrio. Reconocióse el rey de Cebú vasallo del de España. Peleando Magallanes con el soberano de Mactan, porque éste, si se hallaba dispuesto a acatar al rey de España, no quería obedecer al de Cebú, que era igual a él, recibió nuestro héroe una herida en la pierna, y posteriormente un flechazo que le causó la muerte (26 agosto 1521). "Aun muriendo—escribe Pigafetta en su *Relación*—volvió, bajo los golpes de los fieros indios, varias veces la cara hacia nosotros, como para conven-

---

(1) Recordó seguramente que Colón, en su segundo viaje, dió á unas islas el mismo nombre.

cerse de que quedábamos a salvo, y como si solamente se resistiese con tanta tenacidad para sacrificarse por nosotros. Así cayó nuestro ejemplo, nuestra antorcha, nuestro consuelo y jefe fidelísimo.„ "Era — dice el Dr. Sophus Ruge--, no solamente un soldado valiente y sufrido, que mejor que ningún otro soportó durante largos meses el hambre y toda clase de privaciones, sino también un marino inteligente que quiso que sus pilotos tuviesen siempre en cuenta las indicaciones de la aguja de marear, cosa nada generalizada en su tiempo, para no apartarse de la verdadera ruta de las Molucas. La prueba más brillante de su grande numen y de su valor impertérrito, está en haber sido el primero que emprendió una circunnavegación del globo y realizó la parte más difícil de ella. La grandeza y la importancia de esta empresa no fueron durante mucho tiempo apreciadas como merecían, a causa, en primer lugar, de la rivalidad entre Portugal y España. En Portugal no se apreciaron porque Magallanes servía al país vecino, y en España no se tuvieron en la debida estima, porque era portugués„ (1).

"Estuvo adornado — escribe nuestro Fernández Navarrete — de grandes virtudes y mostró su valor y constancia en todas las adversidades: su honra y pundonor contra las seducciones cortesanas; su lealtad y exactitud en el cumplimiento de sus tratados y obligaciones; su prudencia y moderación para oir siempre el dictamen ajeno; su arrojo e intrepidez (que acaso rayó en temeridad) en las batallas y combates; su severidad con los malvados; su indulgencia con los seducidos e inocentes; su resignación en las privaciones, igualándose en ellas con el último marinero; su instrucción en la náutica y en la Geografía, al concebir un plan discretamente combinado para el descubrimiento del Estrecho y completamente desempeñado, venciendo para ello los obstáculos que presentaba la naturaleza, las contradicciones e intrigas de los poderosos y de las pasiones turbulentas de los hombres: si se halló el Estrecho o el paso de la comunicación de los dos mares; si se dió la primera vuelta al mundo, con asombro de los coetáneos; si por este medio se surcaron mares y mares, se descubrieron islas y tierras desconocidas hasta entonces facilitándose el comercio y trato, la civilización y cultura de sus habitantes; si las ciencias hallaron nuevos objetos para extender la esfera de los conocimientos humanos, todo se debió a Magallanes.„

Sucedió a Magallanes su primo Duarte Barbosa, que también al poco tiempo fué muerto por los indios, y con él los capitanes de las naos *Trinidad, Concepción y Victoria.*

(1· Dr. Sophus Ruge, *Historia de la época de los descubrimientos geográficos*, págs. 196 y 197.— Oncken, *Historia Universal*, tomo VII.

Desde Cebú marchó la flota a la inmediata isla de Bohal, y como no hubiera gente para manejar los tres bajeles, se quemó la *Concepción*, que estaba en peores condiciones. Siguieron su camino y fondearon en la costa NE. de Mindanao; más adelante llegaron a Borneo en el mes de julio. En Borneo fueron espléndidamente obsequiados, y allí obtuvieron noticias exactas de las Molucas. El jefe de la escuadra, Juan de Carballo, que sucedió a Duarte Barbosa, tuvo la desgracia de dejar a su hijo y a otros dos españoles en poder de los indígenas: temiendo una traición de los indios, zarpó a principios de agosto en demanda de las Molucas.

Destituido Carballo de la jefatura, volvió a su condición de piloto, siendo elegido general Gómez Espinosa y capitán de la *Victoria* el ilustre Juan Sebastián de El Cano. El 8 de noviembre se hallaba entre las islas de Mare y Tidore, que eran del archipiélago de las Molucas. El rey de Tidore fué amigo leal de los españoles. Cargaron las naves de especiería; pero cuando se iban a dar a la vela se descubrió en la *Trinidad* una vía de agua por la quilla. Acordóse entonces que El Cano con la nao *Victoria* se dirigiera a España. Salió de Tidore el 21 de diciembre con sesenta hombres de tripulación, inclusos 13 indios. Temporales, tormentas y borrascas se sucedían unas a otras: arroz y agua era el alimento de aquellos desgraciados navegantes: extenuados por el hambre y las fatigas, llegaron el 1.º de julio de 1522 al puerto de Santiago de las islas de Cabo Verde, pertenecientes al rey de Portugal. No encontrando allí la protección que esperaban, se hicieron a la mar. Contaba El Cano con sólo 22 hombres, pues los demás habían muerto durante la navegación: antes de llegar a España murieron otros cuatro. El 15 de agosto pasó por entre las Azores, el 4 de septiembre avistó el cabo de San Vicente y el 6 llegó a Sanlúcar de Barrameda. Tres años menos catorce días había durado el viaje: la *Victoria* había cortado cuatro veces la equinoccial y recorrido 14.000 leguas; y Juan Sebastián de El Cano había dado el primero la vuelta al mundo (1).

_____

(1) Véase discurso leído en el Ateneo de Madrid, por D. Pedro Novo y Colson el 17 de marzo de 1892.

CAPITULO XXIX

Expedición de Espinosa: fúndase Panamá.—Expediciones ordenadas por Pedrarias.—Gil González Dávila se dirige a Nicaragua.—Ciudades fundadas por Hernández de Córdova.—Andagoya en el Perú.—Segundo viaje de González Dávila desde Santo Domingo a Nicaragua y Yucatán.—Expedición de Cristóbal de Olid: su muerte.—Pedro de Alvarado sale de México para Guatemala.—Expedición de Rodrigo de Bastidas a Colombia.—Expedición a Venezuela.—Nueva Cádiz.—Famosa expedición de Francisco de Orellana al río Amazonas.—Luchas de Orellana con los indígenas.—Las amazonas.—Importancia de la expedición.—Segunda expedición de Orellana: desgracias de este navegante y su muerte.

Espinosa, sucesor del insigne cuanto desgraciado Vasco Núñez de Balboa en la costa del Pacífico (y que lo mismo el uno que el otro se hallaban bajo el mando superior de Pedrarias Dávila, gobernador del Darién) con cuatro bergantines y la correspondiente tripulación y fuerza armada, fundó en 1519 la colonia de Panamá, a la cual Carlos V concedió en 1521 el título y fueros de ciudad (1). Espinosa sometió a la corona de España los territorios del istmo, y Bartolomé Hurtado recorrió la costa del Pacífico hasta el golfo de Nicoya a los 10º de latitud Norte.

Las expediciones que después ordenó Pedrarias de Avila, se dirigían hacia el Noroeste, al contrario de las de Balboa, que se encaminaron al Sur. Haremos sucinta relación de las expediciones de Gil González Dávila y de Francisco Hernández de Córdova. También daremos noticia de las que Hernán Cortés encargó a Cristóbal de Olid y a Francisco de las Casas, llamando la atención, especialmente, la del capitán Pedro de Alvarado.

Consideremos la expedición a *Nicaragua*. En los primeros años del siglo XVI se hallaba en Panamá un hidalgo de la ciudad de Avila, que

---

(1) Panamá estuvo primero en otro sitio, como media legua del que hoy tiene, a donde los vecinos se mudaron por la comodidad del puerto.—*Colec. de doc. inéditos*, tomo IX, pág. 80. Tiempo adelante, Felipe II, comprendiendo lo poco saludable que era el clima de Panamá, mandó construir nueva ciudad dos leguas más al Oeste.

se llamaba Gil González Dávila, antiguo criado del obispo Fonseca, presidente del Consejo de Indias. Autorizóle el Rey para llegar hasta las islas de la Especería, auxiliándole con algunos recursos. Marchó a Castilla del Oro y se presentó al gobernador Pedrarias, quien no tuvo para él las consideraciones que esperaba. Se decidió a construir naves y comenzó a cortar la madera en Acla para llevarla al otro mar. Aunque muchos le indicaron que su idea era descabellada, insistió en su propósito y obligó a su gente a transportar los materiales a través de las montañas del istmo, teniendo el sentimiento de ver morir más de la mitad de su gente en tan penoso trabajo. Cuando la expedición se iba a hacer a la vela, se notó que las maderas de los buques estaban podridas y las embarcaciones, por tanto, no servían para nada. Aquel hombre tenaz decidió hacer otros barcos, y puso manos a la obra en la isla de las Perlas. Por entonces hizo las paces con Pedrarias. El 21 de enero de 1522 salió de la isla de las Perlas, teniendo que desembarcar pronto porque los cuatro buques necesitaban reparos de importancia. Continuó su expedición por tierra, mientras que el piloto Andrés Niño hacía la reparación de los barcos. Gil González atravesó parte del territorio de la actual República de Costa Rica y entró en los dominios de un cacique nombrado Nicarao, de donde vino el nombre de Nicaragua. Recorrió los lagos de Nicaragua y de Managua; pero comprendiendo que no tenía elementos para establecer una colonia, dió la vuelta a Panamá.

Veamos cómo en una carta relataba al Emperador sus expediciones: "Andando yo en este medio tiempo por la tierra adentro, sosteniéndome y tornando cristianos muchos caciques e indios, de causa de pasar los ríos e arroyos muchas veces a pie y sudando, sobrevínome una enfermedad de tollimiento en una pierna, que no podía dar un paso a pie, ni dormir las noches ni los días, de dolor, ni caminar, puesto que me llevaban en una manta atada en un palo, muchas veces, indios e cristianos en los hombros, de la cual manera caminé hartas jornadas; pero por causa que caminar desta manera me era el caminar muy dificultoso, y por las muchas aguas entonces hacía, que era invierno, hobe de parar en casa de un cacique muy principal, aunque con harto cuidado de velarnos; el cual cacique tenía su pueblo en una isla que tenía diez leguas de largo y seis de ancho, la cual hacía dos brazos de un río, el más poderoso que yo aya visto en Castilla, en el cual pueblo tomé la casa del cacique por posada, y era tan alta como una media na torre hecha a manera de pabellón armada sobre postes y cubierta con paja; y en medio de ella hicieron para do yo estuviese una cámara para guardarme de la humidad, sobre postes, tan alta como dos estados y dende a quince días que llegué llovió tantos días, que crecieron los ríos tanto, que hicieron toda la tierra una mar, y en la casa do yo estaba, que era lo más alto, llegó el agua a dar a los pechos a los hombres,,. "Otro día... me dijeron que el cacique me esperaba en su pueblo de paz, y llegado, aposentóme en una plaza y casas del alrededor della, y luego me presentó parte de quince mil castellanos, que en todo me dió, y yo le dí una ropa de seda y una gorra de grana y una camisa mía y otras cosas de Castilla, muchas; y en dos o tres días que se le habló en las cosas de Dios, vino a querer ser cristianos él y todos sus indios e mugeres, en que se babtizaron en un día 9.017 ánimas chicas y grandes... Pasados los ocho días me partí a una provincia que está seis leguas adelante, donde hallé seis pueblos, legua y media o dos leguas uno de otro, de cada dos mil vecinos cada uno; después de abelles enbiado a decir el mensaje y cosas que a este cacique Nicaragua, e aposentádome en un pueblo dellos, y despues de venirme todos los señores dellos a ver y héchome presente de oro y esclavos y comida, como es su costumbre, y como ya ellos sabían que Nicaragua y sus indios se avían tornado cristianos, casi sin hablar se lo vinieron a querello ser.,, (1)

Enterado Pedrarias Dávila de estos descubrimientos, equipó algunas naves que puso bajo el mando de Francisco Hernández de Córdova, capitán de su guardia, con encargo de fundar colonias en aquellas regiones. A fines de 1523 salió Hernández de Córdova de Panamá, desembarcó en el golfo de Nicoya y fundó, no lejos de la costa, una ciudad que denominó *Bruselas,* donde había estado el pueblo indígena de Orotina y que desapareció al poco tiempo. Pasó a la provincia de Nequecheri, sosteniendo rudas batallas con los indígenas. Fundó la ciudad de *Nueva León,* levantando en ella un templo y una fortaleza. Armó un bergantín que había llevado en piezas y con él recorrió el lago y descubrió el caudaloso río de San Juan, que desemboca en el mar de las Antillas. Del mismo modo que antes había fundado Nueva León cerca de la bahía de Fonseca, fundó después *Nueva Granada* en el extremo Noroeste del lago de Nicaragua. Hernández de Córdova hizo que los religiosos que con él iban, acompañados de un capitán y algunos soldados, recorriesen la tierra con el objeto de convertir y bautizar a los indios. Avanzó hacia el territorio de Honduras, llegando cerca de Olancho. Al saber González Dávila que se aproximaba Hernández de Córdova, resolvió defender con las armas lo que consideraba como pro-

(1) *Carta del capitán Gil González Dávila a S. M. el Emperador Carlos V, Rey de España, sobre su expedición a Nicaragua,* Santo Domingo, 6 de marzo de 1524. Publicada por D. Manuel M. de Peralta en su libro *Costa Rica, Nicaragua y Panamá en el siglo XVI: su historia y sus límites.*—Madrid, Imp. de M. Ginés Hernández, 1883.

piedad suya. Orgulloso Hernández de Córdova con sus conquistas, quiso
hacerse independiente (siguiendo el camino que Balboa y otros subordinados de Pedrarias); pero sus capitanes Hernando de Soto y Com-
pañón se opusieron a ello y se retiraron a Panamá. Es de advertir que
a medida que prosperaba Panamá, disminuía Santa María la Antigua,
que fué abandonada del todo en 1524. Cuando Pedrarias tuvo noticia
de la traición que le hacía su subordinado, reunió sus mejores tropas y
se presentó de improviso en Nicaragua, y reduciendo a prisión al jefe
rebelde, le hizo decapitar en Nueva León el 1526.

Bajo el gobierno de Pedrarias de Ávila y por orden suya, Andagoya emprendió (1522) desde el golfo de San Miguel, en el istmo de
Panamá, una expedición a las costas del Sur, llegando—según dijo en
su relación—a una provincia que llamaban Birú y corrompido el nombre se dijo *Pirú*. Encontró Andagoya bastante poblado el país y la gente
guerrera; pero a pesar de no pocos obstáculos, penetró en el interior y
recogió preciosos datos acerca de los territorios situados más al Sur y
el poderoso imperio que allí existía. Como el estado de su salud no le
permitiese seguir adelante, encargó empresa tan importante a Francisco Pizarro.

En la primavera de 1524 salió Gil González de Ávila de la ciudad
de Santo Domingo para Nicaragua y Yucatán, siguiendo la costa oriental del istmo. Llegó a la embocadura del río Ulea, a cuya ría llamó
Puerto de Caballos, porque allí hubo de arrojar algunos para aligerar
de peso el buque. Siguiendo la costa por tierra hacia el Este, llegó al
cabo de Honduras, y volviendo al Sur, se dirigió por tierra al lago de
Nicaragua. Encontró en aquellos lugares algunos aventureros españoles que formaban parte de la expedición que para conquistar el país había mandado Pedrarias Dávila a las órdenes de Francisco Fernández
de Córdova. Gil González quitó a sus compatriotas (que eran inferiores en número a los españoles que él llevaba) las armas y el oro que
habían reunido, regresando al Puerto de Caballos, donde se hallaban
los buques.

Sorprendióle encontrar en el Puerto de Caballos a Cristóbal de Olid,
enviado de Hernán Cortés, quien le llamó intruso y le hizo prisionero,
alegando que aquel país pertenecía a México. Olid pobló, catorce leguas
más abajo de Puerto de Caballos, la villa del *Triunfo de la Cruz*, extendiéndose luego por el país, con no poco contento de los naturales. De
otras partes vinieron a Olid malas nuevas. Hernán Cortés, noticioso de
que Cristóbal de Olid no le obedecía, envió contra él a Francisco de las
Casas. Pelearon Olid y Casas; mas luego vinieron a un acuerdo. Cuando
parecía que todo estaba en paz, ocurrió sangriento suceso. Casas se

arrojó sobre Olid y le hirió con un cuchillo en la garganta, y Luis González le dió con una daga, en tanto que Mercado, otro conjurado, le tenía por detrás. Pudo escapar Olid, si bien murió en seguida a causa de las heridas. "Y de esta manera—escribe Herrera—acabó la valentía y confianza de Cristóbal de Olid, capitán famoso, de los más famosos de las Indias, si á la postre no mudara la mucha fe que siempre tuvo á Cortés„ (1). Muerto Cristóbal de Olid, Francisco de las Casas proveyó todos los oficios del pueblo en otras personas.

Anteriormente se ha dicho que Hernán Cortés, conquistador de México, al mismo tiempo que encomendó la conquista de Honduras a los capitanes Olid y las Casas, encargó de la de Guatemala al capitán Pedro de Alvarado. De esta famosa conquista se tratará más adelante.

Digno, por varios conceptos, de especial mención, es el viaje realizado por Rodrigo de Bastidas a Tierra Firme (2) en 1525 (3). Con fecha del 6 de noviembre de 1524, desde Madrid, el Rey concedió a Rodrigo de Bastidas, vecino de la ciudad de Santo Domingo de la Isla Española, que poblase la provincia y puerto de Santa Marta, la cual se halla en Castilla del Oro (parte de la Tierra Firme en la actual Colombia). La había de poblar dentro de dos años, haciendo en ella un pueblo que lo menos debería tener cincuenta vecinos. Pondría en la citada provincia granjerías é crianzas, llevando al presente 200 vacas, 300 puercos, 25 yeguas y otros animales de cría.

Dió el Rey a Bastidas el título de Adelantado y le concedió que pudiese "repartir los solares é aguas é tierras de la dicha tierra á los vecinos y pobladores della como á vos os pareciere, con tanto que lo hayais de hacer con parecer de los Nuestros oficiales que á la sazón allí residieren.„ De igual modo le facultó para que hiciese una fortaleza con el objeto de defenderse de los indios caribes. También le concedió otras mercedes y libertades, no sin encargarle que tratara a los indios como "libres é industriados en las cosas de Nuestra Fe„, pues "haciendo lo contrario caereis en Nuestra indignacion y Mandaremos ejecutar en vuestra persona y bienes las penas en que por ello oviéredes incurrido„ (4). Bastidas se dirigió a Castilla del Oro (1525) y echó los cimientos de una ciudad, a la que le dió el nombre de *Santa Marta*. Hombre de carácter dulce, contrajo amistosas relaciones con algunos caciques.

---

(1) *Década III*, lib. V, cap. XIII.

(2) En Tierra Firme se formaron después el virreinato de Nueva Granada y la Capitanía general de Caracas; al presente las Repúblicas de Venezuela, Colombia o Nueva Granada y Ecuador.

(3) Es el mismo escribano de Sevilla que en 1501 – como ya se dijo en el capítulo XXVI de este tomo—hubo de salir de España y realizó famoso viaje por tierras americanas.

4) *Colec. de doc. inéd.*, etc., tomo XXII, págs. 98-106

de los cuales obtuvo grandes cantidades de oro. Como luego se negara a repartir los citados despojos, sus compañeros, capitaneados por el miserable Juan de Villafuerte, le dieron de puñaladas, hiriéndole gravemente. Mandados los conjurados a Santo Domingo, allí fueron sentenciados a muerte; también al poco tiempo, de resultas de sus heridas, murió Bastidas en la isla de Cuba.

Noticiosos algunos habitantes de la Isla Española (Santo Domingo) de que Alonso de Ojeda, Pedro Alonso Niño y otros habían recogido gran cantidad de perlas en aguas de las islas de Margarita y Cubagua, fundaron una colonia en el último lugar, primer establecimiento español en Venezuela. Si el comienzo de la colonia fué próspero por la abundancia de perlas, pronto decayó a causa de la disminución de la pesca, la cual era mayor en las islas de Coche y Margarita. Aunque en el año de 1523 pasó aquella aldea a la categoría de ciudad, con el nombre de *Nueva Cádiz;* aunque los neogaditanos hicieron ostentación de poder cuando en 1528 fueron atacados, con escaso valor y poco empuje, por filibusteros franceses, la ciudad llevó vida raquítica y miserable hasta el 1543, en que fué arrasada por un vendaval, quedando al poco tiempo despoblada.

Consideremos el descubrimiento del río de las Amazonas en el año 1541 por Francisco de Orellana. Procede recordar que Orellana ayudó eficazmente a Francisco Pizarro en la conquista del Perú. Luego Gonzalo, el menor de los hermanos Pizarro, nombrado gobernador de Quito en el año 1540, emprendió atrevida expedición en busca de riquezas. Pasó los Andes Orientales y bajó el río Napo, llegando quizá hasta la catarata del Caudo. Allí, en medio de selvas intransitables y careciendo de alimentos, se encontró en situación tristísima. Construyó un barco y nombró capitán a Orellana, natural de Trujillo. Por algún tiempo el buque en el río y las tropas en las orillas continuaron la misma marcha, hasta que Orellana pasó adelante con orden de buscar provisiones. Pasaron días y días. Gonzalo, considerando inútil aguardar más tiempo la vuelta de Orellana, volvióse a Quito con su gente diezmada por las calenturas y el hambre. Entonces supo la desgraciada muerte de su hermano y la lucha entre el joven Almagro y Vaca de Castro, representante el último del Gobierno de la Metrópoli.

Orellana, con su buque que tenía a bordo 50 hombres de tropa y dos clérigos, bajó por el río Napo, encontrando la primera aldea india el 8 de enero de 1541. Habiéndole dicho los indígenas que se hallaban próximos a un río mucho más caudaloso, dispuso construir otro buque, que pronto estuvo listo. Acabado el bergantín y hechas las reparaciones necesarias en el viejo barco y después de proveerse de tortugas, gallinas y pescado que facilitaron los indios, siguió su navegación (1). El 24 de abril de 1541 salió del Asiento de Aparia. Nuestros sufridos navegantes caminaron 80 leguas sin hallar indio de guerra y luego penetraron en despoblados, continuando su camino alimentándose sólo de hierbas y de maíz tostado.

El 6 de mayo llegaron a un Asiento alto y se detuvieron para pescar, y el 12 del mismo mes arribaron a las provincias de Machiparo. donde tuvieron que resistir las acometidas de belicosos indios. Continuaron su camino río abajo, siempre peleando, distinguiéndose por su bravura Cristóbal de Aguilar, Blas de Medina y Pedro de Ampudia. Seguidos los castellanos por muchas canoas de indios, pudieron llegar a la confluencia de tres ríos, siendo el Marañón el mayor de ellos.

"El 26 de febrero echaron ancla y bajaron a tierra, donde fueron recibidos pacíficamente por los indígenas, sin otro inconveniente que sufrir—como escribió el cura Carvajal—la *plaga egipcia* de los mosquitos. Más adelante sufrieron los ataques de tribus belicosas, viéndose obligados a permanecer en el centro de la corriente donde eran menos molestados, pues la humedad había inutilizado la pólvora que llevaban y las cuerdas de sus ballestas. La víspera de la Santísima Trinidad llegaron a la embocadura de un río que procedía de la izquierda y que por aquel lado era el mayor de los afluentes del Amazonas, y al cual, unos llamaron de la *Trinidad,* porque se descubrió en la mencionada víspera, y otros río *Negro*, porque sus aguas parecían negras como tinta„ (2). Pasando el río Negro encontraron bastante más abajo el territorio de los *paguanas.* en el que Orellana sostuvo diferentes combates con los indígenas. El 7 de junio se hallaba en el país de los *picotas*, nombre que dió porque en las orillas vió cabezas humanas clavadas en picas.

Algunos días después encontraron una comarca tributaria de las *coniapayaras,* la cual estaba gobernada por 10 ó 12 mujeres Amazonas. Eran—según Carvajal—altas, robustas, de tez clara y llevaban sus cabellos en largas trenzas. Iban desnudas, armadas con arcos y flechas, notándose por sus facciones y por su aspecto que parecían proceder de una raza septentrional. Atacaron valerosamente a los españoles y murieron en la pelea siete u ocho de ellas. Como se encontrasen varias aldeas gobernadas por mujeres, recibió el río el nombre de las Amazonas, que actualmente conserva. Debió Orellana encontrar estas mujeres belicosas junto a la embocadura del Yamunda. Gomara califica de *disparates* lo que refiere Orellana de las Amazonas, añadiendo lo siguiente:

---

(1) Véase Herrera, *Década VI*, lib. IX, cap. II.
(2) Dr. Sophus Ruge, *Historia de los descubrimientos geográficos*, pág. 187. Oncken, *Historia Universal*, tom. VII.

"Que las mujeres anden allí con armas y peleen, no es mucho, pues en Paria, que no es muy lejos, y en otras muchas partes de Indias lo acostumbraban; ni creo que ninguna mujer se corte y queme la teta derecha para tirar el arco, pues con ella lo tiran muy bien, ni creo que maten o destierren sus propios hijos, ni que vivan sin marido, siendo lujuriosísimas. Otros, sin Orellana, han levantado semejante hablilla de Amazonas después que se descubrieron las Indias, y nunca tal se ha visto ni se verá tampoco en este río. Con este testimonio, pues, escriben y llaman muchos río de las Amazonas, y se juntaron tantos para ir allá." En la citada embocadura del Yamundá se reembarcó Francisco de Orellana, calculando ya haber recorrido más de 1.400 leguas. Bajó otras 150 y halló (24 de junio) un país poblado, que recibió el nombre de *San Juan*. Pasó en seguida cerca de varias islas, de las que salieron más de 200 piraguas tripuladas por 30 ó 40 indios cada una. Orellana, aunque con algunas pérdidas, rechazó sus ataques. Supo que todas aquellas islas obedecían a Caripuna, y por ello dió a todo el archipiélago el nombre de aquel jefe. Notó por primera vez en el río el influjo de las mareas. Desembarcó en el país de Chipayo para reparar su nave, y allí sostuvo nuevo combate con los indígenas. Dióse a la vela el 8 de agosto, y el 26 de dicho mes llegó al golfo de Paria, en el Océano Atlántico Ecuatorial, no sabiendo dónde estaba ni adónde debía dirigirse, confiando solamente en la misericordia divina. Los dos buques doblaron, según Acuña, el llamado Cabo Norte, a 200 leguas de la Trinidad, anclando (11 de septiembre) en la isla de *Cubagua*, junto a la de las Perlas o sea Margarita, donde fueron recibidos por sus compatriotas.

Orellana había navegado durante ocho meses, recorriendo—si no mentían sus cálculos—1.800 leguas, desde que verificó su embarque en el Amazonas hasta su salida al Océano Atlántico. En línea recta las 1.800 leguas, quedarían reducidas a 700. El ilustre extremeño, sin pensarlo siquiera, había descubierto y explorado el mayor río de la América del Sur. "Este viaje novelesco—escribe el Dr. Sophus Ruge—no tiene igual en la historia, a no ser el que hizo en el pasado decenio el célebre Stanley, por el río Congo en África." (1). "Sin piloto ni astrolabio—dice el Sr. Coroleu—había hecho por regiones ignotas y pobladas de indómitos salvajes una travesía igual en línea recta a la distancia de 2.800 kilómetros, descubriendo el río más caudaloso del mundo. No sin razón se ha dicho que en la historia de los descubrimientos geográficos no hay ningún episodio comparable á éste por su heroica grandeza y por la importancia de sus resultados. Pero aquella expedi-

(1) Oncken, *Hist. Universal*, tom. VII, pág. 188.

ción había pasado inauditos trabajos, cuya narración era para entibiar el entusiasmo de los más animosos exploradores. La obra de Orellana sólo podía continuarse disponiendo de grandes medios que no suelen tener a mano los simples particulares„ (1). Orellana, desde la citada isla de Cubagua envió al Rey minuciosa relación de su atrevido viaje, marchando después con sus compañeros a la isla de Haití, y a la cual llegó en 20 de diciembre de 1541.

Orellana intentó colonizar el inmenso territorio descubierto, y a este fin pasó a España el 1542, logrando lo que deseaba del gobierno de Carlos V. Llamó al país que iba a colonizar *Nueva Andalucía*, porque así como Andalucía estaba regada por el Guadalquivir, el río más caudaloso de España, aquella región estaba regada por el Amazonas, la corriente más poderosa del Nuevo Mundo. También encontró apoyo en el país, consiguiendo para la ejecución de su proyecto cuatro buques y 400 hombres, con los cuales salió el 11 de mayo de 1545 de Sanlúcar de Barrameda (2). Tras larga y penosa navegación arribó a las Canarias, en cuyo punto perdió una de sus naves y 148 hombres. Tres meses residió en Tenerife y dos en Cabo Verde, viendo sus tripulaciones diezmadas por la sed, y una tempestad le arrebató otro navío y 70 compañeros de viaje. Habiendo llegado á la embocadura del Marañón, subió por el río unas 100 leguas, saltando a tierra para construir un barco con los restos de una de sus naves; perdió allí 57 hombres víctimas del hambre, y 30 leguas más arriba se hizo pedazos su último navío. Detúvose algún tiempo y continuó luego su viaje, buscando siempre la corriente principal del Amazonas; murieron otros 17 españoles luchando con los indígenas ribereños, y también el mismo Orellana, de dolor y de pena, en las cercanías de Montealegre, en el territorio de los manoas. La viuda de Orellana y los demás expedicionarios bajaron por el río, y arrojados por el mar a las costas de Caracas llegaron, por último, a la isla Margarita (3).

---

(1)   *América, Historia de su colonización*, etc., tomo II, pág. 85.
(2)   Otros dicen que el 1544.
(3)   Véase *Diccionario Hispano-Americano*, cuaderno 347, pág. 298.

CAPITULO XXX

EXPEDICIÓN DE JUAN DA NOVA.—SEGUNDA EXPEDICIÓN DE VASCO DE GAMA A LA INDIA.—EXPEDICIONES DE ALFONSO Y DE FRANCISCO DE ALBURQUERQUE.—FRANCISCO DE ALMEIDA ES NOMBRADO VIRREY DE LA INDIA.—GOBIERNO DE ALFONSO DE ALBURQUERQUE: TOMA DE GOA Y DE MALACA.—SUCESORES DE ALBURQUERQUE.—VASCO DE GAMA VIRREY DE LA INDIA: SU MUERTE.—SUCESORES DE VASCO DE GAMA. LOS PORTUGUESES EN LAS MOLUCAS.—ANTONIO DE ABREU SALE PARA LAS MOLUCAS.—AVENTURAS DE SERRAO.—VIAJE DE TRISTÁN DE MENESES.—VIAJE DE ANTONIO BRITO.—PORTUGUESES Y ESPAÑOLES EN TIDOR.—GOBIERNO DE BRITO.—GOBIERNO DE GARCÍA ENRÍQUEZ.

Antes de haber regresado Alvarez Cabral del Brasil y de la India —como se dijo en el capítulo XXV— el Gobierno portugués formó una escuadra compuesta de cuatro buques, la cual salió a la mar el 5 de marzo del año 1501 bajo el mando del marino gallego Juan da Nova.

En su expedición Juan da Nova consiguió resultados mercantiles tan satisfactorios como la anterior de Cabral. Descubrió a los 8° de latitud Sur una isla que llamó de la *Concepción*, y que dos años después, creyendo Alburquerque que él era el primer descubridor, le dió el nombre de la *Ascensión*. El 7 de julio llegó a la bahía de San Braz, al Este del Cabo de Buena Esperanza; en agosto estuvo en Mozambique, después en Melinde y luego en Cananor. Dirigióse contra una escuadra del soberano de Calcuta, que intentaba impedirle el paso, echando a pique catorce buques. Regresó a Cochin y a Cananor, pudiendo en estos puntos llenar las bodegas de sus naves y capturando luego en el camino dos barcos de musulmanes cargados de especias, de cuya mercancía se hizo dueño. A su regreso descubrió una isla a la que dió el nombre de *Santa Elena*; isla que, según Barros, parece haber sido colocada en aquel punto por Dios para dar nueva vida a todos los que vienen de la India, porque allí se encuentra agua excelente y otros refrescos en abundancia. Juan da Nova dió fondo en el puerto de Lisboa el 11 de noviembre de 1502.

Después de la expedición de Nova, y sin embargo de que la ganancia material no fué poca, se pensó por el gobierno si convenía o no con-

tinuar aquel comercio con la India o limitarse al de la costa de África
con los negros, que era más fácil y menos costoso y comprometido.
Tuvo el Rey muchas conferencias con sus consejeros, decidiéndose al
fin proseguir los viajes, no sin castigar duramente a los musulmanes.
Se decidieron a ello, ya por las ventajas comerciales, ya—y esto era
lo más importante—por convertir aquellas regiones al cristianismo.

Nueva expedición se encargó a Vasco de Gama, llevando a sus órdenes a Sodré, la cual se componía de 20 buques, con 800 individuos
armados. El 10 de febrero de 1502 salió Vasco de Gama con 15 buques,
y el 1.º de abril su sobrino Esteban de Gama con cinco buques. Casi
al mismo tiempo llegaron ambas secciones al término de su viaje. En
Mozambique recibió Vasco de Gama señaladas pruebas de amistad del
jeque, que ya no era el mismo de antes; en Quiloa, admiró la ciudad,
que contaba con unos 12.000 habitantes, rodeada de bosques de naran-
jos, limoneros, granados e higueras. Las casas estaban hechas de cal y
canto con azoteas y un piso superior de madera. Sometióse el jeque,
que era árabe, y se obligó a pagar al rey de Portugal un tributo anual
de 500 meticales en oro (584 cruzados), y consintió en que se izara en
la torre de su palacio la bandera portuguesa. De Quiloa marchó Vasco
de Gama a Melinde, a cuyo rajá, amigo de los portugueses, le invitó a
una gran fiesta a bordo de sus buques. Continuó Gama su viaje y en el
mes de agosto encontró a su sobrino Esteban con tres barcos y luego
halló los dos restantes en las islas Andiedivas. Detúvose en Baticola,
puerto perteneciente al reino de Bisnaga, y allí le dieron un suministro
de arroz para su gente. Siguiendo su ruta a Cananor, apresó, saqueó y
quemó un buque que regresaba de la Meca con peregrinos y mercancías. Tuvo Gama audiencia solemne con el rajá de Cananor, a quien
exigió que rompiese sus relaciones mercantiles con Calcuta. Antes de
llegar a Calcuta recibió embajadas del Samorin ofreciéndole la paz;
mas fueron tantas las exigencias del portugués, que el soberano indio
no pudo acceder a ellas. Entre otras, pidió que el Samorin expulsase
de la ciudad más de 4.000 familias de árabes del Cairo y de la Meca
establecidas allí. Sin atender razones de ninguna clase, cañoneó dos
veces a Calcuta, destruyendo muchas casas. El Samorin entonces se
dispuso a una guerra a muerte. Mientras tanto Vasco de Gama se encaminó a Cochin, celebrando un tratado de comercio con el rajá y recibiendo amistosa embajada de la madre del soberano de Collam. Habiendo hecho su cargamento en Cochin y Collam, pasó a Cananor en
los comienzos de febrero de 1503. Pasado algún tiempo emprendió su
viaje de regreso, no sin dejar a Sodré con cinco buques mayores y dos
carabelas en el mar Índico, ora para tener en jaque al Samorin, ora

para proteger a los príncipes aliados. Llegó Gama a Lisboa en septiembre de 1503.

Ni Vicente Sodré tuvo en jaque al soberano de Calcuta, ni protegió a los príncipes amigos. El Samorin atacó por mar y por tierra al rajá de Cochin, apoderándose del reino. Entretanto, el jefe de las fuerzas portuguesas había ido a Guzerat y luego a la costa meridional de Arabia, teniendo la desgracia de que furiosa tempestad destruyese parte de sus buques, incluso el suyo, muriendo las dotaciones cerca de las islas de Curia-Muria. Después de esta catástrofe, que ocurrió en el mes de julio o de agosto del 1503, volvió a la India y se situó en las Andiedivas, esperando refuerzos de su país.

Pronto iban a llegar los refuerzos con tanta ansia esperados. El 6 de abril de 1503 se hicieron a la vela desde Portugal a la India tres buques al mando del insigne Alfonso de Alburquerque, llamado el *Grande* por los historiadores portugueses, y otros tres dirigidos por Francisco de Alburquerque, primo de Alfonso. Así describe al primero de estos capitanes uno de sus compatriotas: "Alfonso de Alburquerque era—dice—de estatura mediana y de exterior agradable. Su larga cara, de tez fresca y nariz aguileña, estaba adornada de hermosa barba, blanca con el tiempo, que le llegaba a la cintura, dándole aspecto venerable. Sabía perfectamente el latín y era prudente lo mismo en sus palabras que en sus escritos. Era amado y a su vez temido, sin que su benevolencia degenerara en parcialidad, ni sus represiones en dureza. Cumplía siempre la palabra que daba, aborrecía la impostura y amaba la justicia. Por mar y por tierra recibió muchas heridas, probando con su sangre que no rehuía ningún peligro. Liberal hasta el exceso, cedía el botín a sus capitanes, porque siempre se cuidaba más de la gloria que de la adquisición de riquezas." A Alfonso de Alburquerque acompañaba el valeroso capitán Duarte Pacheco Pereira, y a Francisco de Alburquerque, Nicolás Coelho, ya conocido desde el primer viaje de Vasco de Gama.

Las dos flotas llegaron en agosto a la costa de Malabar, primero Francisco, el cual, con la ayuda de los buques que habían quedado de la escuadra de Sodré, se dirigió a Cananor y Cochin. Cuando llegó Alfonso, ambos jefes reinstalaron en su capital y dominios al rajá de Cochin y levantaron en aquella población una ciudadela. Alfonso hizo sus compras en Collam y Francisco en Cochin. A fines de enero salió Alfonso de la India, dejando a su primo Francisco todavía ocupado en las compras; fondeó el 3 de septiembre en el puerto de Lisboa. Francisco de Alburquerque salió de la India el 5 de febrero. Sorprendido por una tempestad en la costa Oriental del Africa, pereció juntamente con Nicolás Coelho, salvándose sólo la tripulación de un buque de los de la escuadra de Sodré. Entre tanto, Duarte Pacheco Pereira, que se había quedado en la India, sostenía lucha empeñada y tenaz con el Samorin de Calcuta. Luego Duarte fué nombrado administrador de los establecimientos portugueses en la costa de Guinea; mas el Rey, dando crédito a calumniadores, dispuso que cargado de cadenas fuese conducido a Portugal, muriendo en la mayor miseria. El inspiradísimo Camoens compara al infeliz Duarte con Belisario y censura con acritud al Rey por su ingratitud, injusticia y codicia (1).

Nombrado virrey de la India Francisco de Almeida, bajo su mando aumentó extraordinariamente el comercio de Portugal. Alfonso de Alburquerque fué nombrado capitán general y gobernador de la India. Lo mismo bajo el gobierno del uno que del otro, no dejaron los portugueses de pelear con los naturales del país. En estas grandes y continuadas luchas la fortuna sonrió algunas veces a los indios. También reinaba cierto desconcierto y falta de armonía entre los capitanes portugueses. En el Consejo general que celebraron los capitanes bajo la presidencia de Alburquerque (12 de octubre de 1510), Fernando de Magallanes se opuso a los planes de su jefe, lo cual fué motivo para que, contrariado el dicho Magallanes y luego no atendido por el rey D. Manuel, abandonase la India y se pusiera al servicio de España. El 20 de noviembre del citado año, Alburquerque, al frente de una escuadra compuesta de 23 buques con 1.600 individuos de tropa, se presentó a la vista de Goa y comenzó el ataque. El 25 de noviembre tomó la ciudadela por asalto y en seguida la ciudad. Los portugueses acuchillaron con verdadera crueldad a los musulmanes, lo mismo a los hombres que a las mujeres y a los niños. Comprendieron los portugueses que para hacer de Goa el centro del comercio entre el Occidente y la India anterior, necesitaban apoderarse también de Malaca. El 1.º de julio de 1511 se puso enfrente de Malaca. El sultán Mahmud encargó la dirección de la defensa de la plaza a su hijo; pero, después de valerosa resistencia, cayó Malaca a mediados de agosto. A los mahometanos, lo mismo que en Goa, no se les dió cuartel. Portugal, pues, se estableció en la India, cuyos príncipes, aunque de mala gana, reconocieron la soberanía de aquella nación.

La impresión que causó en Europa la conquista de Malaca, fué inmensa. El rey D. Manuel escribió al Papa, con fecha 6 de junio de 1513, participándole las conquistas de la India; León X respondió con el breve *Significavit nobis,* de 5 de septiembre del mismo año. Como el sultán de Egipto no cesara de excitar a los príncipes indios para que se levan-

(1) *Os Lusiadas,* X, 22 a 25.

tasen contra los portugueses, prestándoles también auxilios de buques
y tropas, el rey D. Manuel instó al capitán general que emprendiese
una expedición al mar Rojo, con el objeto de cerrar, tal vez en absoluto, el camino más importante del comercio árabe con la India. En los
comienzos del año 1513 preparó Alburquerque la expedición, aunque
sin prometerse felices resultados, indicándolo así la comunicación que
pasó a sus capitanes, diciéndoles que el rey D. Manuel le había mandado diferentes veces hacer aquella expedición, exigiéndole, por último,
que la realizase en seguida.

Púsose en camino el 18 de febrero del citado año con 20 buques,
1.700 soldados portugueses y 800 soldados indios. En el puerto de
Soco (isla de Socotora), hizo provisión de agua dulce, penetró en
aquel mar interior que separa dos continentes, dirigiéndose a la ciudad de Aden, que entonces, como al presente, era la llave del mar
Rojo. A Aden llevaban los buques malabares los productos de la India,
y a Aden acudían a hacer sus compras los comerciantes árabes. El
gobernador de Aden se llamaba Aben-abdel-vahal, que se preparó
a resistir a los portugueses. Comenzó la lucha, teniendo que retirarse
Alburquerque ante el decidido arrojo de los árabes. Aunque con ánimo de volver a la lucha con más fuerzas, se dirigió a ocupar algunas
islas del mar Rojo, encaminándose hacia la de Camarán, situada en el
golfo Arábigo y cerca de la ciudad de Lohaya (a los 15º, 51' de latitud Norte y 42º 32' de longitud Este del Meridiano de Greenwich).
En la isla abundan los pozos de agua dulce. Permaneció algún tiempo
en ella Alburquerque; mas aquel clima cálido le causó muchas bajas,
decidiéndose al fin a dar la vuelta a la India. El 13 de julio pasó por
Aden, y el 4 de agosto tocó en el puerto de Diu, cuyo gobernador, Me-
lec Eias, le permitió el establecimiento de una factoría. Siguió ejemplo
tan generoso el emperador de Calcuta. Entonces los portugueses, correspondiendo a la amistad de los indios, levantaron el bloqueo de las
costas, dieron pasaportes a los buques mercantes mahometanos y el comercio volvió a florecer. Al año siguiente (1514). Pedro de Alburquerque, sobrino del capitán general, fué a Ormuz para cobrar el tributo
anual; y Jorge de Alburquerque se dirigió con tropas frescas a Malaca, de cuya defensa hubo de encargarse.

Cuando Alfonso de Alburquerque se ocupaba en arreglar los asuntos interiores de la India, recibió carta del Rey, ordenándole que marchase inmediatamente para Ormuz. Allá se encaminó, partiendo desde
Goa el 21 de febrero de 1515 con 27 buques, 1.500 soldados portugueses y 700 indios. Aunque reinaba en Ormuz Rais Nordin, viejo y débil,
el verdadero gobernador era el persa Rais Ahmed, su sobrino. Ya esta-

ba decidido Ahmed a reconocer la soberanía del shah de Persia, única manera de librarse del tributo molesto impuesto por los portugueses; mas lo impidió la oportuna llegada de Alburquerque el 26 de marzo. Dueño el capitán general de la ciudadela, nombró gobernador de ella a su sobrino Pedro. En seguida, comprendiendo que Ahmed era un obstáculo para sus planes, le hizo matar, restableciendo en su antiguo poderío al anciano Rais Nordin, si bien los portugueses dominaban con su flota el mar y desde la ciudadela a Ormuz. Dió muestras Alfonso de Alburquerque de hábil político, mandando una embajada a Ismail, shah de Persia, estableciéndose la más cordial amistad. Contribuyó a ello la enemiga que a causa de la religión había entre persas y árabes, pues los primeros eran mahometanos siitas y los segundos mahometanos sunnitas. Enfermo el capitán general de disentería, oyendo el parecer de los médicos, se decidió a volver a la India, zarpando de Ormuz en los primeros días de noviembre. Al pasar por la costa de Omán, cerca de Calhat, recibió la noticia por un barco árabe que venía de Diu, que el Rey, desconociendo sus relevantes méritos, le había quitado el mando, siendo nombrado sucesor suyo Lope Soarez. Con amargura exclamó entonces: "¿Capitán general Lopez Soarez? ¿No había otro? ¿Y el Rey me envía con el caracter de capitanes y secretarios á hombres como Diego Méndez y Diego Pereira, á quienes por sus delitos he enviado yo presos á Portugal? Por servir al Rey me he enemistado con esta gente, y ahora por amor de ellos me retira su confianza." Deseaba por momentos llegar a Goa, donde encontraría cartas que le explicasen su destitución y en las cuales esperaba por lo menos que el Rey reconociera sus méritos. Por consejo de sus amigos escribió a Don Manuel su última carta: "Señor—le decía—estas son las últimas palabras que dirijo á V. M., agobiado por la desgracia, después de tantas relaciones como le he escrito con alegría y brío. Dejo aquí un hijo (natural) Blas Alburquerque, y suplico á V. M. premie en él mis méritos. Los asuntos de la India hablarán por sí y por mí." Alburquerque murió a la vista de Goa el 16 de diciembre de 1515, cuando contaba sesenta y tres años.

Ingrato fué el rey Don Manuel con el más notable de los caudillos portugueses en la India. Los enemigos de Alburquerque le calumniaron diciendo que quería hacerse soberano independiente de los citados territorios, como lo indicaba los nombramientos que hizo en favor de sus sobrinos, confiándoles la defensa de Malaca y de Ormuz. Jamás pensó Alburquerque en ello, proponiéndose solamente nombrar en las citadas plazas jefes de su confianza para mejor conservarlas en la corona de Portugal. Alburquerque era justiciero, enérgico, generoso y valiente hasta la temeridad. Así como Alejandro el *Macedónico* procuró que jóvenes griegos se casasen con mujeres asiáticas, Alburquerque favoreció los matrimonios de los portugueses con jóvenes indias. A cada nuevo matrimonio regalaba de los fondos públicos 18.000 reis; a los portugueses que se establecían en el país repartió las casas y campos de los musulmanes expulsados. Lo mismo que Colón, pensó en proyectos absurdos y extravagantes; el genovés quiso conquistar la Palestina, y el preclaro hijo de Portugal, entre otros proyectos, tuvo el de hacer una expedición al mar Rojo, conquistar a Medina y llevarse los huesos de Mahoma, con el objeto de obtener después en cambio el Santo Sepulcro de Jerusalén, rescatándole del poder de los infieles. Los tres primeros sucesores de Alburquerque no valían lo que él. Lope Soarez (1515-1519) y Diego López de Sequeira (1519-1521) sufrieron algunos reveses, como también Duarte de Meneses. Murió Don Manuel el Grande el 13 de enero de 1521, sucediéndole su hijo Juan III; el nuevo monarca nombró como sucesor de Meneses, con el título de virrey, al muy ilustre Vasco de Gama. El 23 de septiembre llegó el nuevo virrey a Goa, dedicándose inmediatamente a examinar la administración, harto desorganizada. Por desgracia, murió el 24 de diciembre de 1524 en Cochin, y como Colón, fué sepultado en un convento de San Francisco (1).

Enrique de Meneses sucedió a Vasco de Gama, que murió el 1526; después gobernó Lope Vaz de Sampayo, y en seguida Nuño de Acuña (1528-1538), terminando con él los grandes gobernadores de la India. Coronóse de gloria en la conquista de la plaza de Diu, ciudad importante y puerto formidable del reino de Guzerat. Dicha conquista ocasionó guerra sangrienta con los turcos, los cuales tuvieron empeño en reconquistarla. García de Noronha, sucesor de Nuño de Acuña, llegó a Goa el 11 de septiembre de 1538 con una escuadra. No guardó consideración alguna a su antecesor, hasta el punto que, pretextando de que le hacían falta todos los buques, no quiso darle uno para su viaje de regreso. "El hombre—escribe el Sr. Sophus Ruge—que había ensanchado y engrandecido el poder de Portugal tan gloriosamente, el que había levantado las fortalezas de Diu, Basein y Chali, que según Barros, eran tan importantes como Ormuz, Malaca y Goa, conquistadas por Alburquerque, tuvo que contratar á su costa un barco para salir de la India„ (2). Nuño de Acuña tuvo que prolongar su estancia en Cananor hasta enero de 1538, y, cuando se embarcó, llevaba el germen de próxima muerte. En efecto, siete semanas después falleció. Preguntándole en sus últimos momentos si quería que llevasen su cadáver a Portugal,

---

(1) Trasladáronse sus restos a Portugal, año 1538, y sepultados en Vidiguera, donde el populacho destruyó el sepulcro el 1840.

(2) Ob. cit., pág. 78.

contestó: "Si Dios tiene determinado que muera en el mar, quiero que el mar sea mi tumba. La patria que tan ingrata se ha portado conmigo, no debe conservar mis huesos.„ También Publio Escipión, el vencedor de Aníbal, terminó sus días en voluntario destierro, y al tiempo de morir prohibió a sus parientes que llevasen su cuerpo a aquella ingrata patria por la cual tanto había peleado y en la que reposaban las cenizas de sus antepasados.

Respecto al establecimiento de los portugueses en las Molucas (Oceanía), después que el gran Alburquerque se hubo apoderado de Malaca, envió a Antonio de Abreu con tres buques para visitar las Molucas ó islas de las especias (Halmaheza o Gilolo, Ternate y Tidor. Ceram, Amboina, Banda y otras). Zarparon en diciembre de 1511 y fueron a la costa septentrional de Java, luego a Amboina y por último a Banda. Descubiertas las Molucas, último objeto de la política mercantil de Portugal, Abreu regresó a Malaca y después a Portugal, en tanto que Francisco Serrao, capitán de uno de los citados tres barcos (1), pasaba a Ternate y se hacía amigo del Sultán del país, el cual era el más poderoso de las Molucas, pues cada isla tenía su jefe o soberano propio. Sucedió que un barco malayo con carga de especias y que varó en la playa de Java, llevó la noticia a Malaca (1513) de las aventuras de Serrao. Entonces se despachó a Antonio de Miranda de Azevedo con una escuadra para ir a buscar a Serrao y demás compatriotas. Llegó Azevedo, quien se encontró con que los dos sultanes rivales de Ternate y de Tidor, que habían oído las hazañas de los portugueses, solicitaron su amistad, y ambos le ofrecieron terreno para establecerse en su isla respectiva, creyendo cada uno poder vencer a su rival con el auxilio de los extranjeros. No aceptó el ofrecimiento Miranda de Azevedo, quien se limitó por lo pronto a cumplir la orden que se le había dado, llevándose la tripulación y dejando a Serrao en Ternate. Entre las cartas que dió a Miranda para que éste las llevase a sus amigos de la India, se halla una dirigida a Fernando de Magallanes, en la cual exageraba la distancia de Malaca a las Molucas. Esta carta tuvo consecuencias de gran importancia, porque no dudando Magallanes de la veracidad de un amigo y creyendo exactas las distancias, tuvo como cierto que las Molucas se hallaban más allá del Meridiano fijado como límite entre los descubrimientos de españoles y portugueses. Fundándose en estos hechos, determinó ir a las Molucas desde España, siguiendo la ruta occidental, y tomar posesión de ellas en nombre del Rey Carlos I.

---

(1) Francisco Serrao no solamente tuvo la desgracia de que naufragara el buque que sacó de Malaca, sino que también perdió otro adquirido en Banda.

El portugués Tristán de Meneses en el año 1518 llegó a las Molucas, encontrándose con Serrao en Ternate. Aunque el sultán de la citada isla se ofreció a construir una factoría para los portugueses, Meneses no aceptó el ofrecimiento, diciendo que su Rey le había mandado sólo a comprar especias. Llenó su buque y tres más del país, dando el mando de los últimos a Serrao, a Simón Correa y a Duarte da Costa. Terrible tempestad dispersó la flotilla poco después de haber salido de Ternate, teniendo que cobijarse Meneses en Banda, y los tres barcos del país regresaron a las Molucas. Meneses se dirigió luego a las Molucas en busca de sus compañeros, a quienes encontró en lucha con los indígenas y llevando, desgraciadamente, la peor parte; entonces marchó a Amboina, completó su cargamento y regresó solo a Malaca. Serrao pudo librarse de la muerte que sufrieron las tripulaciones de los buques citados en la isla de Batian y se quedó en Ternate.

Conocidos semejantes hechos en Lisboa, el Gobierno decidióse a enviar respetable escuadra a las Molucas, confiando el mando a Antonio Brito. Salió Brito de Portugal el año 1521 y después de sufrir terrible tempestad, pudo llegar en febrero de 1522 a la isla de Banda; luego a la de Batian, donde castigó a sus habitantes por la muerte que dieron a los de la escuadra de Meneses; y al pasar por delante de Tidor, vió con sorpresa a los españoles establecidos en la isla. Allí averiguó que dos buques de una expedición mandada por Magallanes, ya al servicio de Carlos I, había llegado a Tidor, siendo bien recibidos por el sultán de la isla, hasta el punto de haberse quedado en calidad de factor, después que se marcharon los dos barcos, Juan de Campos. Brito dispuso que Campos fuera a Ternate, isla siempre fiel a los portugueses, donde debió haber muerto el famoso capitán Serrao. Si estuvo acertado Brito haciendo construir una fortaleza a la que dió el nombre de San Juan Bautista, cerca de la ciudad, mereció severas censuras por haber intervenido en el gobierno interior y supremo de la isla. Como para nuestro objeto no tienen interés tales hechos, recordaremos que durante el gobierno de Brito en las Molucas llegó Jorge de Meneses, habiendo salido de Malaca el 22 de agosto de 1526, a un puerto de Borneo, pasó después entre Joló y Mindanao, viniendo a parar a la costa Septentrional de la Nueva Guinea, isla que se halla al Este de las Molucas. Meneses, descubridor de la Nueva Guinea, arribó a Ternate en mayo de 1527. Desde Ternate mandó también Brito una flota que descubrió la isla de Célebes, la cual se halla al O. de las Molucas, y cuyos habitantes no dejaron desembarcar a los portugueses, quienes a su regreso a Ternate, fueron llevados por el monzón a la playa de una de las islas Marianas o de los Ladrones, descubiertas ya entonces por Magallanes y

situadas al E. de Filipinas. Relevado Brito, fué nombrado para sucederle García Henríquez. Más adelante los españoles dirigieron expediciones a aquellas lejanas tierras, mereciendo entre todos el primer lugar el guipuzcoano Miguel López de Legazpi.

APÉNDICES

A

Entre los que censuraron con más acritud la dominación española, se hallan los sabios D. Jorge Juan y D. Antonio Ulloa. Después de la expedición científica que en el año 1735 hicieron los mencionados marinos españoles en compañía de los franceses MM. Godin, Bouger y la Condamine, aquéllos se dedicaron a estudiar el estado social del Perú. "Ellos viajaron de pueblo en pueblo, indagando por todas partes cuanto podía conducir á su intento, tomando informe de las personas más desinteresadas, inteligentes y rectas, sobre aquellas cosas cuyo conocimiento no podían adquirir por su propia experiercia, y procurando siempre descubrir la verdad con la calificación de las noticias y con la repetición o examen de los sucesos" (1).

Trasladaremos a este lugar algunos párrafos de la citada obra. Afirman Jorge Juan y Ulloa que los indios que se llaman libres se hallaban en peor situación que los esclavos africanos, añadiendo luego: "La tiranía que padecen los indios nace de la insaciable hambre de riquezas que llevan a las Indias los que van a gobernarlos, y como éstos no tienen otro arbitrio para conseguirlo que el de oprimir a los indios de cuantos modos puede suministrarles la malicia, no dejan de practicar ninguno, y combatiéndolos por todas partes con crueldad, exigen de ellos más de lo que pudieran sacar de verdaderos esclavos suyos" (2). "Los indios son unos verdaderos esclavos en aquellos países, y serían dichosos si no tuvieran más de un amo a quien contribuir lo que ganan con el sudor de su trabajo; pero son tantos, que al paso que les importa cumplir con todos, no son dueños de lo más mínimo que con tanto afán y trabajo han adquirido...." (3). "La iniquidad es todavía mayor en los casos de justicia, pues nada desean más aquellos jueces que una ocasión de querella o riña para dejarlos enteramente arruinados...." (4). "Es dicho común de los hombres más juiciosos y timoratos de aquellos países, que si los indios llevan por Dios los trabajos que pasan durante su vida, serían dignos de que al punto que espirasen los canonizase la iglesia por santos; el continuo ayuno, la perpetua desnudez, la constante miseria, la interminable opresión y el castigo exorbitante que sufren desde que nacen hasta que mueren, es más que suficiente penitencia para satisfacer en este mundo todos los pecados que les puedan ser imputados" (5). "Siempre que caminábamos, era la regular diversión en la molestia de la jornada, la conversación de los indios que nos servían de guías; y lo primero que nos informaban era sobre la familia que tenía el cura del

(1) *Noticias secretas de América*, publicadas por David Barry, parte I. prólogo III Londres, 1826.
(2) Ob. cit., segunda parte, pág. 231.
(3) Ibidem, pág. 238.
(4) Ibidem, pág. 239.
(5) Ibidem, pág. 242.

pueblo a donde nos encaminábanos, siendo bastante el preguntar cómo se portaba la mujer del cura, para que ellos nos instruyesen en el número de las que le habían conocido, los hijos e hijas que habían tenido en cada una, sus linajes y hasta las más pequeñas circunstancias de lo que con ellas sucedía en los pueblos» (1).

«Cuando nosotros pasábamos (año 1741) por aquel pueblo (Lambayeque) para Lima, sucedió que un simple clérigo tuvo atrevimiento para intentar apalear al Corregidor porque fué a su casa a sacar un reo que acababa de dar de puñaladas a un vecino y se había retirado a ella; en fin, allí es donde no hay poder para que exerca el suyo la justicia» (2). «Cuando pasamos por Panamá se hallaba aquella Audiencia en un estado tan corrompido y tan desacreditada la justicia, que entre los sujetos que formaban aquel tribunal, había uno (cuyo desahogo sobresalía al de los demás), el cual tenía a su cargo el ajustar los pleitos y convenirse con los interesados en el importe de la gracia que se les había de hacer» (3). «Entre los vicios que reinan en el Perú, el concubinaje, como más escandaloso y más general, deberá tener la primacía. Todos están comprendidos en él, europeos, criollos, solteros, casados, eclesiásticos, seculares y regulares...» (4). «Pero lo que se hace más notable es que los conventos estén reducidos a públicos burdeles...» (5).

---

(1)   Ob. cit., pág. 349.
(2)   Ibidem, pág. 447.
(3)   Ibidem, pág. 464.
(4)   Ibidem, pág. 490.
(5)   Ibidem, pág. 494.

B

Don Fernando e Doña Isabel, por la gracia de Dios Rey e Reina de Castilla, de Leon, de Aragon, de Secilia, de Granada, de Toledo, de Valencia, de Galicia, de Mallorca, de Sevilla, de Cerdeña, de Córdoba, de Córcega, de Murcia, de Jaen, de los Algarbes, de Algeciras, de Gibraltar e de las Islas de Canarias: Condes de Barcelona; Señores de Vizcaya e de Molina; Duques de Atenas e de Neopatria; Condes de Rosellon e de Cerdania; Marqueses de Oristan e de Gociano: A los de Nuestro Consejo e Oidores de la Nuestra Abdencia, Corregidores, Asistentes, Alcaldes e Alguaciles, Merinos e otras Justicias cualesquier de cualesquier Cibdades e Villas e Logares de los nuestros Reinos e Señoríos, e a cada uno e cualquier de Vos a quien esta Nuestra Carta fuese mostrada, o su traslado signado de Escribano publico, salud e gracia. Sepades que Nos mandamos ir a la parte del Mar Oceano a Cristobal Colon a facer algunas cosas complideras a Nuestro servicio, e para llevar la gente que ha menester en tres carabelas que lleva, diz que es necesario dar seguro a las personas que con el fueren, porque de otra manera no querrian ir con el, al dicho viage; e por su parte Nos fue soplicado que ge lo Mandasemos dar, o como la Nuestra Merced fuere; e Nos tovimos'o por bien. E por la presente damos seguro a todas e cualesquier personas que fueren en las dichas carabelas con el dicho Cristobal Colon en el dicho viage que hace por Nuestro mandado a la parte del dicho Mar Oceano, como dicho es, para que no les sea fecho mal ni daño ni desaguisado alguno en sus personas ni bienes, ni en cosa alguna de lo suyo, por razón de ningun delito que hayan fecho ni cometido fasta el dia desta Nuestra Carta, e durante el tiempo que fueren e estubieren alla con la venida a sus casas e dos meses despues. Porque vos Mandamos a todos, e a cada uno de Vos en vuestros logares e jurisdiciones, que no conoscais de ninguna cabsa criminal tocante a las personas que fueren con el dicho Cristobal Colon en las dichas tres carabelas, durante el tiempo susodicho; porque Nuestra Merced e voluntad es, que todo ello este asi suspendido. E los unos ni los otros'no fagades ni fagan ende al por alguna manera, so pena de la Nuestra Merced e de diez mil maravedis para la Nuestra Camara a cada uno que lo contrario ficierede. E demas Mandamos a cualquier Escribano publico que para esto fuere llamado que deende al que vos la mostrase testimonio signado con su signo, porque Nos Sepamos en como se cumple Nuestro mandado. Dada en la Nuestra Cibdad de Granada a treinta dias del mes de Abril, Año

(1) *Archivo de los duques de Veragua.* - *Colec. de doc. inéd.*, etc., tomo XIX, págs. 465-467.

del Nacimiento de Nuestro Señor Jesucristo de mil e cuatrocientos e noventa y dos años. – *Yo el Rey.* – *Yo la Reina.*—Yo Joan de Coloma, secretario del Rey e de la Reina Nuestros Señores, la fice escrebir por su mandado. – *(Esta firmada.)*

En las espaldas está sellada en papel con cera colorada, y tiene las notas siguientes: – *Acordada su firma.* – *Rodericus, Doctor.* – *(Esta firmado.)* – *Francisco de Madrid, Chanciller.* – *(Esta firmado.)* – *Derechos nihil.*—(Esta rubricado.)

Del mismo modo, antes de partir Cristóbal Colón a su tercer viaje, los Reyes Católicos, mediante Real Provisión de 22 de junio de 1497, concedieron indulto a todos los súbditos y naturales de estos reinos que hubiesen cometido cualquier delito, con algunas excepciones, con tal que fuesen en persona a servir en la Isla Española a sus expensas, por cierto tiempo.

"Los condenados a pena de muerte eran indultados totalmente pasando allí sólo dos años, y uno únicamente de estancia en la misma libraba de todas las condenas y penas inmediatas a la última. De esta manera, exceptuados los casos de herejía, lesa magestad, incendio y falsificación de moneda, todos los estafadores, perjuros, falsarios, ladrones y asesinos, yendo a sus costas a la Española, podían volver plenamente rehabilitados a Castilla al cabo del tiempo ya dicho...» (1).

---

(1)   Véase conde Roselly de Lorgues, *Cristóbal Colón*, tomo I, págs. 411 y 412.

C

REAL CÉDULA DADA EN MADRID 15 DE ABRIL DE 1540 (1).

El Rey: Por quanto Nos somos informados, que en la Provincia de Tierra Firme, llamada Castilla del Oro, ay echa Ordenanza, usada y guardada, para que á los negros que se alzaren se les corten los miembros genitales, y que á acaescido cortarselos á algunos, y morir dello, lo qual demás de ser cosa mui deshonesta, y de mal exemplo, se siguen otros inconvenientes, é visto por los del nuestro Consejo de las Indias: Fué acordado que devia mandar dar esta mi cedula en la dicha razon por la qual proivimos y defendemos que de aquí adelante en manera alguna no se egecute la dicha pena de cortar los dichos miembros genitales, que si necesario es, por la presente rebocamos qualquier Ordenanza que cerca de lo suso dicho esté echa, y mandamos á los nuestros oydores de la nuestra Audiencia é Chanzilleria Real de la dicha Provincia de Tierra Firme, y al Reverendo en Christo Padre Obispo de la dicha Provincia que ordenen la pena que se deve dar á los negros que se alzaren, y envien al dicho nuestro Consejo de las Indias relacion de la pena que assi acordaren que se les dé, y entre tanto que la envian y se ve, y se provee lo que convenga, Mandamos á las nuestras Justicias de la dicha Provincia que cada, y quando se alzaren los dichos esclavos negros ó cometieren otro delito, los castiguen conforme al delito que hicieren. *Fray Garcia Cardenalis Hispalensis.*

(1)   *Arch. hist. nac.*. *Cedulario indico*. tom. IX. núm. 256. págs. 147 v.ª y 149

D

De una carta de D. Francisco Pí y Margall dirigida a los Estados Unidos de América, trasladamos aquí lo que creemos más interesante en el asunto de que se trata (1).

«Me dirijo a tí, República del Norte, desde una nación que te ultraja y te odia, por creerte cómplice de los insurrectos de Cuba. Si respecto a Cuba de algo debiera yo acusarte, sería de haberte conducido sobradamente remisa y floja.

. . . .

América para los americanos; ese ha de ser tu criterio y tu grito de combate.

Como de los europeos es Europa, de los americanos ha de ser América. No consentirían los europeos colonias ni en sus playas ni en sus islas, y no hay razón para que los americanos las consientan en las suyas. Siete siglos llevaron en Europa los árabes, y no se paró hasta arrojarlos a las costas de Africa; seis siglos llevan en Europa los turcos, y se conspira incesantemente para rechazarlos al Asia. Por dos veces ha intentado Rusia en este siglo apoderarse de Constantinopla.

. . . .

Europa anda como nunca desalada por ejercer imperio sobre extrañas gentes. No obró en siglo alguno con mayor descaro ni mayor violencia.

Ve ahora los principios que invoca para sus conquistas. Te detallaré a continuación los medios que emplea.

Hoy, como en el siglo XVI, tiene por principio inconcuso que las tierras ignoradas son del que las descubre. En vista de este principio, Colón, al llegar a Guanahaní, bajó a la costa, enarboló el estandarte de Castilla, tiró de la espada, y por ante escribano tomó posesión de la isla. En virtud de este principio hicieron otro tanto los demás descubridores de América. Hasta del mar del Sur u Océano Pacífico tomó posesión en parecida forma Vasco Núñez de Balboa. Metióse en el agua hasta las rodillas, llevando embrazado el escudo, en una mano la espada, en la otra el pendón de Castilla, y por ante escribano tomó *posesión corporal y real*, no sólo de aquel mar, sino también de sus tierras y sus costas, y sus puertos y sus islas, y los reinos y provincias anexos. Se aplica hoy este principio con una exageración muy semejante a la de Vasco Núñez. Se toma posesión apenas se ha puesto el pie, en un lugar de Africa, de territorios inmensos que no se ocuparán en años, tal vez en siglos. Se la toma de lo que no se domina, bautizándolo con el nombre de *zonas de influencia.*

El principio es evidentemente falso. Podrá ocuparse lo que otro no ocupe,

(1) Publicóse dicha carta en *El Nuevo Régimen* de 28 de agosto de 1909, y se volvió a publicar en el mismo periódico el 31 de diciembre de 1915.

no lo que ocupen pueblos cultos o bárbaros. Se ocupan en este caso tierras y hombres, cosa que no prescriben la dignidad ni la naturaleza de seres racionales y libres. Las tierras que se ocupan, constituye, por otra parte, la patria de los que las pueblan: no hay derecho a quitársela, lo hay tanto menos en hombres que se consideran obligados a defender en todo tiempo y a todo trance la integridad de su patria; ¿cómo se han de considerar con derecho a defenderla si están siempre dispuestos a violar la integridad de la patria ajena?

Un pueblo no puede cambiar su condición porque otro lo descubra. El descubrimiento es para él completamente extraño, tan extraño, que ni aun descubridor se considera. Recibe el pueblo descubridor como recibía antes los de sus alrededores; y, si por acaso lo ve de otro color o con otras condiciones, lo mira con curiosidad y aun lo agasaja, mientras no lo ve con ánimo hostil y en son de guerra. Entre el pueblo descubridor y el descubierto cabe que se establezcan relaciones de amistad y de comercio, nunca de vasallaje.

Descubrió Europa la América y se creyó con derecho a sojuzgarla; si América hubiese descubierto a Europa, ¿habría reconocido Europa en América el derecho de someterla?

El principio es antihumano, irracional, absurdo. ¿No parece mentira que lo aplique aún Europa, blasonando, como blasona, de ser la más culta parte del mundo?

*
* *

Sigue aún Europa otro principio. Colonizar es civilizar, dice; porque amo la civilización, llevo mis soldados a las tierras de Africa y a las de apartadas regiones.

¿No cabe, según esto, civilizar sino por la violencia? La Historia lo desmiente. Siglos vivieron en nuestras costas los fenicios y los griegos sin lucha ni contiendas. Cuando fuimos nosotros a América, hasta con alborozo nos recibieron los habitantes de Haití; a creernos bajados del cielo llegaron. Desvivíanse aquellos hombres por servir a Colón, sobre todo cuando encalló en sus playas una de nuestras naves. Bajaron más tarde Orellana por el Amazonas y Ochagana por el Apure, sin que los hostilizaran, antes bien, los recibieron con agrado los pueblos de las orillas.

En la América del Norte compró Guillermo Penn tierras á los delawares, y cuando los delawares quisieron faltar al compromiso, tuvo en su defensa a los iroqueses.

En México, ¿quién duda que Hernán Cortés habría podido establecer buenas relaciones entre nosotros y los aztecas, si en vez de haber ido allí con aparato de guerra se hubiese limitado a presentarse como un embajador de don Carlos? Aun habiendo entrado en Tenochtitlan con infantes, caballos, arcabuces y cañones, habría podido enlazar pacíficamente los dos pueblos, si no se hubiese empeñado en poner aquella nación bajo la obediencia del rey de España y obligarla al pago de tributos.

Por el barbaro sistema de conquista hirió Europa los sentimientos y destruyó la civilización de los pueblos cultos y no domó, en cambio, los salvajes, vivos y enérgicos, aun después de cuatro siglos, así en América como en Oceanía.

Por el comercio se debe ganar a los pueblos y no por la destrucción y la guerra. Aun los más salvajes acogen bien a sus semejantes cuando no tienen razón de temerlos. Son en general más humanitarios y menos egoístas que nosotros, y no nos rechazan. Los escandinavos, en sus primeras excursiones a las islas y costas Orientales de América, no encontraron, como es sabido, en los indígenas la menor resistencia.

¡La conquista medio de civilización! A nosotros, los españoles, nos conquistaron los cartagineses, los romanos, los godos y los árabes, y en este siglo los franceses, que llegaron a tener aquí un Rey en el trono; debiéramos ser y no somos el pueblo más culto de la tierra. Ni fueron los romanos vencedores los que en los antiguos tiempos civilizaron a los griegos vencidos, sino los griegos vencidos los que civilizaron a sus vencedores. Ni fué aquí tampoco la gente goda la que nos civilizó a nosotros, sino nosotros los que hubimos de civilizar a la gente goda.

Cuando en nuestros pocos años de esplendor fuimos a América y la conquistamos, lejos, por otro lado, de civilizarla, destruímos la civilización de México y el Perú, sin hacerlos más felices, antes oprimiéndoles bajo el peso de males como en los anteriores, ni en los posteriores siglos los registra la historia. De tal manera fuimos su azote, que se nos supuso escogidos por Dios para instrumento de sus venganzas. Vivía el Perú precavido contra las malas cosechas, y el hambre y nosotros suprimimos incesantemente las precauciones. Eran los mejicanos gente dócil y los hicimos díscolos. ¿Dimos después al uno ni al otro pueblo mayor libertad? Respondan las encomiendas. No compensa el bien que pudimos hacerles, los horribles males que les infligimos.

Destruímos civilizaciones que debimos limitarnos a corregir, y poco o nada pudimos hacer en mucho tiempo con los pueblos salvajes. Los hay todavía después de cuatro siglos, en las dos Américas. No se los trae a la civilización; se los va aniquilando.

No es fácil que sean otros los resultados. Lo primero que procura el conquistador es asegurar su conquista, reduciendo los vencidos poco menos que a la servidumbre. Piensa a continuación en hacerle fuente de riqueza para su pueblo, y ya condena los indígenas a rudos e improbos trabajos, ya les arrebata la hacienda, ya los agobia con excesivos tributos, que los aisla y los condena a que no se surtan de otros productos que los de su agricultura y de su industria. Un monopolio en nuestra pró hicimos nosotros del comercio de América durante siglos. Si en el país conquistado hace el pueblo conquistador mejoras, atendiendo a sus intereses, y no al de los vencidos, las realiza.

En el terreno moral no pone ahinco el conquistador, sino en fanatizar a los indígenas. Ve en el fanatismo un medio de consolidar su obra, y lo utiliza. Los somete a continuas prácticas religiosas, y de ahí que le presente como imagen de Dios al sacerdote. Esto hicimos nosotros en toda América, y esto en las islas Filipinas.....

La instrucción ¡cuán poco la desarrollaron los conquistadores! Ven en ella un enemigo; ven, por el contrario, en la ignorancia otro medio de mantener sometidos a sus vasallos. Ya que den la primera enseñanza, la neutralizan, esclavizando el pensamiento, y tal vez cerrando a piedra y lodo las fronteras para los libros de otros pueblos.

. . . .

Ciega en su afán de dominación, Europa rara vez consulta la voluntad de los que intenta poner bajo su dominio. Emplea, aquí la fuerza; allí el más punible dolo; y al otro día de haber tomado posesión de sus usurpaciones, castiga hasta con la pena de muerte a los que se le rebelan. De bandoleros y de foragidos los acusa ella, que para sojuzgarlos no ha ejercido sino actos de bandolerismo. Tutora se llama luego de sus oprimidas gentes, y no encuentra nunca razón de emanciparlas. Si después de siglos se alzan por su independencia, de ingratas las califica y como criminales vuelve a tratarlas. Años y años lucha por retenerlas, sin perdonar sacrificios de oro y sangre. ¿Qué no debiste sufrir tú por conseguir la libertad que tanto te ha engrandecido? ¿Qué no debieron sufrir las colonias que nosotros teníamos de México a Chile? Debieron nacer hombres del temple de Washington y de Bolívar para que América pudiera sacudir el yugo de sus seculares opresores.

. . . . · . .

Haz tú de América la antítesis de Europa, República de Washington. Trabaja cuanto puedas por arrojar de tu continente hasta la sombra de la monarquía. Presta, presta, como antes te dije, tu influjo y tus armas a las colonias que luchan por su independencia. Te lo exige la Humanidad y te lo exige tu historia. Negar a los pueblos de la América española el derecho a la independencia, decía, el año 1821, una Comisión de tu Congreso, sería renunciar a la nuestra; no olvides nunca estas palabras.

No olvides tampoco las que escribió Bolívar en su programa del 2 de Agosto de 1824: *La libertad del Nuevo Mundo es la esperanza del Universo.* Defiende y escuda esa libertad donde quiera que esté en peligro. En Europa, no sólo hay aún naciones regidas por el absolutismo; en las libres es aún de temer que el absolutismo renazca

. . . .

Así termina la notabilísima carta: «¡República de Washington! Cansada de tu aislamiento, te ingieres ya en los negocios de Europa a la manera de la Europa misma. Apártate de tan cenagoso camino y sigue el que podrá llevarte a la regeneración del mundo. Tú tienes hoy en tus manos la fuerza, la libertad, la industria, la ciencia. Tu poder te impone deberes que no puedes dejar de cumplir sin violar los fueros de la Humanidad y los de la Justicia. Aun la cuestión social puedes resolver por la anchurosa vía que te está abierta.

F. PÍ Y MARGALL. ·

Madrid, 10 de noviembre de 1896.»

E

Gonzalo Fernández de Oviedo.

Nació Gonzalo Fernández de Oviedo en Madrid en agosto de 1478. A los trece años entró al servicio del príncipe Don Juan, y a la muerte de dicho heredero de la Corona logró continuar en la corte y servir a los Reyes Católicos. Adquirió gran amistad con Diego y Fernando, hijos de Cristóbal Colón, como también con Vicente Yáñez Pinzón, Fray Nicolás de Ovando y otros personajes. Estuvo en Italia y recorrió algunas poblaciones de España. Asistió en Dueñas (Palencia) al casamiento de Don Fernando el *Católico* con Doña Germana, y fué testigo de las diferencias entre dicho Don Fernando y Don Felipe el *Hermoso*. El emperador Carlos V le honró mucho y le mandó escribir la *Historia General y Natural de Indias*.

Hizo su primera expedición al Nuevo Mundo, saliendo del puerto de Sanlúcar el 11 de abril de 1514. En la misma expedición, y tal vez en el mismo barco, iba también Bernal Díaz del Castillo; volvió a España en el año siguiente. Varias veces hizo los mismos viajes, siendo perseguido y preso por la inquina que siempre le tuvo Pedro Arias de Avila (Pedrarias Dávila), gobernador del Darién.

Entre sus obras figuran, en primer término, las dos siguientes:

Sumario de la Natural Historia de las Indias (1525).

Historia General y Natural de las Indias, Islas y Tierra Firme del mar Océano (1535 y 1557).

El asunto de ambas es el mismo; pero debe preferirse la segunda, que se halla más completa y con más cuidado escrita. Consta dicha obra de cincuenta libros. "Aunque la *Historia General y Natural de las Indias* no satisfaga hoy todas las exigencias de la crítica, siempre presentará a nuestra vista el maravilloso efecto que en nuestros abuelos produjo el espectáculo de un Nuevo Mundo, y descubrirá a los extraños mil ignorados tesoros„ (1).

Fernando Colón.

Fernando Colón nació en Córdoba el 15 de agosto de 1488 (2). Creció y se educó entre príncipes. Cuando llegó a tener la edad necesaria para el caso, él y su hermano Diego fueron nombrados pajes del príncipe D. Juan, hijo de los Reyes Católicos. Habiendo muerto prematuramente D. Juan y antes de emprender su tercer viaje el Almirante, Fernando, accmpañado de su hermano

---

(1) Amador de los Rios, *Vida y escritos de Gonzalo Fernández de Oviedo*, fol. CVI, en la *Historia General y Natural de las Indias*, tomo I.

(2) Otros dicen que el veintitantos de septiembre.

Diego, marcharon desde Sevilla a la corte para continuar siendo pajes de la Reina Católica.

Salía ya Fernando casi de la adolescencia cuando marchó a las Indias en compañía de su padre. Si en su niñez había recibido en Sevilla los insultos de los enemigos del Almirante, en este cuarto viaje pudo conocer la fiereza de algunos indios, la furia de las tempestades, la destrucción de varios navíos, el hambre en la Jamaica, la rebelión de los Porras y otros sucesos tan poco halagüeños.

A su vuelta de América, padre e hijo se detuvieron algunos meses en la citada ciudad andaluza para descansar de las fatigas que pasaron durante el viaje.

Posteriormente hizo segunda expedición al Nuevo Mundo.

Además de sus viajes a las Indias recorrió Europa, Asia y África, y estuvo en Italia, Flandes y Alemania en compañía del Emperador. Todos estos viajes fueron aprovechados, pues adquirió profundos conocimientos en Cosmografía, Náutica, Matemáticas e Historia Natural.

Su generosidad le llevó a establecer en Sevilla una Academia y Colegio, al cual dejó su Biblioteca, que a fuerza de trabajo y paciencia llegó a reunir muchos volúmenes. También comenzó la fábrica de suntuoso edificio fuera de los muros de la ciudad y próximo al Guadalquivir, que la muerte le impidió ver acabada y que destinaba a los citados Colegio y Academia.

Los muchos trabajos que sufrió durante su vida, los frecuentes viajes en países de diferente clima, la escasez y mala calidad a veces de los alimentos debilitaron su salud y abreviaron su existencia, la cual terminó a las doce del día en la ciudad de Sevilla el 12 de julio de 1539. Otorgó su testamento en dicho día 12.

La *Historia del Almirante*, publicada después de otras producciones suyas notables, fué escrita para desvanecer los errores que se habían dicho y propagado acerca del descubridor del Nuevo Mundo.

Dicha obra, escrita en castellano, fué traducida al toscano por Alfonso de Ulloa; pero habiéndose perdido toda aquella edición, de la lengua de Toscana pasó a la de Castilla, siendo recopilada con los historiadores primitivos de Indias en tres tomos en folio, ilustrados con eruditas notas y copiosos índices por D. Andrés González Barcia, del Consejo y Cámara de S. M. Divídese en ciento ocho capítulos.

La mencionada obra, que indudablemente tiene mucha importancia, termina dando noticia de los padecimientos que a la vuelta del Nuevo Mundo sufrió el Almirante a causa de las tempestades; en una de ellas (19 de octubre de 1504) se rompió el árbol mayor del buque y en otra la contramesana. En mayo de 1505 pasó el Almirante a la corte. Ya había muerto D.ª Isabel, muerte que sintió D. Cristóbal porque ella era la que le apoyaba y favorecía, pues si D. Fernando le recibió con muestras de cariño y le ofreció volverle a poner en su estado, su intención era no dejar el absoluto dominio de lo conquistado y proveer a su voluntad los oficios que le tocasen. Triste, contrariado y enfermo, se retiró a la ciudad del Pisuerga, falleciendo el 20 de mayo de 1506.

F

Leyes que tenían los indios de la Nueva España, Anahuac o México, según Fray Andrés de Alcobiz.

Si el hijo del principal era tahur, y vendía lo que su padre tenía, o vendía alguna suerte de tierra, moría por ello secretamente ahogado; y si era macehual, era esclavo.

Si alguno toma de los magueyes para hacer miel, y son de veinte, págalos con las mantas que los jueces dicen; y si no las tiene, ó es de más magueyes, es esclavo o esclavos.

Quien pide algunas mantas fiadas o emprestadas, y no las paga, es esclavo.

Si alguno hurta alguna red de pescar, págala con mantas; y si no las tiene, es esclavo.

Si alguno hurta alguna canoa, paga tantas mantas cuantas vale la canoa; y si no las tiene, es esclavo.

Si alguna esclava pequeña, que no es de edad para hombre, alguno la toma, es esclavo el que se echó con ella, si muere; de otra manera paga la cura.

Si llevó a vender su esclava a Escapuzalco, do era la feria de los esclavos, y el que se la compró le dió mantas, y él las descojó y se contentó de ellas, si después se arrepiente, vuelva las mantas.

Si alguno quedó pequeñito y los parientes le venden, y se sabe después cuando es mayor, sacan los jueces las mantas que les parecen para dar al que lo compró, y queda libre.

Si algún esclavo se huye y se vende a otra persona, pareciendo, se vuelva a su dueño, y pierde lo que dió por él.

Si alguno se echa con esclava, y muere estando preñada, es esclavo el que con ella se echó; y si pare, el parto es libre y llévalo el padre.

Si algunos vendieron algún niño por esclavo, y después se sabe, todos los que en ello entendieron son esclavos, y dellos dan uno al que lo compró, y los otros los reparten entre la madre de quien era el niño que vendieron, y entre el que lo descubrió.

Los que dan bebedizos para que otra muera, muere por ello a garrotazos, y si la muerta era esclava, era esclava la que los daba.

Si hurtaban las mazorcas de maíz, de veinte arriba, moría por ello; y si menos, pagaba alguna cosa por ello.

El que arrancaba el maíz antes de granado, moría por ello.

El que hurtaba el yete, que es una calabaza atada con unos cueros colorados por la cabeza, con unas borlas de pluma en el cabo, de que usan los señores, y traen en ellas polvos verdes, que son tabaco, moría el que lo hurtaba a garrotazos.

El que hurtaba algún chalchuy en cualquier parte, era apedreado en el tianguez, porque ningún hombre bajo lo podía tener.

El que en el tianguez hurtaba algo, los del tianguez lo mataban a pedradas.

El que salteaba en el camino, era apedreado públicamente.

Era ley que el papa que se emborrachaba, en la casa do le hallaban borracho, lo mataban con unas porras, y el mozo por casar que se emborrachaba, era llevado a una casa que se decía telpuchcalli, y allí le mataban con garrotes; y el principal que tenía algún cargo, si se emborrachaba, quitábanle el oficio, y si era valiente hombre, le quitaban el título de valiente.

Si el padre pecaba con su hija, morían ahogados con garrote, echada una soga al pescuezo.

El que pecaba con su hermana moría ahogado con garrote, y era muy detestable entre ellos.

Si una mujer pecaba con otra, las mataban ahogándolas con garrotes.

El papa que era hallado con alguna mujer, le mataban secretamente con un garrote, e le quemaban, e derribábanle su casa, y tomábanle todo lo que tenía, y morían todos los encobridores que lo sabían y callaban.

No bastaba probanza por el adulterio, si no los tomaban juntos, y la pena era que públicamente los apedreaban.

Algunas destas leyes no son auténticas, porque se sacaron de un librillo de indios no auténtico, como estotras que se siguen, las cuales son verdaderas.

En esto que se sigue no se trata más de decir y contar las leyes que los indios de Nueva España tenían en cuatro cosas: la primera, es de los hechiceros y salteadores; la segunda, es de la lujuria; la tercera, es de las guerras; la cuarta, es de los hurtos.

CAPÍTULO PRIMERO, QUE TRATA DE LOS HECHICEROS Y SALTEADORES.

Era ley que sacrificasen, abriéndolo por los pechos, al que hacía hechicerías para que viniese algún mal sobre alguna ciudad.

Era ley que ahorcasen al hechicero que con hechizos ponía sueño a los de la casa para poder entrar más seguro a robar.

Ahorcaban a los salteadores de los caminos y castigaban muy reciamente.

Ahorcaban al que mataba con bebedizos. Ahorcaban a los que por los caminos, por hacer mal, se fingían ser mensajeros de los señores.

CAPÍTULO DOS, QUE TRATA DE LA LUJURIA.

Ahorcaban al que se echaba con su madre por fuerza; y si ella era consentidora de ello, también la ahorcaban a ella, y era cosa muy detestable.

Ahorcaban a los hermanos que se echaban con sus hermanas.

Ahorcaban a los que se echaban con su entenada, y a ella también, si había consentido.

Tenía pena de muerte el que pecaba con su suegra. Apedreaban a las que habían cometido adulterio a sus maridos, juntamente con el que con ella había pecado. A ninguna mujer ni hombre castigaban por este pecado de adulterio, si sólo el marido della acusaba, sino que había de haber testigos y confesión de los malhechores; y si estos malhechores eran principales, ahogábanlos en la cárcel.

Tenía pena de muerte el que mataba a su mujer por sospecha o indicio, y aunque la tomase con otro, sino que los jueces lo habían de castigar.

En algunas partes castigaban al que se echaba con su mujer después que le oviese fecho traición.

Por la ley no tenía pena el que se echaba con la manceba de otro, exceto si había ya mucho tiempo que el otro la tenía, y por haber mucho que estaban juntos eran entre sus vecinos tenidos por casados.

Ahorcaban al puto o somético y al varón que tomaban en hábito de mujer.

Mataban al médico o hechicera que daba bebedizos para echar la criatura la mujer preñada, y asimismo a la que lo tal tomaba para este efecto.

Desterraban y tomaban los vestidos y dábanle otros castigos recios a los papas que tomaban con alguna mujer; y si había pecado contra natura los quemaban vivos en algunas partes y en otras los ahogaban o los mataban de otra manera.

Capítulo tercero, que trata de las leyes que había en las guerras.

Cuando algún pueblo se rebelaba, enviaban luego los señores de los tres reinos, que era México y Tezcuco y Tlacopan, secretamente a saber si aquella rebelión procedía de todo el pueblo o sólo por mandado y parecer del señor de tal pueblo: y si esta rebelión procedía solamente del señor de tal pueblo, enviaban los señores de los tres reinos sobredichos, capitanes y jueces que públicamente justiciaban a los señores que se rebelaban y a los que eran del mismo parecer; y si esta rebelión era por parecer y voluntad de todo el pueblo, requeríanlos muchas veces a que fuesen subjetos como antes y tributasen; y si después de muchas veces requeridos no querían subjetarse, entonces dábanles ciertas rodelas y ciertas armas en señal de amenazas, y apregonaban la guerra a fuego y a sangre; pero de tal manera que en cualquier tiempo que saliesen de paz los tales rebeldes, cesaban la guerra.

Era ley que degollasen a los que en la guerra hacían algún daño a los enemigos sin licencia del capitán, o acometían antes, o se apartaban de la capitanía.

Tenía pena de muerte el que en la guerra quitaba la presa a otro.

Tenía pena de muerte y de perdimiento de bienes y otras muy graves penas, el señor o principal que en algún baile o fiesta o guerra sacaba alguna divisa que fuese como las armas y divisas de los señores de México y Tezcuco y Tlacopan, que eran los tres reyes principales, y algunas veces había guerra sobre ello.

Hacían pedazos y perdía todos los sus bienes y hacían esclavos a todos sus parientes, al que era traidor, avisando a los enemigos en la guerra, avisándoles de lo que se concertaba o platicaba contra ellos.

CAPÍTULO CUARTO, QUE TRATA DE LOS HURTOS.

Hacían esclavo al que era ladrón, si no había gastado lo hurtado; y si lo había gastado, moría por ello, si era cosa de valor.

El que en el mercado hurtaba algo, era ley que luego públicamente en el mismo mercado le mataban a palos.

Ahorcaban a los que hurtaban cantidad de mazorcas de maíz o arrancaban algunos maizales, exceto si no era de la primera renglera que estaba junto al camino, porque desta tenían los caminantes licencia de tomar algunas mazorcas para su camino.

Era ley, y con rigor guardada, que si algún indio vendía por esclavo algún niño perdido, que hiciesen esclavo al que lo vendía, y su hacienda partían en dos partes; la una parte daban al niño, y la otra parte al que lo había comprado; y si los que lo habían vendido eran más de uno, a todos los hacían esclavos.

ESTAS SON LEYES DIVERSAS.

Tenían pena de muerte los jueces que hacían alguna relación falsa al señor superior en algún pleito, y asimismo los jueces que sentenciaban a alguno injustamente.

Ahorcaban y muy gravemente castigaban a los hijos que gastaban mal la hacienda que sus padres les habían dejado, o deshacían para gastar mal, o destruían las armas o joyas o cosas señaladas que los padres les habían dejado; y asimismo tenían esta pena y castigo los que quedaban por tutores de algunos menores, si no daban buena cuenta a los hijos de los bienes de sus padres difuntos.

Tenía pena de muerte el que quitaba o apartaba los mojones y términos o señales de las tierras y heredades.

El modo que tenían de castigar a sus hijos y hijas siendo mozos, cuando salían viciosos y desobedientes y traviesos, era trasquilarlos y traerlos maltratados, y punzarles las orejas y los muslos y brazos.

Era cosa muy vedada y reprendida y castigada el emborracharse los mancebos hasta que fuesen de cincuenta años, y en algunas partes había penas aseñaladas.

Hacían esclavo al que vendía alguna tierra ajena o que tuviese depositada, sin licencia.

Era ley que el esclavo que estaba preso y se soltaba de la prisión y iba a palacio, en entrando que entrase en el patio era libre de la servidumbre, y como libre podía andar seguro.

Era costumbre entre ellos que los hijos de los señores y hombres ricos en siendo de siete años, poco más o menos, entraban en los templos a servicio de los ídolos, adonde servían barriendo y haciendo fuego delante de los templos y salas y patios; y echaban los enciensos en los fuegos y servían a los papaguaques; y cuando eran negligentes o traviesos o desobedientes, atábanles las manos y pies, y punzábanles los muslos con unas puyas y los brazos y los pechos, y echábanlos a rodar por las gradas abajo de los templos pequeños; y más es de saber, que en México y ansi mismo en Tezcuco y Tacuba había tres Consejos; el primero era Consejo de las cosas de guerra; el segundo era adonde había cuatro oidores para oir los pleitos de la gente común; el tercero era el Consejo adonde se averiguaban los pleitos que entre señores y caballeros se ofrecían, o entre pueblos sobre señorios o por términos, y deste Consejo en ciertas cosas señaladas daban parte al Señor, que eran como casos reservados a estos reyes y señores de estos tres reinos que arriba están dichos.

ESTAS SON LAS LEYES POR LAS CUALES CONDENABAN A ALGUNO A QUE FUESE ESCLAVO.

Hacían pedazos y perdía todos sus bienes y hacían esclavos todos sus parientes al que era traidor, avisando a los enemigos en la guerra, avisándoles de lo que se concertaba o platicaba *en el real* contra ellos (1).

Hacían esclavo al que había hecho algún hurto en cantidad, si aún no lo había gastado.

Era ley que si algún indio vendía por esclavo a algún niño perdido, y ansimismo hacían esclavos a todos los que lo habían vendido, si eran muchos.

Hacían esclavo al que vendía alguna tierra ajena o que tuviese depositada, sin licencia (2).

En algunas partes era ley que hacían esclavo al que había empreñado alguna esclava cuando la tal moría de parto, o por el parto quedaba lisiada.

Hacían esclavos a los que hurtaban cantidad de mazorcas de maíz en los maizales de los templos o de los señores.

Por otras cosas también hacían esclavos, mas eran arbitrarias; mas estas sobredichas eran leyes que ningún juez podía dispensar en ellas, si no era matando al que las cometía, por no hacerlo esclavo; y todo esto sobredicho es verdad porque yo las saqué de un libro de sus pinturas, adonde por pinturas están escritas estas leyes en un libro muy auténtico; y porque es verdad lo firmé de mi nombre.

Fecha en Valladolid a diez del mes de septiembre de mill y quinientos y cuarenta y tres años. – *Fray Andrés de Alcobiz.*

---

(1) Esta ley es la misma que la última del capítulo tercero; la única diferencia es que se añade las palabras *en el real.*

(2) Esta ley es la misma que la sexta de *Estas son leyes diversas.*

G

En junio de 1571, ante el muy ilustre D. Francisco de Toledo, virrey, gobernador y capitán general del Perú, presidente de la Audiencia de los Reyes, se hizo la siguiente información: Que antes que los españoles —dijeron algunos indios ancianos — se apoderasen del Perú, los Incas, caciques e indios ricos hacían sus sepulturas en sitios retirados y escondidos, en las cuales disponían se enterrasen también parte de sus tesoros y riquezas. El lugar de las sepulturas sólo era conocido de las mujeres y buenos amigos del muerto, único modo de impedir el robo de dichos tesoros.

Como los Incas, caciques y principales indios pensaban que habían de resucitar y volver en cuerpo y alma a la tierra, por esta causa enterraban sus tesoros; tesoros que habían de gozar después que resucitasen.

Para servicio del Inca Guaynacapal y de otros Incas difuntos, tenían los indios algunos criados y ganados, pues consideraban aquéllos como si fueran vivos.

Con el objeto de que no se descubriesen los tesoros y riquezas de los Incas y caciques ricos, para el secreto hacían confianza de los viejos, entendiendo que éstos habían de morir presto y ya nadie sabría el lugar de la sepultura.

Adoraban los indios a diferentes dioses, siendo el principal de todos Viracocha, hacedor de todas las cosas (2); también el Sol, Guanaconci y otros Guacas e ídolos. Muchos indios e indias se ocupaban en servir a dichas divinidades.

Oyeron decir los dichos testigos que Topa Inca Yupangui, conquistador del Perú, sacrifica niños a los dioses e ídolos, y ellos vieron que Guaynacapal hacía los mismos sacrificios a la salida del sol y al mediodía.

También ofrecían los Incas minas de oro y plata, ganados, etc., a sus dioses; bienes que eran guardados y aprovechados por empleados a quienes llamaban Camayos.

Además del dios Viracocha y de otros, los indios adoraban a algunas fuentes, árboles y piedras, porque en estas cosas se habían convertido los dioses.

Sin embargo, sólo Viracocha era el verdadero dios, pues los demás servían como intercesores y nada más.

Con el objeto de que los indios no se hiciesen holgazanes y por ende conspiradores o rebeldes, el dicho Guaynacapal Inca les hacía trabajar, ya abriendo caminos, ya cambiando el curso de los ríos o en otras cosas.

(1) *Archivo de Indias. — Colec. de doc. inéd.*, etc., tomo XXI, págs. 131-220.

(2) Garcilaso tiene por dios supremo a Pachacámac, y por dios inferior a Viracocha, y el P. Valera identifica a Pachacámac y Viracocha.

Por naturaleza el indio es holgazán y únicamente trabaja por temor al castigo.

Puede asegurarse del mismo modo que los naturales de este reino es gente de poco entendimiento, nocesitando, por tanto, curador que los gobierne.

En tiempo de Guaynacapal eran escasos las cocas (1), y sólo las comía el Inca, el cual las mandaba como gran regalo a algunos caciques.

El mencionado Guaynacapal hacía que los indios trabajasen en las minas de oro, plata y otros metales.

Desde los tiempos de Topa Inca Yupangui, todos los curacas (hunos), que eran señores de diez mil indios, daban al dicho Inca un vaso de oro; los demás curacas y caciques mandaban a la corte y al servicio del Inca sus hijos mayores. También cada comarca o provincia enviaba a la corte un embajador para que enterase al Inca de todo lo que deseaba saber de la citada comarca.

Dijeron los indios informantes que Topa Inca Yupangui, padre de Guaynacapal, había muerto, ya viejo, en un pueblo que llaman Chincheso, en el camino del valle de Yucay, término del Cuzco, y que Guaynacapal murió en Quito, también anciano, y cuyo cuerpo trajeron a Cuzco.

Afirmaron del mismo modo, que los indios de los Andes, antes de la llegada de los españoles, comían carne humana, como también los de las provincias de los Chuncos y Chiriquanale.

Por último, dijeron que en las provincias de los Chinchas y del Collado había indios que cometían el pecado contra natura, a los cuales se les llamaba Oruas, que quiere decir hombre que hace de mujer, e iban vestidos como las mujeres y tenían los rostros afeitados.

---

(1)   La coca era un arbol del Perú cuyas hojas eran muy estimadas por los indios.

H

PATRIA Y ORIGEN DE CRISTÓBAL COLÓN (1).

El muy distinguido periódico italiano *Il Secolo*, de Milán, en su número correspondiente al 23 de noviembre último, publica un notable artículo bajo el epígrafe de «Una gloria italiana che sfuma...,, en el cual se trata la cuestión relativa a la patria de Colón y se intenta refutar un folleto del acreditado escritor cubano doctor Horta y Pardo, dedicado a demostrar que el descubridor de América era español y natural de Pontevedra. El erudito doctor aduce y comenta los diversos documentos y datos que yo tuve la honra de exponer en una conferencia ante la ínclita Sociedad Geográfica de Madrid acerca de tan extraordinario asunto, y añade otros sugeridos por el estudio del mismo. Pero el amable articulista de *Il Secolo* prescinde de puntos esenciales, pasa como sobre ascuas en cuanto á los que menciona, pues se limita a contestarlos con evidente ligereza, y no ofrece en su refutación ninguna argumentación ni dato alguno de importancia, sin duda porque no los hay, deficiencia que procura encubrir acudiendo a un tono algo sarcástico, aunque desde luego reconoce lealmente que no existe completa certeza acerca del lugar en que nació Colón, bastándole para juzgar la circunstancia de que éste se haya declarado hijo de la hermosa ciudad de Génova.

Dicho articulista dedica casi toda su tarea al que suscribe, y empieza por la conocida habilidad de ponerme en berlina ante los lectores, afirmando que hago alarde de muchísimos títulos honoríficos y científicos, por cuya razón hay algún derecho a tomar en serio mis raciocinios. Esta inexactitud no puede ser mayor, puesto que carezco de tales títulos; de manera que nunca he hecho ni podido hacer alarde de ellos en ninguna ocasión, por escrito ni de palabra; con esto, no tengo más que decir acerca de mi modesta persona.

Y contando de antemano con la benevolencia de *El Imparcial*, paso a rectificar algunas de las demás inexactitudes en que *Il Secolo* incurre, y a contestar en serio a sus razonamientos, a fin de que la prensa italiana y de otras naciones, que seguramente habrán copiado el artículo del importante periódico milanés, obtenga elementos para formar juicio por el momento, porque me propongo dar muy pronto a la imprenta el libro prometido en mi citada conferencia, no habiéndolo hecho antes a causa de los achaques de mi vejez.

Lo primero que a propósito de dicha conferencia debo advertir es que una Sociedad científica tan ilustre, circunspecta y sabia como la Geográfica de Madrid, no habría de proporcionar a cualquier atrevido solemne ocasión para acometer una aventura desatinada, cual sería la de presentar a Colón como español, si el asunto no ofreciera por lo menos un aspecto de certidumbre digno

(1) *El Imparcial* del 27 y 29 de diciembre de 1912.

de atención. No abrigo ahora el ridículo intento de hacer solidaria a la docta Corporación, directa o indirectamente, de mis ideas, sino demostrar con tan oportuna consideración que la teoría relativa a la patria española de Colón no es absurda, ni siquiera caprichosa.

No merecen comentario alguno las festivas frases que al ingenioso articulista de *Il Secolo* inspira la noticia de que he invertido treinta años en investigar antecedentes y en rebuscar documentos en los archivos, pues nunca ni a nadie he dicho semejante cosa; no tengo la culpa de que en este y en otros puntos se exagere mi labor por los propagandistas entusiastas, á quienes estoy muy reconocido. Tampoco es cierto que yo atribuya a un mal concepto acerca de los naturales de Galicia el hecho de haber ocultado Colón su verdadero origen y patria. No creo que hay necesidad grande o pequeña de rehabilitar a dicho país, que tiene una historia tan digna de aprecio y tan honrosa como cualquiera otra región de España; nada he dicho de esto en mis trabajos colonianos, ni puedo evitar que haya escritores susceptibles, llorones o impacientes. A pesar de la exactitud que encierra el proverbio de que nadie es profeta en su tierra, no se me ha ocurrido aplicarlo en este asunto; bastan los nombres de Susana, Jacob, otro Jacob, Benjamín, Abraham y Eliezer o Eleázar con el apellido Fonterosa, esto es, una familia de hebreos, expulsados precisamente en 1492, así como la circunstancia, entre otras especiales, de que los Colón de Pontevedra pertenecían a la clase ínfima del pueblo, para conjeturar las causas de que el primer Almirante de las Indias ocultase patria y origen y se engalanase con el título de navegante genovés, dado también que estos marinos italianos disfrutaban en el siglo XV, como en los anteriores, merecida fama y gozaban gran acogimiento en la corte de Castilla.

En otro enorme error cae el articulista de *Il Secolo*. Afirma nada menos que atribuyo el resuelto y constante apoyo que el P. Deza, oriundo de Galicia, dispensó a Colón, al hecho de que éste le comunicó en el secreto de la confesión su calidad de gallego. En ninguna ocasión, lugar ni escrito he aducido tal disparate, y para explicar en mi libro el motivo de dicha protección, estudio otras circunstancias de gran valor, fundándome en ciertas cartas de Colón a su hijo Diego.

Descartadas estas pequeñeces y prescindiendo de otras inexactitudes de escaso interés, entraré en el fondo del asunto. Por lo visto, para el citado articulista no tienen importancia diversos hechos que por ningún concepto deben ser desdeñados. La existencia en Pontevedra, en la generación anterior y en la coetánea de Colón, de personas con este apellido y con nombres de pila iguales a los de la familia histórica del Almirante, no significan gran cosa a su juicio; tampoco tiene ningún valor la circunstancia de aparecer a la vez en dicho pueblo el apellido Fonterosa, materno de Colón, en una familia hebrea, y la de constar unidos ambos apellidos en un documento oficial de 1437 para el pago de 24 maravedís, a pesar de la naturalísima y lógica reflexión de que apenas hay distancia de un matrimonio entre personas de las dos familias a una asociación de intereses, o viceversa, para que hubiese nacido Cristóbal de Colón y Fonterosa, descubridor del Nuevo Mundo. Carecen también de importancia, en concepto del articulista, la imposición de ciertos nombres pontevedreses a varios lugares de las Antillas; no sé qué diría si contemplase en las fotografías la gran semejanza que hay entre la bahía de Miel, en Baracoa (Cuba), bautizada por Colón con el nombre de Portosanto, y la ensenada que tiene este este mismo nombre en Pontevedra.

Il Secolo menciona otro hecho notabilísimo; pero no lo analiza ni lo comenta o explica, pasando sobre él, repito, como sobre ascuas, aunque observando que Colón había declarado ser genovés y llevado «durante mucho tiempo» (esto carece de justificantes) el apellido Colombo. El hecho a que me refiero es el siguiente: en la escritura de institución del mayorazgo, año de 1498, el Almirante declara en una cláusula que «salió de Génova» y «en ella nació» (frase singularmente construida); pero en otra manifiesta textualmente que «su verdadero» linaje es el de los llamados "de Colón», con «antecesores» llamados «de Colón», de cuya manera repudia la nacionalidad genovesa y el apellido Colombo. Estas dos declaraciones son contradictorias, y hay que elegir una de ellas. ¿Cuál? La solución no es dudosa, porque la primera, que el elocuente escritor señor marqués de Dosfuentes califica muy acertadamente de «heráldica», no ha podido comprobarse durante los cuatro siglos transcurridos, mientras que la segunda se halla cabalmente justificada por los documentos pontevedreses, en los cuales consta el apellido Colón precisamente con la preposición «de», así como esos «antecesores llamados de Colón», de la misma manera que se ve en la inscripción de principios del siglo XVI, grabada en piedra con letra gótica alemana, en que figura el mareante Juan «de Colón», existente en la iglesia de Santa María, de Pontevedra; inscripción que por cierto estuvo oculta hasta que recientemente fué derribado un antiguo altar del mismo templo, edificado a costa de los marineros.

Pero, además, ¿quién califica de «verdadero» a su linaje sino en presencia de otro supuesto o ficticio, como lo era para el Almirante el de los Colombo italianos? El gran marino no abrigaba seguramente ningún recelo acerca de que tales manifestaciones descubriesen su patria y origen, ya porque la escritura del mayorazgo habría de permanecer reservada en el archivo de su familia y no transcendería al público, ya porque acaso no ignoraba que en Pontevedra no existían más de uno o dos humildes marineros de su apellido, y que éstos no habrían de sospechar siquiera que el "glorioso marino genovés» tenía la misma sangre que ellos. Por esta razón, y tal vez en descargo de su conciencia, el descubridor de América dispuso que, en último caso, heredase el mayorazgo cualquier individuo llamado «de Colón» que hubiera aquí o "en otro cabo del mundo». Semejante frase en aquella época parece aludir a Galicia y su promontorio Finisterre y no a Italia en general o a Génova, Saona, Calví, etc., en particular, que están en el centro del Mediterráneo. ¿No era esta la ocasión lógica y precisa, si Colón fuera italiano, de que nombrase heredero en último término a cualquiera de los llamados Colombo? ¿Hay, pues, fundamentos sólidos para afirmar que los italianos de este apellido eran parientes del primer Almirante de las Indias?

El articulista no debiera admirarse de que yo conceda gran importancia a la afirmación de D. Fernando Colón, hijo y primer biógrafo del insigne navegante, el cual dice categóricamente que su padre «quiso hacer desconocidos e inciertos» su origen y patria. Esta afirmación se halla corroborada, pues resulta que las dos familias de Colón, la legítima y la de su amante Beatriz Enríquez, ignoraban en qué pueblo había nacido el Almirante, hasta el punto de que Pedro de Arana, buen amigo de éste y hermano de aquella dama, en la información de un expediente de las Ordenes militares, declara con respecto a Cristóbal Colón que «ha oído decir que es genovés, pero él no sabe de dónde es natural.» El mencionado articulista prescinde de estos antecedentes, como también prescinde de que Colón no dejó ningún escrito en italiano, y, en cambio, llamaba «nuestro romance» a la lengua castellana ocho años después de venir a España; de que los cronistas italianos de la época del descubrimiento, el genovés Gallo y el obispo Giustiniani, dicen que Bartolomé Colón nació en Lusitania; de que ningún escritor de aquellos tiempos determina el lugar del nacimiento de Colón ni da la menor noticia acerca de su vida anterior a la presentación en Castilla, sobre cuyo punto existen las mayores tinieblas, mientras que están bien conocidas las vidas de varios personajes italianos más antiguos y menos famosos que el gran navegante, y en fin, prescinde asimismo de otra multitud de hechos que omito para no cansar a los lectores.

Pero entonces, ¿qué es lo que tiene importancia para el articulista de *Il Secolo* en la cuestión que se discute? Pues, simplemente, la mencionada declaración heráldica de Colón sobre haber nacido en Génova y, además, un documento especial, conocido y estudiado por el distinguido escritor norteamericano Mr. Vignaud, fechado en dicha ciudad a 25 de agosto de 1479 y descubierto recientemente; papel curiosísimo por todo extremo y que, según veremos, debiera acompañar a otros que se guardan en la Casa municipal de aquella incomparable población, con respecto a los cuales, en cuatro libros diversos, dice el acreditado colombófilo Harrisse, también yanqui, que están al lado del violín de Paganini. Mencionaré dos detalles del citado documento: primero, que Colón nació en 1452, y segundo, que en 1479 era todavía ciudadano tejedor de Génova. Pues bien; ambos resultados son sencillamente inaceptables, a juzgar por los siguientes datos históricos: primero, Bernáldez, gran amigo de Colón, en su «Crónica de los Reyes Católicos», dice, y se comprueba por otros datos, que el Almirante falleció a los setenta años, «senectude bona»; y una Real cédula, expedida en febrero de 1506, concede permiso a Colón, en vista de su «ancianidad» y enfermedades, para viajar en mula ensillada y enfrenada. (Asensio, «Cristóbal Colón», tomo I, páginas 212-213). Nacido el Almirante en 1452, tendría cincuenta y cuatro años al fallecer en 1506; jamás en ninguna parte se ha llamado ni llama a esa edad senectud o ancianidad. Segundo, cuando Colón se presentó en Castilla, año 1484, era viudo y le acompañaba su hijo Diego, niño de ocho años, nacido en 1476. ¿Cómo podía ser ciudadano de Génova y tejedor de lanas el insigne marino, que se habría casado en Lisboa por lo menos en 1475 y consultado entonces su gran proyecto a Toscanelli desde la misma ciudad? Pensando, pues, piadosamente, resulta sólo que el Cristóforo Colombo de ese documento de 1479 no era el mismo Cristóbal Colón descubridor de América, el cual consigna, en una carta a los Reyes, incluída en su «Libro de las Profecías», que en 1501 contaba cuarenta años de navegación, y restando los ocho que permaneció en España antes de su primer viaje, resultaría que, nacido en 1452, como quiere el papel de que se trata, habría empezado a navegar, poco más ó menos... ¡antes de tener un año de edad! Siendo muy común en Italia el apellido Colombo, nada tendría de particular que en aquel país hubiera un Cristóforo Colombo distinto del gran marino, del mismo modo que hubo otro Cristobo de Colón en Pontevedra durante el siglo xv.

En mi citado libro patentizo el valor que puede concederse al texto de ciertos documentos; pero no terminaré este punto sin dedicar algunas palabras a la carta en castellano, que se dice de Colón, conservada en la Casa municipal de Génova, a fin de que por esa muestra los lectores y el articulista milanés se enteren de los singulares detalles que ofrecen aquéllos. En esa carta, fechada «a 2 de abril de 1502», Colón participa al magnífico Oficio de San Jorge que manda a su hijo D. Diego destine el diezmo de toda la renta de cada año a disminuir los impuestos que por las vituallas comederas se satisfacían a su entrada en Génova, dádiva verdaderamente espléndida. Ahora bien; nos encontramos aquí con una contradicción enorme, porque antes de emprender el cuarto viaje, el Almirante dió a su heredero un memorial de mandatos, a manera de disposición testamentaria, que comunicó a su íntimo amigo Fray Gaspar Gorricio «dos días después» de la fecha de aquella carta, esto es, «en 4 del mismo mes y año», en cuyo memorial, analizado minuciosamente y comprobado por el Sr. Fernández Duro en su «Nebulosa de Colón», no aparece, como tampoco en ningún otro documento, semejante concesión a Génova, ni consta que de ella se hayan preocupado poco ni mucho las autoridades y el vecindario de aquella ciudad. En la misma carta, Colón añade que "los reyes me quieren honrar más que nunca", precisamente cuando se le negaba el ejercicio de los cargos de virrey y gobernador de los países que había descubierto y se le imponía, para dicho cuarto viaje, la bochornosa condición de no desembarcar en la isla de Santo Domingo; he aquí cómo se le honraba más que nunca. ¿Qué concepto, pues, merece esta carta? Creo que está bien colocada al lado del falso y desatinado codicilo militar del Almirante.

En Italia se comprendió la absoluta necesidad de probar que la madre de Colón era italiana; pero por ninguna parte apareció el apellido Fonterosa. Por fin surgió un gran recurso para salir del atolladero: habiéndose encontrado documentos acerca de personas que tenían el apellido "Fontanarubea", una de ellas, padre de cierta Susana, se le traduce cómodamente convirtiéndolo en "Fontanarossa", con el pretexto de que ambas palabras tienen el mismo significado. De manera que siendo los italianos los únicos mortales que en este mundo pueden aspirar a la infalibilidad, sin duda el articulista de *Il Secolo* juzga que la tergiversación mencionada es incontrastable; y así, hay desahogo y manga ancha para la teoría colombina de Italia, mientras que para la coloniana de España son las dificultades y los escrúpulos.

Mucho tendría que decir aún sobre esta interesante cuestión; pero no debo abusar de la hospitalidad que *El Imparcial* me concede. Concluiré, pues, haciéndome cargo de la manifestación final de *Il Secolo*. Dice que "genovés o pontevedrino, Colón no habría arribado a su maravilloso descubrimiento si no le hubiese abierto camino el buen Pablo Toscanelli, cuya nacionalidad no constituye, ni ha constituído jamás, un punto histórico oscuro." Esta reivindicación tiene el aspecto de una retirada, puesto que ya se trata de disminuir el mérito de Colón; perfectamente, pero conste que Toscanelli, en su correspondencia con el futuro Almirante, considera a éste natural de Lusitania. Se ve, por consiguiente, que en 1474 o 1475 Colón no decía que era genovés, ni aparentaba serlo, sino que se fingía portugués. Cierto es que Mr. Vignaud, citado por *Il Secolo*, califica de apócrifa a la mencionada correspondencia, sin presentar justificantes adecuados, en su libro titulado «La carta y el mapa de Toscanelli sobre la ruta de las Indias por el Oeste», criterio que he refutado en un artículo que *La Ilustración Española y Americana* me dispensó la merced de publicar. Si yo fuera sistemático en mi teoría coloniana, hubiera aceptado y secundado ese criterio, porque de semejante superchería o falsedad se deduciría lógicamente que, siendo de mano del propio Almirante la copia de la carta de Toscanelli hallada por Harrisse en las guardas de un libro que había pertenecido a Colón, éste presentaba al cosmógrafo florentino bien enterado de que la nacionalidad del temerario proyectista no era la italiana.

Por último, el distinguido articulista de *Il Secolo* censura sarcásticamente al sabio doctor Horta y Pardo (que posee, en efecto, muchos títulos honoríficos y científicos) por encargar a los lectores de su notable folleto que, en vista de los fundamentos que expone, tengan fe en la nacionalidad española del inmortal descubridor del Nuevo Mundo. Esa censura es injusta. Por mi parte tengo fe absoluta y "razonada" en que la gloria de Colón pertenece íntegra a España. — *Celso García de la Riega*.

I

CARTA DEL REY DE PORTUGAL A CRISTÓBAL COLÓN, DÁNDOLE SE-
GURIDADES PARA SU IDA A AQUEL REINO (1).

Marzo 20 de 1488.

En el sobrescrito dice: A *Cristovam Colon Noso especial amigo en Sevilha.*

Cristobal Colon. Nos Dom. Joham, per graza de Deos, Rey de Portugall e dos Algarbes; da aquem e da allem mar em Africa, Senhor de Guinea, vos enviamos muito saudar. Vimos a carta que Nos escribestes: e a boa vontade e afeizaon que por ella mostraaes teerdes a nosso servizo, vos agradecemos muito. E cuanto a vossa viuda, ca, certo, assi pollo que apontaaes como por outros respeitos para que vossa industra, e boe engenho Nos sera necessareo, Nos a desejamos e prazernos ha muito de visedes, porque em o que a vos toca se dara tal forma de que vos devaaes ser contente. E porque por ventura teerees algum rezeo de nossas justizas por razaon dalgunas cousas a que sejaaes obligado, Nos por esta nossa carta vos seguramos polla viuda, stada e tornada que nom sejaaes presso, retido, acusado, citado nem demandado por nenhua cousa, ora seja civil, ora criminal de qualquier cualidade. E por ella mesma tanto vos rogamos e encomendamos que nossa viuda seja loguo e para isso non tenhaaes pejo algum: e egardecernos lo hemos e teeremos, muito en servizo. Scripta en Avis a veinte de marzo de mil cuatrocientos ochenta y ocho. — El Rey.

(1) *Archivo de los Duques de Veragua.* — *Colec. de doc. inéd. relativos al descubrimiento*, etc., t. XIX, págs. 459 y 460.

J

CAMINOS POSIBLES PARA DESCUBRIR AMÉRICA Y CAUSAS DE HABER
SIDO EL MÁS IMPROBABLE, EL MÁS RÁPIDO Y FECUNDO (1).

Cuatro caminos se ofrecían —dice el Sr. León y Ortíz— para descubrir el
Nuevo Continente, partiendo de Europa: uno natural o lógico, dos probables
y otro muy improbable.

Era el del Nordeste, a causa de que por este lado linda Europa con Asia,
y también por dicho lado sólo están separadas Asia y América por un Estrecho,
el camino natural o lógico (2). A seguirlo estaba llamado el pueblo ruso; pero
lo impidieron justas y poderosas causas. Llegó el siglo XVII. En 1696, reinando
Pedro el Grande, una banda de cosacos invadió la península de Kamtchatka,
cuyo extremo meridional los dejaba enfrente de las islas Kuriles, al Sur de las
cuales se hallan las del Japón (3).

Requería la vasta extensión del territorio dominado establecer comunicación
marítima entre sus distantes regiones, y al efecto, dispuso Pedro el Grande se
prepararan dos flotas: una, desde Arcángel hacia Oriente, debía costear por el
Norte la Siberia, y otra, saliendo de Kamtchatka, navegar hacia altas latitudes. Aunque no en vida del célebre Czar, quien murió a poco, ambas expediciones se intentaron. En la primera, por causa de los hielos, no se pasó
de la desembocadura del Yenisei. Mejor éxito tuvo la segunda, emprendida
en 1728. Mandada la flota por Behring, danés al servicio de Rusia, al cual
acompañaba Tshirikof como segundo, pasó desde el río de Kamtchatka a la
isla de San Lorenzo, y avanzando más hacia el polo, cruzó el Estrecho, designado después con el nombre de Behring, y penetró en el mar Glacial,
desde donde volvió al punto de partida. Por haberse ceñido en todo el viaje demasiado a la costa de Asia, no divisaron la de América; pero esto no
podía tardar en suceder. Al coronel Schestakof, que había manifestado cuán-
to importaba someter a los tschukches, situados en el extremo más oriental, se le confió la campaña que debía emprender desde el Kolima, mientras el
capitán Paulustky avanzaría desde el Anadir y, secundando a ambos, el cosa-
co Krupishef combatiría por mar. Schestakof pereció en la pelea. Más afortunado Paulustky, batió a los enemigos y los persiguió por encima de los
hielos, hasta trasponer el promontorio oriental de Asia, viendo entonces, con
no poco júbilo, a lo lejos, una nueva costa, que también alcanzó a ver Krupishef, impelido hacia ella por una tempestad. Era dicha costa la de América.

Sucedió esto en 1731, y diez años adelante Behring y Tshirikof, salie-

---

(1) Resumen de la Conferencia dada en el Ateneo de Madrid (5 mayo 1892), por D. Eduardo León y Ortiz, Catedrático de la Facultad de Ciencias de la Universidad Central.

(2) Pág. 10.

(3) Kamtchatka es una península montañosa de Siberia, entre los mares de Behring y de Okhotsk.

ron otra vez de Kamtchatka, proponiéndose descender al paralelo de 50º de latitud y navegar luego hacia Oriente, hasta dar con la costa americana. Separados a poco por un temporal, Tshirikof llegó a dicha costa por los 55º 36' de latitud, mientras Behring arribaba por los 60º hacia el Cabo de San Elías desde donde costeando pasó a la península de Aliaska y archipiélago de las Aleoutes. Cumpliéndose, pues, la ley del progreso, no hubiera dejado de alcanzarse América, así como no dejara de descubrirse China, en cuyas fronteras quedaron los rusos en el siglo anterior, según antes se dijo, ni el Japón, adonde arribaron en el mismo XVIII en que a América. En efecto, en 1732 naufragó en la costa de Kamtchatka un barco procedente de ese Imperio, y habiendo llegado a San Petersburgo la noticia, se despertó de nuevo avidez por los descubrimientos. Spangberg y Walton salieron por separado desde las islas Kuriles hacia las grandes islas del Japón, y en 1739 la bandera rusa ondeó por primera vez en los mares donde dos siglos antes lo habían realizado las de Portugal y España.

¡Qué triste camino el seguido por el Nordeste para llegar a América, y qué mísero hallazgo el encontrado en ella por ese camino! Cielo nebuloso y suelo cubierto de nieve es todo el paisaje ofrecido por la Siberia; y no era mejor el cuadro que Behring y Tshirikof contemplaran al pisar la parte más septentrional de América. Sucumbió el primero de frío y de tristeza en una estéril isla, designada después con su nombre. Tshirikof logró regresar a Kamtchatka, no sin haber perdido mucha parte de su gente recorriendo aquellas tierras inhospitalarias. Si no se hubiese sabido ya que tal región pertenecía a la América, fuente de riqueza y prosperidad para otras naciones, Rusia acaso no la hubiese abandonado, porque al fin era otra Siberia, mas el resto de Europa no se hubiera conmovido con el descubrimiento. Tal vez se escondiera allí un tesoro; pero tanta nieve lo cubría y tanta esterilidad lo rodeaba, que no hubiera apetecido buscarlo (1).

Camino probable era el del Noroeste, porque por esta parte y a distancias comparativamente no muy grandes, hay varias islas y tierras como escalonadas entre Europa y el continente americano.

Eran, para seguir este camino, los más á propósito por su situación geográfica y natural intrepidez, aquellos normandos o *magioges*, según los árabes los llamaban, que aparecieron en el siglo IX como sección rezagada de los bárbaros del Norte. Habitaban en la Cimbria y la Escandinavia, donde hoy se alzan los reinos de Dinamarca, Suecia y Noruega; mas, así que era pasado el invierno, dejaban sus ahumadas chozas, y acaudillados por los segundones de sus reyes, salían al mar ansiosos de esgrimir en alguna costa sus mazas estrelladas... Caían de improviso sobre las poblaciones que allí hubiera, y cuando no existían éstas, resonaba con sus hachazos la selva próxima y formada con sus troncos derribados una escuadrilla, remontaban algún río caudaloso hasta encontrar moradores a los cuales pudieran exigir cuantioso botín o la cesión de algún territorio, asiento para recabar después mayor riqueza o más extenso señorío. Así recorrieron las costas occidentales y meridionales de Europa, y si

1) Págs. 14, 15 y 16.

de las de España fueron rechazados, en otras se impusieron estos arrojados aventureros, que tanto horror causaron primeramente con sus crueldades de piratas y tanta admiración después con sus proezas de caballeros.

A Islandia (*Iceland* o tierra del hielo), isla por su posición geográfica más americana que europea, llegaron los normandos en el mismo siglo en que tan temible aparición hicieron en las costas de Europa. Unos cien años antes, a juzgar por algunos manuscritos y ruinas, parece había sido visitada por monjes irlandeses esa isla; pero su importancia histórica data desde que en las correrías a la ventura hechas por los normandos, y ya descubiertos por ellos el grupo de numerosas islas, que por la abundancia de rebaños llamaron Féroe, una tempestad en el año 860 arrojó a Naddod, que por estas islas viajaba, hacia aquella otra. Pocos años adelante revueltas interiores hicieron emigrar hacia la misma a varios nobles y caudillos noruegos bajo el mando de Ingolf. Imitáranlos otros y pronto en aquella tierra contigua al círculo polar se fundó otra Escandinavia, donde, andando el tiempo, no dejó de brillar cierta cultura. En el siguiente siglo, o sea el x, aún avanzaron más a Occidente, descubriendo un vasto país, al cual después, por el año 932, según unos, o el 982, según otros, se trasladó con Eriulfo y otros irlandeses, el noble noruego Erico Rauda o el Rojo. Era el nuevo país, el que por la hierba que lo cubría, llamaron tierra verde o Groenlandia.

Siguieron las tempestades desempeñando el papel de hábil piloto en esta serie de enlazados descubrimientos. Biorn, hijo del citado Eriulfo, llevado muy lejos hacia el Sudoeste, avistó playas desconocidas, donde no desembarcó entonces, porque pasada la tormenta, prefirió él enderezar el rumbo a Groenlandia; pero a las cuales al cabo de poco tiempo, en el año 1.000, procuró volver acompañado de Leif, hijo de Erico Rauda. Hallaron en este viaje una isla estéril y pedregosa, que por ello denominaron Hellulandia, y una ribera baja, arenosa y con muchos árboles, a la cual dieron significativo nombre de Marklandia. Dos días después arribaron a otra costa que tenía una isla al Norte de ella. Remontaron un río e invernaron a orillas de un lago de donde nacía. Era la isla fértil y abundaba en vides, como hizo reparar un marinero alemán que iba con los descubridores, quienes esa planta no conocían. Dieron por esto a dicho país el nombre de Vinlandia. El clima, comparado con el riguroso a que estaban acostumbrados, era suave, como correspondiente a latitud menos elevada, pues allí en los días más cortos el sol permanecía ocho horas sobre el horizonte. Como esto viene a ocurrir a la latitud de París, las regiones descubiertas podían ser la isla de Terranova y tierras próximas al golfo de San Lorenzo, o si esa duración del día se había fijado con alguna incertidumbre, comprenderían desde el país del Labrador hasta el cabo Cod y actuales estados de Massachussets, Rhode Island y Connecticut... Mas esos descubrimientos en la América septentrional, ni los hizo la verdadera Europa ni los supo siquiera. Fueron obra de islandeses y groenlandeses, y aunque ambos pueblos fuesen de origen normando, durante tres siglos vivieron independientes (1).

---

(1) Págs. 16, 17 y 18.

. . . .

Otro camino probable para llegar a América partiendo de Europa, era el del Sudoeste, desde el momento en que los marinos contaran con instrumentos que les permitieran dirigir con acierto su rumbo, sin precisión de costear.

Consta América de dos grandes regiones unidas por el itsmo de Panamá, y si la septentrional se acerca tanto a Asia que sólo queda separada de ella por el Estrecho de Bering, la meridional no se halla muy lejos del continente africano. Median desde el cabo Verde y las islas del mismo nombre a los cabos de San Roque y San Agustín unos 20 grados, distancia grande, sin duda, para naves temerosas de apartarse de las costas; pero nada excesiva para las que merced al astrolabio y a la aguja de marear, pudieran alejarse. Sólo faltaría entonces motivo que impulsara a navegar a esa distancia de la costa occidental de Africa; mas la experiencia o cierta sagacidad natural, adelantándose a ella, revelaría que el derrotero más seguro, si se quería evitar las grandes tormentas y altos mares desde el golfo de Guinea hasta el cabo de Buena Esperanza, era seguir desde las islas de cabo Verde a orza la derrota entre poniente y mediodía, conservándose de cinco a diez grados al Oeste del meridiano de cabo Verde, y llegados a elevada latitud austral, torcer ya hacia el terrible León o cabo de Buena Esperanza. En cuanto tal derrotero se siguiese, era muy fácil verse de pronto ante el Brasil. Así sucedió el 25 de abril de 1500 al portugués Pedro Alvarez Cabral (1).

Cristóbal Colón siguió desde las islas Canarias el rumbo de Occidente. Muy improbable era descubrir por este camino tierra alguna, confiándose puramente a la casualidad. Desde las citadas islas Canarias, hasta el archipiélago de las Lucayas, corren, a una latitud de 24 a 28 grados, cerca de 58 de paralelo, es decir, unas mil cuarenta leguas. No era semejante trecho para recorrido a la ventura, y mucho menos en la época del descubrimiento, en que, si algo alentaba a lanzarse en el Atlántico, no costeando, sino mar adentro hacia Occidente, mucho más retraía de hacerlo. Pues si algún ánimo podían infundir, de una parte las costas lejanas, que una ilusión óptica fingía a veces desde las islas Canarias, y de otra parte las tierras occidentales, citadas en fábulas con visos de historia, si no era alguna de ellas historia desfigurada por la fábula, como la Atlántida imaginada por Platón, la gran isla Antilla, que mentaba Aristóteles, como descubierta por los cartagineses, y las dos islas de San Brandán y de las Siete Ciudades, de que se hablaba en piadosas leyendas de la Edad Media, bastaban a vencer todo aliento las dudas que gentes doctas abrigaban todavía acerca de que la tierra fuese esférica o de que, aun siéndolo, fuese posible la existencia humana en el hemisferio opuesto; y los temores que, sin entrar en tales razonamientos, sentían las gentes de menos letras, porque las engañosas costas, a veces distinguidas, nadie las encontraba, como si fuera obra de encanto producida por el ángel de las tinieblas, que, según antiguas consejas árabes, asomaba su negra mano en aquellos horizontes para

_____

(1) Págs. 23 y 24.

apoderarse de las naves en el silencio y obscuridad de la noche (1). Este tan improbable camino, era el que, seguido al calor de una idea, la de buscar la India por Occidente, llevaba a regiones cuya exploración sería rápida y fecunda...„

Así terminaba su notable Conferencia el Sr. León y Ortiz: "Si en la Edad Antigua, los que ansiaban gloria, provecho o mayor noticia del mundo, decían: *A la India,* y en la Edad Media añadían: *Al Catay y Cipango,* también en la Edad Moderna se amplió el propósito, y *A América* dijeron a una voz viajeros, mercaderes, políticos, misioneros y capitanes„ (2).

(1) Págs. 29 y 30
(2) Pág. 84.

L

Lo que costó descubrir la América (1)

Hace poco han sido encontrados en Génova documentos auténticos que permiten fijar de un modo exacto la suma empleada en el descubrimiento de América por Cristóbal Colón.

Al célebre navegante, como jefe de la expedición, le fué asignado un sueldo de 1.600 pesetas anuales.

Los capitanes de las dos carabelas que marcharon a las órdenes de Cristóbal Colón, cobraron 900 pesetas por año, y cada marinero fué contratado con el salario mensual de 50 reales.

El equipo de la flotilla sumó en total 14.000 pesetas. Los víveres (pan, vino, legumbres, carnes, etc.), costaron seis pesetas por mes y por cabeza.

Cuando regresó Cristóbal Colón, recibió 22.000 pesetas, a título de reembolso, por las cantidades que adelantó durante el viaje. Esa suma representa los gastos de la expedición, que duró desde 3 de agosto de 1492 a 4 de marzo de 1493.

Si a las 22.000 pesetas se añade la suma de 14.000 pesetas que, según hemos dicho, costó el equipo de la flota, resulta que uno de los más grandes descubrimientos de que se enorgullece la humanidad, ha costado 36.000 pesetas.

No puede darse nada más económico.

Las cifras que acabamos de citar han sido extraídas de los libros de los hermanos Pinzón, armadores de Palos, merced a los cuales pudo Cristóbal Colón realizar su viaje.

1) *ABC* del 5 de octubre de 1911. Núm. 2.307

M

CARTA DE CRISTÓBAL COLÓN DIRIGIDA AL MAGNÍFICO SR. RAFAEL
SÁNCHEZ, TESORERO DE LOS SERENÍSIMOS MONARCAS (1).

14 marzo 1493.

Conociendo que os será de placer que haya yo tenido feliz éxito en mi
empresa, he dispuesto escribiros esta carta que os manifieste todos y cada uno
de los sucesos ocurridos en mi viaje y los descubrimientos que han sido su
resultado. Treinta y tres días después de mi salida de Cádiz arribé al mar de
la India, donde hallé muchas islas habitadas por innumerables gentes, y de
ellas tomé posesión a nombre de nuestro felicísimo Monarca a público pregón
y aclamaciones, tremolando bandera y sin contradicción alguna; puse a la primera el nombre de *San Salvador,* en cuya protección confiado llegué así a
ésta como a las demás; los indios la llaman *Guanahanín.* Dí también nuevo
nombre a cada una de las otras, habiendo mandado que la una se llamase
Santa María de la Concepción, otra ia *Fernandina,* la tercera *Isabela,* la cuarta
Juana, y así respectivamente las restantes. Luego que arribamos a la que acaba
de nombrarse *Juana,* me adelanté un poco cerca de su costa hacia el Occidente, y la descubrí tan grande y sin límites, que no hubiera creído ser isla,
sino más bien la provincia continental de Cathay... (2).

(1) Navarrete, *Coleccion de los viajes y descubrimientos,* etc., tom. I, págs. 179-195.
(2) Véase Conde Roselly de Lorgues, *Cristóbal Colón,* tomo III, págs. 132-137.

N

BULA DE ALEJANDRO VI (1).

Alejandro Obispo, siervo de los siervos de Dios, A los ilustres Carisimo
en Cristo hijo Rey Fernando, y muy amada en Cristo hija Isabel, Reina de
Castilla, de León, de Aragón, de Sicilia y de Granada: salud y bendición apostólica. Lo que más, entre todas las obras, agrada a la Divina Majestad, y nuestro corazón desea, es que la Fe Católica y Religión Cristiana sea exaltada, mayormente en nuestros tiempos, y que en toda parte sea ampliada, y dilatada, y
se procure la salvación de las almas, y las bárbaras naciones sean deprimidas
y reducidas a esa misma Fe. Por lo cual, como quiera que a esta sacra silla de
San Pedro, por favor de la divina clemencia (aunque indignos) hayamos sido
llamados, conociendo de vos, que sois Reyes y Príncipes Católicos verdaderos, cuales sabemos que siempre habeis sido, y vuestros preclaros hechos (de
que ya casi todo el mundo tiene entera noticia), lo manifiestan, y que no solamente lo deseais, mas con todo conato, esfuerzo, fervor y diligencia, no perdo-
nando a trabajos, gastos y peligros, y derramando vuestra propia sangre lo
haceis, y que habeis dedicado desde atrás a ello todo vuestro animo y todas
vuestras fuerzas, como lo testifica la recuperación del Reino de Granada, que
ahora con tanta gloria del divino nombre hicisteis, librándole de la tiranía sa-
rracénica. Dignamente somos movidos (no sin causa) y debemos favorable-
mente y de nuestra voluntad concederos aquello, mediante lo cual, cada día
con más ferviente ánimo, a honra del mismo Dios y ampliación del Imperio
Cristiano, podais proseguir este santo y loable propósito de que nuestro inmortal Dios se agrada.

Entendimos, que desde atrás aviades propuesto en vuestro animo, de buscar y descubrir algunas islas y tierras firmes remotas é incognitas, de otros
hasta ahora no halladas, para reducir los moradores y naturales de ellas al servicio de nuestro Redentor y que profesen la Fe Católica; y que por haber estado muy ocupados en la recuperación del dicho Reino de Granada no pu-
distes hasta ahora llevar á deseado fin este vuestro santo y loable propósito; y
que finalmente, habiendo por voluntad de Dios cobrado el dicho Reino, queriendo poner en ejecución vuestro deseo, proveisteis al dilecto hijo Cristóbal
Colón, hombre apto y muy conveniente á tan gran negocio, y digno de ser tenido en mucho, con navíos y gente para semejantes cosas bien apercibidos, no
sin grandísimos trabajos, costas y peligros, para que por la mar buscase con
diligencia las tales tierras firmes, é islas remotas é incógnitas, á donde hasta
ahora no se había navegado; los cuales, después de mucho trabajo, con el favor divino, habiendo puesto toda diligencia, navegando por el mar Océano,

1) Véase Solórzano, *Política Indiana*, lib. I, cap. X.

hallaron ciertas islas remotísimas y también tierras firmes, que hasta ahora no habían sido por otros halladas, en las cuales habitan muchas gentes que viven en paz; y andan, según se afirma, desnudas, y que no comen carne. Y á lo que los dichos vuestros mensajeros pueden colegir, estas mismas gentes, que viven en las susodichas islas y tierras firmes, creen que hay un Dios Creador en los cielos, y que parecen asaz aptos para recibir la Fe Católica, y ser enseñados en buenas costumbres; y se tiene esperanza que si fuesen dotrinados, se introduciría con facilidad en las dichas tierras é islas el nombre del Salvador y Señor nuestro Jesucristo. Y que el dicho Cristóbal Colón hizo edificar en una de las principales de las dichas tierras una torre fuerte, y en guarda de ella puso ciertos cristianos de los que con él habían ido, y para que desde allí buscasen otras islas y tierras firmes remotas é incógnitas, y que en las dichas islas y tierras ya descubiertas, se halla oro y cosas aromáticas, y otras muchas de gran precio, diversas en género y calidad. Por lo cual, teniendo atención á todo lo susodicho con diligencia, principalmente, á la exaltación y dilatación de la Fe Católica, como conviene á Reyes y Príncipes católicos, á imitación de los Reyes vuestros antecesores, de clara memoria, propusisteis, con el favor de la Divina clemencia, sujetar las susodichas islas y tierras firmes, y los habitadores y naturales de ellas, y reducirlos á la Fe Católica.

Así que Nos, alabando mucho en el Señor este vuestro santo y loable propósito, y deseando que sea llevado á debida ejecución y que el mismo nombre de nuestro Salvador se plante en aquellas partes, os amonestamos muy mucho en el Señor, y por el sagrado bautismo que recibistes, mediante el cual estais obligado á los Mandamientos apostólicos, y por las entrañas de misericordia de nuestro Señor Jesucristo, atentamente os requerimos que cuando intentaredes emprender y proseguir del todo semejante empresa, queráis y debáis con ánimo pronto y celo de verdadera fe, inducir los pueblos que viven en las tales islas y tierras, que reciban la Religión Cristiana, y que en ningún tiempo os espanten los peligros y trabajos, teniendo esperanza y confianza firme, que el Omnipotente Dios favorecerá felizmente vuestras empresas; y para que siéndoos concedida la liberalidad de la gracia apostólica, con más libertad y atrevimiento toméis el cargo de tan importante negocio, *motu propio*, y no á instancia de petición vuestra ni de otro que por vos Nos lo haya pedido, mas de nuestra mera liberalidad, y de ciencia cierta y de plenitud del poderío apostólico, todas las islas y tierras firmes halladas y que se hallaren descubiertas y que se descubriesen hacia el Occidente y Mediodía, fabricando y componiendo una línea del Polo Artico, que es el Septentrión, al Polo Antártico, que es el Mediodía; ora se hayan hallado islas y tierras firmes, ora se hayan de hallar hacia la India o hacia otra cualquier parte, la cual línea diste de cada una de las islas, que vulgarmente dicen de los Azores ó Cabo Verde, cien leguas hacia el Occidente y Mediodía. Así que todas sus islas y tierras firmes halladas y que se hallaren descubiertas y que se descubrieren del de la dicha línea hacia el Occidente y Mediodía, que por otro Rey ó Príncipe Cristiano no fueren actualmente poseídas hasta el día de nacimiento de nuestro Señor Jesucristo próximo pasado, del cual comienza el año presente de mil y cuatrocientos y noventa y tres, cuando fueron por vuestros mensajeros y capitanes halladas algunas de dichas islas, por la autoridad del Omnipotente Dios, á Nos en San Pedro concedida, y del vicariato de Jesucristo, que ejercemos en las tierras, con todos los señoríos de ellas, ciudades, fuerzas, lugares, villas, derechos, jurisdicciones y todas las pertenencias, por el tenor de las presentes las damos, concedemos y asignamos perpetuamente á vos, y á los Reyes de Castilla y de León, vuestros herederos y sucesores señores de ellas, con libre, lleno y absoluto poder, autoridad y jurisdicción: con declaración que por esta nuestra donación, concesión y asignación no se entienda, ni pueda entender, que se quite ni haya de quitar el derecho adquirido á ningún Príncipe cristiano que actualmente hubiere poseído las dichas islas y tierras firmes, hasta el susodicho día de Natividad de Nuestro Señor Jesucristo. Y allende de eso, os mandamos en virtud de santa obediencia, que así como también lo prometéis, y no dudamos por vuestra grandísima devoción y magnanimidad real que lo dejaréis de hacer, procuréis enviar á las dichas tierras firmes é islas, hombres buenos temerosos de Dios, doctos, sabios y expertos, para que instruyan los susodichos naturales y moradores en la Fe Católica y les enseñen buenas costumbres, poniendo en ello toda la diligencia que convenga.

Y del todo inhibimos á cualesquier personas, de cualquier dignidad, aunque sea Real é Imperial, estado, grado, orden ó condición, so pena de excomunión *latæ sententiæ*, en la cual por el mismo caso incurran, si lo contrario hicieren; que no presuman ir, por haber mercaderías, ó por otra cualquier causa, sin especial licencia vuestra y de los dichos vuestros herederos y sucesores, á las islas y tierras firmes halladas ó que se hallaren descubiertas, y que se descubrieren hacia el Occidente y Mediodía, fabricando y componiendo una línea desde el Polo Artico al Polo Antártico, ora las tierras firmes é islas sean halladas y se hayan de hallar hacia la India ó hacia otra cualquier parte, la cual línea diste de cualquiera de las islas, que vulgarmente llaman de los Azores y Cabo Verde, cien leguas hacia el Occidente y Mediodía, como queda dicho.

No obstante constituciones y ordenanzas Apostólicas, y otras cualesquiera que en contrario sean: confiando en el Señor, de quien proceden todos los bienes, Imperios y Señoríos, que encaminando vuestras obras, si proseguís este santo y loable propósito, conseguirán vuestros trabajos y empresas en breve tiempo, con felicidad y gloria de todo el pueblo Cristiano prosperísima salida. Y porque sería dificultoso llevar las presentes letras á cada lugar donde fuere necesario llevarse, queremos, y con los *Motu* y ciencia, mandamos, que á sus trasuntos, firmados de mano de Notario público, para ello requerido, y corroborados con sello de alguna persona constituída en dignidad Eclesiástica ó de algún Cabildo Eclesiástico, se les dé la misma fe en juicio, y fuera de él, y en otra cualquier parte, que se daría á las presentes, si fuesen exhibidas y mostradas. Así, que á ningún hombre sea lícito quebrantar, ó con atrevimiento temerario, ir contra esta nuestra carta de encomienda, amonestación, requerimiento, donación, concesión, asignación, constitución, deprestación, decreto, mandado, inhibición, voluntad. Y si alguno presumiere intentarlo, sepa que incurrirá en la indignación del Omnipotente Dios y de los bienaventurados Apóstoles Pedro y Pablo. Dada en Roma en San Pedro, á cuatro de mayo del año de la Encarnación del Señor mil y quatrocientos y noventa y tres, en el año primero de nuestro Pontificado.

O

PROVISION REAL ACRECENTANDO A COLÓN Y SUS DESCENDIENTES UN CASTILLO Y UN LEON MÁS EN SUS ARMAS POR PREMIO DE SUS SERVICIOS (1).

Don Fernando e doña Isabel etc. Por facer bien e merced a vos don Cristobal Colon, Nuestro Almirante de las Islas e Tierra-Firme por Nuestro mandado descobiertas e por descobrir en el Mar Oceano en la parte de las Indias; acatando los muchos y leales servicios que Nos habeis fecho e esperamos que Nos fareis, especialmente en poner vuestra persona como la pusistes a mucho arrisco e trabajo en descobrir las dichas Islas; e por vos honrar e sublimar, e porque de vos e de vuestros servicios e linage e descendientes quede perpetua memoria para siempre jamas, habemos por bien, e es Nuestra Merced, e vos damos licencia e facultad para que podades traer e traigades en vuestros reposteros e escudos de armas e en las otras partes donde las quisieredes poner de mas de vuestras armas, encima dellas un Castillo e un Leon, que Nos vos damos por armas, conviene a saber: el castillo de color dorado en campo verde, en el cuadro del escudo de vuestras armas en lo alto a la mano derecha, y en el otro cuadro alto a la mano izquierda un Leon de purpura en campo blanco rampando de verde, y en el otro cuadro bajo a la mano derecha unas islas doradas en ondas de mar, y en el otro cuadro bajo a la mano izquierda las armas vuestras que soliades tener, las cuales armas sean conocidas por vuestras armas e de vuestros fijos e descendientes para siempre jamas. E por esta Nuestra Carta, Mandamos al Principe Don Joan, Nuestro muy caro e muy amado Fijo, e a los Infantes, Prelados, Duques, Marqueses, Condes, Maestres de los Ordenes, Ricos-Homes, Priores, Comendadores e Subcomendadores, Alcaldes de los Castillos e Casas Fuertes e llanas, e a los de Nuestro Consejo, Alcaldes, Alguaciles, Regidores, Caballeros, Jurados, Escuderos, Oficiales, Homes-buenos de todas las Ciudades e Villas e Lugares de los Nuestros Reinos e Señorios, que vos dejen e consientan traer e que traigades las dichas armas que Nos vos asi damos de suso nombradas e declaradas, e en ello vos non pongan ni consientan poner a vos ni a los dichos vuestros fijos e descendientes embargo ni contrario alguno; e si desto que dicho es, quisieredes Nuestra Carta de provision, Mandamos al Nuestro Chanciller e Notario e a los otros Oficiales que estan a la tabla de los Nuestros sellos, que vos la den, e libren, e pasen, e sellen. Dada en la Ciudad de Barcelona a veinte dias del mes de mayo, Año del Nascimiento de Nuesro Señor Jesucristo de mil cuatrocientos noventa y tres años.

(1) *Archivo de los Duques de Veragua.—Colec. de dcc. inéd. relativos al descubrimiento, etc.*, tomo XIX, págs. 475-477.

Carta reprehendiendo los Reyes a Xoan de Soria por aber tratado al Almirante con poco acatamiento.

4 de agosto de 1493 (1)

El Rey e la Reyna.

Xoan de Soria: Nos abemos sabido algunas novedades que allá abeys fecho, que non mirays e acatays al Almirante de las Indias como es rrazon e Nosotros lo queremos, de que Abemos Abido muncho enoxo; e porque Nos, queremos quel Almirante sea honrrado e acatado sigund el Título que le dymos, Nos, vos Mandamos que ansi lo fagays e vos conformeys con él, porque ello seremos servidos; e de lo contrario abriamos enoxo e lo mandariamos castigar. — De Barcelona, a quatro días de agosto de noventa e tres años. — (Está rubricado e sellado.)

(1) *Archivo de Indias. Colec. de doc. inéd.*, etc., tomo XXX, págs. 183 y 184.

P

TRATADO DE TORDESILLAS.

(Sobre límites, celebrado entre los Reyes de España y Portugal el 7 de junio de 1494) (1).

Don Fernando y Doña Isabel, por la gracia de Dios Rey y Reyna de Castilla, de León, de Aragón y de Sicilia, de Granada, de Toledo, de Valencia, de Galicia, de Mallorca, de Sevilla, de Cerdeña, de Córdova, de Córcega, de Murcia, de Jahén, del Algarbe, de Algezira, de Gibraltar, de las Islas de Canaria, conde y condesa de Barcelona, y señores de Vizcaya y de Molina, duques de Atenas y de Neopatria, condes de Rosellón y de Cerdaña, marqueses de Oristán y de Goceano, en una con el príncipe Don Juan, nuestro mui caro y mui amado hijo primogénito heredero de los dichos nuestros reynos y señor os. Por quanto, por don Henrique Henriques, nuestro mayordomo mayor, y don Guterre de Cárdenas, comisario mayor de León, nuestro contador mayor, y el doctor Rodrigo Maldonado, todos del nuestro Consejo, fué tratado, assentado y capitulado por Nos, y en nuestro nombre, y por virtud de nuestro poder, con el serenissimo don Juan, por la gracia de Dios rey de Portugal y de los Algarbes, de aquende y de allende el mar, en Africa señor de Guinea, nuestro muy caro y muy amado hermano, y con Ruy de Sosa, señor de Usagres y Bérengel, y don Juan de Sosa su hijo, almotacén mayor del dicho serenissimo rey nuestro hermano, y Arias de Almadana, corregidor de los fechos civiles de su corte y del su desembargo, todos del Consejo del dicho serinissimo rey nuestro hermano, en su nombre y por virtud de su poder, sus embaxadores que á Nos vinieron, sobre la diferencia de lo que á Nos y al dicho serenissimo rey nuestro hermano pertenece, de los que hasta siete días deste mes de junio en que estamos, de la fecha desta escriptura está por descubrir en el mar Océano, en la qual dicha capitulación los dichos nuestros procuradores, entre otras cosas, prometieron que dentro de cierto término en ella contenido, Nos otorgariamos, confirmariamos, jurariamos, ratificariamos y aprobariamos la dicha capitulación por nuestras personas; é Nos queriendo cumplir é cumpliendo todo lo que asy en nuestro nombre fué asentado, é capitulado, é otorgado cerca de lo susodicho, mandamos traer ante Nos la dicha escriptura de la dicha capitulación y asiento para la ver y examinar, y el tenor della de *verbo ad verbum* es este que se sigue:

---

(1) Véase Guzmán Blanco, *Documentos para la historia de la vida pública de Bolívar*, tomo I, páginas 10-17.

En el nombre de Dios Todopoderoso, Padre
y Fijo y Espíritu Santo, tres personas
realmente distintas y apartadas,
y una sola esencia
divina.

Manifiesto y notorio sea á todos quantos este público instromiento vieren, como en la villa de Tordesillas, á siete días del mes de junio, año del nascimiento de Nuestro Señor Jesu Christo de mil é quatrocientos é noventa é quatro años, en presencia de Nos los secretarios y escrivanos, é notarios públicos de yuso escritos, estando presentes los honrados don Henrique Henriques, mayordomo mayor de los muy altos y muy poderosos príncipes, señores don Fernando y doña Isabel, por la gracia de Dios rey y reyna de Castilla, de León, de Aragón, de Sicilia, de Granada, etc., é don Guterre de Cárdenas, contador mayor de los dichos señores rey y reyna, y el doctor Rodrigo Maldonado, todos del Consejo de los dichos señores rey y reyna de Castilla, é de León, de Aragón, de Sicilia, é de Granada, etc., sus procuradores bastantes de la una parte, é los honrados Ruy de Sosa, señor de Usagres é Berengel, é don Juan de Sosa, su hijo, almotacén mayor del muy alto y muy excelente señor don Juan, por la gracia de Dios rey de Portugal, é de los Algarbes, de aquende é de allende el mar, en Africa señor de Guinea, é Arias de Almadana, corregidor de los fechos civiles en su corte, é del su desembargo, todos del Consejo del dicho señor rey de Portugal é sus embaxadores é procuradores bastantes, segund amas las dichas partes lo mostraron por las cartas é poderes, é procuraciones de los dichos señores sus constituyentes, de las quales su tenor de *verbo ad verbum* es este que se sigue:

Don Fernando y Doña Isabel, por la gracia de Dios rey y reyna de Castilla, de León, de Aragón, de Sicilia, de Granada, de Toledo, de Valencia, de Galicia, de Mallorca, de Sevilla, de Cerdeña, de Córdova, de Córcega, de Murcia, de Jahén, del Algarbe, de Algezira, de Gibraltar, de las Islas Canarias, conde y condesa de Barcelona, é señores de Vizcaya é de Molina, duques de Atenas é de Neopatria, condes de Rosellón é de Cerdaña, marqueses de Oristán é de Goceano. Por quanto el serenissimo rey de Portugal, nuestro muy caro é muy amado hermano, embió á Vos por sus embaxadores é procuradores á Ruy de Sosa, cuyas son las villas de Usagre é Berengel, é á don Juan de Sosa su almotacén mayor, é Arias de Almadana, su corregidor de los fechos civiles en su corte é del su desembargo, todos del su Consejo, para platicar é tomar asiento, é concordia con Nos, ó con nuestros embaxadores é procuradores, en nuestro nombre, sobre la diferencia que entre Nos y el dicho serenissimo rey de Portugal nuestro hermano, é sobre lo que á Nos y á él pertenece de lo que hasta agora está por descubrir en el mar Océano; por ende confiando de vos don Henrique Henriques, nuestro mayordomo mayor, é don Guterre de Cárdenas, comisario mayor de León, nuestro contador mayor, é el doctor Rodrigo Maldonado, todos del nuestro Consejo, que sois tales personas, que guardareis nuestro servicio, é bien, é fielmente hareis lo que por Nos

vos fuere mandado é encomendado, por esta presente carta, vos damos todo
nuestro poder complido, en aquella más apta forma que podemos é en tal caso
se requiere, especialmente para que por Nos y en nuestro nombre é de nuestros herederos, é subcesores, é de todos nuestros reynos é señoríos, súbditos
é naturales dellos, podais tratar, concordar é asentar, é facer trato é concordia
con los dichos embaxadores del dicho serenissimo rey de Portugal, nuestro
hermano, en su nombre, qualquier concierto, asiento, limitación, demarcación
é concordia sobre lo que dicho es, por los vientos en grados de Norte, é del
Sol, é por aquellas partes, divisiones, é lugares del Cielo, é de la mar, é de la
tierra, que á vos bien visto fueren, é asy vos damos el dicho poder, para que
podais dexar al dicho rey de Portugal, é á sus reynos é subcesores todos los
mares é islas, é tierras que fueren ó estuvieren dentro de qualquier limitación
é demarcación, que con él fincaren é quedaren; é otrosy vos damos el dicho
poder, para que en nuestro nombre, é de nuestros herederos é subcesores, é
de nuestros reynos é señoríos, é súbditos, é naturales dellos, podades concordar, é asentar, é recebir, é aceptar del dicho rey de Portugal, é de los dichos
sus embaxadores, é procuradores en su nombre, que todos los mares, islas é
tierras que fueren é estovieren dentro de la limitación é demarcación de costas, mares é islas é tierras, que quedasen é fincaren con Nos é con nuestros
subcesores, para que sean nuestros é de nuestro señorío é conquista, é asy de
nuestros reynos é subcesores dellos, con aquellas limitaciones é excepciones,
é con todas las otras divisiones é declaraciones, que á vosotros bien visto fuere; é para que sobre todo lo que dicho es, é para cada una cosa é parte dello,
é sobre lo á ello tocante, ó de ello dependiente, ó á ello anexo é conexo en
qualquier manera, podais fazer é otorgar, concordar, tratar é recebir, é aceptar en nuesto nombre, é de los dichos nuestros herederos é subcesores, é de
todos nuestros reynos, señoríos, é subditos é naturales dellos, qualesquiera capitulaciones é contractos, escripturas, con qualesquier vínculos, abtos, modos,
condiciones, obligaciones é estipulaciones, penas é submisiones, é renunciaciones, que vosotros quisieredes é bien visto vos fuere, é sobre ello podais fazer é otorgar, é fagais, é otorgueis todas las cosas, é cada una dellas, de qualquier naturaleza é calidad, gravedad é importancia que sean, ó ser puedan
aunque sean tales, que por su condición requieran otro nuestro señalado é especial mandado, é de que se deviese de fecho é de derecho fazer singular é
expresa mención, é que Nos seyendo presentes podriamos fazer é otorgar, é
recebir; é otrosy vos demos poder complido, para que podais jurar, é jureis
en nuestra ánima, que Nos é nuestros herederos, é subcesores, é súbditos, é
naturales, é vassallos adquiridos é por adquirir, tornemos, guardaremos, é compliremos, é que ternán, guardarán é complirán realmente é con efecto todo lo
que vosotros asy asentardes, capitulardes, é jurardes, é otorgardes, é firmardes, cesante toda cautela, fraude é engaño, ficción, simulación, é asy podais en
nuestro nombre capitular é segurar, é prometer; que Nos en persona seguraremos, juraremos é prometeremos, é otorgaremos é firmaremos todo lo que
vosotros en nuestro nombre, cerca lo que dicho es, segurardes é prometierdes
é capitulardes, dentro de aquel término de tiempo que vos bien pareciere, é

que lo guardaremos é compliremos realmente é con efecto, so las condiciones
é penas é obligaciones contenidas en el contracto de las paces entre Nos y el
dicho serenissimo Rey nuestro hermano fechas é concordadas, é so todas las
otras que vosotros prometierdes, é asentardes, las quales desde agora prometemos de pagar, si en ellas incorriéremos, para lo qual todo é cada una cosa é
parte dello, vos damos el dicho poder con libre é general administración, é prometemos é seguramos por nuestra fe y palabra real, de tener é guardar é complir Nos é nuestros herederos é subcesores, todo lo que por vosotros, cerca de
lo que dicho es en qualquier forma é manera fuese fecho é capitulado é jurado, é prometido, é prometemos de lo haver por firme, rato é grato, estable é
valedero agora é en todo tiempo jamás, é que no iremos ni vernemos contra
ello ni contra parte alguna dello, Nos, ni nuestros herederos é subcesores, por
Nos, ni por otras interpósitas personas, *directe, ni indirecte*, so alguna color,
ni causa en juicio, ni fuera del, so obligación expresa, que para ello fazemos
de todos nuestros bienes patrimoniales é fiscales, é otros qualesquier de nuestros vassallos, súbditos, é naturales, muebles y raizes, havidos é por hauer.
Por firmeza de lo qual mandamos dar esta nuestra carta de poder, la qual
firmamos de nuestros nombres, é mandamos sellarla con nuestro sello, dada
en la villa de Tordesillas, á cinco días del mes de junio, año del nascimiento
de nuestro señor Jesu Christo de mil quatrocientos é noventa é cuatro años.

Yo *el Rey.* — Yo *la Reyna*.

Yo Fernán Dalvres de Toledo, Secretario del Rey é de la Reyna, nuestros
señores, la fize escrebir por su mando.

Don Juan, por la gracia de Dios rey de Portugal é de los Algarbes, de
aquende, de allende el mar en Africa, é Señor de Guinea. A quantos esta nuestra carta de poder é procuración vieren, fazemos saber, que por quanto por
mandado de los muy altos y muy excelentes, é poderosos príncipes el rey Don
Fernando, é reyna Doña Isabel, rey é reyna de Castilla, de León, de Aragón,
de Sicilia, de Granada, etc., nuestros muy amados é preciados hermanos, fueron descobiertas é halladas nuevamente algunas islas, é podrían adelante descobrir é hallar otras islas é tierras, sobre las quales unas é las otras halladas, é
por hallar, por el derecho é razón que en ello tenemos, podían sobrevenir entre Nos todos, é nuestros reynos é señoríos, súbditos é naturales dellos, debates é diferencias, que nuestro Señor no consienta, á Nos plazo, por el grande
amor é amistad que entre Nos todos ay, é por se buscar, procurar é conservar
mayor paz, é más firme concordia, é asuciego, que el mar en que las dichas islas
están, y fueren halladas, se parta é demarque entre nos todos en alguna buena,
cierta é limitada manera; y porque Nos al presente no podemos en ello entender en persona, confiando de vos Ruy de Sosa, señor de Usagres é Berengel, y don Juan de Sosa, nuestro almotacén mayor, y Arias de Almadana, co-
rrejidor de los fechos civiles en la nuestra corte, é del nuestro desembargo,
todos del nuestro Consejo, por esta presente carta vos damos todo nuestro
complido poder, abtoridad, é especial mandado, é vos fazemos é constituimos

á todos juntamente, é á dos de vos é á uno *in solidum* si los otros en qualquier
manera fueren impedidos, nuestros embaxadores é procuradores, en aquella
más alta forma que podemos, é en tal caso se requier general y especialmente,
en tal manera, que la generalidad no derrogu: á la especialidad, ni la especialidad á la generalidad, para que por Nos y en nuestro nombre é de nuestros
herederos é subcesores, é de todos nuestros reynos é señoríos, súbditos é naturales dellos podaís tratar, concordar, asentar, é fazer, trateis, concordeis, é asen-
teis é fagais con los dichos rey é reyna de Castilla, nuestros hermanos, ó quien
para ello su poder tenga, qualquier concierto, asiento, limitación, demarcación,
é concordia sobre el mar Océano, islas é tierra firme, que en el estovieren por
aquellos rumos de vientos é grados de Norte é de Sol, é por aquellas partes, divisiones é lugares del cielo é del mar, é de la tierra, que vos bien parecier, é asy
vos damos el dicho poder para que podais dexar, é dexeis á los dichos rey é reyna é á sus reynos é subcesores, todos los mares, islas, é tierras que fueren é estovieren dentro de qualquier limitación, é demarcación, que con los dichos rey é
reyna quedaren, é asy os damos el dicho poder para en nuestro nombre, é de
nuestros herederos é subcesores, é de todos nuestros reynos é señoríos súbditos é naturales dellos, podais con los dichos rey é reyna, ó con sus procuradores, concordar, asentar, recebir, é aceptar, que todos los mares, islas, é tierras,
que fueren é estovieren dentro de la limitación, é demarcación de costas, mares, islas, é tierras que con Nos é nuestros subcesores fincaren, sean nuestros é
de nuestro señorío é conquista, é asy de nuestros reynos é subcesores dellos,
con aquellas limitaciones é excepciones de nuestras islas, é con todas las otras
cláusulas é declaraciones, que vos bien parecier. El qual dicho poder damos
á vos los dichos Ruy de Sosa, é Don Juan de Sosa, é Arias de Almadana, para
que sobre todo lo que dicho es, é sobre cada una cosa, é parte dello, é sobre
lo á ello tocante, ó dello dependiente, ó á ello anexo ó conexo en qualquier manera, podais fazer é otorgar, concordar, tratar, é distratar, recebir é
aceptar en nuestro nombre, é de los dichos nuestros herederos é subcesores, é
de todos nuestros reynos é señoríos, súbditos é naturales dellos, qualesquier
capítulos é contratos é escripturas, con qualesquier vínculos, pactos, modos,
condiciones, obligaciones, é estipulaciones, penas é submisiones, é renunciaciones que vos quisierdes, é á vos bien visto fueren, é sobre ello podaís fazer
é otorgar, é fagais é otorgueis todas las cosas, é cada una dellas, de qualesquier
naturaleza, calidad, gravedad é importancia que sean ó ser pueden, puesto que
sean tales, que por su condición requieran otro nuestro singular é especial
mandado é que se deviesse de fecho é de derecho fazer singular é expresa
mención, é que Nos siendo presentes podriamos facer, é otorgar, é recebir; é
otrosy vos damos poder complido, para que podais jurar, é jureis en vuestra
ánima, que Nos é nuestros herederos é subcesores, súbditos é naturales é vasallos adquiridos, é por adquirir ternemos, guardaremos, é compliremos, ternán, guardarán é complirán realmente, é con efeto, todo lo que vos asy asentardes, capitulardes, jurardes, é otorgardes, é firmardes, cesante toda cautela,
fraude, engaño, é fingimiento, é asy podais en nuestro nombre capitular, segurar é prometer, que Nos en persona seguraremos, juraremos, promotere·

mos, é firmaremos todo lo que vos en el sobredicho nombre, acerca de lo que dicho es, seguiardes, prometierdes, é capitulardes, dentro de aquel térmíno de tiempo que vos bien parecier, é que lo guardaremos é compliremos realmente, é con efeto, so las condiciones, penas, é obligaciones contenidas en el contracto de las paces entre nos fechas, é concordadas, é so todas las otras que vos prometierdes, é asentardes en el dicho nombre, las quales desde agora prometemos de pagar, é pagaremos realmente, é con efeto, si en ellas incurrieremos, para lo qual.todo, é cada una cosa, é parte dello, vos damos el dicho poder con libre y general administración, é prometemos é seguramos por nuestra fé real, de tener guardar é complir, é asy nuestros herederos é subcesores, todo lo que por vos acerca de lo que dicho es, en qualquier forma é manera que fuere fecho, capitulado, jurado é prometido, é prometemos de lo haver por firme, rato é grato, estable é valioso de agora para todo siempre, é que no iremos, ni vernemos, ni irán ni vernán contra ello, ni contra parte alguna dello en tiempo alguno, ni por alguna manera, por Nos, ni por sí, ni por interpósitas personas *directe, ni indirecte*, so alguna color ó causa en juicio, ni fuera del, so obligación expresa, que para ello fazemos de los dichos nuestros reynos é señoríos, é de todos los otros nuestros bienes patrimoniales, fiscales, é otros qualesquier de nuestros vasallos, súbditos é naturales, muebles é de raiz, avidos é por aver, en testimonio é fe de lo qual, vos mandamos dar esta nuestra carta firmada por Nos, é sellada de nuestro sello, dada en la nuestra cebdat de Lisbona á ocho dias de marzo.

Rui de Pina la fizo año del nascimiento de nuestro Señor Jesu Christo, de mil é quatrocientos é noventa é quatro años.

El Rei.

E luego los dichos procuradores de los dichos señores rey é reyna de Castilla, de León, de Aragón, de Sicilia, de Granada, etc., é del dicho señor rey de Portugal, é de los Algarbes, etc., dixeron, que por cuanto entre los dicho señores sus constituyentes hai cierta diferencia, sobre lo que á cada una de las dichas partes pertenece, de lo que fasta oy día de la fecha desta capitulación está por descubrir en el mar Océano; por ende que ellos por bien de paz é concorcordia, é por conservación del debdo é amor, quel dicho señor rey de Portugal tiene con los dichos señor rey é reyna de Castilla, é de Aragón, etc., á sus Altezas plaze, é los dichos sus procuradores en su nombre, é por virtud de los dichos sus poderes, otorgaron é consintieron que se haga é señale por el dicho mar Océano una raya, ó línea derecha de polo á polo, convien á saber, del polo Artico al polo Antártico, que es de Norte á Sul, la qual raya ó línea se aya de dar, é de derecha, como dicho es, á trescientas é setenta leguas de las islas del Cabo Verde, hacia la parte del Poniente, por grados ó por otra manera, como mejor y más presto se pueda dar, de manera que no sean más é que todo lo que hasta aquí se ha fallado é descubierto, é de aquí adelante se hallare, é descubriere por el dicho señor rey de Portugal, é por sus navíos, así islas como tierra firme, desde la dicha raya é línea dada en la forma susodicha, yendo por la dicha parte del Levante, dentro de la dicha raya á la parte del Levante ó

del Norte, ó del Sul della, tanto que no sea atravesando la dicha raya, que esto
sea, é finque, é pertenezca al dicho señor rey de Portugal é á sus subcesores,
para siempre jamás, é que todo lo otro, así islas como tierra firme, halladas y
por hallar, descobiertas ó por descobrir, que son ó fueren halladas por los dichos señores rey é reyna de Castilla, é de Aragón, etc., é por sus navíos desde
la dicha raya dada en la forma susodicha, yendo por la dicha parte del Poniente, después de pasada la dicha raya hacia el Poniente, ó el Norte, ó el Sul della,
que todo sea, é finque, é pertenezca á los dichos señores rey é reyna de Castilla, de León, etc., é á sus subcesores, para siempre jamás. Item los dichos procuradores prometieron, é seguraron por virtud de los dichos poderes, que de
oy en adelante no embiarán navíos algunos; convien á saber, los dichos señores rey é reyna de Castilla, é de León, é de Aragón, etc., por esta parte de la
raya á la parte del Levante aquende de la dicha raya, que queda para el dicho señor rey de Portugal, é de los Algarbes, etc., ni el dicho señor rey de Portugal á la parte de la dicha raya, que queda para los dichos señores rey é
reyna de Castilla, é de Aragón, etc., á descobrir é buscar tierras, ni islas
algunas, ni á contratar, ni rescatar, ni conquistar en manera alguna; pero
que si acaesciere, que yendo así aquende de la dicha raya los dichos navíos,
de los dichos señores rey é reyna de Castilla, de León, é de Aragón, etc., fallasen qualesquier islas, ó tierras en lo que así queda para el dicho señor rey de
Portugal, que aquello tal sea, é finque para el dicho señor rey de Portugal, é
para sus herederos para siempre jamás, é sus Altezas gelo ayan de mandar luego
dar é entregar. E si los navíos del dicho señor rey de Portugal fallasen qualesquier islas é tierras en la parte de los dichos señores rey é reyna de Castilla, é de
León, é de Aragón, etc., que todo lo tal sea, é finque para los dichos señores rey
é reyna de Castilla, de León, é de Aragón, etc., é para sus herederos para siempre
jamás, é que el dicho señor rey de Portugal gelo haga luego de mandar, dar é
entregar. Item, para que la dicha línea ó raya de la dicha partición se aya de dar,
é de derecha, é la más cierta que ser podiere por las dichas trescientas é setenta
leguas de las dichas islas del Cabo Verde hacia la parte del Poniente, como dicho es, concordado, é asentado por los dichos procuradores de amas las dichas
partes, que dentro de diez meses primeros siguientes, contados desde el día de
la fecha desta capitulación, los dichos señores sus constituyentes hayan de enviar dos ó quatro caravelas, convien á saber, una ó dos de cada parte, ó
menos, segund se acordaren por las dichas partes que son necesarias, las
quales para el dicho tiempo sean juntas en la isla de la gran Canaria; y em-
bien en ellas cada una de las dichas partes, personas, así pilotos como astrólogos, é marineros, é qualesquier otras personas que convengan; pero que sean
tantos de una parte, como de otra; y que algunas personas de los dichos pilotos, é astrólogos, é marineros, é personas que sepan, que embiaren los dichos
señores rey é reyna de Castilla, é de León, é de Aragón, etc., vayan en el navío
ó navíos que embiare el dicho señor rey de Portugal, é de los Algarbes, etcétera, é así mismo algunas de las dichas personas que embiare el dicho señor
rey de Portugal, vayán en el navío ó navíos, que embiaren los dichos señores rey é reyna de Castilla é Aragón, tanto de una parte como de otra parte,

para que juntamente puedan mejor ver é reconocer la mar, é los rumos, é
vientos, é grados de Sol é Norte, é señalar las leguas sobredichas, tanto que
para fazer el señalamiento é límite concurrirán todos juntos, los que fueren
en los dichos navíos que embiaren amas las dichas partes, é llevaren sus poderes; los quales dichos navíos, todos juntamente continúen su camino á las
dichas islas del Cabo Verde, é desde allí tomarán su rota derecha al Poniente
hasta las dichas trescientas é setenta leguas, medidas como las dichas personas,
que así fueren, acordaren que se deven medir, sin perjuicio de las dichas partes, y allí donde se acabaren se haga el punto é señal que convenga, por grados
de sol ó de Norte, ó por singladura de leguas, ó como mejor se pudieren concordar. La cual dicha raya señalen, desde el dicho polo Artico al dicho polo Antártico, que es de Norte á Sul, como dicho es, y aquello que señalaren lo es-
crivan, é firmen de sus nombres las dichas personas que así fueren embiadas
por amas las dichas partes, las quales han de llevar facultad é poderes de las
dichas partes cada uno de la suya, para hacer la dicha señal é limitación; y fecha por ellos, seyendo todos conformes, que sea avida por señal é limitación
perpetuamente para siempre jamás. Para que las dichas partes, ni alguna dellas, ni sus subcesores para siempre jamás no la puedan contradecir, ni quitar,
ni remover en tiempo alguno, ni por alguna manera que sea, ó ser pueda. E
si acaso fuere, que la dicha raya é límite de polo á polo, como dicho es,
topare en alguna isla ó tierra firme, que al comienço de la tal isla ó tierra que
así fuere hallada donde tocara la dicha raya se haga alguna señal ó torre; é
que en derecho de la tal señal ó torre se continúe dende en adelante otras
señales por la tal isla ó tierra en derecho de la dicha raya, los quales partan lo que á cada una de las partes perteneciera della, é que los súbditos
de las dichas partes no sean osados los unos de pasar á la de los otros,
ni los otros de los otros, pasando la dicha señal ó límite en la tal isla ó tierra.

    Item, por quanto para ir los dichos navíos de los dichos señores rey é
reyna de Castilla, de León, de Aragón, etc., de los reynos é señoríos á la dicha su parte allende de la dicha raya, en la manera que dicho es, es forzado
que ayan de pasar por los mares desta parte de la raya que queda para el dicho señor rey de Portugal, por ende es concordado, é asentado que los dichos
navíos de los dichos señores rey é reyna de Castilla, de León, de Aragón, etc.,
puedan ir é venir, y vayan é vengan libre, segura é pacificamente sin contradicción alguna por los dichos mares que quedan con el dicho señor rey de
Portugal, dentro de la dicha raya en todo tiempo, é cada y quando sus Altezas, é sus subcesores quisieren, é por bien tuvieren; los quales vayan por sus
caminos derechos, é rotas, desde sus reynos para qualquier parte, de lo que
está dentro de su raya é límite, donde quisieren embiar á descubrir é conquistar, é contratar, é que lleven sus caminos derechos por donde ellos acordaren
de ir para qualquier cosa de la dicha su parte, é de aquellos no puedan apartarse, salvo lo que el tiempo contrario los fiziere apartar; tanto que no tomen
ni ocupen antes de pasar la dicha raya, cosa alguna de lo que fuere fallado
por el dicho señor rey de Portugal en la dicha su parte, é si alguna cosa
fallaren los dichos sus navíos antes de pasar la dicha raya, como dicho es

que aquello sea para el dicho señor rey de Portugal, é sus Altezas gelo ayán
de mandar luego dar é entregar. E porque podría ser que los navíos é gentes de los dichos señores rey é reyna de Castilla, é de Aragón, etc., ó por su
parte avrán fallado hasta veinte días deste mes de junio en que estamos de
la fecha desta capitulación, algunas islas é tierra firme dentro de la dicha
raya, que se ha de fazer de polo á polo por línea derecha en fin de las dichas
trescientas é setenta leguas contadas desde las dichas islas del Cabo Verde
al Poniente, como dicho es; es concordado, é asentado, por quitar toda dub-
da, que todas las islas é tierra firme que sean falladas, é descobiertas en
qualquier manera hasta los dichos veinte días deste dicho mes de junio, aunque sean falladas por los navíos é gentes de los dichos señores rey é reyna
de Castilla, é de Aragón, etc., con tanto que sea dentro de las doscientas é
cincuenta leguas primeras de las dichas trescientas é setenta leguas, contadas
desde las dichas islas del Cabo Verde al Poniente hacia la dicha raya, en
qualquier parte dellas para los dichos polos, que sean falladas dentro de las
dichas doscientas é cincuenta leguas, haciéndose una raya ó línea derecha
de polo á polo donde se acabaren las dichas doscientas é cincuenta leguas
queden é finquen para el dicho señor rey de Portugal, é de los Algarbes, etc.,
é para sus subcesores é reynos para siempre jamás. E que todas las islas é
tierra firme, que hasta los dichos veinte días deste mes de junio en que estamos, sean falladas ó descobiertas por los navíos de los dichos señores
rey é reyna de Castilla, é de Aragón, etc., é por sus gentes, ó en otra qual -
quier manera dentro de las otras ciento é veinte leguas, que quedan para
complimiento de las dichas trescientas é setenta leguas, en que ha de acabar
la dicha raya, que se ha de fazer de polo á polo, como dicho es, en qualquier parte de las dichas ciento é veinte leguas para los dichos polos que
sean falladas fasta el dicho día, queden é finquen para los dichos señores,
rey é reyna de Castilla, é de Aragón, etc., é para sus subcesores, é sus reynos
para siempre jamás, como es, y ha de ser suyo lo que es ó fuere fallado
allende de la dicha raya, de las dichas trescientas é setenta leguas, que quedan para sus Altezas, como dicho es, aunque las dichas ciento é veinte leguas son dentro de la dicha raya de las dichas trescientas é setenta leguas
que quedan para el dicho señor rey de Portugal, é de los Algarbes, etc.,
como dicho es. E si fasta los dichos veinte días desde dicho mes de junio,
no son fallados por los dichos navíos de sus Altezas cosa alguna dentro
de las dichas ciento é veinte leguas, é de allí adelante lo fallaren, que sea
para el dicho señor rey de Portugal, como en el capítulo susoescripto es contenido. Lo qual todo que dicho es, é cada una cosa, é parte dello los dichos,
don Henrique Henriques, mayordomo mayor, é don Guterre de Cárdenas,
contador mayor, é doctor Rodrigo Maldonado, procuradores de los dichos
muy altos é muy poderosos príncipes, los señores el rey é la reyna de Castilla, de León, de Aragón, de Sicilia, é de Granada, etc., é por virtud del dicho
su poder que de suso va íncorporado, é los dichos Ruy de Sosa, é don Juan
de Sosa, su hijo, é Arias de Almadana, procuradores é embaxadores del dicho
muy alto é muy excelente príncipe el señor rey de Portugal é de los Algar-

bes, de aquende é allende, en Africa señor de Guinea, é por virtud del dicho
su poder, que de suso va incorporado, prometieron é seguraron en nombre de
los dichos sus constituyentes, que ellos é sus subcesores é reynos é señoríos
para siempre jamás ternán, é guardarán, é complirán realmente, é con efeto,
cesante todo fraude é cautela, engaño, ficción, é simulación, todo lo contenido
en esta capitulación, é cada una cosa, é parte dello, é quisieron é otorgaron
que todo lo contenido en esta dicha capitulación, é cada una cosa é parte della
sea guardado é complido é executado como se ha de guardar é complir é exe-
cutar todo lo contenido en la capitulación de las paces fechas é asentadas entre
los dichos señores rey é reyna de Castilla, é de Aragón, etc., é el señor don
Alfonso rey de Portugal, que santa gloria aya, é el dicho señor rey, que agora
es de Portugal, su fijo, seyendo príncipe, el año que pasó de mil é quatrocientos é setenta é nueve años, é so aquellas mismas penas, vínculo é firmezas, e
obligaciones, segund é de la manera que en la dicha capitulación de las dichas
paces se contiene y obligaronse que las dichas paces ni alguna dellas, ni sus
subcesores para siempre jamás no irán, ni vernán contra lo que de suso es
dicho y especificado, ni contra cosa alguna ni parte dello directa, ni indirecta,
ni por otra manera alguna en tiempo alguno, ni por alguna manera pensada,
ó non pensada, que sea ó ser pueda; so las penas contenidas en la dicha capitulación de las dichas paces.

E la pena pagada ó non pagada, ó graciosamente remetida, que esta obligación ó capitulación, é asiento, quede é finque firme, estable, é valedera
para siempre jamas, para lo qual todo asy tener é guardar é complir é pagar
los dichos procuradores en nombre de los dichos sus constituyentes obligaron los bienes cada uno de la dicha su parte, muebles é raices, patrimoniales é fiscales é de sus súbditos é vasallos, havidos é por haver, é renunciaron qualesquier leyes, é derechos de que se puedan aprovechar las
dichas partes, é cada una dellas para ir ó venir contra lo susodicho, ó contra alguna parte dello; é por mayor seguridad é firmeza de lo susodicho,
juraron á Dios é á Santa María, é á la señal de la cruz, en que pusieron
sus manos derechas é á las palabras de los Santos Evangelios doquier que
más largamente son escriptos en ánima de los dichos sus constituyentes,
que ellos y cada uno dellos ternán, é guardarán, é complirán todo lo susodicho, y cada una cosa, é parte dello realmente, é con efeto, cesante todo
fraude, cautela é engaño, ficción é simulación, é no la contradirán en
tiempo alguno, ni por alguna manera. So el qual dicho juramento juraron
de no pedir absolución, ni relaxación del· á nuestro muy Santo Padre, ni
á otro ningún legado, ni prelado que ge la pueda dar, é aunque propio
motu gela dé, no usarán della, ántes por esta presente capitulación supli-
can en el dicho nombre á nuestro muy Santo Padre, que á su Santidad
plega confirmar, é aprovar esta dicha capitulación, segund en ella se contiene, é mandando expedir sobre ello sus bulas á las partes, ó á qualquiera dellas, que las pedieren, é mandando incorporar en ellas el tenor desta
capitulación, poniendo sus censuras á los que contra ella fueren, ó pasaren, en
qualquier tiempo que sea, é ser pueda. E asy mismo los dichos procuradores

en el dicho nombre se obligaron so la dicha pena, é juramento dentro de ciento dias primeros siguientes, contados desde el dia de la fecha desta capitulación, darán la una parte á la otra, y la otra á la otra aprobación, é ratificación
desta dicha capitulación, escriptas en pergamino, é firmadas de los nombres
de los dichos señores sus constituyentes, é selladas con sus sellos de plomo,
pendiente, é en la escriptura que ovieren de dar los dichos señores rey é reyna de Castilla, é Aragón, etc., aya de firmar, é consentir, é otorgar el muy esclarecido, é ilustrissimo señor el señor príncepe don Juan su hijo, de lo qual
todo que dicho es, otorgaron dos escripturas de un tenor tal la una como la
otra, las quales firmaron de sus nombres, é las otorgaron ante los secretarios,
é escrivanos de yuso escriptos, para cada una de las partes la suya. E qualquiera que paresciere, vala como si ambas á dos pareciesen; que fueron fechas
é otorgadas en la dicha villa de Tordesillas al dicho dia, é mes, é año susodicho. El comisario mayor don *Henrique Ruy de Sosa*, don *Juan de Sosa*, el
doctor *Rodrigo Maldonado*, licenciatus *Arias*, testigos que fueron presentes,
que vieron aquí firmar sus nombres á los dichos procuradores, é embaxadores, é otorgar lo susodicho é fazer el dicho juramento, el comisario Pedro de
León, el comisario Fernando de Torres, vecinos de la villa de Vallid, el comisario Fernando de Gamarra, comisario de Tagra é Senete, contino de la casa
de los dichos rey é reyna nuestros señores, é Juan Soares de Segueras é Ruy
Leme, é Duarte Pacheco, contino, de la casa del señor rey de Portugal para
ello procurados. E yo Fernán Dalvres de Toledo, secretario del rey é de la
reyna nuestros señores, é del su Consejo, é escrivano de Cámara, é notario público en la su corte, é en todos los sus reynos é señoríos, fuy presente á todo
lo que dicho es en uno con los dichos testigos, é con Estevan Vaes, secretario
del dicho señor rey de Portugal, que por abtoridad que los dichos rey é reyna nuestros señores le dieron para dar fé deste abçon en sus reynos, que fué
asy mismo presente á lo que dicho es, é á ruego é otorgamiento de todos los
dichos procuradores, é embaxadores, que en mi presencia, é suya, aquí firmaron sus nombres, este público instromento de capitulación fize escrevir, el qual
va escripto en estas seis fojas de papel de pliego entero escriptas de ambas partes con esta en que van los nombres de los sobredichos, é muy signo; é en fin
de cada plana va señalado de la señal de mi nombre é de la señal del dicho
Estevan Vaes, é por ende fize aquí mi signo, que es tal. En testimonio de verdad *Fernán Dalvres*. E yo el dicho *Estevan Vaes*, que por abtoridad que los
dichos señores rey é reyna de Castilla, é de León, me dieron para fazer público en todos sus reynos é señoríos juntamente con el dicho Fernán Dalvres, á
ruego, é requerimiento de los dichos embaxadores é procuradores á todo presente fuy, é per fe é certidumbre dello aquí de mi público señal la signé, que
tal es.

La qual dicha escriptura de asiento é capitulacion, é concordia suso incor-
porada, vista é entendida por Nos, é por el dicho príncipe Don Juan nuestro
hijo, la aprovamos, loamos, é confirmamos, é otorgamos, é ratificamos, é prometemos de tener, é guardar, é complir todo lo susodicho en ella contenido,
é cada una cosa, é parte dello realmente ó con efeto, cesante todo fraude, é

cautela, ficcion, é simulacion, é de no ir, ni venir contra ello, ni contra parte
dello en tiempo alguno, ni por alguna manera que sea, ó ser pueda; é por
mayor firmeza, Nos y el dicho príncipe Don Juan nuestro hijo, juramos á
Dios, é á Santa María, é á las palabras de los Santos Evangelios do quier que
más largamente son escriptas, é á la señal de la Cruz en que corporalmente
posimos nuestras manos derechas en presencia de los dichos Ruy de Sosa, é
Don Juan de Sosa, é licenciado Arias de Almadana, embaxadores é procuradores del dicho serenissimo Rey de Portugal, nuestro hermano, de lo asy tener é guardar, é complir, é á cada una cosa é parte de lo que á nos incumbe,
realmente é con efeto, como dicho es, por Nos é por nuestros herederos é
subcesores, é por los dichos nuestros reynos é señoríos, é súbditos é naturales dellos, so las penas é obligaciones, vínculos é renunciaciones en el dicho
contracto de capitulacion, é concordia de suso escripto, contenidas: por cer-
tificación é corroboracion de lo qual, firmamos en esta nuestra carta nuestros
nombres, é la mandamos sellar con nuestro sello de plomo pendiente en filos
de seda á colores. Dada en la villa de Arévalo á dos días del mes de julio año
del nascimiento de Nuestro Señor Jesu Christo de mil cuatrocientos noventa é
cuatro años.

Yo el Rey.—Yo la Reyna.—Yo el Príncipe.

Y yo *Fernan Dalvres de Toledo*, secretario del Rey é de la Reyna nuestros
señores, la fize escrebir por su mandado.„

Concluido el tratado el 7 de junio de 1494, fué ratificado por los Reyes de
España en la villa de Arévalo el 2 de julio siguiente, i por el Rey de Portugal
el 5 de septiembre de 1494 en Setuval.

Q

CARTA DE CRISTÓBAL COLÓN A LOS REYES CATÓLICOS, EXPONIENDO ALGUNAS OBSERVACIONES SOBRE EL ARTE DE NAVEGAR.—Granada, 6 de febrero de 1502 (1).

Muy altos y muy poderosos Reyes y Señores: Yo querria ser cabsa de placzer y holgura á Vuestras Alteças, que no de pesadumbre y hastio; mas como sé la afizion y deleyte que tienen á las cosas nuevas y dalgun interese, diré de unas y otras, compliendo con su mandamiento, aquello que agora me venga á la memoria; y cierto non judguen dellas por el desaliño, mas por la intinzion y buen deseo, ya que en todo lo que fuere del servizio de Vuestras Alteças, non he de deprender de ningun otro lo que yo sé fazer por my mesmo; que si me faltaren las fuerzas y las fatigas me ryndieren, non desfallezerá en my ánima la voluntad como el más obligado y debdor que soy.

Los navegantes y otras gentes que tractan por la mar, tienen syempre mayor conoszimiento de las partidas particulares del mundo donde usan y fazen sus contractaciones más continuo, y por esto cada uno destos sabe mejor de lo que vee cada dia, que no lo otro que viene de años há años, y asy reszebimos con delectazion la relazion quellos mesmos nos fazen de lo que vieron y collejieron, como cierto allegamos más grande enseñanza de aquello que deprendemos por nuestra propia espirenzia.

Si resconozemos el mundo ser esférico, según el sentir de muchos escriptores que ansy lo afirman, o que la scienzia non faga asentar otra cosa con su auctoridad, no se deve entender que la templanza sea ıgual en un clyma, porque la diversidad es grande asy en la mar como en la tierra.

El sol syembra su ynfluenzia y la tierra la reszibe segun las concavidades o montañas que son formadas en ella, y bien que harto hayan scripto los antiguos sobre esto, así como Plinio (2), que dize que debaxo del norte ay tan suave templanza, que la gente que ally está jamas se muere, salvo por enfadamiento ó aborrimiento de vida, que se despeñan y voluntariamente se matan.

Nos vemos aquy en España tanta diversydad de templanza, que non es menester el testimonio sobre esto de ninguna antigüedad del mundo: vemos aquy en Granada la syerra cubierta de nyeve todo el año, ques señal de grand frio, y al pie desta syerra son las Alpujarras donde es siempre suavisima tenplanza syn demasiado calor ny frio, y asy como es en esta provinzia, es en otras hartas en España, que se deja de dezir por la prolixidad dellas. Digo que

<hr/>

(1) *Cartas de Indias*, págs. 7-10.— Madrid, 1877.
(2) Plinio tomó sus fabulosas noticias acerca de los hiperbóreos de los autores Hecateo, Heródoto, Pomponio Mela y otros.

en la mar acaesze otro tanto y en espezial en las comarcas de las tierras, y desto es en mayor conoszimiento los que continuo ally tractar, que no los otros que tractan en otras partes.

En el verano, en l'Andaluzia por muy cierto se tiene cada dia, después de ser el sol altillo, la virazon, ques viento que sale del poniente, esta vien muy suave y dura hasta la tarde; asy como esta virazon continúa en aquel tiempo en esta region, ansy continúa otros vientos en otras partes y en otras regiones diferentes el verano y el ynvierno. Los que andan continuo de Cadiz á Napoles, ya saben cuando pasan por la costa de Catalunia, segund la sazon, el viento que han de hallar en ella, y asymismo cuando pasan por el golfo de Narbona. Estos que han de yr de Cadiz á Napoles, si es tiempo de ynvierno, van á vista de cabo de Creo en Catalunia, por el golfo de Narbona: entonzes vienta muy rezio, y las vezes las naos conviene la obedezcan y corran por fuerza hasta Berueria, y por esto van más al cabo Creo, por sostener más la bolina y cobrar las Pomegas de Marsella o las yslas de Eres, y despues jamas se desabarcan de la costa hasta llegar donde quier. Si de Cadiz ovieren de yr á Napoles en tiempo de verano, navegan por la costa de Berueria hasta Cerdena, ansy como está dicho de la otra costa de la tramotana. Para estas navegaziones ay hombres señalados, que se an dado tanto á ello, que conoszen todos estos caminos y qué temporales pueden esperar, segund la razon del año en que fueren. Vulgarmente, á estos tales llamamos pylotos, que es tanto como en la tierra adalid; que bien que uno sepa muy bien el camino daqui á Fuenterrabia para llevar una hueste, ni lo sabe daqui á Lisbona. Esto mismo acaesze en la mar, que unos son pylotos de Flandes y otros de Levante, cada uno de la tierra donde más usa.

El tracto y tránsito d'España á Flandes mucho se continúa; grandes marineros ay que andan á este uso. En Flandes, en el mes de enero, están todas las naos despechadas para volver á sus tierras, y en este mes, de raro sale que no haya algunos estirones de brysa ques cernosdeste y nornordeste. Estos vientos, á este tiempo, no vienen amorosos, salvo salvajes y frios y fasta peligrosos: la distançia del sol y la calidad de la tierra son cabsa que se enjendre esto. Estas brysas no son estábiles, bien que asy no yerren el tiempo: los que navegan con ellas son presonas que se ponen á ventura y lo más de las veçes llegan con la mano en los cabellos. A estos, ýy la brisa les falta y les haze fuerza otro viento, ponense en los puertos de Franzia o Ingalterra, hasta que venga otra marea que puedan salyr de los puertos.

La gente de la mar es cobdiziosa de dyneros y de volver á su casa, y todo lo aventuran syn esperar á ver quel tiempo sea firme. Cativo como estaba en cama, en otra tal ocasion dixe á Vuestras Alteças lo que pude de mayor seguridad desta navegazion, que era despues de ser el sol en Tauru, y renegar de fazer esta partida en la fuerza y más peligroso de ynvierno. Sy los vientos ayudan, muy corto es el tránsito, y non se debe de partir hasta tener buena certeza del viaje; y de acá se puede judgar dello, ques cuando se viere estar el çielo muy claro y salir el viento de la estrella de la tramotana y durar algunos dias, syempre en aquella alegria. Saben bien Vuestras Alteças lo que aconteszió el año de noventa y syete, cuando estaban en Burgos en tal congoxa por quel tiempo perseveraba crudo y se suçedian los estirones, que de enfadados se yban á Soria; y partida toda la corte un sabado, quedaron Vuestras Alteças para partir lunes de mañana; y á un çierto proposito, en aquella noche, en un escripto mio que envié á Vuestras Alteças, dezia: tal dia comenzó á ventar el viento; el otro dia no partirá la flota, aguardando sy el viento se afirme; partirá el miercoles, y el jueves o viernes será tant avant como la isla de Huict, y syno se meten en ella, serán en Laredo el lunes que viene, o la razon de la marineria es toda perdida. Este escripto mio, con el deseo de la venida de la Prinzesa, movió á Vuestras Alteças á mudar de proposito de no yr á Soria y espirmentar la opinion del marinero; y el lunes remaneszió sobre Laredo una nao que refusó de entrar en Huict, porque tenia pocos bastimentos.

Muchos son los juizios y fueron syempre en la mar y en la tierra en semejantes casos, y agora han de ser muchos los que hayan de navegar á las yslas descobiertas; y sy el camino es ya conoszido, los que hayan de tractar y contractar, con la perfizion de los ystrumentos y el aparejar de las naos, habran mayor conoszimiento de las cosas y de las tierras y de los vientos y de las epocas mas convenybles para sus usos, y más espirenzia para la seguridad de sus presonas.

La Sancta Trenydad guarde á Vuestras Alteças como deseo y menester habemos, con todos sus grandes estados y señoríos. De Granada, á seys de hebrero de mill y quinientos y dos años.

.S.
.S.A.S.
X M Y
Xpo Ferens.

CARTA DE CRISTÓBAL COLÓN AL REVERENDO Y MUY DEVOTO PADRE FRAY D. GASPAR (GORRICIO), EN LAS CUEVAS DE SEVILLA (1).

Reverendo y muy devoto Padre: Si mi viaje fuera tan apropiado á la salud de mi persona y descanso de mi casa, como amuestra que haya de ber acrescentamiento de la Corona Real del Rey é de la Reina mis Señores, yo esperaría de vivir mas de cien gibileos. El tiempo no da lugar que yo escriba más largo. Yo espero que el portador sea persona de casa, que os dirá por palabra más que non se puede decir en mis papeles. También suplirá don Diego. Al Padre Prior y á todos los Religiosos pido por merced que se acuerden de mí en todas sus oraciones. Fecha en la isla de Janahica á 7 de julio de 1503.

Para lo que V. R. mandaré.

.S.
.S.A.S.
X M Y
Xpo Ferens.

---

(1) Navarrete, *Colec. de los viajes*, etc., tomo I, pág. 322.

A MI MUY CARO FIJO DON DIEGO COLÓN. EN LA CORTE (1).

Muy caro fijo: Diego Méndez partió de aquí lunes tres de este mes. Después de partido fablé con Amerigo Vespuchi, portador desta, el cual va allá llamado sobre cosas de navegación. El siempre tuvo deseo de me hacer placer: es mucho hombre de bien: sus trabajos no le han aprovechado tanto como la razón requiere. El va por mío y en mucho deseo de hacer cosa que redonde á mi bien, si á sus manos está. Yo non se de acá en que yo le emponga que á mí aproveche, porque non sé que sea lo que allá le quieren. El va determinado de hacer por mí todo lo que á él fuere posible. Ved allá en que puede aprovechar, y trabajad por ello, que él lo hará todo y fablará, y lo porná en obra; y sea todo secretamente porque non se haya dél sospecha. Yo, todo lo que se haya podido decir que toque á esto, se lo he dicho, y enformado de la paga que á mí se ha fecho y se haz. Esta carta sea para el Sr. Adelantado tam. bién, porque él vea en que puede aprovechar, y le avise dello. Crea Su Alteza que sus navíos fueron en lo mejor de las Indias y más rico: y si queda algo para saber más de lo dicho, yo lo satisfaré allá por palabra, porque es imposible á lo decir por escrito. Nuestro Señor te haya en su santa guardia. — Fecha en Sevilla á cinco de febrero (de 1505).

Tu padre que te ama más que á sí.

.S.
.S.A.S.
X M Y
Xpo Ferens.

(1) Navarrete, *Col. de los viajes*, etc., tomo I, págs. 351 y 352.

R

CEDULA ADVIRTIENDO AL OBISPO DE BADAXOZ, QUE LOS INDIOS QUE
VENIAN EN LAS CARABELAS, SE VENDAN EN ANDALUCIA; E QUE
APRESURE BERNAL DE PISA LA SALIDA DE LAS OTRAS CARABELAS
PARA LAS INDIAS (1).

12 de abril de 1495.

El Rey e la Reyna.

Reverendo *in Cristo* Padre Obispo: Dempues de aberos escripto e ymbia-
do el despacho que os ymbiamos sobre lo que toca á las quatro carabelas que
Mandamos agora ymbiar a las Indias, rrescebimos vuestra letra con un correo,
por lo qual Nos faceis saber la venida de las otras quatro carabelas de allá, de
lo qual obimos muncho plascer; e porque esperamos la venida de Torres con
las cartas que de allá trae, non podemos agora escrebiros acá en ello. Cerca de
lo que Nos escrebisteis de los indios que vienen en las carabelas, parescenos
que se podran vender mexor en *Andalucía* quen otra parte; debeislos facer
vender como mexor os paresciere; y en la venida de Bernal de Pisa, debeis facer que se venga luego acá, e ymbiad algunas cosas que vengan con él para las
traer a Nos.

Cuanto a las quatro carabelas que vos escrebimos que ymbiáredes agora,
parescenos que por la nescesidad de manthenimientos que los questan en las
Indias thienen, debeis dar muncha priesa en la partida dellas; e porque con el
mensaxero que ayer partió vos escrebimos largo, non ay agora más que des-
cir. De *Madrid* a doce dias de abril de noventa e cinco. E vos encargamos que
con estas quatro carabelas vaya Joan Aguado.

(Está rrubricado e sellado)

PROVISIÓN DE 30 DE OCTUBRE DE 1503 (2).

Por una provisión dada en Segovia á 30 de octubre de 1503, la magnánima Isabel dió licencia para cautivar á los caribes y venderlos, así en Indias
como en España y demás lugares que por bien tuviesen los traficantes. "Porque trayéndose á estas partes — decía la Provisión — é sirviéndose de ellos los
cristianos, podrán ser más ligeramente convertidos é atraídos á nuestra santa
fé católica.„

---

(1) *Archivo de Indias.* — *Colec. de doc. inéd. relativos al descubrimiento,* etc., tomo XXX, páginas 331
y 332.

(2) Abbad y Lasierra, *Hist. de Puerto Rico,* pág. 29, nota. — Puerto Rico, 1866.

ORDEN DE LOS REYES MANDANDO SE ENTREGAREN Á JUAN DE LEZ-
CANO CINCUENTA INDIOS PARA DISTRIBUIRLOS EN LAS GALERAS DE
SU MANDO (1).

El Rey é la Reina. Reverendo in Cristo padre obispo de Badajoz: porque
para fornescer ciertas galeras que Juan de Lezcano, nuestro capitán en la nuestra armada, trae en nuestro servicio, habemos acordado de le mandar dar cincuenta indios, por ende Nos vos mandamos é encargamos que de los indios
que vos ahí teneis, deis al dicho Juan de Lezcano ó á la persona quél con su
carta por ellos enviare los dichos cincuenta indios que sean de edad de veinte
fasta cuarenta años; é tomad su carta de pago ó de la persona quél por ellos
enviase, nombrando en ella cuántos son los indios que así recibiere, é de qué
edad cada uno. para que si los dichos indios hubieren de ser libres retorne al
dicho Juan de Lezcano los que dellos toviere vivos, é si hobieren de ser cautivos, se les queden para en cuenta del sueldo quél dicho Juan de Lezcano hobiere de haber en la dicha armada, é se le descuente lo que en ellos montare,
á los precios que cada uno dellos valieren, segun la edad de cada uno dellos:
fue fecha en la ciudad de Tortosa á trece de enero de noventa y seis años.—
Yo el Rey, etc.

CLÁUSULA DEL TESTAMENTO QUE HIZO FRAY BARTOLOMÉ DE LAS
CASAS, OBISPO QUE FUÉ DE CHIAPA (2)

En el nombre de la Santísima Trinidad, Padre, é Hijo, y Espíritu Santo,
un solo Dios verdadero: el obispo Fr. Bartolomé de las Casas, porque todo
fiel cristiano debe dar testimonio de sí mismo al tiempo de su fin y muerte
cuanto en sí fuere con la gracia de Dios, y en aquel paso tan peligroso ocurren
muchos é grandes impedimentos, y por eso antes que en él me vea, digo que
protesto morir y vivir lo que viviere en la santa fe católica de la Santísima
Trinidad, Padre, y Hijo, y Espíritu Santo, creyendo é teniendo como creo y
tengo todo aquello que cree y tiene la Santa Iglesia de Roma, y en esta fe y
creencia protesto é afirmo que quiero vivir lo que me resta de la vida y hasta
el fin della, que es la muerte inclusive, quiero en esta santa fe morir; é porque
por la bondad y misericordia de Dios que tuvo por bien de elegirme por su
ministro sin yo se lo merecer, para procurar y volver por aquellas universas
gentes de las que llamamos Indias, poseedores y propietarios de aquellos
reinos y tierras, sobre los agravios, males y daños nunca otros tales vistos ni
oidos, que de nosotros los españoles han recibido contra toda razón é justicia,
y por reducillos á su libertad prístina de que han sido despojados injustamente, y por librallos de la violenta muerte que todavía padecen, y perecen,
como han perecido é despobládose por esta causa muchos millares de leguas
de tierra, muchos dellos en mi presencia, y he trabajado en la corte de los

(1) *Arch. de Simancas.*—Conde Roselly de Lorgues, *Cristóbal Colón*, tom. III, págs. 889 y 890.
(2) El 17 de marzo de 1564, hallándose en el Monasterio de Nuestra Señora de Atocha (Madrid), presentó al escribano Gaspar Testa dicho testamento escrito, cerrado y sellado.

reyes de Castilla, yendo y viniendo de las Indias á Castilla, y de Castil a á las Indias muchas veces, cerca de cincuenta años, desde el año de mil é quinientos y catorce, por solo Dios é por compasión de ver perecer tantas multitudes de hombres nacionales, domésticos, humildes, mansuetísimos y simplicísimos, y muy aparejados para recibir nuestra santa fe católica y toda moral doctrina y ser dotados de todas buenas costumbres, como Dios es testigo que otro interese nunca pretendí; por ende digo que tengo por cierto y lo creo así, porque creo y estimo que así lo terná la Santa Romana Iglesia, regla y mesura de nuestro creer, que cuanto se ha cometido por los españoles contra aquellas gentes, robos é muertes y usurpaciones de sus estados y señoríos de los naturales reyes y señores, tierras é reinos, y otros infinitos bienes con tal malditas crueldades, ha sido contra la ley rectísima inmaculada de Jesucristo y contra toda razón natural, é en grandísima infamia del nombre de Jesucristo y su religión cristiana, y en total impedimento de la fe, y en daños irreparables de las ánimas é cuerpos de aquellas inocentes gentes; e creo que por estas impías y celerosas é ignominiosas obras, tan injusta, tiránica y barbáricamente hechos en ellas y contra ellas, Dios ha de derramar sobre España su furor é ira, porque toda ella ha comunicado é participado poco que mucho en las sangrientas riquezas robadas y tan usurpadas y mal habidas, y con tantos estragos é acabamientos de aquellas gentes, si gran penitencia no hiciere, y temo que tarde ó nunca la hará, porque la ceguedad que Dios por nuestros pecados ha permitido en grandes y chicos, y mayormente en los que se arrean ó tienen nombre de discretos y sabios, y presumen de mandar el mundo por los pecados de ellos, y generalmente de toda ella; aun está, digo, esta obscuridad de los entendimientos tan reciente que desde setenta años que há que se comenzaron á escandalizar, robar é matar y extirpar aquellas naciones, no sea ya desta hoy advertido que tantos escándalos y infamias de nuestra santa fe, tantos robos, tantas injusticias, tantos estragos, tantas matanzas, tantos cautiverios, tantas usurpaciones de estados é señoríos ajenos, y finalmente tan universales asolaciones é despoblaciones hayan sido pecados y grandísimas injusticias. — *El obispo Fr. Bartolomé de las Casas.*

REPRESENTACIÓN DE FRAY BARTOLOMÉ DE LAS CASAS AL CONSEJO ACERCA DE LOS INDIOS DE GUATEMALA (1).

. . . .

«Otro intolerable agravio y daño padecen las gentes de las provincias de Guatemala y su distrito, y en toda la Nueva España, y así debe ser en las otras partes; y éste es el repartimiento ó perneamiento de los indios que se hace para que se vayan á alquilar y trabajar en las haciendas de los españoles. Vienen los indios de diez leguas á la ciudad ó al pueblo, métenlos en un corral como si fuesen carneros ó otras bestias, y allí un alguacil reparte á un español tantos, y á otros tantos. Aquél los toma de los cabellos violentamente y los lleva, como si llevara una bestia, y en llegando á su casa, quítale la manta que trae

<hr>

(1) *Colec. de dóc. inéd.*, etc., tomo VII, págs. 162-167.

con que se cubre, y déjale en cueros, diciendo que porque no se le huya. Tiénelo en los trabajos que quiere ponerlo sin dalle de comer, durmiendo en un portal, muerto de frío, etc.„ (1).

REMEDIOS PARA LAS ISLAS ESPAÑOLA, CUBA, SANT JUAN Y JAMAICA, SEGÚN FRAY BARTOLOMÉ DE LAS CASAS (2).

. . . .

«En cuanto á los indios, porque están muy destruídos y muy flacos y muy pocos, que de un cuento y cient mil ánimas que había en la Isla Española, no han dejado los cristianos sino ocho ó nueve mil, que todos los han muerto, es necesario que al presente los dejen holgar y recrearse de los trabajos incomparables pasados y tomar algunas fuerzas ...„

CARTA DE GONZALO FERNÁNDEZ DE OVIEDO AL EMPERADOR, SOBRE LAS DISIDENCIAS ENTRE PIZARRO Y ALMAGRO (25 DE OCTUBRE DE 1537) (3).

Dícese en dicha carta lo siguiente: «Por cierto, muy bien es que el oro se les quite (á los indios) y se lleve á España, porque mijor estará en poder de hombres que no de bestias...„

PLATA QUE SE HA TRAÍDO DE LAS INDIAS, SEGÚN PINELO (4).

Acerca de la plata —pues el oro, perlas y piedras preciosas, no se puede contar— que ha venido de las Indias á España, Antonio de León Pinelo, licenciado y relator del Supremo y Real Consejo de Indias, en su libro *Del Paraíso en el Nuevo Mundo*, libro III, que son más de tres mil y doscientos y cuarenta millones de pesos de ocho reales; y por cuenta aritmética, suponiendo que haya dos mil leguas desde las Indias á España, "se podía hacer un camino cubierto de barras de plata, de cuatro dedos de grueso y de catorce varas de ancho, con sólo la plata que han dado las Indias.„

REAL CÉDULA DEL 18 DE FEBRERO DE 1549 (5).

Dióse Real Cédula, desde Valladolid, con fecha 18 de febrero de 1549, firmada por Maximiliano y la Princesa, mandando que no se dejase pasar á las Indias ninguna persona casada como no fuera en compañía de su mujer.

---

(1) *Colec. de doc. inéd., etc.*, tomo VII, pág. 105.

(2) Págs. 106-109.

(3) *Colec. de doc. inéd. referentes al descubrimiento, conquista y colonización en América y Oceanía*, tomo III, págs. 64-70.

(4) *Colec. de doc. inéd. relativos al descubrimiento*, etc., tomo VIII, pág. 53.

(5) *Cedulario índico*, tomo X, núm. 562, págs. 330 y 330 v.ª

APÉNDICES 509

REAL CÉDULA DEL 16 DE JULIO DE 1550 (1).

«Noticioso S. M. que á causa de averse encarecido los (esclavos) de Guinea é islas de Cabo Verde, se llevaban á Indias de las de Cerdeña, Mallorca, Menorca y otras partes de Levante, de los quales muchos eran de casta de Moros, y de grande inconveniente en tierra en que se empezaba á plantar la fee: Mandó á oficiales R⁵ de Sevilla no permitiesen pasar Negros de Levante, ni los que, aunque fuesen de Guinea, se huviesen criado con Moriscos. Véase tomo 16 de Reales Cédulas, fol. 396 b.º, núm. 673.„

CAPÍTULO DE ORDENANZA DE 19 DE NOVIEMBRE DE 1551 (2).

Otrosí, vista la desorden que en esa ciudad y sus términos ha habido y hay en los negros y negras, así libres como esclavos, de servirse de indios é indias muy sueltamente, y aun muchos de ellos las tienen por mancevas y las tratan mal y tienen opresas, y para remediar lo susodicho ordenaron y mandaron que ningun negro ni negra de aquí adelante de qualquier calidad y condición que sea, sea osado de tener y servirse de indio ni india en esa ciudad ni sus términos, sopena al negro que fuere allado tener india y servirse della le sea cortada su Naptura, y si sirviese de indio le sean dados 100 azotes públicamente, y si fuere esclava, por la primera vez le sean dados 100 azotes, y por la segunda cortadas las orejas, y si fuere libre, por la primera vez le sean dados 100 azotes y por la segunda destierro perpetuo de sus Reinos, y mas tenga el Alguacil ó persona en denunciar de lo suso derecho 10 pesos de pena, los quales le serán pagados de qualesquier bienes que se hallasen de los dichos negros ó negras, ó de gastos de justicia no se les hallando bienes, y porque lo contenido en esta Ordenanza haya más cumplimiento ordenaron y mandaron que los tales señores de los tales esclavos y esclavas no consientan ni den lugar á que los tales esclavos tengan indias ni se sirvan dellas, y tengan muy gran cuidado de que así se haga, so pena de 100 pesos y que no puedan decir ni alegar que no lo saben ni que vino á su noticia.„

(1) *Archivo histórico nacional.—Cedulario índico de Ayala*, letra E, núm. 16.
(2) *Arch. hist. nac.—Cedulario índico*, tomo XI, núm. 43, pags. 29 v.ª y 30.

S

Sr. D. Juan Ortega Rubio. •

Bilbao 29 de Julio de 1886.

Muy Sr. mío y de toda mi consideración y aprecio: He recorrido atentamente la obra de Canesi con el objeto de desempeñar cumplidamente el encargo que en su atenta carta me hizo V. hace días, sintiendo mucho no poder darle más noticias que las que van por separado sobre los puntos a que V. se refería. Muy poco es, como verá V., lo que dice de Colón Canesi; de Cervantes no hace mención siquiera; pero lo que más me extraña es que nada diga de los sucesos de los luteranos, movido, sin duda, a callarlos de algunos escrúpulos nacidos de temores o preocupaciones religiosas.

Deseando poder complacer a V. de nuevo en cualquier otra ocasión queda de V. affmo. s. s. q. b. s. m.,

Fidel de Sagarminaga.

Canesi. — *Historia de Valladolid.* — Libro V, cap. I.

Por horden de los Reyes se dió también principio aquel año al feliz descubrimiento de las Indias Occidentales por Christoval Colombo, que en lengua castellana decimos Colón, Cavallero genovés, ilustre progenitor de los Dues de Veragua, Marqueses de Jamaica; este, pues, argonauta insigne salió de Valladolid á esta conquista, y guiado de los papeles que le dexó en la isla de la Madera Rodrigo Faleyro, peritíssimo Marinero y gran cosmógrafo portugués, se dió á la vela viernes al amanecer tres de Agosto, acompañado de noventa compañeros (algunos dicen ciento y veinte) en tres Navíos del puerto de Palos de Moguer, junto á la costa del Algarve, aprestados con sólos diez y seis ó diez y siete mil ducados. (Aquí sigue una breve descripción del descubrimiento de América, que nada de particular ofrece, y luego refiriéndose á la residencia de Colón en Valladolid, que es lo que importa, dice lo siguiente): Diré algo de lo mucho que de él nos dexaron los Escriptores de aquellos tiempos, pues vivo y difunto honró esta Ciudad de Valladolid empeñado ya en sembrar al Cielo de almas, y con esta idea volvió á proseguir con infatigable celo el adelantamiento de su conquista, descubriendo tierras incógnitas, acompañado de su hermano D. Bartholomé y de mucha más gente que la primera vez, y lleno de triumphos se restituió á España, mereciendo que los Reyes le nombrasen por Almirante mayor, Virrey y Capitán general de las Indias por él descubiertas y por descubrir para él y los sucesores en su casa y Estado; y casó con D.ª Phelipa Muniz de Melo, Portuguesa de nación, y estando en Valladolid hizo Cobdicilo á diez y nueve de Mayo de mil quinientos seis, ante Pedro de Hinojedo, Escribano de Cámara de los Catholicos Reyes, que le dieron facultad para fundar el mayorazgo de su casa el año de mil quatrocientos y noventa y siete, y el título de Duque de Veraguas el de mil y quinientos seis, en que murió á veinte y seis de Mayo (algunos dicen á seis) en Valladolid, y sus huesos fueron trasladados á las Cuevas de Sevilla, donde se lee un Epitafio que traducido en el castellano idioma dice así en esta

Octava.

Este poco compás que ves encierra
aquel varón que dió tan alto vuelo,
que no se contentó con nuestro suelo
y por darnos un nuevo se destierra;
dió riquezas inmensas á la tierra,
innumerables ánimas al Cielo,
halló donde plantar divinas leyes
y prósperas Provincias á sus Reyes.

T

LOS PLEITOS DE D. DIEGO Y DE D. LUIS COLÓN (1).

Cristóbal Colón, antes de su muerte, para asegurarse de sus derechos como Almirante de las Indias, consultó a un letrado, el cual dió su opinión, después de estudiar las Capitulaciones de Santa Fe y todos los privilegios y mercedes concedidos por los reyes.

Dijo el letrado, «sin que en esto pueda haber engaño ni yerro», que a Don Cristóbal Colón pertenecían el tercio, el décimo y el octavo que produjesen las Indias descubiertas y por descubrir, esto es, un 55,80 por 100, además de las ventajas de justicia, oficios, nombramientos, etc.

Aceptó el Almirante el dictamen, y así lo consignó en su testamento.

, A la muerte de Colón, su hijo y heredero D. Diego, fundándose en la citada consulta, hizo las correspondientes reclamaciones, que dieron lugar a pleitos, los cuales duraron muchos años.

En una petición sin fecha, que conservamos, suplica D. Diego que se le tenga por virrey y gobernador perpetuo de las Islas y Tierra Firme descubiertas y por descubrir, que se le entregue la gobernación de la isla de San Juan y de las provincias de Veragua y Urabá, que se le señale y libre salario como tal Almirante y virrey gobernador, que se le dé y pague gente armada para su guarda, que no intervengan los oficiales de la Casa de Contratación en los negocios de Indias sin el concurso de la persona o personas que el Almirante designe, que se le entregue el diezmo de cuanto produjeron las citadas Indias, etcétera.

Aunque la petición se ajustaba casi por completo a las Capitulaciones de Santa Fe, otorgar aquélla y reconocer la validez de las últimas, equivalía a enajenar para siempre la soberanía de todos los países descubiertos y por descubrir. Era evidente que D. Diego daba un alcance a las citadas Capitulaciones que los reyes no les dieron al estipularlas en el convenio de Santa Fe. Además, ¿podía la Corona, en nuestro sistema actual de legislación, otorgar tales mercedes?

Contestóse al Almirante que, según una ley dada en las Cortes de Toledo de 1480, no podía darse oficio alguno de justicia con carácter de perpetuidad, añadiendo que los dados anteriormente en esa forma debían entenderse otorgados de por vida; de modo que, aun en el caso de que los cargos concedidos a Colón lo hubiesen sido perpétuamente, por la ley dicha la concesión debía entenderse como hecha de por vida. Negada, pues, la petición principal, debían negarse todas las demás que de ella arrancaban.

---

(1) Duraron las negociaciones desde fin de enero hasta el 17 de abril de 1492. Esta fecha llevan las *Capitulaciones*.

A pesar de la negativa, merced a las gestiones que hicieron a su favor el duque de Alba (1), Rodríguez de Fonseca y el secretario Conchillos, se dispuso, por Real Cédula de 9 de agosto de 1508, que D. Diego marchara a las Indias y entendiese en la gobernación de ellas, «sin perjuicio del derecho de ninguna de las partes», y, aunque así lo hizo, en 9 de diciembre del mismo año otorgó poder a Juan de la Peña, criado y factor del dicho duque, para que le representase ante los tribunales e hiciere las diligencias necesarias en favor de sus intereses.

El nombramiento de gobernador, hecho a favor de Don Diego, se hizo con arreglo a la Real Provisión de 29 de septiembre de 1509, esto es, con ciertas facultades y por el tiempo que la voluntad real fuere; pero el Almirante insistió en que se le nombrase virrey y gobernador perpetuo de las Indias descubiertas y por descubrir. A ello se opuso el fiscal, sosteniendo que en el segundo capítulo de los otorgados en Santa Fe el 17 de abril de 1492 se concedió el título de gobernador y virrey de las islas y Tierra Firme que se descubriesen a D. Cristóbal Colón; pero sólo a él y no a sus herederos, añadiendo que vacaron dichos oficios a la muerte del primer Almirante «y aun en su vida por deméritos y por usar mal de la merced que le fué fecha, y pasar á más de lo que le fué dado.»

Si examinando el texto de las Capitulaciones el fiscal estaba en lo cierto, don Diego presentó los traslados de dos privilegios: uno, de 23 de abril de 1492 confirmando lo capitulado en Santa Fe, y otro, de 30 de abril del mismo año, en el cual, al conceder a D. Cristóbal el uso de los mencionados títulos, se dice lo siguiente: "Seades nuestro almyrante e visorrey e governador en ellas e vos podades dende en adelante llamar e yntitular don e almirante e visorrey e governador dellas, et assy vuestros hijos e sucesores en el dicho oficio et cargo se puedan llamar e yntitular don e almyrante e visorrey e governador dellas.»

Estimó el fiscal que el último privilegio no alteraba las Capitulaciones, ni podía alterarlas; pero, dado que se entendiese como quería D. Diego, resultaba contrario a las leyes. Replicó el Almirante.

El 5 de mayo de 1511 el Consejo Real, formado por los doctores Carvajal, Palacios Rubios y Cabrero, y los licenciados Zapata, Muxica, Santiago, Aguirre y Sosa firmaron la declaración o sentencia que a continuación copiamos: «1.º Que al Almirante y sus sucesores pertenecían la gobernación y administración de justicia, en nombre de los reyes, así de la Isla Española como de las otras islas que el Almirante D. Cristóbal Colón, su padre, descubrió en aquellos mares, y la de aquellas islas que por industria del dicho su padre se descubrieron, con título de virrey de juro y heredad para siempre jamás, para que por sí y sus tenientes y oficiales de justicia, conforme a sus privilegios, pudiesen ejercer y administrar la jurisdicción civil y criminal de las dichas islas, cómo y de la manera que los otros gobernadores y virreyes la usan y pueden y deben usar en los límites de su jurisdicción. 2.º Que la décima del oro y demás cosas pertenecía al Almirante D. Diego y a sus sucesores de juro

---

(1) El Almirante hubo de contraer matrimonio con una hija del duque de Alba.

y heredad, ahora y para siempre. 3.º Que no pertenecía parte ni cosa alguna al Almirante D. Diego y sus sucesores de los diezmos eclesiásticos. 4.º Que de las penas que pertenecían a la Cámara de sus Altezas no correspondía parte alguna al Almirante ni a sus sucesores, pero que pertenecían al Almirante y a sus oficiales las penas que por las leyes correspondían a las justicias y jueces. 5.º Que las apelaciones interpuestas de los alcaldes por elección o nombramiento de los Consejos, fuesen primeramente al Almirante y a sus tenientes y de ellos fuesen a sus Altezas y a sus Audiencias. 6.º Que sus Altezas podían poner en las islas jueces que conociesen de las apelaciones. 7.º Que también pertenecía a sus Altezas el nombramiento de regidores y jurados, fieles y procuradores y otros oficios de gobernación de dichas islas que deben ser perpetuos. 8.º Que la provisión de las escribanías pertenecía a sus Altezas, excepto las del juzgado del Almirante, que pertenecía a éste; pero debiendo poner notarios o escribanos de sus Altezas. 9.º Que sus Altezas podían mandar, cuando lo juzgasen conveniente, tomar residencia al Almirante y a sus oficiales, conforme a las leyes del reino. Y 10. Que a sus Altezas, y a quien su poder tuviese, y no al Almirante, pertenecía el repartimiento de los indios„ (1).

Aprobóse la sentencia por Real provisión el 17 de julio del mismo año, y aunque el fiscal Pero Ruiz interpuso súplica, se confirmó aquélla por Real cédula de 5 de noviembre.

Tenaz D. Diego, volvió a continuar sus pleitos, pues con fecha 3 de enero de 1512 Juan de la Peña presentó un escrito para que se declarase que el Almirante no estaba obligado a hacer residencia, que los jueces nombrados por la Corona sólo podrían conocer en grado de apelación, que se declarase pertenecerle la gobernación del Darién y que se le autorizara para tomar en el repartimiento los indios que necesitase para su grangería. Se opuso el fiscal a estas pretensiones, replicó Peña en nombre del Almirante, acordando el Consejo que su Alteza proveería respecto a la residencia y que se recibiese el pleito a prueba por término de ciento veinte días – que luego se amplió hasta un año – lo relativo a la gobernación de Darién.

En tanto que probaba D. Diego con las declaraciones de 39 testigos cómo su padre había descubierto el Darién, formuló en 29 de diciembre de 1512 una protesta contra la sentencia dada en Sevilla el año anterior por el Consejo Real.

Continuaron los pedimentos y réplicas, llegando el atrevimiento del Almirante a «consignar en un memorial de agravios que contenía 42 capítulos, que le correspondía el gobierno absoluto, provisión de oficios, administración de justicia y percepción de rentas en la tierra extendida de polo a polo al Occidente de la línea trazada por el pontífice Alejandro VI, a las islas del Pacífico, *y a más, si más se descubriese*, sentando que no le alcanzaba el precepto legal de dar residencia de sus actos. Añadió en dichos documentos que los reyes de Castilla no tenían facultad para entender en el repartimiento de indios, ni para

---

(1) Becker y González, *Los pleitos de Colón*, págs. 210 y 211, en la *Historia del Mundo*, publicada por la Universidad de Cambridge, tomo XXIII.

establecer tributos de cualquiera especie que fueran, toda vez que habrían de afectar al décimo y octavo de productos, pertenecientes al Almirantazgo por las Capitulaciones de Santa Fe, y afirmó, en fin, su derecho a percibir parte de los diezmos eclesiásticos y de las penas de Cámara, y a nombrar, no solamente los consejos de los pueblos, sino los capitanes de los navíos que fueran a las Indias„ (1).

Sin embargo de peticiones tan exageradas y hasta imprudentes, continuaron las pruebas de testigos. Volvió a insistir el 15 de diciembre de 1515 en un nuevo memorial de agravios, con otros 42 capítulos, recayendo sentencia, dada en la Coruña el 17 de mayo de 1520. En dicha sentencia se disponía cómo habían de proveerse los oficios en Indias; se declaró que el Almirante tenía derecho de gobernador y virrey en todas las islas que su padre descubrió o por su industria se descubrieron; se dispuso que se guardase lo acordado é determinado acerca de los indios libres; se hizo constar que el Rey podía nombrar comisarios que procediesen contra el Almirante, bien que el proceso se había de remitir al Consejo Real para que administrasen justicia; se ordenó que no se tomase residencia al Almirante sino en ciertos casos, pero el Rey podia mandar que se tomase residencia a los jueces nombrados por el Almirante; se concedió permiso al dicho Almirante para nombrar un representante suyo en la casa de Contratación; y, por último, se consignó que al Almirante correspondía la décima parte de los productos de las Indias, excepto el almojarifazgo y otros servicios.

Con la misma fecha de la sentencia se dictó Real Cédula ordenando a Miguel de Pasamonte, tesorero de la Isla Española, que entregase anualmente 376.000 maravedises al Almirante, "para su ayuda de costa, en alguna enmyenda y remuneración de lo mucho que a gastado después que vino de las yndias andando en nuestra corte y servicio e en equivalencia de lo que llevava a causa de la gente que se le solía librar.„

Apeló don Diego de la sentencia el 23 de agosto de 1520, y como se opusiese el fiscal, en 24 de abril de 1524 solicitó que se mandasen buscar y traer los procesos incoados el 1500 y 1501, "por los quales constó e pareció que de fecho e contra derecho el almyrante don cristóbal colón ynjustamente hizo ahorcar e matar a ciertos ombres en la ysla española e les tomó sus bienes, de cuya causa el Rey e Reina católicos, de gloriosa memoria, se movieron a le mandar venyr a esta corte detenydo e le quitaron los oficios de visorrey e gobernador.„

Cada vez más intransigente, Don Diego quiso oponerse a las pretensiones de Hernán Cortés y Diego Velázquez, alegando que la gobernación de Yucatán le pertenecía. ¿No era un absurdo creer que por las Capitulaciones de Santa Fe todo lo que se descubriese debía convertirse en feudo de la familia de Colón?

Habiendo muerto Don Diego, su viuda, doña María de Toledo, continuó los pleitos en nombre de su hijo Don Luis, apoyada por su cuñado Don Fer-

(1) Becker y González, *Los pleitos de Colón*, pág. 212, en la *Historia del Mundo*, publicada por la Universidad de Cambridge, tomo XXIII.

nando y por su padre el comendador mayor de León. Después de muchos in·
cidentes, Doña María, *la desdichada virreina*, como ella se intitulaba, logró que
el mismo Don Hernando de Toledo se personase en el pleito, consiguiendo
que el 25 de junio de 1527 se declarasen nulas las sentencias dadas en Sevilla
y la Coruña; a su vez se mandaba que se vieran y fallaran de nuevo los autos.
Hasta el 27 de agosto de 1534 no se dictó sentencia, la cual constaba de 33 ca·
pítulos; en ella se reconocía una vez más a los herederos de Cristóbal Colón
el derecho al almirantazgo de Indias, extendiéndose su gobierno al Darién, con
facultad de poner en éste un teniente; mas se le negaba derecho a la décima
del impuesto de almojarifazgo y a parte alguna de los diezmos eclesiásticos.

Vese con toda claridad que los Colones veían premiados sus esfuerzos;
pero cuanto más se les concedía, mayores eran sus ambiciones; así que tampo·
co se dieron por satisfechos con el último fallo. Tanto molestó esta conducta
al fiscal Villalobos, que formuló un alegato, queriendo demostrar que las In·
dias se descubrieron, no por industria de Colón, sino por la de Martín Alonso
Pinzón y otros marinos. Sostuvo, del mismo modo, que los reyes otorgaron
mercedes y privilegios a Colón, creyéndole descubridor. Terminaba afirman·
do que la mitad de las honras y provechos correspondían al dicho Pinzón, se·
gún el convenio celebrado por ambos marinos antes de emprender el viaje.
El Consejo estimó impertinente el alegato, y, con fecha 18 de agosto de 1535,
dictó nueva sentencia, reconociendo a los sucesores del Descubridor del Nue·
vo Mundo el derecho de disfrutar perpétuamente los oficios de virrey y go·
bernador en la Isla Española y adyacentes, en las provincias de Paria y de
Veragua, en Tierra Firme; también percibirían la décima de las rentas reales

Los defensores de Don Luis Colón, tercer Almirante, volvieron a interpo·
ner nueva apelación, y tacharon de injusta la anterior sentencia.

Lejos de imponer a los tenaces litigantes perpetuo silencio, como por el ma·
trimonio de D. Diego Colón con Doña María de Toledo, el Almirante de In·
dias se había emparentado con las casas más poderosas de la nobleza, se pen·
só acabar los litigios mediante una transacción. Se ofreció al Almirante el te·
rritorio comprendido entre el Cabo de Gracias a Dios y Puerto Bello, y los
islotes adyacentes, con título de Duque o Marqués. Vínose al fin a un acuerdo,
encargándose Fray García de Loaysa, Cardenal de Santa Susana, Obispo de
Sigüenza, Presidente de Indias y Comisario general de la Santa Cruzada, y el
Doctor Gaspar de Montoya, del Consejo de Castilla, de dictar un laudo arbi·
tral, como así hicieron el 28 de junio de 1536. Por él D. Luis Colón y suceso·
res conservarían el título de Almirante de Indias con diez mil ducados de ren·
ta en ellas, la isla de Jamaica, con título de Duque o Marqués, 25 leguas cua·
dradas en Veragua con jurisdicción civil y criminal, y otras preeminencias y
rentas para las hijas de D. Diego Colón.

Don Luis no rechazó la sentencia, si bien se consideró perjudicado y logró,
por decisión del Consejo, que el Emperador confirmó por Cédula de 6 de sep·
tiembre, que se mejorasen las condiciones de la mencionada sentencia. Luego,
por otra Cédula de 8 de noviembre, se dió a Doña María de Toledo la canti·
dad de cuatro mil ducados en oro, pagados por las Cajas de Puerto Rico.

El testarudo D. Luis volvió a sus reclamaciones, y el pacientísimo Emperador, para terminar de una vez para siempre, consintió nuevo juicio arbitral, que decidieron el dicho Cardenal Loaysa y D. Francisco de los Cobos, Comendador Mayor de León, en laudo de 5 de febrero de 1540.

Por último, D. Luis volvió a provocar nuevos incidentes, que terminaron cuando la muerte arrebató la vida del tercer Almirante de Indias.

«Esta rápida exposición de los hechos —escribe el Sr. Becker González— basta para destruir la leyenda de la ingratitud de España con el descubridor y con sus sucesores. Se les dió alta posición política y social, pingües rentas, grandes posesiones territoriales y títulos honoríficos, y lograron enlazarse con una de las principales familias de la nobleza. ¿A qué más se les considera con derecho, y que más podían pretender? ¿Qué más ha hecho nación alguna por sus descubridores, por sus navegantes y por sus conquistadores? ¿Quién no recuerda cómo Inglaterra trató a Raleigh, a Clive y a Hastings, y Francia, a Dupleix y a Lally?» (1).

(1) Obra citada, pág. 217.

V

COMPROMISO DE MAYORAZGO Y DE TESTAMENTO (1).

En virtud de real autorización del 23 de abril de 1497 hizo una institución de mayorazgo el 22 de febrero de 1498. El mismo Colón dijo cinco años después que había fundado aquel mayorazgo al objeto de que fuera al mayor provecho para su alma, para el servicio de Dios, para su honra y la de sus sucesores. Este documento es de importancia suma para la historia de Cristóbal Colón. El mismo Almirante dice: «Que siendo yo nacido en *Génova*, les vine a servir (a sus Altezas) aquí en Castilla...» Más adelante añade: «Mando al dicho D. Diego (su hijo primogénito) o a quien poseyere el dicho mayorazgo, que procure e se trabaxe siempre por la honrra e bienes e acrescentamiento de la cibdad de *Génova*, e ponga todas sus fuerzas e bienes a defender e alimentar el bien e honrra de la República della, non yendo contra el servicio de la Iglesia de Dios, e alto Estado del Rey o de la Reyna Nuestros Señores e de sus subcesores.»

El carácter del mayorazgo es eminentemente religioso. Manda a sus descendientes que preparen los medios de rescatar el Santo Sepulcro, de mantener la integridad del poder temporal del Papa, de pagar el diezmo a Dios en sus pobres, de establecer un hospital para socorrer a los pobres, de fundar un seminario de misiones extranjeras para la conversión de los pueblos idólatras y de erigir una iglesia en honra de la Inmaculada Concepción. Todo ello se haría bajo la dirección del Sumo Pontífice, y mediante la aprobación lo mismo del Papa que de los Reyes Católicos.

(APÓCRIFO Y SUPUESTO)

TESTAMENTO MILITAR DEL ALMIRANTE D. CRISTÓBAL COLÓN (2).

Valladolid 4 de mayo de 1506.

Habiéndome honrado con un devotísimo Memorial de preces el Sumo Pontífice Alejandro VI, dándome un gran consuelo en mi cabtividad, en mis batallas e adversidades, quiero que dempues de mi muerte, se entregue por memoria a mi amantísima Patria la República de *Génova*, e por los beneficios rrescebidos en esta Cibdad, es mi voluntad, que funde en ella un nuevo Hospital de mis rrentas heredadas en *Italia*, e para la mejor sustentación de los pobres en mi Patria, faltando mi línea masculina, declaro e substituyo en mi Almirantazgo de las *Indias*, e sus anexidades, por subcesora, a la misma República de San Xorge.

Dado en Valladolid a quatro de mayo de mil e quinientos e seys años. (Está sellado y firmado.)

---

(1) *Archivo de Indias.—Colec. de doc. inéd.*, tomo XXX, págs. 481-500.

(2) Ibidem, pág. 501.

X

Carta de Amerrigo Vespucci al Cardenal Arzobispo de Toledo (Jiménez de Cisneros), dándole su parecer sobre las
mercancías que hubieran de llevarse a las islas Antillas (1).

Muy reverendo é magnífico señor: Tengo, pues, de agradezer la confianza
que debo á vuestra reverendísima señoría, que non dexaré de dezirle my pareszer, syn que me mueva ynterese alguno, aunque non oviere gana de hablar
dello; ya que agora he de responder sobre lo que háse de llevar á las yslas,
sy es bien que vaya por una mano y que Su Alteza lleve el provecho, segun
que lo haze el rey de Portugal en lo de la Mina de Oro, ó sea, como creo aver
entendido ser la manera de pensar de Su Alteza, que cada uno tenga lybertad
de yr i llevar lo que quisyere.

Yo hallo grande diferenzia del tracto del rey de Portugal á este dacá, por
quel uno es enviar á tierra de moros i á un solo lugar una ó dos mercaderias
apreziadas á zierto prezio, y de aquellas le responde los fatores que allá tiene,
con el valor del mismo prezio ó con la ropa; y acá es al contrario, porque lo
que se ha de llevar á las yslas es diversidad de todas cosas que las personas
puedan aver menester, asy de vestyr como vestidos y muchas cosas nezesarias
para edifyzios i grangerias, que no tienen quenta ny razon; de manera, que yo
averia por muy dificoltoso i casy imposyble que Su Alteza lo pueda mandar
hazer desta manera, en espezial que muchas de las cosas que son menester
para las yslas, cumple más llevarlas de otras partes que destas, asy como de
las yslas de Canaria y las de Portugal, de las quales sacan ganados y vituallas
y otras cosas nezesarias; i para cosa seria menester un fator, i ay muchas dellas de que non se podria dar quenta, porque dellas se comen, dellas se dañan
y otras se pierden; y desta causa, á my ver, non se podria llevar este negozio
por la dicha manera, i sy en espirienzia lo pusyere, el tiempo doy por testygo.

Syempre que Su Alteza tenga algún provecho en la entrada de las ropas
que á las yslas se llevaren syn cuidado ny costa, ocurreme uno de dos camy-
nos: el uno, poner un zierto derecho en todo lo que á las yslas se llevase, qual
á Su Alteza pareszíere, i que cada uno pudiese libremente yr i llevar lo que
quisyere; el otro, es encargar esta negoziacion á mercaderes que repartiesen
el provecho con Su Alteza i forneziesen todo lo que fuese menester, sin que
Su Alteza toviese dello cuidado. I en esta tal companya seria de tener esta orden: que toviese en las dichas yslas cargo de entender en el reszibir i vender
de las ropas que allá se enviaren el thesorero de Su Alteza, en companya del

(1) *Cartas de Indias*, pags. 11-13. Madrid, 1877.

fator de los mercaderes, tenyendo cada uno dellos su libro en que, por dos manos, se asentase todo lo que se vendiese.

Y de todas las ropas que se enviasen en cada navio, fuese la quenta de lo oviesen costado, firmada del mercader y del thesorero, o bien de otro factor que Su Alteza deputado á estar en Sevilla o en Cadiz, para que, segun aquella, pudiesen en las yslas soldar quenta de todo lo que llevare cada navio sobre sy, i tomar cada uno su parte de la gananzia, entregandose el mercader del costo de la ropa con costa y fletes, porque desta manera averia orden y conzierto, ny podria aver fraude ny engaño alguno; i para las cosas que se oviesen de llevar de fuera dacá y de las yslas de suso nombradas y saber el costo dellas, el mercader y fator de Su Alteza que estoviese en Sevilla o Cadiz, podria dar el cargo á alguna presona que á ellos paresziere.

Este es my pareszer, remityendome á los que más saben.

De Sevilla, á IX dias del mes de diziembre de mill é quinientos é ocho años.

De vuestra reverendisima señoría humyldemente beso las manos.

Amerrigo Vespucci,
piloto mayor.

Sobre. Reverendisymo é magnifyco Señor (el Señor) Cardenal d'España, Arzobispo de Toledo.

ÍNDICE

CAPÍTULO XVII

CAPÍTULO XVIII

CAPÍTULO XIX

CAPÍTULO XX

CAPÍTULO XXI

ÍNDICE DE APÉNDICES

PAUTA

GRABADOS

INCLUÍDOS EN LAS PÁGINAS DE ESTE TOMO.

ImTheStory.com

Lightning Source UK Ltd.
Milton Keynes UK
UKOW06f0936310315

248832UK00016B/635/P